社会性の起原と進化

The Origin and Evolution of Human Sociality

人類社会の進化史的基盤を求めて

種と性を越えた比較研究のために

河合香吏 編
KAORI KAWAI

京都大学学術出版会

はしがき——人類社会の研究の新たな一歩のために

おそらく多くの読者が、本書のタイトルに付した「始論」という語に違和感を持たれたに違いない。この語は、国語辞典には載っていない。ではなぜあえてそうした言葉を造語してまでタイトルとしたのか、その理由を説明することから始めたい。

学術上のある問いに対して、十分な事例や論理は整備できていないという謙遜を含意しながらも何らかの予備的なまとまりのある議論をする時、通常は「試論」という言葉を使うであろう。「試論」はどの辞書にも載っていて、『広辞苑』（第六版）では「試みにする論」、また生活実感に即したユニークな語釈で知られる『新明解国語辞典』（第八版）は、「予備的に（序説として）述べた小論文」と説明する。

ここで示される「序説」すなわち「本論や本題への導入として説く説（研究）」（『新明解国語辞典』第八版）として、われわれの研究グループは本書の姉妹編である論集『新・方法序説』（二〇二三年一二月）を上梓した。同書のサブタイトルに「人類社会の進化に迫る認識と方法」と示したように、われわれは「人類社会の進化」をテーマに、生態人類学、文化人類学、霊長類学の三分野を軸に、時々に心理学、生物人類学、理論生物学、さらに哲学、社会思想史といった関連する幅広い分野の研究者と対話しながら、「人類社会の進化史的基盤研究」と題する一連の共同研究会をはじめ、二〇年にわたる共同研究を続けてきた。その間『集団』（二〇〇九年）、『制度』（二〇一三年）、『他者』

（二〇一六年）、『極限』（二〇二〇年）と、いずれも「人類社会の進化」を副題にした論集を三、四年おきに刊行してきたが、幸いいずれも狭い学界を超えた関心を呼び、そのすべてを英文書として刊行することもできた。中には一般紙の書評欄や国際学術誌でも書評をいただくなど、望外の評価を得、こうした成果を上げたこと自体には自負がある。しかしながら、究極のテーマであった「人類社会の進化」にどれだけ迫れたかと言えば、まだまだ入り口に立ったに過ぎないというのが、われわれの率直な自己認識なのである。

上記の『集団』『制度』『他者』『極限』は、いずれも「人間」の社会性、すなわち人間が同所的に多くの個体との共存を実現している基礎となる「人間」の社会的なあり方に強く関わる。実際、すべての論集において sociality（社会性）がキーワードになっている。ここで「人間」に括弧を付したのは、他者との同所的な共存を行う生物は人間（以下、主にヒトと表記）[1]だけではないという理由による。進化系統的にヒトに近縁の霊長類の多くは、群居性動物としてさまざまな様態で群れ集い、平和的に、ときに敵対的／競合的に、あるいはまた最小限のかかわりを維持しながら、他者と共に生きている。しかしヒトは、極めて多くの個体との共存を実現している点において他の霊長類と異なる。ペアや家族や共住集団といった対面的な共存をするばかりでなく、民族集団や国民、さらには全人類の共存といった、身の回りの個体や集団を超えた他者との共存を「想像」することができる。こうした全地球的規模の多様な共存を根底で支えているものを、「高次の社会性」と呼んでよかろう。

そこでわれわれはそれまでの研究を総括して、「社会性」に焦点を当て人類社会の進化の根幹に迫るべく、「社会性の起原と進化」を研究題目とした共同研究を開始した。二〇一九年のことである。幸い国の大型研究助成事業[2]に採択され十分な資金を得ることもできたが、開始してすぐに大きな難題に直面した。

一つは二〇一九年に発生し翌年から世界的に広がった新型コロナウイルス感染症（COVID―19）のパンデミックであり、これによって現地調査の機会をほとんど奪われた。フィールド調査こそ人類学、霊長類学研究の基礎であり、その実施が断たれたことが私たちを困惑させたことは言うまでもない。しかしそれ以上の難題は、「ヒトの社会性の起原と進化」に焦点を定めようとした途端、これまで私たちが所与の概念としてそれ自体には疑いを持たなかった「ヒト」とは何なのか、その「社会性」とは何なのか、研究を始めた早々、根本的な概念把握の問題に気づいたことである。

コロナ禍が世界に広がった年、米国の人類学者ジョセフ・ヘンリックが、近代科学における「ヒト」観の歪みを鋭く実証的に指摘する大著を刊行した（Henrich 2020）。この本は後に日本語訳されベストセラーにもなるが（ヘンリック二〇二三）、この中で彼は、「科学者がヒトの心理について理解していた事柄のほとんどは、心理面・行動面の重要な特質について、かなり異常と思われる集団から導き出されたものだ」と述べる（同：一三頁）。すなわちこれまで近代科学がヒト理解の基礎としてきた「ヒト」なるものの特徴とは、西洋の（Western）、高い教育を受けた（Educated）、工業化された（Industrial）、裕福な（Rich）、民主主義社会の出身者（Democratic）である人びとを対象とした研究から導かれたものであるという指摘である。この「ＷＥＩＲＤ（ウィアード）」な人びとをサンプルとすることは、八〇億を超える現存の全人類集団を見渡せばすぐに分かるように、極めて偏ったヒト理解だということは明らかである。

われわれの研究グループの多くはヘンリックと同じ人類学者であり、この「ＷＥＩＲＤ」すなわち「奇妙な」ヒト理解については常々自覚的であったつもりであったし、「集団」から「極限」に至る共同研究においても、その研究事例や視点は常に非西欧社会あるいは非ヒト社会に置いてきた。しかし改めて自省的に考えてみると、「ヒト」概念

1　ここで「ヒト」と表記するのは、人間以外の生物の社会性を問題にするとき（たとえばニホンザルの社会性）、それを「非人間の社会性」と書くと、語感として重大な誤解を与えてしまう場合があるという、日本語表記の問題を避ける便宜的な措置である。

2　日本学術振興会科学研究費補助金基盤研究（Ｓ）「社会性の起原と進化――人類学と霊長類学の協働に基づく人類進化理論の新展開」

の方ではヘンリックの言うような偏りはなかったとしても、肝心の「社会性」について、われわれの認識に全く問題がなかったとは言えない。その一つは、われわれはそのことに自覚的であったし、十分な注意ないし警戒をしてきたつもりだが、それでもよほど注意しないと「社会性」をいわゆる「向社会性」、すなわち他者の気持ちを理解し、それを共有し（共感）、あるいは自己よりも他者を優先させようとする心情や行動と捉えてしまいがちだということである。そしてこの「向社会性バイアス」ともいうべき傾向を問題にすることをきっかけに「社会性」概念自体について何らかの定義を与えようとすると――われわれは、暫定的に社会性とは「複数個体の共存という事態に関連して生じる個体間関係の総体」を広く意味する、としてきた――実は、われわれ科学者が当たり前のように使ってきた「社会性」概念が、ややこしく絡まり合ったものであることが明らかになる（本書Ｋｅｙｎｏｔｅ１ 中村論文参照）。そしてさまざまな学問領域において「社会性」概念がどのように使われているかを調べていくと、ヒトと非ヒトの社会性をどこで区分けし、あるいは接合するのかも曖昧になってくる（Ｋｅｙｎｏｔｅ２ 内堀論文参照）。さらにはヒトの社会性に関わって膨大な議論を残してきた近代科学の諸領域の学説史において、果たしてその成果が相互に理解されていたのか、もしかすると、極めて没交流、たこつぼ的にしか論じられてこなかったのではないか（Ｋｅｙｎｏｔｅ３ スプレイグ論文参照）、といった問いが、次々に現れてきたのである。こうしたことは共同研究を始める前からある程度予想されていたのではあるが、問題の深さと絡み合いに困惑させられたというのが事実であった。

そこでわれわれは、コロナ禍によってフィールド調査が行えない中、これまで蓄積してきた自らの調査資料を「社会性概念の再検討」という視座から読み直し、また人類学、霊長類学を超えた広い分野における社会性議論の文献的調査に研究スタイルの軸を移すことにした。あわせて、既存の学説史批判から、社会性の起原と進化研究にはこれまでとは違った新たな方法論が必要であるという立場から独自の研究会（「方法論研究会」）も組織した。冒頭に紹介した『新・方法序説』はその成果である。さらに、フィールド調査が制限される中、若手研究者には特別の研究機会を保障したいと考え、任期付きの博士研究員等を含む若手研究者による自律的な研究組織（「若者研究会」）を設けた。

その研究成果も『フィールドにみえた〈社会性〉のゆらぎ――霊長類学と人類学の出会いから』として刊行が予定されている。

ここまでを要約すれば、本書は私たちの二〇年におよぶ人類社会の進化研究の原点である、「ヒト／非ヒト」とは何か、社会の基盤にある「社会性」とは何かについて、方法論的議論の到達点を踏まえながら、改めて問題にした論集だということである。そして本書のいくつかの章、特に第1章（森下論文）で詳しく論じるように、この問いは、編者の師でもある故伊谷純一郎が半世紀前に挑み始めた課題であった。その意味で本書は、「予備的に（序説として）述べた」ものではない。「試論」でなく「始論」という造語は、われわれの問いの原点に返り、かつ自らの成果も含めて学説史の批判的再検討の上に、新しく議論を拓いてゆきたいという思いの表れなのである。

本書が通常の論集にはない編成、すなわち「Ｋｅｙｎｏｔｅ（問題提起）」と題した三本の論文で「社会性の起原と進化」への問い自体が抱える問題をラディカル（根源的）に遡って提示し、その後の論考がこれら三つの問題提起を受けた形で進めるように構成されたのは、以上のような経緯からである。Ｋｅｙｎｏｔｅそれぞれの主旨は先述した通りだが、この三本の論考がいわば通常の論集における序章の役割を果たしている。それに続く本文は、著者それぞれの専門領域と調査対象に応じた事例と方法をもとに、大きく四つのテーマに分かれて議論を進めている。

パートⅠ（社会性の「核」とは何か？）では、絡まり合った「社会性」概念を解きほぐすいくつかの手がかりを示した。次いで、コロナ禍の下で、フィールド調査が制限される中で主として過去の調査データに拠ってはいるが、「ＷＥＩＲＤ（ウィアード）」ではない事例に基づいて、それぞれの社会における「社会性」の現れ方を報告したのが、パートⅡ（社会性が現れる場のエスノグラフィー）である。さらに、ヒトと非ヒトに区分したときそこに社会性の何らかの違いがあるのか、その差分を見いだしてみようというのがパートⅢ（「社会性の差分」を見つけ出すために）である。いずれのパートにも、やや短いコラムや、方法や視点に関わる補論を配して議論の広がりを示したが、コラム以外の本書のすべての論考には、冒頭に特徴的なキーワードを示している。論点というよりは、本書の議論の広がりを示したものであるが、このキーワードを眺めていただくだけでも、われわれの問題意識の深さと広さを感じていただけることと思う。

そして、Ｋｅｙｎｏｔｅ（問題提起）からパートⅢまでの議論を経た後に、われわれの前には新たな問いが立ち現れる。すなわち「社会性」をヒトと非ヒトに分けて論じることにどれほどの意味があるのか、あるとすれば、その視点や方法には何が必要なのかという、もう一歩、深い問いである。それこそが本書のサブタイトル、「種と性を越えた比較研究のために」に込めたメッセージである。われわれは、もとよりヒトと非ヒトの間に何の違いもないと主張するつもりはない。だが、非ヒト霊長類を研究対象とするメンバーの存在もあって、人間中心的な思考については、われわれは早くからそれに気づき、そのことを常に問題にしてきた。たしかに、少し気を許せば、人間中心主義的な思考はいくらでもわれわれの思考の内に滑り込む可能性があるし、人間社会の理解をヒトと非ヒトあるいはヒトの異なる社会の比較によって図ろうとするアプローチには、ヘンリックの指摘する「ＷＥＩＲＤ」な歪みが入り込む余地があるのもたしかであろう。たとえばヒトの社会間比較において、そのデータとなる母集団が母集団ならぬオス（男）の集団であり、それによって理解の偏りはなかったのかがほとんど問われてこなかったといった過去もあるだろう。また、なぜある種とある種を比較するのか、ある集団とある集団を対照するのか、その意味付けは時々にさまざまになされてはいるが、ではそのように区分することで何が失われるかについて、必ずしも常に自覚的であったとはいえないかもしれない。こうした偏りや欠落を自覚して研究を始めることには、これまでの人間社会の理解を超える可能性があるはずである。本書最後のパートⅣ（「ヒトの社会性の起原と進化」を越えて）の各論考には、そうしたメッセージが込められている。

われわれの研究グループにとっては、原点に戻った再始動ということにもなるが、より一般的には、おそらく、人間社会についての理解を「種と性を越えた比較研究」として行うというのは、文字通り初めて（始めて）の試みとなるだろう。本書が、社会性の起原と進化研究の新たなスタートであると同時に、人間理解に関わる広い学問領域における新たな地平を拓く契機となれば幸いである。

二〇二五年二月

河合香吏

参照文献

Henrich, Joseph (2020) *The WEIRDest People in the World: How the West Became Psychologically Peculiar and Particularly Prosperous*. Farrar, Straus and Giroux.

ヘンリック、ジョセフ／今西康子訳（二〇二三）『WEIRD「現代人」の奇妙な心理——経済的繁栄、民主制、個人主義の起源』（上下巻）白揚社。

目次

keynote

社会性について議論する前に

KEYWORDS

- 「社会性」概念の絡まり合い
- 社会性のグラディエント
- 共通理解は可能なのか

Keynote 1

「社会性」とは何か、そしてその「起原」とは

中村 美知夫
Michio Nakamura

1　霊長類研究における「社会性」という語

本書は「社会性の起原と進化」をめぐるものである。「起原（起源）」とは物事の起こりや始まりということだから、「社会性の起原」という場合、社会性が存在しなかったところから社会性が生じた、もしくは始まった、ある特定の起点を問題にすることになる。では、どこかの段階で生じた「社会性」とはそもそも何か。

近年、霊長類の研究において、「社会性 sociality」という語をよく目にするようになった。一方で、「社会構造 social structure」という語はかつてほど見なくなった気がする。ためしに、Google Books Ngram Viewer[1]で「primate social structure」と「primate sociality」という二つの語句が英文の書物の中でどの程度出現するかを見てみよう（図1）。前者は一九七〇年代後半にピークがあり、後者の倍以上使われていたが、一九九〇年代に逆転される。そして二〇〇〇年代には「primate sociality」が完全に優勢になり、「primate social structure」の倍以上になる。

これは英語だけの傾向だろうか。Ngram Viewerは日本語の書籍には対応していないので、今度はGoogle Scholar[2]で「霊長類 社会性」と「霊長類 社会構造」を検索してみた（図2）。それぞれ上位一〇〇件しか調べていないので、グラフがややギザギザしているものの、日本語でも類似した傾向は見られる。すなわち、一九七〇〜一九八〇年代くらいまで優勢だった「社会構造」がある時点で逆転され、近年では「社会性」のほうが多くなっている。「社会構造」に一九七〇年代後半の顕著なピークが見られない点が異なるが、これはその頃の日本語の書籍が電子化されておらず、ネット検索に引っかかりにくいせいかもしれない。

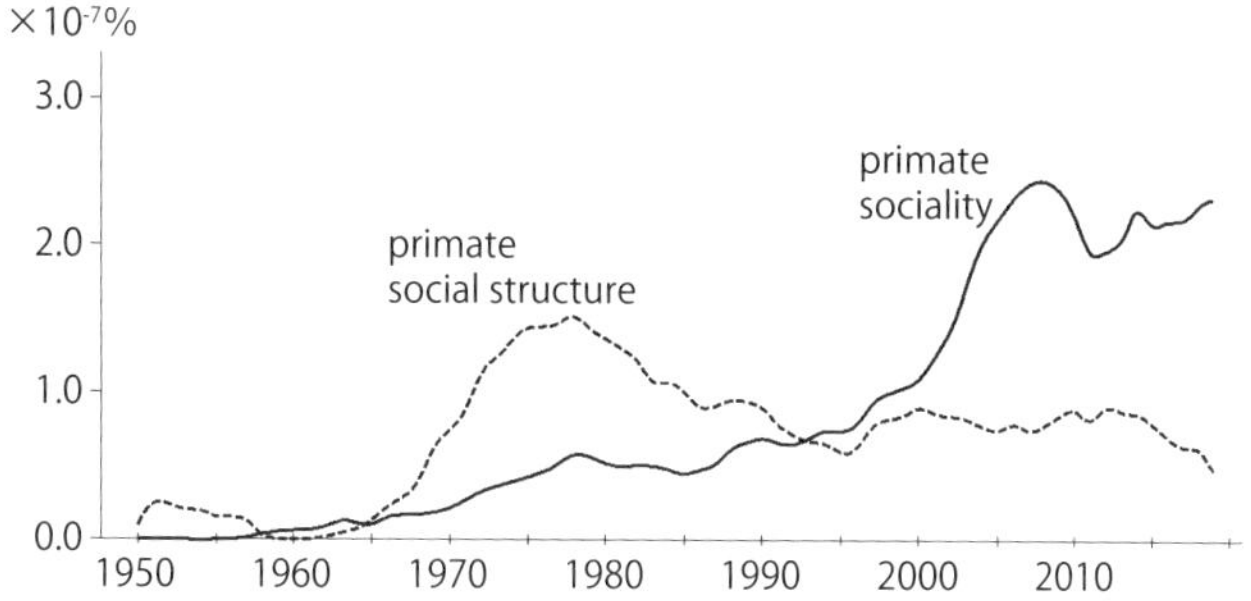

図 1　英文書籍における「primate social structure」（点線）と「primate sociality」（実線）の出現頻度の変化

Google Books Ngram Viewer によって、1950-2019 年の英語書籍コーパスを検索対象とし、グラフは 3 年ごとにスムージングしてある。

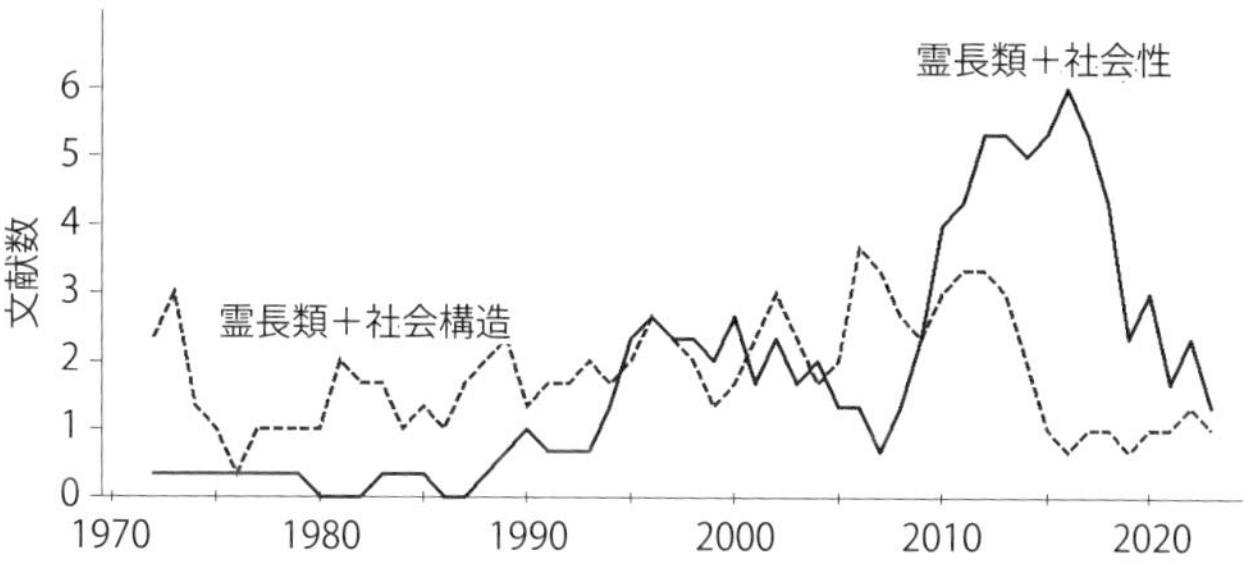

図 2　Google Scholar で「霊長類＋社会構造」（点線）と「霊長類＋社会性」（実線）を検索した際の出現頻度の変化

Google Scholar で、「“霊長類”“社会構造”−“社会構造分野”」と「“霊長類”“社会性”」を検索し、それぞれ上位 100 位の文献（発表抄録なども含む）の出版年を調べ、3 年ごとの移動平均を取ったもの。検索語をダブルクォーテーションで括弧っているのは完全一致をさせるためで、前者で「−“社会構造分野”」（冒頭にマイナス記号）が入っているのは、この組織名がタイトルの PDF 文章が研究所の年報に毎年掲載されているのを除外するためである。

1　電子化された出版物のテキストデータから特定のキーワードが出てくる頻度をグラフ化してくれるオンライン・ツール。https://books.google.com/ngrams/

2　学術文献の検索サイト。和文献についても、論文等が電子化されオンラインで閲覧できるものはヒットする。https://scholar.google.com/

もちろん、単純に「社会性」が「社会構造」の代わりになったというわけではないだろう。だが、以下で見るように、とくに英語での「sociality」は、集団を作るかどうかや集団タイプなどを表す意味で使われることが多々ある。そうすると、「〜構造」という、やや固定的で柔軟性に欠けるイメージを持つ呼称から、「〜性」という曖昧なイメージの呼称へと変化していったと見ることも可能だろうか。

いずれにせよ、霊長類の研究において「社会性」という語が頻繁に用いられるようになったのは比較的最近のことのようである。改めてその中身を見てみると、状況によってだいぶ指し示す意味が違うようである。そもそも人によって「社会性」の意味が異なり、そしてその違いが共有されていない場合、その起原を議論することは難しい。そこで以下では、若干のレビューを通して、「社会性」という語が霊長類の研究や人類進化などの文脈でどのように用いられているのかを整理しておこう。

2 「社会性」の辞書的な意味

まず、一般的な用法を確認するために、手元にあった辞書や、オンラインの辞書で「社会性」(英英辞書では「sociality」)を調べてみた。多くの辞書には、複数の意味が書かれているため、出現順に〔広辞苑①〕、〔広辞苑②〕のように記載している。

大まかには以下の四つに区分できそうである。

（Ⅰ）集団を作って生活しようとする性質

たとえば、〔大辞泉①〕には「集団を作って生活しようとする、人間の根本的性質。」〔傍点は中村による強調。以下同様〕とある。集団を作る動物はヒトだけではないが、なぜか辞書では「人間の」という形容詞が用いられていることが多い。調べた中では唯一、英英辞書である〔メリアム＝ウェブスター②〕だけ、「人間の」という形容詞がなかった。これを除けば、ヒト以外の動物の社会性といったものはあまり考えられていないか、社会性とはそもそも人間的なものに限るとも捉えうる。

もう一点、「集団をつくり他人とかかわって生活しようとする、人間の本能的性質・傾向。社交性。」〔大辞林①〕のように、「本能的」という形容詞も多く見られた。これは、社会性は人間にとって生まれつきのものであり（つまり学習で後天的に得られるものではない）、そして誰もが備えている性質であるということを含意する。

（Ⅱ）他者とうまくやっていく能力

（Ⅰ）と似ているがやや異なるのは、たとえば、「他人との関係や集団生活をうまくやっていく素質や能力。社交性。」〔日本国語大辞典③〕というものだ。（Ⅰ）が、人間全体の共通の性質（ヒトという種の生得的な形質）であったのに対して、こちらはおそらく、個人の能力をより念頭に置いた言い方になるだろう。「社交性」と言い換えられていることも多い。たしかに、社交性がある個人と、ない個人を想定することは容易いから、人間に共通の性質である（Ⅰ）とはやや異なる。

（Ⅲ）（現代的な意味での）「社会」に広く関連する性質

〔広辞苑③〕には、例として「社会性をもった芸術作品」といった用法が挙げられている。（Ⅰ）とも（Ⅱ）とも異なるが、より現代的な意味であり、本書のスコープとは異なると思われるので、これ以上は論じない。

（Ⅳ）ある社会に固有の性質

〔広辞苑①〕の説明である。「人間」の側の性質というよりも、「社会」自身の性質ということのように思われるが、具体的にはどんな用法があるのかよく分からない。他の辞書ではこれに該当する説明が見当たらないものも多い。

この中で重要なのはおそらく（Ⅰ）と（Ⅱ）であろう。「社会性」の起原を問題にする際に、「集団を作る性質」と「他者とうまくやっていく能力」は、互いに関連しながらも一応は区別するべき問題なのかもしれない。

3　専門用語としての「社会性」

研究上で扱うには、専門用語として「社会性」がどう定義されているかについても、見ておく必要があるだろう。たとえば、行動生態学における「戦略」という語のように、専門用語には一般用語の意味からかけ離れた定義がなされている場合があるからだ。

ざっと調べたところ、『人類学用語』（人類学講座編纂委員会 一九九七）、『生物学辞典』（八杉ら 一九九六）、『霊長類学の国際百科事典』（Fuents 2017）、『生物人類学の国際百科事典』（Trevathan 2018）などには「社会性」や「sociality」といった項目はない。[3] 最近刊行された『霊長類学の百科事典』（日本霊長類学会 二〇二三）にも「社会性」が入った項目はなく、巻末の事項索引にも含まれていなかった。[4]

「社会性［sociality］」という項目が唯一見つけられたものは、『行動生物学辞典』（上田ら 二〇一三）である。以下のように書かれている。

「社会関係があること。厳密な定義はなく、同種の二個体以上が何らかの関係をもっていれば社会とよべる。ただし、資源を介した間接的な競争などによる関係は社会性としてとらえず、個体間で直接的な接触あるいは音やにおいによる情報のやりとりがある関係を社会性としてとらえることが一般的。」

（上田ら 二〇一三：二二六）

まず分かるのは厳密な定義がされていないということである。つまり、専門用語として厳密には確立されていないことを意味する。そして、辞書的な(I)よりも若干意味が広いことも分かる。（I）では「集団を作る」ことが想定さ

---

3 心理学関連では、『心理臨床学事典』（日本心理臨床学会 二〇一一）、『最新心理学事典』（藤永 二〇一三）、『心理学総合事典』（海保・楠見 二〇一四）の三つについて確認してみた。いずれでも「社会性」そのものは項目になってはいなかった。『心理学総合事典』には「社会性と環境の適合」という項目があったものの、「社会性」が定義されているわけではない。

4 ただし、「社会性」という語自体が使われていないわけではなく、校正段階のＰＤＦファイル上で全文検索をすると三九件ヒットする（ちなみに「社会構造」は二九件）。

れていたが、ここでは個体間に「何らかの関係」があればよいからだ。極端なことを言えば、普段は単独生活をする二個体の動物が「出会えば常に喧嘩する」という関係を持っていてもよいことになる。ただし、この辞典には上記の説明に続いて、哺乳類・鳥類の協同繁殖する群れ、ハダカデバネズミ、アリやハチの仲間、細胞性粘菌などが社会性のある集まりの例として挙げられている。これらはいずれも多数個体が集合して単独個体では見られないような性質を示すような生物であるから、「何らかの関係」があればよいという説明よりは限定的になっている。

4　霊長類学とその周辺分野における「社会性」

本節では、霊長類研究およびその周辺分野において、実際に「社会性」という語がどのように用いられているのかを見ていこう。先に断っておくが、以下はけっして網羅的なレビューではない。それでも、この語の用法にどのくらいの振れ幅があるのかを理解するのには役立つであろう。

（1）生物の根幹としての「社会性」？

今西錦司は日本の霊長類学の創始者とされるが、霊長類の研究を始めるよりも前に、そもそも全ての生物種が社会（種社会）を持つというスタンスからスタートしている。群れを作らない種にも社会を認めており、今西にとって社会性はほぼ生物の根幹ともいうものである。この点は今西の主著である『生物の世界』（今西 一九四一）の以下の部分に端的に述べられている。

「［…］社会性ということは、このもとは一つのものから生成発展し、どこまでも相異なるものの世界においてどこまでも相似たものが存在するという、この世界の一つの構造原理であり、［…］社会性はこの空間的構造的一面を反映した、この世界を形作るあらゆるものに宿っている一つの根本的性格なのであるかも知れないのである。」

（今西 一九四一：一〇七―一〇八：［…］は省略、以下同様。）

ただし、今西がこの本の中で「社会性」という語を用いているのは唯一ここだけである。他の箇所では、たんに「社会」という語を用いているから、今西はそこまで「社会性」という語を有標化していたわけではないのかもしれない。その後の、社会を扱った二つの著書（今西 一九五一、一九六六）でも、ほぼ「社会性」という語は見当たらない。[5] やはり、これらの本でも中心的に用いられているのは「社会」という語である。

（2） 霊長類社会の進化と「社会性」

伊谷純一郎は今西の後継者として霊長類学を発展させ、自身では長年霊長類社会の進化を扱ってきた（たとえば伊谷 一九八七）。しかし、伊谷はその論考の中では「社会性」という語をほとんど使っていない（これは冒頭で見たような「社会構造」と「社会性」との逆転現象とも連動しているのかもしれない――伊谷の主要な文章はほぼ逆転の前の時期である）。かろうじて見つけることができたのは以下のようなところである。

5 前者では、エスピナスの社会観を紹介する文脈で一か所だけ「社会性」という語が見つかった（今西 一九五一：六六）。

「［ニホンザルのヒトリザルは］放浪ののちに再び別な集団に接近し、その新しい集団のなかで自らの地位を見いだすのである。それは、狂気でもなければ社会性の喪失でもない。」

（伊谷 一九八一／一九八七：二四五：［ ］内は中村による補足。以下同様。）

「とくに［ルソーの］自然人の社会性の描写には受け容れがたいものがある。種の成員の間に同盟もなく、同胞を必要とさえせず、無名の群らがりであるばかりでなく［…］」

（伊谷 一九八六：三五二）

いずれもとくに中心的な概念を説明するような箇所ではない。伊谷が「社会性」という語をほとんど使っていないのは、伊谷の社会論が基本的に社会の「ハード・ウエア」である社会構造を扱ってきたことと関係しているかもしれない（伊谷 一九八七：三二八）。ただし、伊谷は「ソフト・ウエア」としては平等性、社会行動、社会的規矩などを扱っているのだが、こうしたものについても「社会性」という語を積極的に用いてはいない。

伊谷と同世代、およびその次の世代の研究者が、霊長類の社会やその進化について書いているような著書（河合 一九七九；水原 一九八六；杉山 一九九〇；西田 一九九九；伊沢 二〇〇九）で、該当しそうな箇所を確認してみたが、やはり「社会性」という語は見当たらない。[6] 例外として、黒田末壽が類人猿の食物分配から自然制度の萌芽について議論している著書（黒田 一九九九）の中に「食物の社会性」という節があった。ただ、そこでの用法は、「食べ物は社会性を帯びている［…］」（黒田 一九九九：一一六）というものであって、上で見た辞書的な意味のいずれにも単純には該当しないやや特殊なものである。

（3）人間特有の「社会性」

日本の霊長類学者として「社会性」という語を比較的多用しているのは山極壽一である。一九九四年の著書（山極一九九四）では、まだ「社会性」という語は見当たらない。[7] 二〇〇三年でもそこまで目立たないが、「人間の社会性」という表現が二か所見つかる[8]（山極二〇〇三）。

二〇〇七年の著書では、節のタイトルとして「食物をめぐる争いと社会性の進化」が登場する（山極二〇〇七：七六）。ここでは、霊長類が資源をめぐる競合に応じてどういうタイプの集団を作るかという問題を扱っている。つまりここでの社会性は「集まり方」ないしは「集まる度合い」といった意味合いで、後述する欧米研究者による「sociality」の使われ方と概ね合致する。

二〇一二年の著書では、最終章で「人間の本質的な社会性」（山極二〇一二：三一六）について議論されている。そして、二〇一四年の著書では第6章のタイトルに「社会性」が含まれる他、第7章に「人間の社会性とは何か」とい

6　見落としはあるかもしれない。ただし、少なくとも章や節のタイトル、索引（ある場合）、霊長類の社会について議論している部分は確認したが、「社会性」という語を見出すことはできなかった。なお、いずれの著書でも「社会構造」という語は間違いなく使われている。

7　以降の著作と似た内容を議論しているところでは、たとえば「ペアという社会型」（山極 一九九四：四五）、「社会の特性」（同：一七六）などという言い方がされている。

8　それぞれ「仲間の目を通して自分を対象化し、美しくありたいという願望をもつ」（山極 二〇〇三：二二四）ことと、「［生物種としての］ハンディキャップをみんなが力を合わせて克服しようと努力してきた」（同：二二七）ことで、まだあまり固まった意味で使っている感じはしない。

う節がある（山極 二〇一四：一六二）。ちなみに、その答えは「見返りのない奉仕」、「互酬性」、「帰属意識」の三つである（同：一六二―一六三）。

山極が人間の社会性について語る際には、二〇〇七年の著書での「集まり方」とか「集団のタイプ」とかいう意味ではないことには注意が必要である。鎌田浩毅との対談本（山極・鎌田 二〇一八）の「第5講　人類の進化と社会性の起源」の内容が分かりやすいかもしれない。

「ぼくが思うに人間の社会性の根本は［…］森林からサバンナに出てきたとき［…］多産になったことにあった［…］その結果引き受けなければならない社会性が芽生えちゃったんです［…］それは共同の子育てという話です。」

（山極・鎌田 二〇一八：二一九、引用は山極による発言部分。以下も同様。）

「大人が子どもに対して無条件で食物を与えるという行動が、大人の間に普及することによって新たな人間の社会性が生まれた。［…］人間のそもそもの社会性は共感によって支えられている［…］」

（同：二二〇）

共同（の子育て）・（無条件で与える）利他・共感といったことが、他の霊長類とは異なるヒト独自の社会性の根幹にあるというのが、ここでの山極の見解である。[9]

この考え方は、たとえば松沢哲郎の著書（松沢 二〇一一）の第4章のタイトル「社会性――人間は役割分担する」に見られるものと大きく重なる。ただし、松沢は章タイトル以外では「社会性」という語を全く使っておらず、実際文中で用いているのは「社会的知性」である。おそらく、以下のような部分に松沢が考える社会性が示されているのだろう。

「人間は、進んで他者に物を与える。お互いに物を与え合う。さらに、自らの命を差し出してまで、他者に尽くす。利他性の先にある、互恵性、さらには自己犠牲。これは、人間の人間らしい知性のあり方だといえる。」

(松沢 二〇一一：七九)

「知性」を「社会性」に置き換えると、上述した山極の記述と酷似していることが見て取れる。

(4) 大澤真幸の〈社会性〉

霊長類学にも造詣が深い社会学者である大澤真幸は、「〈社会性〉の起源・序」(大澤 二〇〇〇)という論考の中で、まず「動物個体の間に、原始的な社会性が一般に成立しうる」ことを認めた上で、「人間に固有な〈社会性〉は、こうした原始的な社会性との差分によって定義することができる」と言う。この裸の社会性から山括弧付きの〈社会性〉への移行が「動物的(自然的)なステージから人間的(文化的)なステージへの移行」であると大澤は述べる。

原始(初)的社会性とは、少なくとも一方向的な利他性のことである。そして、社会生物学の包括適応度の概念を考えれば、利他性は一般的なのだと大澤は述べる。

「[…]議論の始点とするべきは、社会性の欠如——利己的な動物個体の間の競争や葛藤——ではない。むしろ、

9 この本では、山極が研究してきたニホンザルやゴリラの社会についても多くの言及があるが、そうした文脈では「社会性」という語は出てこない。このように、山極が「社会性」を用いる場合は、「人間の〜」という枕が付くことが多い。ただし、ヒト以外にまったく「社会性」を使っていないわけではない(山極 二〇一二：九九；山極二〇一四：六一など)。

始点とすべきは、動物の個体の間にも見出される、ある種の社会性である。」（大澤二〇〇〇：二六）

「人間の集合が現出させる社会性は、原初的な社会性を支配する原理とはある程度独立した――少なくとも完全に同一視することはできない――機制にしたがっているに違いない」（同：二七）

つまり大澤の言う〈社会性〉とは「包括適応度から予測される程度を越えた（あるいは下回る）［…］正または負の関係」のことである。そしてこれが「人間をまさに人間たらしめる条件」だと言う。チンパンジーの子殺しやボノボの性行動は〈社会性〉の兆候ではあるが、「第三者の審級は投射されかかるのだが、言わば、その度に不発に終わる」のだそうだ。

後の論考では、断絶はさらに大きくなっており、「類人猿型の「社会」ないし「社会性」と人間の〈社会〉ないし〈社会性〉との間には、深く広い溝がある」（大澤二〇一六：一七五）と述べている。前者の「社会性」はデフォルトが競争的状態だが、後者の〈社会性〉はデフォルトが協力的状態なのだと言う。だから、大澤にとって「社会性」から〈社会性〉への進化は「不可解」（cf. この論文のタイトル）なのである。[10]

（5）社会生物学における「社会性」

現在も多くの霊長類学者がその影響を受けている『社会生物学』（Wilson 1975/2000）における「社会性 sociality」も見ておこう。社会性の質として次の一〇個が挙げられている。「集団サイズ」「人口学的分布」「凝集性」「結合の量とパターン」「浸透性」「区画化」「分業」「行動の統合」「情報の流れ」「社会的行動に費やす時間割合」である。

網羅的なようだが、たとえば山極や松沢が強調する「利他性」とか「協力」とかいった概念は含まれていない。むしろ、どう集まるかと、集団内でどうふるまうかといったことに集中している。これを受けてかどうかは分からないが、欧米の研究者はそれほど「社会性」に「利他性」の意味を持たせることはない。ほぼ「集団性」と同義といったくらいの用い方が多いようだ。

（6）欧米での多数派の用法

英語での「sociality」は、日本語では「社会性」と訳される。ただし、この二つが全く同じ意味で使われているとは限らない。

たとえば、英国の人類学者であるフォーリー（一九九七）による社会性は真猿類[11]に共通の特徴であり、その起原は集団生活の起原とイコールである。

「社会性は本当に霊長類の適応における核心部分である。社会性は、ホミニッド類[12]やヒトに独特な特徴というより、むしろ［…］「祖先形質」［…］である。社会性や社会の起源について説得することは、人類学者にではなく、むしろ霊長類学者に課された役割である。」

（フォーリー 一九九七：二一九―二二〇）

---

10 なお、大澤による類人猿の社会性についての私見は中村（二〇一六）を参照。

11 かつて霊長類は大きく原猿と真猿とに区分されていた。ほぼ全ての真猿類は昼行性で、群れを作る。

12 ここでの「ホミニッド類」は、類人猿と別れた後のヒトの系統（現在の「ヒト族」または「ホミニン」に相当）のことである。現在では、ホミニッドに大型類人猿を含むことが多い。

ネイチャー誌に掲載されたシュルツらの「霊長類の社会性の進化」と題する論文でも概ね用法は変わらない。社会性とは集団性（または集まり方）のことであり、その起原は古い。

「ここで私たちは、社会性が単独採食個体から直接（約五二〇〇万年前に）複雄複雌の集まりへと推移し、ペア型や単雄のハーレムシステムは第二段階［複雄複雌型］から（約一六〇〇万年前に）派生したという霊長類の社会進化モデルを提示する［…］」

(Shultz et al. 2011、中村訳)

「緩やかな集まりを基にした社会性に続いて、安定した、もしくは繋がりの強い集団へと第二の移行が生じた」

(Shultz et al. 2011、中村訳)

欧米でも、集団性や集まり方以外の意味で用いられないわけではない。たとえば、以下のような場合は、むしろ集団内での社交性 sociability（誰とどのくらい一緒に過ごすか／交渉するか）といった意味に近い。ただし、ここでも「利他性」の意味はない。

「一〇歳になってようやく、チンパンジーは大半の時間を母親から離れて過ごすようになる。したがって、アカンボウの社会性 infant sociality の研究は、母親の社会性への影響とアカンボウの社会行動を切り分けなくてはならない」

(Lonsdorf et al. 2014[13]、中村訳)

「［…］集団生活する個体たちは、「集団」の中で社会的につきあうために、彼らの個体としての自由のいくばくかを控えなくてはならない。私たちが「社会性」と呼ぶものは、広義には、個体たちがしなければならない［こうした」妥協、［そのために］彼らが用いるメカニズム、そして彼らが社会集団を維持する手段である。[14]」

(Sussman and Chapman 2004：10、中村訳)

(7) 小括

ここまで見てきたように、同じ「社会性」という語に対して、霊長類やその他の動物を研究する研究者、そしてそうした動物の研究も含めて論考している研究者たちはじつに多様な意味を与えている。ここまでを若干強引にまとめる。

(A) 生き物であることの根幹：これは今西による特殊な用法である。

(B) 集団で生活すること：集団の構成や作り方。かつて「社会構造」と言われていたもの？ 英語の「sociality」はこの意味である場合が多い。

(C) 集団内での他個体との関わり方：「社交性」と置き換え可能？

(D) Cのうち、利他性や協力の意味を強く含むもの：「人間の」とか「高度な」といった形容詞が付けられることが多く、ヒトに独特（もしくはヒトで極度に発達した）と捉えられる。

13 この著者らは、同一論文内の別の箇所で、「sociality」とほぼ同じ意味で「sociability」を用いており、この二つを区別せずに互換的に用いていると言うほうが正確だろう。

14 この本はタイトルにまさしく「社会性の起原」を含んでいる。「起原」に該当する部分は「Origins」と複数形になっている。

(E) Dのうち、包括適応度で説明できないもの（生物学を超えたもの）：大澤の〈社会性〉。

5　向社会性

英語ではDやEの意味で「社会性」を用いることはほとんどないようだ。これは、ほぼそれと同じ内容を示す「向社会性 prosociality」[15]という語があるからかもしれない[16]。再び Ngram Viewer で調べてみると、「prosociality」は二〇〇〇年以前はほとんど用いられておらず、二〇一〇年を過ぎたくらいから急激に使用される頻度が高くなっていることが分かる。

『行動生物学辞典』（上田ら二〇一三）には「向社会性」ではなく、「向社会行動」が掲載されている。

「他者や所属するコミュニティー全体に利益を与える行動のこと。協力行動、分配行動、援助行動などが含まれる。行動の動機は利他的な場合（他者への共感など）も利己的な場合（将来の見返りに対する期待など）も含まれる。」（上田ら二〇一三）

このように、向社会行動は、その動機が利他的でなくてもよいのだが、向社会性の場合は、「他者を利することを意図 intend した行動である」（Jensen 2016、中村訳）と、その利他的な意図や動機も定義に含まれるようになる。

こう定義してやることで、向社会性はヒトだけの特徴だと主張される。すなわち、類人猿にも向社会的に見える行動は報告されているが、相手を利する効果が意図されているかは明確ではない（つまり、相同のメカニズムによるものかは立証されていない）。ここから、結論では以下のような主張に変換される。

「相手が必要とすることを同定する行為と手段の帰結を理解しつつ他者を助けようとする意図というものはおそらくヒトに独特であろう。」（Jensen 2016、中村訳）

「向社会性は、他種に見られるメカニズム――おそらく感情的感化や親の愛着や所有権――から進化したのかもしれない。ただし、パン属[17]との分岐後のどこかで、非血縁者も含む他者の安寧が私たちの種に大規模な協力を可能にした」（同）

類人猿、オマキザル、クモザルで向社会性を調べたアミシら（Amici et al. 2014）もまた、結果の解釈の部分で「動機」を持ち出し、それを「正確に示すことは困難であった」と指摘した上で、「向社会性の説得力のある証拠は見られなかった」と結論づけている。このように、助ける「意図」や「動機」が分からない（立証できない）ので、ヒト以外の霊長類に向社会性を認めないとする研究者が多数派である。[18] 一方、ヒトが向社会性を持つことはほとんど前提

15 この語の接頭辞 pro- は、「…賛成の」「…ひいきの」という意味で、反対語は anti- である。

16 『新・方法序説』（河合ら 二〇一三）の鼎談の中で、竹ノ下祐二も「一部の学問領域では社会性というのはプロソーシャリティと同じだというように思われている」（三四六頁）と述べている。

17 *Pan*。チンパンジーとボノボを含み、現生の属としては最もヒトに近縁な分類群である。

18 言うまでもなく、証拠の欠如は欠如の証拠ではないので、「意図が証明できない」ことから「向社会性はない」という結論は導けないのだが、こういった形でヒトに限られるとする主張は多い。一方で、霊長類が向社会的であることを疑わない研究者もいる（たとえば、de Waal and Suchak 2010）。

となっており、疑われることはない。[19]

こうした、「ヒトだけが持ち」、「他者を助けようとする性質」といった向社会性の特性が、前節でまとめたDの説明と酷似していることは明白である。

6 なぜ「社会性」は頻繁に使われるようになったのか

霊長類社会学を標榜していた初期の日本霊長類学者たちは「社会性」という語をほとんど使っていなかった。第1節で見たように、「社会性」が霊長類の研究で頻繁に用いられるようになったのは比較的最近のことである。なぜであろう。

専門用語として確立していないことや、用法が多様なことからも、多くの執筆者は、さほど意識せずに「社会性」という語を選んだ可能性もある。私自身、正直きちんと吟味せずにこの語を便利に使ってきた気がする（中村一九九五；Nakamura 2003; 中村 二〇一〇；Nakamura 2010 など）。なんとなくある時期から「社会性」という語の使い勝手がよくなったのだ。

もう一つの可能性は、第1節でも少し触れたように「社会構造」との関連である。つまり、かつては「社会構造」がキー概念となっていたがゆえに、「社会性」という語の出番はあまりなかった。もちろん、この二つの語は単純に置き換え可能ではない。だが、とくに日本の霊長類学においては、伊谷純一郎の影響もあって、ある時期まで「社会構造」というキーワードが非常に有力であったということは間違いないだろう。そして、「構造」という語が用いにくくなってきたときに[20]、より広い意味を持つ「社会性」という語に置き換わっていったということはありうる。

逆説的だが、「社会性」使用の増加は、「社会」そのものが研究対象として扱われにくくなっていったという状況とも関係するかもしれない。「社会」は複数の個体が関わる集合的現象であって、単一の個体に帰属するようなものではない。現在主流の行動生態学では、何か個体に帰属するような性質でなければ、その適応や進化を扱いにくい。集合現象である「社会」がどう進化するか、という問いは立てにくいのだ。そこで、「〜性」を付けてやれば、個体に帰属させることができる。個体に帰属させることができる性質であれば、個体差を調べたり、その違いが繁殖成功度に影響する可能性を検討したりすることもできる。つまり、個体主義的な側面が強くなった現在の霊長類学において、社会に関する特徴を話題にする際には、「社会」そのものではなく「社会性」という語を用いるようになったのかもしれない。

7 「社会性」の共通理解は可能か

ここまで見てきたように、「社会性」が示す範囲は広い。全ての生命に認めるという今西のような立場から、群れを作ることや群れ内での他個体との交渉の程度といった集団生活者に限定される使い方、そして大澤の〈社会性〉や、

---

19 ただし、ヒトの向社会的な選好性は実験によって直接的に検証されているわけではないと批判している研究者もいる (Burton-Chellew and West 2013)。

20 検証が必要だが、構造主義が一世風靡し、それに対するさまざまな批判が出てきたという流れとも無関係ではない気がする。霊長類学者がどこまで意識していたかは分からないが、構造主義批判が主流になってきた頃には「安易に構造と言うとまずい」といった意識は働いたかもしれない。また、カッペラーとファン・シャイク (Kappeler and van Schaik 2002) が、霊長類の社会に関する用語を整理した際、「社会構造」の意味をかなり限定的に定義したことも影響しているだろう。

「向社会性」と同義の（ほぼ）人間限定のものまで——。この広い範囲の全てをカバーするなんらかの性質を抽出することは可能なのだろうか。

少なくとも、種間や種内で社会性を比較しようとする際には、どの意味でこの語を用いているかに自覚的であることは必要だ。一方で、どの用い方が正しいのかを決めようとするのは必ずしも生産的ではないだろう。たとえば、単細胞生物と単細胞生物とが互いに影響を与え合う（インタラクトする）[21]ような性質に「社会性」という語を用いることはありうる。だとすれば、無数の細胞たちの協力的な集まりである多細胞生物の「個体」もまた「社会性」の産物であることになる。そして、その個体同士が相互に影響し合い、組織化された（ように見える）集まりを作る。これもまた、次元は異なるが、「社会性」である。さらには、人間だけが持つような「社会性」——それを特別なものと捉えるかはさておき——を見いだすことも当然できる。

こうした「社会性」のグラディエントの中で、特定の二点だけを取り出して、いずれが正しいか結論づけるのは容易ではない。たとえば、右に挙げた中では最もシンプルに思える細胞同士がインタラクトするという状況を想定してみよう。相手の細胞の存在がなければもう一方の細胞の作動がなく、そうした相手の影響を受けた作動が連鎖するという意味において、ここには——少なくとも広い意味での——「社会性」と言いたくなる何かが含まれる。

こうした用法を、人間的社会性の観点から拒絶することは容易い。曰く、細胞は自由意思を持たない（行為主体とは言えない）、細胞の作動はシャーレの中で容易に再現できるほど定型的である、細胞の作動にはなんら社会的意味などない、等々。ゆえに、細胞同士の関り合いなど社会性とは言えない。少なくとも人間の社会性を理解する上では無関係である——。

当然ながら、細胞の「社会性」——仮にそれを「社会性」と呼ぶとして——は、人間の独自性を体現するような「社会性」と同じではない。ただし、この二つの間に何らかの基準で線を引いて、線のこちら側には何々が「ある」があちら側には「ない」といった議論をすることでは、「社会性」の共通理解にはなかなか進めないのではないか。

さまざまな研究分野でさまざまな形で使われてきた「社会性」という語は、単一の概念に集約できるものではない。それらを「ある／ない」という形で二項対立的に切り分けていくのではなく、多様な存在者が多様な様態で互いに関わり合うという広い意味での社会性の中の、グラジュアルな勾配として捉えるとよいのかもしれない。

8　社会性の起原と進化の探究へ向けて

最後に、本書全体のテーマである「人間の社会性の起原と進化」を問う際に、いくつかのやり方がありうることを提示しておこう。本節は本章の中では最後の部分ではあるが、何か議論を「閉じる」のではなく、むしろ他章の議論へと「開く」ことを意図している。

確認しておくべき前提として、どんな定義を用いるにしても、人間の社会性は他の種の社会性と完全に同じではない。[22]一方で、ある人間の社会性も別の人間の社会性と完全に同一ではない。たとえば、日本人とイヌイトの社会性に

21　ここでの「インタラクトする interact」とは、大村（二〇二三a）の「相互行為 interaction」と元々の言葉は同じである。ただし、大村の相互行為は「諸個体によって社会的に意味づけられていなければならない」（二六三頁）という厳しい条件が付いている。一方、インタラクションは、たとえば分子と分子の間のような、個体とすら言えないような物体間でも生じる。

22　大村（二〇二三b）が提案するように社会性を「相互行為素」で記述できるならば、それは相互行為の違いと言い換えてもよい。人間である中村が関わる相互行為と、チンパンジーであるンコンボが関わる相互行為との間に何らかの違いが見つかることは自明である。

は違いもあるだろうし、何なら日本人同士でも違う。[23] では、どこまでが人間の社会性なのか——ヒトという種に普遍的な社会性というものが、本当に措定できるのだろうか。

文化の多様性を主題に掲げる文化人類学者は、なかなか人間の普遍について語らない。哲学者は人間の普遍について語るが、その際の人間とは往々にして西洋的な（かつ哲学者のような論理的思考に慣れ親しんだ）人間である場合が多い。人間の社会性の起原を問う本書のプロジェクトでは、文化間の多様性は受け入れながらも、何らかの形で人間の普遍性に接近する努力もしてきたはずだ。

（1） 人間の社会性を「核」として捉える

さて、人間の社会性が他種のそれと違うことを前提とした場合、その起原と進化を語る上で分かりやすいのは、人間独自の（かつ普遍的な）社会性を徹底的に探求する道であろう。これは、人間の社会性には他の動物の社会性に加えて、何か人間だけの「核」があるとする考え方である（第4節の（4）で触れた大澤の〈社会性〉はまさにそういうものである）。すなわち、人間から非人間的・動物的社会性をとことんまでそぎ落として、その中にある「核」を抽出するのである。[24] その上でその見つかった「核」が何に起原し、どのように現在に至ったのかを問う作業となる。

その際、「人間／動物」という安直な二項対立を前提としないならば、ある動物一種を「動物」の代表とすることはできない。たとえば「チンパンジーにない」ことは必ずしも人間の「核」の証明にはならない（なぜなら、チンパンジーは全「動物」を代表していないから）。厳密には、「ニシゴリラにもない」、「ニホンザルにもない」、「オオカミにもない」、「ハンドウイルカにもない」、「ボルネオオランウータンにもない」、…という形で、ヒト以外の多様な種を網羅的に確認する必要がある。実際問題として完全網羅は難しいとしても、少なくとも数種だけで「動物」を代表させるわけにはいかないだろう。

さらには、この道では「ヒト普遍」の措定は必須であるように思える。ヒトの一部にしか見られないような特徴ならば、それをことさらに他種と比較して人間独自の「核」だということはできないからだ。

（2） 人間の社会性を「束」として捉える

人間の「核」を探し求めるのとは、ちょうど逆の極にもう一つの道がある。人間独自の社会性として見えているものは、第7節で見たような多様な「社会性」の連続体におけるある部分の見え方にすぎないと考えるのである。この連続体はさまざまな意味での「社会性」の糸が絡まり合ったネットワークのようなものと考えてもよい。その中で人間の部分を指し示すことは可能だが、そこだけがことさらに独自なわけではない。

人間に関してさまざまなレベルで描かれうる社会性の束が結果的に「人間独自」だと見えている。その束は大まかにはヒトという種で共通するだろうが、それぞれのヒト個体で完全に一致するわけではない。その束の中には、ヒト以外の種と似ている部分も当然あるだろう。たとえば単細胞生物同士のインタラクションですら、人間同士の

23 これも「相互行為」に還元して記述してみると、いずれも日本人である中村の関わる相互行為と河合香吏が関わる相互行為が完全に一致するわけではないことは、これまた自明である。

24 この「核」を抽出する（人間にあって他種にないものを探し出す）作業において、大村（二〇二三b）が提案した「相互行為素（社会性の記述の最小単位）」は有効だろうか。大村がアナロジーとして挙げている「音素」の場合、たとえば、英語には四四個、日本語には二四個というふうに全てを列挙することができる。その上で、/θ/や/ð/という音素（「th」の音）が英語にあって日本語にはないと言うことは容易い。一方、相互行為素が有限個なのかどうかは大村の説明ではよく分からない。相互行為そのものは創発的でそれぞれがユニークであるが、それらがいくつかの「素」に還元できるのかという点がポイントとなるのかもしれない。

相互行為《インタラクション》を理解するために必要な側面はあるだろう。

こうした意味での社会性の起原を探求するということは、人間の社会性の束をより大きな社会性の潮流の中に再定位して、その束を形作る一本一本の糸の由来を辿るような作業である。この場合、「ヒト普遍」の措定は必須ではない。一つ一つの特徴が、他の生物種に「ない」という証明も必要ない。

（3） さまざまなアプローチ

本節（1）と（2）では、敢えて対極にあるような二つの立ち位置を提示した。このいずれかが正解だ、という意図はない。あくまでも議論を進める上での仮のものである。

本書の研究プロジェクト（本書の著者たち）もけっして一枚岩ではない。私が仮に提示した二つの道筋のうち、比較的分かりやすくどちらかの極に立ち位置を持つ著者もいれば、もっと慎重に中間的な立場を取る者もいるだろう。そもそも道筋は二つだけとは限らない。ひょっとしたら別の方向にも極があって、そちらに大きく振れている者もいるかもしれない。とりあえず、ここでは「社会性」にさまざまな用いられ方があること、さらには、どの用い方をするにせよ、その起原と進化を探究するのにもさまざまなアプローチがありうることを指摘するに留めよう。

「社会性の起原と進化」という大きく困難な問いは、最初から立ち位置を一つに決めておいて直線的に解へと向かえるようなものではおそらくない。多様な立ち位置から、それぞれが丁寧な比較考察を続けることで、一見全く互いに関係がないかのような複数の論考たちが次第に関連性を露わにしてくることを期待しよう。答えは、個々の立ち位置からというよりもむしろ、何か全体として焦点を結ぶような形で見えてくるのかもしれない。

参照文献

伊沢紘生（二〇〇九）『野生ニホンザルの研究』どうぶつ社。

伊谷純一郎（一九八一／一九八七）「構造をつくる行動」『霊長類社会の進化』平凡社、二二三―二四五頁。

――（一九八六）「人間平等起原論」伊谷純一郎・田中二郎編『自然社会の人類学』アカデミア出版会、三四九―三八九頁。

――（一九八七）『霊長類社会の進化』平凡社。

今西錦司（一九四一）『生物の世界』弘文堂。

――（一九五一）『人間以前の社会』岩波新書。

――（一九六六）『人類社会の形成』ＮＨＫブックス。

上田恵介ら編（二〇一三）『行動生物学辞典』東京化学同人。

大澤真幸（二〇〇〇）「〈社会性〉の起源・序」『理論と方法』一五（一）：二一―三六。

――（二〇一六）「〈社会性〉への不可解な進化」『現代思想』四四（一〇）：一六五―一七七。

大村敬一（二〇二三ａ）「可能性を拡げる議論のために」河合香吏・竹ノ下祐二・大村敬一編『新・方法序説――人類社会の進化に迫る認識と方法』二六二―二七三頁、京都大学学術出版会。

――（二〇二三ｂ）「相互行為素――霊長類の社会性の種間比較のための基盤」河合香吏・竹ノ下祐二・大村敬一編『新・方法序説――人類社会の進化に迫る認識と方法』一七四―一八九頁、京都大学学術出版会。

海保博之・楠見孝監修（二〇一四）『心理学総合事典』朝倉書店。

河合香吏・竹ノ下祐二・大村敬一編（二〇二三）『新・方法序説――人類社会の進化に迫る認識と方法』京都大学学術出版会。

河合雅雄（一九七九）『森林がサルを生んだ――原罪の自然誌』平凡社。

黒田末寿（一九九九）『人類進化再考――社会生成の考古学』以文社。

人類学講座編纂委員会編（一九九七）『人類学講座 別巻2――人類学用語』雄山閣出版。

杉山幸丸（一九九〇）『サルはなぜ群れるのか――霊長類社会のダイナミクス』中公新書。

中村美知夫（一九九五）「野生チンパンジーのワカオスの社会性の発達――どのように他個体に認められていくのか」『霊長類研究』一一（三）：二一九八。

――（二〇一〇）「『接触』という相互行為――原初的対称性から考える社会性の進化」『人間文化』二七：八―一二。

——（二〇一六）「『サル学』の視座——人間以外の社会を理解するとは」『現代思想』四四（一二）：七六—九〇。

西田利貞（一九九九）『人間性はどこから来たか——サル学からのアプローチ』京都大学学術出版会。

日本心理臨床学会編（二〇一一）『心理臨床学事典』丸善出版。

日本霊長類学会編（二〇二三）『霊長類学の百科事典』丸善出版。

フォーリー、R（一九九七）『ホミニッド——ヒトになれなかった人類たち』金井塚務訳、大月書店。

藤永保監修（二〇一三）『最新心理学事典』平凡社。

松沢哲郎（二〇一一）『想像するちから』岩波書店。

水原洋城（一九八六）『サル学再考』群羊社。

八杉龍一ら編（一九九六）『岩波　生物学辞典　第四版』岩波書店。

山極壽一（一九九四）『家族の起源』東京大学出版会。

——（二〇〇三）『オトコの進化論——男らしさの起源を求めて』ちくま新書。

——（二〇〇七）『暴力はどこからきたか』ＮＨＫブックス。

——（二〇一二）『家族進化論』東京大学出版会。

——（二〇一四）『「サル化」する人間社会』集英社。

山極壽一・鎌田浩毅（二〇一八）『ゴリラと学ぶ——家族の起源と人類の未来』ミネルヴァ書房。

Amici, F., Visalberghi, E. and Call, J. (2014) Lack of prosociality in great apes, capuchin monkeys and spider monkeys: Convergent evidence from two different food distribution tasks. *Proceedings of the Royal Society B*, 281: 20141699.
Burton-Chellew, M. N. and West, S. A. (2013) Prosocial preferences do not explain human cooperation in public-goods games. *PNAS*, 110: 216–221.
de Waal, F. B. M. and Suchak, M. (2010) Prosocial primates: Selfish and unselfish motivations. *Philosophical Transactions of the Royal Society B*, 365: 2711–2722.
Fuentes, A. (ed) (2017) *The International Encyclopedia of Primatology*. John Wiley & Sons, Hoboken.
Jensen, K. (2016) Prosociality. *Current Biology*, 26: R739–R755.
Kappeler, P. M. and van Schaik, C. P. (2002) Evolution of primate social systems. *International Journal of Primatology*, 23: 707–740.

Lonsdorf, E. V. et al. (2014) Boys will be boys: Sex differences in wild infant chimpanzee social interactions. *Animal Behaviour*, 88: 79–83.

Nakamura, M. (2003) 'Gatherings' of social grooming among wild chimpanzees: Implications for evolution of sociality. *Journal of Human Evolution*, 44(1): 59–71.

Nakamura, M. (2010) Ubiquity of culture and possible social inheritance of sociality among wild chimpanzees. In: Lonsdorf, E. V., Ross, S. R. and Matsuzawa, T. (eds), *The Mind of the Chimpanzee: Ecological and Experimental Perspectives*. Chicago: University of Chicago Press, pp.156–167.

Shultz, S., Opie. C. and Atkinson, Q. D. (2011) Stepwise evolution of stable sociality in primates. *Nature*, 479: 219–222.

Sussman, R. W.and Chapman, A. R. (eds) (2004) *The Origins and Nature of Sociality*. Aldine de Gruyter, New York.

Trevathan, W. (ed) (2018) *The International Encyclopedia of Biological Anthropology*. John Wiley & Sons, Hoboken.

Wilson, E. O. (1975/2000) *Sociobiology: The New Synthesis*. The Belknap Press, Cambridge, MA.

第２節で参照した辞書・事典

『広辞苑　第五版』一九九八年、岩波書店

『精選版　日本国語大辞典』https://kotobank.jp/word/ 社会性 -75624（二〇一九年九月二七日アクセス）

『デジタル大辞泉』小学館 https://kotobank.jp/word/ 社会性 -75624（二〇一九年九月二七日アクセス）

『大辞林 第三版』https://kotobank.jp/word/ 社会性 -75624（二〇一九年九月二七日アクセス）

Wikipedia（https://ja.wikipedia.org/wiki/ 社会性）（二〇一九年九月二七日アクセス）

Merriam-Webster（https://www.merriam-webster.com/dictionary/sociality）（二〇一九年九月二七日アクセス）

Keynote 2

KEYWORDS

「見えない他者」の向こうへ

社会性延長の場としての「宗教」

社会性の極致としての「孤独」

カミと孤独、また世捨て人

「延長された社会性」の進化史的意義についての覚書

内堀 基光

Motomitsu Uchibori

いまさら言挙げするのもおかしいが、社会性を考えるときに「同所性」および（もしくは）「共在性」から見ていくことが本書のベースとなった共同研究の出発点であった。人類とりわけ現生人類（ヒト）と非ヒト霊長類の両者の社会性をなんらかの度合での連続性のもとに比較検討しようとするかぎり、「同所性」「共在性」をはずして考察することは、方法論的な観点からもむずかしいことであると思う。現実にはヒトの社会性の具体的現れを記述するさい、これら二つの語が共通に表現する「直接的な」社会性以外のことに触れずにすますことは困難であり、それらのいわば「非直接的な」現われは時に応じて「見えない集団」や「見えない他者」といった言葉を使うことによって、ある限定的な存在様態ないし関係様態として論じられてきた。直接性を出発点にとる以上、それ以外のものごとは基本的にその否定形として措定されるのは当たり前ではあった。だがこの当たり前さはやや居心地がわるい。否定形で言い表してしまうことで、そうした否定形の様態の肯定的（積極的）意義が損われるところもあるからである。

そこでこの議論の進め方をすこしだけ崩してみよう。否定形ではなく、より肯定的な意味あいをもった限定形容詞を使うことによって、その限定の意義を考える方向で議論を進めることができるのではないかということである。導入するのは「延長された」――あるいは「拡張された」――（extended）という限定形容詞である。この導入によって、人間の社会性のどの要素が、どのような方向に、どれほど延長（拡張）されているのか、あるいは延長されうるのかということを考えることにする。そうした社会性の全体をRemmeとSillander〔2017〕にならって「延長された社会性」（extended sociality）という包括的な概念で呼ぶとして、これが人類進化の枠組のなかでもつ意義を探ってみたい。[1]

1 ドーキンス「延長された表現型」

進化について何事かを語ろうとするとき、「延長された」という言葉を聞いて思い浮かべるのは、言うまでもなくドーキンス［一九八二（一九八七）］の「延長された表現型」（extended phenotype）であろう。彼の議論において「延長された」とはどのような事態を指すものなのか、ここではあまり細部に立ち入ることなしにざっと検討しておく。本来的なものと延長的なものとの関係を考える糸口としてまずは役に立つと思われるからである。

延長的なもののもっとも分かりやすい事象は動物の造作物である。ドーキンスがあげる思考実験（現実にはない）としての具体例は単純なものである。想像上のトビケラの幼虫が巣作りするときに特定の色の石を選ぶことを促す遺伝子をもったとする。遺伝により暗色の石を選んで巣作りする個体と明色の石を選ぶ個体の違いがあるとする。この場合、巣の色は遺伝子によって規定されることになる。このことは、論理的に言って、遺伝子が表現型である個体の体色を規定することと基本的に変わりない。選ばれた色をもつ石を表現型と呼ぶことの根拠はここにある。ここから進んで、さまざまな形状のクモの網を同じような意味での表現型と見ることは容易だろうが、もうひとつ歩を進めれば、こうした一個体の行動による造作物だけではなく、働きアリのコロニー集団が造るシロアリ塚、あるいは寄生動物がみずからの遺伝子作用として寄主に特定の行動をとらせる現象なども、同じ視点から捉えかえすことができる。シロアリ塚がコロニー初代の王ペアの遺伝子の延長された表現型であり、吸虫に寄生されたカタツムリがそうでないカタツムリより厚い殻をもつとすれば、その殻は吸虫の遺伝子の延長された表現型であるというように。これらの例

1　本論の文脈では extended の訳としては「拡張された」のほうが通りが良いと思う。しかし以下で言及するように表現型に関しては「延長された」という訳語が定着しているため、ここでは全体的に「延長された」を使うことにする。

はそれとしては実に分かりやすい。だが、なぜ「延長された」なのか。生物の造作物は、遺伝子が直接促す造作行動の結果にすぎないとすれば、わざわざ「延長された」と言う必要はどこにあるのだろうか。

時間を超えて遺伝子の複製と伝達をになう生物個体は、その個体に表現された形質属性を動員して環境世界のなかで生きる——つまり自己保存と次世代再生産をおこなう。個体の形質属性は遺伝と環境からの作用によって発現する。これが表現型であり、したがってそれは本来的にあくまでも個体のかたちと個体のふるまいにとどまるものである。だが表現型としての個体は生きるにあたって同種の他個体や異種の他個体、非生物などからなる環境に働きかけるわけだから、いかなる意味でも孤立した存在ではありえない。だが、通常の生態レベルではそうした働きかけにおける動作主はあくまでも個体であり、表現型はそれを発現させる遺伝子をもつ個体についてのみ効果をもつとされる。ドーキンスの論理の独自性は、効果を行動というよりもその結果としての具象的な物体に絞って見るところにある。その意味では、効果は物体としての個体であっても、その外にあるものであっても同じことだということになる。行動から効果というプロセスを逆転させて、効果つまり結果から行動、さらには遺伝子へとさかのぼって見るわけだ。表現型効果とは「ある遺伝子が世界に及ぼすすべての効果」と大づかみで説明されているが、問題となっているのはあくまでも効果である。[2] 個体の外の物質的な効果としての世界の存在、これがまさしく延長された表現型の意義であり、私にはその点でドーキンスの発想はいちじるしく存在論的な議論に向かうもののように思われる。

ドーキンスの議論をさらに大きく語り直してしまうことになるかもしれないが、こうした存在論は個体というものの閉鎖的同一性を弱める方向にはたらく。つとに指摘されてきたところだが、もともと動作主としての個体というのはある意味では近似値のようなものである。生理レベルまで下りていくと、ひとつの個体がどれほど閉じた同一性をもつ存在であるかはあやしくなってくる。動物の個体の内的構成は空間として寄生生物を含むさまざまの生命体の共生の場であるとも言える。同様に、個体の外界との接面も閉鎖的だとは言い難い。生きている以上、外の物質の摂取あるいは浸透作用が常時そこにあり、しかもこの物質は他の生命体を排除しないからである。これらのことを考えると個体の表現型というのも通常認識されるほどには堅牢な外貌をもつものではないことになる。個体をそうしたものとして「世界におけるすべての効果」を語るとき、個体はその内面でもその外面でも、多くの効果の連鎖の結節点のようなものに見えてくるのである。結節点というのは効果の重なり合いの特異点と言い換えてもよい。そう考えると、個体はドーキンスにあっては、遺伝子のある特異な段階での「乗り物」であって、その上下には、より直接的なアミノ酸という「乗り物」から環境的な事物にいたるまで多くの段階の「乗り物」が想定されることになる。遺伝子の運び手のこうした多段階性とそこにおける個体段階の特異性の認定こそが、「延長」という語がきわめて意義深く立ち現われる根拠なのではないか。

2　社会性の議論における「延長」の位置づけ

では延長された社会性と言うときの延長の意義は、延長された表現型におけるその意義とどこがどう違うのか。それを考えるには、（一）表現型における個体にあたる「ほんらいの」社会性をどのようなものと見るか、また（二）表現型の生成を促す遺伝子にあたる複製子は存在するのか、存在するとすればいかなるものでありうるのか、の二点

2　「遺伝子の表現型効果の概念を個体の体の外部へ延長する第一歩を踏みだしたことになる」（三七〇頁）。表現型およびその延長という考えは、遺伝子が正であれ負であれ個体の選択（淘汰）に働くもの（とき）――「生存の機会に影響をおよぼす」――にのみ適用すべきだということである。逆に言えば、こうした選択に関わらない表現型は、個体にかぎられたものであっても、それを超えた延長としてであっても、考慮の外に置かれることになる。ちなみにドーキンスのこの著作は「利己的な遺伝子」の議論を「延長」概念の導入によって補強し擁護することが主目的であり、トビケラの幼虫の例で分かるように、「延長」事象そのものの例示を詳細に実証展開することを目指してはいない。

を吟味することが出発点になる。
（一）に関しては本章冒頭で述べたように「直接的な」——「同所共在的」な——社会性のあり方を措定しておくしかない。論理上も事実上も、直接的な社会性のうちに二者的なそれと三者以上のそれを弁別して論じる必要はあるが、延長を考える本論ではその弁別には踏み込まないでおくことにする。[3] 三者以上からなる同所的「集団」内での社会性は、さしあたっては均質的な対面関係の束であることを前提としてよい。これを前提とすると、表現型の場合では延長とは個体の身体を越えたところの世界のすべてであったが、社会性の場合での延長は、二者間か三者以上の間の関係かを問わず、具体的な人間の対面的個体間関係を越えたすべてのものの関係ということになろうか。もちろん社会性の枠内にある以上、そこでの関係ではなんらかのかたちで双方向の作用が働いていることが必要である。一方からの作用しかないところでは社会性とは言えない。そこでつぎに考えるべきは「なんらかの」作用がどのような特質をもつものなのかということになる。
（二）に関しては、表現型を出発点に採れば、もともと社会性なるもの自体がそこからのあるかたちでの延長なのだと言うべきであろう。つまりは社会性の根底にある進化上の複製子は遺伝子だということである。直接的な「ほんらいの」社会性を表現型からみて0次の延長とすると（0次というのは遺伝的に決定づけられている個体間の物理的・身体的相互関係ということを言い表したつもりである）、個体間という具体性を維持したレベルでの社会性の延長、たとえばさまざまな程度での大小の集団の形成が1次の延長である（この延長は表現型の延長であって、社会性の延長ではないことに注意）。それ以上の社会性の延長は、表現型からみれば2次あるいはそれ以降の延長ということになるが、それは1次の延長とはちがい、近接的に（というのは直接的ではないとしても、きわめて短い因果連鎖で）遺伝子保存に益するということが明白なわけではない。したがって進化の枠組における効果という点で、社会性の1次の延長は表現型の延長に類似するが、2次以降の延長はそうではない。
ひるがえって、社会性を遺伝子と表現型の論理から切り離し、「ほんらいの」社会性とその延長との関係のみに絞って、そこに底在すると想定することが可能な複製子を考える。容易に考えつくのは、ドーキンスがミーム（「模倣子」）と名づけた、身体外的な、普通には文化的なものと考えられる要素であろう。これには人間間で模倣されうるあらゆる要素が含まれるが、社会性にかぎっていえば、ある社会が人間関係についてもつ倫理規則や価値観念、世界に存在する事物と人間が世界の中で占める位置についての観念――広い意味での存在論――などが、特別に関与的なものとなる。「ほんらいの」社会性も、いかなるかたちでのその延長も、こうした諸観念、いわば「社会性ミーム」の発現形態（表現型）であるとみなしてよい。模倣子である以上、それらはある集団の中で世代から世代へ、あるいは同世代間である人間集団から別人間集団へと、一定の成功度をもって伝承されうる要素であり、そこには異なる「社会性対立ミーム」間での競争も存在する。だが遺伝子の場合と異なり、個体にあたる「ほんらいの」社会性を発現させるミームと、その延長を発現させるミームのあいだには、原理的にかなりの度合の独立性があることに注意しなければならない。その意味で、延長された社会性というときの延長とは、表現型とそのふるまいの効果としての延長という論理とは異なる論理――と、次節で見るように異なる事実――から生じてくるものである。

事実問題として、すべての人類社会は「ほんらいの」社会性だけでなく、なんらかの延長された社会性を発現させている。はだかの「ほんらいの」社会性を観察するためには、むしろ、延長された社会性の層を注意深く剥ぎ取っていく必要があるほどだ。このことが個体の表現型とその延長と事実の上で異なる点であるが、この事実は二つの延長の論理の違いを反映しているだけだと考えたほうがよい。延長された表現型は常に表現型個体のふるまいの効果としてのみ発現するのに対し、延長された社会性は、すくなくとも共時的な現実態としては、「ほんらいの」社会性が作

3　三者関係や多数共同性を臨む社会性全体の一つの軸としての二者関係の特質については船曳建夫（二〇一六）、古くは対幻想を語る吉本隆明（一九六八）など。二者関係の現実態が「集団」内では単複の第三者（項）の存在を想定したものについては、本書第11章で竹ノ下が論じている。

り出すものではなく、むしろその上部を覆い、ときにはそれを見えなくする外被として、多くの側面で独立の事象を形作っているのである。

3 社会性の二つの延長軸――時空間の延長と非ヒトへの延長

ここまで述べてきたことは、すべて前提についての議論であって、具体性をいっさい欠いていた。ここからは一転して社会性の延長の内容について見ていくことにする。内容そのものは多岐にわたるが、実のところその延長の構造論理には複雑なところはなく、比較的単純な図式でまとめることができる。「ほんらいの」社会性からさまざまな延長が形成されていく過程を論理的に辿ることは、共時的現実態ではなく進化的に初発の生成について語ることであるが、具体的ではあっても大部分は思弁にとどまらざるをえない。

まずは延長がどのような方向性をもつかについて。方向はさしあたって二つ考えられる。第一の延長方向は、対面的な関係に発現している社会性から見えない「集合」における社会性への延長である。ここでいう集合は多数個体からなる現実の集団からより名称的なカテゴリーといったものをも含む。ざっと列挙しただけでも、任意の多様な人間集団、交通圏、通婚圏、情報圏、地域社会、国家、超国家的集合体などなどであるが、それぞれの枠内において個体が単なる個体としてではなく他個体とのなんらかの共通性をもったものとして自己同定し、そうした個体（あるいは個体群）として別の自己同定をもっているとみなす同様の個体（群）に対して、友好的であったり敵対的であったりといった特定のふるまいをする。この延長の方向性――「ほんらいの」から「延長された」へ――は、レヴィ＝ストロースを解読しつつ小田亮（二〇〇〇）が唱える「真正の社会」と「非真正の社会」とのあいだにある「真正性の基準」の違いに対応しているといってもよいが、実体的な含意をおびる「社会」というより、やはり個体のしめす社会性の質の問題として語るほうがよいと思う。[4] 事実として観察しうるのは、どちらにおいても個体のふるまいだからである。

個体のふるまいとしての社会性から出発すれば、上のような延長とならんでもうひとつの延長の方向性も理論上同じ資格で論じることができる。この第二の延長方向は、人間ではないもの——つまり存在論的に自己と完全に同じ存在者（存在するもの）の地位にないもの——との相互作用として現われる社会性の延長である。その相互作用（相互行為）の相手は、人間でないものには実在するさまざまな生きものである個体、非生命の個物、さまざまの属性によって語られる神霊的存在者といった個別存在者である。人間の五感で存在を確かめられるものとそうではないものの両者がここには含まれているが、それはまず延長の程度の問題であって質的差異の問題ではない。[5] こちらの方向への延長は第一の延長方向と異なり、「ほんらいの」社会性からの乖離とか偏向のようにみえるかもしれない。だが人類の進化を考えるとき、その乖離は第一の延長方向におとらずその本質にかかわる意義をもっている。

---

4 実体的なものを考える場合には、ダンバー数などが言及の対象となろう。それによるとほぼ一五〇。リチャード・リーの「Man The Hunter」では五〇、五〇〇というのがさまざまな集団規模として現われるマジックナンバーとして言及されている。その逆の極として、直接的でない「今かつここ」的でない社会性の現われの諸形態をもって遠距離社会性 remote sociality だとか、想像社会性 imagined sociality とかの表現でこれを言い表すこともできる。

5 Inter-species sociality つまり non-human animates、さらには inanimates, non-exitent constructs などとの社会性である。これらは「今かつここ」的ではあってもいわば想像社会性というべきものである。ここでいう想像が imagined であるか imaginary であるかは相手の存在様態の現実性にかかわる。私に言わせれば、ペットや家畜との社会性は imagined であり、神（カミ）や精霊とのそれは imaginary である。死者との社会性は、私は imaginary だとみなすが、死者の存在様態は時間と生者との距離によって変化するので、imagined から imaginary へと進行ないし退行すると考えることもできる（死者の存在論についての私の議論は内堀（二〇二二））。

上の二つの方向性は基本的に互いに独立であり、それを二本の数直線で表すとすると、それぞれに属する個々の延長形態をそれぞれの方向性に合致した指標にもとづいて線上に位置づけることができる。その指標の取り方として、第一の方向性においては「ほんらいの」社会性からの時空上の近接度、第二の方向性においてはそれとの属性的な乖離度を考えればよい。どちらの指標もある程度の量化が可能だということがその前提だが、その量化はあくまでも擬似的な量化にすぎないことに注意しつつ援用すれば、それなりに人類社会の進化の議論の俎上にも乗せられるものとなろう。分かりやすいものとしては、第一の方向性数直線の上に、「ほんらいの」社会性からそれを超える集合への延長を、ダンバー数からそれぞれの集合の抱えうる人口数への増大として表せる、という例をあげることができる。この数直線には非ヒトの霊長類における集合のケースもごく狭い限定つき――いわゆる「社会の重層性」の形成――で落とすことができるが、人類の場合と異なり示唆的な効果はほとんど期待できない。

注意しておかなければいけないのは、この第一の社会性の延長の効果（生成体）としての集合の形成にはたらく媒介には、多くの状況下で人間ではないものとの相互作用が重要な契機として働いているということである。これは第二の方向性での社会性の延長であり、乖離や偏向にみえる延長の論理そのものとしては第一のそれとは独立であるが、現実の歴史態において、こちらの延長が集合形成への促進力、あるいは場合によっては始動力としてさえ介在する。さきにこの方向性の重要性に言及しておいたのはこのためである。その理由はおそらく単純で、集合が大きくなればなるほど、対面的関係に替わり、なおかつそれに匹敵する（以上の）共通性の受容を必要とするからであろう。そう考えると、上の二つの方向性は必ずしも同一平面にあるわけではないが、近似的に縦横の軸（かならずしも直交でなくともよい）をこれらに与えて仮説平面を作ってみれば、さまざまなしかたで延長された社会性の分布図をその平面に描くことができるのではないかと思う。

第二の社会性延長軸にあるもののすべては、それらとの相互作用が本来的に延長としてしかありえないものである。いま私の頭のなかにあるのは霊魂、妖怪、精霊、死者、偶像、フェティシュ、記号物、トーテム、旗などであるが、これらの「想像された物」（とあえて言う）はさまざまな接近法の下ですでに論じ尽くされた観がある。[6] これを延長された社会性の枠組に取り戻すことは、「想像された共同体」の例をあげるまでもなく、さほど難しいことではない。むしろ現今の思想潮流との関係で、ヒト以外の動物を中心とするさまざまな生命体と人間との相互作用を、マルチスピーシーズといった枠組を導入することなしに人間の生活の可能な広がりとして語るのが社会性のこの方向への延長を論じることの効能ではある。[7]

第二の方向への社会性の延長が第一のそれに介入することによって結果する事態のうちで重要なのは、後者の方向に延長された社会性——あるいはここでは「社会」に言及してもよい——であっても、基底は人間と人間の関係であるという事実を覆い隠すこと、またそれ以上に社会性と「社会」なるものを切断してしまう可能性をもたらすことである。この切断の事態は「ほんらいの」社会性にある直接性まで変形させかねないことも指摘しておく必要があろう。

現生の非ヒト霊長類にはこの切断は確証されない。延長性こそが人類の社会性だとすれば、次の問いかけとしては、人間以外の霊長類にどの程度その萌芽を見ることができるかということ、あるいは、より野心的になれば、どのよう

6　これらの一部を「社会性」の枠組の中で論じたのは、いうまでもなくデュルケームとフロイトだが、その議論の方向はほぼ逆向きとなる。単純化すれば「群れ集団、トーテム集団」を中心にして、二つの方向つまり「親子関係」の方向（フロイト）に向かうのか、あるいは「国家社会」の方向（デュルケーム）に向かうのかということである。

7　本章冒頭で言及したRemme らの本は二〇一二年に行われたSigne Howell 記念シンポジウムから生み出された。巻頭宣伝文には「人類の例外扱い human exceptionalism を否定する最近の傾向（とくにマルチスピーシーズ視点）に対してバランスを取り戻す釣合錘 counterweight となる」と書かれ、序論でもAnthropos（「人類」）の復権を謳っているが、所収論文の多くは最近話題のテーマ、トピックを人間の行為の側から扱っている。私の見るところ、畢竟マルチスピーシーズ人類学はトピックの取り方に新奇な特性があるのではなく、人間中心主義「批判」という旗印・主義主張の総題目たるところに意義がある。ゆえにその釣合錘もトピックは変わらない。人間と動物との関係といった、主題自体としてはどちらかというと常套的なものである。

な延長性がどのような進化段階でどのようにして出現したか、ということになろう。あるいは、延長性のあり方自体が種によって異なるはずであり、人間にかぎった延長性概念を非ヒト霊長類に敷衍しようとすることが誤りだといえるかもしれない。かりにそうだとしても、（竜頭蛇尾な言い方になってしまうが）ヒト以外の霊長類の種ごとの社会性における延長の可能性、さらには量化可能性まで含めてなんらかの延長度の違いを論じられるか否かは、依然として不確かである。

4 延長された社会性の〈場としての「宗教」〉——その進化的適応価なるもの

最後に、人類に特異的な延長された社会性がもっとも濃縮されたかたちで展開する場としての宗教について、ごく概略的に触れておこう。最近年の議論の動向として、「宗教」（行為と観念）の進化的意義、つまり繁殖のための適応価を高めるものとしての意義が語られることが目立つ。これは「道徳」の進化が語られるのと並行している。

ここでは二つの一般読者対象の著作をとりあげてみる。ひとつはサイエンスライターであるニコラス・ウェイドの『宗教を生みだす本能』（二〇一一　原著 Nicholas Wade『The Faith Instinct』2009）、もうひとつは精神医学者フラー・トーリーの『神は、脳がつくった』（二〇一八　原著 Fuller Torrey『Evolving Brains, Evolving Gods』2017）である。

ウェイドは宗教が適応か否かという問題を立てる。宗教を適応とみなさず、進化の（適応とは関係のない）副産物とみなすピンカーやドーキンスのような論を批判し、宗教は積極的な意味で進化的適応であるとする。その上で、「神」は初期人類（アウストラロピテクス段階）の平等型社会（群れ）における「（チンパンジー型）ボス」の代わり論、つまり秩序の維持と集団としての連帯の強化の役割を担うことになったという。「宗教が促進する利他行動」を軸に、基本的にはデュルケーム型の議論展開のようでもあり、またボスの代わりとしての神という点では、フロイト的でもある。

トーリーの議論の軸は脳神経系の進化と「こころ」(認識) のありようの深化である。彼の言い方では、*H. habilis* (ホモ・ハビリス) においては「こころ」は空であり、*H. erectus* (ホモ・エレクトス) 段階では自己認識の領域で跳躍的発展があったが他者のこころをよく読めず、内省的思考にもかけていた。古代型 *H. sapiens* (ネアンデルタール人) についていは一次の心の理論はもっていた――思いやりやケアの発生があった――が、二次の心の理論まではもたず、神からどう思われるかなどと考えることもなかった。神の出現は内省的自己意識を伴う二次の心の理論を発達させた初期の *H. sapiens* (現生人類) になってはじめて可能になったとする。結論としては、四万年 (から三万年) 前ころに想定される「認知革命」Human (cognitive) revolution 論に立って、「自伝的 (エピソード的) 記憶」と時間的自己意識の大幅な発達を強調する。

この辺が我われにとって面白くも頸をかしげたくなるところなのだが、この二人の著者の「神」観念はやはり啓示宗教にはっきりと現われる道徳 (モラル) の神である。トーリーは脳神経と心の深化 (進化) の議論から離れたあと、歴史宗教に関してはもっぱらその社会的機能を論じる。この点はウェイドと同じである。神をこのようにモラルの神に限定すると、もちろん社会性の延長としては直接的で判然としたものになることはなるのだが、神と人間との間の距離が極度に強調される点で、そこに質的な断絶――上に述べた「切断」――をつくる延長でということになる。総じて、超越者を強調する宗教といいつつも、けっきょくは還元的に道徳の起源と進化を論じることになり、宗教性の特性としての神秘と超越性の問題に深く切り込むことのない、さほど面白くもない議論となってしまう。悪く言えば、「俗流デュルケーム主義」やら「俗流フロイト派」の枠内で語れるようなところも多く、この点では本書次章でスプレイグが論じる、社会生物学をはじめとする生物学の研究者が人間社会の現象を語るときに陥る先祖返り的落とし穴の縁に片足で立っているような印象を受ける。

私自身の関心は、人間と超人間的な存在者とのあいだにそのような断絶をつくらない延長 (私が研究対象としてきたボルネオのイバン人の生活の根底にある存在論に見たのはそのようなものだが）の可能性にある。それは、人間とヒト以外の生物・非生物とのあいだに成立する「延長された」社会性が現出するさいの、ある特定の様相を現わすものとしてのさまざまなカミの存在である。そこになんらかの意義（進化上の適応価）があるとすれば、それはどのようなものかを考えてゆくことをこれからの課題として設定しておこう。実を言えば、この関心のあり方は今なお流行中の「存在論的転回」を唱う民族誌の話題展開法とあまり違わないのだが、進化という方向性をもった枠組のなかでの課題設定という点で、論理の向かう先は大きく異なる。

考えを進めて行くにあたって、現時点で多少とも考慮したい著作を三つ挙げておく。

加地伸行（『沈黙の宗教——儒教』）による中国儒教の深層における宗教性（vs 表層としての道徳性）の強調。著者の力説するところ、儒教は家の宗教（ゆえの沈黙）として、祖先崇拝の時間性を基礎とし、さらには過去から未来への社会的自己の永続を保証する実践である。加地は面白いことにドーキンス流の永続が儒教の論理であるとする。「社会生物学」の創始者たるE・O・ウィルソンの最新刊『Genesis: The Deep Origin of Societies』（2019 原著／二〇二〇訳）『ヒトの社会の起源は動物たちが知っている』の独特の過激さ——人類にアリと同じ「真社会性」を認めたり、「集団選択」における利点をもたらすものとしての利他性を語る異端説ではあるが——にも立ち向かいたい。これよりドーキンス的な発想に近いかたちで宗教に向かっているのはJesse Beringの『The God Instinct: The Psychology of Souls, Destiny, and the Meaning of Life』（2013）で、彼の言う〝god as adaptive illusion〟（適応的幻想としてのカミ）というのは受け入れやすい文句ではある——ついでながらこの著者はイバンについてとんでもないことを引用しているが、これについては別稿を用意する。

5　延長された社会性の彼方へ

本章は総説論文というよりも、つまみ食い的な覚書であった。覚書ついでの余滴として、これからのために課題をもう二つ挙げておくことをみずからに赦すことにしたい。

（一）一五年前、本書の源流とも言える『集団』論集のなかで語った「孤独」というのも、実は社会性の延長である（内堀 二〇〇九）。共在という社会性の基底を中核として、延長された交換圏の逆方向、逆像として孤独が（おそらくははじめて）可能になる。人間の延長された社会性を前提としてはじめて孤独が可能になるということである。とくに広い意味での宗教的な行為としての孤独の探究（典型的には「出家＝世捨て人」world renouncers）について考えてみるのが良さそうに思われる。個人の秘める「自伝的（エピソディック）記憶」の枢要性がその大前提である。孤独の選択は「自伝的記憶」による社会と自己の対峙という立地に関わる幻想に基づく、皮肉な意味で社会性の極致だともいえるであろう。ヒトならざるハナレザル個体にはおそらくこの幻想はない。

（二）ヒト以外の霊長類のあいだにおける、見えない他者——いなくなった他個体への思い出に基づく行動、今は近接していないが存在が認められている他群等——については、すでにいくつも報告がなされているが、さらには夢（見）とそれへの反応まで探ることができるだろうか。夢（見）と反応が個体の経験の一部をなすならば、社会性の第二の延長方向へのごくごく萌芽的なものを見出すことも不可能とは言い切れない。それとは別に、「生物の見た世界」の個別エスノグラフィーとして、食べもの以外の「もの」に対して、それらへの接近の中での作為の不均等（バラツキ）を観察することで、世界の広がり方について何かえられることがあるのではないか（本書第13章での足立の「動物のエスノグラフィー」議論につながるか）。ここからは感覚できる事態変化状況にあっての「不思議といった感受性」の発生はどのようにして可能かといった問いにまで進みうる。過激化したウィルソンはチンパンジーの「戦争」について、いかにも人間的な描写で言及しているが、それと同じような仕方で、上のことごとを描くことができるかなど、延長された社会性との関連でヒト以外の霊長類について知りたいことは多い。

参照文献

ウィルソン、E・O（二〇二〇）『ヒトの社会の起源は動物たちが知っている——「利他心」の進化論』小林由香利訳、NHK出版。［Wilson, E.O. (2019) *Genesis: The Deep Origin of Societies.*］

ウェイド、N（二〇一一）『宗教を生みだす本能——進化論からみたヒトと信仰』依田卓巳訳、NTT出版。［Wade, N. (2009) *The Faith Instinct.*］

内堀基光（二〇〇九）「単独者の集まり——孤独と「見えない」集団のあいだで」河合香吏編『集団——人類社会の進化』京都大学学術出版会、二三—三八頁。

——（二〇二一）「個の死と類の亡失をめぐる人類学的素描」伊藤詞子編『たえる・きざす』京都大学学術出版会、二六五—二九六頁。

小田亮（二〇〇〇）『レヴィ＝ストロース入門』筑摩書房。

加地伸行（二〇一一／一九九四）『沈黙の宗教——儒教』筑摩書房。

ダンバー、R（二〇一六）『人類進化の謎を解き明かす』鍛原多恵子訳、合同出版。［Dumber, Robin (2014) *Human Evolution, Penguin.*］

トーリー、F（二〇一八）『神は、脳がつくった——二〇〇万年の人類史と脳科学で解読する神と宗教の起源』寺町朋子訳、ダイヤモンド社。［Torrey, F. (2017) *Evolving Brains, Evolving Gods.*］

ドーキンス、R（一九八七）『延長された表現型——自然淘汰の単位としての遺伝子』日高敏隆ほか訳、紀伊國屋書店。［Dawkins, R. (1982) *Extended Phenotype: Genes as a Unit of Natural Selection.*］

船曳建夫（二〇一六）「苦悩としての他者——三者関係と四面体モデル」河合香吏編『他者——人類社会の進化』京都大学学術出版会、四一九—四三八頁。
吉本隆明（一九六八）『共同幻想論』河出書房新社。

Bering, J. (2013) *The God Instinct: The Psychology of Souls, Destiny, and the Meaning of Life*. Kindle edition.
Lee, R. B. and Devore, I. (2017) *Man the Hunter: The First Intensive Survey of a Single, Crucial Stage of Human Development– Man's Once Universal Hunting Way of Life*. Routledge.
Remme, J. H. Z. and Sillander, K. (eds) (2017) *Human Nature and Social Life: Perspectives on Extended Sociality*. Cambridge UP.

KEY WORDS

- 互酬性と利他行動
- 社会生物学とM・モース
- 協力関係の総合理論

「車輪の再発明」は避けられるのか

生物学と社会科学の協働による社会進化論

デイビッド・S・スプレイグ
David S. Sprague

Keynote 3

Much of [the author's] energy is spent reinventing the wheel . . . . His theory of reciprocity being at the base of human society would be more original if Marcel Mauss had never written "The Gift" . . . .

［著者の］努力の多くは車輪の再発明に費やされている……互酬性が人類社会の基盤を成すという彼の理論は、もしマルセル・モースが『贈与論』を著していなければ、より独創的なものとなっていたであろうに。（拙訳）

ヒトの社会進化をソシオバイオロジーに基づいて論じる書籍の書評から

Marks（1988: 572）.

1　「利他主義」「互酬性」再考——専門用語の学際的利用の意味

社会生物学、すなわちソシオバイオロジーという生物学の一分野が自然科学に限られない社会思想としての座を確立するきっかけは一九七五年のE・O・ウイルソンによる大著、Sociobiology: A New Synthesis（Wilson 2000 [1975]; ウイルソン（一九九九 [1975]））の出版にあった、という歴史は多くの研究者によって語られている。ウイルソンは、昆虫から霊長類に至る全動物の行動と社会を自然淘汰による繁殖戦略の産物として解明しようとしてきたその当時までの研究成果を見事に総括する。そして最終章において、ヒトの社会性をもソシオバイオロジーが解明するであろうと宣言し、繁殖戦略の理論で説明可能と思われうる（と彼が考えた）幾つかのヒトの社会行動を具体的に提示した。この最終章は一部の生物学者の批判のみならず、文化人類学者はじめ多くの人文・社会科学者からの猛反発にあい、ヒト・人間に関わるほとんどの学問分野を巻き込む大論争の起爆剤となった。

ちょうどその頃に学部生となった筆者にとって、激論の時代を目の当たりにできたのは幸いであったと今なら思い返せるが、かなり激烈な議論の只中に置かれた自然人類学者の卵にとっては、当時はなかなか難しい時代でもあった。特によく覚えている場面は、生物学者、文化人類学者、そして自然人類学者を一同に集めて開催されたゼミである。大きなU字型の会議テーブルを生物学者と文化人類学者が対峙する形で鎮座し、彼らの間のU字の中心部分に自然人類学者が集まった。そこでは生物学と文化人類学の双方の視点に理解を示そうとする自然人類学者たちが、議論の進行とともに時には生物学の方に傾き、また時には文化人類学の方に傾き、私の記憶では実際に姿勢をその都度左右に傾けていたような印象がある。今となっては懐かしい思い出だが、その後四〇年以上も経過した現在ではソシオバイオロジー論争はかなり収まってきた。賛否両論はもちろん残りつつも、研究の進展とともに論点はより明確になり、そのおかげで安易で的外れな批判は控えられて、どうしても立場が異なる論点についても互いを尊重するようになった。しかし、論争が落ち着いているからこそ残された課題も多く、再度掘り下げて議論する時期に来ているのではないかと筆者は思う。

そこでその課題のひとつについて本章では取り上げることにする。それはソシオバイオロジーの根幹を成す概念であり用語であるいくつかが広くさまざまな学問分野と共有される点である。ウイルソンがソシオバイオロジーを総括するにあたって紹介した新しい研究分野の旗印とすべき主要な概念と用語は、理系学問分野にありがちな輝かしいラテン語とギリシャ語を並べた類の造語ではなく、多くの学問分野にとって馴染み深い用語であった。このように表現するとウイルソンは読みやすい本を著したように聞こえるかもしれないが、必ずしもそうではない。彼はあくまでソシオバイオロジーの専門用語として、他分野においても長い歴史をもつ用語を多数登用したのである。

その代表例こそ、ソシオバイオロジーの基礎概念となる次の三つの単語である。すなわちaltruism、kinship、reciprocityであり、これらは一般的な日本語では「善意／思いやり」、「親類縁者」、そして「助け合い」となるであろうか。専門用語としては「利他主義」、「親族／血縁関係」、そして「互酬性／互恵関係」と訳されることが多い。社会科学や人文学の読者ならば目にしたことが多々あると思われる用語である。一般の人びとでもそれぞれ何らかの文脈で耳にしたことのある言葉ではないだろうか。

これらの用語は一九七〇年代当時すでに動物行動学の教科書や論文で多用されていた。霊長類学を志す筆者も、生物学に限らず「どこかで聞いたことのある有名な言葉」と受け止めていた。そして折に触れて人類学の教科書や西洋思想の解説などに登場すると注目したものだったのだが、そうした軽い注目が問題意識として明確になったのは冒頭に引用した書評を目にしてからであった。

冒頭はJ・マークスによる、ヒトの社会行動を生物学的に説明しようとするソシオバイオロジー黎明期の著作を取り上げた書評である（Marks 1988）。この著作の主張は、ダーウィンの進化論の通りにヒトの社会が進化してきた中でreciprocity（互酬性）が重要な役割を果たしてきたことである。さて、「互酬性」といえば、文化人類学の主要な研究トピックの一つであり、その根源的な論説はマルセル・モース（Marcel Mauss, 1872-1950）の『贈与論』（英語：*The Gift*、フランス語：«Essai sur le Don»）であることは文化人類学者ならば誰しも知っているのだが、この著作にモースの成果がほとんど引用されていなかった点にマークスは着目して評した。そしてこの著作のreciprocity論を「車輪の再発明（reinventing the wheel）」として、その新規性に疑問を投げかけたのである。

マークスの書評を初めて読んだ時には辛口のジョークに思えて笑ったものだが、考えを重ねるうちに不安に苛まれた。ニホンザルの社会行動の研究に携わる自分の研究にも向けられかねない辛口ではないか。ニホンザル研究の歴史は非常に長く、自分が発見したかに思えた現象のほとんどが先人の論文に書いてあったことに気づいて失望した大学院生時代を思い出したのである。自分の研究のどこに新規性を見出すことができるのか、自分の研究の「成果」も先人の研究に対する無知を露呈する「車輪の再発明」と取られることはないのか、一種の強迫観念を覚えた時期もあった。

さらに、動物行動学に対して同じ問題意識を向けるとすると、長い西洋思想史の流れの中に位置付けて、あらためて真剣に考えるほかないのではないか、という新たな強迫観念が本章を執筆する動機となった。例えば、altruism とは、古代ギリシャからのスコラ哲学を経て現代にまで伝統を引き継いできた概念の代表例と言える（Scott and Seglow 2007）。このようにさまざまな学問分野で研鑽が積まれてきた言葉を生物学が多用することの意義は何か、本当に新しい貢献をしてきたのか。霊長類学者と人類学者の協働による社会進化論を発展させようとする本書にこれらの問いかけは相応しい課題ではないだろうか。本章ではこのような立場から、モースを切り口に、動物行動学における「利他主義」と「互酬性」の概念と用語の関係性に注目して考察する。

2　ソシオバイオロジーの論理

ソシオバイオロジーの基本的な論旨を説明しておく。まず、動物行動学では利他的な行動を問題視し、生物界における利他的な行動を血縁関係と互酬性で説明しようとする。利他的な行動が問題視される理由はもちろん、それが自然淘汰による進化論に反するかのように見えるからである。その論理構造は次の通りである。まず、社会行動を個体の損得勘定を基に分析し、行為者である個体が損をする行動は進化し得ない（＝淘汰される）と仮定する。損得勘定の「通貨」には時間やエネルギーといった総合的な尺度もあれば、食べ物の量や交尾相手の数などの具体的な事象もあるが、いずれも突き詰めれば各個体は自身の繁殖成功度を最大化することを究極の目的として生きている、と仮定する。したがって生物学における利他的行動の定義は、行為者自身の繁殖成功を犠牲にしながら他者の繁殖成功を助ける行為、ということになる。自身の繁殖成功を犠牲にするような行動が動物界にあり得るのか、疑念が湧くかもしれないが、利他的と思われる行動は多くの動物で観察されている。霊長類の場合、警戒音を発して捕食者の接近を群の仲間に知らせる行動が定番の例となる。しかし、ソシオバイオロジーの歴史においては、複雑な社会を進化させた昆虫が重要な役割を果たしてきた。

利他的行動の最たる例がハチ目の社会性昆虫に見られる。ハチ目の種の多くでは数多くの働き蜂（または働き蟻）によって支えられる女王蜂（または女王蟻）のみが繁殖を担う。すなわち働き個体自身は繁殖をせず、直接的に子孫を残すことはしないのである。このように繁殖をしない個体が大部分を占める巣を形成する種がなぜ進化し得たのか、ハチ目の昆虫は進化論に対する重大な挑戦と受け止められ、ダーウィンをも悩ませた。そのため、ソシオバイオロジーの先駆者の多くは蜂や蟻を専門とする昆虫学者で、ウイルソン本人も例外ではなかった。

利他的行動を説明する第一の理論を提唱したW・D・ハミルトンもハチ目の昆虫の社会の説明として、血縁関係に注目する理論を構築した。彼は繁殖成功度を計算するうえで、各個体自身の遺伝子の伝承とともに、近親者と共有する遺伝子の伝承を合算して計算することを提案し、その合算した繁殖成功を包括適応度（inclusive fitness）と名付けた（Hamilton 1964ab）。こうしてハミルトンは包括適応度を利他的行動の説明とする。すなわち、近親者に向けられた利他的行動により行為者がたとえ損をしたとしても、その近親者の遺伝子が十分に次世代に伝われば、行為者も包括的な繁殖成功を十分に得られる、といった説明になる。蜂や蟻は半数倍数性（haplodiploid）という特殊な染色体分配の仕組みにより、働き個体を構成する姉妹は遺伝子の四分の三を共有するため特に血縁の絆が強いとされている。[1] そこで血縁の濃い姉妹としての卵や幼虫がうまく育つように働き蜂は世話をする、という説明になる。このように、遺伝子を共有する近親者同士の社会交渉が頻繁に起こる現象を説明する学説として包括適応度説は幅広く動物の社会行動に適用されるようになり、よりわかりやすい名称として血縁選択（kin selection）と後に命名された。なお、生物学における kin は親子関係を通して遺伝子を共有する個体同士を指す言葉なので、日本語の狭義の「血縁」という意味に近く、文化人類学の対象となる姻戚関係を含む「親族」ではないことに留意するべきである。

さて、ハミルトンの功績とは、具体的には何であったのだろうか。当然、血縁という考え方は人間の親族関係の文化の中にすでに存在し、それ自体は生物学由来の概念ではない。そして、生物学者は kin の言葉をヒト以外の動物に適用するが、生物学の中に血縁を位置付けるうえで遺伝学との整合性を図る必要があった。ハミルトンの具体的な功績は、血縁者に対する利他的行動という概念を集団遺伝学と融合させたことにあると言えるのではないか。集団遺伝学はどのような条件において特定の遺伝子の頻度（例えばA型血液遺伝子を持つ日本人は約二七%、といった事柄）が世代を重ねるごとに集団内に広がったり少なくなったりするその様子を数理的に分析する。そしてハミルトンは、利他的行動の遺伝子がある特定の個体に突然変異として発生した場合、どのような条件においてその個体が生活する集団内に利他的行動の遺伝子が広がり得るかを説明する数理理論を定式化した。こうしてハミルトンのおかげで生物学が根拠もなく一般文化から kin の言葉を借用したという状況を避けることができ、血縁選択は生物学理論として確立された。

利他的行動を説明するもう一つの理論がR・トリバーズによる互恵的利他主義（reciprocal altruism）である（Trivers 1971）。一言で言えば、ある個体は、あとで見返りがあると期待される場合に限って、他の個体の利益になる行為を見返り無しでとるのだという考え方である。そもそもなぜこのような理論が必要かというと、利他的と思われる行動が血縁者の間に限られないからである。トリバーズの功績は動物の具体的な生態学的データをもとに互酬性の論旨を生物学において位置付けて確立させたことにある。互恵関係に関する先駆的な研究としてトリバーズはまず生物学に

1　ハチ目の一部及び甲虫の一部に見られる特殊な性決定の様式。未受精卵から生じる一倍体（haploid）の個体は雄となり、受精卵から生じる二倍体（diploid）の個体が雌となる。したがって、オスバチと交尾した女王バチの子として生まれる雌同士は姉妹であり、遺伝子の四分の三を共有する。二倍体の染色体のみを有する哺乳動物では親子および兄弟・姉妹は遺伝子の二分の一を共有する。

おける既往研究を紹介した。それまでの生態学でしばしば報告されてきた共生関係（symbiosis）である。共生関係はある意味、究極の非血縁個体同士である別種の生物の間に観察される相互協力である。トリバーズは別種の間で協力が成立し得るならば、同種の個体間においても互恵的な関係が成立し得るという論旨で、野外調査から得られたさまざまな動物の生態学的データとゲーム理論を駆使しながら理論を組み立てていった。

以上、動物行動学の教科書でよく紹介される順番に従ってハミルトンの血縁選択を先に紹介し、その後にトリバーズを紹介した。この順番になる理由は、教科書の多くでは血縁選択を利他的行動の主たる説明とする傾向があり、血縁選択で説明がつかない行動が互恵的利他行動として紹介がされるからである。しかし本章は互酬性が主題なので、次にモースとトリバーズの比較を試みる。

3 古典に触れて――モースを読む

人類学の基礎知識としてほぼ確実にモースは贈与論の父として教わることになり、モースの主な論点は教科書などでしばしば紹介される。しかし、恥ずかしながら「社会性の起原」プロジェクトに参加し文化人類学者と社会性の生い立ちについて充実した議論を経験するまで、生物学を専門とする筆者はモースを通読したことはなかった。『贈与論』の原著はもちろんフランス語だが、筆者が読んだのは英訳である（Mauss 1966[1950]）[2]。

モースの『贈与論』を通読して、かつてニホンザル研究の古典論文を読んだ時と似たような感慨を持った。またもや自分の不勉強を反省するばかりであった。互恵関係はもちろん、社会を織りなすさまざまな協力関係に関する肝要の概念や論旨は、自分がそれまでに接してきた教科書や論文よりはるか昔にモースによって提示されていたのである。生物学における社会進化論で議論されてきた多くの基礎的な課題も『贈与論』にすでに提示されていたと感じいった。

特に驚いたのは、いかに西洋思想が利他主義にこだわってきたかを『贈与論』に垣間見ることができたことであった。論説のタイトルである*The Gift*とは見返りを求めない善意の贈り物という意味合いを持つ言葉である。贈与は利他主義の証である、というのが西洋思想における倫理観の基本とも言える。だが、これをモースはヨーロッパ人の理想像にすぎないと痛烈に批判する。贈与にはお返しが伴うことをモースは指摘し、贈与する、それを受け取る、そしてお返しをすることは多くの社会でそれぞれ社会的義務であることを指摘する。そして、贈与物の交換と流通によって社会関係が強化され維持されると力説する。

ここにモースとトリバーズが共有する思想の流れが見えてくる。まず、そもそも双方とも利他性を問題視する。利他主義は実際に存在するのかしないのか、あるいは利他的に見える行為がいかにして維持されるのか。次に、真の利他主義があり得るかという設問に対して、両者ともそれは「ない」と考えた。交換があってこそ社会システムは成り立つのである、と結論づけている点が共通する。そして、双方とも互恵的交換が社会に成立する諸条件についてさまざまに分析し、その諸条件の中でトリバーズは特にズルをするcheater（ごまかす輩）の問題を重視する。利益を一方的に受けてお返しをしない個体によって互恵的利他主義のシステムが壊される状況を危惧する。したがって、動物はcheaterを見抜いて許さない社会関係と心理的能力を進化させたと提案する。この点、モースも当然のことながら互恵関係を無視する掟破りに対する社会的な制裁の文化について論じる。さらに、個人の損得勘定を計算する時間スケールが長いことがモースとトリバーズのもう一つの重要な共通点である。贈与とそのお返しの間にはある程度の時間差が伴う場合があると仮定すると、それぞれが実施されて互恵関係が成立し得る長い時間スケールが前提となる。

このように、思想史を意識しつつモースとトリバーズを直接比較すると、多くの共通点があるような印象を受ける。

2　日本語訳はモース（二〇〇八）、モース（二〇〇九）、モース（二〇一四）など。

しかし、社会科学と生物学はお互いの文献を引用する習慣はあまりないと認めざるを得ない。筆者としては社会科学から多くの用語を借用する動物学の文献にどの程度モースが引用されてきたか、気になるところである。

4　引用履歴――ソシオバイオロジーとモース

マークスの書評に刺激され、ソシオバイオロジーとモースが共に引用される文献が存在するのか、その好奇心から進化論に基づく社会進化に関する文献を検索してモースの引用を探してみた。

まず、ウイルソンの *Sociobiology*（Wilson 2000 [1975]）にモースの引用はない。ただし、ウイルソンは社会科学を意識していたことに間違いなく、M・ヴェーバー（M. Weber）、E・デュルケム（E. Durkheim）、M・ミード（M. Mead）、M・サーリンズ（M. Sahlins）、A・モンタギュー（A. Montagu）などの社会科学者が引用されている。そして生物学と社会科学を対比しつつ、生物学における利他主義（altruism）、血縁関係（kinship）とともに、互恵的利他主義（reciprocal altruism）をソシオバイオロジーの主要な理論として紹介する。ウイルソンが解説する互酬性理論は Trivers（1971）に依拠する。文化人類学において互酬性といえばモースが引用される状況と同様に、生物学において互酬性（互恵性）といえば Trivers（1971）が枕言葉のごとく引用されるが、執筆当時までの動物行動学を網羅的に紹介するウイルソンでさえも例外ではなく、トリバーズを引用しつつもモースの引用はないのである。

トリバーズ本人も同様であった。あくまで生物学者を読者と想定する生物学理論の有名学術雑誌に掲載された Trivers（1971）にもモースの引用はない。ただし、Trivers（1971）はヒトにおける互恵的利他行動およびそれを支える心理システムに関する小節において、トリバーズ自身の生物学としての仮説を支持する既往研究というかたちで文化人類学者と心理学者の論文を多数引用する。

一方で、ヒトを研究対象とする論文となるとモースが引用される例が見受けられるようになる。例えば Kaplan et al.（1985）による南米の狩猟採集民を対象とする生態人類学的研究が人類学の主要学術雑誌に掲載されていて、文化人類学の互酬性研究に精通している著者らは多数の文化人類学者を引用している。ただし、モースの引用は論文冒頭で「偉大な先駆者」を引用する一か所のみにとどまる。他方、互酬性のもう一人の大家として有名なM・サーリンズはヒトによる資源共有に関する研究の多様性を指摘する考察で四回引用されている。文化人類学者の引用がやや少ないのは、この論文の目的が生物学的理論の検証だからであろう。Sociobiology の語は使用しないが、進化生態学（evolutionary ecology）という表現で進化的視点を示唆し、「人間の社会関係に進化生態学の論理を適用する」として論文の目的を説明する。そして、Hamilton（1964ab）と Trivers（1971）を引用しつつ、自然科学として正しい仮説検証型の分析に基づいて、血縁選択説と互恵的利他主義説がヒトにおける食物分配を説明できるかを検証しようとする。このような研究目的ともなれば、モースの紹介が限られるのもやむを得ないのかもしれない。

以上のように生物学寄りの文献が多いなか、境界領域の研究分野の役割を果たすべく、自然人類学者が学際的な議論の場を提供していった。霊長類学者であるR・サスマンと神経科医のC・R・クロニンジャーが編著者となる、利他主義と協力関係の起源について自然、社会、人文の諸分野の著者がそれぞれの視点から投稿した論文集には、霊長類学者の論文も多数掲載されているが、文化人類学者による論文にモースの引用が認められる（Sussman and Cloninger 2011）。

さらに、モースと進化論をより直接的に比較する研究を探すうちに、霊長類学者と人類学者の協働による論文に出会った。アフリカのヒヒの研究者であるS・ストラムは国際霊長類学会で開催したシンポジウムに自然科学の社会学的研究で著名なB・ラトゥールを招待し、応じたラトゥールと交流を重ね、その成果が論文として出版されている（Latour and Strum 1986; Strum and Latour 1987; Latour 2000）。特に Latour and Strum（1986）では社会の生い立ちを説明する歴史的に重要ないくつかの社会思想を生物学的社会進化論と比較している。トリバーズとモースをはじめ、T・ホブズ（T. Hobbes）、J・ルソー（J. Rousseau）、そしてS・フロイト（S. Freud）までも同じ俎上に載せて分析する。例えば、ホブズによる『レヴァイアソン』とR・ドーキンスによる有名な『利己的な遺伝子』（Dawkins 1976; ドーキンス二〇一八）の文脈を比較して、個体・個人同士の軋轢から生じる混乱を収めるために社会を構築するというストーリー展開が類似すると分析した。対比として、社会構築の仕組みとしてホブズは社会契約論（social contract）を提唱し、ドーキンスはゲーム理論に基づき進化的に安定する戦略論（evolutionarily stable strategy）で説明したとする。

以上に見られるように、互酬性が主題であってもモースが引用される生物学の論説はかなり稀なようである。ヒト以外の霊長類に関する学術論文となるとさらに稀だが、山本（二〇一七）によるボノボ、チンパンジー、そしてヒトに見られる協力社会を比較する論文にモースが引用されている例があった。ヒトにおける互恵関係に言及する文章だが、モースが正しく引用されていることに励まされた。筆者としては、このような学際的な引用が増えることを望む次第である。

5 相利共生による社会の進化

利他主義にこだわる動物行動学に対するもう一方の反論は、利他的行動が伴わない協力関係が動物界に多く存在する可能性に着目する社会進化論である。すなわち生態学的な相利共生（mutualism）、そしてトリバーズ自身が引用した共生（symbiosis）の理論である。この視点から動物の社会行動を総括する哺乳類学者のT・クラットン＝ブロックは、血縁関係にない個体同士の協力関係（cooperation）を説明する仕組みがさまざまな動物種でいくつも観察されていると指摘し、協力行動を説明するために狭義の互酬性に頼る必要はないと論じた（Clutton-Brock 2009）。重要な点は、動物の個体の間にはさまざまな相互作用があり、そのなかには互いの利益になる相互作用も多く存在し、利益がその場で、時間差がないか少ないかたちで交換される場合には協力関係が成立しやすいという論旨にある。相互利益に時間差がなければズルをする戦略の入る余地がなくなるからである。そして、従来は別種の間で適用されてきた相利共生の概念を同種の社会にも適用するよう提案した。ここに彼はソシオバイオロジーを決して否定するのではなく、動物の社会性を説明する理論体系は利他行動が伴う血縁選択と互恵的利他行動に加え、利他的行動が伴わない相利共生や一般化された互酬性からなる複数の理論によって構成されるべきであるという立場を築こうとしているようだ。

Clutton-Brock（2009）に社会科学からの文献の引用はない。しかし、文化人類学者によって互酬性の一種類として提唱されている有名な generalized reciprocity（一般化された互酬性）を指す表現は紹介されている。文化人類学において一般化された互酬性と言えばM・サーリンズが引用される（Sahlins 1972）。サーリンズはモースの研究を受けて、互恵関係の理論を発展させるなかで贈与関係を次の三種類に類型化する。すなわち、（1）多数の人々の間でさまざまな贈与物が流通する一般化された互酬性、（2）個別に二者間で行われる交換的互酬性（balanced reciprocity）、そして（3）搾取や強奪など負の贈与を意味する否定的互酬性（negative reciprocity）。この類型もモースと並んで人類学の教科書に必ずと言ってよいほど紹介される。クラットン＝ブロックらが意図してサーリンズからこの用語を借用したかについては、筆者としては今後の課題とさせてもらうほかない。しかし、広い思想文化のなかで generalized reciprocity という言葉が社会科学と生物学に共有されていると考えても間違いなさそうである。

6　利他行動と利益の交換に伴う時間差

以上、モース、トリバーズ、そしてクラットン＝ブロックの論説を通して、利他主義の扱い方が三者の間で大きく異なるようにも見受けられる。ここに歴代の思想家が取り組んできた重要な課題が一つ浮き彫りになってくる。それは、Latour and Strum（1986）も注目する利益の交換に伴う時間差の問題である。社会の生い立ちを説明しようとした古今の思想を Latour and Strum（1986）が比較した際、利益の交換およびその損得勘定のために許容される時間差（彼らは時間の遅れ time delay と称する）の長さが論旨に明示されていない限り、特定の行為が利己的なのか、それとも利他的なのか、といった議論は無意味になると指摘している。すなわち、ヒトであろうと、ヒト以外の動物であろうと、利益の交換に時間差が生じるということは貸し借りの関係が発生するわけで、この貸借状態をどのように評価するかによって社会理論が特徴づけられる。

まず、クラットン＝ブロックは利益の交換に時間差がなく、そもそも利他的行動が伴わない協力関係の重要性を指摘する。相互作用のその場で利益が交換され、行為者同士に持ち出しもなければズルをする掟破りが入る隙もない相利共生関係が社会性の進化に重要な役割を果たしているのではないか、という提案がクラットン＝ブロックによる動物界を対象にした社会思想である。

人間の社会を対象とするモースの贈与論は極めて長い時間差も認める。贈与関係にある者同士では、贈与を受けた者はお返しをするまで負い目のある立場に置かれ、贈与を与える者は持ち出しが発生するが、お返しを期待して待ちながら贈与を与えた満足感や社会的名声を享受することができる。ただし、興味深いことにモースは『贈与論』に altruism の言葉を使わなかった。利他主義の語は造語で、一九世紀に同じフランスの社会思想家であるアウグスト・コムト（Auguste Comte）が利己主義に対する反対語として altruism（フランス語 altruisme）を提唱したのであったが（Scott and Seglow 2007）、モースは無視する。モースはむしろ善意の贈与に照準をあて、ヨーロッパ人が理想とする一方的な善意の贈与は成立し得ないと結論づけた。モースの倫理観は利他主義に基づく善意よりも、贈与交換の規範に依拠しているようである。そして究極的には純粋な利他的な行為は成立しにくいという立場に立つモースは、利他主義の概念をことさら取り上げないことにより、最後まで筋が通る論旨を組み立てる方針を選んだのかもしれない。

対象的にトリバーズの主眼は互恵的利他主義である。互酬性の説明を目的とするトリバーズ論はもちろん利益の交換にともなう時間差を前提とする。そしてモースに類似して究極的には一方的な利他行動は進化し得ないと結論づけたはずにもかかわらず、altruism の言葉が理論の名称に残る。これはなぜであろう。筆者には四つ理由が考えられるが、その一つは、野生状態での野外観察において見返りとなる行為の観察が極めて難しい場合が多いという事実。見返りが曖昧な捕食者に対する警戒音のような行動は確かに利他的と捉えられてしまう。あるいは一生繁殖しない働き蜂が利他的と称されても違和感はないかもしれない。二つめに、ソシオバイオロジーという分野の歴史。血縁選択や互恵的利他行動などの諸理論が提案された当初の目的は利他行動の説明にあった。そのため説明に成功した結論として、利他行動は存在しない、という文脈には至りにくいようである。当初の問題意識と研究目的は温存される形で続いている。

三つめに考えられる理由は個体還元主義の論理構造ではないか。個体還元主義的な論旨では、まず個体の損得勘定から議論がはじまる。相互行為を一つのセットとは捉えず、相互作用を個体ごと一方向ごとに分解することから分析を開始する。哲学用語では方法論的個体還元主義（methodological individualism）と言うが、動物行動学では一般的な分析手法でもある。相互作用に参加するそれぞれの個体の行動を別行動と捉え、個別にコスト・ベネフィットを計算する。そして、個体単位の計算において他者の利益のために時間とエネルギーが一時的にせよ持ち出しの状態に陥るようなら、その状態は利他的と見なされる。いずれ何らかの見返りやお返しによって利他的な状態が解消される互恵的な相互作用でさえも、個体の行動の名称は利他的行動とされる。

このように互酬性の研究には個人・個体のコスト・ベネフィット分析が欠かせないが、生物学に似た個体還元主義の傾向が強い経済学による極めて厳密な分析から利他行動に関するヒントは得られないかと考え、経済学の文献にあたってみた。しかし意外なことに、トリバーズ論と経済学の間に重要な違いがあった。通説として、個人のコスト・ベネフィット分析が多い経済学は生物学と相性がよいとされ、生物学と経済学の融合まで提唱する経済学者がいるほどである（e.g. Becker 1976）。経済学の立場から血縁選択と互恵的利他行動を分析する論文まで多数出版されている

(e.g. Cox 2007)。ところが貸借状態に対する価値観は生物学と経済学で真逆らしい。利益の交換に時間差がともなう相互作用において、経済学は当初の持ち出し状態を利他行動と捉えない。銀行にとってローンは負債ではなく帳簿上は資産として計上される。経済学で問題視される利他行動は寄付などの金銭的な返済がない慈善事業や、まったくの他人を援助するボランティア精神などである (Kolm and Ythier 2006)。贈与関係が明確な通常の経済活動は利他行動とは位置付けられていないことが多いらしい。

相互作用における当初の利益の持ち出し状態を利他的と位置付ける考え方は、案外動物学の特徴なのかもしれないが、それにはもう一つ、すなわち四つめの理由があることを忘れてはならない。遺伝子を共有して包括適応度を享受する血縁個体同士の場合、贈与は返済不要の場合もあるというのが血縁選択の理論である。返済がないか不十分と観察者に見える相互作用は利他行動と考えられもしようが、実はこれも究極的には利己的であるという考え方を示すのがドーキンスの著書、『利己的な遺伝子』(Dawkins 1976) である。

さらに、互酬性理論の枠組みの中に血縁選択を位置付けると、血縁者同士は返済に対する割引が適用されるという解釈が可能になり、血縁選択に関する経済学の論文では実際に「割引 (discount)」という言葉を使用する (Alger and Weibull 2010)。血縁者同士は血縁関係の距離に応じて仮想的な割引券を互いに所持していて (利益を与える側は割増券?)、相互行為で生じる貸し借りの額が割引券内に納まれば返済不要となる。したがって、血縁者同士の協力関係は成立しやすく、動物の社会に広く観察される所以である、という考えが血縁選択論の功績である。

7 協力関係の総合理論を求めて

モース、トリバーズ、そしてクラットン=ブロックの論説を通して、西欧思想がいかに利他主義に翻弄されてきたかが浮き彫りになったように筆者は感じる。一方では利他的な善意の行為を理想化しながら、同時にそのような善意が実際に存在しうるのか、下心はないのか、長くは続かないのではないか、あらゆる視点から多くの学問分野の知識人は疑い続けてきた（Scott and Seglow 2007）。この思想の潮流の中で、モースは大きな一石を投じた。そして、動物行動学も同じ哲学的な伝統を引き継ぎ、進化論に基づく利他行動の説明を試みて来たのではないであろうか。

筆者として最も示唆的であった論者は、実はクラットン=ブロックである。彼が提唱するように動物界の社会性を俯瞰的に見渡すと、動物行動学の理論的根拠が大きく変わるような気がした。クラットン=ブロックの考え方の重要な点と筆者が考えるのは、利他主義の説明から始まる諸説より広い視野で社会行動を総括することである。協力関係（cooperation）という総合概念のもとに動物の社会行動を全て見渡し、協力が成立しうるさまざまな仕組みを検討する研究方針を提案しているのではないであろうか。

クラットン=ブロックは一般化された互酬性、相利共生、血縁選択、そして互恵的利他主義を区別して同列に考察するが（Clutton-Brock 2009）、広い意味での互酬性こそが動物の社会行動を総括する総合理論として位置付けられるべきであると彼は提案しているように筆者には読める。動物の個体同士が互いに利益を交換して協力するさまざまな仕組みが可能であるという前提のもとに、まずは利益の交換に時間差がない協力関係の重要性を彼は指摘し、さらに、利益の交換に時間差が生じた場合には狭義の互酬性理論が適用され、また、利益の交換に対する割引券を持ち合わせる血縁個体同士の間にも協力関係が成立しやすい、という階層的な位置付けになるのではないか。

クラットン=ブロックが強調する仮説は相利共生や一般化された互酬性だが、彼は一人でこれらの理論を提唱しているわけではなく、"mutualism"や"generalized reciprocity"を検索語に生物学の文献を探すと、多くの研究者がこれらのキーワードをもとに動物界における協力関係の理論を発展させようと努力していることがわかり、利他行動中心の研究とは一味違う研究領域が見えてくる。また、自然科学と社会科学を分け隔てることなく包括して互酬性の理論を再検討しようとする研究も発展しつつある（Beltran 2023）。しかし、モースを踏襲して用語としてのaltruismの使用を控えるようになるかどうかは、動物行動学にとっての今後の注目点であろう。

最後に、かつてのソシオバイオロジー論争を思い返しながら本章に引用した文献にあたった感想を一言述べておきたい。C・P・スノーが自然科学と人文科学の間に広がりつつあった溝について警鐘を鳴らした名著を出版してから久しい（Snow 1959; スノー 二〇一一）。その後、人文学、社会科学、そして自然科学の間の溝は深まるばかりと危惧する風潮もある。しかし、分断を危惧する必要はないと思うように至った。なぜならば、長い思想の潮流の中で、竿をさす浅瀬が異なるために向いている方向が異なることはあっても同じ流れの中にある歴史には変わりはなかったのではないか。互いの古典を思想史の先駆的論説として引用する努力を多少とも続けることにより、不毛な議論や今更の車輪の再発明は避けられるのではないか。本書において著者たちに求められるのは、そうした心づもりと、車輪の再発明を避けつつ各々の理論を発展させる思想の道筋を切り開いていくことであろう。なお、この話題となるとスノーの引用が必須なのでここに引用したが、またも通読したことがないことを告白せざるを得ない。本書の出版までに完読できないだろうか、ここに通読することを約束して筆を置くことにする。

参照文献

ウィルソン、E・O（一九九九［1975］）『社会生物学』坂上昭一ほか訳、新思索社。

スノー、C・P（二〇一一［1959］）『二つの文化と科学革命【新装版】』松井巻之助訳、みすず書房。

ドーキンス、R（二〇一八［1976］）『利己的な遺伝子四〇周年記念版』日髙敏隆ほか訳、紀伊國屋書店。

モース、M（二〇〇八）『贈与論（新装版）』有地 亨訳、勁草書房。

——（二〇〇九）『贈与論』吉田禎吾・江川純一訳、筑摩書房。

——（二〇一四）『贈与論 他二篇』森山 工訳、岩波文庫。

山本真也（二〇一七）「ヒト科３種の比較認知科学から探る食物分配と協力社会の進化」『動物心理学研究』六七：六三―七一。

Alger, I. and Weibull, J. W. (2010) Kinship, incentives, and evolution. *American Economic Review,* 100: 1725–1758.

Becker, G. S. (1976) Altruism, egoism, and genetic fitness: Economics and sociobiology. *Journal of Economic Literature,* 14: 817–826.

Beltran, D. G., Ayers, J. D., Munoz, A., Cronk, L. and Aktipis, A. (2023) What is reciprocity? A review and expert-based classification of cooperative transfers. *Evolution and Human Behavior,* 44: 384–393.

Clutton-Brock, T. (2009) Cooperation between non-kin in animal societies. *Nature,* 462: 51–57.

Cox, D. (2007) Biological basics and the economics of the family. *Journal of Economic Perspectives,* 21: 91–108.

Dawkins, R. (1976) *The Selfish Gene*. Oxford: Oxford University Press.

Hamilton, W. D. (1964a) The genetical evolution of social behaviour I. *Journal of Theoretical Biology,* 7: 1–16.

—— (1964b) The genetical evolution of social behaviour II. *Journal of Theoretical Biology,* 7: 17–52.

Kaplan, H., Hill, K., Cadeliña, R. V., Hayden, B., Hyndman, D. C., Preston, R. J., Smith, E. A., Stuart, D. E., Yesner D. R. (1985) Food sharing among Ache foragers: Tests of explanatory hypotheses. *Current Anthropology,* 26: 223–246.

Kolm, S-C. and Ythier, J. M. (eds) (2006) *Handbook of the Economics of Giving, Altruism and Reciprocity, Foundations Volume 1*. Amsterdam: Elsevier.

Latour, B. (2000) A well articulated primatology: Reflexions of a fellow traveler. In Strum, S. and Fedigan, L. (eds), *Primate Encounters*, pp. 358–381. Chicago: University of Chicago Press.

Latour, B. and Strum, S. C. (1986) Human social origins: Oh please, tell us another story. *Journal of Social and Biological Structures,* 9: 169–187.

Marks, J. (1988) Reviews of R. D. Alexander, *The Biology of Moral Systems* and M. Ruse, *Taking Darwin Seriously*. *American Journal of Physical Anthropology,* 75: 571–574.

Mauss, M. (1966[1950]) *The Gift: Forms and Functions of Exchange in Archaic Societies*. Translated by I. Cunnison. London: Cohen & West.

Sahlins, M. (1972) *Stone Age Economics*. Chicago: Aldine-Atherton.

Scott, N. and Seglow, J. (2007) *Altruism*. Berkshire: Open University Press.

Snow, C. P. (1959) *The Two Cultures and the Scientific Revolution*. Oxford: Oxford University Press.

Strum, S. S. and Latour, B. (1987) Redefining the social link: from baboons to humans. *Social Science Information,* 26: 783–802.

Sussman, R. W. and Cloninger, C. R. (eds) (2011) *Origins of Altruism and Cooperation*. New York: Springer.

Trivers, R. L. (1971) The evolution of reciprocal altruism. *Quarterly Review of Biology*, 46: 35-57.

Wilson, E. O. (2000 [1975]) *Sociobiology: The New Synthesis, 25th Anniversary Edition*. Cambridge : Harvard University Press.

PART I

社会性の「核」とは何か?

KEYWORDS

「経験の根源」への関心

経験の無秩序のなかの秩序

南極で現れた「社会性」

第1章 社会の糸、社会の神秘

伊谷純一郎以来の探究をめぐって

森下 翔
Sho Morishita

1　方法をめぐる問い

本書の編者である河合香吏は、日本の霊長類学─人類学の第一人者である伊谷純一郎の預言めいた言葉に導かれる形で、長年にわたり「社会性の進化」をめぐる探究をすすめてきたという。二〇〇九年刊の『集団』に、河合は伊谷の「人類社会の進化を論じようとするとき、この二つの領域は必須の分野であり、野生の霊長類と自然人はかけがえのない所与であると答えてきた……その両者を貫く理論が先にあってというのではなく、進化がそれを繋ぐはずだという直観への共鳴に応えて、そういう意味で対象に魅せられて、これまでの歩みを続けてきたと言った方が良いように思う」という言葉を引用しつつ、この「直観を、理論的かつ実証的にかたちにしてゆく」ことが課題である、と述べている。一〇年以上に及ぶ人類学者・霊長類学者の協働を続けた後、その最新の成果であるところの二〇二三年の『新・方法序説』で、河合はほとんど同じ箇所を引用しつつ、探究の方法の確立は未だ果たされざる課題であると述べ、その必要について語っている。

何が河合をあらためて方法についての問いへと向かわせたのかということについて、河合は次のように書いている（河合二〇二三：一〇─一一）。

この長期の共同研究では……発表者はデータの解析結果──典型的には「きれいなグラフ」やコンパクトにまとめられた事例など──にもとづいて、考察、結論を提示し、それをめぐって議論する、いわばある共通のテーマに向けて作られた、すでに出来上がった作品をめぐって議論していたように思う……それは、文字どおりの「協働」になっていただろうか……結局のところ、出来上がった作品＝物語を黙認して受入れ、その成立過程には踏み込まずに、そこから先の部分だけで議論してきたのではないか。そんな後ろめたさもどかしさを私は感じていたのである。

『集団』『制度』『他者』『極限』（河合 二〇〇九、二〇一三、二〇一六、二〇二〇）という「共通のテーマ」を核とする「協働」の在り方は、伊谷が先鞭をつけた社会性の進化というひとつの問いに正面から取り組む「ひとつの探究」であるというよりも、すでに遠く隔たってしまった人類学とサル学という異なる方法・関心に基づく、「異なる分野の協働」に思われたということなのかもしれない。

2 社会の神秘

幾人もの研究者が伊谷の魔術師のような魅力に惹きよせられてきた。彼らは三者三様の仕方で伊谷の仕事を継承している。私は伊谷と直接の面識はないが、その著作をつうじて伊谷が訳なくあっさりと果たしおおせたようにみえる、ヒトとサルの双方を観察し、また双方から学ぶというやり方を、後に残された研究者たちは乗り越えがたい壁のように感じ、途方に暮れているという認識を共有することはできる。ヒトの研究、サルの研究がそれぞれの異なる仕方で専門化されたという「分野の進歩」が、かえってサルとヒトとを当然のように比較することを困難にしてしまっているのである。

さしあたって、次の二つのことが伊谷の研究を特徴づけている、といえる。一つは個体識別を前提とする霊長類学・生態人類学の厳密に経験的な方法論であり、もう一つは「進化」というヒトとサルとを結びつける高度に抽象的な概念である。本章は河合が方法論へと向けられた動機を共有する一方で、直接に方法論について論じることはしない。またサルからヒトへの「進化」の問題に正面切って挑むものでもない。伊谷の問題意識を継承しつつ、進化の観点からヒトとサルの連続性を正面から問うという野心的な試みは、すでに中川尚史が『集団』や『極限』における論考などで進めている（中川 二〇〇九、二〇二〇）。これは伊谷の探究のひとつの正統な継承であろう。しかし道は一本ではない。デヴィッド・スプレイグは、伊谷の社会への「関心」をデュルケムになぞらえている（スプレイグ 二〇二三）。黒田末寿は『集団』で、デュルケムを引きつつチンパンジーの集団的興奮について述べている（黒田 二〇〇九）。これらは一見したところでは狭義のダーウィン進化をめぐる議論ではない。そうであるにもかかわらず、おそらくそれは伊谷の「進化」をめぐる問いへのもうひとつの正統な解釈なのであろうと私は直観する。

なぜ「進化」なのか。文化人類学者にとってこの言葉は一〇〇年近く昔に使われなくなった時代遅れの概念と思われている。伊谷の「進化」という観念は、何らかの厳格な方法を導くものだったのだろうか。そうではない、と私は思う。伊谷がヒトとサルとを比較する仕方はほとんど融通無碍と言ってもよいものであり、必要に応じてどんな形の比較でも持ち出す用意があったと考えるほうが実態に適っている。たとえばルソーを持ち出しながら社会契約の起源について問いを立てるやり方、あるいはターナーを持ち出しながらヒトリザルにコミュニタスを見出す仕方は、明らかに自然主義的な進化論者の方法とはいえないし、『トングウェ動物誌』はもちろんのこと、『トゥルカナの自然誌』や『大旱魃』、そしてサルの研究を振り返れば『高崎山のサル』もまた、少なくとも表面的には、進化のような抽象的観念とは無縁の実証的な民族誌である。それを問題だと考えているのではない。伊谷は正当にも自らの「進化」の要請を「直観」であると述べている。汲み尽くしえぬ問いに辛うじて言葉をあてがうとき、その言葉が対象と一対一に対応しているとは限らないのだ。そしてそうした問いと言葉のズレこそが、謎を生み出し、人びとの多様な解釈を生み出す源泉なのである。だから「進化」という言葉がかえって文化人類学者を遠ざけているのであれば、それは不幸なことである。それはヒトとサル、そしてあらゆる生命が築き上げてしまう、「社会」という深遠な謎を解くための手がかりであったはずのものである。

伊谷にとって「進化」は導きの糸であった。その後の私たちの多くにとって、この概念は躓きの石であった。現代の社会・文化人類学者にとってその概念は、むしろヒトとサルとの比較を行うことを困難にし、袋小路へと誘い込む概念であるように映る。『集団』の最後に記された内堀基光の論考は、社会／文化人類学者が無時間的なものとして集団をめぐる機序を語る仕方と、霊長類学が進化論的・系統樹的・時間的思考を用いて集団を語る仕方とのあいだに断絶を認めている（内堀 二〇〇九）。

私は本章で、伊谷が「進化」という概念に込めた意味合いの複雑さに関心を寄せる。私は伊谷の探究を一七世紀の自然哲学の探究になぞらえている。ケプラーは『宇宙の神秘』と題された著書において、惑星の軌道間距離の幾何学的探究を行った。彼は五種類の正多面体と惑星天球に見立てた真球を交互に外接させてゆくと、真球の軌道間距離が実際の宇宙の軌道間距離とほぼ一致することを「発見」し、この宇宙を設計した神の秘密に触れたと信じた。伊谷の探究に見えざる設計者の影は見えない。しかし、伊谷を「導いた」という直観＝霊感は、ひとを誘惑する神秘の存在を示唆している。すなわち無秩序から秩序が生成することの、あるいは、誰かが設計したわけでもないのに、関係が特定のかたちへと結晶化されてゆくことの神秘、西江がハイエクより借用したところの「自生的秩序」の形成への謎を解明することへと誘惑されて（西江 二〇一三）、私たちは――あえてそのようにいうのだが――反象徴主義的・反言語主義的な探究へと駆り出されているのである。

若手の研究者も、また伊谷に直接薫陶を受けた世代の研究者も、「伊谷は忘れられている」と口を揃える。今こそ読み返されるべきだというニュアンスを込める者もいれば、すでにそのテキストが時代遅れであることを仄めかす者もいる。だが、それはどちらも同じコインの両面について語っている。伊谷のテキストは、特定のジャンルの研究者が引用するには文字通りあまりにも型破りであり、知性を自由にはためかせ、社会構造の論理的分析から修辞的な民族誌的記述まで、あらゆる方途を尽くして縦横無尽に生の正鵠を射抜こうと試みている。

あとに見るように、伊谷はいくつもの「原理」的洞察――単位集団、集団構造の関係、平等、「仮借なき」心性といったもの――を残した。私の目的は網羅的に伊谷を継承する論者たちの関心を描き出すことにはない。伊谷の扱う主題は、進化という表題の下にまとめられているように見えて、具体性の相においては、少なくとも字面を眺める限りでは、ほとんど脈絡がないといってもよい主題の束を扱っている。そうであるにもかかわらず、読者は伊谷の探究に明確な一貫性があるように感じられるのである。本章は、この伊谷の議論のこのとらえどころのない奇妙さについて、人を幻惑させるような伊谷自身のテキスト自身の論理からあえて距離をおいて、その複雑性を把握することを試みる随想である。

3　ダイアグラム的思考：経験の「根源」へ

伊谷の「進化」のひとつの用法は、社会集団の発展をダイアグラム的に（ときに系統樹的に）表現することにあらわれている。そこでは霊長類の社会における単位集団から母系、そして父系へといたる集団構造の進化史的変化が追跡されている。ダイアグラム的な思考法はヒトとサルとを「つなぐ」基底をなす論理のひとつである。それは集団の社会的単位は種の進化とともに発展してきたのであり、したがってヒトの社会性にはサルの社会性との連続性と差異とを認めることができるという考えを基礎づけている。

「人間平等起源論」（伊谷 二〇〇八［一九八六］）における平等の進化史的起源をめぐる大胆な考察は、ヒトとサルの連続性を前提としたうえで、その差異を考察するものである。ニホンザルなどの旧世界ザルに見られる不平等と定住以降のヒトの不平等というふたつの不平等の間に存在する狩猟採集民の平等主義という謎を、「先験的不平等から条件的平等へ」というアイデアをつうじて、社会集団の進化史と関連づけながら論じている。[1]

それはヒトとサルの間に比較不能な差異を前提することなく、両者を並行的に捉える議論のひとつの原型である。両者の「継ぎ目のない」ように見える比較、進化の文脈への平等―不平等という共通の概念の適用、そして特定の集団が必然的に有しているようにみえる性質の分析。平等の起源をめぐる「継ぎ目のない」比較は、人類学とサル学が分かれている現在の私たちから見ると甚だしく大胆な越境と映る。同時に、それは確かに「進化」という糸によってヒトとサルとを繋いでいるように見え、現在の私たちが両者を比較する際に設けられているように見える壁――種の違いという共約不可能な巨大な壁――に気づかせるものとなっている。

「人間平等起源論」には、伊谷の「進化」に対するひとつの態度、すなわち秩序への驚きを見ることができる。それは、一九世紀以降の人類学を駆動してきた他者性への驚きとは一線を画している。サルと狩猟採集民という、一見したところともに近代性の対極にある対象の選択にもかかわらず、また伊谷自身の自然人への憧憬にもかかわらず、伊谷が対象に魅了されている仕方は、啓蒙の時代のヨーロッパの心性が作り出した、「未開」や「野蛮」と称されたような近代以前の生への驚き、またその継承であるところの「他者」への驚きに由来するものとは異なっている。

「人間平等起源論」は、「われわれ」と「かれら」の対比の強調によって問いを形作るようなことはしない。代わりにこの論考を特徴づけているのは、平等の「原因」をめぐる問いである。伊谷は現代の多くの文化人類学者とは異なり、社会構造の柔軟性・可塑性への言及による説明を拒否する。「柔軟な双系的構造を本来的なものと想定し、可塑

1　黒田（二〇一〇）は、伊谷の「不平等社会から平等社会へ」の「進化」をめぐる議論展開を詳細に読み解き、その説明の不十分な点や曖昧な点に注解を加えている。この注解は、伊谷の議論を、中川（二〇〇九）の論考、すなわち伊谷が入手しえず、また仮に入手しえたとしても利用しなかったであろう分子生物学的・社会生態学的知識によって大幅に敷衍した論考と合わせて、現在の知見から伊谷の議論を吟味するうえで重要な参照点となっている。中川（二〇〇九）は父系的社会の前提である雌偏向分散型の社会を初期人類に到るまで引き継がれた社会形質とする考察を与えている。

性によって議論の終止符を打つ……それはこれまでの研究成果や議論を混沌のなかに投げ込むのにも等しい」(伊谷二〇〇八：三五二)。この伊谷の宣言は「実証」主義者の宣言ではない。実証主義とは、自らの探究を観察可能な対象へと限定し理論的な対象に対する実在に禁欲を課す態度、一言でいえば「見えるもの」にこだわり「見えないもの」についての判断を禁欲する態度のことであるが、伊谷の探究に一貫して見られるのは、本人の言葉でいえば「心」「社会」「進化」への関心(伊谷 二〇〇八［二〇〇〇］)、すなわち経験を超え出る「見えないもの」、すなわち経験の根源について何かを述べようとする、それもはなはだ大胆な仕方でそれを為そうとする試みである。文化人類学者はそこに「構造」のような、これもまたすでに時代遅れとなった観念の類似物を見て取るかもしれない。しかし、秩序が実際に実在しているかどうかといったことは、本当のところ問題ではないのである。あとにみるように、秩序が実在すると信じ、その信念に惹きつけられるようにして、すなわち進化の観念に誘惑される形で探究をすすめてゆくということが要点である。

「他者」をめぐる問いとは別の仕方で、また実証とは異なる仕方で比較可能な異なる存在の間に目に見えぬ根源的な秩序を見出すこと。このことがさしあたって、伊谷の「進化」の観念を特徴づける重要な性質であるといえるだろう。

4　根源――チンパンジーとボノボの「興奮」をめぐって

黒田は、伊谷の自身への影響を省察している(黒田 二〇〇六)。黒田は伊谷の思考を「区切り思考」と名付け、「社会構造をつくる行動」のなかにその原型を見ている。黒田は、いったんは「私自身は……概念操作でも実生活でも「区切り」が適切にできない人間と自己確認するに至って、伊谷さんの思考に倣うことをやめ」た(黒田 二〇〇六：

二三）が、結局のところ、みずからの「意識」についての問いが、伊谷の「区切り」の問題と表裏一体の関係にあったと認める。「意識はコンテキストの裂け目に降ってくる」（黒田 二〇〇六：二四）。黒田自身、「区切り」のなかの意識を問題にしていたと自覚した、ということであろう。

『集団』における黒田のチンパンジーの興奮をめぐる論考（黒田 二〇〇九）は、伊谷の議論と単純とはいえない仕方で交錯している。「興奮」という情動そのものの焦点化は、黒田が述べるとおり社会の「規矩」に関心を持っていた伊谷の方法とはずいぶんと異なっている。しかし、両者には「経験の根源」をめぐる探究であるということ、そしてサルの描写の仕方に共通項があるように思われる。

黒田は奇妙な仮説を提起する。伊谷のいうところの「平等原則という共存形態は興奮によって可能なのではないか」（黒田 二〇〇九：二五七）。黒田は、離合集散という、類人猿のなかでもチンパンジーやボノボに特異的な社会現象の意味を探る。かれらは出会い合流する際、その仕方にはバリエーションがあるが、興奮状態となる。ヒトの場合、狩猟採集民の離合集散性について論ずる場合には、その社会的機能の面から説明される。だが黒田は、興奮の社会化、その帰結としての離合集散の社会的機能への着目は、本来注目されなければならない興奮の存在自体を自明視してしまっている、と考える。その社会化について論じるとき、私たちは「それが何者かじつは知らないことになる」（黒田 二〇〇九：二五七）。黒田は、集まることにより興奮する身体そのものに着目することで、身体に条件づけられたヒト―チンパンジーの存在を読み解こうとする。

ここで黒田がチンパンジー属を描いている仕方は、いってみれば「種の身体」を描く仕方である。伊谷が平等について述べるとき、その社会の差異は種の差異に起因するものとして暗黙のうちに認識されている。同時に、その種の差異は「種の身体」の差異に立脚するとみなされているのではなく、複数個体の関係として現出する所与とみなされている。黒田は、いってみればその原因としての身体、興奮の根源としての身体に立ちかえる。「離合集散とは、生態的・社会的に集団から自己を分離できる者たちがつくる集団現象である」（黒田 二〇〇九：二六一）。

そのような伊谷との大きな差異にもかかわらず、伊谷の理論的研究と本稿における黒田のサルの描写は、ある次元においてはよく似通っている。個体に力点を置きすぎず、社会性を活写するような個体間相互作用のスナップショットを描き、さらにそれらは最終節における「進化」をめぐる考察へとつながってゆく。

ここで「進化」とは一体何を指すのかということを、黒田は明言していない。実際に黒田がこの節で論じているのは、対等な者たちが生み出す集団の起源をめぐる問いである。種ごとの行動と集団構造の差異そのものにサルとヒトをつなぐ「糸」を見出した伊谷とは異なり、黒田はサルとヒトとをつなぐ「糸」としての「興奮」という身体性条件に、対等な者たちが集まる契機を見出す。やはり表面的には大きな差異がそこにはあるように見える。しかし、早木仁成がいうようにもし今西と伊谷がかかわってきた問題が「人間性はどこから来たのかという問題」なのであるとすれば（早木 二〇〇六）、黒田の興奮をめぐる議論は伊谷の探究と地続きのものであるように思われる。

5 サルを見るようにヒトを見て、ヒトを見るようにサルを見る

「サルとヒトとの間に秩序を見出す」のが「人間平等起源論」における伊谷の方法だった。河合は、その試みの手がかりを実証的方法の確立という方向に求めた（河合 二〇二三）。「ヒトを見るようにサルを見、サルを見るようにヒトを見る」（cf.（竹ノ下・河合 二〇二〇））。大村は、『新・方法序説』において、河合の当初の提案にしたがい、ヒトとサルの観察の共通の方法論について語った（大村 二〇二三）。

私はこのアイデアを、伊谷の著作を読み解く手がかりとしてもう一度検討してみたい。ただし、ここで私は『新・方法序説』において私たちが歩んだのとは異なる仕方をとる。われわれにあっては、これは共通の方法論の開拓よるサルの研究とヒトの研究の統一に主眼があった。他方、伊谷にあっては、むしろ文字通りに、ヒトとサル両者の見方

の「反転」として、この言葉を解釈できるのではないか、と本章では解釈することとしたい。

あらためて伊谷の方法の「奇妙さ」に回帰してみたい。ここでは「人間平等起源論」を頂点とする霊長類学的研究にのみ焦点を当てるのではなく、生態人類学的な議論にも目を向ける。伊谷の方法を理解しようとする試みにおいては、霊長類の社会構造の議論に力点が置かれがちであり、その生態人類学者としての一面はやや等閑視されてきたきらいがある。確かに平等と社会構造をめぐる伊谷の議論はひとつの精華といってよいものであり、サルの研究とヒトの研究とをつなぐヒントがそこに隠されているように感じられる。しかし、伊谷に関して興味深い事実のひとつは、ヒトとサルを語るときの、その語り口の違い、大きなギャップである。

伊谷は、サルについては社会と進化を語り、他方ヒトについては生態の観察に徹する。少なくとも表面的にみれば、伊谷がサルに向ける方法と、ヒトに向ける方法は異なっているのである。寺嶋の言葉を借りれば、伊谷がヒトに目を向けるときには、「霊長類社会学においては封印されていたウエットな部分への限りない執着」(寺嶋 二〇〇六：三四)を問題にする。さらに伊谷の方法を奇妙に見せているのは、彼の用いる方法が現代の霊長類学と文化人類学の主流の方法の反転像となっている、という事実である。われわれは言語を用いないサルにこそ非言語的な観察の眼を向け、ヒトに対しては言語をはじめとする表象に着目することでこそ社会が理解できるようになるという常識的発想に囚われる。だが、伊谷は正反対の道を歩む。決して語られることのない「サルの社会」を語り、言葉の手前にある「ヒトの生態」を眺める。「伝統を口承によって記述してゆくという方法を私は否定するつもりはないが、個人の行動により重きを置いた人類学的方法という道があることを……提言しておきたい」(伊谷 二〇〇九［一九八九］：四〇六)。

表面的には異なるふたつの方法を適用する態度、そして現代の私たちの眼には「反転」と映るこの態度に、私はひとつの通底する関心を看取する。そのふたつがひとしく「反転」に見えるということは、それが異なる対象に対するある同一の操作の結果である、とみなしうるということでもある。私はそれを単一の試み、すなわちサルの行動の表面にも、ヒトの言葉の表面にも浮かび上がらない事実を紐解こうとするという共通の試みとしてみなす。「サルを見るようにヒトを見」、「ヒトを見るようにサルを見る」というのは、ここにあっては、その方法が統一されているということを意味するのではなく、いわば「ヒトとサルの反転操作」の同一性を示唆するものとみなしうる。

その「反転操作」は、サルであれヒトであれ、それぞれの対象の表面からは隠された現実を紐解こうとする関心のあらわれである。伊谷の生態人類学は、一見すると「実証」的方法そのものである。だが、それは単なる実証、すなわち観察や経験的方法の重視なのではない。単なる実証なのであれば、口承をそのほかの与件よりもトリヴィアルなものとして扱う必要は特にない。伊谷の生態人類学はむしろ、サルの場合と同様、じつは経験的に明らか「でない」ことに目を向けている。トゥングエの「心性を投影しうる一枚のスクリーン」(伊谷 二〇〇八 [一九七七]:二四三)、トゥルカナの「仮借なき心性」、個々の実証的記載の奥にあるそうした全体に関心が向けられている。

デヴィッド・スプレイグは、伊谷の議論をデュルケム的なテーゼを問題にするものとして読み解いた(スプレイグ 二〇二三)。デュルケムは、『自殺論』において、集合表象としての「社会」をとらまえる方法論として、統計的方法を提示したのだった。伊谷が経験的基層の背後に見出した「社会」がそのようなものであったのかどうかを直接判断することは容易ではない。私は、伊谷が個を超えた存在としての社会を解明しようとしていたというスプレイグの見解に同意する。ただし、私の理解するところでは、伊谷の表現する「社会」の観念は、デュルケムのようにはっきりとした輪郭を持つものとして提示されているわけではない。それぞれの論考が与える明晰さの印象とは対照的に、伊谷の掲げる社会観念の全体像は多分にパッチワーク的であって、それらは社会の輪郭を描いているというよりも、それぞれの種の社会の背骨を作り上げているピースを拾っているという印象を与える。幾何的なメタファーを用いるならば、それは円のメタファーであらわされる数学的集合のような概念とは異なり、やはりそれは一本の線、それもあちこちの結び目でかろうじてつながれている頼りない「糸」なのである。

経験の無秩序のなかに「糸」のような秩序を見出す感性こそ、伊谷の進化なる観念が持つ含意のうちで着目すべきもののひとつである。伊谷の探究は、一方ではるかなる俯瞰的視座に立って原猿類からヒトにいたるまでの「集団」を見渡す視座であると同時に、他方では生物学という専門分野を窮屈に感じているかのごとく、ルソーやターナーといった狭義の生物学を超えた議論の融通無碍の借用を通じて、自らの手で糸をつかみとろうとする試みにほかならない。彼が試みているのは、一見したところ無秩序であるかのように見える膨大な経験的所与のなかに秩序を見出そうとする努力である。

6 近代への拡張

伊谷は彼の言うところの「自然人」、すなわち狩猟採集民や焼畑農耕民、牧畜民といった人びとの存在を「進化」の研究の「所与」とした。誤解を恐れずにいえば、遊動民を人間文化の「進化」の研究に必須のものとする有力な根拠は、それが初期人類の生活様式を多かれ少なかれ保存するものとする解釈である。サルとヒト、とりわけ遊動民との間に、両者が比較可能となる程度の共通性・連続性を見出し、差異について考察する。伊谷の「人間平等起源論」はそのような仕方で書かれている。平等と不平等という観点が、サルとヒトとを比較可能とし、また、サルと農耕以降の社会との「間」の狩猟採集社会においてのみ顕著に表れる平等の原理を解かれるべき謎として浮き上がらせている。

だがこのような人類史的時系列の視点は同時に、「近代人」を「遠い」ものとして扱うことにもつながってしまう。「人間平等起源論」では農耕以降の階層化された社会は考察の対象から外されている。「近代人」はこうした連続性の観点からは「遠すぎる」のだろうか。仮に現代の人びとのなかに初期人類の痕跡を認めなければ社会性の進化の問題と呼べないのであれば、そのような研究は「人類史」というローカルな一ジャンルの研究のなかにとどまることになり、多くの文化人類学者にとっては、そのような探究はみずからの分野である「人類学」と無関係のものと映るだろう。

むろんカラハリ狩猟採集民に関する修正主義の論争を振り返るまでもなく、遊動民を初期人類の痕跡を残すものとして位置づけることには慎重な留保が必要である。内堀は『集団』における論考で、サルと遊動民の「近さ」を自明の前提とする態度を率直に批判している。「狩猟採集段階のみを「自然」に近いものあるいは「人類史のほとんどの時間」として無二の特権的状態と観るのは、それほど自明のことだろうか。人類の社会性の可能態としては、近現代を含むすべてのありようが等しく考察対象とされなくてはならないのではないか」（内堀 二〇〇九：二一七）。実際のところは、河合のすすめてきた共同研究は、現代性を包摂する形で拡張されてきた。この点に関して、ヒトとサルが生物である限りにおいて共有する、実存の根源的契機に着目することにより、両者を同一の地平で論じるというやり方がある。このアプローチは『極限』的状況への着目（河合 二〇二〇）に典型的にあらわれている。[2]

遊動民もまた大きく変化する社会環境のなかで「現代を生きる人びと」である。ただしそれは、単に遊動民の生活の中にもたとえば貨幣経済や国家の、すなわち近代的な介入の影響がみられる、という以上の意味で解釈することができる。ここでは二つの意味合いを挙げたい。ひとつは、「現代」という語を「近代化以後に固有の文化」と解するのではなく、変化し続ける環境の先端に立っているという意味で捉えることで、狩猟採集社会や牧畜社会を含む、あ る社会がある仕方で成立する身体と環境の条件を探ることができる。このような視点は、時間の流れのなかで変化する環境のなかで生きる人間の「生の流儀」（ボアズ（沼崎 二〇一七））の考察を生む。田中二郎（二〇一七）などによってカラハリについて論じられてきた「定住化」の議論は、人間の暮らす環境に対する狡猾な介入が、どのようにして「生の流儀」を変化させたか、という点についての洞察となっている。

「現代を生きる」ということのもうひとつの意味合いは、近代人であれ遊動民であれ、またどのような「進化」についての系統樹を想定するのであれ、現代の人びとはみな系統樹の途中ではなく先端に存在している、ということである。「極限」と「社会」という主題を、この意味で論じるにあたって、ひとつの話題が私の頭を占めている。第一次南極越冬隊による越冬生活である。第一次南極越冬隊は、大規模な資金提供元となった朝日新聞の記者が越冬に同行し、記録文書を残している（朝日新聞社南極学術探検事務局 一九六〇）。その記録には、越冬生活に関する具体的なエピソードも記されている。[3]

南極越冬を特徴づける極限性は、気温や食料といった環境条件によってももちろん特徴づけられるが、きわめて小さな集団による閉鎖空間での共同生活によっても特徴づけられる。第一次越冬隊は七人という少人数での一年間にわたる生活であった。この共同生活について、記者の藤井恒男は人類学的といってよい洞察を記している。

「基地生活のタブー」という節がある。第一次越冬隊の間には、「申し合わせ」によって明示的に定められた禁止と、「自制心」により守らなければならない暗黙のルールがあったという。明示的な禁止のひとつに、「他人に酒をすすめたり、誘ったりしてはいけない」というものがある。しかしこの禁止には但し書きがあり、「ここに酒があるよ」と「教える」ことは許されているという。この「申し合わせ」は飲酒以外のこと、たとえば娯楽にも拡張されている。麻雀や囲碁・将棋などの「遊び」に人を誘う際にも「おい、やれよ」などと「無理に引き入れてはならない」。しかし、「マージャンのメンバー、いま1人あいているよ」などといって声をかけることは許される。

一見奇妙な「ルール」ではあるが、他人を誘うのではなく、単に「酒があるよ」「マージャンのメンバーがあいているよ」といった仕方で、いわば状況を伝えるだけにとどめ、他者の行動をその者の自律的意志や自発性に委ねるコミュニケーションは、本書の第9章で大村がイヌイトの共食の「エチケット」と呼ぶもの——料理を他人のために取

2　「トゥルカナを対象とした調査は、もともと極限的な環境への人間の適応の本質を明らかにしようとしたものだった」（伊谷 二〇〇九［一九八二］：二二三）の書き出しから始まるように、「極限」というキーワードは、伊谷のトゥルカナ行を記した『大旱魃』の基層的なモチーフでもあった。

3　この節の内容は（森下 二〇二四）を一部参照している。

り分けるのではなく、鍋に多く作っておいて「料理あるよ」とさり気なく声をかけるといったような実践——によく似通っている。それはまた、狩猟採集民について報告されてきた対等性の議論（木村 二〇〇六）やチンパンジーやヒトの実存的条件としての単独性（内堀 二〇〇九）を思い起こさせるルールでもある。二文字屋（二〇二一）は、タイの狩猟採集民ムラブリが、「狩猟についていってもよいか？」などと許可を求めたとき、許可／不許可の応答ではなく「お前次第だ」という答えが返ってくると述べている。一見すると冷淡にも思われるこの態度を、二文字屋は、ムラスリの他人に「くっつ」きすぎず、他人を尊重する態度のあらわれと解釈している。それは藤井が一一人というきわめて少数の人間が顔をつき合わせて毎日暮さなければならない南極の越冬生活において見出した「無理じいをしないということ」「苦痛を覚えないこと」こそが「平和を守るために重要なこと」であるという認識と、やはりよく似通っている。

南極という極限的な閉鎖空間の社会性の在り方は、近代性という枠を超えて、環境に規定される人間の在り方に示唆を与えるものであるようにみえる。科学技術の進歩により、現在では南極への一時的な居住を安定的に実施することが可能となっているが、同時にそのようにして生み出された、極端に小規模で定住的な空間は、そのような環境に適応するヒトの社会性を要請することとなる。そこでは科学技術という人類史の中できわめて新しい事象によって可能になった生活が、かえって狩猟採集者と類似するという事態が生じうるのである。そのような社会性の「部分的かつ並列的な比較」が可能になることが、「社会性の進化」の概念の拡張の方向として必要とされているように思われる。

7 臨界——犬の「不純さ」

伊谷は晩年のインタビューで、犬が苦手であると語っている。

人の手が加わっているというのが嫌なんです。犬の顔をしているけど、持ち主の性格が移っていたりしていてね。野生動物の場合は、その種の動物の一般的性格を理解すればいいのですが、犬はそれすら人為的に歪められていることがあります。（伊谷 二〇〇八［二〇〇〇］：四八三）

「野生動物の場合にはその種の動物の一般的性格を理解すればよい」。インタビューで語られたこの言葉をどの程度真剣に伊谷の真意を示すものとして受け取るかには解釈の余地があろう。しかし、本章では最後に、この問いかけを伊谷の志向の戯画とし、純粋ならざる種としての犬を愛さぬ伊谷の議論に、犬の「不純さ」を肯定する議論を並置しておくこととしたい。

ダナ・ハラウェイは、自らの飼い犬との生活をめぐるエスノグラフィックな叙述の序文において、「ジムの犬」というメタファー（ハラウェイの言葉でいえば、形象）を論じている（ハラウェイ 二〇一三［2008］：一四―一八）。「ジムの犬」はジム（民族誌批評家のジェイムズ・クリフォード）がハラウェイに送った、コケなどに覆われ、そのときだけたまたま犬のように見えた切り株の写真につけられた名である。ハラウェイはこの写真に存在の混淆性、テンポラリティを見て取る。「ジムの犬」は、ある「種」の「個体」として実在するのではなく、あるいは恒常的に存在するのではなく、一時的に、偶然存在し、つねに変化し続けるものとしての「犬」の形象である。

それは、伊谷が求めた「種の一般的性格」すなわち種の純粋性・恒常性とは好対照をなす、つねに変化するハイブリッドな生成体（becomings）としての種を含意する。「あらゆる種は、その生きていると死んでいるとにかかわりなく、主体と対象とがかたちづくる出会いのダンスの結果生じる存在である」（ハラウェイ 二〇一三［2008］：13）。「種」なるものの要素的性格、均一性を前提とし、人とのかかわりを「歪み」と捉える見方は、ヒトとの関係だけにとどまらない問題であるかもしれない。異種間の互いに影響を与えあい、共生成し、生成変化する「不純なるもの」の絡まりあい、それ自体が観察対象となる。しかし、伊谷の方法にしたがうなら、それは物事を無秩序に分解し、観察される表面だけを問題とすることに留まってはならない。その奥にどのような「糸」を見出しうるのか。その問いかけに答えるための手がかりとして、「進化」の語はあらためて私たちの前に置かれているといえるかもしれない。

参照文献

朝日新聞社南極学術探検事務局（一九六〇）『IGY南極観測事業 報告』、朝日新聞社南極学術探検事務局。

伊谷純一郎（二〇〇八（一九七七））「トゥングエ動物誌」『伊谷純一郎著作集』、第四巻、一四八―二四六頁。

――（二〇〇八（一九八六））「人間平等起源論」、『伊谷純一郎著作集』、第三巻、三三一―三五六頁。

――（二〇〇八（二〇〇〇））「「心」「社会」「進化」――サルの研究で人類史を復元する」、『伊谷純一郎著作集』、第三巻、四八一―四九七頁。

――（二〇〇九（一九八九））「大旱魃――トゥルカナ日記」、『伊谷純一郎著作集』、第五巻、二二三―四〇九頁。

内堀基光（二〇〇九）「単独者の集まり――孤独と「見えない」集団の間で」河合香吏編『集団――人類社会の進化』京都大学学術出版会、五七―八七頁。

河合香吏・黒田末寿・北村光二・内堀基光（二〇〇九）「終章 「集団」から「制度」へ――まとめと展望」河合香吏編（二〇〇九）『集団』京都大学学術出版会、三〇七―三一九頁。

大村敬一（二〇二三）「相互行為素――霊長類の社会性の種間比較分析のための基盤」河合香吏・竹ノ下祐二・大村敬一編『新・方

法序説——人間社会の進化に迫る認識と方法』京都大学学術出版会、一七四—一八九頁。

河合香吏編（2009）『集団』京都大学学術出版会。

——（2013）『制度』京都大学学術出版会。

——（2016）『他者』京都大学学術出版会。

——（2020）『極限』京都大学学術出版会。

河合香吏・竹ノ下祐二・大村敬一編（2023）『新・方法序説——人間社会の進化に迫る認識と方法』京都大学学術出版会。

木村大治（2006）「平等性と対等性をめぐる素描」『人間文化H＆S』21：四〇—四三。

黒田末壽（2006）「伊谷学——私の課題」『人間文化H＆S』21：二三—二四。

——（2009）「集団的興奮と原始的戦争——平等原則とは何ものか？」河合香吏編『集団』、二五五—二七九頁。

——（2010）「「人間平等起源論」における平等主義の系譜」『人間文化H＆S』27：三—六。

竹ノ下祐二・河合香吏編「ヒトを見るようにサルを見る」<https://sociality.aa-ken.jp/data/wp-content/uploads/2020/11/Report_on_colloquium_2020.pdf>

田中二郎（二〇一七）『アフリカ文化探検——半世紀の歴史から未来へ』京都大学学術出版会。

寺嶋秀明（二〇〇六）「共同研究——私にとっての「伊谷学」——その継承と展開——」『人間文化H＆S』21：二一—二二。

スプレイグ、デヴィッド（二〇二三）「社会構造と社会的事実のエピステモロジー」河合香吏・竹ノ下祐二・大村敬一編『新・方法序説——人間社会の進化に迫る認識と方法』京都大学学術出版会、五四—七一頁。

中川尚史（二〇〇九）「霊長類における集団の機能と進化史——地理的分散の性差に着目して」河合香吏編『集団——人類社会の進化』京都大学学術出版会、五七—八七頁。

沼崎一郎（二〇一七）「「生の流儀（Way of Life）」としての文化——ボアズ派人類学のアメリカ的転回（1）」『東北大学文学研究科研究年報』66：三三—六六頁。

西江仁徳（二〇一三）「アルファオスとは「誰のこと」か？——チンパンジー社会における「順位」の制度的側面」、河合香吏編『制度』、京都大学学術出版会、一二一—一四二頁。

二文字屋脩（二〇二一）「彼らは言う「つながり過ぎてはいけない」と。」『高市ともこのSurvival Anthropology』https://survivalanthropology.com/2021/02/15/nimonjiya_1/

早木仁成（二〇〇六）「伊谷学の継承をめざして——社会構造論と平等論」『人間文化H＆S』21：二五—二七。

ハラウェイ、ダナ（高橋さきの訳）（二〇一三（二〇〇八））『犬と人が出会うとき——異種協働のポリティクス』、青土社。

森下翔（二〇二四）「「南極の人類学」のスケッチ」、『P2P』。

KEYWORDS

シルバーバック

父親の保護行動

ケア論への拡張

第2章

ただ近くにいる 同所性の根源的意味

何もしない父親の子育て

田村 大也
Masaya Tamura

1 多様で柔軟なヒトの父親の子育て

我々ヒトの家族形態はさまざまであるが、あらゆる社会において、何らかのかたちで子供の成長に貢献し、責任をもつ父親が存在する。食物の供与、経済的援助、教育、遊びなどを通して、父親が子供の身体・認知・精神・社会的な発達に寄与していることは、今では自明のものとなっている（レイバーン 二〇一四）。母親（配偶者）からも子供からも保護者として認知され、子育てに貢献するヒトの父親は、人間家族の成立に伴って創り出された社会的存在であるとされている。しかし、社会的存在であるがゆえに、子育てにおける父親の役割は文化によっても時代によっても大きく異なる。R・フェルドマン（Feldman 2023）は、父親という役割は人間家族の進化史の中で最も急速に変化した役割だと述べている。多様で柔軟な役割を持つ父親の存在こそが人間家族の特色のひとつであり、ヒトの社会性の主要な発現形態のひとつと言って間違いないだろう。とはいえ、人類進化の過程で原初の家族が誕生した時、すでに今日に見られるような父親が存在していたのだろうか。確かに言えることは、原初の父親が行っていた子育てのうえに、その時々の社会的環境や生態的環境、そして文化の要請に応える形で、多様な父親の役割が徐々に出現し、今日に至ったということではないだろうか。そして原初の父親の姿とは、人類進化の過程においてヒトがサルから分岐した、その共通祖先における「父親」の姿を色濃く残していたものであったと考えるのも十分妥当だろう。

そこで本章では、人間家族における原初の父親とはどのような存在で、どのような役割を担っていたのか、その姿を描き出すための比較対象として、ヒト以外の霊長類（以下、霊長類）、特にヒトに最も近縁な大型類人猿で、一夫多妻型の群れで暮らすゴリラに焦点を当て、「父親による子供の世話（paternal care: 以下、父親の世話）」について論じてみたい。

2　日本の霊長類学者が予見した父親

日本の霊長類学者は、霊長類のオトナオスと未成体の間で見られる親密な関係に早くから関心を抱いていた。例えば、伊谷純一郎は高崎山のニホンザル（*Macaca fuscata*）において、オトナオスがコドモに対して示す、毛繕い、運搬、抱き、伴食の許容などの親和的行動に着目し、詳細な記述を残している（Itani 1959）。伊谷は、乱婚的な複雄複雌群で暮らすニホンザルでは「父性」という言葉は不適切かもしれないが、コドモとの親密な関係を示すオトナオスの具体的な諸行動は、まさしく「父親の世話」というのが当てはまるとした。さらに、ニホンザルの群れでこのような現象があるのだから、類人猿の家族のような群れでは父親役割に関連するより多くの現象が予想される、と期待を込めて述べている。

日本の霊長類学者はニホンザルと人間との間隙を埋めるものとして、大型類人猿であるマウンテンゴリラ（*Gorilla beringei beringei*）に研究対象をシフトさせ、一九五八年から一九六〇年にかけて、第一次、第二次、第三次ゴリラ探検を実施した。しかし、野生のマウンテンゴリラを観察者に馴れさせる目的で試みられた餌付けが上手くいかず、群れの社会生活の細部まで入り込むような観察には至らなかった。こうした苦難の中でも、第二次ゴリラ探検を行った河合雅雄は、シタグループと名付けた群れで以下の観察に成功している。

コドモはいつも父親のあとに従っており、休息するときも父親といっしょである

（河合　一九七七：二五四）

図１　ゴリラのオトナオス。背中の毛が銀白色であることからシルバーバックと呼ばれる（撮影：田村大也）

さらにこの観察事例に基づき河合は、

> 詳細な観察が可能ならば、おそらくオスゴリラの、父親としての役割が、いくつか発見されるのではないだろうか……
>
> （同：二五四）

と期待している。当時、日本の霊長類学者がゴリラを研究対象に選んだ主たる理由は父親の起原の追究とは別にあった。しかし、ゴリラの群れが、シルバーバック（図1）と呼ばれる一頭のオトナオスが複数のメスとの繁殖を独占する一夫多妻型の構成を基本とすることが、父親という存在を意識させ、シルバーバックの子供に対する振る舞いに目を向けさせることになったのだろう。

今西錦司は、人間家族が成立するための四条件のうちの一つ「配偶者間の経済的分業」がゴリラの社会には備わっていないとし、ゴリラの群れを「類家族（familioid）」と名付けた（今西 一九六一）。一方で、河合は経済的分業を社会的役割の分化という言葉に置きかえれば、ゴリラでも十分成立しうる問題とした。ゴリラの父親がいつも子供と一緒にいるというのは（河合はこの様子を「子守り」と表現している）、子供のために食物を取ること（経済的分業）の前段階とも見られると考えたのである。河合はゴリラの群れを一夫多妻の形をとった家族だと言いたいが、それを言いきるには資料が乏しいため、今後のもっとつっこんだゴリラ社会の研究を期待するとして、著書『ゴリラ探検記』（河合 一九七七）を締めくくっている。

3　やはり子育てに献身的だったゴリラの父親

日本の霊長類学者による野生ゴリラ調査がしばらく中断された後、一九八〇年から一九八二年にかけて、山極壽一が野生マウンテンゴリラの詳細な観察を行った。これによって、河合が予見したような、シルバーバックと子供たちの間に見られる親和的な関係がより鮮明に描き出されることになる。山極（一九九四）によると、マウンテンゴリラでは生後約半年間は母親が子供を手放さず、シルバーバックも子供に触れることはないという。しかし、子供が母親から離れてシルバーバックのそばに居つくようになると、父子間の親和的交渉が見られ始める。シルバーバックがじゃれつく子供を優しく抱き上げ、子供たちがシルバーバックの身体を使って遊ぶ様子が記述されている。そして、完全に乳離れする頃には子供とシルバーバックの近接頻度は子供と母親よりもずっと高くなり、子供たちが依存する対象は母親から父親へと移されるとしている。シルバーバックのこれらの行動特性に基づき山極は、乳離れした子供を保護し思春期まで育て上げるのはシルバーバックの仕事であり、ゴリラの社会には人間家族に認められるような社会学的父親の萌芽が見られると主張した（山極 一九九四）。

マウンテンゴリラの社会においてシルバーバックと子供の間に親密な関係が見られることは、海外の研究者によっても調査初期からその記述が残されてきた（例えば、Schaller 1963; Fossey 1979）。しかし、定量的データに基づく研究成果が示されたのは意外に遅く、K・スチュワート（Stewart 2001）による二〇〇一年の報告が初めてである。そして二〇一〇年代になってようやく、S・ローゼンバウムらによって新たな知見が次々と蓄積されるようになった。彼女らは、シルバーバックと子供の親和的交渉として、毛繕い、接触休息、遊び、伴食、追随、運搬、抱きなどを取り上げ、シルバーバックが子供に示すこれらの行動は育児努力（parenting effort）とみなせること（Rosenbaum et al. 2011）、シルバーバックと母親よりもシルバーバックと子供の方が親密度は高いこと（Rosenbaum et al. 2016b）、シルバーバッ

図2　京都市動物園で飼育されている群れのシルバーバックと子供が遊んでいる様子（撮影：田村大也）

クと子供の親密な関係はコドモ期からワカモノ期まで継続すること (Rosenbaum et al. 2016a) などを明らかにした。さらに、二頭以上のシルバーバックを含む複雄群[1]では、子供との親和的交渉（毛繕いと接触休息）の時間が多いシルバーバックの方が多くの子供を残していることを遺伝子解析から突き止め、マウンテンゴリラのメスは子供に親和的なオスを繁殖相手として好む可能性を指摘している (Rosenbaum et al. 2018)。また、離乳期の子供は母親から離れてシルバーバックの近くで過ごし、シルバーバックの周囲やシルバーバックの身体そのものが子供たちにとっての安全な遊び場になる。このように、マウンテンゴリラのシルバーバックと子供の関係は、寛容さ・毛繕い・遊び・接触休息で特徴づけられ (Rosenbaum and Silk 2022)、シルバーバックのこれら諸行動はまさしく「父親的 (paternalistic)」であるとまとめられている (Stewart 2001)。

　こうした研究成果の影響もあってか、今日では「ゴリラのシルバーバック=子育てに献身的な父親」というイメージが一般的にも定着している。科学雑誌ナショナルジオグラフィックでは『子育てに超熱心な動物界の父親達7選』と銘打った記事の一番手に野生マウンテンゴリラを紹介している。また、日本国内の動物園ではマウンテンゴリラとは別亜種のニシローランドゴリラ (*G. gorilla gorilla*) が飼育されているが[2]、ある園の解説板では「オスは……中略……メスをまとめ、子どもたちの面倒をみる細やかさももっています。」と紹介されている。実際、ニシローランドゴリラを群れで飼育している動物園に足を運べば、父親のシルバーバックと小さな子供がじゃれ合う姿を見ることは難しくない（図2）。このようにして、ゴリラのシルバーバックは父親の起原というトピックにおける代表的な動物のひとつになっていった。

4　子育てに献身的ではないシルバーバック？

私はここまで述べてきたような子育てに献身的なシルバーバックの姿を期待して、ガボン共和国の南西部に位置するムカラバ―ドゥドゥ国立公園（以下、ムカラバ）で野生ニシローランドゴリラの調査を始めた。ここまで述べてきたゴリラの父子関係に関する研究成果は、野生環境に関してはそのすべてがマウンテンゴリラに由来している。一方、私の研究対象のニシローランドゴリラに関しては飼育環境での研究は進められてきたものの、野生環境での社会関係についてはほとんど研究されていなかった。この背景には、ニシローランドゴリラが生息する低地熱帯林の視界の悪さや狩猟圧の影響で野生個体が人の存在を強く恐れ、群れを人に馴れさせて観察すること（人づけ）が困難であるという理由があった。その中にあってムカラバは、先達の不断の努力によって野生ニシローランドゴリラの群れの人づけに成功した（Ando et al. 2008）、世界的にも稀有な調査地である。そして、森林内での群れ追跡および行動観察を中

1　マウンテンゴリラでは、繁殖群のうち約四〇％が複雄群であると報告されている。
2　二〇二四年三月現在、日本国内では六つの動物園でゴリラを見ることができるが、飼育されているのは全てニシローランドゴリラである。

図３　休息中のニダイ（写真右側）の周りで遊ぶ子供たち（写真左側）（撮影：田村大也）

心とする野生ニシローランドゴリラの社会生態学的調査が今日まで二〇年以上続いている。

私は、二〇一八年三～四月、二〇一八年九月～二〇一九年二月、二〇一九年七～一二月、二〇二二年八～一一月の四期間に渡ってムカラバでの調査を実施した。対象とした群れは「ニダイ群」と名付けた野生ニシローランドゴリラの単雄群である。調査期間中の群れはシルバーバックのパパ・ニダイ（以下、ニダイ）、オトナメス二～五頭、アカンボウからワカモノを含む未成体九～一〇頭、若いオス三～四頭で構成されていた[3]。詳細な背景は割愛するが、これらの未成体の中にはニダイとは非血縁の個体もいたが、いずれの調査期間でもニダイと遺伝的な父子関係にあるアカンボウとコドモ（〇～五歳）が二頭以上は群れにいたことが糞からの遺伝子解析によって確かめられている。私はニダイ群を対象に、四期間で合計一六一二時間（二六四日間）の行動観察を行い、ニダイと子供たちの間で見られる親和的交渉を記録することで、野生環境に暮らすニシローランドゴリラのシルバーバックによる子育ての実態を明らかにしようとした。

しかし、そこで得られた観察結果は予想とは大きく異なるものであった。まず、マウンテンゴリラで報告されている毛繕い・接触休息・遊び・運搬・抱きなどの、子供とのあらゆる親和的交渉をニダイは一度たりとも行わなかった。ニダイと子供が接触した場面を二回だけ観察したが[4]、一つは寝転んで休息しているニダイの背中をアカンボウが手で数回叩く、もう一つは状況的に仕方なくワカモノがニダイを乗り越えて移動する、というものであった。子供が母親から離れてニダイの一m以内に近接し、共に休息する場面は何度も観察したが、ニダイが近くにいる子供を抱き上げることはおろか、単に触れることさえなかった。一方、ニダイの周囲五mに複数の子供が集まって遊ぶ様子は日常的に見られた（図3）。二〇一八年九月〜二〇一九年二月に五八回、二〇一九年七〜一二月には一〇二回の遊びが観察されたが、やはりニダイが子供たちの遊びに直接参加することは一度もなかった。また、ニダイと子供が五m以内に近接している時間割合を推定したところ、一歳から四歳にかけて約一〇％から三五％に上昇し、離乳年齢の四歳に近づくにつれて父子間の近接時間は増える傾向が見られた。しかし、同じ分析を母子間で行うと、一歳から四歳にかけての五m近接時間割合は約九〇％から五〇％に減少したものの、シルバーバックとの近接時間の方が母親よりも多くなるという変化はどの年齢でも見られず（Tamura et al. 2024a）、野生マウンテンゴリラの知見とは異なっていた。一つの群れの一頭のシルバーバックとその子供たちを対象とした調査であることは断っておく必要があるが、結局、父親の世話といえるような行動は、野生ニシローランドゴリラの群れでは一度も見られなかったのである。

---

3 年齢区分は、以下の通り Breuer et al. 2009 に従った。アカンボウ（infant）：〇〜四歳（離乳前で母親が不在の場合は生存不可）。コドモ（juvenile）：四〜七・五歳（独立して採食し、母親が不在でも生存可能だが、時折、乳首接触や母親の背中に乗ることがあり、母親の近くにいることも多い）。ワカモノ（subadult）：オスは七・五〜一一歳、メスは七・五〜一〇歳（母親からはほぼ独立しているが、体形が細長くオトナの体サイズより小さい）。オトナメス（adult female）：一〇歳以上（非経産メスは経産メスより体が小さく、性皮腫脹が僅かに見られる。経産メスには伸びた乳首と発達した乳房が明確に見られる）。シルバーバック（silverback）：一八歳以上（完全に成長した体格を持ち、発達が完了した二次性徴が見られる。背中から脚にかけての毛は銀色になる）。なお、オスには、一一〜一四歳のブラックバック（blackback）、一四〜一八歳のヤングシルバーバック（young silverback）という年齢区分があるが、本章では詳細は割愛する。

4 本章の改稿中に実施した二〇二四年三月のムカラバでの調査で、三回目のニダイと子供の接触事例を観察した。それは、二歳のアカンボウが座って休息するニダイに背後から近づき、ニダイの背中を撫でたという行動であった。ニダイは全く反応を示さず、アカンボウはその直後にニダイから離れた。

私が観察した「子供に対して何もしない」という野生ニシローランドゴリラのシルバーバックの振る舞いは、他の群れや調査地でも一部報告されている。同じムカラバで、以前の研究対象群であったジャンティ群を観察してきた竹ノ下祐二は、ニシローランドゴリラの子育てを「ないないづくしの放任主義」と表現し、母親も父親も子供を「ただ見守る」という態度を取ると述べている（竹ノ下 二〇一九）。他方、コンゴ共和国のMbeli Baiという調査地では、開けた湿地に出てくる野生ニシローランドゴリラの群れを対象に定点観察が行われている。複数の群れが同じ湿地を利用するため、複数のシルバーバックを観察できるという利点がある。Mbeli Baiにおいて、一一の単雄群のシルバーバック（一一頭）と八歳以下の子供（五九頭）の社会関係を調査したA・ノウェルは、シルバーバックと子供の親和的交渉は七事例（シルバーバック三頭と子供五頭が関与）しか記録されず、そのほとんどが子供からシルバーバックへの単純な接触であり、シルバーバックが子供に対して行う積極的交渉といえるのは一回の毛繕いのみだったと報告している（Nowell 2005）[5]。これらの報告を踏まえると、野生ニシローランドゴリラの群れのシルバーバックが子供の世話をほとんどしないというのは、ニダイに限ったことではなさそうである。それでは、これらの結果を受けて、野生ニシローランドゴリラの群れにおいて、父親は子育てに貢献していないと結論付けてもよいのだろうか。

5 「父親の世話」の定義

ここで一度、父親の世話の定義を見直してみたい。一般的に、霊長類を含む哺乳動物では、遺伝子解析を行わない限りオスと未成体の血縁関係は正確には分からないため、近年は「オスの世話（male care）」という言葉が使われる傾向にある。しかし、本章ではオスが繁殖を独占し、父親が明確な一夫多妻型の群れで暮らすニシローランドゴリラを主な対象とするため、父親の世話という言葉を使うことにする。霊長類学で用いられる父親の世話の定義は文献によって若干の違いは見られるものの、大きく以下のようにまとめることができる。

父親の世話：子供の生存、成長、発達、健康に正の影響を与える、父親が子供に向ける一連の行動。

さらに、父親の世話とみなされる行動の具体例は、少し古い論文だが、D・クレイマンとJ・マルコム（Kleiman and Malcolm 1981）による、霊長類を含む哺乳類の広範な文献調査によってまとめられている。彼らは、父親の世話を直接的世話（direct care）と間接的世話（indirect care）の二つのタイプに分けている。

直接的世話[6]：毛繕い（groom and clean young）、運搬（carry or transport young）、ハドリング（huddle with young）[7]、回収（retrieve young）[8]、食物供給（provide food to young）[9]、子守り（babysitting）[10]、遊び・社会化（play

---

5　ニシローランドゴリラの群れは主に採食のために湿地に出てくるため、様々な活動を観察できる森林内での調査と同等に扱うことには注意が必要である。

6　括弧内には論文内で用いられている各行動の原語を示した。間接的世話も同様。

7　子供との接触を伴う休息や睡眠。子供の体温を維持または上昇させる。

8　巣や安全な場所へ子供を運んだり誘導したりする行動。

9　食物の吐き戻し、食物の運搬、子供が食物を取るのを許容すること、食物が豊富な場所へ子供を誘導する行動を含む。

10　母親が不在の時に子供の近くに留まること。

or socialization with young）[11]、積極的保護（active defense of young）[12]。

間接的世話：資源の獲得・維持・防御（resource acquisition/maintenance/defense）[13]、巣の構築・維持（shelter construction/maintenance）、見張り・対捕食者行動（sentinel/antipredator behavior）、母親の世話（care of female）[14]。

すべての哺乳類を包括的に扱っているため、ゴリラを含む霊長類ではほとんど見られない行動が含まれている点や、行動の原語表現や定義に疑問符が付くものも散見される点は留意が必要である。ただし、ここでは指摘しておきたいのは、父親の世話とみなされる行動を直接的世話と間接的世話とに分けて論じる流れは、この論文以降にも見受けられるということである（例えば、Gettler et al. 2020）。しかしながら、霊長類の研究において、実際に父親の世話としてデータが提示され、議論の俎上にあがるのは、そのほとんどが直接的世話に分類される行動に限られている。特に、毛繕い、運搬、遊びが取り上げられることが多いように思われる（例えば、Fernandez-Duque et al. 2009; Huck and Fernandez-Duque 2012; Gettler et al. 2020）。この背景の一つには、直接的世話は明確な行動や交渉として観察や記録が容易であり、さらに子供の生存、成長、発達、健康に寄与する何らかの機能を想定しやすいという方法論上の理由があるだろう。これに加えて私は、現代の西欧的社会におけるヒトの父親の育児参加に関する課題として、父親は質的にも量的にも積極的な子供とのかかわりが求められているという、人間社会の事情も影響しているのではないかと考えている。言い換えれば、現代社会のヒトの父親が実践していることを「父親の世話」として位置づけ、それと同じ姿を他の動物にも求めているのではないだろうか。しかし、心理学者の遠藤利彦が言うように、我々の社会における「こうあるべきだ」という価値観が、学知世界における「こうである」ことの解明に侵食してくること（道徳主義的な誤謬）は避けなければならない（遠藤 二〇二一）。こうした課題を踏まえ、以下では直接的世話を扱う時の問題点を指摘するとともに、直接的世話を行わない野生ニシローランドゴリラの父親の振る舞いをどのように解釈できるのかを探っていく。

6 「父親の世話」という行動の機能の曖昧さ

上述したように、父親の世話には定義上、子供の生存、成長、発達、健康に正の影響を与えるという機能が前提としてあるはずである。実際にヒトを対象とした研究では、父親が子供に話しかけたり、身体的に遊んだり、教育したりすることで、子供の多様な面での発達が促進されることを示す結果が得られている（レイバーン二〇一四）。また、南米に生息する広鼻猿類のマーモセット類やティティモンキー（*Callicebus* spp.）、ヨザル（*Aotus* spp.）では、新生児の体重が母親の体重に比して重いため、父親も世話を行わなければ、[15] 子供の生存や発達に負の影響が生じることが分かっている（Fernandez-Duque et al. 2009; Huck and Fernandez-Duque 2012）。しかし、霊長類の研究に広く目を向けて見ると、父親による直接的世話としながら、必ずしもその機能が明確に示されていない例が散見される。例えば、毛繕い

11 子供の社会的発達に貢献するあらゆる行動を含む。相互の匂い嗅ぎ、挨拶行動、レスリング遊びなどを含む。
12 子供が同種他個体や他種からの脅威に直接晒されている状況で、その相手に対して行う敵対的行動。
13 子供が利用する必須資源を確保するための行動。マーキング、パトロール、食物の貯蔵などを含む。
14 子供の母親、すなわち配偶相手に食物の運搬などをすること。
15 特に重要なのは、母親の代わりにアカンボウを運搬する行動である。また、父親以外にも、年上のキョウダイ個体が行う場合もある。

には外部寄生虫を除去する衛生的機能や社会的紐帯を構築・維持する社会的機能があるが、父親による毛繕いが、子供の生存や発達にどれだけ寄与しているのかは不明である。

さらに厄介なのは、父親の世話としてよく用いられる遊びである。そもそも、遊びはその不確かな機能を巡って数多の研究が行われてきた。それにもかかわらず、オスと子供が遊んでいると、子供の生存や発達に正の影響を与える機能がある「父親の世話」として扱われるのである。例えば、ペア型の集団を形成するテナガザルの一種（*Hylobates moloch*）を対象とした研究では、父親が子供との毛繕いや遊びに費やす時間は母親のそれよりも長く、遊びにいたっては母親の二〇倍の時間であることから、父親はコドモ期の世話において重要な役割を担っていると結論付けられている（Yi et al. 2023）。しかし、父親が子供との毛繕いや遊びに費やす時間割合は、毛繕いで〇・八%、遊びは〇・四%に過ぎず、一日の活動時間を一二時間としても、推定されるその実時間長はそれぞれ約五・七分と二・九分である。母親よりも交渉時間が長いのは事実であるが、だからと言って、わずか数分の毛繕いや遊びが、子供の生存や発達に寄与する父親の世話と言えるのかには、議論の余地が多分にあるだろう。

こうした曖昧さがあるためか、原猿類から類人猿までを含む霊長類を対象とした総説論文（Huck and Fernandez-Duque 2012）では、父親の世話が見られると位置付けられた六つの分類群において、それらの行動や交渉が子供の生存に寄与しているかどうかは不明であるとしており、父親の世話のそもそもの定義と矛盾が生じている。同様に、野生マウンテンゴリラの父子関係を精力的に調査している前出のローゼンバウムも、シルバーバックが行う世話にどのような機能があるのかは未だ明確ではないと述べている（Rosenbaum and Silk 2022）。私は、父親が子供に示すこれらの行動に全く機能がないとは思わないが、父親が子供に対して親和的な振る舞いを見せたからといって、それを直ちに世話として捉え、ヒトの父親が行う世話との比較対象に位置付けることには、慎重にならなければならないと考えている。

7 子供の近くにただいるだけという世話

ニダイは先に定義したような直接的世話を全く行わなかったとはいえ、離乳期の子供との五m近接が約三五%という時間割合で見られた事実は着目すべき点かもしれない。なぜなら、子供の近くにいることは、捕食者や子殺しオスといった外的脅威から子供を保護することに繋がり、子供の生存に寄与している可能性があるからである。実際、多くの霊長類において、アカンボウの生存に最も貢献するオスの行動は保護であるとの言及もあり（van Schaik and Paul 1996）、ゴリラにおいても、シルバーバックの役割として、子供を保護することの重要性はこれまでも度々指摘されてきた。山極（二〇一二）は性的二型の強いゴリラの社会では、子供たちの保護者としてのオスの役割がより強調されるように進化してきたのかもしれないと述べている。さらに、Mbeli Bai で定点観察を行ったノウェルは、シルバーバックと子供の親和的交渉が極めて少ないという結果を受け、ニシローランドゴリラではシルバーバックの父親としての役割が、捕食者や子殺しからの保護に限定されているのではないかと推測している（Nowell 2005）。

ムカラバには、ニダイ群以外にも潜在的に子殺しの脅威となる別の群れや単独オスが複数存在する。また、捕食者のヒョウ（*Panthera pardus*）や日常生活を妨害しうるマルミミゾウ（*Loxodonta cyclotis*）（Klailova 2011）も生息する。このように様々な脅威に晒された環境において、ニダイは子供の近くにただいることによって、子供を保護する役割を担っている可能性は十分に考えられる。しかし、自然環境下では捕食や子殺しといったイベントは稀にしか起こらず、観察者がその瞬間を目撃できる機会は極めて少ない。そのため、日常的な父子近接が保護役割としてどれほど機能しているのかを観察記録に基づいて数値化するのは困難であり、扱いにくい現象である。おそらくこのような方法上の制限から、ゴリラを含めた霊長類においては、父親が担う保護という役割は認識されながらも過小評価され、父親の世話の議論の中でなかなか進展してこなかったのだろうと思われる。

8　ニダイの保護行動

私はニダイ群を対象とした二〇一八年と二〇一九年の調査の中で、シルバーバックの保護機能を示す行動データの収集を試みた。その方法は、人間、つまり観察者である私自身へのニダイによる突進行動（咆哮を伴いながら観察者の目前まで走って威嚇する行動）を記録することである。ゴリラにとって人間は脅威であり、人づけした群れであっても、観察者と群れの個体が不用意に接近した場合には、シルバーバックが観察者に突進してくることがある（竹ノ下二〇一九）。このような状況は群れにストレスを与えるため、可能な限り起こさないように配慮して調査は進められているが、人づけによる野生ゴリラ研究を行ううえでは避けられないシルバーバックの反応として、あらゆる調査地で記録、報告されている。また、ニダイ群にはシルバーバックの突進行動を記録するための好条件が備わっていた。通常、ゴリラの群れの人づけ過程では、シルバーバックは群れのまとまりと観察者の間に入るようにして突進行動を行い、一方でオトナメスや子供は観察者から逃げるような反応を示す（Cipolletta 2003）。そのため、シルバーバックが突進行動を示した際には、その背後にいるオトナメスや子供の姿を観察者が目視するのは難しい。しかし、詳細な理由は割愛するが、ニダイ群ではシルバーバックのニダイのみが人に馴れておらず、一方でほとんどのオトナメスと子供は人に馴れているという状況にあった。そのため、観察者が意図せずオトナメスや子供と接近してしまった時、人馴れしている当該個体は逃避反応を示さないにもかかわらず、その場面を目撃したニダイが観察者に対して突進してくるという状況が度々生じた（図4）。私は、この状況であればシルバーバックが誰を保護しようとして突進してきたのかを正確に記録できると考えた。そこで、「ニダイが突進する直前に観察者から最も近い位置にいて、かつ突進に伴いニダイが観察者との間に割り込んだ個体」をニダイが保護しようとした個体として操作的に定義し、アドリブでの記録を行った。

図４　子持ちメス（写真左側）に近づいた観察者に対して突進行動を行うシルバーバックのニダイ（写真右側）（撮影：田村大也）

観察の結果、二〇一八年の調査では、保護対象を含むニダイの突進行動は六五回観察された。保護対象の内訳は、オトナメスのみが二一回、母親と子供が一緒にいたのが二二回、子供のみ（アカンボウからワカモノ）が対象となったのが六回、その他が一六回であった。二〇一九年はニダイの人づけが進んだこともあり突進の総観察数は三二回に減少した。保護対象の内訳は、オトナメスのみが七回、母親と子供が一緒にいたのが六回、子供のみ（アカンボウからワカモノ）が一九回であった（Tamura et al. 2024b）。両年において、保護対象に子供が含まれる突進行動は総観察数の半分近くを占めている。統制の取れたデータではないし、観察者に対する威嚇であることは再度断っておくが、こうした記録から、ニダイが外的脅威から子供を積極的に保護しようとしていることは少なからず窺えるだろう。また、量的な検討には耐えないエピソード的事例ではあるが、ニダイが突進したあと、保護対象のアカンボウを自分の身体の下に入れて観察者を睨みながら後退し、アカンボウと共にその場を去っていったこともあった。また、群れがまとまって地上で休息している時には、母親や子供が寝転んだり遊んだりしているその横で、ニダイは座ったまま周囲を見回し警戒しているような様子を見せていた。ニダイを含む群れの全ての個体が寝転んでいる静かな休息場面でも、周囲で大きな音がすると即座に起き上がってその方向を見つめるのはニダイであった。そして何より、私自身がニダイ群の調査中に感じたのは、いつもは群れに近づくために踏み出せる一歩が、ニダイがその場にいることで躊躇してしまい、距離を取って観察するはめになるということである。私はゴリラの脅威になるつもりは毛頭ないが、やはり、シルバーバックが子供の近くにいると、少なからずいつも以上の恐怖と緊張を感じるのである。残念ながら観察上の制限もあり、近接が保護につながることを量的データとして示すことは私もできなかった。しかし、こうした観察事実や経験から、ニダイは子供に対して何をするわけでもないのだが、ただ近くにいるだけで子供たちの安全が守られ、いざという時には身を挺して子供を守っているということを、身をもって感じたのである。

9　子供を守るヒトの父親

産業化した現代の西欧的社会では、子供が危険に晒されるような状況はほとんどない。そのため、外的脅威から子供を保護する存在として、父親の役割が重要視されることも少ないだろう。そもそも多くの父親は日中外へ働きに出るため、時間的にも空間的にも子供から離れることになる。そうした父親には、帰宅後や休日に短時間であっても子供と遊んだり、子供の身の回りの世話をしたりすることで、子育てに貢献することが求められている（神谷二〇〇四）。

一方で、狩猟採集社会で暮らす父親は、これとは異なる方法で子育てに貢献しているようである。狩猟採集民アカ・ピグミーの詳細な民族誌的調査を行ったB・ヒューレットは著書『*Intimate Fathers*』（Hewlett 1992）で、タイトル通りアカの父親と子供の親密な関係を詳細に記述した。著書の中では父親と子供の様々な関係が描かれているのだが、ここで指摘しておきたいのは以下の記述である。

But, characterizing the Aka father as the infant's playmate would be misleading.

(Hewett 1992: p. 144)

アカの父親の役割を子供の遊び相手と特徴づけるのは誤解を招くとしているのである。むしろ、アカの父親の特徴は、他の社会の父親に比べ、ただ子供の近くにいることや抱いている時間が顕著に多い点にあるという。また、父親が子供の近くにいるのはキャンプ内よりも危険の多い狩猟活動中に多いことから、父親の存在が子供の保護と生存に寄与していると述べている。さらに、聞き取り調査の結果から得られた「良い父親（good father）」の条件には、食物を常に供給すること、子供を愛することに加え、子供の近くにいて守ることが含まれていた。ヒューレットは、現代の西欧的社会では経済的、社会的、感情的な側面の父親役割が強調されているが、父親の重要な役割は積極的な世話だけではないはずだと主張した。そして、アカでの調査結果から、ヒトの父親による子供の世話の原初形態として、子供を保護するために近くにいることが重要であった可能性を指摘している。

10 近くにいることから始まる多様な父親役割

野生ニシローランドゴリラ、そしてアカの父親からも示唆されるように、子供の近くにいること、そしてそれが保護に繋がることが、原初の人間家族の父親に期待された子育てにおける第一の役割であったのかもしれない。前出のローゼンバウムらによる野生マウンテンゴリラの研究では、子供への直接的世話（毛繕いと接触休息）が多いシルバーバックがメスから好まれることを示唆していた。しかし彼女らは、子供に親和的なオスがメスから好まれる理由は、こうしたオスの行動傾向が、実際に危険な状況になった時、オスが子供を守るかどうかの確かな信号（honest signal）になっているからではないかと推測している（Rosenbaum et al. 2018）。事実ムカラバでは、直接的世話を全く行わないニダイが最大五頭ものメスを獲得しているのだから、ニシローランドゴリラのメスにとって直接的世話の有無や多寡は、オス選択のうえでそれほど重要ではないのかもしれない。これを受けて私は、ヒトの父親役割の進化的起原を考えるうえでの重要な視点は、西欧的社会の父親が見せる親和的で直接的な子供との交渉がどの程度見られるのかではなく、第一に父親が子供とどれだけ近接しているのかということではないかと考えている。言うまでもなく、子供の保護のみならず、多くの研究で扱われてきたあらゆる直接的世話は、父親と子供の空間的近接があってこそ行うことができるのである（Aktipis and Fernandez-Duque 2011）。

しかし私は、父親と子供が近接している状態をすべて同等に扱うのではなく、どのような状況で近接しているのかという視点もまた重要だと考えている。子供の保護が父親に求められる第一の役割であるのならば、実際にリスクが高い状況で父親が子供の近くにいるかどうかを調べる必要があるだろう。最もリスクが高いのは、捕食者や子殺しオスに晒されている状況になるだろうが、先にも指摘したように、こうした状況は自然環境下でも稀にしか起きない。私が考える日常的に起こるリスクが高い状況とは、子供が母親から離れている場面である。ゴリラは性的二型が顕著であり、オスとメスは二倍以上の体格差があるため、オスの保護能力の方が格段に高いことに疑いはないが、母親が子供の近くにいることでも、ある程度の保護機能が期待できる。しかし、母親さえも近くにいなければ、未熟な子供達はあらゆる外的脅威に対して脆弱になってしまうだろう。おそらく、母親が近くにいない状況でこそ、シルバーバックは子供の近くにいることを求められるのではないだろうか。

私はこれまでの調査経験から、野生ニシローランドゴリラの群れでは、こうした状況に直面する機会が多いのではないかという印象を持っている。ニシローランドゴリラは樹上に登って採食することがあり、二〇〜三〇m以上の高さまで登ることも珍しくない。母子は一緒に樹に登って食べ始めることが多いが、身体が小さい子供は早く満腹するため、母親は樹上で食べ続けるが子供は樹から下りるという状況が生じる。私はこのような場面で、子供が樹から下りたあと、地上にいるニダイに近づいていく様子を何度も観察している。地上にシルバーバックがいれば子供の安全は担保され、母親は安心して採食を続けることができるのではないだろうか。母親から信頼され、こうした状況で子供を預けられる存在になることで、シルバーバックによる子供の保護という役割はより顕在化すると思われる。再び、ヒューレットによるアカ・ピグミーの父親研究を援引すると、良い父親のもうひとつの条件は、母親が忙しくしている時に子供の世話をすることだという（Hewlett 1992）。今後も野生ニシローランドゴリラの観察を続け、彼らの行動パターンを丁寧に紐解いていくことで、手がふさがっている母親をサポートする形で、シルバーバックがただ子供の近くにいて見守っている（世話をしている）姿を描き出すことができるかもしれない。

人類進化の過程で男が父親になるために最初に必要だったのは、母親から「危なくないように見ておいてね」と子供を預けられた時、子供と一緒に何かをしていても、何もしていなくてもよいから、母親が戻ってくるまで子供の近くにいて、その安全を守り続ける役割をまっとうすることだったのではないだろうか。こうした母親の信頼を伴う父子近接が日常的に形成されたうえで、社会的環境や生態的環境、そして文化的要請によって、そのとき直接的世話が必要かどうか、必要ならばどのような直接的世話なのか、その内容が変化することで、今日に見られるヒトの父親に特徴的な多様で柔軟な父親役割に繋がっていくのだと思われる。

11 「ただ一緒にいる」ことの重要性を問い直す

本章では、ヒトの社会性の主要な発現形態のひとつとして「父親の世話」を取り上げた。そして、野生ニシローランドゴリラの群れにおける父親の行動パターンを比較対象に位置付け、原初の人間家族において父親がどのような役割を担い、どのような世話を行っていたのかの類推を試みた。そして、本章から導き出された一つの答えは「ただ子供の近くにいて見守ること」であった。

ヒトの社会性の起原やその独自性を探るうえで、「ただ一緒にいる」ことの重要性を見つめ直し、その根源的意味を再評価する試みは十分に価値があると思われる。なぜなら、「ただ一緒にいる」ことの重要性は、本章で論じてきた父親の世話以外にも、様々なヒトの社会の多様な場面でしばしば語られてきたからである。例えば、東南アジア、タイ国の山地カレン村落で高齢者ケアの人類学的調査を行った速水洋子は、村には共有の空間が複数あり、その中では高齢者や子供、ケアを要する人々が混じっていて、特に何かをするのではなく一緒にいるという光景が日常的に見られることを記している（速水 二〇一九）。こうした調査に基づき、速水は調査村のケアの諸相について以下のように考察する。

相互の配慮としてのケアは、訪ねあい共に過ごす時間に埋め込まれており、そもそも共にいる、共に過ごすこと自体がケアの大前提になる　（同：二八三）

また、曽我亨（コラム2）は東アフリカに住む牧畜民ガブラの社会性について考察しており、ここでも「共にいること」の諸相に焦点が当てられている。特に、葬儀があることを知った者は必ずそれに参加しなければならず、参加しないと厳しく糾弾されることを指摘したうえで、葬儀は共にその場にいることを強制される機会であると述べている。このように、ある場所に人々が集まる時、そこで何か具体的な行為がなされていなくても、「ただ一緒にいる」「ただそこにいる」ことに社会的な意味が付与されることは、ヒトの社会を広く見渡しても珍しいことではないと思われる。

「ただ一緒にいる」ことを社会性の現れの一側面として語ることに、違和感を覚える向きもあるかもしれない。その違和感には恐らく、「社会的に意味のあること＝明示的で直接的な行為」とする無意識の前提が影響していると思われる。これは、中村美知夫（Ｋｅｙｎｏｔｅ１）がまとめたように、ヒトに特有の社会性として「向社会性」を位置付ける、というひとつの明快な考え方があるからかもしれない。しかしながら、こうした認識は「社会性」に関わる近代西欧的な規範に過ぎないということに、我々は自覚的にならなければならない。本章では、野生ニシローランドゴリラの父親の世話という視点から、「ただ一緒にいる」ことの意味を見出す試みをした。今後、様々なヒトの社会や動物を対象に「ただ一緒にいる」ことにどのような意味があるのかを追究することで、ヒトに、ゴリラに、各種動物に特有または共通の社会性とは何かを理解するための、一つのヒントが得られると思うのである。

参照文献

今西錦司(一九六一)「人間家族の起源――プライマトロジーの立場から」『民族学研究』二五(三):一一九―一三八。

遠藤利彦(二〇一二)「進化的視座から見るヒトの父子関係」数井みゆき編『養育者としての男性――父親の役割とは何か』ミネルヴァ書房、三―三五頁。

神谷育司(二〇〇四)「現代社会における父性の問題」黒柳晴夫・山本正和・若尾祐司編『父親と家族――父性を問う』早稲田大学出版部、一一〇―一三五頁。

河合雅雄(一九七七)『ゴリラ探検記』筑摩書房。

竹ノ下祐二(二〇一九)「ママは放任主義?――ゴリラ」齋藤慈子・平石界・久世濃子編『正解は一つじゃない　子育てする動物たち』東京大学出版会、一九七―二一〇頁。

速水洋子(二〇一九)「ケアから見なおす共生の形――山地カレン村落における高齢者の棲み方」速水洋子編『東南アジアにおけるケアの潜在力』京都大学学術出版会、二六三―二八九頁。

山極壽一(一九九四)『家族の起源――父性の登場』東京大学出版会。

――(二〇一二)『家族進化論』東京大学出版会。

レイバーン、ポール(二〇一四)『父親の科学――見直される男親の子育て』東竜ノ介訳、白揚社。

Aktipis, C. A. and Fernandez-Duque, E. (2011) Parental investment without kin recognition: simple conditional rules for parent-offspring behavior. *Behavioral Ecology and Sociobiology*, 65: 1079–1091.

Ando, C., Iwata, Y. and Yamagiwa, J. (2008) Progress of habituation of western lowland gorillas and their reaction to observers in Moukalaba-Doudou National Park, Gabon. *African Study Monographs, Supplementary Issue*, 39: 55–69.

Breuer, T., Hockemba, M. B., Olejniczak, C., Parnell, R. J. and Stokes, E. J. (2009) Physical maturation, life-history classes and age estimates of free-ranging western gorillas—insights from Mbeli Bai, Republic of Congo. *American Journal of Primatology*, 71: 106–119.

Cipolletta, C. (2003) Ranging patterns of a western gorilla group during habituation to humans in the Dzanga-Ndoki National Park, Central African Republic. *International Journal of Primatology*, 24: 1207–1226.

Feldman, R. (2023) Father contribution to human resilience. *Development and Psychopathology*, 35: 2402–2419.

Fernandez-Duque, E., Valeggia, C. R. and Mendoza, S. P. (2009) The biology of paternal care in human and nonhuman primates. *Annual Review of Anthropology*, 38: 115–130.

Fossey, D. (1979) Development of the mountain gorilla: the first thirty-six months. In: Hamburg, D.A. and McCown, E. R. (eds), *The great apes*. Benjamin Cummings, pp. 139–186.

Gettler, L. T., Boyette, A. H. and Rosenbaum, S. (2020) Broadening perspectives on the evolution of human paternal care and fathers' effects on children. *Annual Review of Anthropology*, 49: 141–160.

Hewlett, B. S. (1992) *Intimate Fathers–the Nature and Context of Aka Pygmy Paternal Infant Care*. The University of Michigan Press.

Huck, M. and Fernandez-Duque, E. (2012) When dads help: Male behavioral care during primate infant development. In: Clancy, K. B. H., Hinde, K. and Rutherford, J. N. (eds), *Building Babies: Primate Development in Proximate and Ultimate Perspective*. Springer, pp. 361–385.

Itani, J. (1959) Paternal care in the wild Japanese monkey, *Macaca fuscata fuscata*. *Primates*, 2: 61–93.

Klailova, M. (2011) Interunit, environmental and interspecific influences on silverback-group dynamics in western lowland gorillas (*Gorilla gorilla gorilla*). PhD thesis, University of Stirling.

Kleiman, D. G. and Malcolm, J. R. (1981) The evolution of male paternal investment in primates. In: Gubernick, D. J. and Klopfer, P. H. (eds), *Parental Care in Mammals*. Plenum, pp. 347–387.

Nowell, A. A. (2005) Behavioural development in wild western lowland gorillas (gorilla gorilla gorilla). PhD thesis, University of Liverpool.

Rosenbaum, S., Hirwa, J. P., Silk, J. B., Vigilant, L. and Stoinski, T. S. (2016a) Relationships between adult male and maturing mountain gorillas (*Gorilla beringei beringei*) persist across developmental stages and social upheaval. *Ethology*, 122: 134–150.

Rosenbaum, S., Maldonado-Chaparro, A. A. and Stoinski, T. S. (2016b) Group structure predicts variation in proximity relationships between male–female and male–infant pairs of mountain gorillas (*Gorilla beringei beringei*). *Primates*, 57: 17–28.

Rosenbaum, S. and Silk, J. B. (2022) Pathways to paternal care in primates. *Evolutionary Anthropology*, 31: 245–262.

Rosenbaum, S., Silk, J. B. and Stoinski, T. S. (2011) Male–immature relationships in multi-male groups of mountain gorillas (*Gorilla beringei beringei*). *American Journal of Primatology*, 73: 356–365.

Rosenbaum, S., Vigilant, L., Kuzawa, C. W. and Stoinski, T. S. (2018) Caring for infants is associated with increased reproductive success for male mountain gorillas. *Scientific Reports*, 8: 15223.

Schaller, G. B. (1963) *The Mountain Gorilla: Ecology and Behavior*. University of Chicago Press.

Stewart, K. J. (2001) Social relationships of immature gorillas and silverbacks. In: Robbins M. M., Sicotte, P. and Stewart, K. J. (eds), *Mountain Gorillas: Three Decades of Research at Karisoke*. Cambridge University Press, pp. 183–213.

Tamura, M., Akomo-Okoue, E.F., Mangama-Koumba, L.B., Wilfried, E.G. and Mindonga-Nguelet F.L(2024a) Does kinship with the silverback matter? Intragroup social relationships of immature Wild western lowland gorillas after social upheaval. *Primates*, 65: 397-410.

—— (2024b) Protection service of a leading silverback male from external threats in wild western gorillas. *Folia Primatological*, 95: 251-260.

van Schaik, C. P. and Paul, A. (1996) Male care in primates: Does it ever reflect paternity? *Evolutionary Anthropology*, 5: 152–156.

Yi, Y., Mardiastuti, A. and Choe, J. C. (2023) How to be a good partner and father? The role of adult males in pair bond maintenance and parental care in Javan gibbons. *Proceedings of the Royal Society of London B: Biological Sciences*, 290: 20230950.

KEYWORDS

- 「チンパンジー性」を問う
- 淘汰圧と宗教の機能
- ユクスキュルと今西錦司

第3章 人類の「宗教」史を捉えなおす

心的基盤と社会性の進化の観点から

外川 昌彦
Masahiko Togawa

1 「チンパンジー性」を問う

本章は、人類学、霊長類学、認知科学などの人類社会の進化に関わる近年の研究を参照して、いわゆる認知革命や心の理論などの宗教的経験に関わる心的基盤と今西錦司らが提起する「社会性」の観点を通して、人類の「宗教」史を捉える視点を検証する。はじめに、このような課題が設定される背景を、人間と動物との境界をめぐる、心の連続性の議論から見てゆきたい。

多数のチンパンジーが狭い地域に集中すると、互いに叫び樹幹を叩き、群れの合唱となり、近接した複数の群れが呼応することで、さらに興奮が激しくなるという現象が知られている。[1] 食物の豊富な季節に、多数の個体が一定の場所に集中した時に起き、二時間くらい続くこともあるとされる。この現象の人類学的な意味に注意を促す自然人類学者・霊長類学者の黒田末寿（二〇〇九）は、それを動物行動学的に説明することは難しく、「この集団現象の理解の近道は、むしろ人間の祭を参照すること」であると指摘する。そのチンパンジーの行動を理解する枠組みとして黒田が取り上げるのは、社会学者エミール・デュルケームが唱えた集合的沸騰論である。

同様の議論として、チンパンジーが仲間や子供を失い、遺骸の傍に寄り添い、わめき騒ぎ、遠巻きにするなどの現象から、仲間の死を悼む原初的な行動が指摘されている。[2] 本書では西江仁徳が第4章でチンパンジーにおける死の認識の問題を論じているが、特に霊長類学者の松沢哲郎（二〇一九b）は、ヒトと比べて他の霊長類は死などの無の状況を想像する範囲は狭いものの、しかし、そこには死を悼むような振る舞いや怪我をした仲間を心配そうにのぞき込むなどの、共感する力が見られることを指摘する。[3] これも、追悼や共感という人間の文化が、他の動物にも見られることを示す議論となっている。

このような、人間と動物に連続する「心／意識」の問題は、自然選択説で進化論を体系づけたチャールズ・ダーウィンも大きな関心を寄せていた。[4]『種の起源』(*On the Origin of Species*, 1859) では、人間の進化について暗示的にしか論じなかったダーウィンは、その後、『人間の由来』(*The Descent of Man and Selection in Relation to Sex*, 1871) では、人間と動物の性選択における心的能力の連続性を考察し、『人と動物の感情表現』(*The Expression of the Emotions in Man and Animals*, 1872) では、人間に特有とされた知性や情動の表出が、他の動物にも見られることをさまざまな事例から検証する。それは、生物の心的能力の進化を検証する心の連続性の問題として、比較心理学者のジョージ・ロマーニズに受け継がれた。

ダーウィンの晩年の協力者で、動物行動に関する資料をダーウィンから受け継いだロマーニズは、『動物の知性』(*Animal Intelligence*, 1882) で、動物やハチ、アリの心的能力を検証し、『動物の心の進化』(*Mental Evolution in Animals*,

---

1　西田（一九七七：六二七）、グドール（一九九〇：一五五―一六五）、杉山（一九八一：四三―四四）、黒田（一九八二：一一三―一一八）など。

2　松沢（二〇一九a：二〇一九b）、松沢・林（二〇一九）、河合（一九七九）、ドゥ・ヴァール（一九九八：九二―一〇三）、キング（二〇一四）、Goodall (1975) など。

3　本章では、現生人類を「ヒト」とし、アウストラロピテクスなどの化石人類を含むヒト亜族 (Hominina) を、「人類」とする。

4　ギンズバーグとヤブロンカ（二〇二一：八四―九二）、ドゥ・ヴァール（二〇一七）、仲島（二〇一九）、渡辺（二〇一九）、米田（二〇二一）など。

1883）では、それを五〇段階の心的レベルに区分して、系統発生のモデルで説明した。[5] ここでは、たとえばサルやゾウは「道具の使用」段階で、ヒトの生後一二か月に対応するとされ、動物の系統発生に見られる心的レベルが、ヒトの個体発生の心的レベルの各段階に対応するとした。しかし、ロマーニズの論証の方法は、各地の動物行動の逸話を集めて帰納的に説明するもので、それは動物への過度の擬人化として批判されることになる。

なかでも、ロマーニズの議論を検証した動物行動学のロイド・モーガンは、ヒトの心的能力を用いて動物の行動を説明するロマーニズの観点を擬人主義として批判し、「ある活動がより低次の心的能力によるものと解釈できるなら、それをより高次の心的能力によるものと解釈してはならない」というモーガンの公準を提唱する。[6] 仮説の導入は必要最小限にすべきという中世スコラ哲学のオッカムの剃刀のように、このモーガンの公準は、その後の行動主義的心理学や行動療法、社会生物学などの実証主義的動物行動研究の系譜に大きな影響を与えた。

たとえば、日本の代表的な動物行動学者の長谷川眞理子（二〇二三：九―一〇；二〇二一：一一〇―一一九）は、ヒトにもっとも近いとされるチンパンジーの子殺しや共食いなどの行動から、チンパンジーには「全く人間と相容れないところ」があるとして、日本の霊長類学では多用されてきた群淘汰説を擬人的であるとして批判する。[7] あるいは、著名な心理学者の渡辺茂（二〇一九）は、進化の頂点としてのヒトの「心」を、その途上にある他の動物に当てはめて解釈する擬人主義を批判して、その議論をめぐって現代の心理学が形成される経緯を紹介する。渡辺は、他の人文学では広く用いられる擬人主義を、記述上も分析方法としても、動物行動の研究には不適切であるとして退ける。

こうして二〇世紀の心理学は、ジョン・ブローダス・ワトソンに代表される行動主義が席巻することになる。しかし、シェルデラップ＝エッベのニワトリの順位制の研究やカーペンターらのサルの群れのテリトリーの発見など、それを捉えなおす議論も継続して見られた。その後、ドナルド・グリフィン（一九七九：一九九五）は、『動物に心があるか』（*Question of Animal Awareness*, 1976）で、空間記憶を用いて飛行するコウモリや、蜜の在り処を伝えるミツバチの円舞行動などから、動物の心的体験の進化論的な連続性を提唱する。オランダ生まれの動物行動学者フランス・

ドゥ・ヴァール（de Waal 1989; 1998; 2014; 2017）は、チンパンジーやサルなどの霊長類に、人間と同様の友好的関係や共感力、社会規範の習得や相互扶助の行動を指摘する。自然人類学者バーバラ・キング（二〇一四）は、ゾウやイルカ、鳥類などの動物にも、死を悼む多様な行動が見られることを報告する。このような擬人主義を捉えなおす研究は、一九九〇年代以降の認知考古学や進化心理学、宗教認知科学などの議論に広く影響を与えた。[8]

ちなみに、人間と他の生物との心の連続性の問題は、ある意味では、研究者の「心／意識」の定義にもよるので、その議論の系譜は多岐に渡る。たとえば、動物意識の進化論的な発生を検証するギンズバーグとヤブロンカ（二〇二一）は、生物の学習能力を意識の起源と捉えて、それは五億四〇〇〇万年前頃のカンブリア爆発にさかのぼると考える。本能的行動と知性的行動に優劣を付けない生命の多系的な進化を構想する哲学者アンリ・ベルクソンは、『創造的進化』（*L'Évolution Créatrice*, 1907）で、アメーバなどの原初的な生命にも潜在的な意識の微睡が見られることを論じた。その他、エピソード記憶を意識の機能的進化と捉える前野誠司（二〇〇六）は、鳥類や哺乳類の一部は意識を持つが昆虫は持たないとし、視覚や聴覚などの受容器の脳幹へのフィードバックを原意識とするファインバーグとマラット（二〇一七）は、それをカンブリア紀に起原する節足動物や頭足類にさかのぼるとする。生物学の実重重美（二〇一九）

5　後藤（二〇一二）、渡辺（二〇一九）、米田（二〇二一）。

6　グリフィン（一九七九）、ドゥ・ヴァール（二〇一七）。心的能力を、さしあたり本章ではスティーブン・ピンカー（二〇〇三上）が述べる、進化の過程で獲得され、遺伝的に規定される「心的モジュール」の意味で用い、それによって可能となった認知プロセスや精神活動を含めるものとする。

7　霊長類学からの長谷川への反論としては、中村（二〇一五：一三一―五頁）など。

8　特に宗教学の分野からは、芦名・星川（二〇一二）、井上（二〇一二）、中野（二〇一四）、矢野（二〇二一）、藤井（二〇二三）など。

は、神経回路を持たない単細胞生物にも意識の働きの可能性を指摘するが、哲学者ダニエル・デネット（二〇一六）は、このようなアメーバにも共有される有機体の自律的な活動を、「心」の原型としての志向性システムと名付ける事を提唱する。[9]このように、人間と動物の心の連続性の議論は、なお決着を見たとは言えないが、それは人類史における宗教的経験の問題を扱う本章の議論にも、ひとつの手掛かりを与えるだろう。

たとえば、ベストセラーとなった『サピエンス全史』で知られるユヴァル・ノア・ハラリは、約七万年前から三万年前の認知能力の進化が、「虚構の共有」などのヒトに固有の抽象的思考や言語、高度な芸術や宗教を生み出したとする。その後の文明の飛躍的な発展を考えると、その内実や評価には様々な議論が見られるが、このような人類の心的能力の革新が、社会集団の組織化や規模の拡大を可能にし、その後の定着農耕などの文明的基盤を生み、高度な宗教的活動を可能にしたことは間違いない。

ただ、このハラリが提唱する「認知革命」をひとつの心的能力の獲得と捉えると、それを持たない動物の行動に「宗教」的な意味を読み取ることは難しくなるだろう。[10]たとえば、松沢が論じる仲間を弔うチンパンジーという観点は、モーガンの公準に従えば、ヒトだけが獲得した複雑な言語活動を用いた高次な心的能力によるもので、それをチンパンジーの行動に当てはめて解釈するとしたら擬人主義として批判の対象となる。西江も指摘するように、個々の動物はそれぞれの知覚・認知を通して死をめぐる行動を形成しており、追悼行動のようなヒトの文化の起源を現代の霊長類の行動に当てはめて理解する観点は、擬人主義的転倒と言うべきだろう。

人類は、死をめぐる認識を独自に発展させて、肉体的な死とは別に、夢やシャーマニズム、臨死体験や神話的世界の構築を通して、死後の世界を虚構的に体験し、そこから様々な芸術や文学、思想を生み出してきた。[11]その意味では、ヒトは他者の死を自らの死として追体験することで、死を共有することが可能となった動物である。それは人類に特徴的な宗教的経験として、後述するエリアーデの「宗教的人間」論のように、人間性に固有の特徴を与えるものとされてきた。言い換えると、仮に適応上の優位性が無くとも、クジャクが美しい尾羽を、オオツノジカが巨大な角を発達させたように、人類は高度な精神活動の能力を通して神話や宗教的世界観を生み出したとも言えるだろう。しかし、もし松沢が報告するような動物の死をめぐる行動が「人間性」の発露ではないとしたら、そのような動物による極めて「人間的」な振る舞いをどのように理解し、記述したら良いのかという問題は、問われることになるだろう。

たとえば、「宗教」を社会学的に定義したことで知られるデュルケームは、その代表作『宗教生活の基本形態』で、「宗教とは、聖なるもの、すなわち区別され禁じられたものに結びつく信念と実践の統一的な体系であり、信念と実践はそれを遵守するすべての人々をチャーチと呼ばれるひとつの道徳的共同体に統合する」と定義したことで知られる。[12]デュルケームは、狩猟採集社会に見られたトーテム信仰を人類の宗教生活の最も基本的な形態と考えていたのだが、これをひとつの思考実験として、社会性動物である霊長類に敷衍して考えてみると、たとえば、チンパンジーにとっての「宗教」とは、「順位序列、すなわち区別され禁じられたものに結びつく信念と実践の統一的な体系であり、毛づくろいや示威行動は、それに属するすべての個体を群れと呼ばれるひとつの順位序列の共同体に統合する」とな

9　その他、ピーニャ=グズマン（二〇二三）、鈴木（二〇二二）など。

10　「認知革命」(cognitive revolution) は、もともとは心理学における行動主義から認知科学的アプローチへの転換を指す。ユヴァル・ノア・ハラリはそれを、約七万年前から始まるフィクションやシンボルなどの人類進化における認知的革新の意味で用いる。長谷川はそれを「文化的ビッグバン」と呼び、後述の中沢新一は、「流動的知性」と呼ぶ。

11　この点については、より詳しくは、神話を語ることのできる固有の種としての人類の特質を取り上げた、拙稿［外川二〇二五］を参照されたい。

12　"A religion is a unified system of beliefs and practices relative to sacred things, that is to say, things set apart and forbidden -- beliefs and practices which unite into one single moral community called a Church, all those who adhere to them." (Durkheim 1955: 44)。

り、社会学的な意味での「宗教」性を必ずしも退けるものではない。[13] しかし、このような意味で、人類に固有とされる「宗教」的行動が霊長類にも見られるとしたら、「人間性」を持たないチンパンジーの行動には、どのような「チンパンジー性」を見出すことができるのだろうか。

日本の霊長類学の祖である今西錦司は、『生物の世界』（一九七二年、二五―二六頁）で、人間以外の生物の人間的な振る舞いを擬人化して描くのではなく、しかし、自動機械としての「擬物化」も避けて理解することの意義を説くと、人間と他の生物との相似と相違を捉える視点について、次のように述べていた。[14]

> 人間も動物も植物も生物であるという点では、お互いに類縁関係のつづいた相似たものなのであるから、［…］それをわれわれの言葉によって、われわれに理解されるように適切に表現する、ということがすなわちわれわれのそれらの生物に対する認識の表現であり、このように生物を生物の立場において正しく認めるということがまた、われわれをわれわれの立場において正しく認めることにもなるのである。

ここで問われているのは、人間と動物との間に連続性を見出す観点でも、その違いを画する境界の設定でもなく、進化という共通の基盤から発生しながら、環境世界での相互交渉を通して多様な種を生み出してきた、生物の多様性の在り方を捉える視点である。

この問題に関連して、ドイツの生物学者ヤーコプ・フォン・ユクスキュルは、生物はそれぞれの知覚と作用を通して環境世界を構築し行動すると考えて、人間から見た均質な環境を前提とした生物学を批判したことで知られる。[15] ユクスキュル（二〇一二：一三）は、次のように述べている。

> 我々の人間中心的な観察方法は、漸次背景に退き、それに代わって動物自身の立脚点のみが決定的なものとなら

ねばならない。この立場をとるとき、我々人間にとって自明のこととして通用してきたすべての事象が消え去る。大地、天空、星辰といったすべての自然事象、いやそれだけでなく我々を取り巻いているすべての物体が消え去り、当該の動物の体制（der Bauplan）に照応して、その動物に影響力を及ぼす諸作用のみが、動物固有の世界を構成する要因として残るのである。

ユクスキュルは、有限な人間の理性的認識が人間の経験を越えた存在を分析するデカルトの主知主義を批判したカントの超越論的哲学に依拠して同時代の生物学を検証したことで知られる。ここには、外界との相互交渉を通した生物の主体的な行動を指摘する、今西錦司とも共通した問題意識を見ることができるだろう。[16]

本章では、以上のような観点から、人類の多様な宗教的経験に関する議論を、心的基盤の進化の観点を通して検証する。次の2節では、世界の宗教史のエポックを描く近年の研究を取り上げ、3節では宗教学者エリアーデと考古学

13　ただし、デュルケーム自身は、「動物は、その肉体の本性のなかに本来与えられている目的以外のものを想像しうるほど反省能力は発達していない」と述べているので、その制度的な規範性については限定的に捉えている（二〇〇八：三〇一）。

14　今西の擬人主義批判は、より詳しくは今西（一九九四：一一―一三八）を参照されたい。その後の日本の霊長類学の展開については、中村（二〇一五）が詳しい。

15　ユクスキュルが提示する、Umwelt を、本章では環境世界と訳す。この訳語については、日高敏隆・羽田節子［二〇〇五］に依拠して日本語では「環世界」が用いられることが多いが、一般に、ドイツ語の Umwelt は「環境」（environment）を意味し、漢字の「環」（circle）は閉じた世界を意味する。人間が自明とするその閉じた内的世界としての「環世界」の普遍性を疑い、後述のように、多様な生物種の内的世界が構成する複合的で多元的な関係性としての体制（der Bauplan）を生物学の課題と考えるユクスキュルの観点を踏まえて、本章ではその総称として「環境世界」を用いるものとする。

16　今西錦司とユクスキュルの関係については、山極（二〇〇七）が詳しい。

者ルロア＝グーランの人類史への視点を検証する。4節では、近年の人類学や認知科学の議論を踏まえて、ホモ・ハビリス以降の心的基盤の進化を概観し、最後の5節では、これらの議論を整理して、「宗教」の起源論とそれを通した人間と動物の連続性と非連続性を捉える視点を検証し、まとめとする。

2 世界の宗教史を描く

心理学者アラ・ノレンザヤン（二〇一二）は、『ビッグ・ゴッド――変容する宗教と協力』の中で、一万二〇〇〇年前の狩猟採集社会から定住農耕社会への転換に合わせて、個人の道徳的行動を監視する全知全能のビッグ・ゴッドが生まれたとする。[17] 進化の過程で高度な認知能力を獲得した人類は、精霊などの超越的存在を表象するが、キリスト教に代表されるビッグ・ゴッドの登場で、地域的・部族的な集団を越えた大規模な社会を組織することが可能になる。このノレンザヤンが指摘する狩猟採集民の精霊信仰から唯一神教的な宗教の成立は、その後の人類の文明社会の発展に至る、世界の宗教史に大きな転機を与えたことは間違いないだろう。

しかし、世界各地の民族誌的研究では、精霊やトーテムを信奉する狩猟採集社会にも、互酬性と禁忌に基づく社会規範や道徳は知られている。たとえばデュルケームは、すでに述べたように、宗教の定義に社会を統合する「道徳的共同体」をあげるので、それは「道徳」が適用される範囲の問題と言えるかもしれない。いずれにしても、「ビッグ・ゴッド」の成立以前の人類社会に、道徳的行動の監視や社会規範は見られなかったのか、という疑問は残されるだろう。

それに対して、比較心理学者ジュリアン・ジェインズ（二〇〇五）は、『神々の沈黙――意識の誕生と文明の興亡』で、文字化された言語を発達させる以前の古代人は、右脳に響く神の声に従って行動する「二分心」（バイキャメラル・マインド）の状態にあったとする。その精神構造を、ギリシア神話『イーリアス』などの古代文明の記録に見られる神々の託宣に従う人々と、統合失調症患者の心的状態などの大脳生理学の知見から再構成する。この「二分心」に基づく託宣や神権政治が社会の統制を担うことで、人類は小規模な狩猟採集社会から大規模な定着農耕社会への移行が可能になったとする。それはちょうど、「ビッグ・ゴッド」の成立を認知科学から説明する議論にも対応するものと考えられ、興味深いのだが、最終的にジェインズは、言語の文字化と共に「二分心」は衰退し、人類は現在のような主観的な意識を獲得すると考えるので、その歴史的な位置づけは異なっている。

次に、キリスト教的な唯一神的世界に対比される議論として、アニミズム的・神話的世界に注目する中沢新一の『カイエ・ソバージュ』（二〇〇二―二〇〇四）を見てみたい。中沢は、スティーヴン・ミズンらの認知的流動性の議論を踏まえて、人間と動物が対等で交換可能な対称的な関係を持つアニミズム的・神話的な世界から、権力や資本を介して国家を志向する非対称的関係に基づいた唯一神的な世界への移行を、世界の宗教史の転換点として描く。特に中沢は、キリスト教をモデルとした一神教的な宗教観の根底に非対称的な思考を見て、今日のグローバルな経済の格差や紛争などの現代的な問題に与える影響を指摘し、それを克服するために、流動的な知性に彩られた「精霊の主張する対称性の思考」の回復を提唱する。[18]

17　たとえば、「狩猟採集社会における精霊や神々についての驚くべき事実は、それらの精霊や神々のほとんどが、幅広い道徳的関心を有していないという点である」（ノレンザヤン 二〇二二：九）。

18　『カイエ・ソバージュ』についての宗教学者からのコメントは堀江宗近（二〇〇五）などがあり、霊長類学者山極との対談は中沢・山極（二〇二〇）など。なお、『解明される宗教』でダニエル・デネット（二〇一〇：一一―一二）が、その宗教の進化論的検証を、アメリカ人の特に宗教的傾向を強く持つ読者に向けたものと述べているように、これらの宗教論のアプローチの違いは、想定される読者の文化的背景の違いを浮き彫りにするものとも言えるだろう。

これは先述のビッグ・ゴッドと対比してみると、世界の宗教史の反面像のようにも見えて興味深い。ノレンザヤンは、一神教的な宗教観の成立によって、人類は初めて広域的で組織的な文明社会の基盤を獲得したと考えるが、中沢は、近代国家やグローバルな資本主義がもたらす現代文明の矛盾を克服する鍵として、アニミズム的・神話的な思考の回復を呼びかける。その流動的知性に溢れた石器時代人の思考に関わるさまざまな事例は示唆に富んで興味深いのだが、同時に近代の啓蒙主義的歴史観を批判的に検証するスティーブン・ピンカー（二〇一九）やデヴィッド・グレーバー（二〇二三）らの議論を踏まえると、その狩猟採集民社会の多様な課題をどのように捉えたら良いのか、という疑問は残されるだろう。各地の民族誌的研究は、狩猟採集社会の社会統制や搾取、暴力などの事例を報告し、チンパンジーの社会にも、序列や統制、子殺しなどの暴力は存在する。[19] たとえば、伊谷純一郎（二〇〇八）は、ルソーの『人間不平等起源論』を批判的に検証して、先験的不平等の起源を霊長類社会に求めたことで知られている。

人類の知的活動に飛躍的な向上をもたらす、いわゆる「認知革命」に宗教の起源を求める議論はその他にも多く見られ、ハラリは、これらの研究をひとつの分かりやすいストーリーに編集したものと言えるだろう。その後の農耕定住化を経た社会の大規模化や啓示宗教の成立を見ると、そこに現代文明の基盤を見るのか、近代社会の矛盾や対立の起源を見るのかで立場は分かれるが、それが今日の文明社会と書記化された教義宗教に接続されるという見地は広く見られる。しかし、このような人類の宗教史のエポックをなす「認知革命」で、やはり人類の宗教的経験のすべてを説明できるのか、という疑問は残されるだろう。

3　エリアーデとルロワ＝グーラン

先史時代の人類の宗教的経験を考察する手掛かりとして、次に宗教学者ミルチャ・エリアーデの議論を見てみたい。

西洋の一神教をモデルとした宗教史学を背景に持ちながら、各地の未開社会の宗教を参照したエリアーデは、晩年の未刊の大著『世界宗教史』(一九九一：二)で、人類の原初的な「宗教」の起源を、本格的な直立歩行を初めて行った、一八〇万年前のホモ・エレクトスの宗教体験から書き起こしている。[20]

ここでエリアーデは、直立姿勢のおかげで人類は、自分の身体から見た前後や左右に加えて、上下にひろがる空間を意識し、未知の無限で、脅威的なものに見える広がりの中に「投げこまれた」と感じるようになったと指摘する。それは「ヒト以前の存在には無縁な構造」であり、その「混乱状態」の中から人類は、住居や集落、国家的な領土の配置を構想し、また宇宙軸や天空と地界などの、その後の象徴的な宗教的世界観を生み出したとする。

エリアーデが、このような直立歩行を人類の宗教的体験の起源としたのは、明示的には述べていないが、『世界宗教史』にも引用される、二〇世紀フランスの代表的な考古学者ルロワ＝グーラン(二〇一二：五三)の所説によると考えられる。レヴィ＝ストロースとも親交があったルロワ＝グーランは、洞窟絵画の象徴分析でも知られるが、特にホミニゼーション(ヒト化)の三要素とされる火、言語、直立歩行の中では、系統発生的には直立歩行を重視する。それによって人類は大脳新皮質を拡大することができ、火を含めた複雑な道具や高度な言語の使用が可能になるので、直立歩行を、人類をヒトたらしめる基準と考える。

その後、リチャード・リーキーらの研究が明らかにするように、直立歩行で人類は、自由になった手で効率的に食

19　子殺しの事例は、杉山(一九八一)が先駆とされ、狩猟採集社会の問題については、Bloch(一九九二)などがある。
20　〈宗教の起源〉「方向づけ、道具を作るための道具、火の「飼いならし」」1節、『世界宗教史1―石器時代からエレウシスの密儀まで』(p.2)その他、エリアーデの宗教論の捉えなおしについては、より詳しくは、拙稿(外川二〇二三：二〇二四)を参照されたい。

料を採集・運搬し、体温調節にも有利で、また、踊りが生まれ、ジェスチャーなどの身体表現が豊かになる。[21] また、咽頭部の拡大は声帯の音域を広げ、豊かな歌声や複雑な発話が可能になったとされる。

人類の原初的な宗教体験をホモ・エレクトスに見出してゆくというエリアーデの観点は、このようなヒトと他の霊長類の分岐点としての直立歩行というルロワ＝グーランらの議論に依拠するものと考えられる。やや後付けの部分も見られるが、なによりもエリアーデは、動物とは異なるヒトの本質を、「宗教的人間」(ホモ・レリギオース ス)と考えていたからである。

しかし、その心的体験が、実際にエリアーデが論じるような宗教的な意味を持っていたのかは、当時のホモ・エレクトスに聞く訳にはいかないので、それを検証する資料は限られている。近年の研究では、七〇〇万年前頃より人類は樹上生活から活動の範囲を広げ、段階的な進化を経て、ホモ・エレクトスが現代のヒトと同様の直立歩行を完成したとされる。その意味では、ホモ・エレクトスが人類の原初的な経験を決定したというより、段階な過程を経て、多様な試行錯誤を通して形成されてきたと考える方が現実的だろう。より本質的な問題は、「宗教」を人類の高度な心的能力と切り離せないと見なす観点には、その前提に、ヒトと動物に本質的な違いを認める啓蒙主義的な理性などの人間中心的な理解が潜んでいる可能性である。この点では、文化や社会の連続性を認める霊長類学者の観点とは対照的である。

ともかく、人類の宗教的経験を新石器時代よりも古く、ビッグ・ゴッドや二分心などの啓示宗教には依らないホモ・エレクトスにさかのぼらせようとするエリアーデの観点は、社会や言語には還元されない内的・主観的な体験としての宗教に注目する視点として、心の連続性をどこまで認めるのかという問題にも結びつくものと考えられる。宗教史学の可能性を批判的に検証した『宗教の歴史と意味』(一九六九年)でエリアーデは、宇宙や生命などの万物の「絶対的始原」に起源する歴史的条件から人類の宗教的経験を捉えなおす観点を提示し、それによって個別の宗教史のモデルを克服し、過度な西洋意識などの自文化中心主義史観は地方化できるとした。[22] 本章の課題に照らすと、それはユダヤ・キリスト教的な唯一神教モデルと親和的な、既存の宗教史のモデルを捉えなおす手掛かりを与えるものとなるだろう。一九世紀の比較宗教学を代表するマックス・ミュラーの社会進化説を批判するデュルケームが宗教の社会学的理解の方法を提起し、その二〇世紀の宗教社会学を代表するデュルケームを還元主義として批判するエリアーデが宗教現象学を提起したことを考えると、ここで再びエリアーデの方法を非還元主義として退けるのではなく、それを踏まえて改めてミュラーやデュルケームの方法を捉えなおすことも、意味のないことではないと考えるからである。

そこで次に、人類の認知機能や脳の進化に関する認知考古学や霊長類学、進化心理学などの、宗教的経験を生み出す心的基盤の進化に関わる近年の議論を見てゆきたい。

4 認知考古学から見た人類の心的基盤

心的能力の進化論的な基盤に関わる主な議論として、さしあたり本章では、以下の研究を取り上げてみたい。発達心理学者ジェシー・ベリング（二〇一二：二〇七―二四六）は、他者の心的状態を推測する能力である心の理論（Theory of Mind）によって人類は神的存在を知覚し、その絶えず監視する神の目という認知的錯覚によって、多様な宗教が生み出されたとする。この心の理論は、認知心理学者デヴィッド・プレマックとガイ・ウッドルフ（Premack &

21 リチャード・リーキー（一九九六）。その他、King（2007: 81-123）、ダンバー（二〇一六：九一―一二八）、ミズン（一九九八：二六九―二七三）、長谷川他（二〇二二：一二八―一二九）など。

22 外川（二〇二四）。

Woodruff 1978）が提唱した心の認知的機能として知られ、プレマックらは、それがチンパンジーにも備わることを明らかにした。[23] 哲学者ダニエル・デネット（Dennet 1978 他）は、この心の理論の理論的な可能性を検証して、Aの心を推測するBの心を推測するCといった、高次の心の理論を提唱する。また、心理学者ニコラス・ハンフリー（Humphrey 1984 他）は、自分がどう感じているかを意識する「自己意識」が進化することで、他者の心を理解する能力に結び付いたとする。一九九六年には、神経生理学者ジャコモ・リッツォラッティが、マカクザルの前頭葉に、他人の行動を見て自分の脳の同じ部位が活性化するミラー・ニューロンを発見し、それが他者への共感や心の理論を生み出したと考えた。

他方、霊長類学者ロビン・ダンバー（二〇一六）は、大脳新皮質の大きさと社会集団の規模が比例するという社会脳仮説を提唱し、ヒトの新皮質の大きさに見合った緊密な社会関係の規模を一五〇人とした。また、考古学者スティーヴン・ミズンは、博物学的、技術的、社会的な三つの認知的モジュールの言語的作用を通した連携によって、象徴や神話などの高度な抽象的思考が可能になったとする。心理学者ウォルター・サミュエル・ハンターは動物の記憶能力の可能性を明らかにし、その後、霊長類や鳥類も自伝的なエピソード記憶を備えていることが知られるようになる。[24]

このような人類の宗教的経験を可能とする心的能力を、精神医学者フラー・トリー（二〇一八）は、脳の認知的機能の発達から5つの段階に整理する。具体的には、（1）ホモ・ハビリス（約二四〇—一四〇万年前）に見られる大脳化と知能の発達、（2）ホモ・エレクトス（約一八〇万年前以降）に見られる自己認識能力、（3）古代型ホモ・サピエンス（約二〇万年前以降）における心の理論（他者の考えを認識する能力）、（4）初期ホモ・サピエンス（約一〇万年前以降）における内省的能力（自分が他者からどう思われているかについて考え、それに対する自分の反応について考える能力）、（5）現代ホモ・サピエンス（約四万年前以降）における自伝的記憶（自分を過去だけでなく将来にも投影する能力）である。

フラー・トリーは、これらの認知的機能の進化を、特に人類の頭蓋骨や石器などの考古学遺物、MRIなどを用いた大脳生理学、子供の心的発達などの認知心理学と霊長類学の知見を参照して再構成する。しかし、最終的にフラー・トリー（二〇一八：三〇）は、自伝的記憶の獲得によって、人類は初めて死が自己の終焉であると理解し、死者の世界との交流が可能になるので、四万年前より以前には神の概念は人類の頭に芽生えておらず、一万年前より以前に、神々の姿は心にくっきりと浮かばなかったとする。

それに対して本章では、あらかじめ「心／意識」の範囲を想定するのではなく、先述のエリアーデも含めて、ヒトの心的能力のさまざまな段階で可能となる宗教的経験を対象とする。もとより、七〇〇万年前にヒトが他の霊長類から分岐して、現生ホモ・サピエンスに至るまでに、進化の段階が異なる多数の化石人類が認められ、その間に人類は、直立歩行を確立して脳が三倍以上に拡大し、何よりも複雑な社会や言語を持つようになる。しかし、残された資料からその過程を検証することは困難を極めるので、以下では、その区分はなお類型的で、実証的な資料でさらに精査をする必要はあるが、フラー・トリーの分類に、デネットやダンバー、ミズンらの認知心理学や生態人類学の知見を参照することで、ホモ・ハビリス以降の人類の心的能力の各段階を概観する。

23　「心の理論」の研究は、心理学、自閉症研究、霊長類学、思想研究の領域にまたがり多様な展開を見せる（子安・木下一九九七など）。人類学ではGuthrie（1995; 2007）などがあるが、これについては改めて論じる必要がある。

24　動物記憶の問題については佐藤（二〇一〇）、藤田（二〇一三）などが詳しい。すでに述べたように、ギンズバーグとヤブロンカ（二〇二一）は、複合的な刺激や動作の組み合わせを連合する「無制約連合学習（UAL）」を用いた生物の「学習」能力を意識の起源と考える。

（1） ホモ・ハビリス／ホモ・エルガステル（二四〇―一四〇万年前）

ホモ・ハビリスの脳の容量は平均で六三〇ccと推定され、それ以前のアウストラロピテクス（約四〇〇―二〇〇万年前）がチンパンジーと同様の四〇〇―四七五ccなので、脳の大型化が進む。打製石器を作り、石片で枝を尖らせるなど、道具で道具を作成する行動から、「器用な人」の意味を持つホモ・ハビリスと呼ばれる。打製石器は三三〇万年前にさかのぼるが、技術が進み、数も増える。

ジェーン・グドールの研究以来、木の枝で蟻塚を探るチンパンジーや貝を石で割るラッコなど、原初的な道具の使用は他の動物にも広く認められるが、石を打ち砕いて鋭くするオルドヴァイ型石器など、打製石器の製作にはより複雑な技術が伴う。スティーヴン・ミズン（一九九八：一二八―一五二）は、道具を作るための道具の使用や、石器の原材料を離れた場所に運搬するなど一定の計画性を指摘する。他の動物の食べ残しなどを得て肉食を始めたと考えられ、肉の摂取量の増加は大脳化を可能とし、知的能力の向上を促したと考えられる。

それに対してダンバー（二〇一六：一二九―一六八）は、約一八〇万年前に出現したホモ・エルガステルが転機を与えたとする。脳の平均容量が七六〇ccに拡大し、より大きな骨格を持ち、火の使用の痕跡や歯・下顎の縮小が見られ、肉食の増加や火の使用が始まり、摂食時間が増加して、社会関係の維持により時間を割くようになったとされる。世界の平均気温の低下に合わせて、一八〇万年前に初めてアフリカを脱して黒海北岸に進出する。

（2） ホモ・エレクトス（一八〇万年前から三〇万年前）

脳の容量は九三〇ccに拡大する。「直立するヒト」の意味を持ち、完全な直立二足歩行をした最初の人類となる。

共同狩猟を開始し、北京原人やジャワ原人など、七〇万年前にはユーラシア大陸全域に展開する。握斧（一四〇万年前）や両面石器、木製の槍などを作成し、火を使った調理を行い、毛皮や住居などで環境に適応する。[25] 大脳が大型化し、対人関係が高度化し、キャンプでの共同居住や共同狩猟が可能となる。

フラー・トリーは、道具を工夫し、単純な共同作業を行っていたことから、ホモ・エレクトスは漠然とした他者認識を持つようになったとする。たとえば、ヒトの子供が鏡像認知と呼ばれる自己認識を獲得するのは二歳以降で、第一次人称代名詞を用いて自分の行動を話すようになる。チンパンジーやボノボには自己認識能力が見られるが、サルには見られない。また、ゾウやイルカには鏡像認知能力が認められ、オオカミやライオンには共同での狩りが見られる。

ダンバー（二〇一六：一五三―一五六）は、約六〇万年前に出現したホモ・ハイデルベルゲンシスは、加熱調理で栄養の吸収率が高まり、火を囲む共食の習慣で共同体の規模が拡大し、三〇万年前に約一一七〇ccに脳が拡大したとする。

（3） ネアンデルタール人（古代型ホモ・サピエンス、二三万年前から四万年前）

脳の容積は平均一四八〇ccとなり、平均身長は一六五cm程。剥片を加工するルヴァロワ技法で尖頭石器を大量生産し、重量バランスの取れた槍を作成した。[26] 各地の洞窟跡には埋葬の跡が残され、墓穴や屈葬、遺体に残されたレッ

25　火の使用の痕跡は一六〇万年前にさかのぼるが、それを完全に使いこなし、日常的に加熱調理に用いた痕跡は四〇万年前以降とされ、ここには段階的な発達を見る必要がある。

26　ダンバー（二〇一六：一七四）は、脳の容量を平均一三二〇ccとする。

ド・オーカー（赤色染料）などは死者を悼む埋葬を示すと考えられ、障害を持つ高齢者の遺骨には、利他的行動や相互扶助が指摘された。[27] ただし、その解釈には諸説あり、副葬品とされた大量の花粉は外部混入説が有力である。スペインで新たに発見された洞窟壁画は、これまで最古とされたショーヴィエ洞窟壁画（三万七〇〇〇年前）より古く、六万四〇〇〇年前にさかのぼるとされる。[28]

フラー・トリーは、ネアンデルタール人の怪我人や病人、老人への相互扶助や、バイソンやマンモスの群れを崖から追い落とす共同の狩りの行動から、ネアンデルタール人が他者の存在を理解して協力する能力を持つと考える。自己認識能力を発展させて、自己の心を他者に投影し、他者の中にも同様の心があると考える、共感力を発達させたと考える。

このような他者認識の能力としての心の理論は、子供の成長では、四歳頃から一一歳にかけて形成される。ゾウやチンパンジーには仲間を助ける行動が見られ、ゴリラは他の仲間を欺く行動も見られるが、心の理論としてはなお初歩的な段階にあるとされる。

ジェシー・ベリング（二〇一二）は、すでに見たように、宗教の起源を、ヒトが自分の心を外界に投影する一種の認知的錯覚としての心の理論にあるとする。それに対してミズン（一九九八：一九四―一九八）は、ネアンデルタール人には、自らの行動を内省的に捉える意識はまだなく、認知的モジュールは連携していなかったとする。ダンバー（二〇一六）は、ホモ・サピエンスに比して大容量のネアンデルタール人の脳について、高緯度適応のための視覚系統に必要な後頭葉が占め、社会脳に関わる前方部は含まれないとする。

（4）初期ホモ・サピエンス（一〇万年前以降）

脳の容量は平均一三五〇cc。初期ホモ・サピエンスの大規模な出アフリカは約六万年前とされ、ユーラシア大陸に展開してインドネシアまで到達し、四万年前までにはオーストラリアやメラネシアに定着し、一万六千年前までには南アメリカの最南端に到着する。

ホモ・サピエンスは、自分自身の考えについて内省的に考察する能力を発達させた。弓矢や罠の使用は六万五〇〇〇年前にさかのぼり、骨を加工した道具や武器は七万五〇〇〇年前、穴を空けた貝殻のビーズやレッドオーカーの使用は一一万五〇〇〇年前の初期ホモ・サピエンスが最初とされる。たとえば、装飾用の首飾りとされる貝殻の使用は、自分が他者からどのように思われているのかを考えて、それに反応する能力を示す。それは、「自分について考える自分について考える」という形で内省的自己意識を生み、家族や婚姻関係、社会集団の形成を促した。子供の成長では、他者が考えていることを、別の他者がどう考えているかについて考える二次的な心の論理は、六歳以降とされる。

言語の発達は、人類の内省的自己意識の獲得と関連する。ミツバチやイヌは、音声や行動で意思を伝え、チンパンジーやボノボは二〇〇〇語もの語彙の修得が可能で、初歩的な言語形式を持つ。しかし、ヒトの言語野は、ブローカ野やウェルニッケ野などの大脳皮質にあり、サルや類人猿の言語野は、痛みへの反応や泣き笑いなどの情動に関わり、

27 イラクのシャニダール洞窟など。ネアンデルタール研究のレベッカ・サイクス（二〇二二：四二七—四七八）は、ネアンデルタール人の共同墓での遺体の解体や共食いの事例に、栄養摂取や攻撃的暴力ではなく、チンパンジーやボノボに共通した、仲間の遺骸への情動的な「嘆きの行為」を指摘する。

28 U-Series Dating of Paleolithic Art in 11 Caves in Spain, *Science*, Vol. 336, Issue 6087, 2012; Cover, *Science*, Vol. 359, Issue 6378, 23rd February, 2018（閲覧：二〇二三年一〇月一〇日）

系統発生的にはより古い大脳辺縁系や脳幹にある。[29]

ダンバー（二〇一六：二〇二―二四一）は、発話能力の起源を約五〇万年前とするが、より複雑な言語の使用は、約二〇万年前のホモ・サピエンス出現以降とする。自己や他者の心的状態を振り返って考える高次の心の理論が言語を発達させ、夜間の焚き火や音楽、集団での踊りなどとあわせて、共同体の規模の飛躍的な拡大を可能にしたとする。フラー・トリーは、内省的自己意識を通して、神々が自分たちについて考えているという意識を持ち、人類は神的存在を認識し、神々と語らうようになったとする。

（5）現代ホモ・サピエンス（四万年前以降）

現代ホモ・サピエンスは、自分の過去を記憶して、それを未来に投影する、自伝的記憶を身につけることで、将来を予測して社会を組織立てることが可能となる。農耕や家畜などの長期的な作業を計画し、集落や社会を形成し、大規模な人口維持が可能となる。社会の人口増は、社会の分業や階層化を生み、死者の増大で、祖先との関わりが重要な意味を持つようになる。

現代ホモ・サピエンスには、死者と共に食物や武器、装身具などを埋葬した様々な副葬品が見られる。象牙のビーズで飾られた衣服をまとう遺体が発見されたスンギール遺跡は、二万七〇〇〇年前にさかのぼる。ネアンデルタール人にもオーカーの使用や洞窟壁画が見られるが、複雑な加工を伴う装飾品や象徴的な図像の洞窟壁画が生み出される。その最初期の芸術作品は、三万二〇〇〇年前のライオンマンとされる。フラー・トリーは、このような自伝的記憶によって、人類は初めて死が自己の終焉であると理解し、身体的な死に代わり、祖先たちが住まう死後の世界や生まれ変わりなどを想像するようになったとする。

5　宗教の「起源」論を問う

（1）「宗教」の進化論的意味

以上の人類史における「宗教」的経験の起源に関わる議論を踏まえて、以下では、その進化論的意味の批判的検証と、それを通した人間と動物が共有し得る「社会性」を捉える視点を展望する。

「宗教」の起源については、すでに見たように、フラー・トリー（二〇一八：三〇）は、四万年前より以前には神の概念は人類の頭に芽生えていなかったとし、それはユヴァル・ノア・ハラリやノレンザヤンらの見地に対応する。[30] しかし、エリアーデは、それをヒトと霊長類との分岐点にさかのぼり、そこに人類の原初的な宗教的体験を見出そうとする。

それに対して、霊長類学のドゥ・ヴァール（二〇一七：三五）は、定義のあやふやな「意識」の存在については断言すべきではないとしながら、利他的行動や共感力などの心的能力をヒトと霊長類が共有することから、どのような種であれ意識がないと決めつけることはできないとする。宗教の社会学的定義を行ったデュルケームのように、集団への帰属意識から宗教が生まれたと考えるバーバラ・キング（King 2007）は、仲間同士の共感力や意味の形成、ルー

29　言語の起源については、一八〇万年前のホモ・エレクトスとするデレク・ビッカートンやテレンス・ディコーンの説から、洞窟画が出現する五万年前までの段階的な時期がされている（池内 二〇一〇など）。

30　ハラリ（二〇一二上：一七一）は、一万二〇〇〇年前のアニミズム的世界から神話的秩序への移行で、より広域的な社会の組織化を可能とする「宗教革命」が起きたとする。

ルや想像力などのヒトと霊長類が共有する行動が、家族や集団などの社会的結びつきや、祖先や神的存在との結びつきに発展したと考える。

このような、ヒトと霊長類との連続性の問題をさまざまな事例を通して検証する観点は、今西錦司や伊谷純一郎らの日本の霊長類学者が世界に先駆けて開拓した分野であり、それは冒頭で取り上げた黒田末寿の研究にも受け継がれている。近年では、霊長類学者の山極壽一（二〇一九）は、宗教学者小原克博との対談で、宗教の起源を、「人間という動物が、社会をつくることに行きつく」と述べて、次のように説明する。

約一八〇万年前に、森を出て見通しのきく草原を歩き始めた人類は、「共感力」を持った集団を構成する。脳が拡大し、歌や身体動作を用いて協力し合い、社会集団の規模が拡大する。言語によるコミュニケーションや想像の共有で共感力は増大し、社会の規模も拡大する。特にホモ・サピエンスの言語は「比喩の能力」が高く、シンボルや芸術を生み、定住農耕や社会の大規模化を可能にするが、それは「共感能力の爆発」という形で、暴力も引き起こしたとする。このような社会性の進化における宗教の役割という問題は、淘汰圧に対する宗教の機能の問題に結びつくだろう。

たとえば、進化生物学者デヴィッド・スローン・ウィルソン（Wilson 2003）は、宗教が集団の道徳的行動を強化し、協調関係を生み出すことで、他の集団に対して適応的に優位になるとし、宗教を含めたマルチレベル選択説を唱えたことで知られる。科学ジャーナリストのニコラス・ウェイド（二〇一一：四五―八八）は、「宗教の進化論的な機能は、人々を結束させ、自分の利益よりも集団の利益を優先させることだ」と述べて、宗教を信じる集団はより社会的結束が強固で、生存に有利となり、それを持たない集団を淘汰してきたと論じる。その淘汰圧に優位な宗教という観点は、ちょうど植民地時代のミッショナリーが、土着の宗教に対するキリスト教の優位性を説いて、支配の正当化に用いてきた構図にも重なる問題として興味深い。

それに対して、「宗教」に進化論的な優位性を認めない議論は、生物学者リチャード・ドーキンスやスティーブン・

ピンカーが良く知られている。たとえばドーキンスは、『神は妄想である』（*The God Delusion*, 2006）で、宗教は認知的な錯誤に過ぎず、一種の文化的なウイルスとして把握され、適応上の効果はないとする。ダニエル・デネットは、『解明される宗教』（*Breaking the Spell*, 2006）で、宗教を自然現象の一部と見なすことで、その進化論的な機能は常に中立的であるとし、カルト教団のような社会に害悪を及ぼす宗教を、ドーキンスに倣って「有害なミーム」（文化的なウイルス）と捉える。

このような宗教の進化論的意味について先鞭をつけたのは、文化人類学者で認知科学者のパスカル・ボイヤーである。ボイヤーは、『説明された宗教』（*Religion Explained*, 2001）で、人類の宗教的実践には、魂の救済や解放を目指さない宗教や、特定の信仰や明示的な「宗教」概念を持たない宗教も含まれ、時に暴力や排除を生み出すこともあるとし、それを心の進化の副産物としての「心的伝染」として捉える。複雑な環境や不可知の災厄に対して、錯誤的な認知も含めた人類の多重の推論システムが、その重合や反復、組み合わせを通して文化的に淘汰されたものが、宗教として残ったとする。その「心的伝染」の見地は、ダン・スペルベル（Sperber 1996）の文化的疫学（cultural epidemiology）の議論にさかのぼることができる。

（2）「社会性」という視点

このように、宗教の進化論上の意味付けは、それを集団の淘汰や進化に優位と見るのか、派生物や無用の副産物と見なすのかで評価は分かれるが、いずれにしても、社会統合や人身の安寧などの「宗教」の今日的な役割から、その位置づけが評価される傾向は広く見られる。その観点を人類史にさかのぼって投影する試みもさまざまに見られるが、しかし、当然のことながら、「宗教」以前の人類の認知的体験を検証する資料は限られている。この問題に関連して、ロビン・ダンバーの近著『宗教の起源』（*How Religion Evolved*, 2022）を取り上げてみたい。

ダンバーはこの本で、「宗教の起源」を、人々を結びつける社会的機能に求め、社会脳仮説を宗教史の分析に応用する。特に、ヒトが社会的な結びつきを生み出すために行う儀礼や共食、歌や踊りなどの宗教的な行動が、類人猿が個体間で行う集団形成のためのグルーミング行動（毛づくろい）を、より多数の集団で共有の可能なソーシャル・グルーミングとして発展させたものとする議論は、大変に示唆的である。

しかし、ダンバーの議論を本章の課題に照らしてみると、一方で、シャーマンや神秘体験、薬物トランスも含めた宗教の情動的な機能を強調しながら、他方で、「言語なしでは宗教は生まれない」として、その起源を約二〇万年前以降に限定し、また、日本では新霊性運動とも呼ばれる現代のニューエイジ運動を本物ではない「疑似宗教」とするなど、その「宗教」史のモデルには、なお検証の余地が残されているといえるだろう。[31] たとえば、ダンバーは、原初的なアニミズム・シャーマニズム型宗教から社会の拡大に合わせて多様な宗教形態が派生するとして、それを個人的で情動的な宗教から共同的で大規模な教義宗教への進化として説明するが、同時に、サルの毛づくろいのように、霊長類に見られる社会性も否定しないからである。

冒頭で述べたデュルケームの宗教の定義に従えば、チンパンジーの順位序列のような群れを統合する多様な契機には、社会学的機能としての、キングが指摘する意味での一種の「宗教」性を見ることが可能である。同時に、フラー・トリーのように、「宗教」を人類に固有の唯一神観念と関連付けて理解すると、キリスト教に代表される教義宗教にはあてはまらない祝祭やトランス状態などのヒトの情動的な行動は、たとえば、黒田が指摘するような、チンパンジーによる集合的沸騰状態との区別をつけることが難しくなるだろう。

言い換えると、宗教的経験などの人類に固有の意味を与えるとされる人間性を探究する作業は、裏を返せば、霊長類の行動を特徴づける霊長類性を明らかにする作業に結びつく。それをヒトに固有の人間性と呼ぶのか、広く霊長類や他の生物にも共有される社会性と捉えるのかは別として、ここには人類学と霊長類学との協働を通した人類史／霊長類史の探究という、新たな課題を指摘することができるだろう。

本書では中村美知夫（Keynote 1）が、霊長類研究における「社会性」の用語が、伊谷純一郎に見られる「社会構造」に代替する概念として多用されるようになった経緯を指摘し、その中で今西錦司の議論を全ての生命に「社会性」を認める広義の立場とし、人間にのみそれを認める社会学者を狭義の立場として対比する。それによって、研究者の多様な定義にもかかわらず、人類の社会性の起原を探究する共同研究の意義を指摘している点は、本章の議論にも重要な示唆を与える。

たとえば、今西錦司（一九九四）は、その著書『人間以前の社会』で、サルにも「社会」を認めるという議論に潜む、社会を人間的なものと見なす擬人主義の偏りを指摘すると、それに対して、「社会性というものは生物における一つの属性でなければならない」と述べて、人間本位ではない、あらゆる生物に社会性を認める観点を提唱する。

その議論は、冒頭でも触れたユクスキュルによる、人間が想定する均一で普遍的な環境などは存在せず、生物は異なる知覚と作用に基づいてそれぞれの「環境世界」を形成するという観点にも結びつく。生物同士の相互規定的な連帯関係を、ユクスキュル（二〇一二：七―一四）は、「ある動物の「環境世界」が他の生物たちをも共々包含するという事実には、何ら不思議もない。「環境世界」と体制の間の相互規定関係は、動物たちの間にも成立している。［…］この体制（der Bauplan）を探究することのみが、生物学の健全にして確実なる基礎を示すことができる。」と述べていた。

それは今西錦司が、『生物の世界』（一九七二年、九九頁）で、ひとつの進化的基盤から発生した生物が、相互交渉

31 Dumber（2022: 163-4）。この点については、情動的宗教と教義的宗教を対比したWhitehouse（2004; 2021）やWhitehouse and Laidlaw（2007）らの民族誌的研究を踏まえた再検証が必要である。たとえば、Whitehouse（2021）は、言語活動を基盤とした教義的儀礼とは異なり、言語を伴わない情動的な儀礼に、より原初的な個人／集団のアイデンティティ融合の契機を指摘する。

を通して多様な系統や群れとしての「社会性」を生み出してきた経緯を、次のように述べていることにも対応するだろう。

社会性ということは、このもとは一つのものから生成発展し、どこまでも相異なるものの世界においてどこまでも相似たものが存在するという、この世界の一つの構造原理であり、それが構造原理であるというゆえんは、相似たもの同士はどこまでも相対立しあうものであり、相対立しあうもの同士とはどこまでもその対立を空間化し、空間的に広がって行かねばならない存在として、社会性はこの空間的、構造的一面を反映した、この世界を形づくるあらゆるものに宿っている一つの根本的性格なのであるかもしれない

［付記］本稿の内容の一部は、科研・基盤（S）「社会性の起原と進化」（研究代表者・河合香吏）第一八回研究会（二〇二三年四月二二日）で報告を行った。内堀基光氏、大村敬一氏をはじめ、参加者には貴重なコメントを頂いた。近年の霊長類学の動向については、谷口晴香氏にご教示を頂いた。ここに記して、謝意を表します。

参照文献

芦名定道・星川啓慈（二〇一二）『脳科学は宗教を解明できるか？』春秋社。

池内正幸（二〇一〇）『ひとのことばの起源と進化』開拓社。

伊谷純一郎（二〇〇八）「人間平等起源論補遺」『伊谷純一郎著作集三』平凡社。

井上順孝（二〇一二）「新宗教研究にとっての認知科学・ニューロサイエンス」『國學院大學研究開発推進機構日本文化研究所年報』五：二一―四八。

今西錦司（一九七二［一九四一］）『生物の世界』講談社学術文庫。

――（一九九四）『人間以前の社会』（増補版・今西錦司全集　第五巻）講談社。

エリアーデ、ミルチャ（一九七三）「一九一二年から今日までの宗教史」『宗教の歴史と意味』（エリアーデ著作集　第八巻）前田耕作訳、せりか書房、三一―七三頁。

エリアーデ、ミルチア（一九九一―九八）『世界宗教史』（全三巻）荒木美智雄他訳、筑摩書房。

河合雅雄（一九七九）『森がサルを生んだ――原罪の自然誌』平凡社。

キング、バーバラ（二〇一四）『死を悼む動物たち』草思社。

ギンズバーグ、シモーナとヤブロンカ、エヴァ（二〇二一）『動物意識の誕生――生体システム理論と学習理論から解き明かす心の進化』（上・下）勁草書房。

グドール、ジェーン（一九九〇）『野生チンパンジーの世界』杉山幸丸・松沢哲郎監訳、ミネルヴァ書房。

グリフィン、D・R（一九七九/1976）『動物に心があるか――心的体験の進化的連続性』桑原万寿太郎訳、岩波書店。

――（一九九五）『動物の心』長野敬、宮木陽子訳、青土社。

グレーバー、デヴィッドとウェングロウ、デヴィッド（二〇二三）『万物の黎明――人類史を根本からくつがえす』酒井隆史訳、光文社。

黒田末寿（一九八二）『ピグミーチンパンジー――未知の類人猿』筑摩書房。

――（一九九九）『人類進化再考――社会生成の考古学』以文社。

――（二〇〇九）「集団的興奮と原始的戦争――平等原則とは何ものか？」河合香吏編『集団――人類社会の進化』京都大学学術出版会。

後藤和宏（二〇一二）「比較認知科学は擬人主義とどうつきあうべきか」『動物心理学研究』六二（一）：四九―五七。

子安増生・木下孝司（一九九七）「〈心の理論〉研究の展望」『心理学研究』六八（一）：五一―六七。

サイクス、レベッカ・ウラッグ（二〇二二）『ネアンデルタール』野中香方子訳、筑摩書房。

佐藤暢哉（二〇一〇）「ヒト以外の動物のエピソード的（episodic-like）記憶―WWW 記憶と心的時間旅行」『動物心理学研究』六〇（二）：一〇五―一一七。

実重重実（二〇一九）『生物に世界はどう見えるか――感覚と意識の階層進化』新曜社。

杉山幸丸（一九八一）『野生チンパンジーの社会』講談社。

鈴木大地（二〇二二）「意識の起源と進化」『生体の科学』七三（一）：三四―三七。

田中泉吏（二〇〇八）「利他行動の進化と選択による説明」『科学哲学』四一（一）：一―一三。

ダンバー、ロビン（二〇一六）『人類進化の謎を解き明かす』鍛原多惠子訳、インターシフト。

デネット、ダニエル・C（二〇一六）『心はどこにあるのか』土屋俊訳、ちくま学芸文庫。

デュルケーム、エミール（二〇〇八）『自殺論』宮島喬訳、中央公論新社。

外川昌彦（二〇二三）「インド先住民の巨石文化と葬送儀礼――チョーターナーグプル丘陵地ムンダ社会の事例から」科研費・基盤（S）「社会性の起原と進化――人類学と霊長類学の協働に基づく人類進化理論の新開拓」成果報告・民族誌ノート、一―二七頁。(https://sociality.aa-ken.jp/reports/)

――（二〇二四）「エリアーデのインド体験とインド先住民の巨石文化――アルカイック宗教論から人類の宗教史へ」『宗教研究』第九八巻。

――（二〇二五）「動物と人間の連続性を捉える視点――インドの猿と猿神から見た人類学的存在論と創発的特性としてのセクシュアリティ」『アジア・アフリカ言語文化研究』第一〇九号、東京外国語大学アジア・アフリカ言語文化研究所。

ドゥ・ヴァール、フランス（一九九八）『利己的なサル、他人を思いやるサル――モラルはなぜ生まれたのか』西田利貞・藤井留美訳、草思社。

――（二〇一〇）『共感の時代へ――動物行動学が教えてくれること』柴田裕之訳、紀伊國屋書店。

――（二〇一七）『動物の賢さがわかるほど人間は賢いのか』松沢哲郎監訳、柴田裕之訳、紀伊国屋書店。

トリー、フラー（二〇一八）『神は、脳がつくった――200万年の人類史と脳科学で解読する宗教の起源』寺田朋子訳、ダイヤモンド社。

中沢新一（二〇〇二―二〇〇四）『カイエ・ソバージュ』講談社（全五巻：一『人類最古の哲学』、二『熊から王へ』、三『愛と経済のロゴス』、四『神の発明』、五『対称性人類学』）。

中沢新一・山極壽一（二〇二〇）『未来のルーシー――人間は動物にも植物にもなれる』青土社。

仲島陽一（二〇一九）「共感論からダーウィンを読む」『国際地域学研究』二二：五五―六三。

中野毅（二〇一四）「宗教の起源・再考――近年の進化生物学と脳科学の成果から」『現代宗教二〇一四』国際宗教研究所、二五一―二八五頁。

中村美知夫（二〇一五）『「サル学」の系譜――人とチンパンジーの五〇年』中公選書。

西田利貞（一九七七）「マハレ山塊のチンパンジー（一）生態と単位集団構造」伊谷純一郎編『チンパンジー記』講談社。

長谷川眞理子（二〇二一）『私が進化生物学者になった理由』岩波書店。

――（二〇二三）『進化的人間考』東京大学出版会。

長谷川眞理子・長谷川寿一・大槻久（二〇二二）『進化と人間行動』第二版、東京大学出版会。

ハラリ、ユヴァル・ノア（二〇一六）『サピエンス全史――文明の構造と人類の幸福』上・下、柴田裕之訳、河出書房新社。

――（二〇二二）『ホモ・デウス――テクノロジーとサピエンスの未来』（上・下）柴田裕之訳、河出文庫。

ハンフリー、ニコラス（一九九三）『内なる目――意識の進化論』紀伊國屋書店。

――（二〇一二）『ソウルダスト――〈意識〉という魅惑の幻想』紀伊國屋書店。

ピーニャ＝グズマン、デヴィッド（二〇二三）『動物たちが夢を見るとき』西尾義人訳、青土社。

ピンカー、スティーブン（二〇〇三）『心の仕組み』（上・中・下）椋田直子・山下篤子訳、NHK出版。

――（二〇一九）『二一世紀の啓蒙――理性、科学、ヒューマニズム、進歩』橘明美・坂田雪子訳、草思社。

ファインバーグ、トッド・Eとマラット、ジョン・M（二〇一七）『意識の進化的起源――カンブリア爆発で心は生まれた』勁草書房。

藤井修平（二〇二三）『科学で宗教が解明できるか――進化生物学・認知科学に基づく宗教理論の誕生』勁草書房。

藤田和生（二〇一三）「記憶の進化」藤永保監修『最新 心理学事典』平凡社。

ベリング、ジェシー（二〇一二）『ヒトはなぜ神を信じるのか――信仰する本能』鈴木光太郎訳、化学同人。

堀江宗近（二〇〇五）「書評と紹介　中沢新一著『カイエ・ソバージュ』（全五巻）」『宗教研究』七九（一）：一二七―一三六。

前野誠司（二〇〇六）「意識の起源と進化――意識はエピソード記憶のために生じたのか」『現代思想』三四（一）：二二四―二三九。

松沢哲郎（二〇一九a）「チンパンジー・ボノボから見る戦争と協力の進化」『心の進化を語ろう――比較認知科学からの人間探究』岩民書店、二三三―二三七頁。

――（二〇一九b）「死を悼む心の進化――チンパンジーによる死児の世話」『宗教研究』九二巻別冊、公開シンポジウム・ヒトと宗教、一三―一六頁。

松沢哲郎・林美里（二〇一九）「死を弔う意識の芽生え？」松沢哲郎編『心の進化を語ろう――比較認知科学からの人間探究』岩民書店、一八―一九頁。

ミズン、スティーヴン（一九九八）『心の先史時代』松浦俊輔訳、青土社。

――（二〇〇六）『歌うネアンデルタール人』熊谷淳子訳、早川書房。

矢野秀武（二〇二一）「宗教的なものが滲出すると感じるのはなぜなのか――霊長類学・道徳心理学・進化生物学による宗教論」長

谷千代子他編『宗教性の人類学——近代の果てに、人は何を願うのか』法蔵館。

山極壽一（二〇〇七）「原始的人間とは何か」『ヒトはどのようにしてつくられたか』（シリーズ・ヒトの科学1）岩波書店。

山極壽一・小原克博（二〇一九）『人類の起源、宗教の誕生——ホモ・サピエンスの「信じる心」が生まれたとき』平凡社新書。

ユクスキュル、ヤーコプ・フォン（二〇〇五）『生物から見た世界』日高敏隆・羽田節子訳、岩波文庫。

——（二〇一二）『動物と環境と内的世界』前野佳彦訳、みすず書房。

米田翼（二〇二一）「自然における意識の位置づけを問い直す——比較心理学とベルクソン」『現代思想』四九（一二）：三九—四九。

リーキー、リチャード（一九九六）『ヒトはいつから人間になったか』草思社。

ルロワ＝グーラン、アンドレ（一九八五）『先史時代の宗教と芸術』蔵持不三也訳、日本エディタースクール出版部。

——（二〇一二）『身振りと言葉』荒木亨訳、ちくま学芸文庫。

渡辺茂（二〇一九）『動物に「心」は必要か——擬人主義に立ち向かう』東京大学出版会。

Bloch, M. (1992) *Prey into Hunter: The Politics of Religious Experience.* Cambridge: Cambridge University Press.
Boyer, P. (2001) *Religion Explained: The Evolutionary Origins of Religious Thought.* Basic Books.［ボイヤー、パスカル（二〇〇八）『神はなぜいるのか？』鈴木光太郎・中村潔訳、ＮＴＴ出版。］
Dawkins, R. (2006) *The God Delusion*, Bantam Press.［ドーキンス、リチャード（二〇〇七）『神は妄想である——宗教との決別』重水雄二訳、紀伊国屋書店。］
Dennett, D. C. (1978) Beliefs about beliefs, *Behavioral and Brain Science*, 1(4): 568-70.
Dennett, D. C. (2006) *Breaking the Spell: Religion as a Natural Phenomenon.*［デネット、ダニエル『解明される宗教——進化論的アプローチ』（二〇一〇）青土社。］
de Waal, F. (1989) *Peacemaking Among Primates.* Cambridge: Harvard University Press.［ドゥ・ヴァール（一九九三）『仲直り戦術——霊長類は平和な暮らしをどのように実現しているか』西田利貞・榎本知郎訳、どうぶつ社。］
Dunber, R. (2022) *How Religion Evolved: And Why It Endures*, Pelican Books.［ダンバー、ロビン（二〇二三）『宗教の起源——私たちにはなぜ〈神〉が必要だったのか』小田哲訳、白揚社。］
Durkheim, E. (1955/1912) *The Elementary Forms of Religious Life*, Translated by Karen E. Fields, New York: The Free Press.
Goodall, Jane (1975) The Chimpanzee. In: Vanne Goodall (ed), *The Quest for Man*. New York: Praeger, pp. 131-170.

Guthrie, S. E. (1995) *Faces in the Clouds: A New Theory of Religion*. Oxford University Press.
—— (2007) Anthropology and anthropomorphism in religion. In: Whitehouse, H. and Laidlaw, J. (eds), *Religion, Anthropology, and Cognitive Science*. Durham, NC: Carolina Academic Press, pp. 37-62.
Humphrey, N. (1984)*Consciousness Regained: Chapters in the of Development of the Mind.* New York: Oxford University Press.
Humphrey, N. (2021) *The Ritual Animal. Imitation and Cohesion in the Evolution of Social Complexity*, Oxford, Oxford University Press.
James, W. (1902) *The Varieties of Religious Experience*, 2nd ed. New York: Longmans, Green.
King, B. J. (2007) *Evolving God: A Provocative View on the Origins of Religion.* The University of Chicago Press.
Premack, D. and Woodruff, G. (1978) Does the chimpanzee have a theory of mind? *Behavioral and Brain Science*, 1(4): 515-526.
Sperber, D. (1996) *Explaining Culture*, Blackwell.
Wade, N. (2009) *The Faith Instinct: How Religion Evolved and Why It Endures*. Penguin Book［ウェイド，ニコラス（二〇一一）『宗教を生みだす本能――進化論からみたヒトと信仰』ＮＴＴ出版。］
Whitehouse, H. (2004) *Modes of Religiosity: A Cognitive Theory of Religious Transmission*. Walnut Creek, CA: Alta Mira Press.
Whitehouse, H. and Laidlaw, J. (eds) (2007) *Religion, Anthropology, and Cognitive Science*, Durham, NC: Carolina Academic Press, pp. 37-62.
Wilson, D. S. (2002) *Darwin's Cathedral: Evolution, Religion, and the Nature of Society*, University of Chiago Press.

KEYWORDS

- 他者としての死
- 非ヒト動物の死と「別れ」
- 「非在」の及ぼす力

第4章

チンパンジーは死なず、ただ消え去るのみ

社会における死と「別れ」

西江 仁徳
Hitonaru Nishie

1　他者の／他者としての死と社会性

死はわれわれの社会においてごくありふれている。肉親、友人など近しい人の死はそれほど頻繁に起こるわけではないが、メディアでは毎日のように多くの人の死が報じられている。誰が死んだのかによってその受け取り方の濃淡はあれど、われわれはごく日常的に人の死に触れながら生活している。また、近しい死者を折に触れて繰り返し想起し、さまざまな儀礼を通じて「死者と語り合う」こともしばしばおこなわれる。われわれの社会において死はありふれているだけでなく、死者は生者の社会に一定の位置を占め、生者と死者が日常的に触れ合う社会にわれわれは生きている。

一方で、われわれにとって死ほど「遠い」ものもない。いま生きている自分にとって、自分の死がどのようなものかは漠然と想像することしかできないし、またそれが「本当に死そのものを想像しているのか」すら判然としない。いま生きている人で死を経験した人は誰一人としていないので、死ぬ経験がどのようなものなのか生きながらにして語ることは不可能である。死とは文字通り「生の終わり」であり、生き物としてのわれわれにとっては「認識の果て」であり「経験の果て」でもある。

われわれにとって近くて遠い死は、経験を超越したものとしてある。私たちが経験できるのは「他者の死」でしかないが、その死は他者のものである以上、死そのものは自らの経験の外にある。[1] また、死はあらゆる生き物にとって予測や制御が不可能な偶然的なものとしてあり、また回避することが不可能という意味で必然でもある。このように死は経験を超越し、また偶然的かつ必然的であるという意味で、「究極の他者」であるとも言える。

このように、死そのものが他者でもあり、また死は他者の死を通してのみ経験しうるという意味で、死は二重の他者性を帯びたものとしてある。そして、この「他者としての死」と「他者の死」は、私たちの他者との関係のあり方、つまり社会のあり方を規定し、また社会のあり方によって規定されている。それぞれの社会が死をどのように捉え、扱うのかは、その社会における他者との関わり方を反映し、また死は社会における他者との関わり方を生の裏面からかたどっている。その意味で、生き物が死をどのように捉え、扱うのかを探ることは、それぞれの生き物の社会性を問うにあたって格好の主題となりうるだろう。

本章では、このような見立てのもとで、死を社会性との関わりにおいて再検討する。本章で扱うのは非ヒト動物、とくに私の研究対象であるチンパンジー社会における死の問題である。近年「非ヒト動物死生学 animal thanatology」[2]という分野が興隆しつつあり、そこでは非ヒト動物の死体への反応事例から、非ヒト動物における死の認識についての議論が展開されている。本章では、こうした非ヒト動物死生学の議論を、人間社会における死の取り扱いの議論や、より一般的な社会における「別れ」の議論に接続することで、チンパンジー社会における死の位置づけを再検討し、さらに死と「別れ」（のなさ）から垣間見えるチンパンジーの社会性（そしてそこから逆照射される人間の社会性）につ

1　誰もが死ぬ存在である以上「死にゆく過程」は誰しもが経験することになるが、それは「死を前にして生きる」経験であり、生の果てに訪れる「死そのもの」は経験の外にあると言わざるをえない。

2　一般に日本語では「動物死生学」、英語では animal thanatology と書かれるが、本章では「人間も動物の一種である」ことをつねに意識するために、つまりたんに「動物」と表現することで「そこに人間が含まれないかのように見える」のを避けるために、ヒト以外の動物については「非ヒト動物」、非ヒト動物の死への反応を扱う分野を「非ヒト動物死生学」と表記する。

いて議論する。

2　チンパンジー死生学の興隆
――チンパンジーは人間のように死を認識するか?

人間にとって死は重大な関心事であり、そのためそれぞれの社会／文化で、また歴史的にもさまざまな経緯で、死をめぐる多様な実践がおこなわれてきた。人間社会において、死がどのように扱われてきたのかについては、すでに優れた論考が数多く書かれているが、それらをつぶさに検討することは私の力量の及ぶ仕事ではない。本章では、チンパンジーにおける死体への反応事例を取り上げて、近年さかんになってきている非ヒト動物死生学（比較死生学、進化死生学）の議論を概観した上で、これまで人間の死生学や死の人類学においてなされてきた議論との接続を試みる。

非ヒト動物における死の認識についての議論は、二〇一〇年頃から急速に広がってきた。その最初の契機は二〇一〇年に *Current Biology* 誌の同じ号に並んで掲載された二本の論文である（Anderson et al. 2010, Biro et al. 2010）。Anderson ら（2010）は、飼育下のチンパンジー集団で観察された五〇歳を超えた老年メス・パンジーの死亡に際して、同じ集団の三頭のチンパンジー（パンジーの二〇歳の娘・ロージー、約五〇歳の老メス・ブロッソム、ブロッソムの二〇歳の息子・チッピー）による死亡前のメスへの毛づくろいや体を撫でる行動【死体へのケア】[3]、死亡時に見られた覗き込みや探索行動【心拍や呼吸の確認】、オス（チッピー）による死体への攻撃【蘇生の試み、あるいは死の拒絶】、成熟した娘（ロージー）による死体への夜通しの付き添い【通夜】、死体に付いたワラを取り除く【死体への衛生行動】、生き残ったチンパンジーたちの無気力や食欲不振【悲嘆や服喪】、死体があった場所を避ける【死に関わるものへの接触拒否】など、チンパンジーの死の前後に見られた多様な行動を、チンパンジーも人間のような死の認識を部分的に持っていることを示唆する証拠として報告している。

また Biro ら（2010）は、ギニア・ボッソウの野生チンパンジー集団で観察された二例の死児運搬事例を報告した。二〇〇三年乾季に集団内で流行した呼吸器疾患によって同時期に五頭のチンパンジーが死亡し、そのうち一・二歳と二・六歳の二頭の乳児の死体がミイラ化し、それぞれ六八日と一九日にわたって母親によって運搬された。母親は乳児の死体を運搬するだけでなく、死体を毛づくろいしたり、たかってくるハエを追い払ったりした。母親以外のさまざまな性年齢の個体も死体に触ったりつついたりにおいを嗅いだりし、さらに幼年個体は死体を持ち運んで遊ぶこともあったが、死体が腐敗して異臭を放っているときでも死体を忌避するチンパンジーはおらず、また死体を攻撃することもなかった。

Biro らの論文ではチンパンジーが死を認識していたかどうかについて明確な結論は主張しておらず慎重な議論がなされているのだが、この二つの論文の内容は世界中の多くのメディアで取り上げられ、「死んだ子背負うチンパンジー：弔いの起源？」（朝日新聞夕刊、二〇一〇年四月二七日）、「チンパンジーも亡き子を弔う？：京大など発表」（日本経済新聞、二〇一〇年四月二七日）、“Chimps Grieve Over Dead Relatives（チンパンジーが身内の死に悲嘆に暮れる）”（*Science*, 二〇一〇年四月二六日）、“Chimps Found to Confront Death in Human-Like Ways（人間と同じように死と向き合うチンパンジーが発見される）”（CBS News, 二〇一〇年四月二六日）、“Chimps' Emotional Response to Death Caught on Film（チンパンジーの死に対する感情的な反応が撮影された）”（*The Gurdian*, 二〇一〇年四月二六日）など、センセーショ

---

3 【 】内の表記は、論文中に書かれている行動の解釈である（Anderson et al. 2010）。こうした「擬人的な」解釈に対する批判については後述する。

ナルなタイトルとともに配信された。

この二つの論文を嚆矢として、さまざまな非ヒト動物における死体への反応事例が注目を集めるようになり、二〇一八年には *Philosophical Transactions of the Royal Society B* 誌において「進化死生学」特集が組まれ、さらに霊長類学の専門誌である *Primates* 誌でも二〇二〇年に「霊長類と他の哺乳類の死に対する反応」の特集が組まれた。こうした非ヒト動物の死への反応事例の蓄積をふまえて、近年では非ヒト動物死生学の総説論文も書かれている（Anderson 2017, Gonçalves and Carvalho 2019, Fernández-Fueyo et al. 2021, De Marco et al. 2022）。非ヒト動物死生学の議論は、それまでヒトに特有と考えられてきた死の認識や死体への対処が、非ヒト動物にも少なくとも部分的には備わっている可能性を示しており、とりわけヒトの死の認識の起源や進化を探るにあたって、進化的にヒトに近縁なチンパンジーにおける死の認識が注目されてきたという背景がある。

本章ではこうした非ヒト動物死生学、とくにチンパンジー死生学の成果を検討するが、そのさいに注意すべき点を手始めに整理しておこう。

まず、現在までの非ヒト動物死生学の議論の主題は、「動物も人間のように死を認識するか？」というものである。われわれ人間にとって非ヒト動物の世界を探るための契機は、さしあたりわれわれ自身の世界観や概念に拠らざるをえないので、こうした人間の概念や現象からの類推はやむをえない面もある。しかし、ここには看過できない問題がいくつか含まれていることには注意が必要である。一つは、「人間にはある特定のしかたでの死の認識がある」という前提であり、もう一つは、「非ヒト動物において、人間の死の認識に類したものを探ろうとしている」という問題である。

前者については、まず人間においても歴史的・文化的背景によって死の捉え方は一様ではなく、そうした多様な死の捉え方や対処のしかたに通底するような「人間に固有の」死の認識が果たしてあるのだろうかという未解決の問題がある。[4] さらにより根本的には、「われわれ人間はそもそも死を認識することなどできているのだろうか」という問題もあるだろう。冒頭でも触れたように、死はわれわれの経験を超越し、偶然的でありつつ必然でもある、究極の不確定性を生に対してもたらす「他者」としてある。つまり、死それ自体はそもそも生による認識を逃れている。人が死に直面したときに抱く、「悲しい」とか「つらい」などといった定型化された言葉では到底表しがたい感情は、このような意味での「認識できない死」への戸惑い、「究極の他者としての死」との理解を超えた出会いの衝撃を物語っているのではないか。後述するように、人間の死の認識にはいくつかの類型があるとされているが、これらもすべて「根源的に理解しえない死」をある認識の体系に落とし込むための特殊な対応のしかたなのではないか、という点には留保が必要である。

後者については、非ヒト動物を対象とした研究においては、死の認識に限らずありとあらゆる場面で問題になってきた点である。たとえば本章で扱う死の認識と関連の深い「心」の概念について、河野哲也（二〇〇五）は類人猿の認知研究における問いの立て方がつねに「人間のような認知能力を類人猿も持っているか」というかたちで設定されておりその逆はないこと、また従来から人間が持つとされてきた知能や言語といった概念を拡張しようとする試みがないことを指摘し、このようなスタンスは「人間と類人猿の知的能力の違いを見出すことを目的として」おり、「は

4　内堀と山下（二〇〇六）は、マレーシア・サラワクのイバンとインドネシア・スラウェシのトラジャの人びとの死をめぐる多様な実践を記述・比較検討し、同時代の東南アジア地域の中でも死の捉え方や対処のしかたに違いが見られることを議論している。またアリエス（二〇二二）は、西欧中世以降に限っても多様な死への対処の時代的変遷があったことを詳細に記述している。杉山（二〇二二）は、ボツワナ北部のブッシュマン・ブガクウェの人びとの生活様式がかつての遊動生活から定住へと変わっていく中で、近隣の農耕民の影響を受けながら死の捉え方や死者の扱い方が変化していったことを論じている。このように、人間社会においても、地域や時代、生業や居住形態の変化に応じて、死の認識や対処に多様な変異がある。こうした人間社会の多様な死に通底する「人間にとっての死」という問題系については、内堀（二〇一三、二〇二二）が非ヒト動物との差異を含めて論じている。

じめから相手を疎外することを目的とした、欺瞞的な同化政策に似て」いるという意味で、「植民地主義的と呼ばれるべき態度」であると強く批判している（河野 二〇〇五：一六八―一六九）。非ヒト動物死生学における「動物も人間と同じように死を認識するか？」という問題設定には、まさにこの「動物を人間の基準で測ること」に対する批判が直撃しているのである。[5]

この点に関わるもう一つの懸念として、「動物が死んだのを見たときに人間が抱く感情やその死の捉え方」を、「動物が死んだのを見た他の動物が抱く感情やその捉え方（何かそれに類するものがあるとしたら）」と明確に切り分けて把握できるのか、という問題がある。観察者による動物の死への感情移入によって、動物の死の認識を過度に読み込んでしまう危険に陥りがちなのではないか、という懸念である。私自身も「知人」のチンパンジーが死にゆく姿を観察しながら「悲愴感や感傷」を抱いたり、「知人の死」に向き合うことを避けたり、さらには「知人のチンパンジーの死を追悼した」こともあるため、こうした切り分けの難しさは身をもって経験している（西江 二〇一九）。私自身の観察を振り返ってみても、観察の全体的な印象として自分自身にとっての「知人との死別」の暗い情景が抜きがたく染みついていることは否定しがたい。人間の観察者にとっての他者＝非ヒト動物の死に直面することが、観察の印象に深く影響を及ぼしていること、またその印象が「非ヒト動物の死の認識と解釈されたこと」に影響を与えている可能性については、とくに慎重に吟味すべきだろう。

このように、非ヒト動物の死の認識の問題を扱うことにはさまざまな困難がともなう。こうした困難をつねに念頭に置き、非ヒト動物には人間とは異なる世界が広がっている可能性を確認した上で、われわれがふだんの生活で死に対して抱いているさまざまな感情や概念を可能な限りリセットして「チンパンジーがやっていること」にフォーカスしつつ、以下チンパンジーにおける死体への反応の事例を検討していこう。

（1）チンパンジーの成熟個体の死体への反応

「チンパンジーの死体への反応」と一口に言っても、死体の属性や状態、反応する側の個体の属性や状態、反応の種類など、非常に多岐にわたっている。死体の属性や状態については、同種／異種死体、成熟個体／未成熟個体の死体、死体の性別や社会的順位、外傷の有無、死後の経過時間や損壊状態などによって、反応はまちまちである。反応する側の個体についても同様に、成熟個体／未成熟個体、性別や順位、死体との生前の関係などによって、反応の有無やその種類が異なってくる。死体への反応の種類としては、情動反応（興奮、恐怖、忌避など）、探索（覗き込み、接触、揺り動かす、叩く、枝を死体の上に落とすなど）、運搬（乳児の場合）、ケア（毛づくろい、ハエを追い払うなど）、死

5　本書のもととなった共同研究会の方法論を検討した論集（『新・方法序説』）において、サルやチンパンジーの「心」や「内的視点」を記述することが再三にわたって「擬人主義」の文脈から批判的に検討されているが（中村 二〇二三；竹ノ下 二〇二三a，二〇二三b）、私としては「心」や「内的視点」による記述が正当化できないのは、「他者の心の中は原理的にわからないから」ではなく、そうした行為者の内部に秘められていると想定されている「心」や「内的視点」が、当該の社会において重要な意味を持つことが確かめられていないためであると考える。これは、相手が人間であっても事情はまったく同じである。トゥルカナの人びとには「心がない」と書いた、トゥルカナのナキナイ（物乞い）に関する作道（二〇〇二）の記述を読めば、トゥルカナの人びとがものごとを分析したり計画したりする認識能力に長け、他人を揶揄したり出し抜いたりするドラマ化の才能に富んでいる一方で、心や認識が重要なものとして意味づけられている社会ではないことが鮮やかに描かれている。作道もそこで参照しているが、上記の方法論の論集においても森下（二〇二二）が指摘しているような、ウィトゲンシュタイン＝ライルの流れを汲むエスノメソドロジーや会話分析といった社会学の理論や方法論について、「心」や「内的視点」を社会との関係で論じようとするのであれば、その非ヒト動物への適用可能性や拡張可能性をまずは検討すべきだろう。

体を食べる（同種の場合はカニバリズム）、死体と／を使って遊ぶ、近接を維持するなど、さまざまな反応が報告されている。ただし、全体としてはチンパンジーの同種個体の死体への反応の観察事例はまだ報告が少なく、死体の属性や状態と死体への反応の関係を量的に分析した研究は多くはない。[6]

この節ではまず、チンパンジーの成熟個体の死体への反応をまとめる。全般的に成熟個体の死体に遭遇した事例は、乳幼児の死体との遭遇と比べてかなり少ない。[7] 野生下のチンパンジー社会は高い離合集散性を持つため、衰弱や事故などで死亡に至った場合には他の個体とはぐれてしまうことが多く、そのため成熟個体の死体と遭遇する機会は、チンパンジーにとっても人間の観察者にとっても非常に限られていると考えられる。

タンザニア・ゴンベのオトナオスのチンパンジーが木から転落して死亡した事例では、転落死直後から約四時間の観察で、周辺の個体は大騒ぎやディスプレイ（突撃誇示）、死体への接近や覗き込み、少し離れた場所からの凝視を繰り返したが、死体への接触はなかったと報告されている（Teleki 1973）。コートジボアールのタイ森林でメスのチンパンジーがヒョウによって殺された事例では、周りのチンパンジーが死体に対して、接触、においを嗅ぐ、覗き込み、長時間の毛づくろい、ハエを追い払う、腕を引っ張る、死体を数メートル引きずる、死体のそばに長時間滞在する、などの行動が見られたことが報告されている（Boesch and Boesch-Achermann 2000: 248-249）。オトナのチンパンジーの病死個体への反応についても複数の調査地からの報告があるが、接触、においを嗅ぐ、覗き込み、毛づくろい、叩く、腕を引っ張る、死体を揺する、騒ぐなどの行動が記録されている（保坂ほか 二〇〇〇, Anderson et al. 2010, Stewart et al. 2012, Hanamura et al. 2015, van Leeuwen et al. 2016）。全体としては事例の数は多くないため一般的な傾向を抽出することは難しいが、死体に対する情動反応（恐怖や動揺、攻撃や威嚇など）や、死体に対する探索行動、死体を叩いたり腕を引っ張ったりといった死体からの反応を引き出そうとするような行動が見られていると言える。

（2）乳幼児の死体への反応

チンパンジーの乳幼児死体への反応は、成熟個体の死体への反応に比べると報告例が多い。チンパンジーの乳幼児は死亡率が高く、[8]また乳幼児の死亡後も母親による死児運搬が見られることがあるため、乳幼児の死体への反応の報告が比較的多くなっていると考えられる。

乳幼児の死体への反応としてもっとも典型的なのは死児運搬である（van Lawick-Goodall 1968; 保坂ほか 二〇〇〇; Biro et al. 2010; Cronin et al. 2011; Hanamura et al. 2015, Gonçalves and Carvalho 2019; Lonsdorf et al. 2020; Fernández-Fueyo et al. 2021; Soldati et al. 2022）。死亡した乳幼児を母親が運搬するのだが、死体は数日で腐敗や損壊が進んでいくため、死児を運搬する期間は一〜数日で終わって放棄する（運搬できなくなる）ことが多い。例外的に、死体のミイラ化がすみやかに進んだ場合、死体が干からびることで損壊せずに残るため、一箇月以上にわたって母親が死児を運搬し続けることがある。チンパンジーの乳幼児は生きていれば自力で母親のお腹にしがみついたり背中に乗って運ばれるが、死

---

6 非ヒト動物死生学が注目を集めてきたこともあり、近年は非ヒト霊長類の死体への反応についての量的な分析にもとづく研究も徐々に増えてきている（Sugiyama et al. 2009, Lonsdorf et al. 2020, Fernández-Fueyo et al. 2021）。

7 タンザニア・マハレのチンパンジーM集団では一九九六年の推定死亡率が三〇%を超え（一九個体）、一九九五年の二〇%（一四個体）と一九九七年の一一%（六個体）と合わせて、三年間で集団全体の二〇%を超える個体（計三九個体）が消失したが、この三年間で見つかった成熟個体の死体はわずか四個体しかなく、研究者もこの消失は死亡ではなく集団の分裂ではないかと考えて遊動域の周辺を探し回ったものの分裂集団は見つからなかったという。いまだにこの時期の高い推定死亡率を引き起こした要因は不明である（Nishida et al. 2003）。

8 マハレでは約半数の乳児が離乳前に死亡すると推定されている（Nishida et al. 2003）。

児は当然ながら自分でしがみつくことができないため、母親が手で持って、あるいは首の上に載せたり口でくわえたりして、また樹上など両手がふさがった状況では鼠蹊部にはさんで運搬することもある。運搬中には、死児に対して毛づくろいをしたり、たかってくるハエを追い払う行動がしばしば見られる。死児運搬はほとんどが母親によっておこなわれるが、まれに母親以外の個体が運搬する場合もある。死児運搬期間中も、死児のキョウダイは死児への接触を許容されることが多い。死因別に見ると、外傷性の死亡の場合には、病気などの内因性の死亡に比べて死児運搬が起こりにくいことも指摘されている。

死児運搬の他にも、幼少個体が死児を引きずったり抱っこしたりする「遊び」や（Biro et al. 2010, Lonsdorf et al. 2020）、子殺しのあとなどには死児を食べるカニバリズムが起こることもある（Nishida and Kawanaka 1985, Takahata 1985, Hamai et al. 1992, Watts and Mitani 2000, Nishie and Nakamura 2018, Lonsdorf et al. 2020）[9]。カニバリズムでは、母親や血縁個体が死児を食べる場合もある。私自身も、出産直後の新生児をオトナオスのチンパンジーが奪って食べる事例を観察したことがあるが（Nishie and Nakamura 2018）、ふだんチンパンジーがアカコロブスなどの他のサルを狩って食べるのと比べて、食べる対象が同種個体であることを除くととくに大きく異なる行動は見られなかった。

（3） チンパンジーの死の認識

一般に、人間における死の認識には四つの下位要素があるとされており、人間の子供は発達段階に応じてこれらの要素を学習していくと考えられている（Anderson 2018, Gonçalves and Carvalho 2019）。

不可逆性（〜三歳）[10]：死んだ生き物は生き返らない

普遍性（四〜七歳）：すべての生き物は死ぬ

機能停止（四〜七歳）：死ぬと感覚や行動などの生機能が停止する

因果性（八〜一〇歳）：内的・外的な要因が身体機能に致命的なダメージを及ぼすことで死に至る

非ヒト動物死生学の議論では、チンパンジーも異種個体の狩猟や同種／異種死体の観察を通して、死の不可逆性や機能停止、さらには死の普遍性を理解している可能性が示唆されている。また、子殺しや同種個体の「殺害」や、異種動物の狩猟時に喉を狙うこと、ケガを負っている個体の傷は舐めるが死体の傷は舐めないことなどから、死の因果性も理解している可能性が指摘されている。ただし、人間においても死の因果性の理解にもとづく「殺害」と言うためには「殺意」を立証する必要があり[11]、とくに非ヒト動物において「（殺意なく＝死の因果性の理解を前提にせず）激し

9　チンパンジーが同種他個体の死体を食べるカニバリズムは、非常にまれではあるが成熟個体の死体に対して観察されたこともある（Boesch 2009, Pruetz et al. 2017）。

10　括弧内の年齢は、ヒトの子供が死の認識の各要素を獲得すると言われている発達段階を示している。

11　竹ノ下（二〇二三a）は、非ヒト霊長類に「殺意」を読み込むことは、観察によって知りえない「個体の内面」への擬人的な解釈であり支持できないと論じている。行動の解釈によって「殺意」のような「内面」を類推し、こんどはその類推した「内面（殺意）」を行動の解釈の根拠に用いることで生み出される「殺意が認められないから殺害ではない」という説明は、擬人主義的かつ論理的にも循環しているというのがその理由である。しかし私はむしろ、「殺害する」という動詞によって記述可能な行為は、客観的に観察可能な行動パターンや主観的にのみアプローチ可能な個体の内面ではなく、社会的な規約として、つまりゲームのルールのようなものとして、理解すべきであると主張したい。竹ノ下（二〇二三a、二〇二三b）は、スポーツのプレイの記述とその規則との構成的関係について適切な例示をしているにもかかわらず、他方では島田（二〇二一）によるニホンザルの殺害行為の記述と殺意との関係が循環していることを批判しているが、ある行為を「殺害」とみなすための構成的な規則は、行為者に「殺意」を帰属することによって、つまり殺害行為と殺意との循環的関係によってのみ当該の規則が支えられているのである。私たちの社会では、「殺害する」という行為は、行為者が本当に心の中で何を意図してい

く攻撃した結果として死んだ」という「傷害致死」との区別の難しさも指摘されている（島田二〇一五）。

報告例が比較的多い死児運搬の事例からは、死児を運搬している母親のチンパンジーの死の認識について、母親は死を認識している／死を認識していない／死の認識は不明、のいずれの仮説についても、いまだに明確な結論は得られていない。母親は最終的には死児を放棄するため、死の不可逆性を理解している可能性があることや、また母親は死児に対して生前とは異なる扱い（運搬のしかたなど）をすることから、生の機能停止を理解している可能性が指摘されているが（Lonsdorf et al. 2020）、現状では明確な証拠は得られておらず、推測の域を出ない。たとえば、母親が死児を放棄することや、生前と異なる死児の運搬のしかたをすることは、死児の無反応性に対する母親の即物的な対処という、より単純な解釈でも十分に妥当性がある。

死亡事例ではないが、高い木から転落して地上の倒木に体を強打し、脳震盪を起こしてしばらく動けなくなったコドモのチンパンジーに対して、周りにいたオトナのチンパンジーたちが、転落個体の近くにとどまる、覗き込む、触る、においを嗅ぐ、舐める、毛づくろいをするなどの親和的行動や、転落個体への粗暴な扱いや周辺での威嚇ディスプレイなどの攻撃的行動を示したことが報告されている（Shimada and Yano 2023）。このとき一時的に脳震盪で動けなくなったチンパンジーは、数分後には少しずつ自発的に動けるようになってきており、周りのチンパンジーにとっても転落個体が生きている（自分で動ける）ことは明確にわかる状況だったにもかかわらず、その後に見られた上記の行動はチンパンジーの死体に対する反応とよく似通っていた。そのため、島田と矢野（Shimada and Yano 2023）は、これまで報告されているチンパンジーの死体への反応は、動かなくなった個体に対して周辺個体が示す探索的な行動の一部であり、チンパンジーは対象を「生きている／死んでいる」という二項対立的な不連続性において認識しているわけではなく、時間的に変化する連続的な現象として捉えていると理解されるべきであると指摘している。

以上ごくおおざっぱに見てきたように、これまで蓄積されてきたチンパンジーの死体に対する反応事例から、チンパンジーにも人間の子供程度には、つまり死の認識の下位要素のうちのいくつかについて少なくとも部分的には備わっている可能性が示唆されている。ただし、これらは十分な証拠と論理に裏付けられた結論とは言い難く、現状ではチンパンジーが死を認識していることを確証できるような証拠はない。また、これらは冒頭で問題点を論じた（さらにあとでも論じる）人間のような死の認識、という人間中心主義の視点そのものであるという根本的な問題を抱えている。チンパンジーには、人間とはまったく異なる「彼らに固有の」死への向き合い方がある可能性は、これまでの非ヒト動物死生学においてまったく検討されていない。また、こうした人間のような死の認識が非ヒト動物の観察

たのかではなく、ある行為を「殺害」と呼ぶにふさわしい意図（殺意）を十分に合理的な理由にもとづいて行為者に帰属させられると社会的に合意できた場合に限って、当該の行為を「殺害」と認め、行為者を「殺人者」と呼ぶ。もちろん「私は殺すつもりはなかった」という行為者の証言も考慮の対象にはなるが、それが他の証拠と照らして合理的な疑いがあると認められた場合には、当該の行為は社会的な規約によって「殺害」とされるのである。また、もし殺意を行為者に帰属することに合理的な疑いがある場合には、たとえ当該の行為によって被害者が死んだとしても、つまり当該の行為を構成する動作や機能や結果がたとえ同じであったとしても、その行為は「傷害致死」と呼ばれ、行為の社会的な意味が変わることになる。これは、心（この例では行為者の「意図」）を個体の内面に閉じた秘められたものと考えるのではなく、心は社会的に構成・表示・利用され、つねに相互行為において観察可能であると考えるエスノメソドロジー的な心の存在論である（クルター一九九八；西江 二〇〇八；森下 二〇二三）。私は少なくとも「社会」について検討するのであれば、心を何か私秘的で主観的なものととらえるのではなく、社会において心はどのような働きをしているか、という観点から検討すべきだと考える。これはおそらく大村（二〇二三）が社会性の解明のための分析単位として、個体の行動ではなく「相互行為素」を措定しようと試みていることと関連している。その上で、「チンパンジーの社会において行為者の『殺意』が社会的に意味のある問題として捉えられているのか」、つまり、「チンパンジーの社会に『殺害行為—殺意』という社会的な構成的規則にしたがう『ゲーム』があるのか」という問題を、チンパンジーの相互行為から明らかにするという課題に取り組む必要がある。付言すれば、私自身はチンパンジーの社会に「殺害」を構成的に意味づける規則の体系は存在しないと考えている。つまり、そうした構成的規則の「プレイ」を記述・検討することなく、チンパンジー社会において「殺害」という概念を用いて行為を記述したり説明したりすることは、人間社会における「殺害」に関わる構成的規則を無批判に密輸入しているという意味で「粗悪な擬人主義」にあたると考えている。

から示唆されてきてもなお、社会・文化人類学の議論では、非ヒト動物の死の認識は人間のそれとは比較にならないほど未成熟であるとも指摘されている。以下では社会・文化人類学による死の位置づけと関連させながら、「チンパンジーに固有の死への対処」を再検討していくことにする。

3 「死ぬこと」と「死」

内堀（二〇一三）は、生物体としての「死ぬこと」を、文化・社会的に意味づけられた領域としての「死」と区別している。その上で、「チンパンジーの死の意識は直接的な死体に関わる意識のみ──あるいはその場にある生体と死体の有り様に関わる識別能力だけ──……」であると論じている。この内堀の主張は、さらに四半世紀さかのぼる内堀と山下の著書『死の人類学』における、以下の主張とほとんど変わっていない。

> このチンパンジーの死の認知は、我々にとっては拡がりのない認知、いってみれば裸の認知のように荒寥としているようにみえる。死を前にした人間のインヴェントリーの複雑さ、あるいは皮肉な言い方だがその豊かさの片鱗もここに認めることはできない。（中略）おそらく死の霊長類学は、それ自体としてはとうてい成立しうる基盤をもってはいない。
>
> （内堀・山下 二〇〇六：二八）

人間のさまざまな文化における弔いについて論じた山田孝子は、非ヒト動物の死に対する行動の未発達について以下のようにまとめている。

仔の死に対するチンパンジーの母親の行動も恒常的にみられるものではなく、その行動の持続時間も終日から数週間というように一定ではない。しかもほとんどが母・仔関係のみで起こっているものである。動物にみられる死に対する行動は「弔い」という意味では未発達ということができる。

（山田 二〇一九：四三）

私はこうした社会・文化人類学の主張、とくに死に対して人間と非ヒト動物との間に大きなギャップがある、という主張は、おおむね妥当だと考えている。内堀が言うように、非ヒト動物では即物的な死体への個別の反応はそれなりにみられるものの、それが文化・社会的に「死」として意味づけられているという証拠はない。もちろん非ヒト動物死生学の蓄積がいまだ不十分なものであり、これから観察事例が積み重なってくることで、新たな見通しが得られる可能性はあるだろう。しかしそれが、現在の人間社会で記載されているようなヴァリエーション豊かな「弔い」をはじめとした死の儀礼、また死者と生者との多様な関係のあり方のようなレヴェルのものである可能性は、ほとんどないだろうと考えている。

しかし一方で、それを以て「非ヒト動物の死の認識は人間のそれより『貧しい』『未発達』『未成熟』」という結論を導き出すことにはまったく賛同できない。なぜならそのロジック自体が、「動物も人間のように死を認識するか」という、現代の非ヒト動物死生学と同型の問題設定を前提にしているからである。あらかじめ人間の観察者にとって「死んでいることがわかっている死体」に対する非ヒト動物の反応が、その死体への正しい反応、つまり人間があらかじめ知っている「正解」に沿った「死を認識した正しい反応」であることを求める、という問題設定は、人間だけが「正解」を先取りしており、非ヒト動物が「人間の持つ正解」のレヴェルに到達しうるかどうかを問う「植民地主義的」な問題設定であると言える。

チンパンジーをはじめとした非ヒト動物の死生学が「擬人的」であり「人間中心主義的」パラダイムに陥っている

という批判はすでになされている。Penn（2011）は、チンパンジー死生学のきっかけとなったAndersonら（2010）の「老メスの死に悲嘆に暮れた」「死体の口を調べたり腕を揺することで老メスの生死を確かめた」「『死の拒絶やフラストレーションや怒りの表現』『蘇生の試み』として死体を攻撃した」といった記述の無根拠性と人間中心主義的視点を厳しく批判している。非ヒト動物の認知研究や比較心理学は、非ヒト動物と人間との連続性を強調するあまり、非ヒト動物が「人間のような」認知能力を持つことを証明することに注力しすぎており、より擬人的でない解釈がほとんど省みられることがなくなってしまっていると指摘している。

本章の視点は、このPennの指摘に重なりつつ、チンパンジーの「死」への反応を、人間のそれの「未成熟な」バージョンとして捉えるのではなく、チンパンジー固有の社会性の現れとして捉えようとしている。以下ではさらに、「死」をより一般的な「社会における別れ」の一つとして捉えることで、そのチンパンジー的な特徴や、翻って人間的な「別れ」と社会との関連について検討する。

4　死と「別れ」

チンパンジー社会における死について考えるにあたって、より一般的な問いとして「チンパンジーに別れがあるか」という問題に死を位置づけてみよう。死んだ生き物は生者の世界から文字通り姿を消し、生者の社会から別れることになる。われわれの社会においても、死はまずもって死者との別れとして経験され、その後の死者との関係を新たに作り上げていく契機となるからである。

チンパンジーに別れがあることは、ある意味では当たり前のことで、いまさら議論するまでもないことのように思われるかもしれない。チンパンジーの社会について語られるとき、その特徴としてまず挙げられるのが「離合集散性」である。チンパンジーは、まとまりのよい集団を作らず、つねに互いに集まったり離れたりを繰り返しながら融通無碍な離合集散をする。つまり、チンパンジーにとっては、互いに出会ったり別れたりすることはいわば日常であり、その意味では「別れ」も現象としてはつねに起こっている。さっきまで一緒にいた個体が数分後には見えなくなって、その後しばらく誰とも出会わない、あるいはすぐまた別の個体と一緒になり、またその個体とも数分で別れる、ということもごく普通に起こる。つまり、個体と個体の遭遇や離脱といったパターンとしては、チンパンジーの社会に「出会い」や「別れ」はごく日常的な現象として埋め込まれている。

しかし、チンパンジー社会における日常的な離散が「別れ」として捉えられているのかどうかはまた別の問題である。この問題については現時点ではっきりした答えはないが、一つのヒントとして「チンパンジーには別れの挨拶がない」という点を検討してみよう。

チンパンジーは、互いに出会ったときに「パントグラント」と呼ばれる発声をともなう「挨拶」行動をすることが知られている。これは、しばらく離れていた個体同士が出会ったタイミングで、一般には劣位の個体が優位個体に向かって「アッアッアッアッアッ…」と発声しながら近づいていく行動である。このパントグラントが見られるのはほぼ出会いのタイミングに限られ、また行動が定型化しており、方向性も劣位個体から優位個体へと一方向に定まっていることから、出会いのさいの一種の儀礼的な「挨拶」行動と解釈されている。

一方で、チンパンジー同士が互いに離れていくときにはこのような定まったかたちの「挨拶」行動は見られない(McGrew and Baehren 2016)。まったくなんの「声かけ」や合図もないまま、不意に互いに離れ離れになっていくのが普通である。こうしたとき、人間同士であれば、たとえ次の出会いの約束がなくても、それまで一緒にいた相手にまったく何も声もかけずにいなくなるのは不自然に感じられるのではないだろうか。「じゃ」「また」のようにほとんど無意味な発声であっても、一言あるとないとではお互いの別れの印象もずいぶん違ったものになるだろう。われわれはこのように別れにおいてもなにかしら「区切りとしての挨拶」を入れることで、互いの関わりのその場での終わりと、そしてまた次に出会うまでの関係の継続を互いに示し合おうとする。しかし、チンパンジーの場合には、ついさっきまで毛づくろいやケンカや交尾をしていた相手にも、何も告げることなく、つまり別れをそれとして区切ることなく、不意に姿を消すのが「日常的な離散のしかた」なのである。

このような「別れの区切りがない社会」に生きるチンパンジーにとって、「それまで一緒にいた誰かが不意にいなくなる」ことはごくありふれた日常である。そして、それが森の中であれば、ついさっきまで目の前にいた誰かが不意にいなくなったあとそのままどこかで死んでしまっても、そのことに気づく機会すらほとんどない。実際にこれまで野生下でのチンパンジーの死体（とくに成熟個体の死体）への反応の事例の報告が非常に少ないのは、そもそも森の中でチンパンジーが他のチンパンジーの死体に遭遇する機会が非常にまれだからである。[12] チンパンジー死生学が扱っている死体への反応事例は、それはそれとして貴重な観察事例であり興味深い点ももちろんあるが、「チンパンジーは森の中でチンパンジーの成熟個体の死体に遭遇する機会はほとんどない」という基本的な前提は、死体への反応が興味深いがゆえになおさら忘れられがちな点として、強調しておく必要があると思われる。[13]

その上で、「チンパンジーにとって別れは社会的な意味を持っていない」可能性の含意を考えてみよう。誰かとふと別れてそれっきりもう二度と出会わないかもしれない、そしてそのことをとくに気にしていない、という社会のありようは、ちょっとした別れでも「何か一言声をかけないと居心地が悪い」われわれの社会とはまったく異なる「別れ方」を持っているのではないか。さらにこのことは、死者との別れ方、さらには死者との新たな関係の作り方とも強く関連し合っているのではないかと考えてみたい。[14]

われわれの社会にはさまざまなかたちで「死者が存在している」ことは本章冒頭で触れた。死者は生者としては存在しなくなるわけだが、しかしわれわれの社会は死者にさまざまなかたちで別れを告げ、また別れを告げることによって死者を生者の社会に適切に位置づけようとしつづける。それが死者を弔うさまざまな儀礼であり、死の儀礼とは、生者との関係における死者の存在に関わる儀礼である（内堀 二〇一三）。つまり、人間の社会で見られる多様な死の儀礼は「死者との別れの挨拶」の一つと言えるのではないか。

一般に、別れは関係の切断ではなく、関係の維持や継続、再構築を求める手段である。相手と対面しない間も、ある関係を維持し、次なる再会に備えるための「ある区切り」こそが別れの挨拶であり、死者との間に交わされるさまざまな死の儀礼もそうした社会的な別れの挨拶の一つとして実践されていると考えてみよう。人間における別れの挨拶の特徴を論じた花村（二〇二二）は、「(ヒトは)「別れの挨拶」を通じて、別れたあとも、さらには死に別れたあとでさえも、その関係の継続を何らかのかたちで保証しようとする」と述べ、それは人間社会においては「観念上の個体との共存」のあり方であると位置づけている。人間社会における死者が「観念上の個体」と言い切れるかは議論の余地があるが、とはいえ人間社会において死者が生者と多様な関係を新たに構築・維持し、そうした死者との別れの（そして新たな出会いの）儀礼が人間の社会の一面をかたどっているという事実は、やはり強調しておくべきことのよ

12　先述したように、野生チンパンジーの乳幼児期の死亡率は高いため、とくにメスにとっては自分の子が死ぬケースは少なくない。その結果として死児運搬の観察事例はそれなりに蓄積されてきていることもすでに見てきた通りである。しかし、乳幼児の死体への反応の事例を精査すると、おおむね「生前に子に対してしていたさまざまなケア（運搬や毛づくろいなど）をそのまま継続しているだけ」という節約的な解釈でも十分に妥当性があるように思われる。少なくとも、チンパンジーの母親が子を亡くして「悲嘆に暮れている」「死を悼んでいる」といった解釈や表現がどうしても必要と思われるような事例はないと考えている。

13　タンザニア・マハレのチンパンジーM集団では、他集団への移出が推定される例を除いて二〇〇二〜二〇二二年の間に七〇個体のチンパンジーが「消失」したが、そのうち一五例（二一・四％）で死体が確認され（うち、成熟個体三例：四・三％、死児運搬六例：八・六％、カニバリズム四例：五・七％）、残りの五五例（七八・六％）は行方不明のままの「推定死亡」であった。

14　この見解はすでにMcGrewとBaehren（2016）によって予備的に示されている。

うに思える。[15]

チンパンジーは、日常的な離合集散の過程で起こる個々の離散が「今生の別れ」になりうる社会に生きているのだが（もちろんその点は人間の社会でも事情はまったく同じである）、少なくとも日常の離散の場面においてそれを「別れ」として区切る挨拶を交わしたりはしない。チンパンジーたちは、別れの挨拶もなく、次に会う約束もないまま、ごく「素っ気なく」離れ離れになっていく。そういうチンパンジーの離散の様子からは、「将来の再会（不）可能性」など気にしているようにはまったく見受けられない。これは人間が「死を含む未来」（内堀 二〇一三）を見通しつつ生きていることとはきわめて対照的な身構えのように感じられる。チンパンジーは離合集散の過程で互いに離れ離れになっても、通常であれば数時間後、数日後、数週間後にはまた再会することも多いが、この日常の離合集散がたんに引き延ばされることで、数カ月から数年にわたって、集団から長期離脱して単独生活を送るチンパンジーもまれに観察されている（西江 二〇二〇）。そしてもちろん、別れたきりで、そのまま「帰らぬ人」となった個体も数多い。つまり、次にいつ再会するかわからない、もう二度と出会わないかもしれない不確定性を織り込んだ別れを「素っ気なく」できる身構えが、チンパンジーの社会には備わっているのである。これは、「究極の他者としての死」を「そのまま放置できる」という意味で、「剥き出しの他者」（西江 二〇一六）に対する強靱な身構えとして、チンパンジーの社会を特徴づけていると考えられる。

こうした「剥き出しの他者」に対するチンパンジーの強靱な身構えは、非在や死に関わることに限らない、より一般的なチンパンジーの社会的な身構えを示していると考えられる。たとえば、チンパンジーの道具使用場面における母子間のやりとりで、母親が道具を使用している手元を子供がごく至近距離で覗き込んだり母親の使っている道具を奪ったりする行動がしばしば見られ、こうしたやりとりを可能にするチンパンジーの母親が備えている身構えは「高い寛容性 high levels of tolerance」と表現されることが多いが（Matsuzawa et al. 2001）、こうしたやりとりを支えているのも、ここで論じているような「剥き出しの他者への強靱な身構え」と呼ぶべき、より一般化されたチンパンジーの社会性（＝他者への向き合い方）を表していると考えられる（「認知的強靭さ」（西江 二〇一〇））。また、チンパンジーが相互行為の相手の注意を引く「リーフクリップ」と呼ばれる行動をしたときに、しばしば相手がその発し手を「無視」すること、にもかかわらず発し手は延々と働きかけを続けたり、かと思えばあっさりとあきらめたりもすること、そのやりとりを通じて「うまく相互行為を開始／継続できないこと」について互いにそれほど気にしていないように見受けられることにもまた、相手とのやりとりの不安定さを互いの関係の枠組みを安定させる儀礼や制度に回収することなくやり過ごすことができる、チンパンジーの強靭な身構えを示しているように思われる（西江 二〇二一）。

人間の社会においては、このような「剥き出しの他者」のもたらす不安定さをすばやく制度や儀礼の枠組みに回収することで、安定して対処可能であるかのように見せかけている（西江 二〇一六）[16]。そのような他者への向き合い方

15 入不二（二〇二〇）は、現実性の問題への考察を、死別と（生きたままでの）離別には大人が思うような違いなどないのではないか、という著者自身が子どもの頃に抱いた違和感から開始している。この議論はまず「実際に会わない」（現実性）ことと「会う可能性がない」（可能性）ことの違い／違いのなさとして提起され、さらに人間的な可能世界の広がりと、半実仮想をもたない「現実べったり」の動物世界との違いや翻訳可能性／習得不可能性の議論にも展開している。こうした入不二の現実性をめぐる議論は、本章で展開してきたチンパンジーにおける死別／離別の（つまり「別れ一般の」）不在の問題や、そうしたチンパンジーの死への向き合い方の翻訳可能性／習得（不）可能性の問題と直接関わっている。

16 もちろん「人間の社会」と一口に言っても、多様な社会／文化があり、時代や環境によって、また生業形態や遊動／定住の度合いによって、儀礼や制度のあり方や他者との向き合い方も異なっている。たとえばブッシュマンの社会では、生業／居住形態の変化（狩猟採集にもとづく遊動生活→定住を基本とした生活）に応じて近隣の農耕民からさまざまな儀礼が導入され、そうした新たな儀礼を利用することで、死への対処のしかたも、たんに死者から距離を取るといった簡素なものから、より複雑な儀礼にもとづく対処へと変化していったことを、杉山由里子（二〇二二）が詳細に記述している。しかし、とくに「人間社会の進化」を考えるにあたっては、狩猟採集にもとづく遊動を基盤とした「簡素な」社会（簡素な儀礼、あっさりした死への対処、融通無碍な離合集散など）と、農耕にもとづく定住を基盤とした「複雑な」社会（複雑な儀礼、「手厚い」死への対処、「濃密な」人間関係など）の対比は、本章における「チンパンジー的な剥き出しの他者への向き合い方」と「人

の一つの現れとして、人間社会における「他者としての死」への対処も位置づけることができるのではないか。つまり、人間社会においては、この「他者としての死」にありとあらゆる儀礼によって対処することで、「制度としての死＝死者」を作り出し手なずけようとしているのではないだろうか（西江 二〇一六）。さらに一般化するならば、言語を含めた人間社会の諸制度は、すべてこうした「剥き出しの他者を飼いならす」ための手段として発展してきたようにすら思える。しかし、人間がいくら多様で豊かな死の儀礼を発明し、死を制度の中に回収しようとしたとしても、死は「その先」に究極の他者としてあり、制度や儀礼に回収しつくすことは元より不可能である。儀礼からつねにあふれ出す他者としての死に、人間はおびえつつ目を背けながら、儀礼の枠に押し込めることで他者＝死に対応可能であるかのように見せかけているのである。

5　非在と社会

人間の社会には死者が生者とさまざまな関係を持ちながら存在している。死者が存在する社会においては、「見えない他者」（非在の「なき人」）が生者に対して多様な力を及ぼす（内堀 二〇一三）。一方で、頻繁に離合集散する社会で暮らすチンパンジーにおいてもまた、「見えない他者」の存在はごく日常のものである。ついさっきまで一緒にいた相手も、ふとしたきっかけで別れの挨拶もないまま離れ離れになり、互いに「見えない他者」になる。チンパンジー社会においてごく日常的なこうした「見えない他者」は、チンパンジーの「いま・ここ」に対して多様な力を及ぼしうるだろうか？　これはつまり「いま・ここ」にはいない他者が、チンパンジーにおいて「非在の及ぼす力」を持ちうるか、ということだが、チンパンジーの死の認識という問題を考えるにあたっては、むしろこちらの事態、つまり「日常の離合集散（とその延長）におけるいま・ここにいない誰か」が、チンパンジーたちにどのように「非在の力」を及ぼすのかを観察し検討すべきではないか。なぜなら、チンパンジーにおいて（他者の／他者としての）死が社会的な意味をもつのかはあらかじめ明らかではなく、「（われわれが知っていると称する）死」への反応をチンパンジーのふるまい／社会の中に探すことは、すでに繰り返し論じたように、論点先取とならざるをえないからである。

たとえば私自身が観察した例では、タンザニア・マハレのチンパンジー社会で第一位オスが突然失踪して単独生活を送るようになり、集団の他のメンバーとの接触が極端に少なくなった状態が数年にわたって続いたことがある。このとき、この第一位オスが突然「非在」になり、それまで第二位だったオスが繰り上がるかたちで第一位になったのだが、失踪したオスが戻ってきたらどうなるのかが私はもちろんおそらくチンパンジーたちにもよくわからず、この繰り上がった第一位オスも遠くの声を聞いたときなどにあからさまに不安げで落ち着かない様子を見せていた。こうしたケースはそれほど多くあるわけではないが、チンパンジーも「いま・ここにないもの＝非在」からの影響を日々受けている可能性を示している（西江 二〇一六、二〇二〇）。

しかし、チンパンジーにおける非在は、「別れの挨拶」をして共在を区切る人間における非在とは、その様相が大きく異なっているのかもしれない。チンパンジー社会において「いま・ここにないもの＝非在」が何らかの力を持ちうるのかを考えるためには、「死体への反応」や「死の認識」よりもより広い現象を検討する必要がある。本章では現時点でその探究の方向性と可能性を示すにとどめる他ないが、人間が設定した生と死の区別に応じたチンパンジーの反応の差異を見るのではなく、むしろ日常の社会的相互行為と地続きのものとして「非在になっていく過程」や「非在がいま・ここに及ぼす力」を、チンパンジーの死の認識に関わる根源的な問いとして、より詳しく検討する必

間的な制度による他者への向き合い方」の対比になぞらえることができると考えられる。これは、他者との出会い方や別れ方が、つまり社会のあり方が、「他者としての死」への対処にも反映されているという本章の議論を、別の角度から例証しているとも考えることができるだろう。

要がある。そしてその問いは、われわれにとっても捉えがたい二重の他者性を帯びた「死」が、われわれ自身の社会を裏面から照らすほの暗い光として影を浮かび上がらせる場所を指し示すはずである。

参照文献

アリエス、フィリップ（二〇二二）『死と歴史――西欧中世から現代へ』伊藤晃・成瀬駒男訳、みすず書房。

入不二基義（二〇二〇）『現実性の問題』筑摩書房。

内堀基光（二〇一三）「死という制度――その初発をめぐって」河合香吏編『制度――人類社会の進化』京都大学学術出版会、三七―五七頁。

――（二〇二二）「個の死と類の亡失をめぐる人類学的素描」伊藤詞子編『たえる・きざす』京都大学学術出版会、二六五―二九六頁。

内堀基光・山下晋司（二〇〇六）『死の人類学』講談社。

大村敬一（二〇二三）「相互行為素――霊長類の社会性の種間比較分析のための基盤」河合香吏・竹ノ下祐二・大村敬一編『新・方法序説――人類社会の進化に迫る認識と方法』京都大学学術出版会、一七四―一八九頁。

クルター、ジェフ（一九九八）『心の社会的構成――ヴィトゲンシュタイン派エスノメソドロジーの視点』西阪仰訳、新曜社。

河野哲也（二〇〇五）『環境に拡がる心――生態学的哲学の展望』勁草書房。

作道信介（二〇〇一）「〝つらさ〟を手がかりにしたフィールド理解の試み――北西ケニア・トゥルカナにおけるフィールドワークから」『弘前大学人文学部人文社会論叢　人文科学篇』五：七七―一〇九。

島田将喜（二〇一五）「動物は動物を殺すか――野生チンパンジーと他動物のインタラクションを翻訳する」『文化人類学』八〇（三）：三八六―四〇五頁。

島田将喜・MOSA（二〇二一）「あるサルの死を理解するということ――擬人主義の誘惑を乗り越える「サル化」した身体」奥野克巳・シンジルト編『マンガ版マルチスピーシーズ人類学』以文社、三一三―三三一頁。

杉山由里子（二〇二二）「弔いのディスタンス」『文化人類学』八七（二）：一四九―一六九。

竹ノ下祐二（二〇二三a）「サルを記述する〈ことば〉――サルを経験する主体として扱う」河合香吏・竹ノ下祐二・大村敬一編『新・方法序説――人類社会の進化に迫る認識と方法』京都大学学術出版会、八六―一二七頁。

――（二〇二三b）「「心」を排して文脈を読む」河合香吏・竹ノ下祐二・大村敬一編『新・方法序説――人類社会の進化に迫る認識と方法』京都大学学術出版会、一六〇―一七一頁。

中村美知夫（二〇二三）「量からつむがれる〈ことば〉と質からつむがれる〈ことば〉」河合香吏・竹ノ下祐二・大村敬一編『新・方法序説――人類社会の進化に迫る認識と方法』京都大学学術出版会、一四二―一五九頁。

西江仁徳（二〇〇八）「チンパンジーの「文化」と社会性――「知識の伝達メタファー」再考」『霊長類研究』二四（二）：七三―九〇。

――（二〇一〇）「相互行為は終わらない――野生チンパンジーの「冗長な」やりとり」木村大治・中村美知夫・高梨克也編『インタラクションの境界と接続――サル・人・会話研究から』昭和堂、三七八―三九六頁。

――（二〇一六）「続・アルファオスとは「誰のこと」か？――チンパンジー社会における「他者」のあらわれ」河合香吏編『他者――人類社会の進化』京都大学学術出版会、一二五―一四八。

――（二〇一九）「マハレのチンプ（ん？）紹介――第三四回　ドグラ」『マハレ珍聞』（マハレ野生動物保護協会ニューズレター）三四：七―八。

――（二〇二〇）「社会の特異点としての孤独化――野生チンパンジーが孤独になるとき」河合香吏編『極限――人類社会の進化』京都大学学術出版会、二二一―二四一頁。

――（二〇二一）「出会っているのか、いないのか――チンパンジーの「出会いそこね」と「出会い直し」の技法」木村大治・花村俊吉編『出会いと別れ――「あいさつ」をめぐる相互行為論』ナカニシヤ出版、一〇七―一二九頁。

花村俊吉（二〇二一）「動物社会の共存の様態とあいさつ――挨拶せず別れるチンパンジー、挨拶せずには別れにくいヒト」木村大治・花村俊吉編『出会いと別れ――「あいさつ」をめぐる相互行為論』ナカニシヤ出版。

保坂和彦・松本晶子・ハフマン、マイケル A・川中健二（二〇〇〇）「マハレの野生チンパンジーにおける同種個体の死体に対する反応」『霊長類研究』一六（一）：一―一五。

森下翔（二〇二三）「秩序・存在論・心」河合香吏・竹ノ下祐二・大村敬一編『新・方法序説――人類社会の進化に迫る認識と方法』京都大学学術出版会、二二六―二四七頁。

山田孝子（二〇一九）「人はなぜ弔うのか――「弔い」の宗教的・社会的意味の比較文化」小西賢吾・山田孝子編『弔いにみる世界

の死生観』英明企画編集、三九―六四頁。

Anderson, J. R. (2017) Comparative evolutionary thanatology of grief, with special reference to nonhuman primates. *Japanese Review of Cultural Anthropology*, 18 (1): 173–189.

—— (2018) Chimpanzees and death. *Philosophical Transactions of the Royal Society B: Biological Sciences*, 373 (1754): 20170257.

Anderson, J. R., Gillies, A., and Lock, L.C. (2010) Pan thanatology. *Current Biology*, 20 (8): R349–R351.

Biro, D., Humle, T., Koops, K., Sousa, C., Hayashi, M., and Matsuzawa, T. (2010) Chimpanzee mothers at Bossou, Guinea carry the mummified remains of their dead infants. *Current Biology*, 20 (8): R351–R352.

Boesch, C. (2009) *The Real Chimpanzee: Sex Strategies in the Forest*. Cambridge: Cambridge University Press.

Boesch, C. and Boesch-Achermann, H. (2000) *The Chimpanzees of The Taï Forest: Behavioural Ecology and Evolution*. Oxford University Press.

Cronin, K. A., Leeuwen, E. J. C. van, Mulenga, I. C., and Bodamer, M. D. (2011) Behavioral response of a chimpanzee mother toward her dead infant. *American Journal of Primatology*, 73(5): 415–421.

De Marco, A., Cozzolino, R., and Thierry, B. (2022) Coping with mortality: responses of monkeys and great apes to collapsed, inanimate and dead conspecifics. *Ethology Ecology & Evolution*, 34 (1): 1–50.

Fernández-Fueyo, E., Sugiyama, Y., Matsui, T., and Carter, A. J. (2021) Why do some primate mothers carry their infant's corpse? A cross-species comparative study. *Proceedings of the Royal Society B: Biological Sciences*, 288(1959): 20210590.

Gonçalves, A. and Carvalho, S. (2019) Death among primates: a critical review of non-human primate interactions towards their dead and dying. *Biological Reviews*, 94(4): 1502–1529.

Hamai, M., Nishida, T., Takasaki, H., and Turner, L. A., (1992) New records of within-group infanticide and cannibalism in wild chimpanzees. *Primates*, 33 (2): 151–162.

Hanamura, S., Kooriyama, T., and Hosaka, K. (2015) Diseases and deaths: Variety and impact on social life. In: M. Nakamura, K. Hosaka, N. Itoh, and K. Zamma (eds), *Mahale Chimpanzees: 50 Years of Research*. Cambridge University Press, 354–371.

Lonsdorf, E.V., Wilson, M. L., Boehm, E., Delaney-Soesman, J., Grebey, T., Murray, C., Wellens, K., and Pusey, A. E, (2020) Why chimpanzees carry dead infants: an empirical assessment of existing hypotheses. *Royal Society Open Science*, 7 (7): 200931.

Matsuzawa, T., Biro, D., Humle, T., Inoue-Nakamura, N., Tonooka, R., and Yamakoshi, G. (2001) Emergence of culture in wild chimpanzees:

Education by master-apprenticeship. In: T. Matsuzawa (ed), *Primate Origins of Human Cognition and Behavior*. Tokyo: Springer, 557-574.

McGrew, W. C. and Baehren, L. (2016) 'Parting is such sweet sorrow', but only for humans? *Human Ethology Bulletin*, 31 (4), 5-14.

Nishida, T., Corp, N., Hamai, M., Hasegawa, T., Hiraiwa-Hasegawa, M., Hosaka, K., Hunt, K. D., Itoh, N., Kawanaka, K., Matsumoto-Oda, A., Mitani, J. C., Nakamura, M., Norikoshi, K., Sakamaki, T., Turner, L., Uehara, S., and Zamma, K. (2003) Demography, female life history, and reproductive profiles among the chimpanzees of Mahale. *American Journal of Primatology*, 59 (3): 99-121.

Nishida, T. and Kawanaka, K. (1985) Within-group cannibalism by adult male chimpanzees. *Primates*, 26 (3): 274-284.

Nishie, H. and Nakamura, M. (2018) A newborn infant chimpanzee snatched and cannibalized immediately after birth: Implications for "maternity leave" in wild chimpanzee. *American Journal of Physical Anthropology*, 165: 194-199.

Penn, D. C. (2011) How folk psychology ruined comparative psychology: And how scrub jays can save it. In: R. Menzel and J. Fischer, (eds), *Animal Thinking*. The MIT Press.

Pruetz, J. D., Ontl, K. B., Cleaveland, E., Lindshield, S., Marshack, J., and Wessling, E. G. (2017) Intragroup lethal aggression in west African chimpanzees (*Pan troglodytes verus*): Inferred killing of a former alpha male at Fongoli, Senegal. *International Journal of Primatology*, 38 (1): 31-57.

Shimada, M. and Yano, W. (2023) Behavioral responses of wild chimpanzees toward a juvenile that suddenly lost its animacy due to a fall accident. *Scientific Reports*, 13 (1): 16661.

Soldati, A., Fedurek, P., Crockford, C., Adue, S., Akankwasa, J. W., Asiimwe, C., Asua, J., Atayo, G., Chandia, B., Freymann, E., Fryns, C., Muhumuza, G., Taylor, D., Zuberbühler, K., and Hobaiter, C. (2022) Dead-infant carrying by chimpanzee mothers in the Budongo Forest. *Primates*, 63 (5): 497-508.

Stewart, F. A., Piel, A. K., and O'Malley, R. C. (2012) Responses of chimpanzees to a recently dead community member at Gombe National Park, Tanzania. *American Journal of Primatology*, 74 (1): 1-7.

Sugiyama, Y., Kurita, H., Matsui, T., Kimoto, S., and Shimomura, T. (2009) Carrying of dead infants by Japanese macaque (*Macaca fuscata*) mothers. *Anthropological Science*, 117 (2): 113-119.

Takahata, Y. (1985) Adult male chimpanzees kill and eat a male newborn infant: Newly observed intragroup infanticide and cannibalism in Mahale National Park, Tanzania. *Folia Primatologica*, 44 (3-4): 161-170.

Teleki, G. (1973) Group response to the accidental death of a chimpanzee in Gombe National Park, Tanzania. *Folia Primatologica*, 20 (2-3):

81-94.

van Lawick-Goodall, J. (1968) The behaviour of free-living chimpanzees in the Gombe Stream Reserve. *Animal Behaviour Monographs*, 1: 161-312.

van Leeuwen, E. J. C., Mulenga, I. C., Bodamer, M. D., and Cronin, K. A. (2016) Chimpanzees' responses to the dead body of a 9-year-old group member. *American Journal of Primatology*, 78 (9): 914-922.

Watts, D. P. and Mitani, J.C. (2000) Infanticide and cannibalism by male chimpanzees at Ngogo, Kibale National Park, Uganda. *Primates*, 41 (4): 357-365.

コラム❶

ヒトにとって「直立」が重要であること

直立二足歩行は「直立面」を保つための結果であり、派生的に起きた進化であること

船曳 建夫
Takeo Funabiki

COLUMN

この試論の性格

このエッセイは予定している長い論考の要約として書かれる。細部の多くは省かねばならない。その論考の前半（Aと呼ぶ）は、およそ渡辺仁（一九八五）からジェレミー・デシルヴァ（二〇二一）までの数多くの著作から学ぶことによる、「直立」と「二足歩行」をめぐる議論への推論的な考察である。その論考の後半（Bと呼ぶ）は、「直立」に関する文化・社会的な意味と機能に関する議論となる。そこでは、現在のヒトの言語行為、性行為、パフォーマンス芸術の表現などの観察からのデータを使う。主として、演劇・舞踊に現れる身体技法としての「直立」について論じていくことになる。

1　「直立」と「二足歩行」を分けて考えること

（1）ヒトにとっての「直立」の意味　その1――二足歩行より直立が重要であること

「直立」と「二足歩行」の二つは、多くのホミニン（ヒト族の総称）の存在を貫きながら、数百万年の時間の中で、縒り合わさって進化してきた。ホミニンの近時の研究の急速な進捗は、いかなる「総括」もすぐに古びさせる。本論は、そうしたことを念頭に、それでも基本的な方向として、以下の二つの提案には意味があると考える。すなわち、

（1）「直立二足歩行」の議論において、「直立」と「二足歩行」を分けて考えることが有効であり、

（2）ヒトにとって、「直立面」を保つ、すなわち直立前面を他者に「対面」させることが文化・社会的機能として重要であり、「直立面」を保つための姿勢としての二足直立、また移動方法としての二足歩行が、付随的に現れたこと、

である。

論者は「直立」と「二足歩行」の二つを別のことがらとして捉える。「直立」と「二足歩行」について関心を持つ者は、しばしばその二つを「直立二足歩行」という、一つのものとして考えがちである。なぜそうかというと、私たちは、自分たちの生活の中で、ヒトの成人が「直立二足歩行」していることが、「常態」のように思えるからである。

ヒトは、ほとんど常に上半身を「直立」させて生活している。それは確かである。今これを書いている私も、おそらくこれを読んでいる読者も「直立」している。実際に、ヒトの日常生活は、睡眠や休息といった横になった「臥位」姿勢における行為以外は、立っていても座っていても、「上半身を直立させる」ことで行われている。古人類が、移動の様式を自由に選ぶことが出来れば、移動には「四足歩行」が選ばれてもよかったかもしれない。ある意味で、ナックルウォークも含め、四足歩行はより容易な移動方法かもしれない。しかし現生人類を含むホミニンは、より困難な二足歩行を選んできたようである。そうであるなら、いかにして（HOW）ホミニンはその困難な二足歩行を可能にしたのか、という運動技術の問題ではなく、進化はなぜ（WHY）その困難な二足歩行という移動方法を意図的にヒトに選び取らせ、そこに収斂したのか、という逆説的な問題として考えねばならない。答えは、「二足歩行」が困難であるにもかかわらず、「直立」、具体的には顔から胴体までの上半身を「直立」させた姿勢、がヒトにとって、選ぶ余地なく重要であるからだ。

繰り返すと、「二足歩行」を行うためにヒトが「直立」したのではない。「直立」、上半身の「直立面」を他者に見せること、が二足歩行以前に、優位なものとしてあったのだ。「二足歩行」はヒトの移動様式の一つとして、その「直立」の優位性を保ちながらの歩行という、困難な課題の克服としてヒトの進化の過程に現れたのだ。直立して歩行出来るようになったのちに両手が使えることで食物の持ち帰りが出来ることに気付いた！といったことは論理的にありえない。直立は最初から手を使うための姿勢であり、手による運搬ではなくのちに述べる直立面を維持することによる多くの有利さを移動時にも保つために、二足歩行が付随的・結果的に選び取られた。かくして困難な二足歩行をするために、あらゆる骨格と筋肉とが、変化を要請された。そうした骨格と筋肉の変化は、前述の渡辺（一九八五）を初めとして、ロコモーションの研究として、多くの研究者によってあきらかにされつつある。しかし、その運動の技術的説明や、ときに二足歩行が長距離移動に適しているといった指摘はあっても、なぜそのような本来的に困難な直立二足歩行が、その困難さにもかかわらずあえて選び取られたか、は説得的に説明されてはいない。

概して多くの論者は、現在のヒトが取っている移動様式を「直立二足歩行」という一続きの言葉で、「一つ」のものと理解しようとしてつまずいてきた。そうではなく、直立と二足歩行を分け、「直立」が解くべき第一義の価値であり、二足歩行はそこから要請される第二義的な問題である、ということに気付くべきだった。近時の研究は、人はしだいに立ち上がってきたというより、ホミニンの早い段階からヒトは困難な、あるいは敏速性を欠きながらも、二足歩行をしていたという捉え方になって来ているようだ。それは正しい方向である。

なお、これまでの論者たちのつまずきのもう一つの理由は、「直立二足歩行」に、前近代的「支配・被支配の姿勢（高く威圧する／低くうずくまる）」から脱却するという、近代「社会思想」の「擬似的な正の価値づけ」が無意識に行われてきたから、と推測される。

（2）ヒトにとっての「直立」の意味
その2——道具使用の技術の有効性と対面による社会的コミュニケーションの有効性

ヒトは、直立して生活をする。ヒトがその生活を直立して行う理由は、（1）手と腕を使う文化的道具の使用による技術と、（2）身体の前面を他者と「対面」させることによる社会的価値の創造的コミュニケーション、との二つが、より有効に可能になるからである。この「直立」には、二足直立をとることも二足直立で歩行することも含まれている。議論にとって重要なのは、二足直立であろうと座位であろうと、上半身が地面あるいは座面に「直立」している姿勢が、ヒトの生活の基幹となることだ。

（1）の「道具の使用による技術」とは、石器の使用・製作、弓・槍・棍棒といった戦闘具の使用、掘り棒、鍬・鋤といった農具の使用、機織り、書写、自転車、飛行機の操縦、果てはスマホの操作まで、私たちの、あらゆるすべての「道具」の使用を指す。この行為の基本は、直立して静止している胴体、すなわち体幹と、運動する手・腕（ある時は四肢すべて）である。ヒトは体幹を静止させ、手と腕、足を上下、多方向に動かし、さらに手はその指の細かな動きによって対象物を把握し、道具の使用を行うのである。

その手を含めた身体による道具使用は、さらに二つの運動機能に分けることが出来る。第一の運動機能は、身体の動作を重力と重ね合わせることで、より強い力にすること、第二の運動機能は、上半身を直立させることで、視覚などと連動させ、手、指の動きの正確さを増し、対象物の加工や操作を精細にすること、である。

第一の運動機能による道具使用では、身体が位置する水平面に対し、上半身が直立していることが有効である。その姿勢を保ちながら行う手と腕による動作には、物理的な「重力」が加わり、打撃の効果が倍加する。

ことに、ヒトの初期の道具であった石器の製作と使用とにそれは発揮されたと考えられる。石を石に打ち付けることで、石を割り、石を削る。その石器を使用する場合も、対象物を石器によって砕き、割り、裂く。動作に重力を利用することは、動物の身体運動一般に広く見られることであるが、ヒトの道具使用にはこうした直立する体幹が、手と腕の動きにおける重力の助けを借りるために必要不可欠なことは顕著である。ことに、ヒトが闘争に用いる身体部位、すなわち歯、爪が他の生物を圧倒するものでないとき、ヒトが他の動物と争うに当たって、体幹と手による石器（や類似の道具）の使用がいかに有効であったかは、容易に想像がつく。

また、第二の運動機能に関する「直立」の必要性は、「指」を含めた腕や手、果ては「頭部」の動きに「正確さ」を持たせるためである。直立して静止する身体は、機織りから轆轤、あらゆる工芸には必須である。こうした体幹を「直立」させ「静止」させることによって保たれる「静止する身体」が、スポーツとパフォーマンス芸術に、動作の強さと正確さをもたらすことは、多数の例を持って説明することが出来る。ことにヒトの文化の重要な部分を占める「書写」も、直立する動かない上半身によって、手が正確な動きをすることで成り立つ。上記に挙げた例の最後に、「果てはスマホの操作」と示したのはたんなる現時点の例としてではなく、石器の鋭利な刃を形作るために必要な細かな動作から始まって、何百万年後の現在のスマホを操る日常的な行為に至るまで、ヒトの文化的営みのすべてにわたって、静止する直立がヒトの動作にいかに重要かつ必須であり続けたかを印象づけたかったからである。

(3) ヒトにとっての「直立」の意味
その3——対面による社会的価値の創造的コミュニケーション

ここで先に挙げた、身体の前面を他者と「対面」させることによる、社会的価値の創造的コミュニケーションについての説明に進む。これまでの論述は、先行する研究の議論の流れを変えるという点で「批判」としての論述であったが、ここでは先行研究にはない論点について「主張」を行うことになる。

ヒトには「前立面」という部位がある、と捉え、その前立面に機能、価値と意味があることを考える。部位としては、上半身の腹部から胸、そして顔面を指す。この面を他者に対面させることで、ヒトは、社会の他のメンバーと共感を持ち、共感によって共同の想念を持ち、共同の想念は共同の価値と意味を持つようになる。

このヒトの対面のもたらす共同の想念、価値、意味とは、たとえば西洋哲学によって、プラトンのイデア論、アダム・スミスの道徳感情論、ルソーの「一般意思」、吉本隆明の「共同幻想」などにおいて議論された問題群である。また医学的に前立面を神経系の側面から捉えることも出来よう。こうした生理と身体にまたがる議論に論者ははなはだ未熟であり、今後の課題であることは承知しているが、以下、論者が行おうとしている議論が、どのような性格の問題であるか、の一端を示すために、さまざまな観点から「前立面」について、触れることとする。

「前立面」とは、直立したときの身体の腹部から胸、そして顔面のことであるが、より広くは、手のひら、腕、股の内側部分もさす。唇や耳、指先なども重要な部位である。身体的感覚で言えば「からだの内側」である。何かに接触したときに敏感で、他者との接触では、くすぐられ、快感も生まれる。背面である「からだの外側」との対比で言えば、肉体的にまた骨格的に脆弱な部分である。ヒトは体を使った闘争において背面を外に向け、前面を内側に丸め込むのが防御の姿勢である。このことから「前立面」が弱い部分であることは実感的に分かる。相撲、レスリング、柔道、ボクシング等、どのような格闘技においても、ヒトは背中を丸めて「直立面」を抱え込む姿勢を取ることからこれは明瞭である。

逆にこの「前立面」の活用による積極的な機能は、広い意味合いで「他者を受け入れる」ことである。この「直立」の機能を発揮するためにヒトは二足歩行の困難を引き受けることになった、というのが本論の趣旨である。ただし、この「直立面」の機能は上半身が直立したときに発揮しやすいが、他者に対面するのであれば、立位でも座位でも臥位でも、同様の対他機能を発揮する。

要約すれば、「ヒトは弱い部分を他者にさらけ出すことで他者との共感的コミュニケーションを取る」、となる。防御に適していない弱い面を他者に曝すとは、他者を受け入れることの身体的な表現である。友好的な関係を望むのでなければその姿勢は取らない。

その前立面を他者に曝す、見せるコミュニケーションとは、言語、表情、身体接触、性行為などのかたちで行われる。そのコミュニケーションは、からだを使った、他者に対する音声、身振り、愛撫などによって、聴覚、視覚、触覚を用いて行われる。そのコミュニケーションを行う場合、それぞれが独立して行われるのではなく同時に混ざり合って行われる。以下、短い紙幅であるが、言語、表情、身体接触、性行為について、逐条的に説明をする。

発声される言語（音声言語）は、対面行為である。音声は三六〇度広がるので前立面と関係が無いようであるが、それは言語を狭く捉えることから来る誤りである。ヒトを含むホミニンの、実際にやりとりされる音声のコミュニケーションは、表情や身振り、前立面をさらけ出すことによる相手への信頼を基礎にしている対面行為である。話者は聞く者に「対し」言語を発する。不特定多数に対する叫び声ではなく、個別のコミュニケーションとして言語は発達してきた。現在のヒトの言語行為からもそれは推定出来る。ホミニンの進化史の中でも、ヒトの歴史の極めて最後期に生まれた書写による言語行為、また直近の発明による音声を媒体技術によって変換する言語行為など、直接に肉体を伴わない言語行為の爆発的拡大に目を取られ、直立面の持つコミュニケーションの本質を見失ってはいけない。その細部は、本論の全容の中で十分に論じられる。

顔面という直立面が、ヒトの進化史において果たしてきた重要性も十分に想像しうる。顔面の表情による対面コミュニケーションは、言語を伴う場合と伴わない場合がある。しかし、言語を伴わない表情はあっても、表情を伴わない言語はない。言語という対面行為には、表情が本質的、同在的に重要である。発話されていたホミニンの言語が現在のヒトの言語より単純であった時には、対面コミュニケーションの中で、表情はさらに重要であったと推察される。表情の内容についてここでは詳述しないが、「笑み」は受け入れの、「怒り」は拒絶のコミュニケーションであることは言うまでもない。その受け入れと拒絶のあいだのさまざまな表情には、無限の異なりがある。また、のちに述べる授乳行為の際の、乳を与える母の発話行為の観察からも、表情が音声の言語的な意味とセットになって存在することが分かる。言語における「表情」が見逃されがちなのは、書写と機械媒体の発達によって、言語の「音声記号」の側面が強い印象を与えるからであろう。逆に映画によるクローズアップの手法は言語における「直立面」の重要性を鮮明にしている。

身体「接触」は直立面の重要性を端的に表す。まず「対面すること」自体、前立面という、弱い部分を相手の目とからだにさらすことで、相手がこちらに接触する可能性を「無防備」によって示し、信頼の第一歩を相手に働きかける。相手も同様に前立面を見せることで、相互的なコミュニケーションが生まれる。そうした対面の身振りは、ヒトの「挨拶」という社会的な慣習行為によっていわば定型化する。たとえば文化や地域によって異なるが、「ハグ」はその前立面の全面的接触という、対面の中でも特徴的で積極的な行為である。頬と頬を付ける挨拶も、同じような弱い部分の相互的な接触である。口唇を用いた接触も対面的、相手を受容する行為であることに説明の必要はない。さまざまな挨拶は、「信頼」に関わるコミュニケーションである。握手も興味深い。そこには、言語も顔面の表情も伴うが、握手の本質は、てのひらという、からだの「内側」の身体接触である。お辞儀（bow）という、逆に直立面を伏せるかたちもあるが、それは本来、「信頼」ではなく「従属」の表現ともなるが、相互にそれを行うことで「信頼」の表現ともなる。こうしたヒトの行動はこれまでも論じられてきたが、それを「前立面」という大きな枠組みの中で考察する時、はっきりと見えてくるものがある。

対面する身体接触のプロトタイプとして、授乳行為を指摘したい。ヒトの乳児は、サルとは違い母親の体毛を掴んでぶら下がれないことから、移動には母親による抱きかかえの必要があることはよく指摘される。それは二足直立の成立に関しても言及される。しかし、本論では、それが授乳において互い（母と子）の直立面を相向かわせることになる点に注意を払いたい。その母子の直立面の対峙は、ヒトの成長過程を通じて、直立面を向かい合わせてのコミュニケーションの発生の根源とも、その後のヒトの行動のプロトタイプとしても考えられる。

性行為における直立面の対峙も先に挙げた「(2) 身体の前面を他者と「対面」させることによる、社会的価値の創造的コミュニケーション」の重要な点である。論者はヒトの対面性交は、性行為による妊娠という生物身体的なプロセスにおけると同様、社会的な機能としてのコミュニケーションであると捉えている。ここには難しいさまざまな側面がある。しかし、座位であれ臥位であれ、直立面を対峙させての性行為と、背面からの性行為のあいだには、ヒトがヒトであるのに必要な「社会性」に関して、濃淡の差があることを論者は指摘したい。後背位による性行為と直立面のハグを伴う性行為のあいだには、「攻撃的」な極から受容的な極のあいだの相違がある。こうした点についてはいずれより広く、深く論じることになる。

2 「直立」と「二足歩行」のあいだの論理的先後関係は「直立」がまずあって、「直立二足歩行」はその結果であり、派生的であること

人はなぜ二足で立ち歩行することになったたか。従来の問いは、渡辺仁（一九八五）の本のタイトルにあるように、「人はなぜ立ち上がったか」であった。それは、問いとしてすでに誤りを導きやすい。ここにはかつて四足であり、いま二足なのだから、どこかで「立ち上がった」と考える誤謬が基礎にある。そうした誤謬から出発すると、誤った前提の議論を証明しようと、いかに二足が進化的に有利かを説明しようとする。現在のヒトが二足で立っているから、四足より二足は「よりよい」のであろうとしているがそれは無理な筋である。

現在ヒトが二足で行為していることの経験的事実（empirical facts）はいくら述べ立てても、二足歩行がどのように（ＨＯＷ）行われているかが説明出来るだけで、なぜ（ＷＨＹ）二足歩行となったのか、に答えることは出来ない。一例を挙げれば、暑い気候の中でヒトは直立することで直射日光を軽減することが出来るため直立二足歩行は体温調節に有利である、という経験的事実は、いかに困難な二足歩行を続けてきたかを説明出来ても、なぜ困難な二足歩行を始めたのか、進化的にそれが選択されたかの答えにはならない。他にもたとえば長距離移動に効率的だとか、多くの事実を二足歩行の利点として挙げることが出来る。しかし、二足歩行の持つ根本的な弱点はこうした推論の大きな壁となる。

誰でも分かることで、二脚のテーブルは無いように、ヒトの二足も同じく不安定である。ヒトは生まれてすぐに二足では動けない。老年になると、二足の歩行は困難となる。けがをして一足になればそれは、四足が三足になることよりも、決定的な欠陥となる。ならば、ヒトの祖先は四足であったのに、なぜいま、現在のヒトを含むホミニンは二足で立ち二足で歩行するのか。問いを立て直してみよう。

「なぜ立ち上がったか」、とあたかも論理的な帰結のように問うのでは無く、そうならなくてもよかったのに、なぜヒトはいま二足の立位と二足歩行の移動方法を持っているのか、と。答えは、ヒトは二足の明らかな不利にも関わらず、二足のもたらす「直立」の有利を選び取り続けたのだ。二足による困難を招いたとしても、「直立」の姿勢を保つことですでに述べた文化社会的な、無限とさえ思えるアドバンテージを得たのだ。その「直立」のアドバンテージとは、先に述べた「文化的道具の使用による技術」と「直立前面を対面させることによって獲得した他者との高次の社会的コミュニケーション」の二つである。

ヒトの「直立」と「二足歩行」のあいだの論理的先後関係は「直立」がまずあって、「二足歩行」はその結果であり、派生的である。この証明は、現在も急速に進捗しているホミニンの研究に多くを負うことになる。論者は、そこにある論理的筋道をただし、文化人類学的観点から、「身体の前面を他者と「対面」させることによる、社会的価値の創造的コミュニケーション」に果たす「直立」の意味の大きさを議論することで、社会性の起原と進化の議論に貢献したい。

参照文献

デシルヴァ、J（二〇二二）『直立二足歩行の人類史——人間を生き残らせた出来の悪い足』文藝春秋。［DeSilva, J. (2021) *How Upright Walking Made Us Human.*］

渡辺仁（一九八五）『人はなぜ立ち上がったか——生態学的仮説と展望』東京大学出版会。

PART II

社会性が現れる場のエスノグラフィー

KEYWORDS

チテメネ・システム

個人のわざから集合的技術へ

はずれる自由

第5章 他者から／へのまなざしと集合的技術の生成

チテメネ開墾作業を支える社会性

杉山 祐子
Yuko Sugiyama

1　二次的自然を生み出す集合的な技術と他者のまなざし

本章では、アフリカ、ザンビアの焼畑農耕民ベンバにおける畑の開墾方法に注目し、人びとがその身体をとおして習得する技術《わざ》が集合的な「技術《ぎじゅつ》」となり、世代を超えてうけつがれていく過程に焦点をあてる。その習得過程で個人の行動を方向づける力としてはたらく他者の存在について検討し、そこにヒトの社会性のあらわれを読みとることを目的とする。

ベンバの人びとが暮らすミオンボ林は独特の景観を呈している。それは農業に不利な環境下で[1]、人びとが発達させてきた在来農法――チテメネ・システム（*Citemene system*）[2]による継続的な働きかけが蓄積された、いわば二次的自然となっているからである。チテメネ・システムのおもな特徴は開墾方法にある。まず男性が木に登って枝葉だけを伐採（以下、「樹上伐採」）し、伐採した枝葉を整形し並べて乾燥させる。乾燥した枝葉を女性が運搬して円形に積み上げ、堆積を作る。さらに、その堆積のみを焼いて耕地を造成するという工程を経る。チテメネ・システムの成否はこれらの工程がとどこおりなく進むことにかかっているが、それぞれの工程に関わる技術は人びとが個別に体得するわざと知識をふまえている。

身体技法を含む特定のわざや知識を個人が習得し熟達する過程については、レイヴとウェンガーによる正統的周辺参加（レイヴ&ウェンガー 一九九三）が、ベンバの在来農法の習得過程にもあてはまる。また個人が周囲の人びととの行動を観察し模倣することによって、周囲の人びとと同じ身体技法やそれにともなう価値観を身につけるという文化コミュニティ（ロゴフ 二〇〇六）の観点からは、同じ文化コミュニティにおける個別の学習が、結果的にコミュニティの成員に共通する身体技法をもたらすと考えることができる。エチオピアの焼畑民マジャンギルの植物知識についての佐藤（二〇二〇）の研究では、これらの知識が生業活動の実践と密接に関連しながら獲得され、その獲得過程に性差や年齢差があることが明らかにされている。これらの成果をふまえつつ、本章では、個人が他者からの、また他者へのまなざしを重ねあわせようとする指向性に注目する。なぜならそれはヒトが他の人びとの行動を観察することにはじまり、みずからの身体を他者のそれにあわせて動かすように方向づけ、さらにその過程で他の人びとが共有する価値観を内面化する背景となるからである。

ベンバの人びとは、焼畑の開墾にかかわる技術を「われらベンバ」というアイデンティティーの根幹をなす集合的な技術として評価し、同じ方法を実践する。とくに樹上伐採をするのはベンバの「教え（*ifunde*）」だからだと言い、その技術的合理性にも言及する（杉山 一九九八）。村びとは伐採作業のできを見て伐採者を評価し、「美しい伐採[3]」ができる男性をひとかどの人物とみなす。その一方で興味深いのは、特定の人への財力や権力の集中を抑制する平準化の指向が内在するベンバ農村では、知識や技術についてもその権威化が抑制される点である。特定の技術や知識を受容し、利用することを決めるのは権力者ではなく、個々人の自発的な選択によっている（杉山 二〇一一）。「われらベンバ」というアイデンティティーと深く結びついたチテメネの伐採技術の実践を称揚する反面、ライフステージの変

1　ミオンボ林の土壌はやせており、植生もまばらであるため、農業には不向きな環境だといわれている。さらに、ベンバの住むザンビア北部州では眠り病汚染地帯のため、ウシなど大型家畜が飼えないという悪条件が重なっていた。

2　ベンバ語はイタリックで示す。ベンバ語表記の *c* は［chi］と発音する。

3　これまでの拙稿では「美しい仕事」と表記してきたが、以下では仕事一般についてではなく個別の作業のやりかたを評する村びとの日常的用法により近い訳として「美しい伐採」という表現をあてる。

化や自身の得手不得手によって、樹上伐採をしない人もあり、その点で農耕にかかわる技術にも個人ごとの多様性があらわれる。それは技術が農業政策を環境の変化に対応する柔軟さを含んでいることも意味する。

次節からは個人がその身体でおぼえるわざがどのようにして集合的な技術になり、また「われらベンバ」という集合的なアイデンティティーと結びつくのか、そこに見られる社会性のありかた、それが可能にする集団としての生業のありかたとは何なのかを考えてみたい。それは集合的な技術をとおして環境への働きかけが蓄積される結果、原生的自然を特定の景観へと改変してしまうという、ヒトならではの社会性のあらわれにもかかわるからである。

2　ベンバの土地と生業

(1) ベンバランドと人びと

バントゥー系の農耕民であるベンバは、現在のアンゴラ共和国とコンゴ民主共和国の国境周辺にかつて栄えたルンダ・ルバ王国にその源をもつ (Roberts 1974)。ベンバの祖先は一六世紀に東への移動を開始し、一七世紀に現在のザンビア北部州のカサマに拠点を構えた。その後、アラブやポルトガルなどとの対外交易を手中にして強い軍隊をもち、周辺の民族集団を支配下にする伝統的王国 (首長国《チーフダム》) を形成した。王国の政治組織は、イギリスの植民地となってからも独立以後も、国家の行政組織に組み込まれて現在に至っている。ベンバ社会は妻方居住を基本とする母系制をとることや、上述の焼畑耕作 (チテメネ・システム) を発達させてきたことでよく知られている。

ベンバランドのミオンボ林は、マメ科ジャケツイバラ亜科の樹種が優先する疎開林である。この地域の木々は、他地域に比べて低い位置にこんもりと枝葉を茂らせた独特の樹形をしている。これは度重なる樹上伐採の結果であり、

図1　30年伐採していない木（左）と伐採を繰り返した木（右）

ベンバの人びとがチテメネ・システムによって繰り返しこの地域のミオンボ林を利用してきたからにほかならない（杉山 二〇一二）（図1）。

私が一九八三年から調査拠点としてきたM村はムピカ県チーフルチェンベ領内にあり、村の周囲には豊かなミオンボ林がひろがっていた。当時のM村は核家族を基本単位とする一三世帯からなり、人口は一〇〇人あまりであった。母系で妻方居住制をとるベンバは離婚率が比較的高い。M村の一三世帯のうち女性世帯主の世帯が四世帯、夫婦世帯が九世帯であった。夫婦世帯のうち、若い世代を中心にした四世帯は主集落から数キロメートル離れたミオンボ林に出造小屋を設けていた。

（2）農法からみたチテメネ・システム

チテメネ・システムにおける耕地の開墾は基本的に世帯単位でおこなわれる。その作業は、男性が木に登って枝葉だけを伐採する「樹上伐採」に始まる。伐採する木が細い場合は木に登らず、地上で伐採する（以下「地上伐採」と記す）が、「木が水を吸う力を損なわないため」できるだけ高い位置で伐採するように心がける（杉山 一九九八）。伐採した枝葉は運びやすいように整形し放置して乾燥させる。

整形された枝葉が乾燥すると、女性による枝葉の運搬作業が始まる。女性は枝葉を束ねて伐採地の中央に運搬し、一mほどの高さの堆積をつくる。雨季が始まる直前にこの堆積部分だけに火入れをして、耕地（インフィールド）を造成する。堆積した枝葉を高温で長時間焼くことによって、土壌中に不足する有機物を補い、虫や雑草の種を焼き払う効果があるので、休閑するまでほとんど除草の必要がない（図2）。[4]

火入れで焼けるのは枝葉の堆積部だけなので、その外側の伐採域（アウトフィールド）では枝の切り口からすぐに新しい芽が再生しはじめる。樹上伐採された枝の切り口からは複数の枝が再生するので、休閑後一〇〜二〇年たって再生した木々は比較的低い位置にこんもりと葉を茂らせる。一か所の切り口から生えている数本の枝のつけ根の直径は五〜一五cmていどなので、そのまま伐採すれば枝積み作業に適した枝葉ができる。こうして伐採をくりかえした木は、枝の切り口が瘤状になり、木登りに適した足場を提供する（杉山 一九九八）（図3）。

造成された耕地では、初年度にシコクビエを栽培したあと数年間の輪作がおこなわれ、多種多様な作物が栽培される。輪作が終わると休閑に入るが、二次林が再生する過程でさまざまな段階の植生が展開し、食用になる野生植物のほか、食用昆虫や野生獣などの生息地となる。狩猟・採集によって入手するこれらの野生動植物は村びとの副食源として重要な位置を占める。

休閑後、ミオンボ林が十分に再生するにはアウトフィールドで一五年、インフィールドで三〇年あまりがかかる（Oyama 1996）。しかし休閑後一〇〜一五年ほどたつと、村びとは注意ぶかくかつてのインフィールドを避けつつも、再度その区域にチテメネ耕地を開墾する傾向にある。かつてのインフィールドでは十分に地力が回復していないため、作物の生育が悪いからである。

図２　樹上伐採と枝葉運搬

左：樹上伐採。作業の最後にてっぺんの枝葉を伐り落とす男性
右：伐採された枝葉を束にして伐採地の中央に運ぶ女性

図３　樹上伐採を繰り返した木の樹形

左：木の全体像。低い位置で複数枝分かれしている。
右：左の木の上部拡大したもの。枝だけを複数回伐採した結果、枝の付け根が瘤状になっている。

（3） 作業工程からみたチテメネ・システム

■男性による樹上伐採と整形作業

チテメネ・システムの作業工程は、次の三段階、すなわち第一段階：男性による樹上伐採、第二段階：女性による枝葉の運搬と枝葉積み、第三段階：男女どちらも関わる火入れ、に大別できる。第一段階にあたる男性による樹上伐採はさらに三つの作業工程、すなわち、①枝葉の伐採、②枝葉の整形作業、③枝葉の乾燥、に分けることができる。第二段階の女性による枝葉の運搬と枝葉積みは、①枝葉の束づくり、②運搬、③堆積の三つの作業工程に分けられる。それぞれの作業工程にはいくつかの動きのセットがあり、それぞれのセットの区切りは作業者が休憩を入れたり、その日の作業を終える目安になる。

表1に樹上伐採における作業工程と動きのセット、およびそれぞれの工程で必要な身体技法と知識を示した。もっとも基本となる身体技法は斧を肩にかけて木登りができ、必要に応じて両手を使い分けた斧づかいができることである。そのためには高い樹上に身を置く恐怖を克服し、この季節の強い風にあおられながら身体のバランスを保持する技法を身につけなければならない。伐採手の男性はこれらの工程をこなすことによって、それぞれの樹種や部位の特徴を自分の身体的特性に関連づけて知ることになる。

これらのセットのなかでも、枝葉の伐採はもっとも重要な作業のひとつである。チテメネ・システムがその農法的効果を発揮するには、堆積した枝葉が長時間にわたり高温で焼けなければならない。そのためには「枝の部分と葉の部分がバランスよくある」枝葉が必要だという（杉山 一九九八）。男性は風に揺れる木の上に立ちながら、どの部分で伐ればよい枝葉ができるかを見きわめ、適切な位置で枝を伐採しようとする。

さらに重要なのは、女性の枝葉運搬作業への影響を考慮して、伐採した枝葉を地上で整形する作業（クサンクラ

表1　樹上伐採の作業工程

作業工程	動きのセット	身体技法と必要な知識
枝葉だけ伐採（樹上）	木登り	斧を肩にかけて木登り
	枝葉伐採	斧の両手使い
		誰のチテメネを伐採しているか
		樹種ごとの特徴
		風向、風力を勘案し特定の方向に枝葉が落ちるように
		最後にてっぺんの枝を伐るように調整
		伐採後の「美しい」樹形
	地上に降りる／移動	降りずに足場を伝って樹間移動する可能性を読む
整形作業（地上）	太い枝部分の切除	枝葉のバランス、樹種による重さのちがい
		切除した枝部分の用途
		樹種ごとの特性
		乾燥後の形と重さ
		作業時間
		誰が枝葉運搬作業をするか
並べて乾燥	整形後に枝葉並べ	束ねたときの形状、運びやすさ
		誰が枝積み作業をするか

kusankula）である。ここでは枝葉の重さや枝のつきかたなど、樹種ごとの物理的特徴を熟知する必要がある。伐採した枝葉の枝の部分が長すぎる場合は、余分な枝を切り落として適当な長さにしてから整形作業をはじめるが、枝と葉の部分がバランスよく揃っている場合は、そのまま枝のつけ根に軽く切れ目を入れて軸となる幹の方に押し付けて平らになるようにする。そして枝葉の切り口を伐採地の中央にむけて一本一本並べ、乾燥させる（図4）。手慣れた男性は、女性が運搬するときに枝葉束を作りやすいよう、枝葉束の芯になるように長めの幹がついた枝葉一本を置き、その周囲に短めの枝葉を複数本並べたりもする。こうしててていねいに整形され並べられた枝葉は運搬するのに都合がよく、運搬作業の効率を左右する。それができる男性はチテメネ開墾作業全体のなかで自分が果たす役割を十分理解し、女性による枝葉の運搬作業を視野に入れた知識をもつ「おとな」だといわれている。また枝葉の整形作業のていねいさは、その作業をする女性への愛情をはかる基準にもなるという。

図4　枝葉の整形作業

伐り落とした枝葉から、太くて長すぎる枝の部分を切り離し、運びやすい形に整形する。切り離した枝の部分（木部）は柱などに利用するため集めて立てかけておく（写真内右側）。

■女性による枝葉運搬と枝葉積み

開墾の第二段階は女性による枝葉の運搬と枝葉積みの作業である（表2）。作業する女性は、地面に並べられた枝葉を複数本組み合わせて枝葉の束を作り、その束を背負って伐採地の中央に運んでは投げ落とし、枝葉の堆積を作る。この作業で何よりも重要なのは、運搬する女性が自分の身体に無理のない枝葉の重さを知ることである。枝葉運搬は樹上伐採とちがって、だれでもすぐに始めることができるが、自分が無理なく運べる重さ、すなわち「*sekelo lyandi*：私の秤（の重さ）」を確定するまでは、できるだけ軽い枝葉束から始めるようにと年上の女性たちから助言される。[5]

女性たちが枝葉運搬に費やすのは一日あたり三〜四時間で、それが二か月以上続く。それぞれの女性にとって自分が無理なく運べる重さを知るのは、毎日長時間の作業を長期にわたって続けるための基本なのである。女性たちはまた、一束の重さができるだけ均等になるように複数の枝葉を組み合わせるが、そのためにはそれぞれの樹種の特徴を熟知している必要がある。

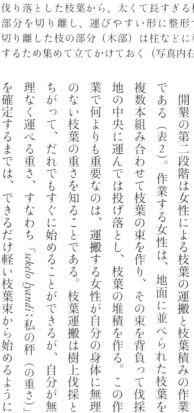

そのほかに必要なのは、乾季の強い風向を見ながら、それにあらがわないように伐採地の中央まで運ぶルートを判断することと、伐採地の中央に運んだ枝葉束を自分が望む位置に投げ落とすやりかたなどである。火入れは枝葉束がたがいに接するように積みさえすればうまくいくので、枝葉の束ねかたや積みかたの上手下手はほとんどない。

女性たちの口の端にのぼるのはおたがいの枝葉運搬の技術ではなく、その枝葉を伐採した男性の技量である。樹種や樹形に応じた伐採ができているか、運搬作業のやりやすさを考慮した枝葉の整形ができているかが中心的な関心事

表2　枝葉運搬の作業工程

作業工程	動きのセット	身体技法と必要な知識
枝葉を束にする	軸になる枝葉と組み合わせる枝葉を選ぶ	自分の身体的特性
	枝を組み合わせ崩れないように束ねる	樹種による重さと形
		一緒に作業する女性が誰か
		伐採した男性の技量
運搬	枝葉束を担ぐ	運ぶ順序と範囲の計画
		枝葉束の重さ推定
		枝葉束の重心部に肩をあて、肩を支点に持ち上げて担ぐ
	伐採地中央までの運搬路決め	風向、風力、障害物、他の女性の動きを勘案
		足腰肩のクッションと足運びのリズム
堆積		自分を傷つけず、足腰腕に負担をかけない投げ落としかた
		望む位置に枝葉束を崩さずおさめる
		燃え残りなく枝葉を燃やすための枝葉間の距離

であり、その良し悪しによって伐採手の男性を評価したり、愛情が測れると言って女性どうしの冗談の種にしたりする。

枝葉運搬と枝積み作業は、チテメネの開墾作業を完結させる役割も果たしている。女性たちは運びにくい枝葉でも、最後は伐採地の中央まで運搬して積み重ねてほかの枝葉と一緒に燃焼させる（図5）。整形作業が不十分で運びにくい枝葉を抱え、「こんな伐りかたをするのは、どんな男なんだ！」と文句を言いながらも、それを枝葉運搬作業の一場面として処理する女性たちの枝葉運搬は、男性たちの伐採の上手下手の差異を吸収する後始末の役割も負っている。

■作業の評価の非対称性

チテメネ・システムの作業工程は男性と女性の分業によって構成されるが、女性の作業にくらべて男

5　二〇代以上の既婚女性が運ぶ枝葉束は平均二七kgであった。

図5　伐採者への文句を言いながら束にできない枝葉を運ぶ女性（出所：筆者撮影）

性の作業はさまざまな点で他者から注目されるので、作業の評価には明らかな非対称性がある。樹上伐採は、他の男性からも女性からも評価される対象であり、樹上伐採ができることをもって男性は一人前だとされる。樹上伐採の理想的な姿は、細い枝の先までていねいに伐採することだと言われ、そのような伐採ができる男性は「（彼は）美しい伐採をする *Baletema ubusaka*」と称賛される。枝葉伐採に続く整形作業もていねいにおこなう男性は、女性たちから高く評価され人望も高まる。樹上伐採はベンバ男性個人の名誉にも深く関わる作業だといえる。[6]

樹上伐採とは異なり、女性が担う枝葉運搬はきまった形を守る必要はない。作業の上手下手もわかりにくく、他の村びとから悪く言われることもない。けれど、一日総計で八〇〇kgにもおよぶ枝葉束を二か月にもわたってえんえんと運ぶ苦行を続けなければならないのに、「美しい仕事」と賞賛されることはない。そのかわり、枝葉運搬作業のやりやすさという自分の基準を通して伐採手の男性を評価する立場を与えられてもいる。

彼女たちは樹上伐採した枝葉の出来を評価しつつも、実際にはさまざまな形状の枝葉を運搬堆積するので、チテメネ耕地の開墾にとって伐採の上手下手は、じつはさほど影響がないようにもみえる。では、樹上伐採についての評価にはどんな意味があるというのだろうか。男性の作業も女性の作業もチテメネの開墾行程としての重要さは同等である。だが、女性の枝葉運搬が自身の身体状況にあわせて調整すればよいのに対して、男性の樹上伐採はそれに続く運搬作業当事者である女性たちから、運びやすい伐採と整形をすることを期待される。樹上伐採は樹上での自分の身体を扱うわざ以上に、次の段階を担う女性たちへの社会的配慮が関わって方向づけられる作業なのである。その社会的配慮の有無が男性としての「一人前」の評価につながる。樹上伐採作業に従事する男性は、他の村びとからのそうしたまなざしをとりこみながら技術を身につけていく。そして望ましい樹上伐採がおこなわれることは、将来のチテメネ開墾に適した枝の再生を促す要件にもなっている。

3　ライフコースと樹上伐採、伐採技術の幅広い差異

（1）　ライフコースと樹上伐採

ベンバの男性はどのように樹上伐採を身につけ、一生を過ごしていくのだろうか。具体的な四事例から検討しよう。

【事例1】A氏（一九七四年生まれ）が樹上伐採できるようになるまで

表3に一九七四年生まれのA少年が樹上伐採になじみ、一人前の働き手となる過程を示した。女性世帯主世帯の四男として生まれた彼は、ほかの子どもたちと同じように五～六歳で木登りが上手になり、七～八歳以降は木に登って採集した野生の果実を村に持ち帰って他の子どもたちに分けたりしていた。木を伐採して自分の

6　ただ、伐採作業で「美しい伐採をする」と称賛された男性がほかの場面でも尊敬されるわけではなく、伐採についての称賛も長続きはしないことに注意しておきたい。ウブサカ（*ubusaka*）は字義どおりには「きちんとした、整然としてきれいな」という意味がある。ここでは村びとが頻用する英語的表現に対応させて訳出した。

チテメネを作ることを意識し始めたのは一一歳（一九八五年）頃からだという。

少年がいつごろから樹上伐採に関わるかは、制度的な背景とは無関係に、個人の意思によって決まるが、思春期に入る頃になると仲のよい同年代の少年の動向を見ながら試行を始める傾向にある。また婚期を迎えた兄や婚資労働中の義兄が近くに住んでいる場合は、その樹上伐採作業を見ることが、自分も試行しようとする動機になるようだ。

A氏は一二歳のときチテメネ伐採に少し手をつけてみたがすぐにやめ、一三歳で本気を出してチテメネ（カクンバ）[7]伐採を試行した。このときのことを彼は「この年に本気でチテメネを伐りはじめたが、怖くてほとんど地上伐採だったし、（予定した面積）全部は切れなかった」という。「（樹上伐採は）下の枝から伐って、登りながら伐るのが難しい。風で揺れるから怖い」。

翌年一四歳になった彼は、意を決してできるだけ樹上伐採をしようとするが、「（下の枝から伐るのは難しいので）工夫して上から伐り始めたら、伐った枝葉が下の枝に引っかかってどうしようもなくなった」（ので）、すべての枝を伐ることができず、伐採を途中で放置した木が何本もあったようだ。この年まで、彼は自分が伐採を始めたことを隠していた。少年の伐採作業は社会的にみればただの「試し」なので、伐採を完了する責任を求められないし公にする必要もないのだが、本人にしてみればうまくできないことを知られたくなかったのだろう。伐採がうまくできなかった彼の後始末をしたのは義兄だったが、開墾されたチテメネはA氏の母のチテメネとなった。

彼が自分で伐採したチテメネを見てほしいと私に言ってきたのは、一五歳のとき（一九八九年）である。風に揺れる樹上での伐採作業に慣れて怖くなくなっただけでなく、「樹上伐採に慣れてきてからも切り残す枝がどうしても出る。木に登る前に伐る順番を考えるようにしたら、切り残しがなくなる」ことに気づき、ほとんどすべての木を樹上

表3　A氏が樹上伐採を習得するまでの過程

年	A氏の年齢	樹上伐採経験	成果	援助者
1983	9	野生果実類採集／木登り枝打ち		
1984	10	野生果実類採集／木登り枝打ち		
1985	11	チテメネ伐採を意識しはじめる		
1986	12	伐採に手をつける	途中でやめる	義兄
1987	13	樹上伐採試行	地上伐採多い	義兄
1988	14	樹上伐採が増える	伐採していることを隠す	義兄
1989	15	樹上伐採	見せたがる	
1990	16	樹上伐採	自分のチテメネ＋母のチテメネ	
1991	17	樹上伐採	自分のチテメネ＋姉のチテメネ	

（出所：筆者作成）

で伐採することができるようになった。このときの彼は、木の枝の生えかたの特徴と自分の身体の動かしかたを連動した一連の動きとして事前に想定するという（暗黙の）わざを体得していたといえよう。この年から彼は義兄の助けを仰ぐことなくチテメネ伐採をおこない、開墾した耕地は母親や兄弟姉妹から「Aのチテメネ」とよばれた。さらに翌年一六歳になると彼は一人前の働き手として、母のチテメネや姉のチテメネを伐採するようになった。それ以降A氏の母親は、彼が結婚して他村に移住するまで、伐採手の確保を心配せずにチテメネ開墾を続けることができた。

A氏の成長過程で特徴的なのは、樹上伐採がうまくできるようになるまでは、伐採をしていることを他の村びとに隠そうしていたのに、樹上伐採を身につけるとそれを「見せたい」という態度に変化したことである。この傾向はとくに同年代の少年同士に顕著で、他の少年の試行を見ること＝自分の樹上伐採の試行が見られていることを強く意識し、互いを揶揄したり自らの技量を自慢しあったりする。さらに樹上伐採に慣れてくると、「樹上伐採はほんとうに効率的だ（地上伐採よりも楽だ）」と言い、作業を逆算して手抜きもできるようになる。

7　一〇アール程度の小さいチテメネをとくにカクンバ（*kakumba*）とよぶ。以下では混乱をさけるためカクンバについてもチテメネと表記することにする。

【事例2】結婚を意識して一変したB氏（一九六九年生まれ）

だれもがA氏のように熱心に樹上伐採に取り組むわけではない。隣村に住む一九六九年生まれのB氏は、あるていどの樹上伐採ができるようになると、「本気になるのはダサい」と同年代の少年たち数人と一緒になって「（樹上伐採はできるが）べつにやる気なし」と斜にかまえていた。世帯の生計維持に社会的な責任を負わない年代の彼らは、樹上伐採についても自由にふるまえる自身の姿をあえて誇示していたともとれる。

彼のこの態度は一九八七年頃に一変する。それまで彼は自分の母親に伐採を頼まれても数本を樹上伐採し、あとは地上伐採（一般に胸高直径が一〇センチメートル以下で樹高が三メートル以下の低木の場合は、木に登らず地上で枝を伐採する）でお茶を濁していたが、この年、急に熱心に樹上伐採するようになった。とくに一九八八年にM村で伐採の共同労働が催されたときには、樹高の高い木を選んでていねいに樹上伐採をしただけでなく、年長男性が「その木は伐らずにおこう」と言うような登りにくい大木にとりついて登り、樹上伐採をはじめた。B氏が大木に登りはじめると、共同労働に集まっていた男性たちは自分の作業をやめ、B氏が無事に樹上伐採を終えられるかどうか賭けをしながら見物に集まった。B氏は他の男性たちの衆目を集めるなか、大木に登りきって細部にまでていねいに樹上伐採をおこない、見物人と化した他の男性たちの喝采をあびた。

B氏の態度が変わったのにはわけがある。彼はM村の少女に思いを寄せ、結婚したいと思っていたのだが、少女の親族は、彼がまだ年若いことやあまり働き者ではないことを見て、結婚に反対していた。この日の共同労働に集まった男性たちの中に少女の親族がいたので、B氏は自分の器量をみせようとはりきって、樹上伐採のパフォーマンスを繰り広げたのだった。このできごとを境として、しだいに彼は一人前のベンバ男性として認められるようになり、その二年後、思いを寄せる少女と結婚することができた。

この事例は、樹上伐採が男性にとっての結婚の条件としてきわめて重要であることを示すと同時に、それまで樹上伐採に熱心でなくても、結婚する時に樹上伐採の十分な能力とやる気があることを公に認めさせれば社会的な評価はよいものに変わるという興味深い特徴をみせている。

【事例3】婚資労働を終え、将来の常畑開墾をみすえて地上伐採を増やすC氏(一九五九年生まれ)

ベンバの男性は原則として結婚後の数年間、妻の両親への婚資労働に従事することになっている。かつてはこの期間に働きが悪いと結婚を解消されることもあり、婚資労働中の男性たちはとくに注意を払って樹上伐採をしたという。

婚資労働を終えて、自分の世帯のチテメネを伐るようになると、男性はそれぞれの好みや将来計画にあわせた伐採方法を選ぶ。一九五九年生まれのC氏は、一九八三年頃に婚資労働を終え他村出身の妻子をつれてM村に戻ってきた(個人のライフステージや村全体におけるチテメネ・システムの位置づけについては次節で述べる)。帰村当初は、婚資労働中だった同年代の男性たちと一緒に、集落から五キロメートルほど離れた地域に出造り小屋を設けて一時的に移住していた。この地域は幹が太く樹高が高い木々が多かったため、男性たちは樹上伐採で大きなチテメネを開いた。

しかし政府によるこの地域の開発計画や商品作物栽培の奨励などが進められた一九八八年頃から、C氏らは出造小屋への移住をやめた。かわりに、集落に比較的近い位置で再生状況のよい二次林を選んでチテメネを開墾するようになる。この頃からC氏は次第に地上伐採を増やし、一九九一年頃には、ほかの男性なら樹上伐採をするような木々も地上で伐採するようになった。

C氏は「身体が大きいからもともと木登りは好きではないし、村周辺の木は細いから(地上伐採も)苦にならない」と述べて、意識的に地上伐採を選んでいることを表明する。このころC氏が伐採したチテメネの木々を見た少年たちは「あの人はあんなに大きくて強そうなのに、こんな伐りかたをしている」と陰口をきいたが、

C氏は意に介さず「地上伐採したチテメネは輪作を終えたら半常畑にして商品作物を植えることもできる」と将来計画にも触れた。その一方で、母やオバなどに頼まれたチテメネや共同労働では、依頼した相手が満足するように樹上伐採を中心に作業をしていた。

この事例では、婚資労働を終えた男性が、自分の世帯の畑の開墾に際しては自分の好みや将来計画に基づいて伐採方法を選ぶ自由度が高まる一方、他の村びとからの依頼に際しては、チテメネの伐採方法のいわば標準形である樹上伐採をしてみせるというように、状況に応じた伐採方法を選択していることがわかる。

【事例4】高齢で樹上伐採がむずかしくなっても伐採はやめないD氏（一九二〇年生まれ）

M村の創設者であるD氏は、未成年の娘たちがいたこともあって、七〇代になっても比較的再生状態の良いミオンボ林を選んで樹上伐採を中心にチテメネ開墾を続けていた。彼は「私には樹上伐採のほうが楽だ」と言う。年を重ねるにしたがって木々が十分再生していない集落近くにチテメネを開墾し、地上伐採を多くするようになったが、それでも八〇代になって病を得るまで、わずかずつでも木々の伐採を続けていた。遠出ができなくなっても斧の手入れをかかさず、「ベンバの男はいくつになっても伐採をしたいものだ」と語るのだった。

これら四つの事例をふまえて、ライフコースにおける樹上伐採の熟達過程を考えてみよう。

そもそも木登りはベンバの村びとの基本的な身体技法である。村の子どもたちはおやつを得るため、年齢層の異なる数人のグループでミオンボ林に出かけ、自分たちで野生の果実を採集する。年少のうちは年上の子どもが採った果実を分けてもらうが、六～七歳にもなると男女を問わず木登りができるようになる。年長の少年たちは肩に斧をかけて木に登り、実がたわわになっている枝を切り落として、樹下で待つ年下の子どもたちの歓声をあびたりもする。

木登りという身体技法を基礎に、ベンバの少年たちは一〇歳くらいから自分のチテメネ伐採を意識し、事例1のA氏のように樹上伐採の練習を始める。樹上伐採が十分にできるようになるまで父やオジ、兄や義兄など年長の男性が少年たちの伐採するチテメネの場所選びに助言したり、少年の切り残した木々の後始末をする。ただ注意しておきたいのは、年長の男性が少年たちにむかって伐採練習を始める時期を指示したり、伐採方法を指導したりしないことだ。少年が伐採作業を途中でやめたり、上手に伐れなかったりした場合には、これら年長の男性が自発的に切り残しの後始末をし、枝積み作業をする母や妻に委ねる。

思春期以降になると少年たちは樹上伐採に慣れ、本人がその気ならば、母親の世帯にとって重要な働き手となる(杉山 二〇二二)。B氏のようにはじめは熱心でなくても、結婚を意識する年齢になると、一人前のベンバ男性と認められるために、樹上伐採が手ぎわよくできることを他の村びとに見せる必要が出てくる。さらに婚資労働期間中は、どれほど上手に樹上伐採をしているかが自分の評価に直結するので、青年たちの樹上伐採への取り組みかたは真剣さを増す。

婚資労働を終えても、樹上伐採を好む男性たちはそのまま樹上伐採の腕をみがくが、もともとあまり得意でない場合は、C氏のように、他の村びとから依頼されるとき以外、自分の世帯のチテメネ伐採における樹上伐採を最小限にすませようとする男性もあり、樹上伐採への男性たちの態度には幅がある。そして高齢になるまで、自分の体力や好みを考えあわせながら、伐採する場所と方法を選んでチテメネ開墾を続けていく。

(2) 多様な伐採手が担うチテメネ開墾作業

上述したように、樹上伐採への熱心さは、伐採する男性のライフステージの変化や個人の好みによって異なる。樹上伐採を手ぎわよくする男性は他の村びとから賞賛されるが、だからといって、すべての男性が望ましい樹上伐採へと導かれるわけではない。樹上伐採への方向づけが強く働くのは結婚前と婚資労働期間であって、そのほかの時期の伐採方法には個人差がある。では村の男性全体について考えるとき、樹上伐採の熱心さや技術の高さの点からみた労働力としての違いはどれほどあるのだろうか。また、男性の働き手がいない世帯はどのようにして伐採手を確保しているのだろうか。

チテメネ開墾は基本的に世帯単位でおこなわれる。世帯内に男性の働き手がいない女性世帯や、男性がいても樹上伐採練習中の少年や、樹上伐採を控えるようになった高齢男性だった場合は、世帯外に伐採手を求めなければならない。実際、そうした世帯は村の半数以上を占めるが、その生計を左右するのは、村で集めることのできる労働力としての村の男性たちである。そのような世帯では、現金や物品を報酬としておもに村内の成人男性を伐採手として雇ったり、一度に多くの男性労働力をあつめることのできる共同労働を催したりする。

図6に、一九八三年、一九八五年、一九九五年におけるM村の伐採者の状況を示した。一九八三年から一九九五年までの十余年間でM村の世代深度が深まり、成員の世代交代も生じている。ここでは男性の年齢とライフステージ上の位置にかかわる個人の伐採方法選択の傾向を合わせて、①樹上伐採と地上伐採をとりまぜ、そこそこ頼れる伐採手（一般に六〇歳代以上）、②樹上伐採を中心に伐採をおこない中核となる伐採手（二〇―五〇歳代）、③樹上伐採は習得しており、ある程度あてにできるが②ほど熱心ではない伐採手（一〇代後半）、④樹上伐採修得中で、年長男性の支援によりカバーされる伐採手（一〇代前半）、の四つに類別した。

M村内に限ってその実態をみると、世帯あたり平均のチテメネ開墾面積はどの年も三五アール前後で、平均的な世帯の必要に足りる食料生産が可能な範囲にある。[8] 一九八三年には一一名の男性がなんらかの伐採をおこなったが、そのうちカテゴリー①の男性が二名、②の中核的な伐採手が五名、カテゴリ③はおらず、④にあたる少年が四名だった。二年後の一九八五年にはM村の世帯数は一四世帯で、年令だけでみると伐採手となりうる男性は一四名いたが、カテゴリ①の一名は急な病気で伐採できず、カテゴリ②の一名は伐採技術をもたない移入者であった。また、カテゴリ③

8　実際の開墾面積には幅があり世帯の自給レベルに達しない世帯もある。そのような世帯は世帯員の他世帯への寄食や他世帯からの分与などによって食物不足の年を乗り切る（杉山 二〇一二）。

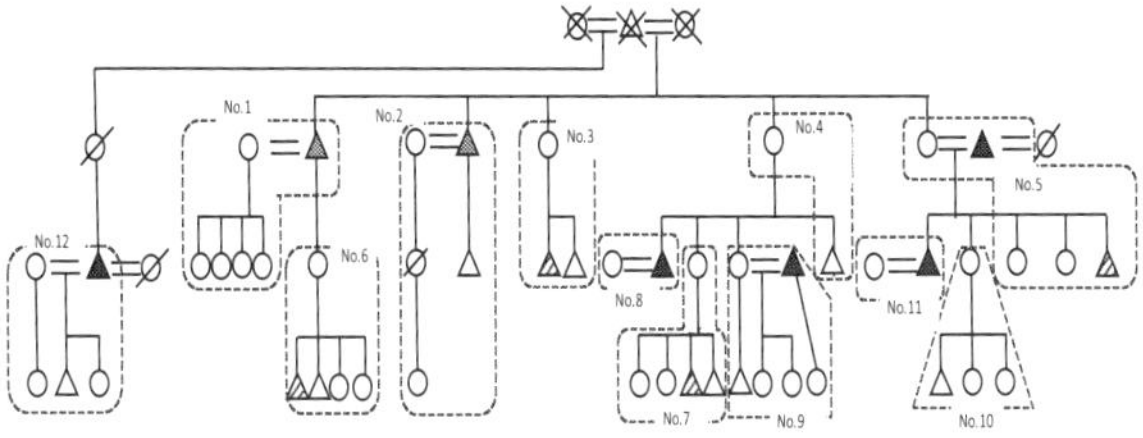

図 6-1　1983 年の伐採者

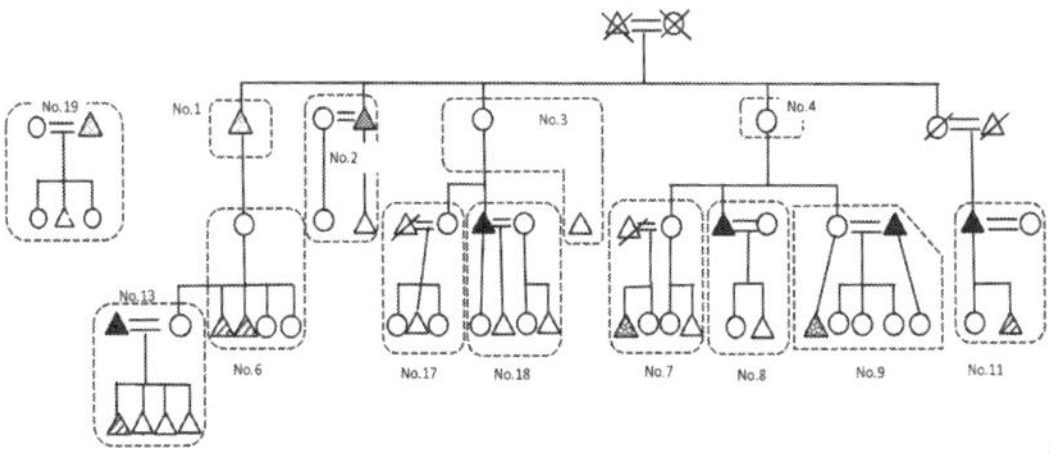

図 6-2　1985 年の伐採者

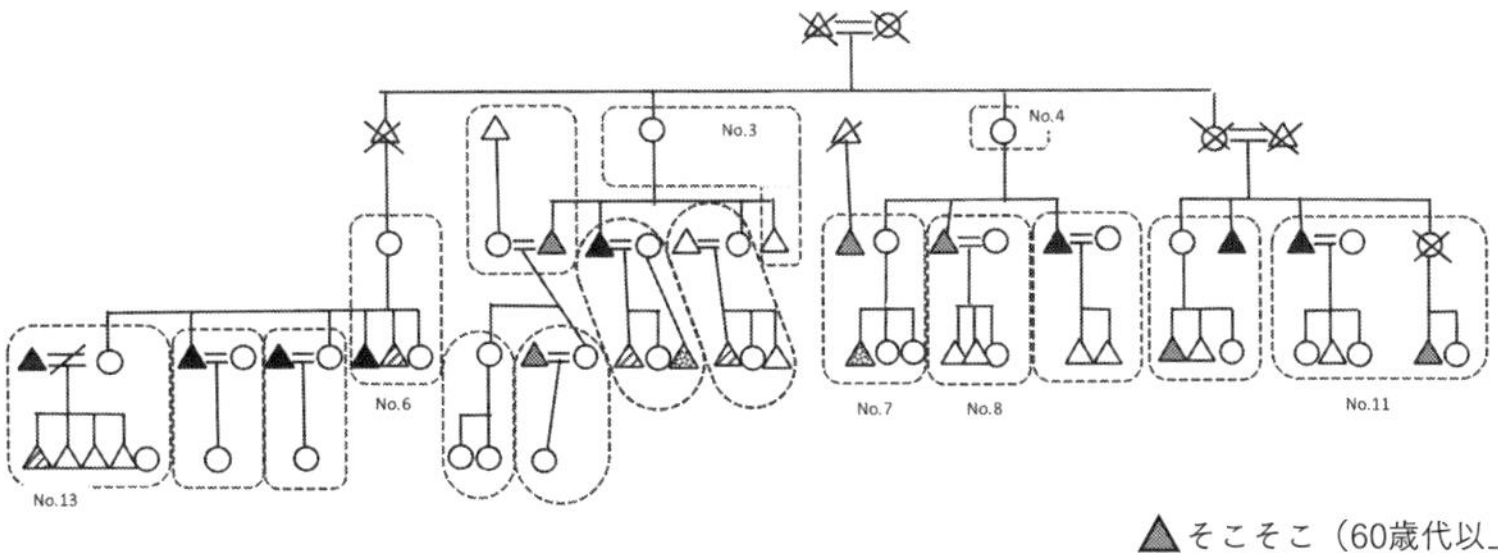

図 6-3　1995 年の伐採者

（出所：筆者作成）

の少年たちはほとんど伐採作業をする気がなかったので、実質的に頼りにできるのは、五名の中核的な伐採手を含む一〇名だった。世代交代した一九九五年のM村は、世帯数一七で村びとの年齢構成も若返り、伐採手となりうる男性一九名のうち、カテゴリ②の中核的働き手が八名、年齢層は低いものの、伐採手としては①にあたる男性が六名がおり、①②の両カテゴリを合わせると頼りになる伐採手候補が一四名と、伐採の担い手に余裕がある状態だった。

上記三年分の記録から、村全体としては伐採手となりうる男性全体の半数ていどが中核となる担い手たちであること、さらにそこそこ頼りになる担い手が加わると、全体の六割ていどとなる男性たちの働きが村全体のチテメネ伐採に重要であることがわかる。彼らの存在はまた、樹上伐採を習得中の少年たちの未熟な技術を補い、少年たちがみずから樹上伐採のわざを身につけていく過程を支える。これを技術伝達の経路とみなすと、少年たちの技術習得は父親からの「垂直の伝達」（メスーディ 二〇一六）よりも、兄や義兄からの「斜めの伝達」、家族外の男性からの「横の伝達」が重要な経路であり、母系で妻方居住別をもつベンバ社会の特性を反映しているといえる。

頼りにならない側の男性についてみると、一九八三年に一〇代後半の少年はおらず、一九八五年、一九九五年ともカテゴリ③の一〇代後半の少年たちは「できるがやる気がない」状態だし、一九八五年にはカテゴリ②の男性一名は伐採の技術をもたなかった。このほかにも病気や怪我、他地域に出かけて不在といった理由で、伐採作業をしない男性がある。さらにひとりの男性でも、場面によって伐採のていねいさが変わるのは周知のことだ。親族の女性からの依頼や現金や物品による雇用ではていねいな樹上伐採と整形作業をおこなう男性でも、共同労働での伐採では他の男性の目を意識して樹上伐採には気を使うものの、整形作業が雑になる。

村全体で伐採の担い手を考えるとき、伐採者のもつ樹上伐採の技術や熱意は一様でなく、未熟な状態の男性や、やらない・できない男性が常にいる。中核を担う男性たちでもその作業の質には場合によるちがいがあるのも織り込みずみであるといえる。そのため伐採を依頼する側の村びと——とくに女性世帯主——は場合に応じて依頼方法を変え、[9]中核となる男性に加えて、あるていど伐採のできる若者やあまりやる気のない男性にも伐採を依頼し、自分の世帯のチテメネ開墾を可能にしている。

ベンバの村びとは樹上伐採についてある種の理想形をもち、その達成をもって伐採者の男性を称賛するが、理想形からはずれた作業をする男性や作業をしない男性を糾弾したりせず、その状態を受け入れてもいる。[10] それらの男性は「変わっている」ことを責められたりしない。このような男性について年長女性が「ずっとそのままなわけではないから」と言うように、ライフステージの変化によって、未熟な伐採手が熟達した伐採手となり他の世帯の伐採まで担うようになることもあるし、高齢になって十分に働けなくなることもある。やる気が失われる年もふらっと他所へ移動する年も、病気で伐採ができない年もある。もともと伐採に向かない人もいる。そんな状態を当然の前提としながら村全体で男性の労働力が按配されて、樹上伐採と枝葉運搬／堆積、火入れと進み、チテメネ耕地の開墾にいたる。

4　樹上伐採——理想形への方向づけと他者からのまなざし

（1）「美しい伐採」がもつ力

樹上伐採作業におけるある種の理想形である「美しい伐採」という表現は、生業とは別の文脈、すなわちベンバの

9　ていねいな樹上伐採を望む場合は、親族の男性に依頼したり、現金や物品で雇用したりするが、必要な面積を伐採するには時間がかかる。一方、短期間で広い区域を伐採したい場合は、共同労働を依頼する。

10　前節で述べたように、それが可能なのは枝葉運搬と堆積作業の段階で、伐採技術や整形作業のていねいさの差が吸収されるからである。

図７　樹上伐採の共同労働（共同労働への参加はおたがいの作業を見る機会ともなる）
（出所：筆者撮影）

男性にとって一人前であることの標や、男性としての器量という社会的評価に密接に関わって、男性たちの行動を方向づける力をもつ。すでに述べたように、結婚を意識する未婚男性や婚資労働中の男性にとってその評価は、婚資労働を無事に終えて独立した自分の世帯をもつというライフステージの上昇に結びつくからである。もっと実際的には、運搬しやすい枝葉を用意してくれる伐採手という、既婚女性たちからの信頼がさらなる人望につながる。枝葉の運搬作業を担う者への配慮をもった整形作業ができるなら、ほかの場面でも社会的な配慮ができる人物だと考えられているためである。そんな男性の妻はなんとなく誇らしい気分になるともいう。こうして「美しい伐採」と表現される樹上伐採の理想形が人びとに共有されることによって、望ましい枝葉運搬と火入れにつながるよい枝葉が効率よく伐採され、その繰り返しがベンバランド独特の樹形をもつミオンボ林を生み出す。

ここで注意しておきたいのは、人びとが樹上伐採の理想形を、事前に設定された特定の型を再現するための鋳型として固定的に扱っているのではなく、人びとの作業を通して結果的に姿を現すものととらえている点である。日々の会話で「美しい伐採」という表現は、おもに「○○さんは美しい伐採をする」のように伐採した人とその作業のやりかたを結びつけて語る文脈で用いられるからだ。「美しい伐採」の具体的イメージのひとつは作業の進めかたにある。M村の創設者への聞き取りによると、かつては敏捷に木に登り斧の一撃で枝を切り落とし、木の先端部の細い枝まで手ぎわよく伐採できる男性は、ほかの男性から高く評価されたという。[11] ふだんの伐採作業は基本的にひとりでおこなうので、近接した位置でほかの男性の作業を見たり、自分の作業を見られたりするのは、ほぼ共同労働のときに限られる。共同労働では同年代の若い男性がたがいの敏捷さを競い合う、遊びの要素が混じることもある。一本の枝からすばやく他の枝に乗り移ることができれば大きな見せ場になるが、ただそれだけでは美しい伐採という評価には結びつかない(図7)。

「美しい伐採」の具体的な姿はむしろ、伐採されたあとの樹形にある。それは多くの村びとの目に触れるからである。村びとが伐採後の樹形を見る機会は数多く、そのときに「美しい伐採(をしている)」という表現が頻用される。伐採作業が進む時期には、自分のチテメネに行くときや野生の動植物を採集するときの道すがら、あちこちでほかの村びとの伐採地が目に入る。女性たちは枝葉運搬の共同労働に参加するときほかの世帯の伐採地を見るし、枝葉がていねいに整形されているか否かを運搬作業をとおして知る。村びと総出でおこなうネットハンティングでは、ほとんどの伐採地を通るから、伐採地ごとのちがいもわかる。ていねいに伐採された木々がたちならぶ伐採地を通りながら、樹形を見て誰のチテメネかを確かめ、伐採のていねいさをほめる村びともある。伐採後の樹形は、伐採した本人にも見える具体的な姿である。他の村びとから「美しい伐採」とよばれる木々が林立するチテメネ伐採地は、伐採した本人にとっても気持ちがよく、ほかの村びとに見られたいし、見せたいと思えるものなのだそうだ。[12] 伐採後の樹形は伐採手の個性を刻みこみながら、人びとが共有する「美しい伐採」のイメージに具体的な形を与えて景観をかたちづ

---

11 一九六〇年代以前にはチーフへの奉仕労働(ムラサ *mulasa*)として伐採の共同労働がおこなわれた。この聞き取りは、ムラサにおいて称賛される伐採作業に関するものである。

12 謙虚さをよしとするふだんの生活では、成人男性がそんなそぶりをみせることはないのだけれども。

くっている。

（2）まなざしの力――交差するまなざし

他者のまなざしが自己意識の形成に重要であり、どれほど行動に影響するかは、発達心理学や社会心理学の知見からも示されている（福井 一九八四；溝上 二〇〇八）。ベンバの伐採作業にもそれが顕著にあらわれている。伐採作業は個人がおこなうにもかかわらず、男性は伐採した枝葉の状態や伐採後の樹形が他者からのまなざしにさらされることを前提に、望ましいとされる樹上伐採ができるように努力する。自身も他者へのまなざしをそそぐことによって、他者の行動を方向づける力を発揮する。男性たちは樹上伐採を体得する過程で望ましい伐採の理想的イメージを内面化し、ひとりで伐採作業をする場合でもそれに基づいて作業するようになる。さらに、再生した二次林での伐採を経験し、その技術を身につけた自分の身体を通して「樹上伐採が楽で効率的だ」と預言の成就のように確認することによって、それを実践する自分と「ベンバの教え」の合理性への自信を深めていく。

当事者にとって誰のまなざしがより意味をもつかは、ライフステージ上の位置により少しずつ異なる。樹上伐採をはじめるころの少年たちにとっては、同年代の少年たちのまなざしが重要である。同年代の少年たちは、樹上伐採の初心者としてその怖さやむずかしさを体感し、それをことばで共有できる仲間であると同時に、自分に先んじて樹上伐採を習得してしまうかもしれないライバルでもある。それぞれの少年は仲間が伐採している場所やその樹形を注意深く見ては、仲間に遅れをとらないよう少しずつ練習を積んでいく。逆に、あるていどできるようになった少年たちが伐採練習を積む少年たちを見て、本気になるのはダサいと斜に構えることもあり、少年たち全員が同じ方向をめざすわけではない。それは理想形のイメージを他者と共有しつつも、あえてそれに同調しないという意味で、逸脱や離反とも表現できる社会性のあらわれかた（本書Ｋｅｙｎｏｔｅ１で中村が指摘する「向社会性」でない社会性）だと考えられる。逸脱や離反を示す行為の実践が逆に、共有された理想形のイメージをきわだたせる結果をも、もたらしうる。[13]

あこがれと尊敬のまなざしが、樹上伐採の習得を勢いづかせることもある。樹上伐採の習得途上の少年たちは、「美しい伐採」をする兄や義兄など年上の男性に尊敬のまなざしを向け、伐採に同行したりする。樹上伐採に斜に構えている少年たちも、自分にあこがれる幼い弟妹やオイメイの目の前ではあえて樹上伐採をしてみせたりする。もっと年頃になると、自分のチテメネの木々を「美しい伐採」にちかい樹形に整えて年頃の少女たちの目を引こうとする青年もあらわれる。

ここで強調しておきたいのは、男性の伐採方法を望ましい樹上伐採へと導く他者のまなざしがきわだつのがライフステージの特定の時期にかぎられることである。すでに述べたように、伐採の評価が結婚の成否にも結びつく婚前や婚資労働中の男性は、いやがうえにも意識して望ましい伐採をしようとする。[14] そのときもっとも強く意識されるのは妻の年長親族のまなざしであり、まなざす者としての年長世代の人びとと、まなざされる自分という社会的地位の差が強く意識される。そこには「できなければ望まない結果になるかもしれない」という恐れも付随するが、より強く当該男性を動かすのは、妻の年長親族からの評価を得て、公に一人前のベンバ男性だと認められたいという大きな望みである。一人前と認められたあとの男性は、婚資労働を終えて自分の世帯をもち、妻の年長親族のまなざしを気にすることなく、樹上伐採にさらに熟達する男性もあれば、適度に他の伐採方法を混ぜる男性もあらわれる。

---

13 これもまた、ヒトならではの社会性のあらわれかただといえよう。

14 ただ樹上伐採できない男性が結婚できないわけではなく、自分の世帯の生計を維持する能力と誠実さがあると確認されれば、結婚が許される。

年長の姻戚のまなざしにさらされつつ一人前のベンバ男性としての評価を受け、樹上伐採に熟達した青壮年男性のあいだに、同じ経験をした者だけにわかるある種の共感が生まれることにも注目しておきたい。青壮年層の男性はおしなべて樹上伐採を効率的な技術だと評価するが、それを実践するわざをもたない者にとっては効率的でもなんでもない。それを効率的だと言える身体をもつこと、さらにそのような自分が他者のまなざしを通して公に評価されたことが、同じ経験をもつ特定の世代の男性たちを情緒的にも結びつける。

妻方居住制をとる母系社会ベンバの村では、多くの女性が母系の親族関係で結ばれているが、青壮年男性は半数ていどが結婚を機に他地域から移入してきた者で、そこに妻子を連れて戻ってきた村出身の者とが入り混じっている。しかし出自のいかんにかかわらず、上記のような経験を共有した男性たちがたがいに抱く共通の価値感覚は、かれらを親密な社会的紐帯で結びつける。[15] それは年長者世代の男性たちとの関係とは異なる経路で、出自の異なる青壮年層をまとめあげる力をもち、村の政治構造にも大きな影響をあたえる。

5　個人のわざが集合的な「技術」になるとき

(1)「美しい伐採」の規範性

これまで述べてきたことから、チテメネの開墾に関わる作業工程のなかで、第一段階を担う男性の樹上伐採がとくに焦点化され、さまざまな場面で他者のまなざしにさらされることによって、望ましい樹上伐採を実践するようにと個々の男性を動かしてきたことがわかる。そのとき指針とされるのは、望ましい樹上伐採のありかたとしての「美しい伐採」の理想形だが、それは伐採を担う男性だけでなく村びと全体に共有され、強い社会的な力をもって人びとの行動を方向づけてきた。こと樹上伐採については他者にまなざされる自分と他者をまなざす自分が重なり、それぞれに内面化された「美しい伐採」のイメージを軸に個々人が行動することによって、再帰的に「美しい伐採」が具現化される。

「美しい伐採」のイメージが実際の作業をとおして具現化されることで、ミオンボ林はチテメネに適した樹形をもつ二次林として再生され、環境の再生産という面からもチテメネ・システムの持続性を担保してきた。樹上伐採をくりかえした木々の樹形は、枝分かれ部に瘤ができて登りやすくなり、再生した枝の生えぎわで伐採すれば、枝葉運搬に適した枝葉が複数とれる。それらの枝葉の整形作業ではそれほど手間をかけずとも、運搬する女性たちにとって運びやすい枝葉の形へと整えられる。

男性たちは、かつて自分より年長の男性から聞き知ったこのような現象を自分の身体をとおして知ることによって理想形の合理性を再確認し、樹上伐採の実践を肯定する。その姿はさらに、かれらをまなざす次世代の少年たちにとっての手本となり、少年たちの自発的な試行を促す。また婚資労働期間などライフコースの特定の時期に、まなざされる側の経験を共有した男性どうしが、まなざす側にいた年長者世代と自分たちを差異化しながら相互の連帯を作り出す点で、世代ごとの政治的立ち位置をも差異化し、社会構造全体にも影響をおよぼす。チテメネ・システムが「われらベンバ」というアイデンティティーの象徴ともなるのは、かれらの社会の全般にわたって、このように深く根を下ろしているからだといえる。

文化進化の観点からヒトの社会の進化を論じたヘンリック（二〇一九）は、ヒトの社会性が進化的に高められた文化的学習能力に言及した。それによれば特定の社会で育つことはその社会における他者の観察をとおしてその考えや

15　慣習的にも同世代の姻戚はたがいをムラム（*mulamu*）と呼びあい、遠慮のない親しい関係を築く。

価値観を汲み取ってその社会でいかに行動すべきかを内面化することだという。そして文化進化ゲーム理論の知見を背景に、「人々が他者を手本にして文化的に学びそのようにして身につけた行動、戦略、信念、動機が社会的相互作用に影響を及ぼすようになると（中略）おのずと社会規範が出現してくる（後略）」（ヘンリック 二〇一九：二一八）という。さらにまたそのような規範が「個人に相当の我慢を強いることであっても、特定の信念、戦略、動機に支えられている行動は、文化進化の産物である悪評を恐れる気持ちからきちんと守られる」（ヘンリック 二〇一九：二一九）とも述べる。ベンバの男性が樹上で枝葉を伐採する恐怖や枝葉の整形作業の手間をいとわないようにふるまったり、女性が枝葉の状態から伐採手の男性を評価しつつも、枝葉運搬の重労働を長期にわたって続けたりするのは、チテメネ開墾をめぐって生み出された「美しい伐採」の理想形が社会規範としての力を帯びるからだといえる[16]。

ただベンバの事例で特徴的なのは、この理想形がもつ社会規範としての力が個人のライフステージの全般にわたっては発揮されない点である。ベンバの子どもたちは野生果実の採集などをとおして男女問わず木登りの身体技法を身につけるが、それがジェンダー化した技術として方向づけられ、社会的な意味を帯びた作業の習得へと向かうのは少年期以降だ。

「美しい伐採」の理想形にむかって行動がより強く方向づけられるのは伐採を担う男性だが、その期間は結婚前と婚資労働中の一時期に限られている。この時期は、配偶者の獲得や配偶関係の成否に大きく関わる点で、当該の男性が規範に沿った行動をする動機をさらに高めもするだろう。しかしここでは、その規範が「悪評を恐れる気持ち」のように、社会的制裁を想定して抑制的に働く力によって守られるわけではないことに注意を払いたい。「美しい伐採」の理想形へと人びとを方向づける規範が、他者から称賛され尊敬され、一人前のおとなとして評価される喜びに支えられて再生産されるところをみると、その規範はむしろ促進的な力になると考えられ、その規範にはずれる個人がいても当然のように受け入れられる理由が理解できる。この点において、ベンバにおける他者からの／他者へのまなざしは、まなざされる個人の行動を方向づけはするものの、行動の選択と人生全体をしばる力にはならない。それは人びとが他者の行為をとおしてのみ具現化される多様な「美しい伐採」をまなざしているからだろう。

（2） 特定の方向づけによる技術の集合化と「はずれる自由」

ベンバのチテメネ開墾作業に関わる身体技法は個別に習得される。けれどもその過程でそれぞれの作業に付随する社会的意味づけが内面化され、「美しい仕事」の理想的イメージが共有されることによって、人びとがまなざすべき方向が示される。そこでは樹上伐採という特定の方向づけに強い力がはたらくが、そこからはずれることには厳しくないかたちで多様性を含みつつ、ある特定の「技術」が集合的に再生産される。

それは、ベンバの村において、新しい技術の導入や習得、錬成に個人の裁量が強く働き、知識や技術を含めた特定個人の権威化が抑制される傾向とふかく関わっている。村びとにとって、年齢やジェンダー、社会的地位のほかに、それぞれの指向や選択にもとづく個人差があるのはあたりまえのことがらである。「ずっとそのままではないから」という年長女性のことばが示すように、ある個人でも状況やライフコースの変化によって、作業のやりかたは異なり、村全体でみると共時的に多様な方法が併存するのは当然のことだ。そこには人びとを集団として教育し、特定の方法に統一しようとする動きはみられないし、「美しい伐採」にむけた作業ができない／しない男性がいるのは織りこみずみであるかのようである。このことは、樹上伐採をはじめたばかりの少年が途中で放棄したチテメネの伐採を、年長の男性が自発的に後始末をするにもかかわらず、直接、少年への指導をすることはないという事例を見てもよくわ

16 美しい仕事のイメージがもつ規範性とは別に、女性が長期にわたる枝葉運搬の重労働をこなす背景には生計維持上の役割に関する社会規範が強く働いているといえる。

かる。

このような態度の根底にあるのは、村びとそれぞれが互いを自律する存在とみなすことである。それはかれらのくらしが移動性を前提に成り立っていることとも不可分で、村びとそれぞれが環境利用のジェネラリストとして生きてきたことに深く関わる（掛谷 一九九八）。生計の単位は世帯で、明確なジェンダー分業によって諸活動が営まれるが、生計の核となる働き盛りの青壮年層だけでなく、高齢者も子どももそれぞれの技能や体力に応じて、食べ物を得る自律的な活動をおこなうのが特徴的である。子どもたちは年齢の異なる集団をつくって遊びの延長としてミオンボ林にでかけ、さまざまな活動の実践を通して環境利用の知識や技能を深めていく。しかしそこでも年上から年下への指導がされることはなく、幼い子どもでさえ、自分の意思に沿って活動することが求められる。[17] こうした積み重ねの結果、全体としては技術や知識の幅が広がり、多様性が保持される。

ただ、このような自律的活動の多様性は、共食や食物の分かち合いを通じて集団のだれもが必要な食物を安定して得られるように働く平準化機構に支えられていることも忘れてはならない。村の日常生活の根底には「他者より多くの物をもつ者はもたない者に分け与えなければならない」という生活原理があり、「制度化された妬み（掛谷 一九八七）」とも相まって、とくに食物の分かち合いを促すしくみが発達している。ひとつの世帯において食物が不足しても、世帯員の移動や世帯間の分かち合いによって、他者に依存することができ村びと全体がそこそこ食べていける状況が担保される（杉山 二〇二二）。個々人の自律的な活動がたとえ「失敗」におわったとしても、それが生存の危機に直結しないという社会的なしくみは、人びとが自律する存在としてありつづけるために重要なのである。[18]

美しい伐採のイメージは社会規範としての力をおびている。それゆえに、個人が習得したわざの実践はそれぞれ美しい伐採へと方向づけられ、多数の実践が重なりあうことによって、チテメネ開墾技術として集合化し、ある種の「標準」をうみだす。美しい伐採を経た継続的な火入れは、耐火性にすぐれた樹種であるミオンボ林を発達させ、その更新を促して、ベンバランド独特の景観をうみだしてきた。この点からみると、チテメネシステムはベンバの人びとをミオンボ林との共生の産物であるともいえる。

ただ、ここで重ねて強調したいのは、すべての人が「美しい伐採」に縛りつけられるのではないことだ。むしろ、そこからはずれる自由が組み込まれ、多様性が温存されることに注意をはらいたい。それは当初から集団全体の技術の統一をめざして人びとを教育する近代産業化社会における技術のありかたとは異なり、個人の指向や能力のちがいを包含しつつゆるやかに集団を維持し、人の移動や環境の変化に対応した生計活動を可能にする。

個人の側からいえば、村に暮らしながら他者のふるまいを手本とし、自身のわざを錬成していくこともできるが、その程度はさまざまで「美しい伐採」からはずれる自由もある。それが自身の行動を強く拘束するなら、寺嶋（二〇〇九）がピグミーについて述べたのと同様、他地域に移動することもできる。ベンバの人びとにとって、同じ村に住む他者のまなざしはおたがいを見つめて監視・統制するのではなく、そこにみずからのまなざしを重ねてその先を見通し（伊藤 二〇〇九）、「美しい伐採」のイメージを共有することをとおして、村をはるかに超える移動性を保持したゆるやかなまとまりとしての「われらベンバ」の生成（杉山 二〇〇九）を可能にしている。

そこにあらわれる社会性は、他者のまなざしにみずからのまなざしを重ねることによって、それぞれがまなざすものを「美しい伐採」の理想形へと拡張させるはたらきをし、「われらベンバ」という「集団」の生業としてチテメネ耕作を発達させる素地となったといえるだろう。

17　たとえば幼児が刃物を扱おうとするとき、周囲はそれを止めるのではなく切れ味の悪い刃物を与えるなどして危険を回避しつつ、その行為を見守るという態度をとる。また他者との諍いがあった場合でもおとなが介入してその場を収めるのではなく、当の子ども自身がどうしたいかを表明するよう促される。

18　グレーバー（二〇二三）にも同様の指摘がある。

参照文献

伊藤詞子（二〇〇九）「チンパンジーの集団——メスからみた世界」河合香吏編『集団——人類社会の進化』京都大学学術出版会、八九—九七頁。

掛谷誠（一九八七）「妬みの生態学」大塚柳太郎編『現代の人類学1　生態人類学』至文堂、二二九—二四一頁。

——（一九九八）「焼畑農耕民の生き方」高村泰雄・重田眞義編『アフリカ農業の諸問題』京都大学学術出版会、五九—八六頁。

金子守恵（二〇二二）「生涯学の創出と人類学的研究の課題」ZAIRAICHI 2022（4）：一—七。

グレーバー、D（二〇二三）『万物の黎明——人類史を根本からくつがえす』光文社。

佐藤廉也（二〇二〇）「森の知識は生涯を通じていかに獲得されるのか——エチオピア南西部の焼畑民における植物知識の性・年齢差」『地理学評論』93（5）：三五一—三七一、日本地理学会。

杉山祐子（一九九八）「『伐ること』と『焼くこと』——チテメネの開墾方法に関するベンバの説明論理と『技術』に関する考察」『アフリカ研究』53：一—一九。

——（二〇〇九）「『われらベンバ』の小さな村——居住集団の日常と王国をつなぐしかけ」河合香吏編『集団——人類社会の進化』京都大学学術出版会、二二三—二四四頁。

——（二〇二二）『サバンナの林を豊かに生きる——母系社会の人類学』京都大学学術出版会。

寺嶋秀明（二〇〇九）「『今ここの集団』から『はるかな集団』まで」河合香吏編『集団——人類社会の進化』京都大学学術出版会、一八三—二〇二頁。

福井康之（一九八四）『まなざしの心理学——視線と人間関係』創元社。

ヘンリック、ジョセフ（今西康子訳）（二〇一九）『文化がヒトを進化させた』白揚社。

溝上慎一（二〇〇八）『自己形成の心理学——他者の森をかけぬけて自己になる』世界思想社。

メスーディ、アレックス（野中香方子訳）（二〇一六）『文化進化論——ダーウィン進化論は文化を説明できるか』ＮＴＴ出版。

レイヴ、J・ウェンガー、E（福島真人訳）（一九九三）『状況に埋め込まれた学習——正統的周辺参加』産業図書。

ロゴフ、B（當間千賀子訳）（二〇〇六）『文化的営みとしての発達——個人・世代・コミュニティ』新曜社。

Moore, H.L. and Vaughan, M.（1994）*Cutting Down Trees :gender, nutrition and agricultural change in the Northen Province of Zambia,1890-1990.*

James Currey

Moore, H.L., Sanders, T. and Kaare, B. (1999) *Those Who Play with the Fire:Gender, fertility and transformation in East and Southern Africa*. Berg Publishers.

Oyama, Shuichi (1996) "Regeneration Process of the Miombo Woodland at Abandoned Citemene Fields of Northern Zambia," *African Study Monographs* 17 (3) : 101-116.

Richards, A.I. (1939) *Land, Labour and Diet in Northeastern Rhodesia,* Oxford University Press.

KEYWORDS

- 酒盛りと喧嘩
- 社会関係の調整のための移動
- 「なかったことにする」

第6章 離合集散しづらくなったらどうするか？

社会性からみる飲酒と移動

近藤 祉秋
Shiaki Kondo

1 社会性からみる飲酒と移動

本章では、北方アサバスカンの一集団である内陸アラスカ先住民ディチナニクがヨーロッパ系入植者と接触した後、どのような変化を経験したかについて、飲酒と移動の実践に焦点を当てて記述する。北方アサバスカンは、アラスカ西部からカナダ東部にわたる広大な地域に分布し、アサバスカ諸語を話す狩猟—漁撈民の集団を指す。本章で言及するディチナニク、グィッチン、ヘアーなどの集団は、北方アサバスカンに属する。

彼らの離合集散する生活様式とその基盤となるバンド構造に関して、新進化主義の人類学を牽引したジュリアン・スチュワードやエルマン・サービスが著者の中で言及しており、その後の北方アサバスカン研究者による反論も含めて、盛んに議論が展開されてきた（Steward 1955; Service 1962; Slobodin 1962; Helm 1965; McKennan 1969; 煎本 一九九六：一四六—一四七）[1]。その流れを受けて、北方アサバスカン民族誌学では、人々の生業活動や移動をめぐるリーダーシップのあり方がバンド構造に絡めて論じられた（Smith 1973; Ridington 1987）。ただ、このようなバンドのリーダーシップの研究は、集団猟を組織する年長男性の役割に偏重したものであった。

従来的なバンドのリーダーシップ論を超えて、女性のリーダーシップに注目したのが、北方アサバスカンの血筋を引く人類学者のフィリス・アン・ファストである。グィッチンのあるコミュニティを調査したファストは、飲酒やドラッグ使用を含む入植者がもたらした生活様式を、人々が依存的なシステムに取り込まれていった結果生まれたものとして理解し、その状況からの回復に向けてさまざまな取り組みをおこなう女性リーダーの姿を描いた。ファストは、先住民研究やフェミニズム研究の知見を踏まえながら、北方アサバスカンの女性リーダーが現代のコミュニティにおいて果たしている役割に光を当てた点で重要な貢献をした。

他方で、ファストの民族誌では、入植者との接触にともなう変化の例として人々の飲酒についての言及が頻繁になされているが、それらはあくまでも依存的なシステムの一部をなしているという見方にとどまる。ファストは、飲酒実践が日常生活で果たす役割を等閑視することで、人々の飲酒実践を観察することでみえてくる北方アサバスカンの社会性[2]を捉えそこなっているという印象も受ける。ファストの民族誌には、酩酊して彼女に絡んできたり、商店や公共施設などで迷惑行為に及んだりする男女の飲酒者が登場するが、分析の中心は、飲酒を批判的に捉える村のリーダー層の視点に基づいている。

1　スチュワードやサービスは、おもにカナダ東部の事例に拠りながら北方アサバスカンの「複合バンド」を論じた（Steward 1955; Service 1962）。複合バンドは、北方アサバスカンの社会構造（の一部）として論じられたものであり、親族としてのつながりを持たない複数の核家族が集合し、時に数百人規模の集団を形成するとされた。スチュワードは、複合バンドの形成を大型動物の狩猟によって食料源を得ていることと結びつけて考えており、基本的には在来の社会組織として描いている。彼の枠組みによれば、毛皮交易が浸透するにともなって、成員間の協力関係が維持されていた複合バンドでの（おもに集団でおこなう）生業から、個々の家族ごとに占有された猟場でのそれへと変化する過程が続くとされる（Steward 1955: 146-148, cf. Helm 1964: 10）。それに対し、サービスはあくまでも複合バンドが入植者との接触にともなう人口減少や社会的混乱から生じたものであるという立場を取っている。在来の社会体制が混乱をきたすなか、無関係であった複数の家族が寄り集まって避難民のような集団を形成したと説明された（Service 1962: 87-89）。スチュワードとサービスは、複合バンドが入植者との接触前にあった社会集団か、それとも接触後に成立したものであるかという点において対照的な見解を示しているが、入植者との接触によって社会構造が大幅に変化したことを議論の前提とする点では一致している。

2　本書で中村美知夫（Keynote 1）が指摘するように、「社会性」は多様な意味を含み込んだ概念である。本章では、中村の言う（C）の用法「集団内での他個体との関わり方」という意味合いで「社会性」という言葉を用いている。

私は、ディチナニクの調査を進める中で北方アサバスカンの飲酒者と付きあうことになった。ファストが「社会病理」（Fast 2002: 15）と呼ぶ状況を安易に肯定することはできないが、彼らが飲酒する場に幾度も同席することは北方アサバスカンの社会性について考えさせられる経験であった。[3]

本章の視点を深めていく上で有用なのが、ジョエル・サビシンスキーの研究である。サビシンスキー（Savishinsky 1971）は、一九六〇年代のヘアーの人々が離合集散を繰り返す生活の中でいかにストレスを発散させているかを論じた。ヘアーの人々は、自身の感情を他者にみせることを強く抑圧する傾向があり、生業活動や集落での生活において他者に不満があっても、それらを（しらふの時には）あらわにすることはほとんどない。ヘアーの人々は抑圧された不満を解放するための手段として、移動、飲酒、犬いじめという選択肢を持っている。[4]サビシンスキー（Savishinsky 1971: 614）によれば、移動は生態学的なニーズを満たすためだけのものではなく、社会―生態学的なストレスへの適応方法である。サビシンスキーの研究は、移動と飲酒をストレスへの適応方法として同列にみる視点を与えてくれる。

上述の指摘と関連して、移動は人類学と霊長類学の双方において、社会性の観点から考えられるようになってきた。霊長類学者の足立薫（二〇二〇：二七）は、生きものが移動する場所を選択する際には日照や地形などの環境要素とあわせて、集団の他個体の動きも重要な要素となっていると指摘した。同様に、東アフリカ牧畜民のドドスの移動を分析した人類学者の河合香吏（二〇二〇）は、「水と草を求めて遊動する牧畜民」という素朴なイメージがミスリーディングであり、ドドスの移動には他集団からのレイディングを回避するための意味合いもあることを論じている。

冒頭でも述べたように、本章では、飲酒と移動の二側面から議論を進めていくが、そのような立論の背景には移動を社会性の観点から捉える足立や河合らの議論、および北方アサバスカンのストレスへの適応方法としての飲酒と移動を論じたサビシンスキーの議論がある。飲酒と移動という二側面から現代の先住民コミュニティを考察することで、一九六〇年代のヘアー社会の状況に基づいたサビシンスキーの議論を更新しつつ、人類学者や霊長類学者による社会性や関連する概念に関する議論をより深めていくことが本章のねらいである。

2 ディチナニクの飲酒実践と社会性

私が現地調査をおこなったニコライ村（アメリカ合衆国アラスカ州、図1参照）には、個人商店があるが、酒類の販売はおこなわれていない。[5] バーやパブ、レストランなどの施設もないため、飲酒をするためには近隣の村であるマグラスもしくはアンカレッジなどの都市部にまで出かけて酒類を購入する必要がある。[6] だが、ニコライ村は人口八〇程度の小規模なコミュニティであり、州内の道路網から外れたところにある。ニコライ村に行くためには、アンカレッジから小型飛行機で行くか、近隣の村からモーターボートもしくはスノーモービル

3　本章の議論は、オーストラリア・中央砂漠に住むアナングの飲酒実践を分析した平野智佳子の研究から着想を得た。平野（二〇二三）は、アナングの飲酒を解決されるべき「社会問題」としてのみ捉えるのではなく、人々が文化的規範と酒を飲みたい欲求の間で揺れながら状況応答的な実践を編み出してゆくさまに着目した。

4　本章では、犬いじめについては論じていない。サビシンスキーが調査をした時期のヘアーの人々は冬期の移動手段として犬ぞりを頻繁に利用していた一方、私が現地調査をおこなった二〇一〇年代のディチナニクの人々は、娯楽以外の文脈で犬ぞりを利用することはほとんどなかった。ニコライ村では、近年、犬は愛玩動物としての位置づけをもつ場合もあり、ストレス解消のために犬いじめをしていると断定できる事例を観察することはなかった。ただ、言うことを聞かない飼い犬に対して大声で叱責することはある。ディチナニクの人々と犬の関わりについては、近藤（二〇二一）を参照のこと。

5　二〇一四年九月までは村の条例で酒類の持ち込みは禁止されていたが、実質的には条例は無視されることが多かった。住民投票の結果により、二〇一四年一〇月以降、酒の持ち込みに関する規制は撤廃された。

6　以前は自家醸造したビールや果実酒を飲んでいたという話も聞くが、私がおもに調査をおこなった二〇一〇年代に村内で酒類を自家醸造している者はいなかった。

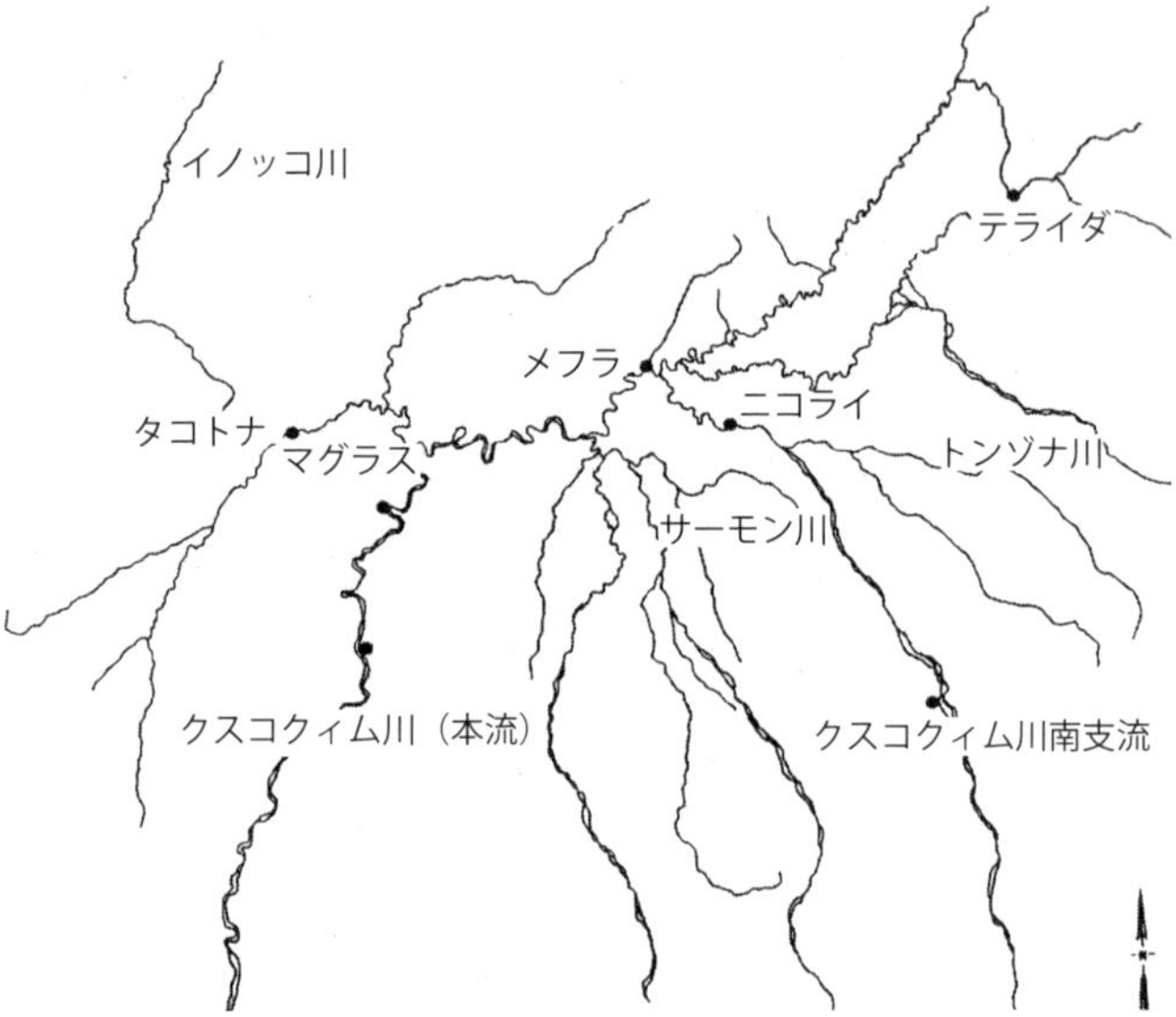

図1　ニコライ村周辺図

で移動するかのどちらかしか選択肢がない。小型飛行機で行く場合には往復六〇〇ドルの運賃（二〇二三年八月現在、村人価格）が発生するし、モーターボートやスノーモービルで移動する場合も燃料代がかかる。

そのため、ニコライ村には、酒を欲しがる人々の代わりにマグラスやアンカレッジに出かけ、酒を購入して村に戻り、転売する者たちがいる。飲酒者が自分で出かけ、多めに買った酒を希望する者に売る場合もあるが、転売して利益を得ることを目的として人々の注文を受ける非飲酒者もいる。スノーモービルでニコライ村からマグラス村に移動する場合、運転や地理に習熟した者であれば片道二時間程度で到着することができ、ガソリンはエンジンの排気量にもよるが、往復で五〜一〇ガロン程度を消費すると考えられる。一ガロンのガソリンは九ドルかかるので、燃料代は往復で四五〜九〇ドルという計算となる。転売の対象は、マグラスで一本二〇〜二五ドル程度で販売されている安価なウィスキーやウォッカであり、転売価格は五〇ドルである。転売者は、燃料代がかさんだケースを考えても一回に四本以上のウィスキーやウォッカを転売することで利益を上げることができる。

酒を手に入れた人々は、二〜五名ほどが集まって酒盛りを始める。最も頻繁に飲まれているのは、「R&R」（ウィスキー）と「スミノフ」（ウォッカ）であり、アルコール度数が高い蒸留酒が好んで飲まれている。人々は車座になって、ボトルから回し飲みする場合もあれば、炭酸飲料で割った「ミックス」をつくって飲む場合もある。酒盛りで酒が消費される速度はかなり速く、ボトルから回し飲みしている際に二〜三ショット分の量（六〇〜九〇㎖）に相当する量を一回で飲む者もいる。一晩でウィスキーやウォッカが三〜四本消費されることが常であり、酒がさらに供給された場合、人々がこれ以上の量を飲むこともあるし、翌朝以降も酒盛りが続く場合もある。

このように酒盛りの場では大量の酒が消費されることになる。酒盛りの参加者は、酒盛りが始まったばかりの時間は和やかな雰囲気で会話を楽しんでいるが、酩酊状態になってくると、参加者の誰かが怒ったり、他の参加者とケンカを始めたりし、険悪な雰囲気になることが少なくない。

酒盛りの場で生じる諍いについて、いくつか例を見てみよう。

【事例1】

二〇一四年一一月、私が寄宿していたネイサン（四〇代男性）[7]の家にセス（二〇代男性）とギルバート（四〇代男性）が訪ねてきて、四名で「R&R」を飲む酒盛りが始まった。セスはギルバートのオイ、ネイサンのイトコの息子にあたる。彼らはしばらくの間、和やかに会話をしていたが、突然セスがギルバートとネイサンに対して怒声を発した。セスが言うには、九月の狩猟シーズンにイトコのデズモンド（二〇代男性）と出猟していた時にボートが故障し、立ち往生してしまったことがあった。その際、ギルバートとネイサンは彼らの近くを通りかかったのだが、ボートの修理を手伝ったり、声をかけたりするのではなく、無視して通り過ぎてしまった。セスは、親戚の若者がボートの故障によって困っているのに助けないのは不当だと感じていた。彼の

7　本章に登場する人名はすべて仮名である。また、年齢は、二〇一四〜二〇一五年当時のものである。

怒りはオジであり、同じ狩猟キャンプを利用することもあるギルバートに向けられていた。ギルバートはセスのボートが故障しているとは知らなかったと反論し、二人は口論を始めた。その場は険悪なムードになったが、セスがその場を離れて、当時交際していたティナ（三〇代女性）の家に行ったので騒ぎはおさまった。

【事例2】

二〇一五年一月、私がネイサンと二人で「R&R」を飲んでいる時に、ディラン（五〇代男性）がやってきた。ネイサンのオジにあたるディランは、非飲酒者であるが、マリファナの常用者である。ネイサンの家にはマリファナを吸いによくやってきていた。ネイサンはしらふの時は物静かで、かつ親しみやすく人気があるが、飲酒すると周りの者の気に障ることを言う癖がある。この日も年長のディランに対して、既婚女性のバーバラ（三〇代女性）と不倫関係にあるのではないかとネチネチとした難癖をつけていた。ネイサンは、ディランとバーバラがよく一緒にいて、バーバラが最近産んだ子どもをディランがかわいがっているのをみて、その子どもの父親はディランなのではないかという噂が立っていると述べた。ディランはバーバラとはマリファナを一緒に吸っているだけだと答えたが、ネイサンが執拗に追及を続けたため、ディランは怒って自分の家に戻ってしまった。ネイサンは、ディランを追いかけて家の外に出ると、中指を立てて「ファックユー」と大声を上げた。それに対して、ディランも中指を立てて「ファックユー」と返した。

【事例3】

ネイサンの難癖は、寄宿者の私に対して向けられることも多かった。二〇一四年一〇月、私はダルトン（五〇代男性）の家で飲酒した後、ネイサンの家に戻ってきた。ネイサンも酒を飲んでおり、今度は二人で飲むことになった。その際、ネイサンは、私がクマ猟について他の人の前で話すことで狩猟パーティの運をつぶしてしまったと難癖をつけた。ネイサンによれば、クマは人々の言葉を聞くことができて、猟師たちが自分を狙っていると聞くと逃げ出してしまう。この時期、私は村の上流にあるギンザケ遡上地に行き、クマ猟に出かけることになっていたが、何回か日程が延期されることが続いていた。当時、ネイサンと私は家の近くにある共同サウナを利用しており、ディランら近隣の男たち数名とサウナに入っていた。その中の会話で、私は友人が飲酒を続けるせいでクマ猟行が延期されていることを冗談交じりに話していた。私は、クマについて直接的な言及を避けるべきという伝統的規範のことを知っており、村人が普段やるように「ボートに乗りに行く」というような婉曲表現を使って話していたのだが、ネイサンはぼかした形であってもそのようなことが大っぴらに言及されるべきではないと考えていたようだ。[8]

【事例4】

最後に、デイビス（五〇代男性）のケースを紹介しよう。デイビスは、普段は非常に寡黙であるが、飲酒時に怒りを抑えることができなくなり、暴力的になることがあった。私がネイサンの家で飲酒していた時にも、この中で誰が一番タフかという話題になると、デイビスは周囲の者たちを挑発し、ケンカを始めようとした。みながデイビスの挑発を無視していると、デイビスはネイサンの背後に回り、突然首を絞め始めた。ネイサンがデイビスの腕を軽く叩いて降参の意を示したが、デイビスはしばらく首絞めを続けた。

二〇一五年七月、酩酊したデイビスがナイフを持って村の中をうろついていた。夏期は森林火災消防の仕事

8　また、上流域でのクマ猟は狩猟者にとって興奮を呼ぶものであり、ネイサンは私がクマ猟に出かけられることをうらやましく思うと言ったことがある。そのため、ネイサンのこの難癖は私に対するやっかみとしても理解できる。

が盛んな時期で、ニコライ村のクルーたちは森林火災消防の仕事に出かけることが多かった。デイビスは、少し前の時期にクルーのリーダーであるディランから勤務態度が悪い（飲酒して欠勤する）と叱られたことがあり、そのことを根に持って、ディランをナイフで刺そうと探していた。村内では、無線を使って、デイビスがナイフを持って徘徊していることが告げられ、村人たちは玄関の錠を締めたり、護身用の棍棒になりそうな材木を物色したりした。デイビスは、たまたまディランの家にいた妹のデイジー（五〇代女性）の手に切りつけ、怪我をさせたことで翌日逮捕された。[9]

これらの事例からわかることは、飲酒時に諍いや口論が生じる背景にはそれ以前に生じた人間関係のわだかまりがある場合が多いことである。セスが立ち往生した自分を助けてくれなかったギルバートを非難したのは、実際にそのことが起きてから二カ月後であった。セスは、酒の席でギルバートと一緒になるまで不満を抱いていることを打ち明けることはせずに、ため込んでいたのだと考えられる。ネイサンがディランや私に難癖をつけるのも、しらふの時ではなく、酩酊した時に限られていた。デイビスも、ディランから注意された直後ではなく、村に戻って飲酒した時に怒りが爆発し、傷害事件につながった。

ここには、しらふの時には怒りや不満が抑圧されているが、それらが飲酒した際に解放されるというパターンが確認できる。セスは「酒を飲めばなんでもできる」と私に語ったことがあるが、この社会では、普段は他人に自身の感情を表すこと（とくに怒りや不満の感情）を避ける一方で、飲酒時にはそのような感情を相手にぶつけることが日常化していることを示している。

3 移動実践とストレスの緩和

サビシンスキーの研究では、ヘアーの人々がする移動の中には家族単位で滞在するキャンプを変えることと生業活動のために日帰りで外出することの二種類があり、両者とも人間関係の軋轢を調節する役割を持っているとされていた（Savishinsky 1971）。一九六〇年代のヘアーとは異なり、現在のディチナニクの間では、キャンプを転々としながら生業活動をおこなっていくというよりも、村を拠点としながら数日の間、狩猟・漁撈のキャンプに滞在するのが一般的になっている。このことは遊動様式の変化を示す状況だと考えられるが、その歴史的経緯については後述することとしたい。現在のディチナニクは、サビシンスキーが言う前者の中長期的な移動ではなく、より日常的な後者の移動をおこなっている。本節では、後者に焦点を当てて、事例を検討する。実際に日常的な外出は頻繁にあるため、それに該当する事例の数は膨大であるが、明確にストレスへの対処としての役割を果たしているもののみ挙げる。

【事例5】

二〇一五年四月、ステファン（二〇代男性）は父親と兄弟たちと同居していた家から出て、数日間野営して過ごした。ステファンの家では、缶入りのソーセージ（生活保護世帯に支給されるもの）を食べていたが、自分が席を外している間にソーセージがすべて食べられてしまった。ステファンは、自身の存在が家族の中でないがしろにされていると思い、憤っていた。ステファンは当時よくピーター（二〇代男性）や私と水鳥猟に出か

9　村内には警察官は常駐しておらず、通報があってから警察官が飛行機で都市部から出動する。

けており、そこに一緒に行かないかと誘ってきたが、ピーターも私もその時には村の中でやらなければならない用事があり、一緒に行くことはできなかった。ステファンは一人で野営していたが、心配になった彼の兄弟の一人が森の中に行き、彼に戻ってきてほしいと伝えた。ステファンは家に戻り、家族との関係は元通りになった。

【事例6】

ドリー（七〇代女性）は、前述したダルトンの母親である。ドリーの夫が死去した後、ダルトンが彼女の面倒をみていたが、ドリーが毎日希望することがあった。それは、一日に一回バギーで周辺をドライブすることであった。ニコライ村から川沿いに進む道と滑走路の先を超えて湖に出る道など数種類のトレイルがあり、ダルトンはドリーをバギーに乗せて、三〇分程度ドライブした後、家に戻ってきていた。ダルトンが言うには、夫の死後、ドリーは気分が沈みがちになっており、家の中にばかりいるのではなく、外出するのが気分転換になってよいのではないかということだった。私もダルトンの代わりに何度かドリーと一緒にドライブすることがあった。ドリーは外出中、自分で歩いたり、バギーを運転したりするわけではなく、バギーの荷台から川や対岸にある森をじっと見つめていた。

【事例7】

前節で述べたデイビスは、自身が酒を飲むと他の人々に暴力をふるってしまう傾向があることを自覚していた。二〇一五年二月、ある酒盛りの途中で私はデイビスと二人きりになったことがあり、その時デイビスは私に身の上話をした。デイビスは、一七歳の時にニコライ村を出て、シアトル、アンカレジ、フェアバンクスを転々としながら暮らし、二〇一一年ごろに故郷に戻ってきた。彼の語りはおもにニコライ村の外での暮らしに関するものであったが、ニコライ村での暮らしについても触れた後、次のように語った。

> 自分はあまり教会には行かない。自分にとって、森が教会である。森のなかにいると、木々が生きているのを感じる。彼らは、魂を持っている。自分が木を切るときには、木に感謝する。「家を暖めてくれてありがとう」と言う。生きているものすべてには魂があって、それぞれの場所がある。自分にはアンガーマネージメントが必要だ。常にそのことを心にとめていないと忘れてしまう。ストレスがたまってきたら、森に行く。そうして、木々に怒りを吸い取ってもらうようにお願いする。（二〇一五年二月一日）

前節でみたように、デイビスは数カ月後に傷害事件を起こし、逮捕された。デイビス自身、酒を飲んだ時に暴力的になる傾向について改めたいと考えていたようで、対策として森に行くことを挙げていた。興味深いことに、デイビスは、森の木々が霊魂を持った存在であると考えており、森へ赴くことは木々との交感によって怒りの感情を発散させる機会であると捉えていた。[10]

これらの事例からわかることは、狩猟・漁撈キャンプで過ごす時間が以前よりは減った現在であっても、人々は森に出かけることで自身の怒りを鎮めたり、沈みがちな気分を高揚させたりすることを試みていることだ。現在におい

10　すべての生き物に霊魂が宿るというのは、他のディチナニクの村人やアサバスカンの人々も語ることである。だが、そのような文脈では、人々は動物の霊魂（例えば、前述したクマなど）について語ることが多い。植物が霊魂を持つことは必ずしも否定されないが、通常の文化的規範の中ではあまり強調されないことから、木々との交感はデイビスが個人的に抱いている考えである可能性が高い。

ても、移動は生業活動のためにおこなわれるだけではなく、社会関係を調整するための役割も果たしていると言える。

4 飲酒と移動にまつわる社会変化

ここまでニコライ村に住むディチナニクの現在の社会関係について、飲酒と移動に焦点を当てながら記述してきた。本節では、現在おこなわれている飲酒や移動の背景にある社会変化を論じていく。

ディチナニクの人々は、入植者との接触が本格化する前の時期にはクスコクィム川上流域内に位置する複数の川筋ごとに小集団をつくっていた（Hosley 1966）。接触前の時期から二〇世紀初頭まで、人々はカリブーの集団猟と漁撈を中心とした生活を送り、アラスカ山脈の山麓地域を含む高地部に滞在する時間が長かったと言われている。この時期、複数の小集団が散開して漁撈や狩猟をおこなっていたが、カリブーの集団猟の時期には高地部に集まり、合同で狩りをしていた。入植者との接触が本格化すると、疫病が流行し、人口の半分程度が死去した。二〇世紀初頭、疫病による混乱のさなか、クスコクィム川上流域の人々は、チーフ・ニコライが住むトンゾナ川の野営地に集まり、正教の教会を建設し、その周りに小屋を建てて住むようになった。チーフ・ニコライの野営地に集まった人々が中心となって、現在のニコライ村の基盤ができあがった。この時期には入植者によって捕魚車（魚を捕獲する水車状の仕組み。川に設置すると、水力で二四時間ゆっくりと回り続け、産卵のため遡上しようとするサケなどの魚類が、カゴにすくいとられる）と犬ぞりがもたらされ、人々は低地での生活に適応するようになった。ニコライ村は、入植者との接触以降に生じたさまざまな変化のもとで生まれたと言える。

他方で、ニコライ村が成立した後も人々の生活は遊動的であった。現在の古老たちが子どもであった一九六〇年代には、夏の漁撈シーズンには一家総出で漁撈キャンプにこもり、人とそり犬たちが越冬するために必要なサケを捕獲していた。冬には、成年男性の多くは罠かけ行に出かけ、罠かけパートナーとともに長期間小屋に滞在していた。また、一部の者たちは、ディチナニクの伝統的生活圏であるアラスカ山脈の山麓地域に徒歩で出かけ、狩猟生活を送っていたことを記憶している（Collins 2004; 近藤 二〇二一a）。

ディチナニクの人々の生活に大きな変化が生じたのは、一九七〇年代以降である。この時期、村人の間でスノーモービルが普及し、犬ぞりの交通手段としての重要性が低下した。犬ぞりを使用するためにはそり犬のための餌を大量に確保する必要があったが、犬ぞりが移動手段としては使われなくなることで犬の餌を得ることを目的としたサケ漁撈は以前ほど重要ではなくなった。さらに、土地権益請求の結果、アラスカ先住民権益処理法（一九七一年）が成立し、アラスカ先住民社会はより強く現金経済へと結びつけられていった。これらの変化に加えて、飛行機の定期便が就航するようになり、村評議会などの予算を使って、人々が都市部に出張したり、医療サービスを受けたりすることが容易になった。

アラスカ先住民権益処理法が成立したことで、土地権の範囲が明確化され、アラスカ北部での石油開発が始まった。このことによって、州の税収は飛躍的に上昇し、都市部のみならず、村の中でもインフラ整備が進められるようになった。とりわけ一九九〇年代には、石油開発によって引き続き好調な州経済を背景として、住宅などのインフラ整備で村人が雇用された。多額の現金を手にした村人が小型飛行機をチャーターしてマグラスまで向かい、チャーター便に酒を満載して帰ってきたことが今でも村では語られている。一九九〇年代に生じたこの状況は、インフラや交通手段の整備によって村外との往来が容易になったことと現金経済への組み込みが強化されたことで、酒が入手しやすくなったことを象徴的に示すものだと言える。

一九七〇年代以降は生業活動が機械化され、移動にかかる時間が短縮された分、キャンプでの滞在期間が短くなっていった。すでにモーターボートが使用されるようになってから時間が経っていたが、人々が現金収入をより得やすくなることでモーターボートも利用しやすくなった。従来は狩猟・漁撈キャンプでの滞在期間は、一～数か月間ほどであったと考えられるが、この時期以降はニコライ村を拠点としながら、キャンプでの数日間の滞在をおこなうように変化していった。ネイサンは、一九八〇年代にある古老夫婦とともにマスノスケの漁撈拠点で一カ月ほど滞在していたと語っていた。ニコライ村の村人が長期間漁撈キャンプに滞在したのはこの時期までであったようだ。

これらの動向を総合的に考えると、移動と飲酒に関して、大きな変化が生じたとまとめることができる。交通手段が機械化し、効率化することでマグラスやアンカレッジへの訪問は容易になった。加えて、石油開発により州経済が好調な時代が続き（二〇一〇年代前半まで）、人々が村内外での雇用を通して現金を手にし、酒も入手しやすくなった[11]。このように、一九七〇年代以降の変化は、日常的に飲酒をするための社会的環境を整えたと言える。

他方で、移動について考えてみると、交通手段の機械化によって、一見、遊動性が増したとも考えることができるが、人々が語る過去の生活様式と参与観察から確認できる現在の暮らしを比較する限り、人々が集落で過ごす時間が増えていると判断できる[12]。というのも、キャンプへの移動が容易になった分、必ずしもキャンプにずっと滞在しながら生業活動をおこなう必要がなくなり、数日間のキャンプ滞在を繰り返すことで必要な食料や資源を得ることができるようになったからだ。

前述したように、犬ぞりからスノーモービルへの交通手段の変化は、夏の漁撈シーズンの重要性を低下させた。一九六〇年代までは、ニコライ村の人々は夏になると家族ごとの漁撈キャンプに散開し、村に残る者はごく一部だけであった。しかし、現在では夏の漁撈シーズンであっても、日常的には村で過ごすことが増えている。さらに、一九六〇年代以降、毛皮の価格が下落しているため、長期の罠かけ行に出かける者もほとんどいなくなっている。罠かけは現在でもおこなわれているが、村の近辺に罠をしかける日帰り行か、数日間の罠かけ小屋滞在を繰り返す形が一般的になっている。ニコライ村の文脈では、生業活動と移動手段の機械化は、キャンプに長期滞在するという縛りから人々を解放した分、彼らがより村での生活に依存するようになるという結果につながった。

この点を指摘することで私が主張したいのは、人々が移動しなくなったということではない。第3節で述べたように、社会関係を調整する実践としての移動は現在でもおこなわれている。だが、それは中長期的なものではなく、あくまでも村近辺での短期的なものが主流になり、深刻なコンフリクトを回避するための手段としては役に立たなくなっている可能性がある。

たとえば、ニコライ村では、年配男性クリス（現在は故人）の家族と年配女性メアリーの家族は長期間にわたる敵対関係にある。私がクリスの漁撈キャンプを訪問した際、そのキャンプにある小屋の窓ガラスが割れていた。彼は、酒に酔ったメアリーとその息子がマグラスから戻る途中に小屋に押し入り、発電機を盗んだと主張した。クリスは、他にもさまざまな機会にメアリーの家族らが自身の所有物を盗んでいる（盗もうとしている）と考えていた。他方で、メアリーは、若い頃にクリスにレイプされたことがあると語り、メアリーの家族は彼女の語りが真実であると捉えている。メアリーの家族がクリスの家族と絶縁状態にあるのは、この出来事が原因とされている。クリスとメアリーの語っている内容が実際に起きたかどうかを確認することはできない。だが、クリスとメアリーは若い頃にはどちらも飲酒をしており、両者が飲酒をしていた時に何らかのトラブルが発生したと考えられる。[13]

このような人間関係上の深刻な軋轢は、短期的な移動によって解消することはできない。クリスとメアリーの間に生じたトラブルは、一九七〇年代以降、飲酒が容易になったこととも関連しているが、同時にこのトラブルが数十年

11　ただし、毛皮交易の時代から人々は現金経済に参加しており、一九七〇年代に初めて現金経済に触れたわけではない。

12　これはあくまでも村を拠点に生活をしている人々に関する見解であり、高校などの卒業後、村から離れ、都市で生活するようになったディチナニクの人々に関しては該当しない。一部のディチナニクの人々は、都市部に移住した後、ニコライ村に戻ってくることがあり、そのような暮らしのあり方を遊動性の観点からどのように位置づけるかは今後の課題としたい。

13　私が現地調査を始めた二〇一二年の時点では、クリスは飲酒をしておらず、メアリーは飲酒を続けていた。

間にわたり尾を引いているのは、クリスの家族もメアリーの家族もニコライ村を拠点として生活を続けざるを得ないからである。私が見聞きする限り、クリスはメアリーとのトラブルが原因で懲役などの刑事罰を受けていない。そのため、この軋轢が解消されるためにはどちらかの家族が村を出て行くしかなかった[14]。接触前や接触早期の生活様式であれば、村や野営地から移住し、新しい場所で生活することも比較的容易であった[15]。しかし、森や山で完全に自給自足的な生活をすることは「アラスカ先住民の理想の生活」として表現されることはあったとしても、それを現実におこなう者は現在のニコライ村で見たことはない[16]。また、インフラ整備が進んだ村内の住宅を手放すことは、都市部でのホームレス生活に直結する可能性さえあり、リスクが高い。これらの事情から、どちらの家族も人間関係上の軋轢を抱えながらニコライ村での居住を選ぶしかなかったと考えられる。クリスとメアリーの間に生じたトラブルには、その発端から長期化した要因に至るまで、一九七〇年代以降に生じた諸々の出来事が深く関わっている。

5　アラスカ先住民の飲酒論再考——社会性の観点から

本章では、現在のディチナニク社会で観察できる飲酒と移動の実践を検討し、そこに社会関係の調整機構としての意味合いを見出してきた。さらに、入植者との接触から始まる大規模な社会変化の延長線上にこれらの実践を位置づけ、飲酒が盛んになる一方、移動に関しては短期的な外出やキャンプ滞在が主流になりつつあることを指摘した。この変化は、飲酒によるトラブルが増加する中で、中長期的な移動による人間関係上の軋轢を回避する方法が機能しづらくなっていることを示唆している。

冒頭でも述べたように、入植者による文化破壊、およびそれに代わる依存的なシステムの導入に焦点化するファストの議論は、自己の感情を他人にみせることを好まない北方アサバスカンの社会性を十分に考慮に入れていない点で彼らの飲酒実践を平板なものとして描いてしまっているように思われる。[17] 飲酒を外部由来の「社会問題」としてではなく、北方アサバスカンの社会性と密接に絡みあった実践として捉える場合、同じくストレスへの対処方法として挙げられた移動との比較が重要となる。

まず移動から考えてみれば、それは「関わらないようにする」という戦略である。[18] 同種他個体との関係性が思わし

14　クリスが死去した後も、クリスの家族とメアリーの家族との間での敵対関係は続いている。

15　ディチナニクの間では、伝統的には花嫁代償（ブライドサービス）の習慣があり、男性は妻となる女性の両親のために一定期間狩りや労働をすることが求められていた。このような習慣があることで、男性は自身が生まれ育った地域と妻の出身地域の両方の地理に明るくなり、狩猟や漁撈で利用できる地理的範囲が広がることになる。

16　新型コロナウイルス禍が始まった二〇二〇年冬の時期、ウイルス感染を回避するためにキャンプへの長期逗留をするべきではないかという意見が表明されたことがあった（近藤 二〇二一ａ）。ただし、その意見を述べた者が実際にキャンプへの逗留をおこなうことはなかった。

17　ファストの民族誌記述からは、彼女が調査中に飲酒者や酒の転売者（両者は重複する場合もある）と深く関わることを避けていた様子がうかがえる（Fast 2002: 31, 110）。彼女の民族誌においては飲酒やアルコール依存症を重要なテーマとして取り上げているにもかかわらず、（酩酊した者に絡まれることはあっても）人々の飲酒に同席した際の様子は描かれていない。ファストの飲酒に関する分析が紋切り型的なものにとどまっている印象を受けるのは、飲酒時の人々の行動や言動について十分な観察が示されていないからではないかと考えられる。

18　チンパンジー社会を分析した西江仁徳（二〇二〇）は、第一位オスがその地位を追われた際に順位を下げたまま集団にとどまることをよしとせずに、長期間にわたり単独で生活することがあると指摘している。西江によれば、チンパンジー社会では、日々の関係づけの中で優劣が確認されているが、集団からみずからを切り離すことで優劣関係があいまいなままになる。本章で分析した事例とは異なる文脈であるが、同種他個体との日常的な相互行為から遠ざかることで社会関係を調整しようとする試みとしては共通する点もあるという印象を受けた。本章では、非ヒト霊長類との比較をおこなう余裕はないが、移動による社会関係の調整は、人間と非ヒト霊長類の社会性を考える上で今後検討することができる論点だと考えられる。

くないものになった時や何らかの理由で苦しい気持ちを抱える時には、その環境から積極的に離れることで冷静な気持ちを取り戻すことが目指される。事例5のステファンや事例7のデイビスのように、怒りの感情を抑えるために森へと向かうことがある。村の中での人間関係の軋轢から一時的に距離を置き、狩りの対象である水鳥や薪とする木などの人間以外の存在と関わることで、人間関係から注意をそらしているとも考えられる。とりわけデイビスは、樹木を含むすべての存在に魂があり、怒りの感情を吸い取ってくれるように頼んでいると語っており、移動は人間以外の存在との交流という側面をもっていることが明白である。また、事例6のドリーの場合、夫の死後、家の中で過ごすことが多くなり、落ち込みがちになった時に村の周辺の森をバギーでドライブする（してもらう）ことによって、気分転換を図っている。これも、落ち込みがちになってしまう自分の感情から距離を取るための実践だと解釈できる。

他方で、飲酒は「なかったことにする」戦略である。しらふの状態では、怒りや不満の感情を他者にぶつけることは避けられる。だが、これらの感情が解消されずに抑圧されたまま残った場合、泥酔した時に関係者にぶちまけられる。事例1～3の場合、怒りや不満の感情を向けるのは親族などの親しい間柄にある者となっている。通常、飲酒は親族や友人らとするものであり、酒の場で起こる諍いもこのような間柄で生じるのが一般的である。その場合、諍いによって当事者たちの関係が決裂するわけではなく、酒が抜けた後、これまで通りの（少なくとも表面上は）友好的な関係が続く。

セスがギルバートに不満をぶつけた後も、彼らはオイとオジとして同じ狩猟キャンプを利用しているし、ネイサンの酒が抜けたのを確認したディランは、とくに飲酒時の非礼をたしなめたりすることなく、マリファナを吸いにネイサン宅を訪れている。ネイサン自身は、大概の場合、泥酔している時に自分がどのような発言をしていたか覚えていない（と主張している）。ただ、自身が飲酒時に他者に対してひどいことを言ってしまう傾向があることは自覚しており、酒が抜けた後で私に謝ることもあったが、飲酒時に難癖をつける習慣は変わっていない。

飲酒時の諍いは激しいものであり、怒号が飛び交い、その場には一触即発の険悪なムードが立ちこめたり、時にはデイビスの首締めのように暴力行為がみられたりすることもある。だが、前述したように、あくまでも親しい間柄での飲酒の場合、人間関係が壊れることはほとんどない。飲酒時の非礼を「なかったことにする」ことによって、（しらふの時は）怒りや不満の感情を他者にみせてはならないという北方アサバスカン的な美徳と、それでもそのような感情を抑えることができないという現実の間でのバランスをとる試みがなされていると考えることができる。その点では、酒の席で時折生じる激しい諍いは、その場での険悪なムードから受ける印象とは裏腹に、人間関係に修復不可能な亀裂を必ずしももたらしているわけではない場合も多い。また、繰り返されるネイサンの難癖のように周囲に不快感を与えながらも半ばあきらめられている状況もある。

ところが、容易に想像がつくように、「なかったことにする」のではうまくいかないようなケースも生じる。事例4のように、勤務態度の悪さを叱責したディランに対して、逆恨みを抱いたデイビスが泥酔した時にディランを刺そうとした際には、結果としてその場に居合わせたデイジーに怪我をさせるという顛末になり、傷害事件として扱われることになった。デイビスは逮捕され、懲役刑を受けた。また、クリスとメアリーの間のトラブルでは、メアリーの主張が正しいとすれば、性的暴行が起きたことになる。実際にどのようなトラブルが生じたかは定かではないが、クリスの家族とメアリーの家族は絶縁状態であり、それぞれの家族内ではさまざまな機会に他方の悪口が言われていた。

サビシンスキー（Savishinsky 1971）は、ヘアーの人々にとって移動がストレス緩和の手段であるとともにストレス源ともなっていると指摘したが、ディチナニクの人々にとって飲酒は日常生活の中で生まれる怒りや不満などの感情に対応するための手段であるとともに、人間関係上の大きな軋轢を生む可能性にもつながっており、怒りや不満の発生源ともなっている。クリスとメアリーの語りがともに真実であると仮定すれば、飲酒がもとで生じた人間関係の破綻が日々抑圧される負の感情を生み、それが飲酒時に解放されることでメアリーの家族による盗みという形での報復につながっている。この関係性は、一九七〇年代以降のアラスカ州全体にわたる社会変化がもたらした負の遺産であるとともに、メアリーや彼女の家族にとっては強い憎悪を抱く相手と物理的な距離を置くことができない状況（⇒

「関わらないようにする」という戦略があくまでも限定的な有効性しかもたない状況）の中でやむにやまれず続けられている応答でもある。

ここで十分に念頭に置いておかなければならないのは、人々がストレスへの対処方法として飲酒に頼るようになる要因である。これに対して、ファストは入植者による文化の破壊を強調した説明をしている。ファストが引き合いに出すあるグィッチン女性は、植民地主義的な暴力が原因となり、先住民文化への誇りやアイデンティティを失うことでうつ状態が生じると考えており、そのような状態を「文化的うつ」と呼んだ（Fast 2002: 256–257）。ファストは、このグィッチン女性の見解を紹介するのに続けて、北米先住民やアフリカの少数民族の間で薬物乱用や自殺などの社会問題とされる行為が生じている背景に植民地主義的な暴力があることを指摘する研究を取り上げている。とりわけアフリカの少数民族が入植によって受けた破壊的な影響について取り上げたピーター・マリス（Marris 1974）の議論を、グィッチンが置かれた状況との違いも含めて詳細に論じている（Fast 2002: 259–261）。ファストは、マリスの議論に着想を受けたグィッチン社会の分析を彼女の情報提供者に披露した際、二名からは反論を受けたが、他の者たちからは賛同を受けたとしている（Fast 2002: 261）。

ファストの情報提供者が「文化的うつ」と表現した言説は、近年先住民運動の文脈で隆盛する「歴史的トラウマ」概念が現地化したものと考えられる[19]。この概念について詳細な説明は割愛するが、その要点は、現在の先住民コミュニティでみられる「問題」とされる行動が、先住民の人々が現代文明に適応できていないことを意味するのではなく、植民地主義的な暴力によって引き起こされたものであるということだ。「文化的うつ」や「歴史的トラウマ」の考え方は、先住民を現代文明への不適応者としてではなく、植民地主義的な暴力からのサバイバーとして捉える点で先住民のエンパワーメントにつながっている。

だが、このような説明は、それぞれの社会がもつ独自の特性、例えば本章の文脈で言えば「社会性」を考慮の埒外に置いてしまう可能性を含んでいる[20]。ネイサンやデイビスが他人を傷つけてしまうのは、飲酒時にこれまで抑圧していた不満や怒りが爆発してしまうからである。しらふの時には感情を表に出すことができず、自分の心の中にためこんでしまうのは、彼らがアサバスカンに特徴的な社会性を身につけているからである。北方アサバスカン民族誌学では、自身の感情を他人に見せないようにし、無関心を装うことが美徳とされているという北方アサバスカン社会の特徴がしばしば論じられている（Honigmann 1949; Savishinsky 1971）。ネイサンやデイビスの「問題」とされる行動は、彼らがアサバスカンの文化的規範や理想的な自己像から逸脱しているからではなく、むしろそれらに基づきながら他者と関わっているから生じているのだと考えられる。

改めて考えなければいけないのは、飲酒と移動にまつわる社会性の規範である。入植者との接触以降、ディチナニクの人々の生活様式は大きく変わってきた（第4節を参照）。その一方で、彼らは自身の感情を表さず抑圧するという北方アサバスカン的な美徳を維持し続けている。しかも、それは都市で長い年月を過ごしたデイビスのような者にとっても該当する。このような社会性のあり方が今後も維持されると仮定すれば、移動による社会関係の調整が短期的で限定的な効果しか持たなくなっている現状では、しらふの時にため込んだ不満や怒りを飲酒した際に解放するというパターンは簡単に消え去ることはないだろう。

逆に言えば、時に破壊的な結末をもたらす人々の飲酒パターンを変えようと思うのであれば、そのような取り組みは人々の社会関係のあり方にまで踏み込むものにならざるを得ない。場合によっては、それらはアサバスカンの人々にとってみずからの文化的規範や社会関係のあり方に対する抑圧として捉えられる可能性さえ孕んでいる。すでに飲

19　「歴史的トラウマ」については、近藤 二〇二一 bを参照のこと。

20　同時に、「文化的うつ」や「歴史的トラウマ」による説明は、諸集団の文化的な差異を超えて、入植者による抑圧が現在の先住民を取り巻く苦境を生み出したという認識をもたらし、連帯の意識を高める。私は、先住民運動の文脈でこの概念が戦略的に利用されることに異を唱えているわけではない。

酒が「社会問題」とみなされるようになって久しいが、人々の飲酒実践がなかなか変わらない理由は、それが「伝統文化を破壊する外来文化」であるからではなく、内陸アラスカ先住民の生活様式が大きく変わる中で人々の社会関係の隙間に思わぬニッチを見つけた実践であるからだと考えられる。

謝辞

本章の草稿に対して、平野智佳子氏、編者の河合香吏氏、京都大学学術出版会の鈴木哲也氏から有益なコメントをいただいた。記して謝意を表する。

参照文献

足立薫（二〇二〇）「極限としての〈いきおい〉——移動する群れの社会性」河合香吏編『極限——人類社会の進化』京都大学学術出版会、二三一—四五頁。

煎本孝（一九九六）『文化の自然誌』東京大学出版会。

河合香吏（二〇二〇）「牧畜民の遊動再考——東アフリカ・ドドスの『極限』への対処をめぐって」河合香吏編『極限——人類社会の進化』京都大学学術出版会、二四三—二六五頁。

近藤祉秋（二〇二一 a）「危機の「予言」が生み出す異種集合体——内陸アラスカ先住民の過去回帰言説を事例として」『文化人類学』八六（三）：四一七—四三六。

——（二〇二一 b）「北米先住民研究における「歴史的トラウマ」論の展開」『アイヌ・先住民研究』一：五三—六六。

——（二〇二二）『犬に話しかけてはいけない——内陸アラスカのマルチスピーシーズ民族誌』慶應義塾大学出版会。

西江仁徳（二〇二〇）「社会の特異点としての孤独化――野生チンパンジーが孤独になるとき」河合香吏編『極限――人類社会の進化』京都大学学術出版会、二二一―二四一頁。
平野智佳子（二〇二三）『酒狩りの民族誌――ポストコロニアル状況を生きるアボリジニ』御茶の水書房。

Collins, R. (2004) *Dichinanek' Hwt'ana: A History of the People of the Upper Kuskokwim who live in Nikolai and Telida, Alaska*. McGrath: National Park Service.
Fast, P. A. (2002) *Northern Athabascan Survival: Women, Community, and the Future*. Lincoln: University of Nebraska Press.
Helm, J. (1965) Bilaterality in the socio-territorial organization of the Arctic Drainage Dene. *Ethnology*, 4(4): 361-385.
Honigmann, J. (1949) *Culture and Ethos of Kaska Society*. New Haven: Yale University Press.
Hosley, E. H. (1966) "Factionalism and acculturation in an Alaskan Athapaskan community." Ph.D. Dissertation, University of California Los Angeles.
Marris, P. (1974) *Loss and Change*. London: Routledge.
McKennan, R. (1969) *Contributions to Anthropology: Band Societies.*
Ridington, R. (1987) From Hunt Chief to Prophet: Beaver Indian Dreamers and Christianity. *Arctic Anthropology*, 24(1): 8-18.
Savishinsky, J. S. (1971) Mobility as an aspect of stress in an Arctic community. *American Anthropologist*, 73(3): 604-618.
Service, E. (1962) *Primitive Social Organization: An Evolutionary Perspective*. New York: Random House.
Slobodin, R. (1962) *Band Organization of the Peel River Kutchin*. Ottawa: Dept. of Northern Affairs and National Resources.
Smith, D. M. (1973) *Inkonze: Magico-Religious Beliefs of Contract-Traditional Chipewyan Trading at Fort Resolution, NWT, Canada*. Ottawa: National Museums of Canada.
Steward, J. H. (1955) *Theory of Culture Change: The Methodology of Multilinear Evolution*. Champaign: University of Illinois Press.

KEYWORDS

コドモオスの学習

ハラスメントの進化

平等原則へ?

第7章

将来の共存を可能にする所作としての交尾妨害

「寛容性」が育むその発達と進化

中川 尚史
Naofumi Nakagawa

1　社会性の起原と進化を探る焦点と対象種

（1）共存の所作

本書の課題である「社会性の起原と進化」を人類学者と霊長類学者の協働で取り組むうえで社会性を考える出発点は、「同所性」、「共在性」であった（Keynote 2　内堀論文参照）。これは、本書を含む関連本の元となった河合香吏が主宰した「人類社会の進化史的基盤研究」を課題とした一連の研究会（はしがき　河合論文参照）の理論的支柱ともいえる伊谷純一郎（河合 二〇〇九、二〇一三）が、ヒトとヒト以外の霊長類社会の共存機構の違いに注目した論考を発表している（伊谷 一九八六、一九八七）ことに影響を受けてのことである。伊谷はこれらの論考の中で、共存機構として平等原則と不平等原則を挙げ、ヒト以外の霊長類は不平等原則が、ヒトでは平等原則がそれぞれ基本を成すとした。ニホンザル（*Macaca fuscata*）では同じ群れへの帰属意識を持った個体間の相互認知の基本のひとつとして優劣による認知があるおかげで、食物を巡って対峙する場面において優位者が必ず食物を獲得するのだが、攻撃的な交渉を交えることなく、劣位者の抑制によって共存が成立する。他方、アフリカの狩猟採集民であるムブティでは、獲物を射止めた側の人に自制が必要であり、物に対する執着を持たず互いに分かち合うことが必要とされる。さらに、ヒトに最も近縁なチンパンジー（*Pan troglodytes*）とボノボ（*P. paniscus*）では、劣位者の物乞いにより優位者が不承不承のうちに食物を取られるのを許容する形で分配が起こることから、不平等原則から平等原則への移行が認められるとした。

不平等原則による共存を成立させる上で必要な優位者に対する劣位の信号としては、霊長類で広くみられる口角をあげた「泣きっ面（grimace）」と呼ばれる表情や、チンパンジーの「オッオッオッオッ……」と連続した呼気からなる「パント・グラント（pant grunt）」などの音声がある。チンパンジーでは、パント・グラントは劣位者が優位者に接近しながら発せられ、劣位者が能動的に行う挨拶行動であり（Nishida 1970）、一般的には個体の順位を確認する機能（Goodall 1986）や、劣位の表明をする機能（中村二〇〇九）があると考えられている。[1]

本章では、特異なオナガザル科のサルのコドモオスで認められた特異な行動に焦点を当てて、本種のその他の特異な行動をヒントに、その行動が将来のオトナオスの共存に働いていくことを検証する。そのうえで、その行動の進化のみならず、その発達について議論を展開し、最後に伊谷の共存機構論に立ち返る。

（2）特異なサル――パタスモンキー

パタスモンキーは、アフリカ・サハラ砂漠の南縁に沿って広がる、西はセネガルから東はエチオピア、南はタンザニアまで広がるサバンナ帯に生息するオナガザル科パタスモンキー属に分類される霊長類の一種である。サバンナに棲む霊長類としては、おそらくアヌビスヒヒ（*Papio anubis*）やキイロヒヒ（*P. cynocephalus*）などのヒヒ属、あるいはベルベットモンキー（*Chlorocebus pygerythrus*）、グリーンモンキー（ミドリザル）（*C. sabaeus*）などのサバンナモンキー属のほうがお馴染みだろうが、実はパタスモンキーほどサバンナに適応した霊長類はいない。スマートな体躯にすらりと伸

1　中村（二〇〇九）や西江（二〇一三）は、これらの機能には当てはまらないパント・グラントもあることを述べている。

びた長い四肢を生かして、時速五五キロメートルで走るという霊長類最速記録保持者である。こうした高速走行能力は、ライオンやヒョウなどが多く棲むサバンナの高い捕食圧に対する適応であると言われている。それに対し筆者自身は、彼らの長い四肢が可能にする、高速で効率の良い歩行が、食物が疎らに分散するサバンナ生活に有利であったという側面もあると考えている。これによって、乾季に豆をつけるアカシアの利用を可能にし、それが乾季に出産するという特異な形質につながり、雨季出産をするサバンナモンキー（*Chlorocebus* spp.）との同所的種分化を引き起こした。他方、夜間の高い捕食圧が、昼間に出産するというこれまた特異な形質を進化させ、高い捕食圧に加え不規則に訪れる旱魃による高い死亡率を埋め合わせるように、低い初産年齢と連年出産という高い繁殖率をもたらす形質を進化させた（中川 二〇〇七）。こうしたパタスモンキーの生態を知ることは、サバンナに進出したヒト属の進化を探るヒントにもなる（中川 二〇一五，二〇一七）。

さて、サバンナ適応とは直接的には関係していないが、本章の内容と深く関わるパタスモンキーの特異的な点を紹介しておく。彼らは、一頭のオトナオスと複数のオトナメス、そしてその子供たちからなる単雄複雌群を形成する。こうした社会組織そのものは、霊長類では決して珍しいものではない。パタスモンキーの場合、特異なのは、交尾期になるとふだんは単独生活をしているオトナオスが群れに入り込み（オスの流入：Male influx）、群れが一時的に複雄群化することである（Chism and Rowell 1986; Harding and Olson 1986; 大沢 一九九〇；Ohsawa et al. 1993; Chism and Rogers 1997; Carlson and Isbell 2001; Ohsawa 2003）。この現象はブルーモンキー（*Cercopithecus mitis*）やアカオザル（*C. ascanius*）など森林性のオナガザル属でも知られてはいるが、複雄群化する頻度がパタスモンキーに比べるとかなり低い（Carlson and Isbell 2001）。

2 特異な行動——コドモオスによる交尾妨害

(1) 文献調査から

パタスモンキーで特異的にみられる行動とは、コドモオスによる交尾妨害(Mating interference, Mating harassment)すなわち、ある個体が交尾しているペアに駆け寄って、叩いたり、つかんだりして、交尾を妨害する行動である。特異的と書いたが自明ではないので、そこをまず文献調査により確認しておこう。

C・L・ニーマイヤーとJ・R・アンダーソンによる交尾妨害に関する総説(Niemeyer and Anderson 1983)の中の未成熟個体の項によれば、多くの霊長類で交尾妨害が報告されている。[2] 全体として母親が関わる交尾への妨害が多いが、非血縁のメスが関わる交尾への妨害もあることから、動機付けとしては未成熟個体の性行動への興奮と関心に起因し、妨害行為については母親、あるいは自身と親しいオトナメスとの関係性に対しての脅威に対する反応であるとまとめられている。他方、機能については社会・性行動の学習の機会となっていると書かれているだけであり、未成熟個体のうちでも特にオスが高頻度に行うことは取り上げられてすらいない。

しかし、その総説で取り上げられているプエルトリコのカリブ霊長類研究センターに飼育されているパタスモン

---

2 原始的な霊長類である曲鼻類ではワオキツネザル(*Lemur catta*)、新しいタイプの霊長類である真猿類の中では、中南米に棲む広鼻類のコモンマーモセット(*Callithrix jacchus*)、ジェフロイクモザル(*A. geoffroyi*)はじめ五種、アジア・アフリカに棲む狭鼻類オナガザル科のニホンザル、パタスモンキー、ハヌマンラングール(*Semnopithecus entellus*)はじめ一二種、ヒト上科(類人猿)のチンパンジーはじめ三種で知られている。

図1　パタスモンキーにおけるコドモオスによる交尾妨害（イラスト：タカギノネ）。

キーを対象とした論文（Loy and Loy 1977）では、コドモオスによる交尾妨害が最も高頻度で全体の八六・四％を占め、なかでも二歳が一歳より高頻度で、また、オトナメスとコドモメスはいずれも五・一％に過ぎないことが書かれている。交尾ペアに駆け寄るだけでなく、叩いたり、つかんだりすることによりコドモオスによる妨害対象がはっきり特定でき（図1）たうち、オスに向けられたものは四六・二％を占めた。肉体的接触にまで至らなかったので正確には不明だが、おそらくオスに向けられたと推測されるものも含めると九八・一％に達した。パタスモンキーは、通常一回のマウンティングで射精に至るシングルマウンティング種とされているが（Loy 1989）、観察された八四回のマウンティングのうち二四回（二八・六％）が妨害により交尾が中断させられ、射精に至らなかった。それにも関わらず、妨害されたオトナオスは概ね寛容なようである。唯一、年齢不明の一頭のコドモについて、ある年は妨害しても攻撃されなかったが、翌年睾丸が下り青くなってくる（性成熟がある程度進んだことを意味する）と攻撃されることが増え、その後ハラスメントをやめ劣位の態度を示すようになったことが記述されていた。なお、妨害されるのは母親が関わる交尾に限らないということはここでも書かれている。注目すべきは、コドモの表情であり、遊び時に特異的な口を半開きにした「遊び顔（play face）」に類似した表情をしていると記載されているが、その後オトナオスとの遊びに移行したとの記載はない。交尾妨害の解釈については、その動機は、先の総説と同じくオトナの性行動に対しての興奮に起因するとする一方、その機能は成熟途上の個体がオトナオスの優位性をテストすることにあるとした。未成熟オスは、交尾妨害を通じてハレムオスの衰えを把握し群れの乗っ取りにつなげ、他方ハレムオスにとっても未成熟個体の攻撃性の上昇を把握し群れから追い出すことにつなげるのだという（以下、優位性テスト Dominance testing 仮説）。

次に、先の総説以降の研究について紹介する。カリフォルニア大学バークレー校の放飼場のパタスモンキーにおいては、アカンボウオスやコドモオスは交尾を見たら必ず妨害するのに対し、アカンボウメスは母親の交尾であっても見ているだけだということが、さらりと書かれている（Chism 1986）。

ケニア・ライキピアの野生パタスモンキーにおける三年間の調査（Carlson and Isbell 2001）では、いずれの年も交尾妨害の七割程度が一から六頭のコドモによるものであった。ただし、コドモの性は不明であった。複雄群化したのちの状態も含んでいるので、他のオトナオスによる妨害もその年には二割ほどで起こっており、逆にオトナオス側から見れば一一頭のうち一〇頭が少なくとも一度は妨害の対象となった。妨害がない場合に比べ、あった場合は交尾が不成功に終わることが多い。ここでも注目すべきは、交尾妨害時の具体的な行動の記述であり、交尾をみると突進し、交尾中のオスの顔を触ったり叩いたりするとある。表情については、口を開いた威嚇（Open-mouthed threats）と書かれており、飼育下と同じく口を開けているが、それは遊び顔ではなく、威嚇であると解釈されている。しかしこの論文では、コドモの交尾妨害の動機付けについてはおろか、その機能についての言及はない。

パタスモンキー以外で、未成熟個体の妨害頻度が高いことを報告しているのは唯一、インドネシアのスラウェシ島カレンタに生息するムーアモンキー（*M. maura*）についての論文（Matsumura and Okamoto 1998）である。この群れにはオトナオスが三〜五頭いるが、現在の第一位オスと元第一位であり現在第二位であるオスを除き、その群れで生まれたオスであったという。この群れでは起こった交尾妨害はすべてコドモとアカンボウによるもので、第一位オスの交代が起こった一年目に、新しい第一位オスが関わる交尾を妨害することが多く、二年目になるとそれも減少したという。メスが性皮腫脹している時、つまり受胎可能性が高い時ほど交尾妨害が多いという結果も考慮すれば、見知らぬオスとの交尾成功を下げることで、相対的によく知っているオスの交尾成功を上げるという見知らぬオス

(Unfamiliar male) 仮説を支持していた。この群れの場合、よく知っているオスというのは、現在も群れに第二位でとどまっている元第一位オスのことで、過去五年間その地位を占めていたことから、未成熟個体にとっては父親である可能性が高く、父親の交尾成功を上げることにつながっているのだという。

インド・ジョドプールのハヌマンラングールに関する研究 (Sommer 1989) では、多様な性年齢の個体が妨害するなかで、性は区別していないものの未成熟個体による妨害には注目している。しかし、その少なくとも三〇・三%を占めるという母親が関わる交尾に焦点をあて、それは、自身にとって将来の採食競合相手となる弟妹の出産を遅らせるという機能を仮説として提示しているものの、母親以外への交尾妨害の機能には言及がない。

（2） ガーナ・モレの野生パタスモンキーの観察から

筆者はコロナ禍がまだ収まらない二〇二一年一〇月一二日、大学院生の半沢真帆と共にガーナ・モレ国立公園に生息するパタスモンキーの調査を、人付けするところから開始した（半沢 二〇二三）。まずここで紹介するのは、二〇二三年八月一二日から九月二五日にかけて行った三度目にして初めての単独で、かつ交尾期の調査で得られた交尾、および交尾妨害の観察データである。対象としたモーテル群は、オトナオス一頭、オトナメス四頭、二歳半[3]のコドモオス一頭、一歳半のコドモオス一頭、二歳半のコドモメス三頭、一歳半のコドモメス一頭、生後半年のアカンボウ雌雄各一頭の合計一二頭から構成される。対象群の追跡に費やした時間は三四日二四九時間であるが、個体追跡法によって体系的にデータを収集できたのは二七日約一二〇時間である。個体追跡の対象は、アカンボウを除く全一〇頭であり、一個体当たり一一〜一五時間であった。

観察した一三回の交尾中一〇回で妨害が起こった。妨害者はすべて二歳半のコドモオス（仮称デベソ）で、四頭すべてのオトナメスが妨害を受けた。デベソは孤児であるので、すべての事例で母親ではないメスの交尾を妨害したことになる。妨害を受けたオトナオスはすべて一頭のハレムオスであった。デベソは彼の個体追跡中二回の交尾妨害をしたが、二歳半の三頭のコドモメス、一歳半の雌雄各一頭のコドモ追跡中には、彼ら彼女らは一度も妨害はしなかった。ハレムオスは、妨害を受けなかった交尾三回すべてで一回のマウンティングで射精に至った。他方、妨害を受けた交尾では、確実に一回目で射精できた事例はなく推定で三回、二回目で射精できた事例は五回であった。交尾妨害のあった残り二回は、それぞれ一回目のマウンティングへの妨害、一～四回目のマウンティングへの妨害が起こり、いずれも射精に至らなかった。射精確認は、精液が確認できたことも、ペニスの挿入さえ確認できたこともなかったが、オスによる腰の前後運動(スラストと呼ぶ)の後、スラストが休止したままマウンティング姿勢が数秒続くところまで確認できた場合を指している(Carlson and Isbell 2001)。他方、射精推定というのは観察条件が悪くそこまで確認できなかったが、最後のマウンティング後三分以上個体追跡を継続したがマウンティングが見られなかった場合(二回)、射精は確認できたが追跡中の個体ではなかったため何度目のマウンティングか分からなかった場合(一回)である。マウンティングベースで数えるなら、推定も含めて射精の有無が分かった妨害例一八のうち推定を含めた射精あり八例、なし一〇例であった。妨害がみられた交尾一〇回のうち、少なくとも一度のマウンティングへの妨害に対し、その場で表情による威嚇がみられたのが二回、妨害者に向かって数歩走って前進する追い払いが見られたのが五回あった。妨害直後も含め、コドモとハレムオスの遊びは一度も観察されていない。

3　カメルーン・カラマルエ(Nakagawa et al. 2003)同様、モレにおいてもパタスモンキーの出産は乾季の真っただ中である一二～二月に限られ(半沢・中川 未発表データ)、二〇二三年の調査期間はおよそその半年後に当たるため、こうした年齢表記にしている。

次に、観察された交尾妨害のうち条件がよく詳細が観察できた二事例を紹介する。

【観察事例1】九月一四日デベソを個体追跡中の事例

七時二八分五四秒（以下7：28：54のように表記）昆虫を探索採食。

7：29：44　二足で立ち上がり、周囲を見回す。

7：29：55　ハレムオスがサエハにマウンティングするのを見て駆け寄ると、オスに追い払われる。射精は確認できず。

7：30：0　デベソの周囲三〜五メートルには、オスとサエハのほかに、サエハの子を含むアカンボウ二頭、一歳半のコドモオス一頭、そして「クックックックッ」という発情音声を発したサキを確認。

7：30：21　木に上がり、周囲を見渡す。

7：33：7　木を下り、探索採食を再開。

7：33：59　オスに追い払われると、そばにいたサキとサエハがオスを追う。

7：34：2　探索採食再開。

7：34：27　オスがサエハにマウンティングをするのをみて駆け寄り、口を開けながら手を挙げてオスに触ろうとするも、射精は完了。

7：35：37　オスに追い払われる。

7：35：54　その場で立ち止まる。サエハはその場から立ち去り、オスは今度はサキに追随。

【観察事例2】九月一八日サエハを個体追跡中の事例

7：10：41　「クックックックッ」と鳴きながら、ハレムオスの三メートル以内に接近し、尻をオスに向け

7：11：23　わずかに地上から上げてオスを振り返るプレゼンティングを行う。七時一〇分〇秒の時点で、その五～一〇メートルの範囲にはデベソがいることを確認。

オスにマウンティングされると、すぐにデベソが接近し（距離は不明）妨害。射精には至らず、オスは数歩走ってデベソを追い払う。

7：11：52　オスから離れ、昆虫を探索採食し始める。

7：15：0　デベソがサエハの三～五メートルにいることを確認。

7：16：5　いったん立ち止まって脱糞。

7：17：29　オスに接近され、マウンティングをされると、デベソがオスの間近まで駆け寄り、口を開けながらオスに手を伸ばし顔面付近を触るが、射精には至る。その直後、オスがデベソを追い払う。

7：17：53　昆虫探索採食を始める。

（3）カメルーン・カラマルエの野生パタスモンキーの観察から

筆者は、指導教員であった大沢秀行が一九八四年一月より開始したカメルーン・カラマルエ国立公園に生息するパタスモンキーの調査に一九八六年六月より参入し、一九九七年まで断続的に継続した（中川二〇〇七）。ここでは一九八六年と一九八九年のいずれも六～九月の交尾期において対象群KK群の調査から得られた交尾妨害の観察を紹介する（表1）。

一九八六年の交尾期はハレムオスのカット（CUT）からイェル（YEL）への交代が起こり、それを契機に多くの群れ外オスの流入が起こった。一時カットが群れに戻りイェルが出た時があったが、最終的にはイェルに変わり、群れの乗っ取りが起こった年であった（大沢一九九〇）。多くの群れ外オスの流入があったことによって、オトナオ

表1　カメルーン・カラマルエ国立公園のパタスモンキーKK群で観察した交尾妨害事例[1] の詳細一覧

観察日	観察時刻	交尾個体名[2]		射精の有無	妨害個体			
		オス	メス		名前	性	年齢	メスとの血縁
1986/9/1	9:26:07	NEW13	Tr	無	Tri	オス	0.5	母
1986/9/1	9:28:25	NEW13	Tr	有	Tri	オス	0.5	母
1986/9/4	9:09:35	NEW2	Tr	有	Tri	オス	0.5	母
1986/9/4	17:43:40	TKB	Tr	不明	Tri	オス	0.5	母
1986/7/30	不明	YEL	Ftd	不明	Ao	不明	2.5	非母
1986/8/4	8:40:00	YEL	OS	不明	Ao	不明	2.5	非母
1986/8/14	15:32:13	YEL	Tr	不明	Ao	不明	2.5	非母
1986/8/22	17:49:24	CUT	Ft	不明	Ao	不明	2.5	非母
1986/8/23	10:04:33	CUT	Ft	不明	Ao	不明	2.5	非母
1986/8/26	8:35:05	NEW4	Os	不明	Ao	不明	2.5	非母
1986/8/4	16:00:00	YEL	Skd	不明	TRS	オス	3.5	非母
1986/8/27	17:16:42	TKB	Tr	有	TRS	オス	3.5	母
1986/8/14	12:38:40	YEL	Tt	不明	NEW4	オス	オトナ	非母
1986/8/26	8:19:26	CUT	Os	無	NEW7	オス	オトナ	非母
1986/8/27	15:02:47	TKB	Tr	有	NEW7	オス	オトナ	非母
1986/8/28	16:30:00	NEW7?	Tr	不明	NEW13?	オス	オトナ	非母
1986/8/29	10:05:06	NEW2	Tr	有	NEW13	オス	オトナ	非母
1986/8/29	11:26:42	NEW7	Tr	不明	NEW3	オス	オトナ	非母
1986/8/29	11:41:11	TKB	Tr	不明	NEW13	オス	オトナ	非母
1986/8/29	16:12:38	NEW14	Ocd	無	TKB	オス	オトナ	非母
1986/8/29	16:15:06	NEW14	Ocd	有	NEW13	オス	オトナ	非母
1986/8/29	16:30:00	TKB	Tr	無	NEW4	オス	オトナ	非母
1986/8/29	16:30:22	TKB	Tr	無	NEW4	オス	オトナ	非母
1986/9/1	7:05:55	YEL	Tr	不明	NEW13	オス	オトナ	非母
1986/9/5	17:31:00	TKB	Tr	有	NEW7	オス	オトナ	非母
1986/9/6	7:22:01	TKB	Tr	有	NEW13	オス	オトナ	非母
1989/8/5	6:23:41	WTL	Ft	無	Fti	オス	0.5	母
1989/7/25	不明	WTL	Ftd	不明	Ftdj1	オス	1.5	母
1989/7/25	不明	WTL	Ftd	有	Ftdj1	オス	1.5	母
1989/7/28	6:20:00	WTL	Ft	不明	Ftj	オス	1.5	母
1989/8/4	6:34:20	WTL	Ft	無	Ftj	オス	1.5	母
1989/8/4	6:36:20	WTL	Ft	無	Ftj	オス	1.5	母
1989/8/4	6:37:44	WTL	Ft	有	Ftj	オス	1.5	母
1989/8/4	16:45:32	WTL	Ft	無	Ftj	オス	1.5	母
1989/8/6	17:22:46	WTL	Ft	有	Ftj&Ftj1	オス	1.5	母
1989/8/7	6:29:59	WTL	Ft	無	Ftj	オス	1.5	母
1989/8/7	6:30:16	WTL	Ft	無	Ftj	オス	1.5	母
1989/8/4	16:48:37	WTL	Ft	無	Ftj&Fti	オス	1.5&0.5	母
1989/8/7	14:32:00	LOF	Ftdj2	不明	不明	不明	コドモとアカンボウ	不明
1989/8/7	9:09:38	WTL	他群メス	有	他群オス	オス	オトナ	非母
1989/8/7	9:53:13	WTL	他群メス	有	他群オス	オス	ワカモノ	非母

[1] 優位オスによる劣位オスの交尾妨害の事例は含まれていない。[2] 個体名の表記は概ねカタカナ表記は大沢（1990）に、アルファベット表記は Ohsawa et al. (1993) に合わせたが、NEW のついた名前はそれらで登場する個体名との照合ができていない。下線は個体追跡中のデータで追跡個体を指す。

ス同士の交尾妨害も観察されることになる。他方、一九八九年の交尾期は群れの乗っ取りが起こらなかったためオスの流入はなかったが、KK群のハレムオスWTLが隣接群との出会いの際、その群れのオトナメスと交尾をし、隣接群のハレムオスやワカオスからの妨害が観察されている。二年分合わせて集計すると、観察された交尾妨害四一例のうち妨害者の内訳はコドモオス四個体一二例（うち一例二個体連合）、性不明一個体六例、アカンボウオス二個体五例、アカンボウオスとコドモオス連合一例、性不明のアカンボウとコドモ連合一例、ワカモノオス一個体一例、オトナオス六個体一五例であった。[4] 未成熟個体は性不明一個体を除いてすべてオスであり、年齢は生後半年から三歳半までの幅がみられた。未成熟個体が妨害した事例のうち、不明一例を除き、母親の交尾を妨害したのは六個体一七例で、母親以外のオトナメスの交尾妨害は二個体七例であった。射精の有無が分かった妨害例一四のうち射精あり六例、なし八例であった。なお、妨害後オトナオスとの遊びに移行した事例はない。

（4）まとめ

以上のことから、未成熟個体による交尾妨害は、事例的には多くの霊長類種で知られているが、その多くが他の年齢クラスに比べて低頻度で、母親の交尾に対しての妨害であり、母親との関係性に対しての脅威に対する反応と動機付けについての解釈に留まっていることが分かる。先行研究のうちコドモオスによる交尾妨害が高頻度であったのは、飼育下のパタスモンキーのみである。コドモの性が区別されていない研究を加えてもケニアのパタスモンキーとムー

4　ここでアカンボウとは一歳未満、コドモとはメス一歳以上二歳半未満、オス一歳以上三歳半未満。メスについてはワカモノとオトナの境界は平均的な初産年齢である三歳であるが、オスについてその境界が何歳に当たるのか分かっていない。

アモンキーが増えるだけである。またその機能については、パタスモンキーは単雄群のためムーアモンキーのように父親の可能性の高い元第一位が群れに残っているわけではなく、相対的にみても父親の繁殖成功をあげる効果(Unfamiliar male 仮説)は期待できない。かといってまだ繁殖に関わらないため、相対的にみても自身の繁殖成功をあげる効果(Reproductive Potential 仮説)も期待できない。優位性テスト仮説が成立するには、コドモによる交尾妨害に対しハレムオスによる攻撃が見られる必要があると考えられるが、全くない。逆に寛大に振る舞わないと、ハレムオスとコドモではあまりに力の差が大きすぎて、こちらもテストになるとは思えない。さらに言えば、オスの子は力の差が縮まる以前の二〜三歳に生まれた群れから移出してしまう(Nakagawa et al. 2003; Rogers and Chism 2009)ため、群れの乗っ取りには決してつながらない。

筆者自身による二地域の野生群において、これまで飼育下でしか確認されていなかった未成熟オスによる交尾妨害が多いこと、母親以外のオトナメスの交尾妨害も見られることが確認された。また、ケニアの野生群で知られていたように、交尾妨害により実際に交尾が射精に至らず不成功に終わること、オトナオスによる妨害相手への敵対的交渉が高い頻度で起こることが確認された。これは飼育下とはやや異なる結果である。

3 コドモオスによる交尾妨害の機能解明へのヒント

(1) パタスモンキーのオトナオスによる交尾妨害

機能解明のヒントは、1—(2)で紹介した複雄群化にある。複雄群化した状況ではオトナオス間の交尾妨害、なかでも劣位オスによる優位オスへの交尾妨害が見られるのである。コドモオスによる交尾妨害の奇妙な点のひとつは、劣位のコドモオスが優位なオトナオスの妨害をすることにあるからである。

カメルーン・カラマルエのパタスモンキーでは、複雄群化はハレムオスの交代をきっかけに起こる（Ohsawa 2003）。一九八六年の交尾期にＫＫ群で起きたカットからイェルへのハレムオスの交代とその後の概要を、大沢（一九九〇）から抜粋して紹介する。

七月二五日夕刻、この日初めてみたイェルをカットが遠くまで追いかけて行ったまま群れには戻らず、翌二六日朝群れにいたのは背に新しいかみ傷のあるイェルであった。他方、二六日夕刻にＫＫ群から離れた場所で単独でいるのを見つけたカットには数カ所に新しい傷があり、特に左腕は皮膚が大きく切り裂かれていた。この日、イェルは、自身も一頭のメスと交尾をしつつ、二五日の時点で群れに接近してはカットに追い払われていた単独オス・ハグ（ＨＡＧ）をやはり追い払ってはいたが、その後深追いをやめると、ハグは群れの中に留まることになった。その結果、ハグはイェルの見えないところで別の発情メスとこっそり交尾した（以下、スニーキングと呼ぶ）。互いの傷の様子から再び激しい闘争の結果であると推察できた。八月一七日から二八日までカットが、その後、再びイェルが、それぞれハレムオスへの返り咲きを果たしたが、最初の交代後、観察終了の九月六日までに延べ一五頭もの単独オスが群れに流入してきた。ハレムオスは、新たにやってきたオスには優劣が決まるまで追い払おうとするが、パタスモンキーにおいても劣位の信号であることが分かっている泣きっ面の表情（Jacobus and Loy 1984）を相手が呈すると、そばにいることを許容するようになり、その結果、スニーキングまで許すことになり、ハレムオス以外の交尾は全交尾の六九％を占めるに至った。他の年や他群の結果も含めての結果ではあるが、複雄群化した年の交尾の末生まれた子供五頭の父性解析を行うと、うち一頭（二〇％）がハレムオス以外のオスが父親であった（Ohsawa et al. 1993）。

一般に、動物のオスは、交尾相手であるメスを巡って他のオスと体を張って、音声を使って正面切って争ったり、メスを防衛する〝正当な〟戦術をとるオスがいる一方、スニーキングのような一見〝姑息な〟代替の戦術をとるオスがいることが知られている。正当な戦術はうまくいけばたくさんの子供を残すことにつながる一方、大怪我をしたり、膨大なエネルギーを費やしたりする大きなコストを伴う。他方、代替戦術は、利益も少ない代わりにコストも低いので、二つの戦術が両立可能なのである（Gross 1996）。

　パタスモンキーのオスにとっての代替交尾戦術はスニーキングであるが、スニーキングが可能になるにはそれ以前に重要なことがある。正当な戦術をとるハレムオスに対して、劣位に振舞うことで共存を許容してもらうということである。上述のハグの場合、追い払われた際、泣きっ面の表情をすることで許容されたようにも見えるが、劣位表明を積極的に行うその行動が、交尾妨害だというのが筆者の考えである。というのも、劣位オスはハレムオスの交尾妨害をするだけでは、相手の繁殖成功度を若干下げることはあったとしても、直接的に自身の繁殖成功度を上げることにはつながりそうにないからである。

　表1で言えば、それぞれの時のハレムオスであるイェルとカットの交尾を、ＮＥＷ4、ＮＥＷ7とＮＥＷ13という群れに流入したオスが交尾妨害を行っている事例が相当する。その際、彼らは泣きっ面の表情をして、悲鳴を上げながらも接近して、妨害するのである（図2参照）。射精の有無が確認できたのは、射精なしのカットの一例のみで、妨害者であるＮＥＷ7はカットに追い払われたが、深追いされることはなかった。また、大沢秀行ら（Ohsawa et al. 1993）は、交尾妨害が起こる場面として、ハレムオスの補償交尾（Compensatory copulation）を挙げている。補償交尾とは、劣位オスのスニーキングを見つけたハレムオスが、劣位オスに向かって走り寄り、劣位オスが射精を完了したとしてもその相手メスと交尾し自身も射精することにより、受精確率を高めることである。この補償交尾に対し、流入オスは、悲鳴を上げ、泣きっ面をしながら妨害する。上述のように、複雄群化した年に劣位オスの交尾占有率が六九％であったにも関わらず、子供を残せたのは二〇％であった理由のひとつとして、このハレムオスの補償交尾を理由に挙げている（Ohsawa et al. 1993）。さらに言えば、表1を見ていただいて分かるとおり、ハレムオス以外の流入したオトナオス間でも一例の交尾と劣位オスによる妨害が起こった。また、同じ交尾ペアに連続した妨害が起こることもあり、ＮＥＷ14とメスＯｃｄの例では、ＴＫＢが妨害した際には射精に至らなかったが直後のＮＥＷ13の時に

図２　カメルーン・カラマルエのパタスモンキーＢＢ群が複雄群化した状況で、第二位オスがメスと交尾しているのを、さらに劣位のオスが交尾妨害している様子（1997 年 7 月 20 日）。

は射精できた一方で、ＴＫＢとメスＴｒの例では、二度とも NEW4 に妨害され二度目も射精に至らなかった。オトナオスあるいはワカモノオスによる交尾妨害全体でみると、射精の有無が分かった妨害例一一のうち、射精あり七例、なし四例であり、妨害による交尾不成功率は三六・四％（四／一一）であった。

2—（1）で紹介したケニアの野生パタスモンキーの場合も、複雄群化が起こった年にのみオトナオスによる交尾妨害が起こり、コドモやオトナメスによる妨害しか起こらなかったほかの二年に比べ、妨害による交尾不成功率が八三％と高かったが、こちらは優位オスによる妨害を含んでいるのでモレと比較はできない。妨害といっても、ほとんどが威嚇や追い払い（lunge）を含め肉体的接触のない攻撃であったと書かれている（Carlson and Isbell 2001）。

（2）パタスモンキーのコドモオスによる交尾妨害以外のハレムオスへのハラスメント

機能解明のヒントは、もうひとつある。交尾という場面での類似性こそないが、コドモオスが行うこと、さらにはその行動パタンそのものも非常に類似した、ハレムオスに向けて行われるハラスメント的な行動がある。この行動は、2—（1）で紹介した飼育下パタスモンキーの交尾妨害に関する論文（Loy and Loy 1977）の解釈に再考を促す目的で発表された論文（Zucker and Kaplan 1981）で初めて取り上げられている。

その著者らは、カリブ霊長類研究センターが管理するプエルトリコの面積三五ヘクタールの島に導入され自由遊動しているパタスモンキー単雄群において、給餌装置周辺で六二事例のハレムオスに対するハラスメントを観察した。すべてのハラスメントはハレムオスが餌を採食中か、ただ座っている場面で起こった。ハラスメントを行ったのは、ワカモノが五〇%、二～四歳のコドモが四三%、一〇カ月齢から二歳のコドモが七%であり、それぞれの頭数から予想される以上に行ったのはワカモノであった。ただし、ここでも性は不明であった。生起した季節は、交尾期（三三例）と出産期（二九例）で差はなかった。注目すべきはハラスメントと呼んだ行動の詳細である。弱々しい声（whimper）、あるいは甲高いキーキー音（squealing）を発し尾を上げた姿勢で口を開けながら（open mouth）、オスを叩く（batting）か叩こうとするという。交尾妨害においてコドモオスが行った行動と、極めて類似していることが分かる。異なるのはオスの反応で、コドモ以下の年齢の個体が行った時のみならず、ワカモノオスが行っても寛容で無反応。反応したとしても、穏やかな威嚇とされる短いアクビ（bob yawn）六事例、眉上げ四事例であった。ただ、この寛容性はこの施設においてはオトナオスと未成熟個体が父子関係にあることに由来する可能性が大きいかもしれないと著者らは説明している。オトナオスとの遊びに移行したという記述はない。そして、「再解釈」してはみたもののその機能としては、交尾妨害の機能（Loy and Loy 1977）と同じく優位性テスト仮説を支持した。

また、カリフォルニア大学バークレー校の放飼場に飼育されているパタスモンキー群を対象に、一歳までのアカンボウの発達を調べた論文（Chism 1986）では、二二事例のハラスメントを観察し、およそ三分の一が交尾妨害、やはり三分の一がオトナオスが一頭の時、全体の四分の一が他の未成熟個体に参加する形で生起したという。もはや交尾妨害とそれ以外のハラスメントを区別することなく、八カ月齢以降のオスのみに現われる行動であり、オトナオスに接近や追随し、キーキー音やクークー音（cooing）を発声し、尾をアーチ状に上げながら、オトナオスの顔や青い睾丸を叩いたり、ひっつかんだり（grabbing）する、と詳細な行動の記載をしている。他方、ハラスメントを受けたオトナオスは威嚇で反応するか、耐える場合には通常はその場から去る。ここでも遊びに移行したという記載はない。

実は同様の行動が、モレ国立公園のモーテル群でも頻繁に観察されている。二〇二二年一一月二七日～二〇二三年一月一二日の出産期を含む調査結果の分析はこれからであるが、当時のハレムオスであったミチヒコに対して当時満二歳であったデベソのほか、二〇二〇年生まれ当時満三歳で移出前のオス二頭がしきりにハラスメントを行っていた（図3）。他方、当時満二歳の三頭のメスと満一歳の雌雄各一頭では観察されなかった。そして、ハラスメントに対してハレムオスは、実に寛大な態度で許容した。これが父親ゆえの行動であるのか現段階でははっきりしたことは言えない。

4　コドモオスによる交尾妨害の機能

オトナオスによる交尾妨害は、優位オスに接近し、その間近で泣きっ面の表情をし、悲鳴の音声を発することで、優位オスに対して積極的な劣位表明を行う意味がある。この所作により優位オスの許容を引き出し、乗っ取り後の交尾期中という限定的な期間ではあるが、劣位オスにとっては優位オスとの共存を可能にする機能があると考えた。

コドモオスによる交尾妨害は、その行動の類似性からオトナオスの交尾妨害の発達過程を遡ったところに位置する行動ととらえることができる。そこでその機能も、将来、優位オスに対して劣位表明をする未成熟時の学習行動と考える。オトナオスの交尾妨害との行動パタン上の違いは、オトナオスのそれが泣きっ面の表情を伴うのに対し、コドモオスのそれは遊び顔を伴うことである。遊び顔は、最も実証研究の多い遊びの信号であり、交渉のはじめに呈する

図3　ガーナ・モレのパタスモンキーモーテル群の二歳オスがハレムオスに行った非交尾場面でのハラスメント。オスの顔を触っているが、オスは顔を背けて嫌がる素振りはみせるものの敵対的な反応はしない。オスの首にはGPS首輪が装着されている（2022年12月9日）。

ことにより敵対的な交渉で使われる行動要素の意味をおふざけ的（playful）な意味合いに変えることも示されている（Špinka et al. 2016）。交尾場面以外のコドモオスによるオトナオスへのハラスメントもやはり遊び顔を伴い、いずれのハラスメントにおいても、オスの顔を触ったり叩いたりといった敵対的な行動要素を含む。しかし、ハラスメント後、オトナオスとの遊びに移行することはない。よって、遊びの信号としては機能しておらず、おふざけ的な意味合いであることを表明し、非交尾場面においてはオトナオスの寛容性を十二分に引き出している。他方交尾場面においては、肉体的接触までには至らないにせよ威嚇や追い払いに合うことが多い。カラマルエのパタスモンキーでは、コドモによる交尾妨害の交尾不成功率は五七・一％（八／一四）と、劣位オスによる妨害による交尾不成功率三六・四％（四／一一）より高かった。モレのパタスモンキーでは、コドモによる妨害の交尾不成功率は低く見積もっても五五・五％（一〇／一八）とカラマルエの結果と矛盾しない。交尾中のオトナオスにとって、コドモオスによる妨害とオトナオスによる妨害のどちらが脅威であるかと言えば、もちろん後者であろう。それにも関わらず、コドモによる妨害のほうが交尾不成功率が高いというのは、コドモを威嚇したり追い払いに行くがために交尾が中断し射精に至らないという側面がありそうである。モレのパタスモンキーでは、九回のコドモオスによる交尾妨害中威嚇が二回、追い払いが四回起こった。うち映像が残っている少なくとも一例については、コドモオスとの距離が二メートル以上離れているにも関わらず威嚇により、一例については追い払いにより射精に至らなかった。これらの結果は、おふざけ的な意味合いの信号がうまく機能していないためである可能性がある。オトナオスという優位な存在から共存を許容される能動的な所作としてコドモオスによるハラスメントがあり、非交尾場面から交尾場面に転用する過程で信号の誤用により多少の〝罰〟を受け、オトナになると遊び顔の表出でなく泣きっ面による劣位の表明をしないと強い攻撃に合うことを学習するプロセスを経るのではないだろうか。

5　ハラスメントの進化

（1）　交尾妨害行動の進化

なぜ、共存のための所作が、交尾妨害という奇妙な行動としてパタスモンキーに特異的に進化したのだろうか。そのヒントは1―（2）で書いたように、単雄群を形成するが交尾期にのみ複雄群化するというパタスモンキーに特異的にみられるその社会組織、それと相まった乱婚という配偶形態にある。そしてその背景にあるのは、サバンナという乾燥地帯と関連した季節繁殖性にある。さらにまたサバンナで進化した高い繁殖率ゆえに毎年多くのメスが発情し、それが特定の時期に集中するので、同時発情メスの数が多くなり、一頭のハレムオスでは防衛が困難になる。力のあるオスは他のオスから数多くの発情メスを守り切るが、それが叶わないオスでは他のオスの流入を許すことになる。その場しかオトナオスが共存しうる場がないと同時に、その場こそが劣位オスにとっては優位オスから共存を許容される価値のある場なのである。そして劣位オスが優位オスから共存を許容されるのに劣位の表明が必要である時、その競合相手と最も対峙する場面で行うのが有効的であるとすると、それが交尾場面であったのではなかろうか。劣位オスは、優位オスから威嚇されたり攻撃を受けた時に受動的に劣位の表明をするのではなく、優位オスがまさに交尾をしているその場に接近していって、チンパンジーのパント・グラントのように能動的に劣位の表明をする。複雄複雌群を形成するチンパンジーのオスにとって競合する資源の第一は繁殖相手であるところのメスであるのはパタスモンキーと同じだとしても、食物を巡って、あるいは毛づくろい相手を巡ってもほかのオスと対立することもある。しかし、単雄複雌群を形成するパタスモンキーのオトナオスにとっては、直接的に競合するのは交尾相手であるメスを巡ってしかありえない。だからこそ、まさに交尾をするその場面で劣位を表明しておくことが優位オスから共存を引き出すうえで重要であったのではないだろうか。共存はスニーキングの機会提供の場となり、スニーキングは少ないながら自身の子供を残すことにもつながるためオスの代替交尾戦術として成立している。つまり、この所作を行う行動形質は、自然選択されてきた可能性が高い。

そしてコドモオスにとっては、オトナオスになってからの交尾妨害を介しての劣位表明の学習が、幼少時の交尾妨害を介して行われるのである。母親になってから役立つ育児行動の学習が、メスが幼少時に行う乳母行動を介してなされるという考えは、広く受け入れられている（関澤 二〇二三）[5]ことを考えると、コドモオスにとっても学習すべき行動があると考えることに違和感はないだろう。しかも、その学習内容が、それぞれの性が生物学的に持っている本質的な行動に関わっていることに注目していただければ、合点がいくのではないか。[6]生物が行う繁殖努力は配偶努力と育児努力に大別されるが、一般にメスは育児に多くのエネルギーを投資する性であるのに対し、メスを巡って競合するオスは配偶に投資する性である（長谷川 一九九三）[7]。そういった視点から言えば、霊長類のコドモオスがコドモ

5　パタスモンキーでは、オトナメス、しかも自身にアカンボウがいるオトナメスも乳母行動を行うという特徴がある（Muroyama 1994; 中川 二〇〇七）。

6　焼畑農耕民ベンバの独特の農法―チテメネ・システムにおける男性の役割である樹上伐採の習得は、青年・少年が年長男性の行動を観察し模倣していくことによる（5章 杉山論文参照）。生きていくうえでの重要な所作、技法を同性の年長者から習得する点は共通している。

7　長谷川（一九九三）に従ってさらに突き詰めて解説すると、雌雄の配偶子の違いに帰着することになる。オスの配偶子、つまり精子は遺伝情報だけを持つ小さな配偶子であるのに対し、メスの配偶子は遺伝情報に加えて栄養を持つ大きな配偶子ある。それゆえ卵は精子に比べ作るのに時間とエネルギーがかかるため、成熟した配偶子を準備できている個体数がメスのほうが少なく、限定された資源であるメスを巡ってオスは争うこととなる。また、同じ理由でメスのほうが配偶子に投資している分、繁殖に失敗した時のコストがオスに比べて高いので、受精した卵になんらかの世話が必要な場合、その世話はメスが行うようになる。

メスに比べて、頻繁にレスリングや追いかけっこといった激しい社会的遊びをよくするのは、オトナになった時のメスを巡ってオスの闘争能力の向上に機能しているというのは定説のひとつである（島田 二〇二三）。この学習は、〝正当な〟戦術をとるオスになるための学習と言えるが、他方、〝姑息な〟戦術をとるオスになるための学習が劣位表明の学習なのである。

（2） 非交尾場面のハラスメントの進化

前述のコドモオスの配偶能力を高める学習のうち、闘争能力の向上に機能する激しい社会的遊びは、コドモオス同士で互いに高め合う学習である。それに対し、劣位表明の学習はオトナオスとコドモオスの間で起こる学習である。交尾妨害では妨害を受けたオトナオスは、肉体的接触はないにせよ威嚇や追い払いという敵対的な反応を示すことで、オトナ時の交尾妨害では劣位の表明が必要であることを学習させる。他方、交尾場面以外のハラスメントに対して、現段階で得られた証拠をみる限りオトナオスはじつに寛容であり、敵対的な反応があったとしてももっと軽微なものである。コドモオスによる非交尾場面のオトナオスへのハラスメントは、その行動パタンの類似性からして、交尾妨害の基盤となっていることは間違いないと考えれば、オトナオスの寛容性こそが、オトナオスの共存に働く劣位オスによる交尾妨害行動を育む上で重要であったと言えそうである。コドモオスにとっては交尾は限られた場面であるが、それ以外の場面でのハラスメントについてはいくらでも機会がある点も重要である。

再びコドモメスの育児能力を高める乳母行動に目を向けてみると、それはオトナメスとコドモメスの間で起こる学習であったが、オトナメス、つまり母親の寛容性が前提になっている。養育者が血縁者（アカンボウから見れば姉、母親からみれば娘）であったほうが、養育者が非血縁者の場合は寛容的な種のほうが、母親が養育者を許容する結果、乳母行動の頻度が高いことが知られている（関澤 二〇二三）。パタスモンキーのコドモオスの交尾場面以外のハラスメントが、オスの共存のための学習に寄与しているとすれば、オトナオスの高い寛容性と父性との関係や種差の解明が今後の課題となってくる。

6 平等原則への移行と寛容性

パタスモンキーでは、小さく劣位なコドモオスが遊び顔を呈して大きく優位なオトナオスの顔を叩いても、オトナオスは怒りを露わにすることなく、顔をそらしてひたすら耐え、実に寛容な態度を示した。本章冒頭の1―(1)で触れたチンパンジーとボノボの食物分配の風景にどこか似ていないだろうか。チンパンジーでは、劣位であるオトナメスが、狩猟で獲得した獲物を手に持っている優位なオトナオスの顔を覗き込んで物乞いする。それに対し、オトナオスはやはり怒りを露わにせず、時に泣きっ面を呈しながら不承不承のうちにオトナメスが肉を取るのを許容する。食物が優位者から劣位者に分配されることはないので物質的に平等とは言えないが、劣位者のある種怒りを買ってもおかしくない行為に対し、優位者が自制し高い寛容性を示している点はまったく共通している。これをもってチンパンジーに不平等原則から平等原則への移行が認められるとするなら、パタスモンキーにも同じことが当てはまると言ってよいのではないだろうか？　もちろん伊谷（一九八六、一九八七）は、この食物分配の交渉だけをもって、チンパンジーに平等原則への移行が認められると言っているわけではないし、サルにも平等原則が認められることも強調している。しかし、こうした食物分配における交渉が、平等原則への移行を象徴する事象であることは間違いないし、それと類似した交渉がパタスモンキーでも認められたこともまた事実である。オナガザル科マカク属には、ニホンザルに代表されるように厳格な直線的順位序列を持っている種のみならず、直線的順位序列は認められるが劣位者が優位者からの攻撃に反撃したり、優位者が肉体的接触を伴うような激しい攻撃をしない寛容型と言われる種もいる（松

村 二〇二三)。さらに、ニホンザルにおいても淡路島や屋久島のサルは寛容的な性質を持つことも分かってきた(中川 二〇一三、10章谷口論文参照)。人類の社会性の起原と進化を探る上で寛容性はもっとも重要な論点(Wrangham 2019)であるからこそ、ヒトとヒトに近縁の類人猿だけの特異的な性質であると決めつけずに研究が進み議論が進展する(中川 二〇一七)ことを願う。

謝辞

ガーナ・モレ国立公園での調査にあたっては、現地共同研究者であるガーナ大学のエラスムス・オウス教授、調査許可書発行機関である森林委員会野生動物局のリチャード・ジマー博士、調査地であるモレ国立公園のアリ・マハマ公園長、ボナ・キイレ副公園長、ガイドのアブ・バカリ・スンラニ氏、カプリ・マーチン・ダバラ氏、国内共同研究者である京都大学の半沢真帆博士、兵庫県立大学の森光由樹博士には特にお世話になった。カメルーン・カラマルエ国立公園での調査にあたっては、調査許可書発行機関であるカメルーン科学技術省のヴィクトール・バリンガ博士、大学院博士後期課程の指導者として京都大学の故河合雅雄名誉教授、杉山幸丸名誉教授、大沢秀行博士に特にお世話になった。以上の方々に深謝する。

参照文献

伊谷純一郎(一九八六)「人間平等起原論」伊谷純一郎・田中二郎編『自然社会の人類学――アフリカに生きる』アカデミア出版会、三四九―三八九頁。

――(一九八七)「霊長類社会における共存のための不平等原則と平等原則」伊谷純一郎『霊長類社会の進化』平凡社、二七一―二九五頁。

大沢秀行（一九九〇）「パタスモンキーの社会」河合雅雄編『人類以前の社会学――アフリカの霊長類を探る』教育社、三五七―三七〇頁。

河合香吏（二〇〇九）「序章　集団――人類進化の進化史的基盤を求めて」河合香吏編『集団――人類社会の進化』京都大学学術出版会、i―xvii頁。

――（二〇一三）「序章　「集団」から「制度」へ――人類進化の進化史的基盤を求めて」河合香吏編『制度――人類社会の進化』京都大学学術出版会、一―一四頁。

島田将喜（二〇二三）「遊び」日本霊長類学会編『霊長類学の百科事典』丸善出版、三九二―三九三頁。

関澤麻伊沙（二〇二三）「母親以外の個体とアカンボウとの関わり」日本霊長類学会編『霊長類学の百科事典』丸善出版、四〇〇―四〇一頁。

中川尚史（二〇〇七）『サバンナを駆けるサル――パタスモンキーの生態と社会』京都大学学術出版会。

――（二〇一三）「霊長類の社会構造の種内多様性」『生物科学』六四：一〇五―一一三頁。

――（二〇一五）『〝ふつう〟のサルが語るヒトの進化と起源』ぷねうま舎。

――（二〇一七）「〝ふつう〟のサルとヒトの平行進化――類人猿からは見えてこない人類進化論」『現代思想』四四：六三―七五頁。

中村美知夫（二〇〇九）『チンパンジー』中央公論新社。

西江仁徳（二〇一三）「アルファオスは「誰のこと」か？――チンパンジー社会における「順位」の制度的側面」河合香吏編『制度――人類社会の進化』京都大学学術出版会、一二一―一四二頁。

長谷川真理子（一九九三）『オス＝メス＝性の不思議』講談社。

半沢真帆（二〇二三）「ガーナ・モレ国立公園における調査地開拓」河合香吏・中川尚史編『公開シンポジウム「海外調査地開拓のすすめ」報告書』一一―二四頁。ISBN 978-4-86337-540-6 https://drive.google.com/file/d/1UWz1by835CDWImuEP65tGq8OkCPBM7xG/view（アクセス日：二〇二四年一月二八日）

松村秀一（二〇二三）「マカク属の専制型と寛容型」日本霊長類学会編『霊長類学の百科事典』丸善出版、四七〇―四七一頁。

Carlson, A. A. and Isbell, L. A. (2001) Causes and consequences of single-male and multimale mating in free-ranging patas monkeys, *Erythrocebus patas*. *Animal Behaviour*, 62: 1047–1058.

Chism, J. (1986) Development and mother-infant relations among captive patas monkeys. *International Journal of Primatology*, 7: 49–81.

Chism, J. and Rogers, W. (1997) Male Competition, Mating Success and Female Choice in a Seasonally Breeding Primate (*Erythrocebus patas*). *Ethology*, 103: 109–126.

Chism, J. and Rowell, T. E. (1986) Mating and residence patterns of male patas monkeys. *Ethology*, 72: 31–39.

Gross, M. R. (1996) Alternative reproductive strategies and tactics: Diversity within sexes. *Trends in Ecology and Evolution*, 11: 92–98.

Goodall, J. (1986) *The Chimpazees of Gombe Patterns of Behavior*. Camgridge: Harvard University Press. 〔グドール、J（一九九五）『野生チンパンジーの世界』杉山幸丸・松沢哲郎監訳、ミネルヴァ書房。〕

Harding, R. S. O. and Olson, D. K. (1986) Patterns of mating among male patas monkeys (*Erythrocebus patas*) in Kenya. *American Journal of Primatology*, 11: 343–358.

Jacobus, S. and Loy, J. (1981) The grimace and gecker: A submissive display among patas monkeys. *Primates*, 22: 393–398.

Loy, J. and Loy, K. (1977) Sexual harrasment among captive patas monkeys (*Erythrocebus patas*). *Primates*, 18: 691–699.

Loy, J. (1989) Patas monkey copulations: One mount, repeat if necessary. *American Journal of Primatology* 18: 57–62.

Matsumura, S. and Okamoto, K. (1998) Frequent harassment of mounting after a takeover of a group of Moor macaques (*Macaca maurus*). *Primates*, 39: 225–230.

Muroyama, Y. (1994) Exchange of grooming for allomothering in female patas monkeys. *Behaviour*, 128: 103–119.

Nakagawa, N., Ohsawa, H. and Muroyama, Y. (2003) Life-history parameters of a wild group of West African patas monkeys (*Erythrocebus patas patas*). *Primates*, 44: 281–290.

Niemeyer, C. L. and Anderson, J. R. (1983) Primate harassment of matings. *Ethology and Sociobiology*, 4: 205–220.

Nishida, T. (1970) Social behavior and relationship among wild chimpanzees of the Mahali Mountains. *Primates*, 11: 47–87.

Ohsawa, H. (2003) Long-term study of the social dynamics of patas monkeys (*Erythrocebus patas*): Group male supplanting and changes to the multi-male situation. *Primates*, 44: 99–107.

Ohsawa, H., Inoue, M. and Takenaka, O. (1993) Mating strategy and reproductive success of male patas monkeys (*Erythrocebus patas*). *Primates*, 34: 533–544.

Rogers, W. and Chism, J. (2009) Male dispersal in patas monkeys (*Erythrocebus patas*). *Behaviour*, 146: 657–676.

Sommer, V. (1989) Sexual harassment in langur monkeys (*Presbytis entellus*): Competition for ova, sperm, and nurture. *Ethology*, 80: 205–217.

Špinka, M., Palečková, M. and Řeháková M. (2016) Metacommunication in social play: The meaning of aggression-like elements is modified by play face in Hanuman langurs (*Semnopithecus entellus*). *Behaviour*, 153: 795-818.

Wrangham, R. (2019) *The Goodness Paradox: The Strange Relationship between Virtue and Violence in Human Evolution*, New York: Pantheon.［ランガム、R（二〇二〇）『善と悪のパラドックス——ヒトの進化と自己家畜化の歴史』依田卓巳訳、NTT出版。］

Zucker, E. L. and Kaplan J. R. (1981) A reinterpretation of sexual harassment in patas monkeys. *Animal Behaviour*, 29: 957-958.

KEYWORDS

- 「正直なシグナル」仮説批判
- アニメ・コスプレ
- 身体変容と「拡張された社会性」の創造

第8章

身体装飾からヒトの社会性の進化を考える

「拡張された社会性」へ向かって

床呂 郁哉
Ikuya Tokoro

1　身体装飾への関心

本章では、人間の社会性の進化や変容における身体装飾ないし装飾的行動の役割を扱う。その際、進化論的な観点と民族誌的な観点の両方から考察を試みる。[1]ここで言う「身体装飾」（または自己装飾、人体の装飾的行為）とは、装飾品、衣服、仮面などの着用、ボディペイント、化粧、タトゥーなどが含まれる。

身体装飾というテーマから人間の社会性の進化を考えるという試みを奇異に思う読者もいるかもしれない。その印象は必ずしも的外れなものではない。例えば、一昔前までの考古学や技術史などの分野では、人類の進化において「もの」（物質文化）が取り上げられる場合、ともすると火や石器・土器、狩猟用具などといった（実用的な）「もの」が重視されることが少なくなかった。言い換えれば、人類の生存に必要な実用性に富んだ道具の類が重視される傾向が強かったと言えるだろう。この傾向は、いわば「プロメテウス史観」ないしいわゆる「ホモ・ファーベル（道具を使うヒト）」的人間観とも強く結びついていると考えられる。裏を返せば、装飾品（および装身具等）などは、ヒトの生存にとって「不要不急」の「些細な」または「二次的な」重要性しかもたない存在として軽視されがちであったと言えよう。言い換えれば、身体装飾やそれに関連した「もの」に対する暗黙の偏見があったと言うことである。

しかしながら、二〇世紀後半以降、先史考古学や古人類学などの研究が進むにつれ、いわゆる「認知革命」[2]をめぐる議論（Klein 2008; ミズン 一九九六ほか）の進展などに伴って、ヒトの芸術的、ないし象徴的行動は人類進化において看過できない重要性を有する対象として注目を集めるようになった。この過程で身体装飾や装身具の使用などに関しても関心が高まっている（Henshilwood et al. 2004; D'Errico et al. 2012; 門脇 二〇二〇ほか）[3]。実のところこの認知革命の理論に関しては、次節で述べるように、複数の重要な批判や疑義が呈示されているにも関わらず、近年に世界的ベストセラーとなったY・N・ハラリの本などをはじめ最近でも踏襲されているケースも散見される（ハラリ 二〇一六）。

2 身体装飾に関する「認知革命」理論の批判的再検討

本節では「認知革命」論の概要とその批判に関して簡単に総括する。「認知革命」論の複数の提唱者は、研究者ごとに細部に関して実は微妙に異なった見解やニュアンスを含み込んでいるが、それらは概して以下のような主張として要約することができる。すなわち、ホモ・サピエンスの進化史において、更新世のある時期[4]に、新しい種類の人間行動があたかも「革命」のように（ないし、ミズンの表現で言えば「ビッグバン」のように）急に出現したという主張で

1 本稿の内容は *Philosophy & Cultural Embodiment*（Vol.2, No.1）誌に掲載された拙稿（Tokoro 2022）の内容に一部加筆修正を実施した事実上の和文版である。

2 「認知革命（Cognitive Revolution）」は研究者によっては「人間革命（Human Revolution）」と称される場合もある。認知革命の概要に関しては後述。

3 美術史研究者の鶴岡真弓は、人類の特徴を形容するにあたって、従来の「ホモ・ファーベル」等に替わって「ホモ・オルナートゥス：飾るヒト」という呼称を提唱しており、注目に値する（鶴岡 二〇二〇）。

4 約五万年から四万年前と主張される場合が多いが、更に古い時期まで遡るとの主張も存在する。

ある。この「革命的」変化には、人間の認知の洗練、言語の出現、抽象的思考、計画的な狩猟などの行動、そしてその基礎となる芸術や武具の使用などのさまざまな象徴的行動が含まれる。この革命的な変化の仮説は、一般に「認知革命（人間革命）」理論と呼ばれている（Mellars 1991; ミズン 一九九六; Tattersall 1995; White 2007 など）。この「革命的」な変化に関しては、脳神経系の変化が伴っていたのではないかと指摘する研究者も存在する（Klein 2008; ミズン 一九九六など）。要するにこれらの議論は、更新世の特定の時期に、神経系の変化を背景に、現代の言語、芸術、宗教などを含む象徴的行動などの「現生人類」の特徴が現在のヨーロッパのホモ・サピエンスに突然現れたとする。

この点に関連して、ネアンデルタール人はホモ・サピエンスとは異なって、こうした「認知革命」を経験せず、従ってホモ・サピエンスのような完全な言語や装飾活動等を含む高度な象徴行動を持っていなかったか、もしあっても概して萌芽的で未熟な段階に留まっていた、と主張する論者らもいる（Tattersall 2009; Williams 2012; ミズン 二〇〇六など）。例えばS・ミズンは、彼の言ういわゆる「認知の流動性」と、現代人の行動を示す認知革命後のホモ・サピエンスと、ネアンデルタール人の認知的能力の大きな質的差異を指摘した。

いくつかの重大な批判にもかかわらず、認知革命理論は、人体の装飾や装飾的行動に関する最近の研究の中でも一定の影響を与え続けている（例えば、池谷編 二〇二〇; ハラリ 二〇一六等を参照）。これらの議論では、装飾品は芸術的・象徴的行動の一つとして「現代の人間の行動」の指標としても見られている（White 2007; Malafouris 2008）。

私見では、認知革命理論は、身体装飾や身体装飾を含めた象徴的行為の役割に注目した点では高く評価されるべきであるが、一方で、いくつかの看過できない重大な問題点があることにも留意すべきである。問題の一つは、この議論が「革命」によるホモ・サピエンスと他の人類の断絶を強調しがちであることである。言い換えればこの議論は概して、ヒト以外の動物やホミニンと比較した場合、ホモ・サピエンスは例外であるとする「ホモ・サピエンス例外主義」を免れてはいないばかりか、それを再生産しているとさえ言えるだろう。

この点に関して、古人類学および考古学的研究の進歩に伴い、認知革命理論の批判と再検討を含む議論が近年では活発になってきた。[5] 例えばマクブレーティとブルックスは、この点に関して「人間革命の理論は致命的に間違っている」とさえ指摘する。彼らによると、認知革命論において「革命」のように見えた技術的および文化的飛躍は、すなわちヨーロッパに見られる（ようにみえる）後期旧石器時代の「革命的」な性質は、「人間革命」の支持者が主張してきたような急速な文化的、認知的、生物学的変容によるものではなく、単に考古学的記録の不連続性によるものである可能性が高い。すなわち、先述したような「人間革命」の構成要素の多く――刃物や小石器技術、骨器、地理的範囲の拡大、特化した狩猟、水生資源の利用、長距離交易、系統的な加工と顔料の使用、芸術と装飾など――は、数万年前のアフリカ中石器時代にすでに見られ、これらは空間的にも時間的にも大きく離れた場所で発生していた。つまり現代人につながるヒトの行動のパッケージはアフリカで徐々に組み立てられ、他の地域に持ち込まれたのであって、突然に「革命的」な進化史的変化ではないというのだ（McBrearty & Brooks 2000: 454）。

近年、これらの再検討を通じて、認知革命理論の前提とは対照的に、ホモ・サピエンスと他の人類（ネアンデルタール人など）との関係は、不可逆的な断絶ではなく連続的であるという見解がますます有力になっている（Finlayson 2019）。実際、顔料や海洋二枚貝を含むネアンデルタール人の身体装飾品が、ヨーロッパにホモ・サピエンスが出現する前であっても、更新世に使用されていたという証拠が次々と発掘されている（Zilhão 2012; Hoffmann, et al. 2018; Sykes 2020: 249–260 ほか）。

たとえば、フィンレイソンは、スペインのジブラルタルでの発掘調査の結果に基づいて、ネアンデルタール人は体表だけでなく洞窟にも抽象的で象徴的な碑文を彫ったと主張している。ボディペインティングや装飾品としての鷲の羽などの身体装飾が用いられたと考えられる（Finlayson 2019: 193–195）という。これらの事実に基づいて、ホモ・サ

5　例えば McBrearty & Brooks（2000）、Hoffmann, D. et al.（2018）等を参照。

ピエンスとネアンデルタール人の間には大きな認知的格差があるとする「認知革命」理論はもはや成り立たないというのである（Ibid.）。

いずれにせよ、研究者たちが繰り返し主張する「革命」の背後には、人間を他の動物の世界から区別したいという暗黙の願望があるというマクブレアティとブルックスの指摘は重要である。ホモ・サピエンスは他の動物に比べて独特で例外的であるという主張（人間例外主義）は、他のすべての生命体が定義上ユニークであるという事実を曖昧にすることである（McBrearty & Brooks 2000: 533）。この点において、「認知革命」理論などに基づく先行研究に依然として内在する人間中心主義的な偏見（人間例外主義）にとらわれない、オルタナティブな視点を探求していく必要があるだろう。[6]

3　身体装飾と「正直なシグナル」理論

この節では、前節で述べた人間中心主義（人間例外主義）的なバイアスからなるべく自由な視点を探求していくためのステップとして、ヒトとヒト以外の動物のあいだで身体装飾行動を比較し、それを両者の断絶や差異ではなく、むしろ連続性の相において捉える視点を検討してみたい。[7]

近年の生物学的研究の分野では、例えば鳥類に関する身体装飾やディスプレイ行動に関する研究が進み、多くの知見が蓄積されている。例えば、特定のいくつかの種の鳥に関して、雄鳥が雌に求愛する際の美しい飾り羽などの展示行動に関する知見が蓄積されている。これらの性的装飾や誇示行動の進化は、交配候補者の資質や条件に関する明確な情報を示すといういわゆる「正直なシグナル理論」ないし「ハンディキャップ仮説」などが提唱されており、同理論への批判も含めて議論が続いている（長谷川 二〇〇五；プラム 2020）。

主流の進化生物学者は、性的装飾や誇示行動が進化したのは、それらがつがい候補の資質と状態について、偽りのない明確な情報を示すためであるとする「正直なシグナル」仮説を採用することが多い。例えば鳥のオスのディスプレイはいわば出会い系サイトのプロフィールのような機能を果たすと想定される。具体的にはオスの血統、生育環境、食生活、健康状態、性病の有無などオスの身体（遺伝子）に関する属性の情報を伝達する。

この「正直なシグナル」仮説では美は実用性以外の何物でもないとされる（プラム 二〇二〇：二一―二二）。「正直なシグナル」仮説への批判の一つはロナルド・フィッシャーの性選択の二段階モデルに依拠するプラムによる指摘である。それによるとフィッシャーはダーウィンの美に基づく性選択の理論を発展させ遺伝学の数理的モデルを開発した。その第一段階では健康と活力、生存能力を正確かつ正直に示す形質（正直なシグナル）に対する選り好みがまず進化する。第二段階では、まさにその配偶者選択によって、誇示形質そのものに性的魅力が生じ、それが進化の原動力となって、資質の正直な情報を示す筈の誇示形質が本来の状態から乖離し、新たな予測不可能で恣意的な美を生み出す「ランナウェイ過程」に沿って進化することとなる（同書：四八―四九）。この文脈でプラムは「恣意的」な誇示形質の概念を提唱した。それは配偶者の資質（遺伝子の質、病気への抵抗力、食物の質など）を示す他の外的な評価基準から切り離された形質を指す。恣意的というのは、偶然とかランダムとか、説明がつかないという意味ではなく、単に誇示形質がその存在以外には何の情報ももたらさないという意味であり、恣意的な形質は正直でも不正直でもな

6　人間中心主義（人間例外主義）からの脱却という問題意識に関しては本書の森下（第1章）や伊藤（第16章）の章も参照。

7　ヒトとヒト以外の動物における身体装飾と美的意識の連続性（と差異）については、進化論の提唱者C・ダーウィンがその著書『人間の由来』（ダーウィン 二〇一六）で指摘しているポイントでもあるが、紙幅の関係で本章では彼の議論にはこれ以上立ち入らないこととする。

い。騙す対象のための情報を何ももたらさないからである。単に魅力的であるとか、美しいとかだけ、つまり相手となる個体の感覚に基づく判断と認知的選択を促す存在とされる（同書：五三）。

「正直なシグナル」仮説に関連して鳥類学者アモツ・ザハヴィらが提唱した性選択に関する適応主義的な仮説が、いわゆるハンディキャップ仮説である（Zahavi & Zahavi 1997）。ザハヴィによるとハンディキャップは一種の試験のようなものであり、ハンディキャップが大きければ大きいほど試験は厳しくなるので、それをクリアしている相手は配偶者として優れていることになる。例えば孔雀の羽根は、それを維持するのにコストのかかる、しかも生存に不利になりうる高コストのシグナル＝ハンディキャップと見なすことができる。こうしたコストの高い形質的ハンディキャップを備えたオスに惹かれるメスは、そのコストに付随する主観的な美ではなく、そのコストを乗り越えるオスの能力を示す情報に反応しているとされる（長谷川 二〇〇五：九五―一〇二）。この理論に関してはいくつかの重要な批判も提起されている。進化生物学の文脈における批判に関してはプラムやメニングハウスらが詳しい。それらによると、ザハビィのハンディキャップ理論を含むコストのかかるシグナル理論（costly signal theory）は、見事な装飾羽だとか歌やダンスの技巧さを「優れた遺伝子」を指示するもの（indicator）だとして解釈する。しかしながら、性選択によって選ばれてきたすべての「気まぐれ」が、何らかの恣意的な美ではなく、適応（体の健康さ fitness）を指示するものだとする包摂的な証拠は存在しないというのである（プラム 二〇二〇：五八―六二； Menninghaus 2019: 14）。

4　人間社会における身体装飾

前節で紹介した「正直なシグナル」仮説を人間社会に適用する試みもなされている（Kuhn 2014; Rossano 2015; 仲田 二〇一八等）。その代表的なもののひとつがＳ・Ｌ・クーンによる人類社会の装身具の進化論である。その概要は以下のようなものだ。まず約三〇万年前から二五万年前のあいだに、初期の人類（ホモ・サピエンス）はアフリカやユーラシアで、シグナルを送るメディアとして耐久性のある材質を使用し始めた。当初はその物質はオーカーや他の顔料に限定されていた。しかし時間と共に、ビーズなど他のものもメディアに追加された。最初期のシグナル（信号）の技術である顔料による身体彩色（ボディ・ペインティング）は、あまりコストのかからない（低コストの）シグナルだと言える（Kuhn 2014）。また身体表面を彩色することだけではコストや量を表現することに限界がある（体表面の面積には身体的制約から自ずと限界があるため）。こうした段階のシグナルの技術は、概して平等社会、つまりハイアラーキーの差が顕著ではないような小規模社会に適合する。これに対して、より後の時代に発達したビーズは量やコストを表現することにより適したメディアであると考えられる。社会の大規模化や広域化により、もはや身体彩色のような安価なシグナルでは調整がつかないような場合には、ビーズのような装身具は身体彩色と異なって身体的限界によって拘束されないため、より適したメディアであるとされる（Ibid: 45-47）。

クーンによるこの「正直なシグナル」モデルの人間社会への適用に関しては、いくつかの重大な留保すべき疑問点がある。たしかに身体彩色に用いる顔料と、ビーズの材料である貝殻の間の媒体の物質性の違いに焦点を当てたクーンの議論は人類学的に重要で興味深いものだが、疑問の余地がないとは言えない。疑問の一つは、身体装飾の信号理論に基づく暗黙の前提に関するものである。つまり、この理論では、社会の規模と複雑さが増大し拡大するにつれて、装飾は暗黙のうちに社会的地位の「表現」および「反映」として想定されている。

たしかに考古学では長い間、個人の装飾品は社会内での個人の名声、地位、社会的アイデンティティを示す威信の高いアイテムとみなされる傾向があった（Baysal 2019: 6）。しかし、進化生物学におけるハンディキャップ理論や正直シグナル理論の批判ですでに検討されているように、適応度などの性質や情報を必ずしも示すわけではない「任意の表示形質」という観点は、人間の社会性の進化においても注目に値すると思われる。つまり、すでに述べたように、自然淘汰などにおける実用性や、単なる「反映」に還元できない「恣意的な美」も、人間の社会性を考える上では重要ではないか、というのが一番目の疑問点である。

もうひとつの疑問点は、コードモデルの前提それ自体に関するものである。それは、信号理論が依存するシャノンのような情報伝達モデル（コード・モデル）に依拠している。すなわち送信者と受信者の間で特定の明確なメッセージを送受信し、送り手がエンコードした信号を受け手は効率よくデコード（解読）する、というものだ。概してコードモデルは、装飾品などの価値を単なる（実用的な）価値や意味の伝達情報に還元することで、美的なものを含むコミュニケーションの恣意性、曖昧性、多様性を排除しているように見える（木村 二〇一八：西江 二〇二二）。私見では、身体装飾によって自分自身の個人的特徴や個人と集団の両方のアイデンティティなどに関する情報を表示する機能は否定できないものの、他方で身体装飾の意義や重要性はこの機能だけに還元できるものではないと考えるべきであろう。この点については、次節以降でコスプレ等の事例も含めた身体変容の実践から、より具体的に考えていきたい。

5 身体変工と変形の実践

われわれは、食事をしたり衣服を着たり、散髪をしたり、などといった日常的でルーティン的な行為から、体調を崩した際に薬を飲んだり、場合によっては外科手術を受けたりといった行為を通じて自らの身体を維持し、再生産している。他方でこうした日常的な身体の手入れの次元を超えて、より意識的で自覚的に実施される身体への加工や介入も存在する。例えば外科手術、ホルモンなど薬物投与などの手段による身体の形状等の大幅な変更、補綴（義肢などで身体欠損を補う行為）、刺青や抜歯などは、身体に対してよりラディカルで（場合によっては不可逆な）変容の可能性を含んだある種の「身体変工」のテクノロジーとして考えることもできるだろう。身体変工とは、身体の加工行為を称す文化人類学や考古学の専門用語であり、英語ではbody modification、body decoration、body artと称される。身体の改造には、古代から伸長・狭窄・切開・切断・縫合・焼灼・圧迫・異物の挿入などを組み合わせたさまざまな加工があるとされる（桑原 二〇〇九；吉岡 一九八九；山本 二〇二一）。他方で、リアルな身体自体を変化させなくても、いわば仮想的に自らの見栄えを変える技術も発達してきている。インターネット上では、自分で撮影したセルフィーの投稿などが増えているが、そうした写真のなかには各種のアプリや画像加工ソフトなどを使用して、より見栄えが良くなるように目を大きくしたり、肌を実際より白くするなど「盛った」写真も少なくない（久保 二〇一九）。

狭義の「身体変工」は先述の山本らによる整理のように、どちらかと言えば、身体への直接的・物理化学的ないし医療的な介入が中心となる概念である。これに対して、必ずしも「身体変工」には該当しないような、いわばソフトで間接的な身体への介入や働きかけ（例えば衣服や装飾品の着用、自己の身体の画像情報の加工・修正など）を含む広義の身体の印象（ないし情報）操作の行為を、本章では便宜的に「身体変容」と命名しておきたい。

次節では、筆者が東南アジアでフィールドワークを続けている「コスプレ」（コスチューム・プレイ）に関する資料を用いて、コスプレとそれに関連する行為全般を、日本における「身体変容」の技術（実践）として考えてみたい。そうすることで、メイク、演劇、服装、コスプレなどの「正直でない」シグナルとしての身体装飾の視点が、物事を考える上で非常に重要であることを示したい。

6　ケーススタディ――身体変容の実践としてのコスプレ

そもそも「コスプレ」という語は一九八〇年代半ばに日本で造られた和製英語を起源とするという説が有力だが、広義のコスプレ的な行為それ自体は、（その定義にもよるが）欧米でかなり古く（少なくとも第二次世界大戦前）から存在したとされる。[8] このうち本章で扱う「コスプレ」とは、二〇世紀末期(一九九〇年代以降)に顕著になっている、主に日本やアメリカなどのアニメ・マンガ・ゲームのキャラクターにファンが身を扮して、場合によっては当該のキャラクターになりきって演じるような行為(狭義のコスプレ)を念頭に置いている。なかでも、筆者がここ数年フィールドワークを行っている東南アジアの二か国(フィリピンとマレーシア)のファンダムの間におけるコスプレを主な検討の対象とする。

ここで本論に入る前に、先に述べたコスプレの特徴を予め議論を先取りする形で述べておきたい。まず筆者が狭義のコスプレ(以下、「コスプレ」と記)の典型的な特徴として考えるのは、それが普段の日常的な自己のアイデンティティ(「自分は何者であるのか」に関する自分自身による意味づけや自己規定)の変化や変容の契機を伴う、言い換えれば「変身」の契機を多かれ少なかれ伴っている、という点である。

例えば、コスプレは、単に普段と少し変わった衣服や装飾品を身に着ける、あるいはダイエットで痩せる、などといった次元を超えて、「自分が普段の自分自身とは異なる、具体的で固有名を持った他者になる」という点がコスプレにおいて特に重要な要素であると言える。

具体的には、アニメやマンガ、ゲーム等に登場する具体的で特定のキャラクターに身を扮し、そうしたキャラクターを演じ、さらには演じる対象に(それがコスプレ・イベント(以下、コスイベ)などの限定された時空間の中であったとしても)変身する、という契機が重要なポイントであるように思われる。普段は学生やOLであっても、コスイベの場では日常的な自分の氏名や素性を一時的にカッコに入れて、本来の自分とは異なる具体的な他者としてのキャラクター――例えば「綾波レイ」、「緑谷出久」、「ピカチュウ」などのアニメやマンガ・ゲームの登場人物が典型的――を演じ、そのキャラに変身する、成りきる、というのが典型的な狭義のコスプレの典型である。

東南アジアにおけるコスイベなどの現場に参加して印象的なのは、女性コスプレイヤーが男性キャラを演じる(以下、「FtM」:Female to Male の異性装)行為や、あるいは逆に男性コスプレイヤーが女性キャラを演じる(以下「Mt

F」：Male to Female）などの、いわゆる異性装のコスプレが顕著で、かなり一般化しているという事実である。こうした異性装のコスプレは一般に英語圏ではクロスドレス（cross dress 異性装）と称され、東南アジアでもその呼称が浸透しつつあり、本章でもこの表現を用いることとする。

東南アジアのコスイベにおけるクロスドレスの多さは、筆者の現地調査でもある程度、量的に裏付けることができた。例えば筆者が二〇一八年にフィリピンの某コスイベに参加したコスプレイヤーを対象に実施したサンプリング調査では、有効回答者（n＝四〇）の約六五％前後が過去にクロスドレスをした経験を有していた。マレーシアで実施した同様の調査においても、回答者の約四〇％がクロスドレス経験者であるという調査結果であった。

ここ二〇年ほどでマンガやアニメなどいわゆるオタク系のコンテンツに関する学術研究は急速に進展しつつあり、多様なアプローチや問題関心からの研究が蓄積されつつあるが、こうした先行研究の中で、本章の文脈でとくに参考になるものの一つとしてS・ネイピアによる著書（Napier 2007）を挙げることができる。同書はアニメやマンガなど日本発のサブカルチャーの（主にアメリカを中心とする）西洋での受容の現状に関して論じたものであるが、その中でネイピアはコスプレに関しても言及している。

そこで彼女は、とりわけアニメのコスプレは、ハリーポッターやスタートレックなどの実写の映画のコスプレとは異なってノン・リファレンシャル（non-referential: 実際の俳優が演じる人物・キャラクターなどではないこと。表象に対応する現実世界での対象が不在であること）を特徴とするが故に、虚構性の高い表象を描きやすいアニメというメディア

8　本節と次節の内容は拙稿（床呂 二〇二一a）に依拠している。コスプレをめぐるより詳細な民族誌的記述と分析に関してはそちらを参照されたい。また日本と海外におけるコスプレに関する歴史的概要やその社会・文化的分析としては化濱（化濱 二〇一二）、田中（田中 二〇〇九；田中 二〇一七）、リプタック（Liptak 2022）、ウィンゲ（Winge 2019）等を参照。

の柔軟な性質とも相俟って、そのファンにとって開かれた創造性の余地を与えている点を指摘する。これはコスプレを実践するプロセスにおいては、具体的な細部に関して、コスプレイヤー個人が創意工夫を発揮することを許す、視覚的なファンタジーの場である点を指摘している。この結果、現実世界がますます民族的、あるいはナショナルないし宗教的などの諸アイデンティティによって規定される厄介な状況の中において、アニメ・コスプレは、（一時的ではあれ）そうした拘束から自由な可能性の場を提供しているとも指摘する（Napier 2007: 210）。

彼女によるとアニメ・コスプレは、「最も高度なレベルの創造性を発揮しうる遊びの場（サイト）」であり、また場合によっては、価値転倒的／破壊的なポテンシャル（subversive potential）さえも有するとされる（Napier 2007: 211）。

さらに身体の変容の技法という観点で重要なポイントは、アニメ・コスプレは生まれたときの身体的な特徴などの限界を超え出ていく可能性をファンに与えると指摘している点だ。すなわち、アニメ・コスプレを通じてコスプレイヤーは、生まれつき備わった人種やジェンダーや国籍や種の境界さえも超えて、他者に変身するという可能性である（Napier 2007:167）。こうしたネイピアの主張は、筆者が海外のコスイベなどの現場で見聞してきた状況とも概ね合致することが多く、まずは議論の出発点としては妥当なものだと言えるだろう。[9]

例えばコスプレでは、先に紹介したようにクロスプレイを実践することを通じて、見かけ上のジェンダー境界を（たとえ一時的で想像上の次元であったとしても）越えることを可能にする。また、日本人や中国人のアニメ・キャラクターを演じるフィリピン人やマレーシア人のコスプレイヤーたちのように、生まれ持った国籍や民族的アイデンティティを仮想的に越境しうるだろう。さらには動物、ロボット、妖怪、怪物、鬼、ミュータント、異星人などといった人間ならざる非人間（nonhuman）のキャラクターへの変身さえも不可能ではない。要するに概して生得的な自己の身体がもつ（性別、国籍、人種その他多くの）属性に規定されたアイデンティティの束縛を抜け出て、普段の自分とは全く異なる属性やアイデンティティを備えた「他者」に変身する技法としてのコスプレという指摘である。

7 衣装と身体装飾の変容機能

アートに関するA・ジェルの有名な著書（Gell 1998）は、前節で議論したコスプレとファッションの事例を考えるときに有効な示唆に富んでいると思われる。この本は、芸術に関する人類学の分野における最近の最も重要な貢献の一つとしてよく引用され、人類学だけでなく考古学や美術史にも影響を与えた。ジェルが提起した重要な点の一つは、芸術を「行為のシステム」として見るという視点だ（Gell 1998: 3, 6）。彼が強調しているのは、芸術についての議論において、それを「意味」を反映するシステムとして見るのではなく、むしろ「行為」と「社会的関係」に注目する点である。そうすることで、彼は芸術作品の「意味」を強調するコミュニケーションシステムとして芸術を分析してきたこれまでの従来の芸術研究に対する理論的ブレークスルーを確立した。ジェルは、概して美術品の類は他人の思考や行動に影響を与えるために作られたと述べる。一般に、ジェルの議論は、社会的関係を構築し、操作し、介入する主体としての芸術の観点を主張する上で重要である。

こうしたジェルの議論は主に芸術品に焦点を当てているが、私見では、彼の指摘は服飾、マスク、化粧品の使用などを含む身体装飾を議論する際にも有意義であろう。この点に関して、身体装飾を、単なる既存の社会的地位やアイデンティティの「表現」や「反映」だけに留まらず、むしろアイデンティティを変化させ、変容させ、再構築し、創

9 ただし、コスプレが持つ変身の可能性や創造性のポテンシャルを、ネイピアの議論のように留保なく称揚できるのか、と言う点に関しては疑問が残らないわけでない。紙幅の関係で本章ではこれ以上立ち入らないが、この点の詳細に関しては拙稿（床呂 二〇二一a）後半部分等を参照。

造する行為として捉えるという視点の可能性が浮かび上がってくる。この文脈では、哲学者の井上雅人の議論（井上二〇一九）も参考になるだろう。井上は、「着る」ことの本質は「使う」ことだけではないと言う。服を着るということは、ある意味、服を使いながらも使い手を変えてしまう不思議な行為であると述べている（井上二〇一九：八九）。河野哲也もまた、衣服には単に集団内での帰属や地位を表現するという実用的な機能や表現的な機能以上のものがあるとする。むしろ、衣服には変態と変容というもう一つの重要な機能があるという指摘だ（Kono 2020）。

この点に関連して、コスプレの場合を例に取れば、コスチュームや装身具の変容的な機能も強調したい。例えば、コスプレイヤーが衣装を着ると、その正体や登場人物とは異なる架空のキャラクターなどに変身する。衣服の変身機能は必ずしもコスプレの場合に限定されるものではない。二〇一九年、筆者はフィリピン南部のダバオ市でイスラム教徒コミュニティのフィールドワークをしていた際、「ニカブ」（顔全体を覆うスカーフの一種）をしたイスラム教徒の女性たちに何度かインタビューを行った。そこでインフォーマントの一人は、現地でのインタビューの中で、「ニカブを着たらもう後戻りはできない」と語った。つまり、コミュニティ内でイスラム教徒としての強い敬虔さの表れと考えられているニカブを一度着始めると、元に戻ることを非常に躊躇するようになるということだ。この例からも明らかなように、人は服を単なる道具や物として扱うのではなく、着る服によって人そのものが変わるという局面が存在する。ニカブを着ている女性の場合、男性から気やすくからかいなどのハラスメントを受けにくくなるなど、周囲との関係性が変化することも多い。

このように、身体装飾品や衣装は、着用者の外見だけでなく、着用者を取り巻く社会的関係も変化させうる。また筆者のフィールドの一つであるフィリピン南部スールー諸島のサマ人（Sama）社会の憑依儀礼においては、衣装や帯などの小物を付け替えるによって人間（生身のシャーマン）および異なる複数の精霊の人格（persona）へ変容／交替するとされる。

このように身体装飾は、「いま・ここ」に現前する目の前の他者の範囲を超えて、場合によってはその場にいない他者（空間的に遠方にいる他者はもちろん死者なども含む）であるとか、更には想像上／架空の他者や非人間の他者（nonhuman other：神や祖霊、精霊などの類を含む）までを包摂する事物に対する行為や態度・思惟のあり方、言わば「拡張された社会性」を創造（想像）し構築する役割を果たすことさえあり得るのではないだろうか。

8 拡張された社会性の創造＝想像へ向かって

先に述べたように、われわれは、食事をしたり衣服を着たり、散髪をしたり、などといった日常的でルーティン的な行為から、体調を崩した際に薬を飲んだり、場合によっては外科手術を受けたりといった行為を通じて自らの身体を維持している。意識するにせよ、しないにせよ、こうした絶え間のない身体への働きかけによってはじめて身体はわれわれの身体として成立し、再生産されていると言えるだろう。人類学の歴史では、M・モースが個人的でもあり社会的でもある実践的な身体の使い方、彼の言う「身体技法」に注目し、この概念は後にブルドューによって、より理論的に洗練された「ハビトゥス」の概念へと敷衍されていったことはよく知られている（モース 一九七六；Bourdieu 1977）。

この身体技法に関して注目すべき点は、それが無意識のうちにわれわれの身体を維持すると同時に、逆に身体を変容（トランスフォーム）させるポテンシャルを有しているという事実である。たとえばありふれた散髪や爪を切る行為であるとか、毎日、どのような衣服を身につけるのか、どういった化粧や装いをするのか（しないのか）といったルーティン的な選択でさえ、それは一種の身体への働きかけによる再生産であると同時に、もし介入をしなかった場合にありえた別の身体（いわば手付かずで無為の身体）に対する広義の加工や変容・再生産の契機を多かれ少なかれ伴っている。

身体技法に関しては、私たち自身の身体を維持・再生産する側面と、逆に身体を変容させる可能性の両方が含まれていることが注目に値する。この点に関して、本章では人間の社会性の進化や変容における身体装飾とそれに関連する行動の役割の検討を試みた。その際、社会性の進化というマクロな観点と、現代のコスプレ等に関するよりミクロな民族誌的観点の両方から考察を行った。人間の社会性の進化と身体装飾が果たす役割についての議論に対する批判的な再検討を通じて、筆者は「正直なシグナル」に基づいた先行研究に依然として内在するバイアスを克服する代替的な見解を探求する必要性を示唆してきた。この文脈では身体装飾とコスプレなどの関連行動に関する民族誌的フィールドワークの事例を参照した。これらの考察を通じて、筆者は、身体装飾を、既存の身体的および社会的属性やアイデンティティをただ単に「反映」または「表現」するのではなく、人間のそれらの属性を変化させ、変容（変身：メタモルフォーシス）させる行為であるとみなす、代替的な視点への転換を提唱するものである。

更に言えば、前節の後半で示唆したように、身体装飾品や衣装は、着用者の外見だけでなく、着用者を取り巻く社会的関係も変化させうる。場合によっては、身体装飾やそれに関連した行動は、既存の社会性の「表現・反映」というよりも、想像上の・架空の人間以外の他者や人間に似た他者を含む、ある種の「拡張された社会性」を構築・創造する役割を果たすことさえあり得るだろう。こうして身体装飾は、ただ単に目の前に現前する他者との社会性の範囲を超えて、「いまここ」の場を離脱した想像的／虚構的（imaginary/fictional）な他者（場合により非人間の他者までも含む）までを包摂した、ある種の拡張された社会性（extended sociality）の構築や創出（ポイエーシス）という側面さえも含み込んでいると言えるだろう[10]。

謝辞

本論考は下記の複数のプロジェクト等により可能となった。これらプロジェクトの関係者にこの場を借りて感謝する次第である。科研基盤B「ものの人類学的研究―技芸複合の視点から」（課題番号20H01403）、日本学術振興会・課題設定による先導的人文学・社会科学研究推進事業（学術知共創プログラム）「身体性を通じた社会的分断の超克と多様性の実現」、ＡＡ研共同利用共同研究課題「身体性の人類学：ものの人類学的研究（4）」、基盤研究Ｓ「社会性の起源と進化：人類学と霊長類学の協働に基づく人類進化理論の新開拓」。また本稿の内容は *Philosophy & Cultural Embodiment* (Vol.2, No.1) 誌に掲載された拙稿（Tokoro 2022）の内容に一部加筆修正等を実施した事実上の和文版である。本書への転載を承諾いただいた同誌編者の関係者に感謝する次第である。

参照文献

池谷和信編（二〇二〇）『ビーズでたどるホモ・サピエンス史――美の起源に迫る』昭和堂。

井上雅人（二〇一九）『ファッションの哲学』ミネルヴァ書房。

門脇誠二（二〇二〇）「人類最古のビーズ利用とホモ・サピエンス」池谷和信編『ビーズでたどるホモ・サピエンス史――美の起源に迫る』二三―三六頁、昭和堂。

化濱（二〇一二）『コスプレでつながる中国と日本――越境するサブカルチャー』学術出版会。

木村大治（二〇一八）『見知らぬものと出会う――ファースト・コンタクトの相互行為論』東京大学出版会。

久保友香（二〇一九）『「盛り」の誕生――女の子とテクノロジーが生んだ日本の美意識』太田出版。

10　これは河合のダイアグラムにおける（1）の②離合集散、ないし（2）の⑥社会集団の重層性に関係する現象として捉えることが可能であろう。またここで言う拡張された社会性に関しては本書の内堀の章における「第二の社会性延長軸」をめぐる議論と共振する部分が大きい。

桑原牧子（二〇〇九）「身体加工」日本文化人類学会編『文化人類学事典』七六―七七頁、丸善。

ダーウィン（長谷川真理子訳）（二〇一六）『人間の由来（上・下）』講談社学術文庫。

田中東子（二〇〇九）「コスプレという文化」成実弘至編『コスプレする社会――サブカルチャーの身体文化』せりか書房。

――（二〇一七）「コスプレとサブカルチャー」藤田結子・成実弘至・辻泉編『ファッションで社会学する』有斐閣。

鶴岡真弓（二〇二〇）「ホモ・オルナートゥス――飾るヒト」『芸術人類学講義』一〇〇―一四九頁、筑摩書房。

床呂郁哉・河合香吏編（二〇一一）『ものの人類学』京都大学学術出版会。

――（二〇一九）『ものの人類学2』京都大学学術出版会。

床呂郁哉（二〇二一a）「身体変容の「わざ」としてのコスプレ――アート／テクノロジーを越えて」床呂郁哉編『わざの人類学』六三―八六頁、京都大学学術出版会。

――（二〇二一b）「カワイイ文化」河野哲也他編『顔身体学ハンドブック』東京大学出版会。

仲田大人（二〇一八）「ハンディキャップ理論と装身具」西秋良宏編『アジアにおけるホモ・サピエンス定着プロセスの地理的編年的枠組み構築――A〇一班二〇一七年度研究報告』（パレオアジア文化史学）六二―六八頁。

西江仁徳（二〇二一）「チンパンジーの生の技法としての「文化」」床呂郁哉編『わざの人類学』京都大学学術出版会、二五七―二八六頁。

長谷川真理子（二〇〇五）『クジャクの雄はなぜ美しい？』紀伊國屋書店。

ハラリ、Y・N（柴田裕之訳）（二〇一六）『サピエンス全史』（上・下）河出書房新社。

プラム、R（黒沢令子訳）（二〇二〇）『美の進化』白揚社。

マンフォード、L（生田勉・山下泉訳）（一九九七）『現代文明を考える――芸術と技術』講談社学術文庫。

ミズン、S（松浦俊輔他訳）（一九九六）『心の先史時代』青土社。

――（熊谷淳子訳）（二〇〇六）『歌うネアンデルタール――音楽と言語から見るヒトの進化』早川書房。

モース、M（有地亨・山口俊夫訳）（一九七六）「身体技法」『社会学と人類学II』弘文堂、一二一―一五六頁。

山本芳美（二〇二一）「身体変工」河野哲也他編『顔身体学ハンドブック』東京大学出版会。

吉岡郁夫（一九八九）『身体の文化人類学――身体変工と食人』雄山閣出版。

Baysal, E. (2019) *Personal Ornaments in Prehistory: An Exploration of Body Augmentation from the Paleolithic to the Early Bronze Age*. Oxford: Oxbow

books.
Bourdieu, P. (1977) *Outline of a Theory of Practice.* Cambridge: Cambridge University Press.
Cornwell, A. (2012) Transforming Bodies: The Embodiment of Sexual and Gender Difference. In Farrdon, R. et al (eds), *The SAGE Handbook of Social Anthropology* Vol.2, pp. 377-388.
D'Errico et al. (2012) Early Evidence of San material culture represented by organic artifacts from Border Cave, South Africa. *PNAS,* 109 (33): 13214-13219.
Dumber, R. (1998) The Social Brain Hypothesis. *Evolutionary Anthropology,* 6(5): 178-190.
Finlayson, C. (2019) *The Smart Neanderthal.* Oxford: Oxford University Press.
Gell, A. (1998) *Art and Agency: an Anthropological Theory.* Oxford: Clarendon Press.
Henshilwood et al. (2004) Middle Stone Age shell beads from South Africa. *Science,* 304(5669): 404.
Hoffmann, D. et al. (2018) Symbolic use of marine shells and mineral pigments by Iberian Neandertals 115,000 years ago. *Science Advances,* (4)2.
Klein, R. (2008) Out of Africa and the evolution of human behavior. *Evolutionary Anthropology*, 17: 267-281.
Knight, C. D. et al. (1995) The human symbolic revolution: a Darwinian account. Cambridge *Archaeological Journal,* 5: 75-114.
Kono, T. (2020) "Clothing as an extension of the body: A Phenomenology of clothing under transcultural conditions." A paper distributed at the International Symposium on *Performing the Self and Playing with the Otherness: Clothing and Costuming under Transcultural conditions* （ILCAA&LIPI:2020.10/26） .
Kuhn, S. L. (2014) Signaling theory and technologies of communication in the Paleolithic. *Biological Theory,* 9: 42-50.
Liptak, K. (2022) *Cosplay: A History.* SAGE Press.
Malafouris (2008) Beads for a plastic mind. *Cambridge Arcaeological Journal*, 18(3): 401-414.
McBrearty, S. and Brooks, A. (2000) The revolution that wasn't: a new interpretation of the origin of modern human behavor. *Journal of Human Evolution,* 39(5): 453-563.
Mellars, P. (1991) Cognitive changes and the emergence of modern humans in Europe. *Cambridge Archeological Journal*, 1: 63-76.
Menninghaus, W. (2019) *Aesthetics After Darwin: The Multiple Origins and Functions of the Arts.* MA: Academic Studies Press.
Napier, S. (2007) *From Impressionism to Anime: Japan as Fantasy and Fan Cult in the Mind of the West*, Palgrave Macmillan.

Rossano, M. J. (2015) The evolutionary emergence of costly rituals. *Paleo Anthropology*, 2015: 78–100.

Sykes, R. (2020) *Kindred: Neandelthal Life, Love, Death and Art* Bloomsbury.

Tattersall, I. (1995) *The Fossil Trail: How We Know what We Think We Know about Human Evolution*. Oxford University Press.

—— (2009) Human origins: out of Africa. *PNAS*, 106 (38): 16018–16021.

Tokoro, I. (2022) The role of transformative body ornamentation in human sociality: An essay from evolutionary and ethnographic perspectives. *Philosophy & Cultural Embodiment*, 2(1): 41–50.

Watts, I. (2009) Red ochre, body painting, and language: interpreting the Blombos ochre. In: Botha, R. and Knight. C. (eds), *The Cradle of Language*, pp.62–92. Oxford University Press.

White, R. (2007) Systems of personal ornamentation in the Early Upper Paleolithic: Methodological challenges and new observations. In: Mellars, P. (ed), *Rethinking the Human Revolution*, pp. 287–302. Cambridge: McDonald Institute of Archaeological Research.

Winge, T. M. (2019) *Costuming Cosplay*, Bloomsbury Visual Arts.

Zahavi, A. and Zahavi, A. (1997) *Handicap Principle*. Oxford University Press.

Zilhão, J. (2012) Personal ornaments and symbolism among the Neanderthals. *Developments in Quaternary Science*, 16: 35–49.

コラム❷

自助努力を否定する社会

曽我 亨
Toru Soga

COLUMN

お前を訴えてやる

ある昼下がりのことである。噛みタバコで一服していたわたしのもとに、馴染の爺さんが歩みよってきた。爺さんはわたしから噛みタバコをせしめると、今度はセーカ（*seqa*：噛みタバコ入れ）をくれと言いだした。「あげるわけにはいかないよ」わたしは冷たくあしらった。押し問答の末、爺さんは「どうしてお前はセーカをわしにくれないのか。お前を訴える」と大声でさけんだ。まわりの人たちはわたしを見つめ、一斉に笑い声をあげた。

きびしい表情。けわしい口調。牧畜社会を研究するものにとって、彼らの執拗な物乞いを避けてはとおれない。しかし冒頭にあげたこの事例はすべて冗談なのだ。

北部ケニアに暮らす牧畜民ガブラの社会では、女性がうつくしい刺繍を施したセーカ（噛みタバコ入れ）を、愛する男性にこっそり贈る。男がセーカをあけて噛みタバコを取りだすとき、まわりの人びとはそれが愛人から贈られたものであることを承知している。だからガブラが他人のセーカをねだることなどありえないのだ。先の爺さんは、恋人からもらったのだと嘘八百を並べたて（実は店で購入したものなのだが）、得意げにセーカを見せびらかすわたしを、からかっていたのである。この爺さんは、わたしが帰属しているクランのメンバーであり、わたしとは祖父―孫の世代関係にある。気やすく冗談を言いあえる間柄（これを人類学では冗談関係と呼ぶ）なのだ。けれどもわたしは爺さんとの冗談を楽しみながらも、何か釈然としないものを感じていた。

わたしがいぶかしく思ったのは、この爺さんの話の運びかたである。なぜわたしが訴えられなければならないのだろうか？　もちろんこの時の会話は「遊び」なのであって、実際にわたしが訴えられたわけではない。しかし、わたしがタバコ入れをあげなかったからといって、なぜ爺さんはわたしを訴えることができると考えたのであろうか。その理由がわたしにはさっぱりわからなかったのである。日本人がなじんでいる考えかたからすれば、この爺さんにはわたしを訴える「資格」がない。わたしがこのタバコ入れの所有者であることを二人とも承認しているからである。もし爺さんがわたしを訴えるならば、爺さんはそのタバコ入れが自分の所有物であると主張しなければならないだろう。爺さんもわたしも両方がこのタバコ入れの所有権を主張している状況においてのみ、二人の争いが可能になるはずである。

しかしガブラはそのようには考えない。「ねだり」をした者が、与えてくれない相手を訴えることはごく普通のことなのであり、ガブラはそうした訴えをおこすことを正当なこととみなしているのである。相手に所有権があることを認めたうえで、その物を譲渡してくれないことを不当として告訴することを正当とするガブラ社会の根底には、どのような考えがあるのだろうか。

自助努力を否定する社会

もういちど、「ねだり」について詳細にみていこう。ねだりをする者は、まず相手を呼びだし、話の内容が聞かれないように周囲の者から二〇メートルばかり離れて二人きりになろうとする。わたしの調査助手を務めてくれたマタ君は、わたしから定期的に給料を受けとっていたので、人びとからひんぱんにねだられることになった。わたしは素知らぬ顔でマタ君の横にとどまり、彼らの会話を観察した。

ねだる者は二人きりになると静かな声で自分がいかに苦況におかれているかを説明する。旱魃で家畜が「全滅」してしまったこと、妻が妊娠中なのに十分な食糧がないこと、子供の学費が支払えないことなどが切々と語られる。延々と苦境を語ったあとで、はじめて具体的な助力（お金や家畜）が要請される。

ねだる者の姿勢からわかることは、彼らはねだる理由を十分に説明する必要があると考えていることである。ガブラはさまざまな機会をとらえてわたしにもねだってきた。当初、わたしは長々と説明を聞くのが苦痛で、話を簡単にすませようと「それで何をして欲しいわけ？」などと邪険に尋ねて、話の腰を折ったりした。けれども彼らはわたしの質問には答えず、自分がおかれた苦境をますます丁寧に話そうとした。またある者は、援助を断ったわたしのもとを何度も訪れておなじ話を繰り返した。わたしが援助を断り続けるとマタ君に通訳してくれと依頼してきた。その頃、わたしはひととおりガブラ語を身につけており、彼の話をすべて理解することができたのだが、援助を断られた彼は話が十分に伝わっていないのではないかと疑ったのである。

ガブラは、自分の話が伝わっているのならば、援助はあたえられるのが当然である、援助がえられないとすれば、それは自分の話が十分相手に伝わっていないからである、と考えているようであった。ガブラ社会では、困難は他人に解決してもらうことが当然視されているのである。「ねだり」はいわば「他助努力」であり、ガブラ社会では自助努力が否定されているかのごとくであった。

「自助努力をしない」という態度がもっとも明瞭にあらわれている事例をつぎに挙げてみよう。

【食べてしまった家畜】

ガブラにはヤー（*ya'a*）と呼ばれる政治的・宗教的に中心的な役割を果たす集落がある。かつてシャフィとイブラエの二人は、ヤー集落から、儀礼につかうためのヤギを近くの村から集めてくるようにと指示された。彼らは人びとからヤギを一頭一頭あつめ、最終的に合計二〇頭のヤギを集めることに成功したのだが、これをヤー集落につれていかなかった。二人は一〇頭ずつこれを着服し、すべてのヤギを「食べて」しまったというのである。「食べて」しまったというのは、本当に全部のヤギを食べてしまったという意味ではない。食べたりハイエナに襲われたり自然死したりして、長い年月のうちに、すべていなくなってしまったという意味である。

さて、ヤー集落からは何度もヤギをつれてくるようにとの伝言がとどけられたが、彼らはこれを無視しつづけた。一九九八年二月、ヤー集落は再度このことを問題にした。すでにイブラエは死亡し、シャフィも老人になってしまっていた。そこでヤー集落はシャフィの長男であるアダノに義務を履行せよとせまった。アダノはそんなにおおくのヤギを支払うことはできないと訴えた。ヤー集落はこれに応じ、結局、三頭のヤギをつれてくれば良いということになった。アダノはこの三頭のうちの二頭のヤギを、近隣に住む人たちから得ることにした。

この話を聞いたとき、わたしは、アダノ自身が飼育している家畜のなかから三頭のヤギを調達しようとしないことに驚いた。日本人の感覚からすると、この問題は自業自得である。ましてアダノの家族は、当時、二〇〇頭以上のヤギを飼育していたから、三頭のヤギをそのなかから弁償することなど、なんの問題もないとわたしには思えた。しかしガブラはそのようには考えない。わたしの周囲の人びとは、アダノが二頭のヤギを他人から援助してもらおうとしていることを、当然のことと受けとめていた。援助を求められた男性も、自業自得だなどとアダノや彼の父親を非難したりすることもなかった。ガブラにとって、その状況がその人自身によって引きおこされたことであるかどうかということは問題にならないのである。またアダノのように、自分ひとりで問題を解決することが可能であったとしても、自分の力だけで切りぬけようとはしない。自助努力によって困難を克服することが可能な状況であっても、他人に援助を求めることはガブラにとって自明のことなのである。

砂漠の保険

他人への援助の要請は、さまざまな場面で見られる。たとえば、自分が飼育する家畜を増やすときもそうだ。ある時、わたしは「家畜を増やすには、どうしたらよいのか」と尋ねたことがある。マタ君の返事は「ハードワークしかない」というものであった。なるほど勤労かと思いながら、具体的に話を聞くと、ハードワークとは家畜を多く飼っている者にねだりに行くことだとわかり、唖然としたものだ。もっとも、ねだればいつでも家畜をもらえるわけではないから、何度も足を運ぶのは確かにハードワークに違いないだろう。

けれども、最も重要なことは、他人への援助の要請が、ガブラにとって人間関係を築く契機ともなっていることだ。それが顕著に現れるのは、ラクダを信託（*dabare*）してもらうときだ（曽我 一九九八）。

砂漠に暮らすガブラにとって、ラクダはもっとも価値が高く、結婚の婚資を除いて、完全に人へと与えることは（つまり所有権を移すことは）ない。ガブラはラクダを信託というやり方で、半永久的に他人に預託するのである。受託を望む者は、コーヒーや布を携えて、何年にも渡ってラクダを持っている者の村を訪れる。そして誠実さが伝わると、ようやくメスの仔ラクダが、預託者から受託者へと信託されるのである。

信託には複雑なルールがある。受託者のもとでメスの仔ラクダが大きくなり妊娠して仔を産んだとしよう。その仔ラクダがオスの場合、仔ラクダは受託者のものになる。一方、生まれたのがメスの場合、その持ち主は、信託されたラクダの所有者のものなのである。こうしてラクダの授受によって結ばれた預託者と受託者の関係は、信託されたラクダの子孫のなかにメスがいる限り、世代を超えて結ばれる。加えて、受託者は信託ラクダのメスの子孫を、ほかの者へと二次信託することもできる。信託ラクダが長い年月をかけて、何度も繰り返し二次信託、三次信託されていくことで、所有者を起点とする預託者—受託者の関係が連なっていき、ガブラ社会には信託ラクダを介した人間関係の鎖が張り巡らされているのである。

さて、信託制度はラクダを持たない者にとって、ラクダを得る重要な制度なのだが、ラクダの所有者にとっても良い制度なのだという。それはガブラの格言「よそに自分が所有するラクダがいないなら、自分の家畜囲いにもいない(*borin al injire, mona le injir*)」によく現れている。この格言の意味することは、所有者が自分のラクダを多くの人々に信託しておけば、自分が飼育している家畜の群れが敵の襲撃や旱魃や疫病などで全滅した場合にも、その保険になるということである。

砂漠に暮らすガブラにとって旱魃は珍しいことではない。また、ツェツェバエが大量発生して、家畜を死に至らしめるトリパノソーマ症が流行することもある。さらに敵対する別の牧畜民の居住地とのあいだには豊かな牧草地が広がっているが、そこで放牧するときは、家畜の略奪を覚悟しなければならない。ガブラは、常に家畜が全滅する危険と隣りあわせに生きているのである。そんなとき、自分が所有するラクダが多くの人々に信託されていれば、再び、そのラクダを元手に家畜群を再構築することが可能になる。所有者にとって信託制度は、「砂漠の保険」とでも言うべき重要な制度なのである。

自助努力の誕生

そもそも、自助努力（Self help）という考えかたは、わたしたちの生活にあまりにも広く深く浸透しているため、わたしたちはつい、それが歴史的な産物であるという事実を忘れがちである。けれども自助努力という考えかたは、近代資本主義を可能にしたプロテスタンティズムの成立とともに生まれたのであった。一七三六年、アメリカ合州国の政治家ベンジャミン・フランクリンは「神は自らを助くるものを助く」と述べたが、プロテスタンティズムが成立する以前に、カソリック教会の神は自助努力する者を慈しまなかった。経済学者の小野塚知二（二〇一八）によると、カソリック教会をはじめとする前近代の規範では、むしろ利潤を追求する行為や勤労は、不道徳なことと考えられていたのである。

社会学者マックス・ヴェーバーはその著書『プロテスタンティズムの倫理と資本主義の精神』（一九八九［1904］）において、カルヴァン主義者がカソリック教徒やルター派の教徒と決定的にちがうのは、教会などを通じてあたえられる現世での救いを完全に排除してしまったことであるという。そして現世での救いを認めないカルヴァン主義者たちが、自分が神に選ばれており神の恩恵に浴していることを確認するただひとつの道が自助努力なのであった。すなわち彼らは、神が彼らのうちに働きかけていることの証（それは禁欲的な生活態度や勤勉な職業生活という性質として現れる）をみずからが備えていることを意識し、さらにその善き証を積極的に活用する（自助努力を積む）ことによって神の栄光を増大するよう努めたのである。彼らは、カソリック教徒がするように善行を積み重ねることによって救いを得ようとしたのではない。彼らは善行を積むことによって、今、善行を積んでいる自分が神に選ばれていることを実感したのである。ウェーバーは、このようなプロテスタンティズムの倫理が近代資本主義の成立と発展にふかいかかわりをもっていると主張した。

現在、近代資本主義にどっぷり浸ったわたしたちにとって、自助努力という考えかたは自明であるばかりでなく、自助努力をしない者は「なまけもの」であり、不道徳であるという考えがまかり通っている。さらに近年、障がい者や他の社会的弱者たちにたいして自助努力をうながそうという計画がたてられたり、「援助漬け」への反省から、NGOやODAによる途上国への援助も、援助受取国の自助努力をうながしたりすることの重要性が指摘されている。けれども、こうした計画の根底には、自助努力こそが個人の尊厳と喜びの源泉であり、自助努力によって個人（あるいは国民）の主体性が回復されるという「近代的思考」の思いこみが存在しているのである。

他者にみずからを委ねる

ガブラが自助努力をしないのは、ガブラがケチであるからではない。ガブラは、遠来から訪問してくる客にたいしてヤギを屠殺してもてなしたり、友人が病に臥せっているときには養生するようにとすすんでヒツジを贈りとどけたりする。彼らはむしろ「気前のよい」人たちなのである。ガブラが、最初から自助努力を放棄している背景には、人間についての独特な見方があるからである。

他人の助けを重視する姿勢は、経済的な問題だけにかぎらない。ある時、マタ君は友人のボナイヤ君に「命令」されたことが不満で、怒りをあらわにしたことがある。東アフリカの牧畜社会は、人類学者 Goldschmidt（1971）が独立症候群（independent syndrome）と命名するほど、自主自立の気風が強い。このような社会にあって、他人に「命令」されるのは、まして同世代の友人に「命令」されるのはガマンならないことのようである。マタ君はさっそく村の長老にボナイヤ君のことを訴えた。

わたしは「どうして本人同士で話しあわないのか」とマタ君に尋ねてみた。「命令」といっても、それは「家畜の給水のために井戸に手伝いに来い」という程度の、ささいな「命令」だったからだ。本人どうしが話しあえば、すぐに解決できる程度のことだとわたしは感じたのである。けれどもマタ君は「人間というものは、当事者だけでは問題を解決できないものだ」と答えた。たしかにガブラ社会で争いがおきると、当事者たちはいつまでも争いをつづけようとせず、すぐに適切な長老に告訴してしまう。こうした背景には、マタ君が答えたような人間観——他人の助けなくして、当事者には問題は解決できない——があるように感じられた。長老は問題のおおきさに応じて、地域の人びとをあつめて会議をひらく。問題がちいさければ、集落の人びとが中心になって話しあうし、おおきな問題であれば、地域のおもだった長老たちが集まることになる。争いの当事者たちは、人びとの前でみずからの正当性を主張する。人びとはどちらの主張がよりガブラのアァダ（*aada*: 慣習）に沿ったものであるか話しあって裁定をくだす。このように当事者どうしのあいだに問題が生じたとき、ガブラは積極的にこれを他人に委ね、他人の助けをかりて解決しようと試みるのである。いわばガブラは、「他助努力」によって主体性を回復しようとしているといえるだろう。

ガブラは、怒りの感情を暴力ではなく告訴という回路に流しこもうとする。もちろん子どもは怒りを押さえこむことができず、殴りあいの喧嘩をすることもあるが、おとなたちは暴力をふるった子どもを諌めるとともに、今後は暴力に訴えるのではなく不満があるときは相手を告訴するようにさとす。子どもが母親のもとに泣いて帰ってくれば、母親は「誰が殴ったの？　その子を訴えなさい」と教えるだろう。ガブラは怒りの感情をもっていく先を、子どもの時期から徹底的に教えこむのである。

自助努力をする者の末路

さて、ガブラが、自身の問題を積極的に他人に委ねようとする人々だと理解するならば、今一度、再考すべきことがある。それは先に紹介した「砂漠の保険」という考えかたである。わたしは、所有者がラクダをおおくの人びとに信託する動機を、敵の襲撃や旱魃や疫病などで飼育する家畜が全滅したときの保険になるからと説明した。ならば、実際に家畜が全滅してしまったとき、所有者はどのように振る舞うのだろう。次の事例は、信託ラクダを強制的に回収した事例である。

【強制回収をした事例】

一九六二年にゴダーナはワリオにラクダを信託した。ところが一九七三年の旱魃でゴダーナが飼っていたラクダが死んでしまった。ゴダーナはワリオのところへ行き、ワリオの小型家畜を数頭と泌乳中のメスラクダと去勢ラクダをくれと言った。ワリオは「この旱魃には、皆、同じように苦しめられているのであり、自分の親戚もあなたと同じように貧しくなってしまった。そこであなたの要求をすべてかなえてやることはできない。しかし泌乳中のメスラクダか荷ラクダのどちらか一頭とヤギを数頭あげるとしよう」と答えた。しかしゴダーナは満足せず、ラクダをぜんぶ回収すると言った。ワリオは「これ以上あげることはできない。どうしても回収するというならば長老の同意を得てくれ」と言った。そして二人は長老たちを集めた。長老たちはゴダーナの要求が過酷すぎることを認め、ゴダーナに強制回収をあきらめさせようとした。しかしゴダーナは自分のラクダをすべて回収してしまった。

このように所有者は、受託者たちにとって非常に恐ろしい振る舞いにでることがある。けれども強制回収にのぞむ所有者の態度は、いわば自分の困難な問題を強制回収という「自助努力」によって解決しているといえないだろうか。じつはガブラは所有者による強制回収を「クソを掘る悪」と呼び、忌み嫌っている。そして強制回収をする所有者には不幸がおとずれたり変死したり、回収した家畜も全滅したりすると信じている。自助努力する者には不幸が訪れ

COLUMN

るのである。このように見てくると、ラクダの信託制度が「砂漠の保険」になっているとしても、それはわたしたちの社会の銀行預金のように、自由に引きだせるシロモノではないことがわかる。ここにもガブラの「自助努力」を否定する考えがはっきり現れているのである。

けれども所有者ゴダーナは、借り手からラクダを強制的に回収してしまった。彼は「自助努力」を否定するガブラのようにではなく、むしろ貯金を引きだす近代人のようにふるまってしまったといえるだろう。もし所有者が困難な問題に直面したとしても、そこで彼がとるべき正しい態度とは強制回収に乗りだすことではなかった。むしろ周囲の人びとに自分の困難を訴え、他人に問題を解決してもらうことだったのである。

実際のところ、事例のような強制回収はまれで、ふつうはここまでひどいことがおきるわけではない。不運にも家畜が全滅してしまった男がいる場合、そのニュースを聞いた者たちは、彼からラクダを受け取った受託者であれ、彼にラクダを信託した預託者であれ、こぞって別のラクダやヤギやヒツジを届けて彼を助けようとする。信託制度が保険であるのは、信託ラクダを強制回収できるからではない。信託制度が、彼を進んで助けようとする者たちを増幅する仕組みになっているからこそ、真の保険なのである。自助努力を否定するという、近代社会に生きるわたしたちには理解しがたい牧畜民の心性は、他者の助けこそが不可欠な、厳しい環境の中に生きる人びとの生き残りのための社会性戦略なのではないだろうか。

参照文献

ヴェーバー、マックス（一九八九［1904］）『プロテスタンティズムの倫理と資本主義の精神』大塚久雄訳、岩波書店。
小野塚知二（二〇一八）『経済史――いまを知り、未来をいきるために』有斐閣。

曽我亨（一九九八）「ラクダの信託が生む絆」『アフリカ研究』（五二）：二九—四九。
Goldschmidt, W. (1971) Independence as an Element in Pastoral Social Systems, *Anthropological Quarterly*, 44(3) Comparative Studies of Nomadism and Pastoralism (Special Issue): 132-142.

KEYWORDS

先史時代の人類社会

人口構造の復元

「農耕以前」というまなざしを変える

補論1

縄文時代と弥生時代の人口構造

五十嵐 由里子
Yuriko Igarashi

1　縄文時代と弥生時代を対象とし、人口構造に注目することの方法論的意義

本書の主題である「社会性の起原と進化――人類学と霊長類学の協働に基づく人類進化理論の新開拓」は、霊長類の社会、現生人類の社会、そして過去の人類社会の研究を通して「社会性の進化と起原」を探り、新たな人類進化理論の構築を目指すものである。私は、先史時代の人類社会の分析から「社会性の進化と起原」を探るという役割を担当してきた。本論では、先史時代の中でも縄文時代と弥生時代を対象とし、その人口構造を分析する。

（1）　なぜ縄文時代と弥生時代を対象とするのか

縄文時代は約一六〇〇〇年前から約二四〇〇年前まで、一万年以上にわたり狩猟採集社会が持続された時代であることが考古学資料から推定されている。縄文時代人とは、「日本列島域において、狩猟・採集・漁労を主な生業とし、さまざまな動植物を利用し、土器や弓矢を使い、本格的な定住生活を始めた人々」（山田二〇一九）である。ただし狩猟採集民と言っても、その生活内容に時代差や地域差があることに留意する

必要がある。

一方、弥生時代は農耕に基盤を置く時代であったことが考古学資料から推定されている。「弥生時代は、およそ二九〇〇年前に朝鮮半島から日本列島に農耕文化が体系的に入ってくることによってはじまった」(設楽 二〇一四：Robbeets 2021)。そして弥生時代は約一〇〇〇年間続いた。弥生時代とは、在来の狩猟採集民であった縄文人と朝鮮半島から農耕文化とともに渡来した人たちによって構成された集団が、地域差はありながらも、徐々に農耕社会へ移行していった時代と言うことができる。

このように、縄文時代と弥生時代を比較分析することは、日本列島における狩猟採集社会と農耕社会を比較分析することに相当する。

(2) なぜ狩猟採集社会と農耕社会を比較分析するのか

人類は七〇〇万年前の誕生以降、遅くとも石器が登場する二〇〇万年前以降、狩猟採集生活を営んできたと考えられている。ところが、約一万年前に農耕・牧畜が始まり、現在は地球上の大部分の人たちが農耕や牧畜による生活を営んでいる。歴史の大部分の時代を狩猟採集民として生きてきた人類がなぜ狩猟採集生活をやめて農耕生活を始めたのか。そして狩猟採集社会はなぜ農耕・牧畜社会に駆逐されたのか。これは多くの研究者が興味を持っている課題である。

(3) なぜ狩猟採集社会と農耕社会の比較分析を縄文社会と弥生社会で行うのか

狩猟採集社会から農耕社会への移行は世界各地で起こった現象である。その中でも、なぜ縄文時代と弥生時代を取り上げるのか、その理由を説明する。

先史時代の人々の生活を復元するには現在残っている遺物を使うことが基本となる。具体的には、主に人骨、獣骨・魚骨・貝殻など人々が食料にしたと考えられる自然遺物、また土器・石器・骨角器などの道具類、そして、建物や墓地など地面に残された痕跡である。

先に述べた通り、日本列島には運良く、狩猟採集民であった縄文集団と農耕民であった弥生集団の両方がかつて存在した。そして両集団の遺跡は日本列島に広く分布し、それらの遺跡では発掘調査が行われ、遺物の分析結果の蓄積がある。人骨の資料も充実している。

また島嶼環境であることも影響して、縄文時代と弥生時代の間で大規模な遺伝子交流があったのは、弥生時代の開始時だけだと考えられている。遺伝的側面から見ると、縄文時代人は独特の遺伝子組成を持っていたが、弥生時代に東北アジアに特徴的な遺伝子を持つ人々が渡来し、両者が混血して弥生時代人となったと考えられている（Cooke et al. 2021）。

つまり、縄文時代と弥生時代を比較することにより、遺伝子交流の影響が限定された同一地域（日本列島）における狩猟採集生活と農耕生活を比較することが可能となる。このような条件の揃った人骨資料が整っている環境は世界的に見ても珍しい。このような理由から、縄文社会と弥生社会の比較分析は、狩猟採集社会と農耕社会の比較のケーススタディとして重要な意味がある。

（4）なぜ人口構造を取り上げるのか

ここで述べる「人口構造」とは、人口に関わるインデックスの総称である。具体的には、集団の年齢構成、寿命、出生率、人口増加率などである。

狩猟採集社会とは多数の人々が狩猟採集生活を営む社会、農耕社会とは多数の人たちが農耕を営む社会である。つまり狩猟採集社会から農耕社会に変化した過程に関しては、人口の面からみると二通りの仮説が考えられる。

仮説一　農耕民の人口が増えた。人口流入が限られている場合は、農耕民の人口増加率が狩猟採集民の人口増加率より高かったことと同値である。

仮説二　狩猟採集をしていた人が農耕を行うようになった。

どちらの仮説が正しいかの検証は、「狩猟採集社会はなぜ農耕・牧畜社会に駆逐されたのか」の問いに対する一つの回答となりうる。ここに人口構造に注目する意味がある。

（5）　先史時代の人口構造

縄文時代と弥生時代の人口構造についてはこれまでいくつかの研究がなされてきた。小山（一九八四）は遺跡の数から縄文時代の各期の人口密度を推定した。その結果、東日本では縄文中期に人口密度の急激な高まりが見られたが、縄文晩期には全国的に人口密度が低下し、弥生時代になると全国的に急激に人口密度の増加が見られたと推定された。中橋と飯塚（一九九八）は、頭骨形態の分析結果を用いてシミュレーションを行い、弥生時代の人口流入数を推定した。Watanabe ら（二〇一九）は、現代人のゲノム分析結果から、縄文時代から弥生時代にかけての人口変動を推定した。その結果、縄文時代後期から弥生時代初期にかけて、男性の人口が著しく減少し、その後増加することが示された。

（6）生命表（集団の年齢構成）

縄文人の寿命については、小林（一九七九）やNagaoka（2008）の研究がある。両研究とも、個々の人骨について、その形態から年齢を推定し、それを集計して集団の寿命を求めたものである。小林は一五歳の平均余命を一六歳と算出し、Nagaokaは、一五歳の平均余命を三一・五歳と算出した。

本章の研究も基本的には小林、Nagaokaの研究と同様「遺跡集団内の古人骨一人一人の年齢を推定し、それを集計して生命表を作る」という方法を取る。そして生命表から寿命、死亡率を推定する。

（7）出生率

一方、先史集団の出生率はこれまで調べられていない。女性人骨の骨盤上の「妊娠出産痕」に注目して先史人骨の産児数を推定した研究はこれまでにもいくつかあったが、産児数の推定値の根拠が曖昧であり、さらに妊娠出産痕と妊娠回数、出産回数との関連を疑問視する研究もあった（Igagrashi et al. 2021）。Igagrashi et al.（2021）は、妊娠出産痕を定義し直し、妊娠出産痕の発達程度が合計妊娠回数を反映することを証明し、集団の出生率の算出方法を確立した。今回はその方法を用いて集団の出生率を算出する。

（8）人口増加率の推定方法

先に述べた仮説一を検証する際には「人口増加率」の値が必要となる。しかし生命表は静止人口（人口が増えもせず減りもしない状態のこと）を前提としているので、生命表から人口増加率を直接算出することはできない。そこで集団の年齢構成と出生率を人口増加率の目安とする。その際には以下の手順に従う。

①大規模な人口の流入や流出がないと仮定する。

②集団の年齢構成において、高年齢層が相対的に多ければその集団の寿命が長く、低年齢層が多ければ寿命が短いとみなす。

③出生率を推定する。

寿命が長く出生率が高ければ人口増加の傾向にあり、寿命が短く出生率が低ければ人口減少の傾向にある、と推定する。

縄文時代と弥生時代の場合、大規模な人口流入は弥生時代前期に起こったと考えられている。今回の分析で用いた弥生人骨は中期のものであるので、①の条件は満たされている。そこで、縄文時代と弥生時代において集団の年齢構成（②）と出生率（③）を算出して、人口増加率を推定する。その値を用いて、両時代についての仮説一を検証する。

（9）人口構造からわかる社会構造

人口学的情報のうち、例えば人口圧は人類集団の変化を機動する因子として論じられてきた。人口圧が農耕の開始を促したという仮説（Binford 1968; Cohen1977）、人口増加と食料生産の関係についての仮説（Malthus 1798; Boserup1965）などである。

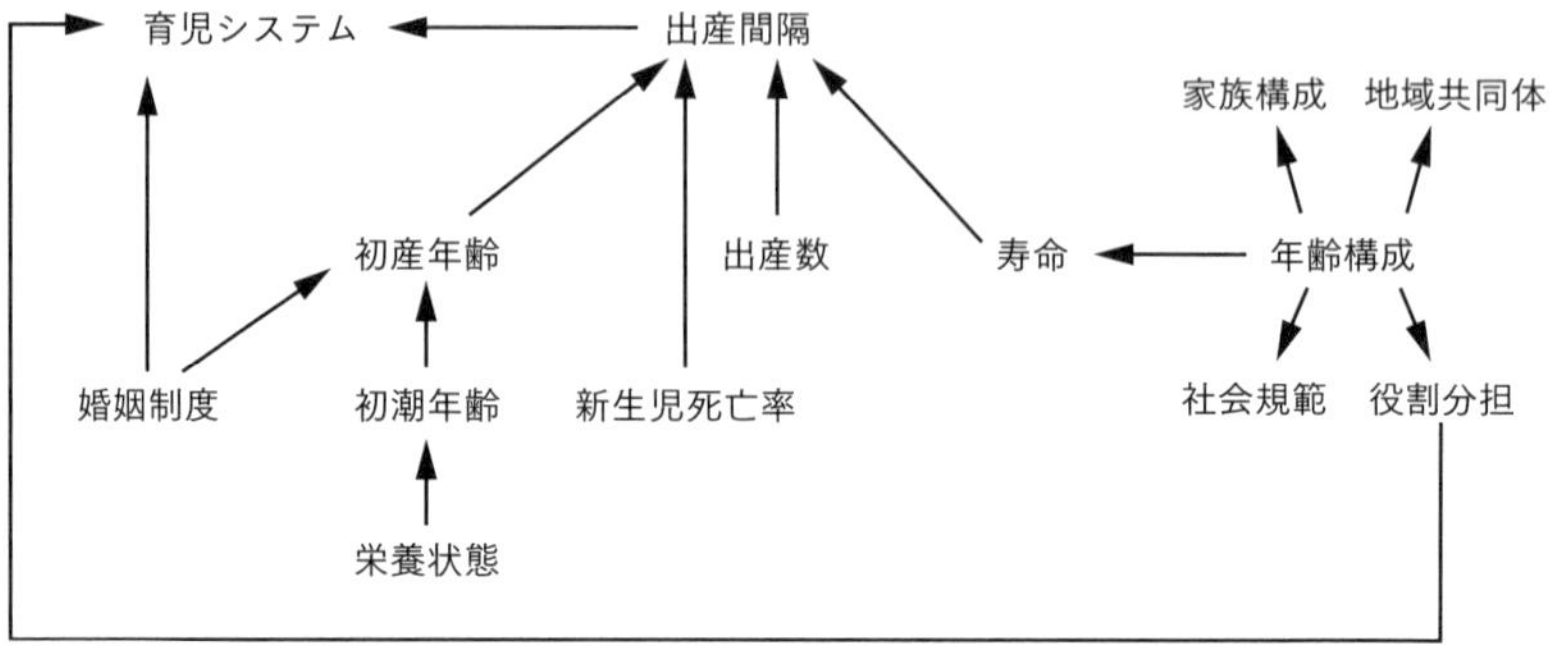

図１　人口構造からわかること

一方、集団の年齢構成からは、家族構成、地域の共同体の在り方が推定できる（図１）。また、若年者が多数を占める集団と高齢者が多数を占める集団では、社会規範や集団内での役割分担の在り方などが異なる可能性があり、それは言うまでもなく社会性の進化に強く関係する。出産に関する指数のうち、寿命と出産数と初産年齢からは出産間隔が推定できる。出産間隔は新生児死亡率とも関連している。婚姻制度や初潮年齢は初産年齢に関係する。出産間隔、出産数、婚姻制度からは育児を行う何らかのシステムが想定できる。長寿集団であれば、高齢者の育児参加の可能性も考えられる。初潮年齢や出産間隔は、また栄養状態にも影響を受ける。

これらの因子は、集団の年齢構成や出生率の推定値が出揃った後に議論する。現時点ではデータが出揃っていないので、本章では、集団の年齢構成と出生率の分析の途中経過を報告する。ところで人口圧を推定するためには、人口支持力のデータも必要となる。ここでは人口支持力の推定は行わないため、人口圧については直接論じることはしない。

2　資料と方法

（1）資料

対象とした集団を図2に示す。表1に資料数を示す。縄文時代の資料として、北海道縄文（女性一六、男性一二）、岩手縄文（女性二五、男性二五）、福島縄文（女性三七、男性三五）、千葉縄文（女性三二、男性三二）、

図2　対象とした集団

愛知縄文（女性七〇、男性五八）、岡山縄文（女性四四、男性二六）を対象とした。弥生時代の資料として、山口弥生（女性三五、男性二九）、福岡弥生（女性四二、男性四三）を対象とした。北海道縄文、千葉縄文、愛知縄文、山口弥生、福岡弥生は複数の遺跡の資料をまとめた集団である。それ以外の集団は、一つの遺跡から出土した資料で構成されている。今回扱う縄文時代の遺跡の年代は約五〇〇〇年前から二〇〇〇年前、弥生時代の遺跡の年代は約二〇〇〇年前である。

　骨資料は、骨端線の癒合が完了した個体、つまり約一八歳以上の個体のみを用いた。た

表1　資料数

分析対象集団、資料数、分析対象集団に含まれる遺跡とそれらの遺跡が立地する都道府県を示す。

時代	分析対象集団	女性	男性	合計	遺跡	都道府県
縄文	北海道縄文	16	12	28	噴火湾、網走、釧路地域の遺跡	北海道
	岩手縄文	25	25	50	蝦島遺跡	岩手
	福島縄文	37	35	72	三貫地遺跡	福島
	千葉縄文	32	31	63	姥山遺跡、加曽利遺跡	千葉
	愛知縄文	70	58	128	保美遺跡、吉胡遺跡	愛知
	岡山縄文	44	26	70	津雲遺跡	岡山
弥生	山口弥生	35	29	64	土井ヶ浜遺跡、中ノ浜遺跡	山口
	福岡弥生	42	43	85	金隈遺跡、隈西小田遺跡	福岡
合計		276	234	510		

だし、女性個体で骨盤上の耳状面前溝が観察できる個体については、一八歳未満の個体も観察した。

（2）方法

■集団の年齢構成の推定

現代の人口センサスで調査される生命表は、集団内の個人の年齢から構成される。先史集団でも同じ方法を使う。ある遺跡集団内の古人骨一人一人の年齢を推定し、それを集計して生命表を作る。ただし、先史集団に特有の問題点がいくつかある。

問題点1　集団を代表しているかどうか

その生命表がその地域集団の人口構造を反映しているとみなすためには、その遺跡がその地域の人口構造を反映しているという前提が必要である。時代によっては、年齢や性別に応じて埋葬場所を変えたりすることもあるので、注意が必要である。また再葬墓である可能性も考慮する必要がある。再葬墓とは一旦別の場所に埋葬されていた人骨が後にその場所に運ばれてきて埋葬された墓域である。

問題点2　年齢推定の方法

成長過程にある人骨の年齢は、骨の長さや骨端線の癒合の程度、歯の萌出状況などにより比較的容易に高精度で推定することができる。一方、成人（成長が終わった人）の骨の場合、加齢変化の進み方は個人差が大きいため、年齢の推定はより困難である。骨形態による成人個体の年齢推定には様々な方法が考えられてきた。肉眼観察による方法としては、頭蓋縫合の癒合の程度、恥骨結合面の形態、腸骨耳状面の形態、鎖骨の胸骨端の形態、歯の咬耗の程度などが用いられてきた（Schwarz 2006）。腸骨耳状面の表面形状を用いる方法は、主にLovejoy et al.（1985）; Buckberry and Chamberlain（2002）が使われてきた。これらの方法を改良してIgarashi et al.（2005）は、新たな年齢推定方法を作った。いずれの方法も年齢のわかる現代人の骨形態の加齢変化を分析し、骨形態と年齢の関連を見い出し、その関連を古人骨に適用するというものである。

一方、年齢推定値の精度を見てみると、例えばIgarashi et al.（2005）の方法では、推定年齢と実年齢の差が一〇歳以内である個体の割合は、高齢者の場合五〇％を超えるが低年齢層ではその割合が下がる。恥骨結合面を用いた方法のように、低年齢層ではその割合が九〇％を超えるが、高年齢層ではその割合が五〇％を下回るという例もある（Igarashi et al. 2005）。このような精度では、現代人の生命表に匹敵するような精度の生命表を作るのは難しい。代替案として、例えば「四〇歳未満、四〇歳以上六〇歳未満、六〇歳以上」というように集団をいくつかの年齢層に分けるというのが現実的である。

骨形態による年齢推定値の精度が低い原因は、一つには、成人の骨形態は、年齢だけでなく、その人の運動量（仕事の種類、スポーツの習慣、生活環境など）や、体格、病気や怪我、代謝機能などの影響を受けるために個人差が大きいことが挙げられる。そこで、年齢推定値を一つの決定値として考えるのではなく、確率として捉える（「この形態が見られれば何歳である確率がどのくらいある」とみなす）推定方法（ベイズ推定という）が用いられることがある（Buckberry and Chamberlain 2002; Nagaoka et al. 2008）。

ところで、これまで行われてきた骨形態による年齢推定は「骨形態の変化は年齢と線型（比例）の関係にある」ことを前提としている。しかし成人の骨形態には個人差があることを考えると、そもそも骨形態の変化が年齢と線型（比例）の関係にあるとは言えない可能性がある。そこで、線型性を前提としない年齢推定方法を開発すれば、より高い正確度で年齢を推定できるのではないかと考えた。現在我々は、腸骨耳状面の表面形態のデータに回帰木分析を用いて、新しい年齢推定方法を開発している。現時点では、この方法の有効性は確認できたが、古人骨への応用については、さらに検討を加える必要がある。したがって、本章では、回帰木分析を用いた年齢推定の結果を用いるが、その結果は試算であるという前提で論を進める。

■年齢推定方法の開発　回帰木分析

今回新しく開発した年齢推定方法の作り方は以下の通りである。

骨形態と年齢の関係は、年齢のわかる現代人のデータを用いて求める。個々の人骨において、腸骨耳状面の表面形態を観察し、Igarashi et al.（2005）で取り上げられた一三項目の有無を記録する。

回帰木は、データに含まれるいくつかの変数（今回は一三個の変数）を説明変数として、目的変数の値（今回は年齢）を予測するモデルである。回帰木を構築する過程では、一三個の説明変数が張る空間の中で、一つの説明変数の値に分割点を設けることで、サンプルを最もよく分割するように二分割し、分割された各空間についても同様の操作を再帰的に繰り返すことで説明変数空間を多くの長方形の部分空間に分割する。分割後の各部分空間に対して、そこに属する全サンプルの目的変数の平均値が予測値として割り当てられる。

現代人資料を用いた回帰木分析の結果、女性の場合、腸骨耳状面の表面形態のうちの四項目（つまりこれら四項目が最終的に年齢推定に重要であることがわかった項目ということになる）の有無によって、サンプルは五つの年齢集団に分けられた。五つの年齢集団の平均値は異なるが、年齢幅は重なる部分もあるため、最終的に三つの年齢集団に分けることとした。①四〇歳未満、②四〇歳以上六〇歳未満、③六〇歳以上、である。

このようにして求めた骨形態と年齢の関係を古人骨に適用する際には、古人骨の腸骨耳状面の表面形態を観察し、上記四項目の有無に応じて、個々の人骨を①、②、③のいずれかのグループに当てはめる。先にも述べたが、この結果を古人骨に適用するにはさらに検討を加える必要がある。今回、この年齢推定を縄文人骨、弥生人骨に適用するのは、試験的な適用であることを再度述べておく。

■**集団の年齢構成**

遺跡集団の各個体の年齢を推定しその値を集計して集団の年齢構成を推定する。今回は①四〇歳未満、②四〇歳以上六〇歳未満、③六〇歳以上、の三つの年齢集団に分け、各年齢集団の割合をその集団の年齢構成とみなす。

■**出生率の推定**

集団の出生率については、各集団の女性人骨について妊娠出産痕を調べ、その結果を集計して集団の出生率を推定する(igarashi et al. 2021)。

■**妊娠出産痕**

寛骨の耳状面前下部(図3)に見られる耳状面前溝には五つのタイプがある(図4)。タイプ①、②、③は男性にも女性にも共通に見られるものであるので、妊娠出産以外の成因

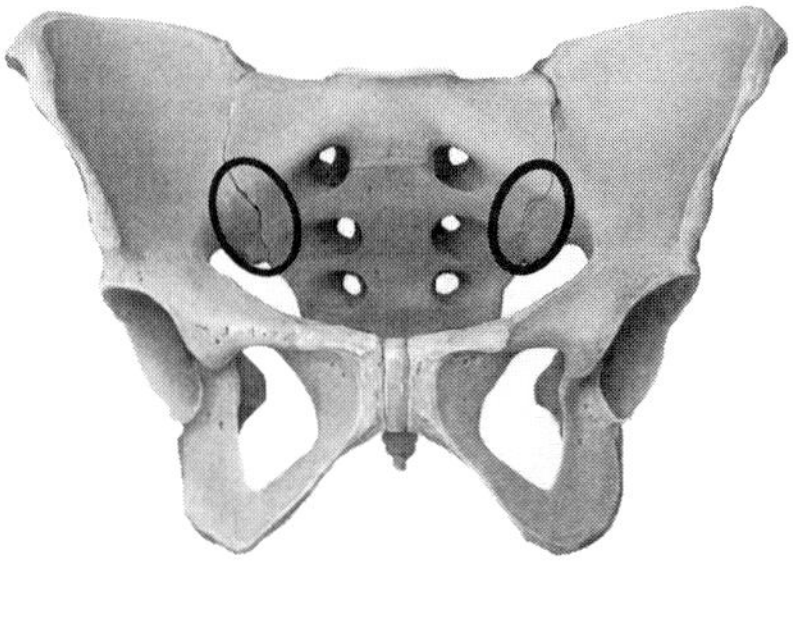

図3　骨盤全面

◯で囲んだ部位が耳状面前下部である。ここに耳状面前溝が見られる。

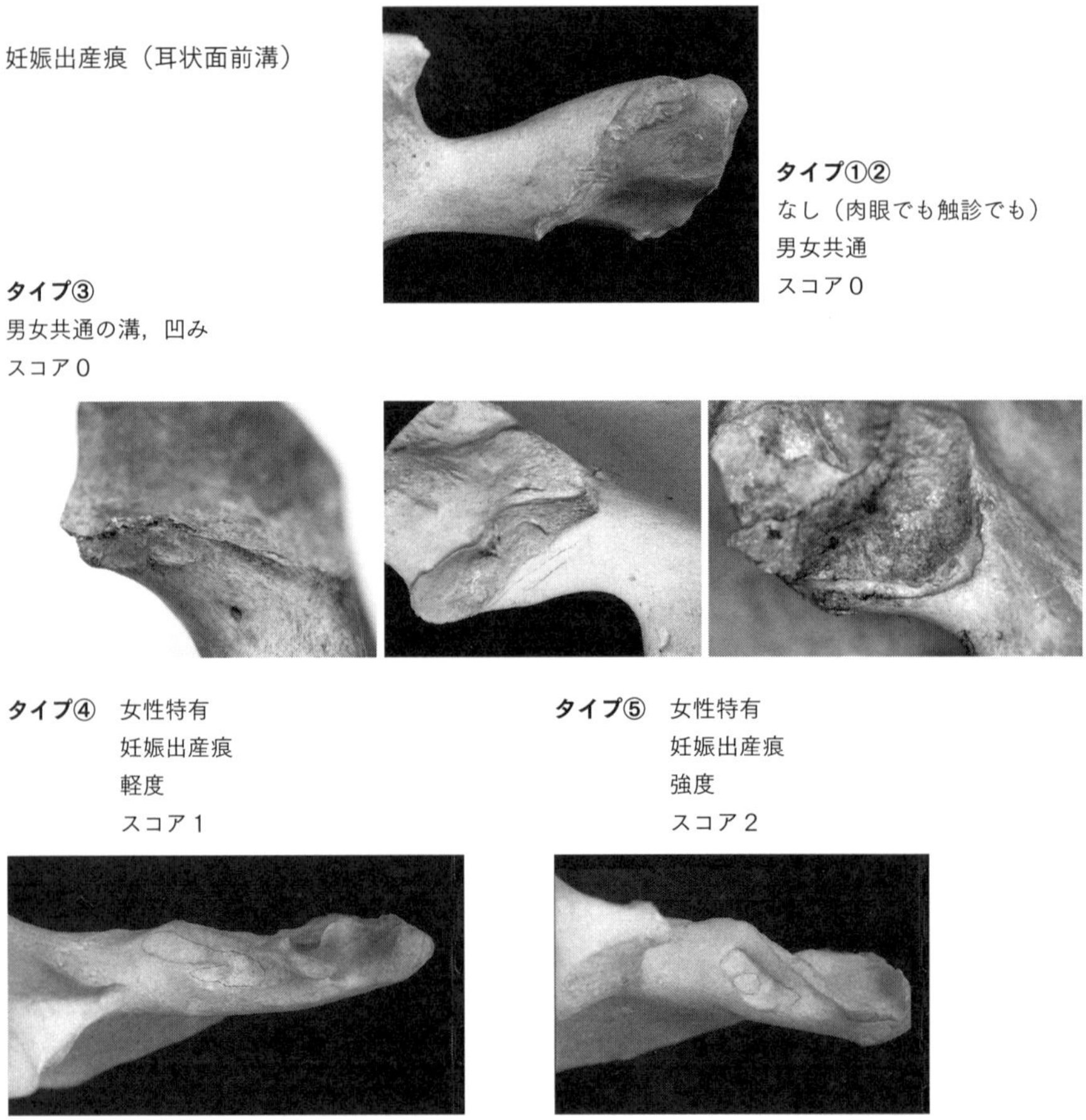

図４　耳状面前溝

タイプ①②③は男女共通に見られるもの。タイプ④⑤は女性特有に見られるものであるので、これらを妊娠出産痕と定義する。タイプ④は軽度の妊娠出産痕であるので、妊娠出産回数が比較的少ない。タイプ⑤は強度の妊娠出産痕であるので、妊娠出産回数が比較的多い。タイプ①②③にはスコア0、タイプ④にはスコア1、タイプ⑤にはスコア2を対応させ、各個体の左右のスコアの合計を算出し、それを個人スコアとする。個人スコア0をスコア0、個人スコア1と2を低スコア、個人スコア3と4を高スコアとする。個人スコア0は妊娠出産回数が0、低スコアは妊娠出産回数が少なく、高スコアは妊娠出産回数が多いことの指標となる。

によるものと考えられる。タイプ④、⑤は女性に特有に見られるので、これらが妊娠出産によるものと考えられる。タイプ④は軽度のもの、タイプ⑤は強度のものである。つまり、タイプ④、⑤はともに妊娠出産の経験を意味するが、タイプ⑤の方が、より多くの妊娠出産回数を示していると考えられる。そこでタイプ①、②、③にはスコア0、タイプ④にはスコア1、タイプ⑤にはスコア2を対応させ、個体ごとに、左右のスコアの合計を算出し、それを個人スコアとする（個人スコアは0から4の値を取る）。さらに、個人スコア0をスコア0、個人スコア1と2を低スコア、個人スコア3と4を高スコアとする。すると「個人スコア0は妊娠出産回数が0、低スコアは妊娠出産回数が少ない、高スコアは妊娠出産回数が多い」という指標となることが証明されている。各集団で「スコア0、低ココア、高スコアの割合」を算出し、それを集団の出生率の指標とする。

ここで次のことを確認しておく。集団の年齢構成も出生率も、その算出方法の帰結として、どちらも絶対値（例えば寿命は何歳、出産数は何人など）を示すものではない。あくまで、集団間の比較に用いるインデックスである。

3　推定された諸要素

（1）年齢構成

今回は女性人骨だけの分析であるが、集団における「四〇歳未満、四〇歳以上六〇歳未満、六〇歳以上」の割合を図5に示す。ただし、この年齢構成は、成人の年齢だけを考慮した仮の推定である。遺跡集団の並

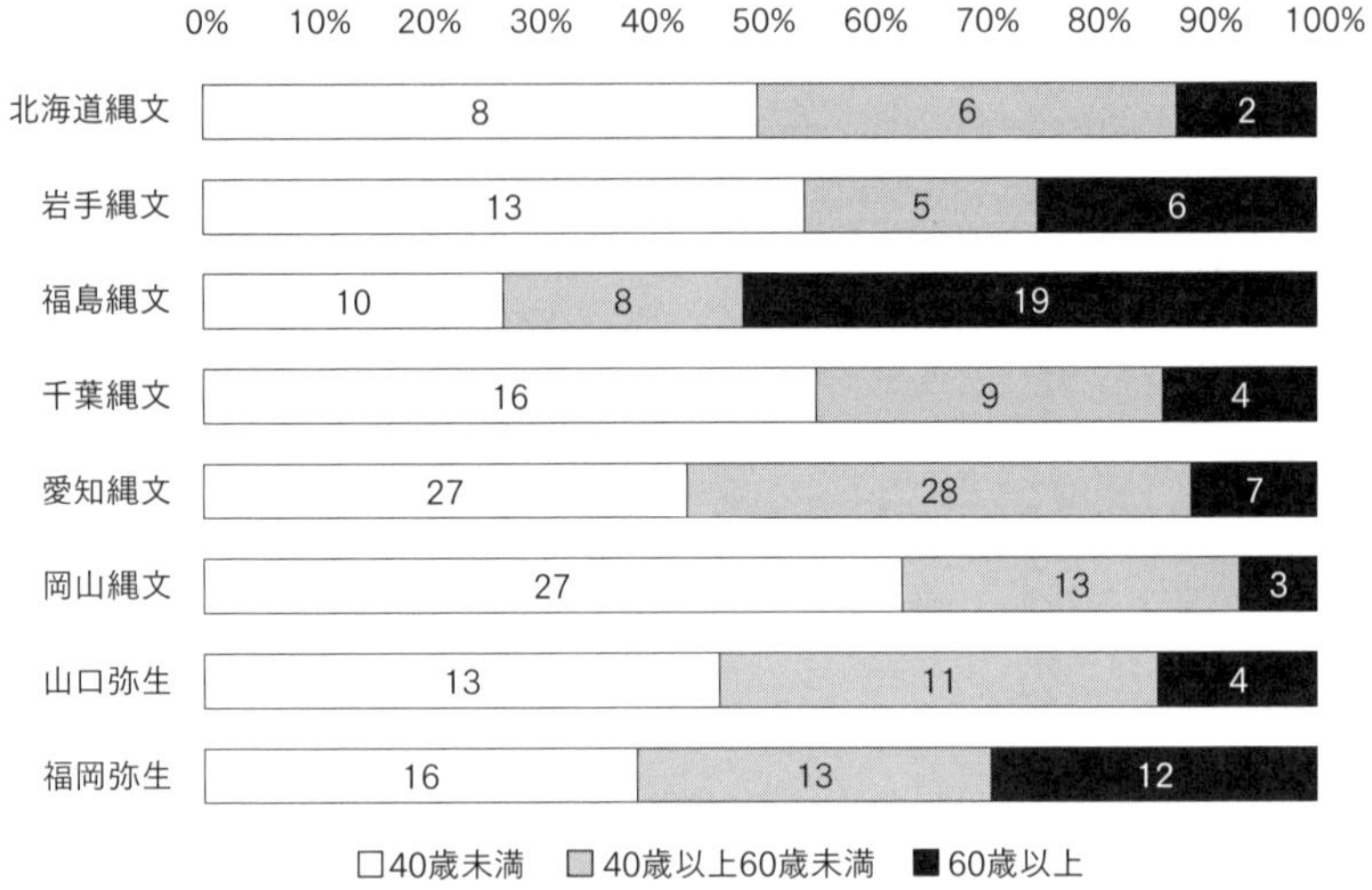

図5　集団の年齢構成

各集団の「40歳未満、40歳以上60歳未満、60歳以上」の割合を示す。成長終了後の個体だけを含む。グラフの中の数字は個体数である。

べ方は、緯度の高い方から順に上から並べた。

福島縄文で、高年齢層の割合が高く、低年齢層の割合が低いことが目立つ。岩手縄文でも高年齢層の割合が比較的高いが、低年齢層の割合も比較的高い。福岡弥生でも比較的高年齢層の割合が高く、低年齢層の割合も比較的低いことがわかる。それ以外の集団では、高年齢層の割合が比較的低く、低年齢層の割合が比較的高い。この図から読み取れることは、福島縄文では寿命が長く、福岡弥生でも比較的寿命が長かった可能性があるということである。

(2) 出生率

集団における「妊娠出産痕のスコア0、低スコア、高スコアの割合」を図6に示す。北海道縄文では、スコア0が全く認められず、高スコアの割合が最も高くなった。

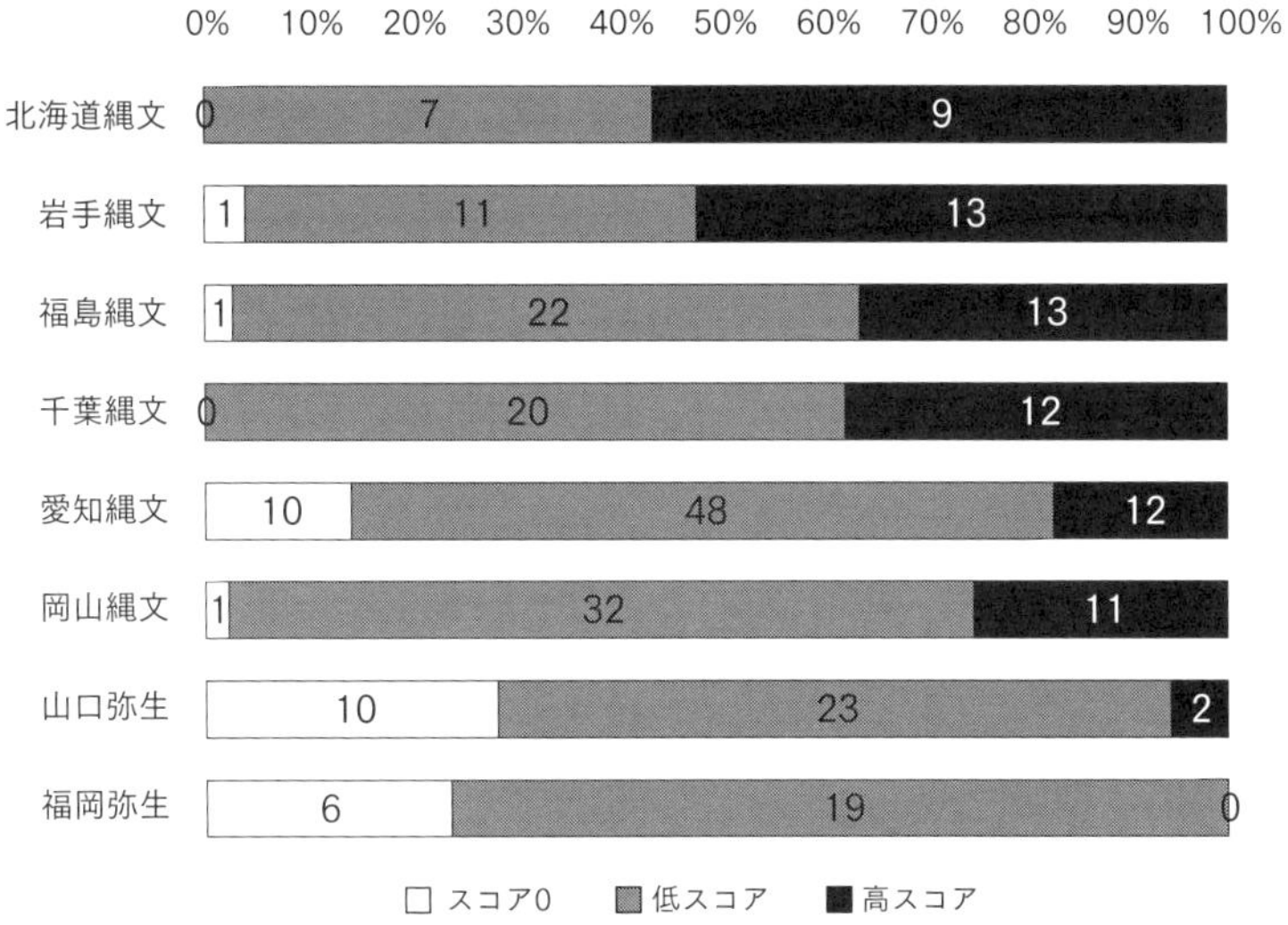

図6　出生率

各集団の妊娠出産痕の出現状況を示す。「スコア0、低スコア、高スコア」の割合を示す。グラフの中の数字は個体数である。

つまり北海道縄文では出生率が最も高かったと推定できる。さらに高スコアの割合に注目すると、岩手縄文でその割合が五〇%を超え、福島縄文と千葉縄文ではその割合が約四〇%である。岩手縄文と福島縄文ではスコア0の割合が低く、千葉縄文ではスコア0の割合が0である。これらのことから、岩手縄文、福島縄文、千葉縄文でも比較的出生率が高かったことが推定できる。

一方、愛知縄文は、他の縄文集団に比べて高スコアの割合が低く、スコア0の割合が高い。岡山縄文も他の縄文集団に比べて高スコアの割合が低い。つまり、愛知縄文と岡山縄文は、縄文集団の中では比較的出生率が低かったと推定できる。

弥生集団は二集団ともスコア0の割合が二〇%を超え、その値がどの縄文集団よりも高いことが目を引く。同時に高スコアの割合はどの縄文集団よりも低い。つまり、山口弥生と福岡弥生における出生率は他の集団（縄文集団）よりも低かったことが推定できる。

（3） 初産年齢

妊娠出産痕が認められる最低年齢から初産年齢を推定した。各遺跡集団の妊娠出産痕が認められる最低年齢は表2のようになる。

どの集団にも、一〇歳代後半から二〇歳代前半で妊娠出産痕が見られる個体があった。千葉縄文で、一〇歳代後半ですでに高スコアの妊娠出産痕が見られる個体が存在した。

これらの値からは、縄文集団も弥生集団も、一〇歳代後半から二〇歳代前半が初産年齢であった可能性がある。

表2　初産年齢

妊娠出産痕が認められる最低年齢を示す。不等式で示された年齢は、骨端線の癒合状態による推定値。数値はIgarashi et al.(2005) による推定値。

時代	分析対象集団	年齢	妊娠出産痕スコア
縄文	北海道縄文	16< <23	低
	岩手縄文	13< <20	低
	福島縄文	22	低
	千葉縄文	< 17	高
	愛知縄文	15< <23	低
	岡山縄文	16< <23	低
弥生	山口弥生	17< <30	低
	福岡弥生	17< <19	低

4　人口構造の復元と社会性研究における意義

（1） 年齢構成

今回の分析では、福島縄文と福岡弥生で比較的寿命が長かった可能性が示唆された。ただし今回は成人の人骨だけを対象としたため、新生児も含めた子供の生存率が不明であり、集団としての寿命はまだ推定できない。今後は子供の生存率（死亡率）のデータも追加し、集団の寿命を推定する。

さらに年齢構成について、注意しておかなくてはならないことがある。福島縄文と愛知縄文が発掘された墓域は、人骨の埋葬状態から、再葬墓であったと考えられている。つまり、出土人骨の年齢構成がそのまま当時の集団の人口構成を再現していない可能性もある。この問題を解決するためには、対象とする遺跡数を増やすことが必要である。

（2）出生率

図6を眺めてみると、北から南に高スコアが減り、スコア0が増える傾向が見て取れる。つまり北に位置する集団ほど出生率が高く、南に位置する集団ほど出生率が低い傾向が示唆されている。

ただし、注意しなくてはならないのは、弥生二集団が比較集団の中では一番南に位置しているため、この地理的クラインが、地理的条件だけによるものか、縄文と弥生という時代差も影響しているのかは、現時点では判断できないということである。

地理的要因とは、気候や自然環境の違いが生業、栄養状態、健康状態に影響し、それが出生率に影響しているという可能性である。一方縄文集団と弥生集団は、遺伝的組成も、生業形態も異なる。したがって、遺伝的因子や生業形態が出生率に影響した可能性も考えられる。縄文時代も弥生時代も、遺跡や地域によって、例えば海生哺乳類を多く食べていた地域、海生貝類を多く食べていた地域、陸上植物を多く食べていた地域、というように食性が異なっていたことが、人骨の同位体分析からも示されている（米田 二〇一五）。出生率と食性の関連を今後詳細に検討する予定である。

今後、九州地方の縄文集団、本州の弥生集団におけるデータを増やし、出生率の違いをもたらす要因を突き止める予定である。ただし九州の縄文集団については、縄文人骨資料を保管する機関から、調査許可が下りないので、しばらくはデータの取得が見込めない。本州の弥生集団、中でもできる限り縄文集団に近い地域の弥生集団のデータを集めることにより、比較分析を行う予定である。

（3） 初産年齢

どの集団もあまり差がなく、一〇歳代後半から二〇歳代前半が初産年齢であった可能性がある。民族例を参考にすると、平均初産年齢は、狩猟採集民のクンで一八・七九歳（Howell 1979）、アチェで一九・五歳（Hill and Hurtado 1996）、ヤノマミで一六・八歳（Early and Peters 1990）、焼畑農耕民のマジャンギルで二四歳（佐藤）などとなっており、縄文人や弥生人の初産年齢も民族例の範囲に入っている可能性もある。ただし、縄文人と弥生人のデータは「妊娠出産痕が認められた最も若い個体」であるので、単純に比較することはできない。

（4） 出生率と年齢構成から復元する人口構造

出生率と寿命の両方を組み合わせて考えてみる。ただし、寿命は成人の年齢だけを考慮した仮の推定値である。

図7は縦軸を出生率、横軸を寿命とした平面図に、各集団の相対的位置をプロットしたものである。集団によって人口構造が異なることがわかる。さらに以下のような傾向が認められる。岩手縄文と福島縄文は、

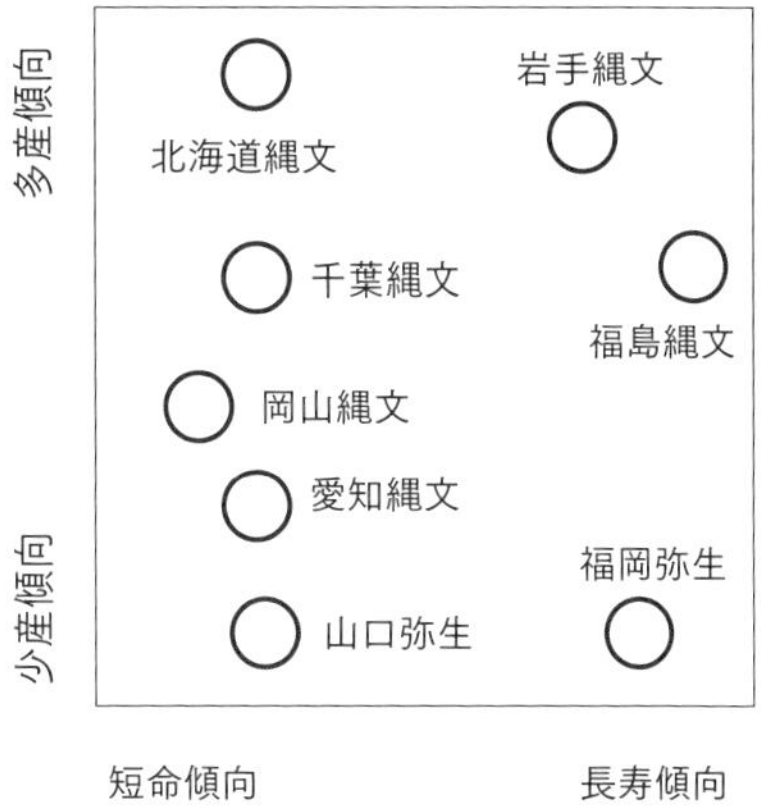

図7　人口構造と出生率

縦軸が出生率を示す。軸の上方が多産傾向、軸の下方が少産傾向を示す。横軸は寿命を示す。左方が短命傾向、右方が長寿傾向を示す。

出生率が高く長寿、北海道縄文と千葉縄文は出生率が高く短命、岡山縄文、愛知縄文、山口弥生は、出生率が低く短命、福岡弥生は、出生率が低く長寿、という傾向である。

(5) 仮説の検討

仮説一を検証するためには、集団の人口増加率を求める必要があるが、現時点では人口増加率はまだ算出できない。出生率に関しては、山口と福岡の弥生集団でその値が低い可能性が示唆されたが、出生率が低い原因が地理的要因によるものである可能性が残っているので、現時点では「弥生集団で出生率が低い」と結論づけることはできない。寿命に関しては、今後子供も含めた生命表を作ってから推定することになる。

（6） 人口構造からわかること　今後の課題も含めて

今後集団の年齢構成と出生率の比較データが出揃った暁に、各集団の寿命を算出し、人口増加率を求めて、仮説の検証を行う。

さらに図1に示した様々な因子を分析する。数ある因子の中でも、育児システム、家族構成、年令による役割分担などは先史時代の社会性の復元の鍵となる項目であると考えられる。また、初潮年齢、初産年齢、出産間隔に影響を及ぼすと考えられる、栄養状態については、人骨の分析や考古学的分析の助けを借りることにより、より信憑性の高い推定が可能となる。

先史時代の食性については、骨の化学的分析からの分析が進んでいる（米田 二〇一五）。さらに考古資料、例えば動物や魚の骨、貝殻など人が利用した自然遺物からの情報を併せることにより、より正確な復元を行うことができる。また古病理学的分析から、先史時代の様々な病気や栄養状態、怪我の種類についても分析が進んでいる（藤田 二〇一二）。今回の分析に関して言えば、福島縄文では、日本列島で最古のガンの症例が見つかっている（鈴木 一九八八）。また骨の筋の付着部から、生前の筋の使い方を復元し、生業活動を推定することもできる（Yonemoto 2012）。生業に関しては、人骨からの情報に加えて、やはり考古資料、例えば、土器、石器、骨角器などの道具からの情報を合わせることにより、より正確な復元を行うことができる。さらに、弥生時代については、山口弥生も福岡弥生も、戦闘の痕跡が、人骨にも考古資料にも残っている（中橋 一九九三；松下・松下 二〇〇八）。今回の分析では、男性の年齢推定はまだ行っていないが、戦闘による死亡率や人口構造への影響を分析するには、男性の死亡率についての分析は必須である。

現時点では、当初に掲げた目的の解決には至っていないが、今後は以下の方針で分析を続ける。

（1）縄文集団と弥生集団の人口構造を推定する。各集団において、子供のデータも含めた年齢構成を求め、寿命を求め、人口増加率を求める。分析対象とする遺跡数を増やしてデータ数を増やす。

（2）出生率と人口構造の多様性を生じさせる要因を、健康状態、栄養状態、生業、遺伝因子の情報も含めて分析する。

（3）人口構造から、育児システム、家族構成、年令による役割分担などを推定する。

（4）狩猟採集社会から農耕社会への変化に際して人口構造がどのように変化したかを推定し仮説の検証を行う。

5　先史時代、非産業化社会を知ることの意味

最後に長くなるが、狩猟採集社会と農耕社会を比較するもう一つの理由について、述べておきたい。狩猟採集社会と農耕社会は、それぞれ生業の基盤で定義されるが、その社会構造や文化、価値観や世界観も異なることが近年の研究によって明らかになってきた。

自分自身を含めて大多数の現代人は農耕社会に生きており、教育の過程でこの社会で是とされる価値観を身に付けていくことが多い。一九六三年生まれの私が中学生の時のことである。社会科の授業の初めの頃、教科書には、見開き二ページの左側に縄文時代、右側に弥生時代の紹介が記載されていた。社会科の教師の説明は以下のようだった。「縄文時代は狩猟採集生活を行っていて、食うや食わずのひもじい生活だった。ところが弥生時代になると稲作が始まり、社会は豊かになった」当時の私は特にそれに疑問を持つことなく

そういうものかと思っていた。しかし大学で自然人類学に足を踏み入れ、一九八七年に北海道伊達市の有珠モシリ遺跡の発掘に参加し、そこで発見された数々の遺物を見た時、それまでの縄文時代のイメージが音を立てて崩れた（伊達市教育委員会 二〇〇三）。「食うや食わずのひもじい生活をしている人が、こんなに精緻で複雑なものを作るはずはないのではないか」と思った。「生きるために必要な食物を十分に取れない人たちが、狩猟や漁労の道具に、このような『無駄な』装飾を施すだろうか？」という疑問が湧いた。「狩猟採集民は能力が低く、農耕民は能力が高い」という考えを知らぬ間に植え付けられていたが、それ正しいのだろうか？　という疑問が湧いた。

大学では当時、私が属していた自然人類学研究室と、人類進化論研究室とアフリカ地域研究センターが合同でゼミを行っていた。ゼミでアフリカの狩猟採集民や牧畜民の人たちと生活を共にしている人たちの研究を学び、勉強することにより、自分の生活している社会の価値観は普遍的ではなく、全く異なる価値観を持っている人たちがいることを知った。例えば、私たちの社会で美徳とされている「より多くの富を得るために、できる限り多くの時間を労働に費やす」ことには重きを置かない価値観、「手柄を立てた人は恥ずかしがり、他の人もその人を讃えない」価値観、などである（Lee and Devore1966; 市川 一九八二）。そのような事実を知るにつれ「狩猟採集民は農耕民になれなかった人たちではなく、狩猟採集生活を選んだ人たち」なのではないか、と考えるようになった。それは「定住生活」についても同様だった（田中 一九九〇；西田 一九八六）。

因みにこのような問題意識は、本科研に参加している研究者には当たり前のことだと思うが、他の分野では（人類学も含めて）「能力の低い狩猟採集民と能力の高い農耕民」という先入観はまだ根強く残っている。

人類史においては、多くの地域で、最初にあった狩猟採集社会に後から農耕が入ってきて、最終的に農耕社会になった。そして「狩猟採集より農耕のほうが優れている」という考えが支配的になった。言い換えると狩猟採集民より農耕民が多数を占めるようになり、農耕民は「狩猟採集より農耕のほうが優れている」と考えるようになった。このように考えると、「優れている」という考えは「多数派の自己肯定感」と言えるかもしれない。

個人的には、縄文ユートピア論に賛同するわけではないが、多数派の価値観だけが跋扈する状況は好みではない。さらにこれまでの調査研究の結果から垣間見られる狩猟採集民の世界にえも言われぬ魅力を感じる。狩猟採集民を研究対象にしたのはそういう理由もある。この考えが自分の研究の原動力ともなっている。

謝辞

資料の調査を許可いただいた以下の方々に感謝いたします。札幌医科大学の松村博文氏、東北大学の根本潤氏、東京大学総合研究博物館の諏訪元氏、海部陽介氏、京都大学の中務真人氏、筑紫野市歴史博物館の草場啓一氏、九州大学の岩永省三氏。統計数理研究所の清水邦夫氏、国立遺伝学研究所の香川幸太郎氏、茨城大学の水高将吾氏には統計分析のご協力をいただきましたことを感謝いたします。

参照文献

市川光雄（一九八二）『森の狩猟民――ムブティ・ピグミーの生活』人文書院。
小林和正（一九七九）『人口人類学』雄山閣。
小山修三（一九八四）『縄文時代――コンピュータ考古学による復元』中央公論新社。

佐藤廉也　https://www.let.osaka-u.ac.jp/geography/sato/lifehistory.html
設楽博己（二〇一四）『縄文社会と弥生社会』敬文舎、九頁。

鈴木隆雄（一九八八）「頭蓋観察」「古病理学的初見」『三貫地貝塚』福島県立博物館。

田中二郎（一九九〇）『ブッシュマン――生態人類学的研究』思索社。

中橋孝博（一九九三）「福岡県筑紫市隈・西小田地区遺跡群出土の弥生人骨」『隈・西小田遺跡群』。

中橋孝博・飯塚勝（二〇〇八）「北部九州の縄文～弥生移行期に関する人類学的考察（二）」『Anthropological Science (Japanese Series)』一一六（二）：一三一―一四三。

西田正規（一九八六）『定住革命――遊動と定住の人類史』新曜社。

藤田尚（二〇一二）『古病理学事典』同成社。

松下孝幸・松下真実（二〇〇八）「土井ヶ浜一号人骨・一二四号人骨」『土井ヶ浜遺跡・人類学ミュージアム研究紀要』三：一八―三五頁。

山田康弘（二〇一九）『縄文時代の歴史』講談社、八頁。

米田穣（二〇一五）「同位体から見た家畜化と日本人の食」松井章『野生から家畜へ』ドメス出版。

米元史織（二〇一二）「骨格筋ストレスマーカーによる分析　生活様式の復元における筋骨格ストレスマーカーの有効性」『Anthropological Science（Japanese Series）』一二〇：一五―四六。

Binford, L. R. (1968) Post-Pleistocene adaptations. In: Binford, S.R. and Binford, L.R. (eds), *New Perspectives in Archaeology*, pp.313-341.Chicago: Aldine.
Boserup, E. (1965) *The Condition of Agricultural Growth: The Economics of Agrarian Change under Population Pressure*. New York: Aldine Publishing.［ボズラップ、E（一九七五）『農業成長の諸条件――人口圧による農業変化の経済学』安沢秀一・安沢みね訳、ミネルヴァ書房。］
Buckberry, J. L. and Chamberlain, A. T. (2002) Age estimation from the auricular surface of the ilium: A revised method. *American Journal of Physical Anthropology*, 119: 231-239.
Cohen, M.N. (1977) The food crisis in prehistory: Overpopulation and the origin of agriculture. New Heaven: Yale University Press.

Cooke, N. P., Mattiangeli, V., Cassidy, L. M., Okazaki, K., Stokes, C. A., Onbe, S., Hatakeyama, S., Machida, K., Kasai, K., Tomioka, N., Matsumoto, A., Ito, M., Kojima, Y., Bradley, D. G., Gakuhari, T.and Nakagome, S. (2021) Ancient genomics reveals tripartite origins of Japanese populations. *Science Advances*, 7(38): https://www.science.org/doi/10.1126/sciadv.abh2419

Early, J. D. and Peters, J. F. (1990) The population dynamics of the Mucajai Yanomama. San Diego: Academic Press.

Hill, K and Hurtado, H. M. (1996) *Ach Life History*. New York: Aldine de Gruyter.

Howell, N. (1979) *Demography of the Dobe !Kung*. New York: Academic Press.

Igarashi, Y. Shimizu, K. Mizutaka, S. and Kagawa, K. (2020) Pregnancy parturition scars in the preauricular area and the association with the total number of pregnancies and parturitions. *American Journal of Physical Anthropology,* 171: 260–274.

Igarashi, Y., Uesu, K., Wakebe, T. and Kanazawa, E. (2005) New method for estimation of adult skeletal age at death from the morphology of the auricular surface of the ilium. *American Journal of Physical Anthropology*, 128: 324–339.

Lee, R. and Devore I. (1966) *Man the Hunter: The First Intensive Survey of a Single, Crucial Stage of Human Development— Man's Once Universal Hunting Way of Life.* London: Routledge.

Lovejoy, C. O., Meindl, R. S. Pryzbeck, T. R. and Mensforth, R. P. (1985) Chronological metamorphosis of the auricular surface of the ilium: A new method for the determination of adult skeletal age at death. *American Journal of Physical Anthropology*, 38: 15–28.

Malthus、T. R. (1798) *An Essay on the Principle of Population*. London.〔原著：マルサス、T・R（一九六一）『初版　人口の原理』高野岩三郎・大内兵衛訳、岩波書店。〕

Nagaoka, T., Sawada, J. and Hirata, K. (2008) Did the Jomon people have a short lifespan? Evidence from the adult age-at-death estimation based on the auricular surface of the ilium. *Anthropological Science,* 116(2): 161–169.

Robbeets, M., Bouckaert, R., Conte, M., Savelyev, A., Li, T., An, D-I., Shinoda, K., Cui, Y., Kawashima, T., Kim, G., Uchiyama, J., Dolińska, J., Oskolskaya, S., Yamano,K.-Y., Seguchi, N., Tomita, H., Takamiya, H., Kanzawa-Kiriyama, H. Oota, H., Ishida, H., Kimura, R., Sato, T., Kim, J.-H., Deng, B., Bjørn, R., Rhee, S., Ahn, K.-D., Gruntov, I., Mazo, O., Bentley, J. R., Fernandes, R., Roberts, P., Bausch, I. R., Gilaizeau, L., Yoneda, M., Kugai, M. Bianco, R. A., Zhang, F., Himmel, M., Hudson, M. J. and Ning, C. (2021) Triangulation supports agricultural spread of the Transeurasian languages. *Nature,* (599):

616–6335.

Schwarz, J. (2006) *Skeleton Keys: An Introduction to Human Skeletal Morphology, Development, and Analysis*. London: Oxford University Press.

Watanabe, Y., Naka, I., Khor, S.-S., Sawai, H., Hitomi, Y., Tokunaga, K.and Ohashi J.(2019) Analysis of whole Y-chromosome sequences reveals the Japanese population history in the Jomon period. *Scientific Reports,* 9: 8556. 10.1038/s41598-019-44473-z

PART III

「社会性の差分」を見つけ出すために

KEYWORDS

- 「共食」のエチケット
- 相互行為の選択的反復
- 「負い目」の起原

第9章 社会性のオントロギー

イヌイトの共食が拓く人類の社会性の起原と進化をめぐる問い

大村 敬一
Keiichi Omura

1　出発点——共食をめぐる問い

食事のやり方を身につけるのはなかなかに難しく、しかも、たとえある程度はうまくできるようになったという感じを得られることがあっても、これで大丈夫なのだろうかという不安から逃れることは難しい。カナダ極北圏の先住狩猟採集民、イヌイトの間で三〇年以上にわたってフィールドワークをつづけてきた私の実感である。

一九八九年にはじめてイヌイトのコミュニティ、クガールク村を訪れて以来、ほぼ毎年、そこでフィールドワークを行うにあたって、私はそのハンターの世帯に下宿してきた。当然、その滞在中、毎日、私はそのハンターの拡大家族と食事をともにすることになる。その食事のやり方にはいろいろあるものの、拡大家族の人びとが居間やキッチンという共通の場で同じ食べものを一緒に食べる「共食」が、その基本となる。その共食に私も参加するわけだが、それが、思いの外、難しいのである。たしかに、同じ場で同じ食べものを複数の人びとと一緒に食べるのが共食であり、こう言うと単純で容易いように思われる。しかし、その際には、ルールという程ではないものの、暗黙の気の遣い合いがエチケットとして求められ、それから外れると、笑われたり、嫌な顔をされたり、さりげなく正されたりする。その暗黙の気の遣い合いが意外と難しいのである。

この実感は、これまで私が検討してきたイヌイトの生業システムのメカニズムについて（cf. 大村 二〇〇九、二〇二三；大村編 二〇二三）、一つの問いを投げかける。どのような振る舞い合いによって、拡大家族のイヌイトの間の「対等」の関係という共存のパターンを生成・維持する共食が、「信頼」という相互行為の型として持続的に反復されるのかという問いである。

これまで私は、イヌイトの生業システムによって、イヌイトと野生動物の関係を介したイヌイト同士の関係が一定の共存のパターンとしていかに生成・維持され、その結果、イヌイトの拡大家族集団と野生動物の群れの諸関係からなるネットワークとして、「大地」(*nuna*)と呼ばれる生活世界がいかに生成・維持されているのか、その過程を検討してきた。そして、そのシステムでは、野生動物から与えられる食べものがイヌイトの間で分かち合われて食べられる共食が枢要な役割を果たしていることを明らかにしてきた。共食の反復を通して持続的に生成される信頼の相互行為の型によってイヌイトの拡大家族の間に対等の関係という共存のパターンが持続的に生成されることを示し、その過程を相互行為素という単位で記述したのである(cf. 大村 二〇二三)。しかし、これまでは、その過程の中軸となる共食の具体的な仕組みに踏み込んで分析するにはいたらなかった。

そもそも、先にみた私の実感にあるように、共食に参加していることになるようにするための適切なやり方を身につけるのは容易いことではない。どのような振る舞い合いによって共食が成立することになるのか、また逆に、どのような振る舞い合いでは、そうならないのか、つまり、共食が成立する条件は自明のことではなく、共食が反復的に成立するためには、食事をともにする間、複数の人びとが相互の振る舞い合いをいかに調整しているかが明らかにされねばならない。そうした共食の仕組みがわからなければ、これまで相互行為素という単位で記述してきた過程を理解することはできないだろう。

そこで、本章では、私が共食に参加するために必要な振る舞いをいかに身につけてきたのか、その過程を私の記憶を頼りに自省的に振り返りながら検討する。そうすることで、どのような振る舞い合いの調整を通して共食が反復的に実現され、その反復によっていかに信頼の相互行為の型を通した対等の関係という共存のパターンが持続的に生成されるのか、その仕組みに探りを入れ、対等の関係という人類の社会性の型の一つが成立するための条件について考察する。そのうえで、人類の社会性を相互行為素によって記述するだけでなく、その社会性が振る舞い合いの調整を通して持続的に生成される仕組みの進化史的基盤を考察するためには、何が問われるべきなのかについて考える。

2　イヌイトの共食の現在

私がフィールドワークを行っているのは、カナダのヌナヴト準州にあるイヌイトのコミュニティ、クガールク村である。[1]

この村に現在暮らしているイヌイトは、かつて一九五〇年代以前、彼らが「大地」(*nuna*) と呼ぶ極北のツンドラ地帯で、狩猟・漁労・罠猟・採集からなる生業活動に基づいて、野生動物の季節移動に合わせた季節周期的な移動生活を送っていた。ところが、一九五〇年代から一九六〇年代にかけて、カナダ連邦政府が極北圏の領有を国際的に確立するために第二次世界大戦以後すすめてきたイヌイトの国民化政策のもと、次第に定住化するようになり、その結果、イヌイトはかつてない急激な社会・文化の変容を経験することになった。学校教育制度、医療・福祉制度、法制度、貨幣制度などの浸透を通してカナダという国民国家へ統合され、毛皮や手工芸品などの販売や賃金労働を通して資本制経済の世界システムに組み込まれ、一九七〇年代以降になると、マス・メディアを通して流入する消費文化の波に洗われるようになっていった。

その結果、今日のイヌイト社会に、かつて狩猟採集民の典型として知られた生活様式の面影は薄い。むしろ、今日のイヌイトは私たちと変わらない高度消費社会に生きるようになっている。高性能ライフルやスノーモービル、四輪駆動バギー、船外機付の金属製ボートなどの装備によって生業活動は高度に機械化され、セントラル・ヒーティングで暖められた家屋には、冷凍庫や冷蔵庫、洗濯機や乾燥機をはじめ、パソコンやケーブル・テレビ、ＤＶＤ、スマホなどの電化製品が溢れている。行政村落に設けられた発電所は二四時間稼働し、航空機や砕氷貨物船の定期便で、ピザやチップス、清涼飲料などの加工食品をはじめ、「南」で生産された物品が運び込まれ、生活協同組合のスーパーマーケットでいつでも購入することができる。子どもたちは日本のアニメに夢中になり、若者たちはインターネットでの通信販売に狂奔する。多くのハンターは政府や企業のオフィスや工事現場などでの賃金労働を兼業し、カナダ政府からの福祉金や交付金、公共事業に依存しており、ニュースで報じられるグローバルな政治・経済の動向に一喜一憂する。

しかし、こうした状況にあっても、生業活動はイヌイトの生活とアイデンティティを支える基盤としての重要性を失っていない。たしかに今日では、そのやり方は大きく変わってしまっており、多くのハンターは賃金労働と生業を兼業している。高度に機械化された生業には、ガソリン代や弾薬費をはじめ、それら装備を調達して維持するための現金が必要だからである。そのため、今日では、機械化によって効率化された移動手段による日帰りの生業活動が一般的になり、就労の合間に生業活動を行うウィーク・エンド・ハンティングやヴァケーション・ハンティング、さらにはアフター・ファイヴ・ハンティングが主流になっている。それでもなお、生業は活発に実践されており、「生業活動をしないイヌイトはイヌイトではない」とまで言われる。また、「白人の食べもの」(*qaplunaap niqia*)と呼ばれる加工食品の購入が一般化しているとはいえ、生業で得られる野生動物の肉はエスニック・アイデンティティを維持するに必須の「真なる食べもの」(*niqinmarik*)として愛好されており、その肉の分配は社会関係を維持する要の一つとして機能しつづけている。

そのため、今日のクガールク村のイヌイトの食事では、二つの種類の食べものが食べられることになる。その一つは、冷凍食品や加工食品、菓子、清涼飲料など、生活協同組合で購入される「白人の食べもの」であり、もう一つは、

1　カナダ・イヌイトの歴史と現状の詳細については拙著(大村 二〇一三)を参照願いたい。

生業活動で得られる「真なる食べもの」である。子どもはもちろん、大人や古老も、ピザやハンバーガーをはじめ、食パンやシリアルや菓子類など、多様な種類の「白人の食べもの」を好みつつも、アザラシやカリブー、ホッキョクグマ、カモなどの肉や干し肉、ホッキョクイワナやマスなどの魚や干し魚、イッカククジラやホッキョククジラの皮、アザラシやセイウチの発酵脂肪など、多彩な「真なる食べもの」も、煮たり焼いたり炒めたりされて、あるいは生で、ほぼ毎食、盛んに食べられる。

就労や通学のために村で生活している間には、これら「真なる食べもの」と「白人の食べもの」からなる食事が、朝、昼、晩と一日三回、とられる。こうした一日三食の食事の習慣は、定住化以後、学校教育や賃金労働などが浸透した結果であり、定住化以前にあっては、お腹が空いたら食事をとるのが普通だったと古老は口をそろえる。こうした逐次的な食事の習慣は、今日、主流となっている日帰りでの生業活動では依然としてつづいている。生業活動の合間の休憩時、周囲の状況を偵察しながら、携帯用のストーヴでお茶がいれられ、ビスケットや食パン、オイル・サーディーンやスパムの肉の缶詰、干し魚や干し肉、ときにはカップラーメンが軽食としてとられるが、魚や肉のスープなどの本格的な食事は帰宅後にとられる。また、獲物が得られ、その現場で解体が行われる場合には、その場で腹ふさぎにつまみ食いがされることもある。さらに、春と冬のアザラシの集団猟の場合、その場で解体がされなくても、その腹に小さな穴が開けられて肝臓が取り出され、参加者たちがその肝臓を分かち合って食べたりもする。

このように生業活動が展開されている間、食事は不定期だが、村で終日過ごしているときには、学校や政府や企業の時間シフトに合うかたちで、午前七時〜八時頃に軽い朝食、正午〜午後一時に昼食、午後五時頃に夕食がとられる。村はさほど大きくなく、学校や政府や企業の職場は自宅に近いため、昼食は自宅でとられるのが一般的で、午前一〇時と午後三時のコーヒー・ブレイクの際も自宅で軽食がとられる。多くの場合、朝食にはシリアルやトースト、簡単な卵料理など、軽い「白人の食べもの」が食べられるが、遅刻しないように朝食を抜く者たちも多い。昼食と夕食には、マカロニやホット・ドッグ、ハンバーガー、チキン・ナゲット、ピザ、ビスケット、食パンなどの「白人の食べもの」とともに、「真なる食べもの」が食べられる。この昼食と夕食でどのような料理が食べられるかは拡大家族ごとに多様であるが、私がお世話になっていた拡大家族では、「白人の食べもの」とともに、昼食と夕食には、凍った魚が生で食べられたり、魚や肉のスープが食べられたりすることが多い。

こうした一日三食の食事は拡大家族全員でとられる。拡大家族[2]はいくつかの核家族から成り、それぞれの核家族は世帯をかまえているが、食事の際には、拡大家族の最年長者が住む家屋に集まる。そのため、拡大家族の最年長者の家屋に設置されている大型冷凍庫には、その拡大家族に属すハンターたちが生業活動で得た「真なる食べもの」が集積されている。また、生活協同組合で購入される「白人の食べもの」の多くも、各核家族がそれぞれの世帯で間食する食べもの以外は、その最年長者の家屋の収納庫や冷蔵庫に集められている。三度の食事の際には、そうした二種類の食べものが集積されている最年長者の家屋に、三〇人ほどの大人と子どもが集まり、キッチンと一体化したリビングで、「白人の食べもの」と「真なる食べもの」が共食されるのである。

2　イヌイトの社会関係の基礎となる社会集団は、イラギート(*ilagiit*)と呼ばれる親族集団であり、そのなかでも「真なるイラギート」(*Ilagiimariktut*)と呼ばれる拡大家族集団が日常的な社会関係の単位となる。イラギートは「どこへ行っても、いずれは戻ってきて、食べ物を分かち合い、互いに助け合い、そして一緒にいる関係にある人々」(Balikci 1989: 112)のことである。また、「真なるイラギート」は「拡大家族関係にある人の中でも、同一の場所に住み経済活動などで緊密な協力関係にある人々、すなわち、具体的な社会集団を形成する人々を指す。結果的に、後者はエゴの親、兄弟姉妹、妻と子供たち、マゴ、オジ、オバ、祖父母やイトコの人々であることが多くなる。」(岸上&スチュアート 一九九四：四二一)この拡大家族を核に親族関係を超えて、養子縁組関係などの擬制親族関係、同名者関係や忌避関係などの自発的パートナー関係が結ばれ、複雑な社会関係が生み出される。

3 「共食」のエチケットを身につける

これまでに紹介してきた食事のうち、ここで検討するのは、主に昼食と夕食の際の共食である。その共食について検討するに先立って、まずは、そこに私が参加するようになっていった経緯を簡単に紹介することで、そのコンテキストを明瞭にしておこう。

私が日本人五人からなる民族考古学調査隊の一員としてクガールク村をはじめて訪れた一九八九年、基本的に調査は村外のキャンプで行われたため、村内に滞在することはあまりなかった。私が村内のハンターの世帯に本格的に下宿するようになったのは、一九九二年、日本人一〇人程度でクガールク村のイヌイトに関する民族考古学と文化人類学の総合調査隊が組織され、その主計班長として調査のロジスティクスのマネージメントを任されるとともに、イヌイトの在来知についての調査・研究を志し、イヌイト語の習得をはじめるようになってからである。その際、私が下宿したのは、調査隊長が下宿しているハンターの拡大家族に所属する核家族の世帯であった。

その当初、夫婦と二人の幼児から成る若い核家族の世帯に下宿した私は、しばらくの間、拡大家族がその年長者の世帯で食事をとることに気づかなかったため、また、気づいた後でも、しばしば飢えに苦しんだ。下宿した世帯の若い主人であるハンターとその妻から、「この冷蔵庫にあるものを好きなときに好きなだけ食べていいよ」と言われたものの、その冷蔵庫は常時、ほぼ空っぽの状態であり、下宿世帯にとどまっていると、何も食べることができなかったからである。もっとも、食事時になると、その夫婦と子どもたちが親の世帯に食事をとりに行って下宿は無人になるため、親の世帯に行けば食べものが豊富にあることには気づいた。しかし、その核家族に食事代込みで下宿代を払っていたが、その親には払っていなかったため、はじめのうちは遠慮してしまっていた。しかし、その後、拡大家族の年長者の世帯（そこには調査隊の隊長が下宿していた）で、その年長者の熟練ハンターから、私がみるみる痩せていくのを心配して「真なる食べものはただだから、いっぱい食べろ」と促され、やっと食事にありつけるようになった。ただし、それはあくまでも「真なる食べもの」に限られ、現金で購入される「白人の食べもの」に手を出すと、嫌な顔をされるだけでなく、「自分で買ってこい」と注意を受けた。

その後、一九九三年と一九九四年の調査時には、前年の飢えに懲りて、キャンプに出ずに村に滞在している間、「真なる食べもの」の食事にありつくために、朝七時半から八時半頃に調査隊長の下宿先の世帯に向かい、そこで日中のほとんどの時間を過ごし、基本的に夜に寝るときだけ下宿に戻る生活をつづけた。しかし、この当時は日本人が多く滞在し、その当時もつづけられていた考古学調査のキャンプにも頻繁に出かけて、そのマネージメントも行わねばならなかったため、イヌイトたちの共食に本格的に参加していたわけではなかった。ハンターの世帯で食事をとる場合も、いつの間にか日本人で群れてしまっていたからである。私が本格的にイヌイトの共食に参加するようになるのは、調査隊が解散し、私が独りで村に滞在するようになった一九九六年の二月以後である。それ以後、私は核家族の世帯に下宿し、毎朝、その核家族が属する拡大家族の最年長者の世帯に通う生活を送るようになった。そして、二〇〇九年以後、その最年長者の世帯に下宿するようになり、やっと一日を通じて同じ世帯で生活することができるようになった。

こうして、一九九六年以後、イヌイトとの共食に本格的に参加するようになったが、二〇〇五年までの間、私の滞在の目的がイヌイトの知識（*Inuit Qaujimajatuqangit*）と呼ばれる在来知の調査であったため、共食のやり方にとくに注意を払うことはなかった。この当時、頻繁に生業活動に同行し、そうでないときには、一日四回二時間のシフトを組んで、古老にインタビューをしたり、その書き下ろしを通訳と一緒にしたり、イヌイト語辞書のためのデータ・ベースのチェックを助手と一緒に行ったりしていたため、食事はそうした作業の合間に必要最低限せねばならない日常のルーチンにすぎず、フィールドノートにも、ただ何時にどこで何を食べたかが書いてあるにすぎない。昼食と夕食のときには、システム・キッチンのコンロで大鍋につくられた魚や肉のスープを自分でお椀にすくってリビングで皆と一緒に食べたり、リビングの床に敷かれた段ボールに置かれた氷魚を皆と囲んで食べたり、冷蔵庫から食パンを出してバターなどを塗って食べたりしていた。その際には、周囲の大人たちのやり方を見て同じようにやっていたにすぎず、とくに学習しようというわけでもなく、何となく結果的に共食に参加するようになっていった。

こうして、とくに注意を払うこともなく、何となく共食に参加するようになっていった私が、共食のやり方に意識的になったのは、二〇〇九年以後のことである。二〇〇五年二月から二〇〇九年一月までの四年間、他の調査のためにカナダ極北圏を訪れてはいたが、クガールク村に滞在することはなかった。この間、二〇〇五年からはじまった河合香吏さん主催の研究会「人類社会の進化史的基盤研究」に参加するようになり、そこで今村仁司さんと黒田末寿さんの薫陶を受け、その後、探求することになるイヌイトの生業システムの分析と考察をはじめるとともに、そのシステムで枢要な役割を果たす「食べものの分かち合い」、つまり共食にも興味をもつようになっていった。ただし、二〇〇九年二月にクガールク村での調査を再開し、コロナ禍前の二〇一八年まで、断続的にではあるものの、ほぼ毎年、クガールク村に滞在するようにはなったが、その調査の主軸は相変わらず在来知のインタビュー調査、イヌイト語の辞書と地名地図の作成などであり、共食の様子について個体追跡やビデオ撮影のような詳細な記録を採る調査を行ったわけではない。

しかし、共食に参加するにあたっては、それまでのように無頓着に参加するのではなく、そのやり方に注意するように心がけるようになった。また、二〇〇九年以後もインタビューや辞書作成など、さまざまな調査を実施してはいたものの、それら調査には一段落がつき、時間的な余裕もできたので、私自身が料理することが多くなり、その結果、共食のエチケット（暗黙の気の遣い合い）について思わぬヒントを得ることができた。そして、その糸口からそれまでの経験を反省的に辿ることで、私が生活を共にする拡大家族の人びとが、どのような共食のエチケットに従っているのかについて一貫した推測ができるようになった。次節では、あくまでも私自身の記憶に基づく暫定的な考察であるとはいえ、そのヒントに導かれて、どのような共食のエチケットが推定されるのか、考えてゆこう。

4 「共食」のエチケットに気づく

私はクガールク村の下宿先に滞在している間、そのリビングのテーブルやカウチで、少しでも空いた時間ができると、作業ズボンの右大腿部ポケットに常備しているフィールドノートを取り出し、自分の行動記録を軸線にさまざまな情報や考察を日記のかたちでつけつづけてきた。そのフィールドノートの二〇一〇年三月二八日（日）の記録に、共食のやり方について、次のような覚え書きがある。[3]

なお、今回、気づいたのは、L（最年長のハンター）の拡大家族の間では、基本的に料理をL宅でつくり（夕食と昼食）、その際に、多めにつくって、自分の核家族のとり分をとった後、そこに居合わせた他の拡大家族がそれを食べるというかたちをとる。昼食の場合には、J（Lの次男の妻）、LN（Lの長男の内縁の妻）らが交替で大量につくるが、これはランチタイムには、Lの拡大家族の全員が子どももふくめてL宅にあつまるため。（中略）ここでシェアという場合、おそらく、まず自分のとり分をとった後、残りのあまりをそこに居合わせた人々で食べるというかたちをとる。（中略）従って、シェアとは言っても、（中略）一緒に同時に食べるというのとは少しちがう。かと言って、つくり手が、残りの人々に与えるというのともちがう。この点は、実は、伝統食（真なる食べもの）でも変わらない。（中略）おそらく、エチケットとしては、つくり手は多目につくるということが大切

3 以下、フィールドノートの書き下ろしの部分における（ ）内は著者による加筆。フィールドノートはあくまで走り書きにすぎず、そのままだとわかりにくいので、最小限の説明を付した。なお、人物名についてはアルファベットの仮名とした。

であるようにみえる。しかも、常に他の核家族がつくった残りを食べるのではなく、時々、自分もつくるということが、おそらくエチケットであろう。

今回、自分で料理をしてみてよくわかったのは、この点である。（中略）完全に同時にシェアするのはむつかしく、まず自分の分を確保した後に、残りを他の人々に残すというかたちのシェアが行われていると考えた方がよい。なお、W（Lの長女の夫）宅には、出入り口のポーチにフリーザーはあるものの、空っぽ。M（Lの次男）宅にはない。また、LD（Lの長男）宅にもない。

要するに、伝統食（真なる食べもの）の場合も、白人食（白人の食べもの）の場合も、基本は、自らの労働の成果をまわりの人々に残すという点で共通している。これは、あたり前といえば、あたり前で、まず自分のとり分を確保せねば、はじまらない。

このフィールドノートをさらに読み返してゆくと、二〇一〇年三月一六日（火）の記述に、次のような走り書きがあり、私がこうしたことに気づくきっかけになった料理を頻繁にするようになったのは、この日以後であることがわかる。

E（最年長のハンターの妻）がつくった魚のウーロック（スープ）を5：00pmころ食す。L（最年長のハンター）と一緒。うまい。なぜか、Lが買ってきたひき肉を私が料理することになり、仕方なく、ありあわせで、ミートソースもどきをつくる。塩、こしょう、玉ねぎ、意味不明の調味料、しょう油、砂糖、ケチャップで適当に味つけ。この間にJC（Lの母方の叔父の古老）訪問。ミートソースもどきは大変に好評。まあ、ここでは料理という観念がいちじるしく貧困なので、この程度で十分においしいらしい。L、W（Lの長女の夫）は、大変うまい、明日もつくれという。JCも食す。

これに味をしめて、いい気になり、この日以後、今日にいたるまで、クガールクに滞在すると、三日か四日に一度のペースで、私は料理をするようになった。しかも、皆が妙に悦んでくれるのが嬉しくて、このミートソースもどきだけでなく、パスタやミニッツ・ライスも同時につくったり、日本から運んできたちらし寿司の素とミニッツ・ライスと現地の魚の刺身でちらし寿司をつくったりしたのである。

こうして料理をするようになった当初、その料理を盛りつけて配ろうとして、私は少し困惑した。もちろん、これ以前にも、魚や肉のスープを独りでつくったり、誰かがつくっているのを手伝ったりはしていた。その際には、スープは大鍋で煮られるため、スープができたら、そこからお椀に自分の分を掬って食べるだけでよかった。しかし、ミートソースもどきのドライカレーの場合、皿に盛りつける必要が出てくる。同時につくったライスを皿によそって、ミートソースもどきをかけねばならないからである。そこで、私は日本での習慣に従って、その場に居合わせた人びと全員分の皿それぞれに盛りつけ、それらを皆に配ってあげようと思った。しかし、私が最年長者のハンターと私の分を皿に盛りつけ、その皿をもってテーブルに向かって移動した途端、居合わせた人びとが、コンロの上の大鍋と大きなフライパンに次々と寄ってきて、それぞれの好みに合わせて自分の分を皿に盛りはじめた。それぞれの皿に綺麗に盛って皆に配ってあげようとしていた私は、そうする間もなく食べ尽くされてしまったのを見て、少し当惑したのである。

しかし、それと同時に、はたと気づいたことがある。先にあげたフィールドノートの覚え書きにあるように、ここでは、つくった食べものを皆に配るのではなく、その食べものから自分の分をとった残りを皆がとることができるように、そのまま残しておくことが、エチケットなのかもしれない。そういえば、これまでの食事を振り返ると、どの拡大家族のメンバーが料理をした場合も、それが「白人の食べもの」であっても、「真なる食べもの」であっても、コンロの上のフライパンや鍋やオーブンから自分の分をとった後、居合わせた人びとに「○○あるよ」(○○ *taqaqtuq*)と声をかけ、すると、居合わせた人びとがセルフサービスでそれぞれの分をとっていたことを思い出した。

その後、引きつづき、この点に注意を払っていた私は、翌年のフィールドノートの二〇一一年三月一二日（土）の記述に、次のように書き残している。

5：30pmにL（最年長のハンター）宅にもどり、P（Lの末子）とR（Pの恋人）がつくった奇妙なミートソースパゲッティ。まずい。しかし、このスパゲッティのつくり方をみても、昨年の仮説はひきつづき、支持される。自分の食べたい料理を大量につくり、まず、自分たちの食べる分をとった後、皆に、「スパゲッティがあるよ」（*Pastataqaqtuq*）とすすめる。もしくは、その料理をそのまま放置して、皆が食べるにまかせる。

この頃になると、私自身も料理をして自分の分をとった後、その料理をコンロの上に放置し、皆にさりげなく「料理あるよ」（*niqitaqaqtuq*）と声をかけるようになっていた。

5 「共食」のエチケットを推定する

こうして私は「配るのではなく、自分の分をとって他の人びとのために残しておくこと」が料理のエチケット（気の遣い合い）であることに気づいた。しかし、それだけでなく、こうしたエチケットがどんな食事にも一貫していることにも思いいたった。

たとえば、お湯を沸かしてポットで保存したり、コーヒー・メーカーでコーヒーを炒れたりした場合、自分のお茶やコーヒーを自分のマグカップに注いだ後、皆にさりげなく「お茶あるよ」（*tiitaqaqtuq*）、あるいは「コーヒー、そこだよ」（*qaapiq tamaani*）と声をかけると、飲みたい者がそれぞれにセルフサービスする。これは訪問客に対しても同じで、しばしば訪れるハンターがリビングに入ってきて、談話のためにテーブルの椅子に座ると、「コーヒーあるよ」(*qaapirtaqaqtuq*)と声がかけられ、訪問客は立ってキッチンに向かい、しゃべりながら自分でマグカップにコーヒーを入れる。あるいは、コーヒーが切れていて、訪問客が「もうないよ、つくろうか」(*hutaqaNNittuq qaapiriuqniaq?*)と声をかけると、「思いのままに」(*ihumani*)とお願いする。いずれにしても、飲み物は配られることはなく、「あるよ」と言われたら、そのストックを自分でとってくるのがエチケットなのである。

こうしたエチケットは、凍った魚を数人で共食する場合にも一貫している。私が滞在した拡大家族では、昼食と夕食でよく食べられる「真なる食べもの」は、大きく分けて、魚や肉のスープもしくは凍った魚の二種類だった。そのうち、凍った魚の共食では、まず、リビングの床の上に段ボールが敷かれ、ポーチにある冷凍庫から凍った魚が一尾もしくは二尾とり出されて、その段ボールの上に置かれ、そのまま一時間ほど放置されて解凍される。この魚はホッキョクイワナで、大きいもので長さ七〇㎝幅二〇㎝ほどになる。この魚が一時間ほどで適度に解凍すると、その周りに数人の大人が車座に座る。そのうちの一人がその魚をとって、ウル(*ulu*)と呼ばれる半月形ナイフで、そこから幅一〇㎝程度の輪切りを切り出す。そして、その輪切りを自分の分として手元に置き、残りを中央に戻したうえで、手元の輪切りを食べはじめる。すると、次の者がその中央の魚をとって自分の分を切り出し、残りを中央に戻し、自分の分を食べはじめ、また、別の者がその魚をとって……という具合に、魚がなくなるまでつづく。つまり、魚が配られることはなく、自分の分をとって残りを他の人びとのために残すという原則で魚は共食されるのである。

このとき、興味深いのは、そうして大人たちが共食していると、幼児や子どもたちが必ず寄ってくるので、その子どもたちに大人たちが切り身を食べやすい大きさに切り分けて手渡すが、こうして魚を切り出して渡すことは、大人の間では決して行われないことである。そもそも、輪切りにした魚の切り身を大人に渡そうとする大人を私は見たことがない。しかも、そうしてしまった者がたとえ例外的にいたとしても、差し出された切り身が受けとられることは決してない。そうした例外的な者とは、私のことである。

実は、凍った魚は、ある程度は解凍されているとはいえ、芯の部分はまだかなり堅く凍っており、ウル・ナイフを使うこつをつかんでいないと、うまく輪切りにすることができない。そのため、現在でも、氷魚の共食に臨むにあたって、私はいつも緊張して張り切る。今度こそ、うまく切ってやろうと意気込むわけだが、つまりは、今でも私は氷魚をうまく輪切りにできないことがある。そこで、私はしばしば誰よりも真っ先に張り切って氷魚に挑み、うまく切れると、隣に座ってさりげなく私の様子を見ている最年長のハンターの顔を得意げに見上げる。すると、そのハンターはニヤリと笑いながら、「冗談言うな」という無言の合図として、右手を顔のあたりまであげて私に向かって軽く叩くような冗談の身振りをする。いい気になった私は、もう一つ輪切りを切り出そうとし、それに成功すると、その切り身を彼に差し出す。しかし、それは決して受けとられることはない。彼はちょっと不愉快そうな顔で「そこに」(*tamaani*) と言いながら、あるいは無言で、無造作に車座の中央を手で指す。そこで、私は自分の切り身を手元に残し、魚の本体ともう一つの切り身を中央に戻す。すると、彼は私が切り出した切り身には目もくれず、魚本体をとって自分で輪切りにしはじめる。仕方なく、私は二つ目の切り身をとって食べる。

私は「何か不機嫌な顔をするなあ」と思いつつ、それ以上は何も考えることなく、こうしたことを繰り返していた。しかし、先に触れたフィールドノートの覚え書きにあるように、「配るのではなく、自分の分をとって他の人びとのために残しておく」という食事のエチケットに気づいたとき、こうした自分の振る舞いを思い出し、自分がいかに失礼なことをしつづけていたのか、それに思いいたって赤面して反省した。それまであまり意識してこなかったが、食べものを配ったり、手渡したりする相手は、幼児や子どもなどに限られており、立派な大人に対してやってはいけないことだったのである。だから、そのハンターは不愉快そうな顔をしたのである。

もちろん、これは私の推測にすぎない。また、ハンターが何かことばで私の行為に是非を示したわけではないので、私の思い違いなのかもしれない。しかし、私には思い当たることがあった。かつて一九六〇年代にクガールク村の隣の地域でフィールドワークを行った人類学者ジーン・ブリッグスなどが (e.g., Briggs 1968, 1970; Brody 1975; 大村

一九九八、二〇一六)、イヌイトの「大人」(*inirnit*)と「子ども」(*nutarat*)の違いについて指摘したことは、子どもに対しては食べものを配ったり手渡したりしてもかまわないが、大人にはそうしてはいけないのは何故なのかを説明してくれることである。

6 「共食」のエチケットの仮説を説明で検証する

そうした先人の研究で報告されているのは、イヌイト社会には「真なるイヌイト」(*Inummarik* もしくは *Inuinnaq*)と呼ばれる理想的なパーソナリティ像があることである。ブリッグス(Briggs 1968, 1970)によれば、この「真なるイヌイト」は「思慮」(*ihuma-*)と「愛情」(*naglik-*)という二つの資質をバランスよく兼ねそなえた成熟した大人を指す。具体的には、食べ物や暖かい場所を独り占めせず、気前よく分かち合い、困っている者にはすすんで手をさしのべること「愛情」とは人物の善性の基準であり、物理的な意味でも精神的な意味でも人々を助ける精神のことを指す。具体的には、食べ物や暖かい場所を独り占めせず、気前よく分かち合い、困っている者にはすすんで手をさしのべることである。この愛情に相反する感情は、憎悪や嫉みなどの他者に対する敵意と自らに閉じこもる鬱屈した感情であり、その意味で、愛情には、他者に自らを開放する社交の資質が含まれている。他方で、「思慮」は自律した「大人」の条件である。思慮ある大人とは、社会的に適切な行動を行う自律した人物で、いかなるときにも平静さを失わずに困難を受け入れ、決して怒らずに自己をバランスよくコントロールし、自らが自律していることはもちろん、相手の自律性と意志を尊重する成熟した人物を指す。また、先入観に固執せずに、その時々に直面する事態に柔軟に対処し、相手の人物や事物の潜在的可能性を臨機応変に活かすことができるとされる。

これら「愛情」と「思慮」のうち、愛情は「人間」(*Inuit*)に生まれつき芽生える普遍的で生得的な資質であると考えられているが、思慮は「幼児」(*nutarannat* もしくは *inuubaaq*)や「子ども」にはそなわっておらず、「大人」に成長するにともなって徐々に身につけられてゆく後天的な資質であるとされる。そのため、子どもは自己をバランスよく制御することで社会的に適切に振る舞うことができず、情動と欲求に従ってすぐに癇癪を起こして怒ったり、事態に冷静に対処することができずに慌てふためいたり、相手の自律性を踏みにじったり、独り占めしたりしようとする。しかも、子どもは自分で何もすることができず、常に養われる立場にある。子どもは身体的にも精神的にも社会的にも決定的に弱者であり、慈愛をもって守られるべき存在なのである。

ここで重要なのは、思慮がつきはじめたと判断される若者（*inuhuktuq* もしくは *maqquktuq*）に対しては、こうした愛情を示すことは相手に自律的な思慮を認めない態度になってしまうことである。そのため、思慮を身につけた若者以上の者に対しては、その自律性を尊重する意味で、あからさまなかたちで愛情を示すことは慎まれるようになる。もちろん、指図をしたり教えたりすることはもちろん、命令したり強要したりすることは徹底的に控えられる。そうしたことをしてしまえば、相手の自律性を侵害してしまうというだけでなく、自己の思慮までもが疑われてしまうからである。

もちろん、相手の自律性を尊重せねばならないからと言って、相手に何の働きかけもしなくてよいわけではない。相手が困っていればすぐに救いの手を差し伸べ、食べものはもちろんのこと、自らすすんで分かち合って協働し、自らの愛情を示さねば、悪意ある者とみなされてしまう。しかし、また同時に、その愛情は押しつけがましいものであってはならない。それは相手の自律性の侵害であり、直接的な愛情は相手への侮辱にすらなってしまう。したがって、愛情と思慮はバランスよく制御されねばならない。歳を重ねて「真なるイヌイト」になるということは、そのバランスを身につけ、相手を慮りつつ表に出さず、相手の自律性を尊重しつつ愛情を注ぐというかなり難しい技を身につけることなのである。

こうした「真なるイヌイト」の理想を基準にした大人と子どもの違いを考えれば、私がいかに失礼な振る舞いをしてしまってきたのか、そして、最年長のハンターがいかに大人として振る舞っていたのかがわかることだろう。相手に手渡す、あるいは配るという行為は、それを受けとるにしても、受けとらないにしても、次の相手の行為は自己の行為によって引き起こされた行為になる他になく、その結果、相手が自らの自律的な意志に従って自発的に行為する機会を奪ってしまう。つまり、相手には二者択一が迫られ、選ぶことが強いられるため、自らの振る舞いによって自らの自律性を示すことができなくなる。たしかに自らの自律的な意志に従って選んでいるとしても、その意志の発動それ自体が強いられてしまっているからである。したがって、手渡したり配ったりするという行為は、そもそも自律的ではない子どもには問題にならず、ごく当たり前に行われるが、自律的な大人に対しては不躾で失礼なことになってしまう。

私が最年長のハンターにしてしまっていたのは、まさに、このことだった。私は魚の切り身を差し出し、二者択一を強要することで、その最年長のハンターを子ども扱いし、彼の自律性を否定したに等しい振る舞いをしてしまっていたのである。そうであるにもかかわらず、そのハンターは冷静な態度で、その切り身を魚本体と一緒に中央に戻すように促すことで、私が強いてしまった二者択一をかわし、受けとるか否かを選ぶことを回避することで、彼の自律性を踏みにじりかけた私の行為を寸前でただすという大人の対応を示したのである。しかも、そうして無思慮に失礼なことをしてしまってきた私は、知らず知らずのうちに、その振る舞いで自分が相手の自律性を尊重することができない子どもであることを喧伝していたことになる。私は自らの愚昧を恥じるとともに、そうした「子ども大人」である私をそれでも受け入れてくれてきた最年長のハンターに心からの感謝を感じた。

こうした手渡す、あるいは配るという行為とは対照的に、自分の分をとって、その残りを周りの人びとに残しておくという行為は、その次にどのような行為が接続されるべきなのか、周囲の人びとの誰にも二者択一を迫ることなく、その人びとがあくまでも自律的な意志に従って自発的に次の行為を行うことを許すことがわかるだろう。そこに残された食べものは、ただそこにあるのであって、それをとるか否かという二者択一は誰かに強いられているわけではない。それはあくまでも自分の自律的な意志次第である。しかも、それを残した者は、そうして周囲の者たちの自律性を侵害することなく、食べものを提供するかたちで周囲の者たちを助けるという愛情を示すことになる。つまり、この行為は周囲の人びとが次の行為を自らの自律的な意志で行う機会を提供しながら、周囲の者たちを助ける行為となっており、自他ともの自律性を尊重しながら愛情も同時に示す思慮ある大人の行為となっているのである。ここに、氷魚の共食においても、料理の共食においても、飲みものの共飲においても、大人の間では、相手に手渡したり配ったりするのではなく、自分の分をとって残りを残しておくことがエチケットになる理由がある。

しかも、手渡す、あるいは配るという行為が、その行為に相手が気づかない、もしくは気づかないかのように振舞わない限り、自己と相手の間に、「選択というかたちの行為を強いる／強いられる、もしくは拒絶する」、言い換えれば、「命令／従属もしくは抵抗」という相互行為の型を必然的に生み出し、その結果、主客の非対称な関係を生じさせてしまうのとは対照的に、自分の分をとって残りを残しておくというやり方で共食が繰り返されると、自他の自律性を尊重しながら相手を助けようとする相互の意志に依存し合う「信頼」の相互行為の型（cf. Ingold 2000; ルーマン一九九〇）が生成し、その結果、「対等」の関係が生じる。ここに、共食による分かち合いの反復的な実践によって、拡大家族の人びとの間に信頼の相互行為の型に基づく対等な関係が持続的に生成される理由がある。

こうして私は、暫定的にではあるが、大人の共食のエチケットが次のような原則に従っていると推定するにいたった。

> 食べものを配ったり手渡したりすることで、相手の自律性を否定する「命令／従属もしくは抵抗」の相互行為の型を生み出し、主客の非対称な関係を生成してしまうことなく、自分のとり分を自律的にとりつつ、周囲の人びとが自律的に食べものをとることができるように自発的に気を配ることで、相互の自律性を尊重しつつ助け合う相互の意志に依存し合う「信頼」の相互行為の型を生み出し、対等な対称的関係を生成する。

そして、この推定に達した後、そのエチケットに反するような振る舞いを自らに厳に禁じ、その原則に従うように振る舞いつづけてきた。もちろん、これはあくまでも暫定的な推定にすぎず、私の勘違いかもしれない。この意味で、この推論は、今後、さまざまな方法で検証されねばならない。しかし、これまでに示してきた状況証拠から考えて、また、その後、その原則に従って振る舞うことで、これまで曲がりなりにも問題なく共食に参加してきたという限りにおいて、この暫定的な推定にもそれなりの蓋然性があると考えることができるだろう。

7 社会性のオントロギー
——共食のエチケットから問う人類の社会性の起原と進化

あくまで暫定的な推定にすぎないとはいえ、これまでに検討してきたイヌイトの共食のエチケットから、人類の社会性の進化史的基盤について、私たちは一つの問いを投げかけられる。それは、本書「はしがき」で河合香吏が「複数個体の共存という事態に関連して生じる個体間関係の総体」と定義する社会性が成り立つためには、複数個体間に一定の関係を持続的に生成して維持するように、それら個体間で一定の相互行為を選択的に反復させる何らかの装置が必要なのではないか、そして、それはどのような装置なのかという問いである。

これまで検討してきたように、共食のエチケットが維持され、二つの種類の行為、すなわち、「食べものを手渡したり配ったりする」という行為と「自分の分をとって他の人びとのために食べものを残しておく」という行為が、前者の行為が大人と子どもの間でだけ反復され、後者の行為が大人同士の間でだけ反復されるというかたちで選択的に繰り返されることで、一方で大人の間に「信頼」の相互行為の型に基づく対等な関係が、他方で大人と子どもの間に「命令／従属もしくは抵抗」の相互行為の型に基づく非対称な関係が持続的に生成されて維持されていた。[4] このことは、複数個体が食事の場で共存している状況下、「大人同士の対等な関係」と「大人と子どもの非対称な関係」という二つの種類の関係が、社会性のパターンとして成立するためには、「信頼」の相互行為の型と「命令／従属もしくは抵抗」の相互行為の型をそれぞれ成り立たせる「共食」の相互行為と「分配」の相互行為が、前者は大人同士の間で、後者は大人と子どもの間で安定的に繰り返される必要があることを示している。

もちろん、このように二種類の相互行為が食事の場で選択的に反復されていることは、これまで検討してきたように、食事の様子を観察するだけで明らかにすることができる。また、それら相互行為の要素である「食べものを手渡したり配ったりする」という行為と「自分の分をとって他の人びとのために食べものを残しておく」という行為が相手の自律性について対照的な帰結をもたらすことは、それら行為の属性それ自体を分析するだけで導き出すことができる。そして、この分析と観察結果を結びつけることで、相手の自律性について対照的な帰結をもたらす二種類の行為が相互行為に組織されて選択的に反復されることによって、「大人同士の対等な関係」と「大人と子どもの非対称な関係」という二つの種類の関係が、食事の場における社会性のパターンとして成立するメカニズムを明らかにすることができる。したがって、観察される二つの現象、（1）人びとの間で選択的に反復される相互行為のパターンと（2）そこで反復されている相互行為の行為それ自体の属性を分析するだけで、共存における複数個体間の諸関係のパターンとしての社会性を明らかにし、明瞭なかたちで記述することができる。

しかし、そうした社会性を支えている根本的な現象、すなわち、対照的な帰結をもたらす二種類の相互行為が選択的に反復されるという現象が、どのようなメカニズムで成立しているのかについては、人びとの間で観察される相互行為をどんなにつぶさに検討しても明らかにはならない。そこで観察されるのは、一定の属性をもつ二つの相互行為が選択的に反復されるという結果だけであって、そうなるように相互行為の展開を方向づけている条件まではわからない。そうした選択的な反復が生じるようにしている要素、本章で検討した共食のエチケットの場合、「真なるイヌイト」の理想像は、観察される相互行為にはあらわれていないからである。そうであるにもかかわらず、その理想に示される「大人」のあるべき姿として、相手の自律性を尊重し合いつつ助け合うことが目指されるが故にこそ、相手の自律性について対照的な帰結をもたらす相互行為が選択的に反復される条件が整えられ、大人に対しては自律性を侵害せずに助けるやり方に相互行為が方向づけられる。

このことは、「大人」のあるべき姿が別のかたちになれば、たとえば、相手の自律性に挑戦し合いつつ助け合うことが目指されるのであれば、その条件が変わり、そこで反復される相互行為が別のかたちに変わってしまうことからもわかる。その場合、「食べものを手渡したり配ったりする」と「その食べものを受けとる／受けとらない」、あるいは逆に、「食べものを乞う」と「その食べものを渡す／渡さない」が交替で応酬される相互行為（どちらの場合も、相手に二者択一を迫り迫られる点で共通している）のいずれかになり、それら行為を応酬しながら相手の自律性を否定し合うことで、結果的に対等な関係が持続的に生成する。その場合、一回ごとに交替で一方が他方から受ける自律性の否定が「負い目」であり、それを相互に掛け合うことで対等な関係が成り立つのである。あるいは、ここに、贈与の応酬を駆動して互酬を成り立たせる「負い目」のメカニカルな起原があるのかもしれない。いずれにしても、こうした思考実験からも、ある一定の相互行為が選択的に反復されるためには、相互行為にはあらわれないが、その背後でその選択的な反復に人びとを誘導する要素、この場合は、あるべき人間の理想像が必要であることがわかるだろう。

もちろん、そうして相互行為の選択的な反復を条件づけつつも、観察される相互行為にあらわれない要素は、こうした理想像だけではないだろう。これまでにさまざまなところで示してきたように（cf 大村 二〇二三）、生業システ

4　共食だけでなく、それも含む生業システム全体に位置づけると、大人と子どもの関係は「命令／従属もしくは抵抗」から「助けに責任をもつ／助けられるべき」に変換されるため、正確には後者の関係にすべきであるが、この点については、本章の議論の主旨に抵触せず、また、その分析を詳しく示す余裕もなかったため、そのままにした。この変換の分析については別稿（Omura 2024）で詳しく論じたので参照願いたい。

ム全体のなかに共食を位置づければ、そのシステムを自生的（オートポイエティック）に構成するさまざまな相互行為の循環的な連鎖の論理的な必然性によって、食事の場で共食が選択的に反復されるように条件づけられていることがわかる。これは、システム全体の自生的な循環的稼働という、「共食」と「分配」が選択的に反復される現象を一段超えたレベルの論理階梯にある現象であり、相互行為が展開される現象のレベルにはあらわれない。

しかも、これまでの論考で示してきたように（cf. 大村 二〇二三）、そうしたシステム全体の自生的な循環的稼働を条件づけて駆動しているのは、イヌイトと野生動物の間のあるべき関係を示す存在論であり、これも本章で検討してきた人間の理想像と同様、観察される相互行為にあらわれることはない。あるいは、これらの他にも、実行可能な行為の選択肢として相互行為の流れのフレームを複数個体の外部から制限している生態環境の要素、あるいは、実行可能な行為の選択肢を制限している個体の身体形質や遺伝子的なアルゴリズムなど、観察される相互行為にあらわれることはないが、その相互行為を一定の方向に条件づけて誘導しているさまざまな要素がありうることだろう。

それでは、複数個体間に一定の関係を持続的に生成して維持することで一定の社会性の型を成立させるように、個体間で一定の相互行為が選択的に反復されるように条件づけて誘導している要素には、どのようなものがあるのだろうか。そして、それら複合的な要素がどのように絡み合って、人類の社会性の多様な型をどのように生み出しているのだろうか。人類の間で観察される相互行為の観察と分析によって人類の多様な共存のパターンとしての多様な社会性の型を相互行為素によって記述したうえで私たちに課されるのは、そうした多様な社会性の型を生み出すように多様な相互行為の反復を条件づけて誘導している諸要素を明らかにし、その諸要素が相互行為の反復を条件づけて誘導する力をいかに発揮するのか、そのメカニズムを探求することであろう。そうした探求こそ、人類の多様な社会性を生み出している力を解明する社会性のオントロギーの探求であり、その探求を通して、その力がいったいどこからやってきて、私たちの社会性をどのように基礎づけ、その社会性をどこに向かわせようとしているのかを探ることこそ、私たちの社会性の起原と進化を探ることなのである。

参照文献

大村敬一（一九九八）「カナダ・イヌイトの日常生活における自己イメージ」『民族学研究』（現『文化人類学』）六三（二）：一六〇—一七〇頁。

——（二〇〇九）「集団のオントロギー」河合香吏（編）『集団——人類社会の進化』一〇一—一二二頁、京都大学学術出版会。

——（二〇一三）『カナダ・イヌイトの民族誌——日常的実践のダイナミクス』大阪大学出版会。

——（二〇一六）「他者のオントロギー」河合香吏（編）『他者——人類社会の進化』二二九—二五〇頁、京都大学学術出版会。

——（二〇二三）「相互行為素の運用とその可能性——イヌイトの生業システムを事例に」河合香吏&竹ノ下祐二&大村敬一（編）『新・方法序説——人類社会の進化に迫る認識と方法』一九〇—二一五頁、京都大学学術出版会。

大村敬一編（二〇二三）『「人新世」時代の文化人類学の挑戦——よみがえる対話の力』以文社。

岸上伸啓&スチュアート　ヘンリ（一九九四）「現代ネツリック・イヌイット社会における社会関係について」『国立民族学博物館研究報告』一九（三）：四〇五—四四八頁。

ルーマン、N（一九九〇）『信頼——社会的な複雑性の縮減メカニズム』大庭健&正村俊之訳、勁草書房。

Balikci, A. (1989) *The Netsilik Eskimo*. Waveland Press.

Briggs, J.L. (1968) *Utkuhikhalingmiut Eskimo Emotional Expression*. Department of Indian Affairs and Northern Development, Northern Science Research Group.

Briggs, J.L. (1970) *Never in Anger: Portrait of an Eskimo Family*. Harvard University Press.

Brody, H. (1975) *The People's Land: Whites and the Eastern Arctic*. Penguin Books.

Ingold, T. (2000) *The Perception of the Environment: Essays on Livelihood, Dwelling and Skill*.Routledge.

Omura, K. (2024) Child Sharing in the Inuit Subsistence System: A Device for Continuously Generating the Inuit Extended Family. *Hunter Gatherer Research*. (https://doi.org/10.3828/hgr.2024.24)

KEYWORDS

伴食関係とさるだんご

冬季環境の差と社会性

相互行為素による分析

第10章 ニホンザルのアカンボウの集まり

地域間比較の試み

谷口 晴香
Haruka Taniguchi

私は修士・博士課程を通じて、ニホンザルのアカンボウの採食行動の地域間比較の研究をしてきた。二〇〇八年一〇月〜二〇〇九年四月まで青森県下北半島（以降、下北）でニホンザルを観察したのち、二〇一〇年一〇月〜二〇一一年三月までアカンボウの伴食行動の地域間比較を行うため鹿児島県屋久島（以降、屋久島）に調査に入った。屋久島に調査に入ったはじめのころは、アカンボウを観察していてもそれほど下北との地域差を感じることはなかった。しかし、一二月に入ると、屋久島のアカンボウ達が集まり始めた。あまりにもアカンボウ同士が共に過ごしているため「下北と同じニホンザルの社会をみているのか」と動揺したし、その動揺は結局調査の終了時まで続いた。当時の動揺の様子については別稿（谷口 二〇一五）に記したため本章では割愛するが、その動揺が生じた両地域の社会性のちがいについて、本章では観察したことを分析しつつ考えてみたい。

さて、社会性を「複数の個体がさまざまなやりとり（社会的相互作用／行為）をしながら、同所的にともに生きる／共存することの術・方途」ととらえた場合（河合 二〇二二）、ある集団のまとまり方を検討することはその集団の社会性に言及する上で有効だろう。そこで本章では、ニホンザルの二つの地域個体群（下北と屋久島）の離乳期のアカンボウたちを中心とした群居の様相について比較することで、その社会性の地域差を検討する。

まずは、両地域のアカンボウと群れメンバー（同世代のアカンボウを含む）との関わり方を数値データを用い検討した後に、大村敬一氏が提案する相互行為素（大村 二〇二三）を用いた分析を試みる。そして最後に総合的に地域間の社会性の差分を検討したい。

1　霊長類の離乳期における社会関係の発達

（1）離乳期のアカンボウの社会関係

はじめに、霊長類のアカンボウ期について簡単に紹介したい。霊長類において、アカンボウ期[1]は社会関係や社会行動の発達の上で重要な時期にあたる。特に離乳期[2]は伴食を通じ母親以外の群れ他個体との関係が生じる時期である（今川 一九九九；Rapaport and Brown 2008）。そして、幼少期に誰と共に過ごすか、伴食するかは、成長してからの社会関係に影響を与える可能性が示唆されている（今川 一九九九）。

ヒトでは、養育者が離乳期の子どもに飲みこみやすく調理された食物を与え、オトナからアカンボウまで同じ食卓を囲むことができる。一方で、ヒト以外の霊長類ではマーモセット亜科を除き母親でさえ子どもに積極的に食物を渡すことはほとんどなく、子どもは食物を自ら入手し、必要ならば自ら皮をむくなど処理をする必要がある（Noordwijk et al. 2013）。霊長類の離乳期のアカンボウは、母親と比較し、入手や処理の容易な食物を好む（Taniguchi 2015）ため、

1　ニホンザルでは、生後一年までをアカンボウ期とよぶ。

2　ヒト以外の霊長類では、「母親の乳首への接触の終了」が離乳の定義となることが多い。ニホンザルは、生後七―一三週齢で固形物を摂取するようになり（Ueno 2005）、母乳への栄養的な依存は生後半年から一年までと考えられている。完全に母親の乳首への接触が終了する時期は母親が次の子をいつ出産するかに依存する。母親が二―三年の出産間隔で次の子を産む場合、一歳半から二歳になる手前までその子どもは母親の乳首をくわえることができる。一方で、母親が出産間隔一年で連続出産した場合は、一歳で離乳となる。

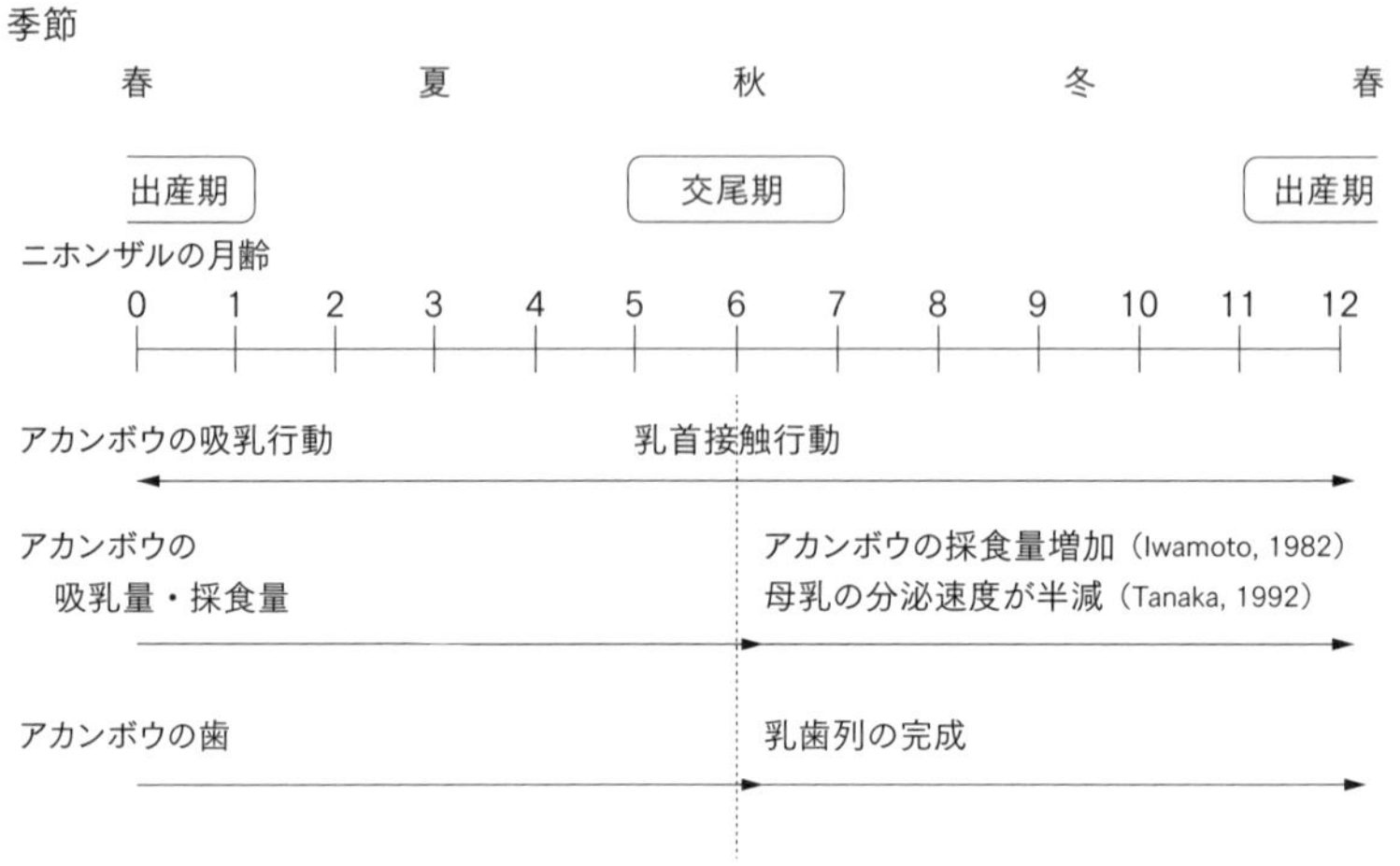

図1　ニホンザルのアカンボウの発達

母親の食物によっては常に母親が伴食相手として適しているとは限らず、アカンボウはときに母親から離れ、母親以外の群れメンバーとも伴食するようになる。つまり離乳期には、食を介し社会関係のネットワークが広がるということである。

（2）ニホンザルのアカンボウの発達と離乳期の食物環境の地域差

次に、本章の対象種であるニホンザルの食の発達について簡単に紹介したい。ニホンザルのアカンボウは春に生まれ、生後六カ月をすぎる秋頃には母親の乳の量が半減するため、最も食物条件の厳しい冬には母乳に頼りつつも自力で採食を行う必要が生じる（図1、Nakayama et al. 1999; Tanaka 1992）。その時期には母親からもらえる母乳量が減少する一方で、おおよそ乳歯が生え揃い、母乳以外の食物の採食量が増加する時期でもある。

離乳の過程で伴食相手にも変化があり、ニホンザルの餌付け群の研究では、生後三カ月ごろには採食する個体へ近接する行動の対象が「母親」から「近い世代（他のアカンボウや一才のコドモ）」へ移行することが報告されている（Ueno

2005)。また、生後半年以降の野生ニホンザルのアカンボウにおいても、母親から離れた際には、共通の食物選好性をもつ近い世代の個体とよく伴食するようになる（谷口 印刷中）。

本章で比較する下北と屋久島の離乳期にあたる冬季のニホンザルの食物環境は大きく異なる。ニホンザルの分布北限の下北では、冬季に積雪があり、食物は主に樹皮や冬芽、スゲなどに限定される（Suzuki 1965）。一方で、ニホンザルの分布南限の屋久島（海岸部）は亜熱帯性樹種を含む常緑樹林帯に属し、離乳期にあたる冬季にサルは果実や葉などが利用できる（Agetsuma 1995）。常緑樹林帯は、落葉樹林帯と比較し食物条件が相対的によい（Agetsuma and Nakagawa 1998）。「積雪地・落葉樹林帯の下北と比較すると、無積雪地・常緑樹林帯の屋久島海岸部のアカンボウは母親から離れ、子ザル同士でより集まって伴食しやすい」など、アカンボウのまとまり方が異なることが予測される。この予測については、特に本章4節にて検討する。

（3）ニホンザルにおける社会構造の種内多様性——特に屋久島について

さて、ニホンザルはマカク属という分類群に属している。マカク属は、優劣スタイルの厳しさにより四つに区分され、社会関係は系統によりある程度決まっている（Thierry et al. 2000）。優劣スタイルのゆるやかな社会では、それが厳しい社会と比較して、社会交渉における優位個体と劣位個体の間の行動上の差異が小さいことや血縁者間の連合の程度がゆるやかであることが指摘されている。この区分によるとニホンザルの社会構造は、マカク属の中で最も優劣スタイルが厳しく、「専制的で不寛容」とされ、厳格な順位関係を持つとされている（Thierry et al. 2000）。

しかし近年、いくつかの地域において例外的に優劣スタイルがゆるやかな（寛容な）ニホンザル集団が存在することが示唆されている（Nakagawa 2010）。その一つが屋久島の地域個体群である。優劣スタイルがゆるやかな他のマカクと同じく、屋久島のニホンザルでは、「妹は姉よりも順位が高くなる」という末子優位の法則（Kawamura 1958）が当てはまらない（Hill and Okayasu 1995）。また、オトナオス間での親和的交渉の生起頻度が高いこと、敵対的交渉後の仲直り行動が多いこと、休息時の個体間距離が小さいことなどが報告されている（Horiuchi 2007; Majolo et al. 2005; 中川 二〇一三）。中川尚史（二〇一三）は、それらの行動傾向は優劣スタイルのゆるやかなマカク（寛容型マカク）に広くあてはまる特徴であるとして、屋久島のニホンザルが優劣スタイルのゆるやかなマカクと類似した社会[3]を形成している可能性を指摘している。また、マカク属においては、優劣スタイルにより子育ての様相が異なることが指摘されている（Thierry 2000）。ニホンザルを含む、優劣スタイルの厳しい種では、母親がアカンボウを頻繁に回収するため、アカンボウが他個体と交渉をもつ機会が少ない。一方で、優劣スタイルがゆるやかな種（寛容型マカク）においては、他個体がアカンボウと接触することに母親が許容的であり、したがってアカンボウが母親以外のメスや子ザルと関わる機会が多いとされている（Thierry 2000）。

優劣スタイルのゆるやかさが指摘されている屋久島の個体群では、マカク属の寛容型社会でみられるような子育て傾向がみられるかもしれない。その子育ての傾向のちがいは、アカンボウたちの群居の様相にも関わってくるだろう。本章では3節と4節にて屋久島個体群の離乳期のアカンボウと群れメンバーの育児行動や伴食を含むやりとりに着目し、下北個体群との比較をとおし、その社会性の内実を明らかにしたい。

2　ニホンザルの北限と南限

（1）ニホンザルの生態

本章の対象種であるニホンザルは日本の固有種であり、北は青森県下北半島から南は鹿児島県屋久島まで広く分布している（川本 二〇二三）。季節繁殖性を示し、秋から冬に妊娠し、春から夏に出産する。出産数は一回で一頭出産することが多く、双子は稀である（高槻・山極 二〇〇八）。

ニホンザルは、複数のオトナオスとオトナメスにその子どもからなる複雄複雌の群れを形成し、オスは性成熟に達する前に生まれた群れから移出する一方、メスは生まれた群れに留まる。群れは血縁関係にあるメスが家系を継なぎ、世代を超え維持されていく。メスの優劣関係は血縁に従ってきまり、上位の家系のメスすべてが下位の家系のメスより優位な順位序列が成立している。餌付け群の研究では、ニホンザルのアカンボウは生後一二週齢から半年で母親の順位を引き継ぐことが報告されている（Nakamichi and Yamada 2010）。

（2） 調査地と調査方法：ニホンザルの北限と南限

■ニホンザルの北限：青森県下北半島

下北のニホンザルは、北限のサルとして有名である。ヒト以外の霊長類のなかで、最も北に生息しているためこのように呼ばれている。下北半島南西部における最初の調査は一九五二年一〇月に伊谷純一郎により行われた（足沢一九七七）。一九六〇年代前半、南西部にある脇野沢村九艘泊でニホンザルによる畑荒らしが頻発したことから地元

3　例えば、優劣スタイルが厳しい社会と比較し、ゆるやかな社会では、噛みつきを伴うような激しい攻撃が少ない、攻撃を受けた側が反撃をみせることが多い、仲直り行動が高頻度で生じる、劣位個体から優位個体への接近が比較的多い、個体間距離が小さい、グルーミングなどの親和行動が多いなど、個体間の相互行為の傾向が異なる（松村 二〇〇〇；Thierry 2000）。ただし、同じ寛容型社会に分類されていたとしても、その「寛容さ」の内実は種間や種内で異なることが指摘されており、留意する必要がある（貝ケ石　印刷中）。

民による餌づけと、京都大学による生態調査がはじまった（伊沢 一九八四）。一九七〇年には「下北半島のサルとその生息地」として天然記念物に指定され、現在まで下北半島の西南部では下北半島サル調査会により調査が継続されている（中山 二〇〇二）。山岳地帯の林のほとんどは国有林であり、標高四〇〇mを超えるあたりからブナが優先し林床はササに覆われる。標高四〇〇m以下には、針葉樹林のヒノキアスナロと落葉樹林のミズナラ、カエデなどの天然林がパッチ状に分布している（中山 二〇〇二）。青森県むつ市脇野沢における冬季の月平均気温は〇・四〜三・一度[4]である。

本章で報告する結果では、左記の群れを対象群として調査を行った。

調査期S－I期：二〇〇八年度の冬季に行った調査では、下北半島の南西部に生息するA87群（群れの頭数：五一頭、アカンボウ七頭を含む）のアカンボウとその母親を対象に、母子それぞれを個体追跡した。

調査期間S－II－1期：二〇二二年度の冬季に行った調査では、A87群の分裂群であるA87－A群を対象に調査を実施した。A87－A群の個体数は推定八三頭であり、アカンボウ一一頭を含む群れだった（ニホンザル・フィールドステーション 二〇二三）[5]。アカンボウの集まりを追跡し、伴食を含むアカンボウ同士の交渉が生じた際にはその行動を記録した。

調査期間S－II－2期：二〇二三年度の三月に、S－II－1期と同様にA87－A群を対象に調査を実施した。調査時に群れ内でアカンボウは一三頭みられた。アカンボウと群れ他個体との間で相互交渉が生じた際にはその行動を記録した。

■ニホンザルの南限：鹿児島県屋久島

本章のもう一つの調査地である屋久島でのニホンザルの調査は、一九五二年に京都大学の院生であった川村俊蔵と伊谷純一郎が先鞭をつけた。その後、二〇年間は本格的な調査は行われなかったが、一九七三年以降は屋久島西部海岸域で人づけによる継続調査が現在まで続いている（高畑・山極二〇〇〇）。[6]調査をおこなった西部海岸域は、世界自然遺産地域の一部であり、[7]亜熱帯性の樹種を含む照葉樹林帯でほぼ一年を通じてサルは果実が利用できる（Agetsuma 1995）。屋久島における冬季の月平均気温は八・四〜一三・三度であり、[8]下北とは一〇度以上の気温差がある。

屋久島では左記の群れを対象に調査を行った。

調査期間Y－I期：二〇一〇年度の冬季に屋久島の西部海岸域に生息するウミ群（群れの頭数：七四頭、[9]アカンボウ一〇頭を含む）のアカンボウとその母親を対象に、母子それぞれ各個体を個体追跡した。

4　二〇〇八年一二月〜二〇〇九年二月までの月の平均気温の幅（気象庁ＨＰより青森県むつ市脇野沢の気温データを取得）。

5　群れの頭数と構成は下北半島サル調査会の二〇一二年度の調査報告書の個体数調査のデータを用いた。

6　人がそばにいることで徐々にサルを人に慣らす手法のこと。

7　一九六四年に屋久島の約四二パーセントにあたる地域が国立公園に指定され、一九九三年にはさらにその一部地域（約一万七〇〇〇ha）がユネスコの世界自然遺産に登録された。

8　二〇一〇年一二月〜二〇一一年二月までの月の平均気温の幅（気象庁ＨＰより鹿児島県屋久島の気温データを取得）。

9　調査期間中に下位家系が頻繁にサブグルーピングするようになった。ニホンザルは一般的に集合性の高い群れを形成し共に移動するが、ときに二つ以上のサブグループに分かれて活動することがある。一日以上、サブグループのメンバーが出会わないこともある。サブグルーピングの詳細については本章では割愛する。

調査期間Y－Ⅱ－1期：二〇二〇年度の冬季にプチ群（群れの頭数：約四〇頭、アカンボウ三頭を含む）を対象に調査を行い、伴食を含むアカンボウ同士の交渉が生じた際にはその行動を記録した。

調査期間Y－Ⅱ－2期：二〇二一年度の冬季に、やよい群（群れの頭数：約四四頭、アカンボウ四頭を含む）を対象に調査を行い、アカンボウの集まりを追跡し、伴食を含むアカンボウ同士の交渉が生じた際にはその行動を記録した。

3　ニホンザルの育児行動

母親との離れやすさには、母親の群れメンバーに対する「寛容さ（例：他個体が近づいても母親が子を頻繁に回収しない）」と群れメンバーのアカンボウに対する「寛容さ（例：アカンボウを追い払わない、世話をする）」がカギとなる。本節では、アカンボウに対する群れメンバーの育児行動に地域差があるかを検討した。ニホンザルの主な育児行動は、（一）授乳（主に母親）、（二）運搬、（三）毛づくろい、（四）抱く、（五）他個体との敵対的交渉を行う子への支援（主に母親）、があり本節では、（二）運搬と（三）毛づくろいに関しその割合の地域間比較を行った。霊長類学では行動の定義をあわせ「同じデータ」を取得しその行動の頻度やパターンを比較することが多い[10]。下北と屋久島間のニホンザルの育児行動の地域差について、（二）運搬と（三）毛づくろいの割合を比較し検討した。

本節の調査対象と調査方法について、簡単に紹介する。下北（S－Ⅰ期、A87群）と屋久島（Y－Ⅰ期、ウミ群）において、生後七～一一カ月齢のアカンボウ四個体を対象に冬季に調査を行った。観察対象のアカンボウを一時間単位で追跡し、三分ごとに対象のアカンボウの行動（毛づくろい、移動、採食、休息、運搬、その他）、母親の乳首への接触

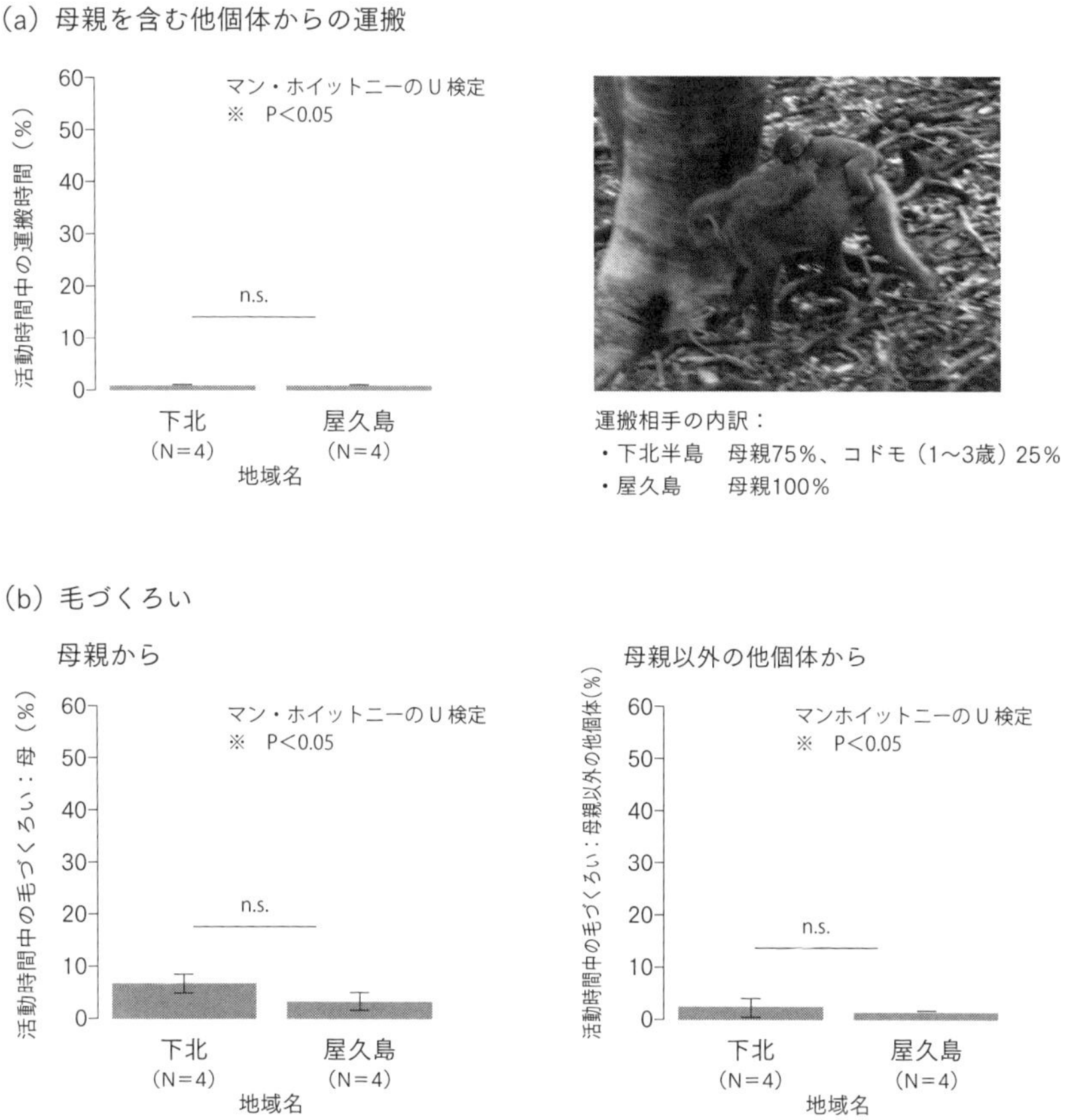

運搬相手の内訳：
・下北半島 母親75%、コドモ（1〜3歳）25%
・屋久島 母親100%

図 2-1 運搬と毛づくろいの割合の地域間比較

の有無、母子間距離、食物、そしてアカンボウの二メートル以内にいる個体の性年齢とその行動を記録した。各個体四〇時間ずつ観察した。

調査の結果、母親を含む他個体からの（二）運搬と（三）毛づくろいに関しては、地域間に有意な差はみられなかった（図２―１）。しかし、毛づくろい相手の多様性は、下北より屋久島の方が高い傾向にあった（図２―２）。上述の結果をまとめると、母親を含む他個体による運搬と毛づくろいの時間割合に有意な地域差はみられなかったが、

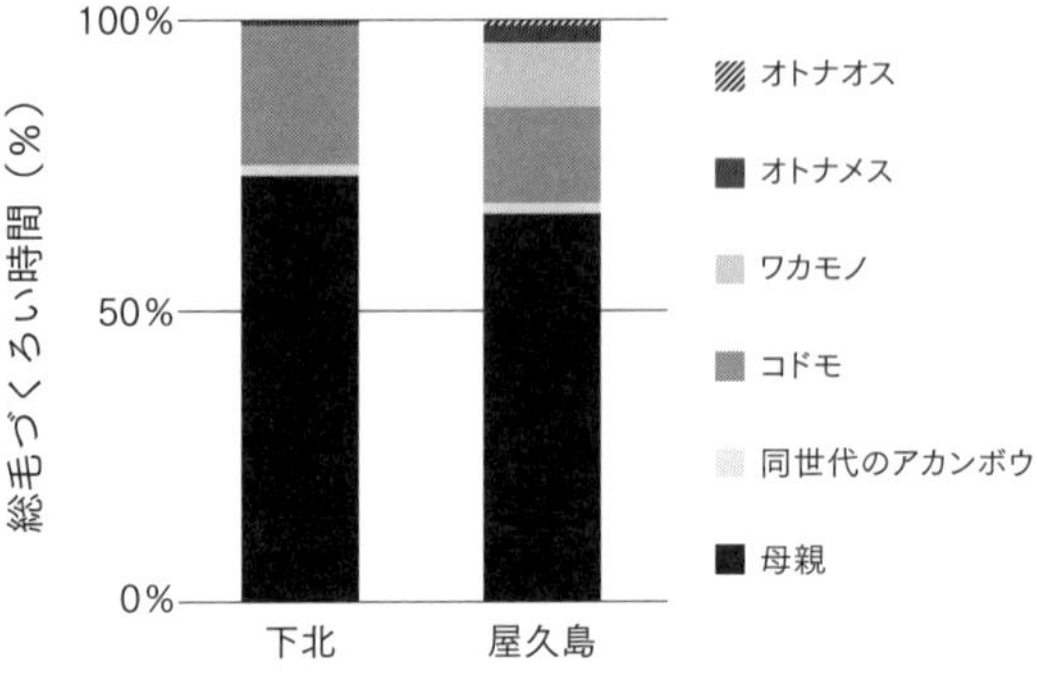

図2-2　アカンボウの毛づくろい相手の内訳

下北と比較し屋久島では、多様な個体がアカンボウに対し育児行動を行っていた。寛容型マカクに分類される種では、育児場面においてアカンボウと母親以外の他個体との関わりが相対的に多いことが知られている（Thierry 2000）。このことから推測すると、全体の育児行動の割合には反映されていないが両地域のアカンボウとメンバー間（例：ワカモノ、オトナメス、オトナオス）の関係の様相は地域間で異なる可能性が考えられる。

4　離乳期のアカンボウの伴食関係

（1）アカンボウの伴食相手の地域差

前節では、年上個体による育児行動について検討したが、本節では離乳期の食を介した社会関係の形成についても検討するため、年上個体だけでなく同世代のアカンボウも含めアカンボウの伴食相手に関して地域間比較を行った。下北のA87群（S－I期）と屋久島のウミ群（Y－I期）の母子五組を対象に、母子それぞれについて個体追跡法により観察を行った。調査期間中のアカンボウの月齢は生後七〜一一カ月齢に相当する。採食時の周りの個体の状況を検討する目的で、追跡個体の二メートル以内にいる個体の性年齢と活動を、三分ごとに瞬間サンプリング[11]により記録した。

アカンボウの伴食相手[12]をカテゴリ[13]にわけて検討した。下北では、七〜一一カ月で伴食相手に大きな変化はみられなかった（図3上）。一方で、屋久島では、八カ月齢以降になると、母親との伴食が減り、アカンボウ同士の伴食が二割程度から五割程度に大幅に増加した（図3下）。冒頭でも紹介したが、八カ月齢以降の屋久島のアカンボウ達は、目に見えて母親から離れ、他のアカンボウとよく伴食するようになった。

ニホンザルにおいては順位や血縁を越えた同世代同士の仲のよさが報告されている（Nakamichi and Shizawa 2003）。図3から地域差がみられたことから、アカンボウ期の同世代同士の近接、伴食関係、そして相互行為を調べることは両地域の社会性を比較検討する上で重要であろう。次項では、アカンボウ同士の近接に着目し分析を進めていくこととする。

10 こうした方法に対して、人類学者から、場面を切り取った頻度や割合の比較のみではその社会について質的に異なるのかがよくわからないという指摘をうけた（詳細は河合・竹ノ下 二〇二〇を参照）。この指摘については、大村敬一が提案する相互行為素（大村二〇二三）を用いることで克服できるかを本章では検討したい。

11 一定時間間隔で、対象区域内の個体の行動、個体数、個体間距離などを収集する記録の方法である。

12 本章では追跡個体のアカンボウが採食時に二メートル以内に近接し、採食空間を共にしている個体を「伴食相手」とした。

13 図3：採食時の二メートル以内のメンバーカテゴリー：（1）アカンボウのみ、（2）アカンボウ＋α（母親は除く）、（3）母親＋α（アカンボウを含む）、（4）母親＋α（アカンボウは含まない）、（5）母親のみ、（6）その他（上記以外）、（7）近接個体なし、（8）不明。

14 アカンボウの集まり：アカンボウ二頭以上が五メートル以内に近接している状態と定義した。ただし、母親と二メートル以内に近接しているアカンボウは、アカンボウの集まりの頭数からは除いた。本章では、アカンボウの集まりに関する詳細な分析は割愛する。

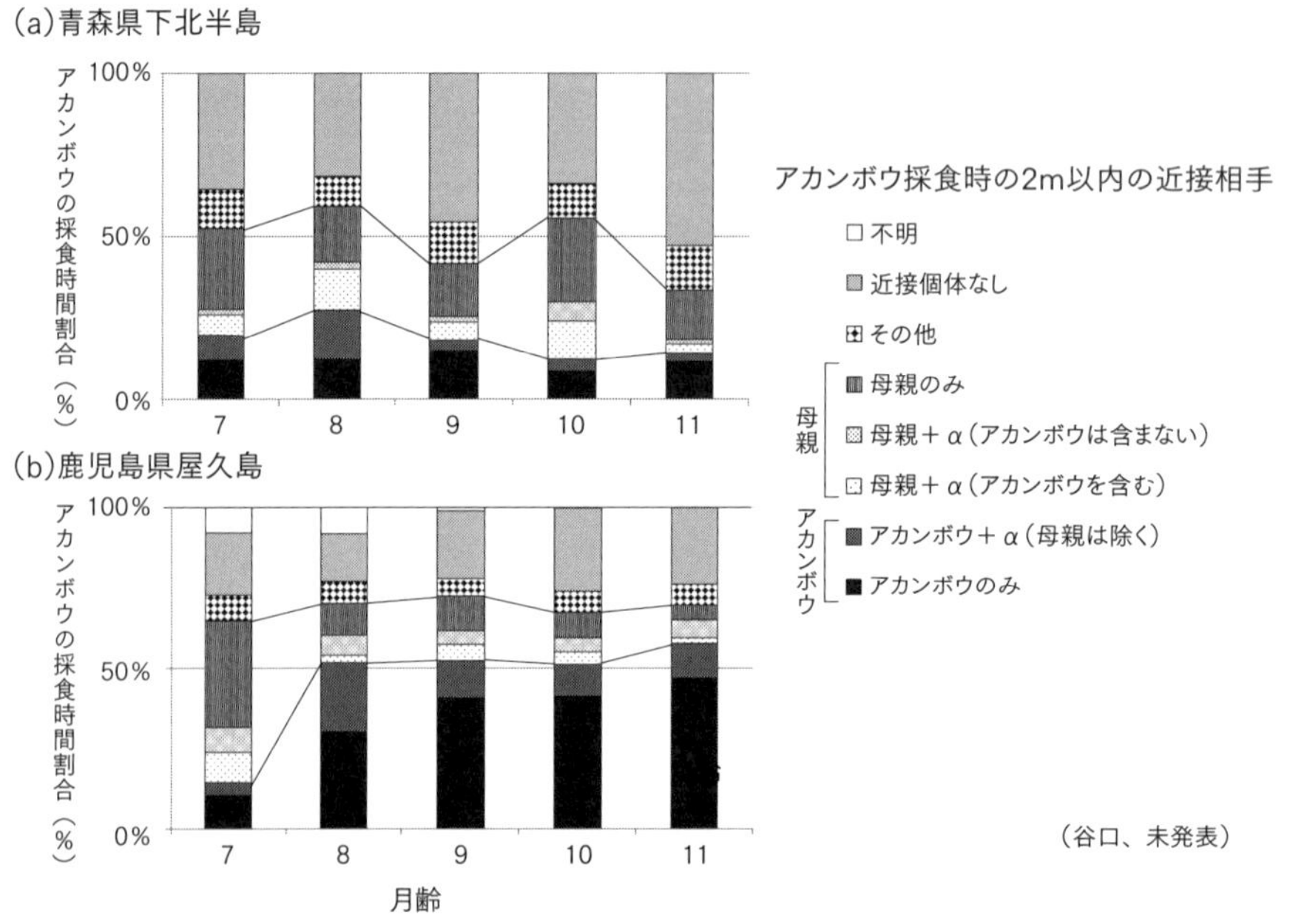

図3　伴食相手の変化

（2）アカンボウたちのまとまりの一日の変化

離乳期のアカンボウの集まり[14]は、下北のA87群（S－Ⅰ期）、A87－A群（S－Ⅱ期）、屋久島のウミ群（Y－Ⅰ期）、プチ群（Y－Ⅱ－1期）、やよい群（Y－Ⅱ－2期）のいずれの地域のいずれの群れでも観察された。ニホンザルにおいて離乳期にアカンボウ達が集まることは珍しいことではないようである。

下北（S－Ⅰ期）と屋久島（Y－Ⅰ期）において、一頭の同じアカンボウをほぼ一日追跡でき、かつアカンボウの集まりが観察された事例を用い、まずは追跡個体のアカンボウの五メートル以内にいる他のアカンボウの数の変動を見てみよう。図4を見てほしい。下北の事例では、アカンボウの集まりが一日のなかで一山型のかたちでみられた（図4上）。一方で、屋久島では、ほぼ断続的にアカンボウの集まりが観察された

（図4下）。

さらに、アカンボウの集まり時のオトナメス（母親以外）の五メートル以内の近接についても見てみよう（図4、

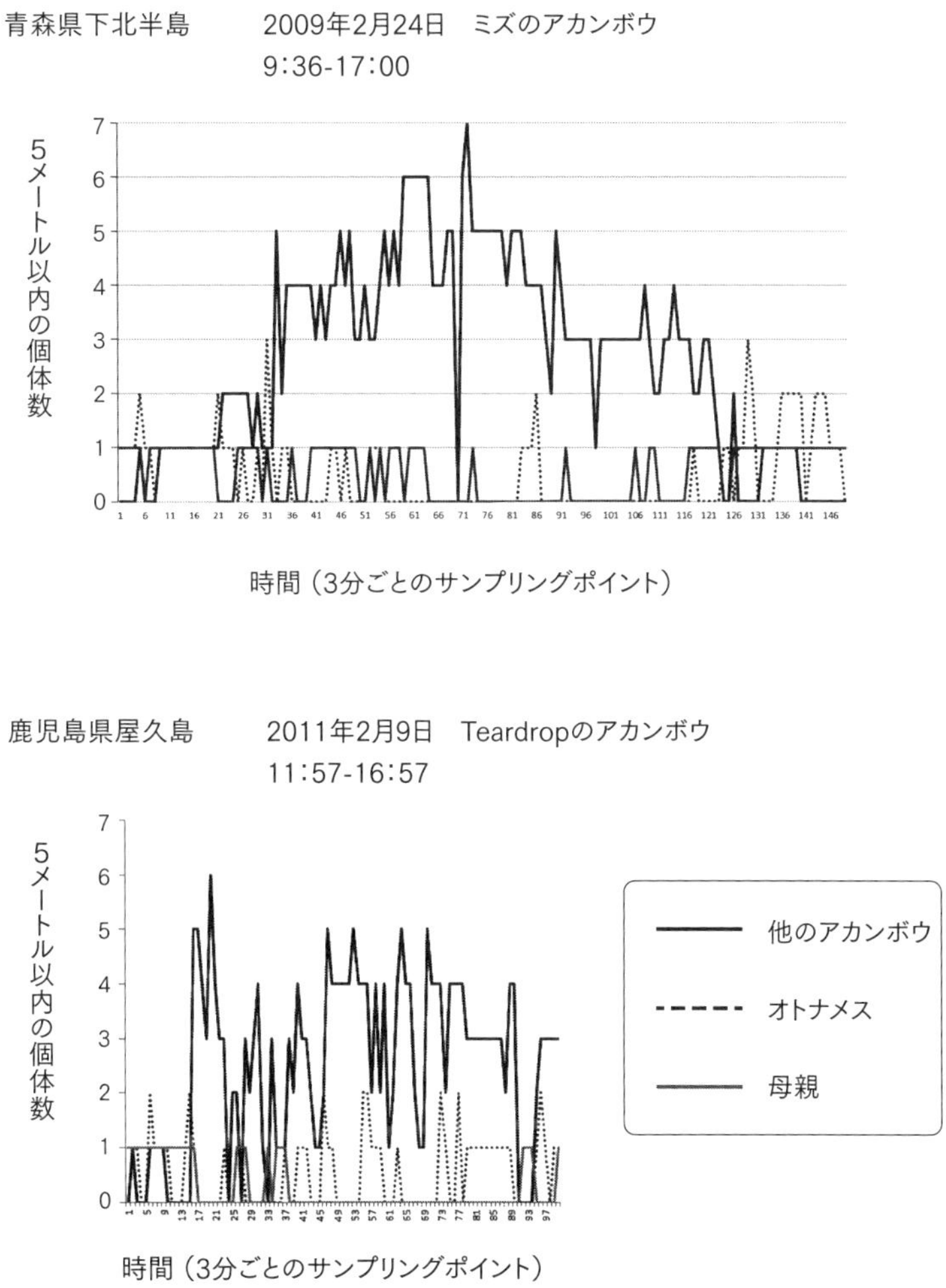

図4　1日のなかでの5m以内に近接するアカンボウ数の変動

点線）。屋久島はアカンボウの集まり時に他のオトナメスと近接することが多かったが、下北ではオトナメスの近接はあまりみられなかった。次節では、具体的な相互行為からその理由を考えてみたい。

5　相互行為素を用いた分析

四節の結果から、アカンボウの集まりの様相には地域間で差があるようだった。本節では、アカンボウの集まり時にみられた個体間の相互行為に着目し、大村（二〇二三）が考案した相互行為素の分析を試みたい。

（1）相互行為素を用いた比較への試み

大村敬一（二〇二三）は「人類を含む霊長類の社会性の進化と起原を探る」という課題のなかで、異種間をまたいで共通の基盤で調査・研究する方法について、左記のとおり提案している。

共存パターンの生成・維持のメカニズムという社会性を記述するにあたって、まずはその最小単位となる相互行為（相互行為素）を特定し、それらの相互行為が組織化されて一定の共存のパターンが生成・維持されるメカニズムを記述する必要がある。

そして、大村は、相互行為素として着目する行動について、伊谷（一九八一）に記述された行動の一〇類型のなかで第八類型の「社会的な形成と維持にかかわる行動」に着目する。相手を「許す」か「許さぬ」か、あるいは、相手に「許される」か「許されぬ」かという二分律より、複数個体間に規制的に生じる相手への働きかけや態度により、「成員のアイデンティティを明確にし、前記四象限（許す／許さぬ／許される／許されぬ）のけじめをはっきりさせることが、その社会の構造とその維持にとって必須の要件であり、個体の多くの行動はその路線に沿って展開する」からである。

伊谷（一九八一）の試論をヒントに大村が考案した記述の方法、すなわち（一）「○○することで、△△が□□に、××することを許す／許さぬ／許される／許されぬ」というかたちで記述される相互行為素、（二）それらの相互行為の組み合わせで記述される多様な相互行為、（三）それらの相互行為の組み合わせで記述される共存のパターンという三つの次元からなる記述の方法が、共存のパターンの形成・維持のメカニズムとしての社会性に関する霊長類の種内比較分析にどこまで有効なのだろうか。

まず、伴食時のアカンボウ間のやりとりや群れメンバーとの近接時や接触時のやりとり、特に観察時に印象に残った「許さぬ」・「許されぬ」事例[15]を中心に紹介し、大村の提唱する相互行為素を用いた分析を試みる。

（2） 相互行為Ⅰ：アカンボウ間の伴食時の相互交渉

■下北半島でみられた伴食時のアカンボウ間のやりとり

下北のアカンボウ間の伴食は、全体の採食時間の二〜四割程度を占めた（図3上）。ときに、下北では伴食時にア

15　「許す」・「許される」事例は、アカンボウと他個体の間でなにごともなく伴食や近接が持続されるために印象に残りにくいが、本来ならすべての相互行為（許す・許さぬ・許される・許されぬ）を書き出し地域間比較をする必要があるだろう。本章で紹介する事例に偏りがあることは留意してほしい。

カンボウ間の攻撃交渉を観察することがあったため、その事例を二事例紹介する。以降の事例では、主体となる個体に傍線をひいた。

【事例1】二〇二三年二月一六日A87―A群（S―Ⅱ―1期）
伴食時のアカンボウ間の相互交渉　その1

12時10分（以下　12：10のように表記）

12：18　アカンボウ三〜四頭がアオダモやマタタビやガマズミの冬芽などを伴食しつつ移動している。

アカンボウAが樹上を移動し、アカンボウBのいる枝に移動する。アカンボウAがアカンボウBに接触するくらいまで近づくと、アカンボウAがキーキーと悲鳴をあげ、そのまま木を降りる（近づかれたアカンボウBは特になにもしていないようにみえる）。アカンボウA　が地面に下り移動を開始すると、アカンボウBとアカンボウHも樹上から地面に下り、アカンボウAが去った方向と同じ方向へ歩いて移動した。

【事例2】二〇二三年三月一日A87―A群（S―Ⅱ―1期）
伴食時のアカンボウ間の相互交渉　その2

13：21　アカンボウ三頭がそれぞれ二メートル以内の距離で、樹上でツルの冬芽を採食している。

13：22：17　そのうちの一頭であるアカンボウCが一〇センチメートル程度までアカンボウDに近づくと、アカンボウＤはキーキーと悲鳴をあげる。

13：22：35　アカンボウＤは、木から降り地面を移動する。アカンボウＣはアカンボウＤが去ったあとも、同じ木で採食を続ける。

■屋久島でみられた採食時のアカンボウ間のやりとり

屋久島では他のアカンボウとの伴食は、全体の採食時間の五割程度を占めた（図3下）。下北でみられた【事例１】と【事例２】のような悲鳴をあげるアカンボウ間の攻撃交渉は屋久島では稀な印象である。

ニホンザルでは母子間であっても食物の分配は稀である（Jaeggi and Van Schaik 2011）が、屋久島のプチ群の観察時に近接して採食するだけでなく、地面に落ちた一本の枝の葉を独り占め可能な状況にあるにもかかわらずアカンボウ間でわけあって食べる様子が観察されたため、その事例を紹介する。[16]

【事例３】二〇二〇年一二月二五日プチ群（Ｙ－Ⅱ－１期）アカンボウ間のアコウの葉のわかちあい

15：47：04　アカンボウＥがアコウの葉のついた枝を拾い、地面で採食している。アカンボウＦが近づくと、アカンボウＥは持っていたアコウの葉を地面に落とし離れる。

16　下北においてもアカンボウ間で同じ枝の樹皮を、体を寄せあいながら採食する様子が観察された。ただし、冬季の下北では屋久島の【事例3】でみられたような、持ち運べる食物をアカンボウ間で共有する事例は調査期間中には観察しなかった。

15：49：17

アカンボウFは、アカンボウEがさきほど地面に落としたアコウの葉をひろい採食する。

15：49：18

アカンボウEは別のアコウの枝を拾い採食する。

15：50：08

アカンボウEがアカンボウFに接触する距離まで近づく。アカンボウFはさきほどアカンボウEが地面に落としたアコウの葉を引き続き食べている。

15：50：12～15：56：58

アカンボウEはアカンボウFと共に一本の同じ枝についたアコウの葉を、体を寄せ合いつつ同時に採食する（図5）。観察者（私）の視界内に他のサルの姿はない。

15：57：15～

採食後、樹上で、アカンボウEとアカンボウFは、互いに接触した状態を保ち休息をする。

図5　アコウの葉をともに食べるアカンボウ達（屋久島・プチ群）

（3）相互行為II：群れ他個体との近接時・接触時の相互交渉

次に、両地域で観察されたアカンボウと群れのメンバー間の主に近接時・接触時の攻撃交渉（許さぬ／許されぬ）についての事例を紹介する。

■下北

【事例4】二〇二三年三月一日A87－A群（S－II－1期）

近接・接触時：二歳のコドモがアカンボウにかみついた事例

13：03：47

母親がオトナメスAに毛づくろいをしている。そばにはそのオトナメスAの二歳のコドモ（メス）が近接している。

13：04：03

オトナメスAに毛づくろいしている母親のふところにアカンボウがもぐりこむ。

13：04：09〜13：04：28

オトナメスAの二才のコドモがアカンボウをかむ。アカンボウはキーキーと悲鳴をあげる。母親はかまれたアカンボウを回収しようと手をのばすが、二歳のコドモはかんだまま離さない。オトナメスAは母親に対して威嚇する。

13：04：28

かまれたアカンボウが、オトナメスAと二歳のコドモから走って離れる。アカンボウの母親はその場に留まる。

13：04：49

母親がオトナメスAの二歳のコドモ（アカンボウをかんだ個体）に毛づくろいをする。走り去ったアカンボウの姿はみえなくなる。

【事例5】二〇二四年三月二日A87－A群（Y－II－2期）

近接・接触時：オトナオスがアカンボウを威嚇する事例

11：01：25

枝の上で、休息中の群れオス（ユビ）にアカンボウKが背側を接触しつ共に休息している。群れオス（ユビ）はうつむいたまま、接触しているアカンボウKに対して特に反応しない。

11：03：07

群れオス（ユビ）とアカンボウKとの接触は続いている。他のアカンボウLが群れオス（ユビ）の一メートル以内に近接すると、アカンボウLに対して群れオス（ユビ）が口をあけて威嚇をする。アカンボウLは群れオス（ユビ）から一メートルほどの距離で止まり、休息をする。

11：03：33

群れオス（ユビ）が接触していたアカンボウKに対しても口をあけて威嚇し、アカンボウKを自身の体から手を用い引きはがす。アカンボウKは悲鳴をあげ、泣きっ面（グリマス）[17]をする。

11：03：47

アカンボウKは群れオス（ユビ）から五〇センチメートルほど離れたところで休息する。

11：04：02

アカンボウKが群れオス（ユビ）から五メートル以上離れる。

【事例6】二〇二三年三月一日A87－A群（S－II－2期）

近接時：母親を背にしたアカンボウが他個体を威嚇した事例

13：32：14

アカンボウIの後ろをその母親通る。そのタイミングで、アカンボウIは、近くいた二・三歳のコドモとアカンボウJに対し、口をとじて凝視し、顔をあげながら近づく。相手を凝視することはニホンザルの場合、威嚇を意味する。威嚇された二・三歳のコドモとアカンボウJは一・二メートルほどそのアカンボウIから後ずさりながら離れる。

13：32：20〜

アカンボウIが母親から離れ、威嚇したアカンボウJと二・三歳のコドモ、そして他のアカンボウPを含む集まりの方へ移動する。アカンボウ三頭と二・三歳のコドモ一頭で集まりレスリングやおいかけっこをする。

■屋久島

屋久島においてもオトナメスからアカンボウへの攻撃が観察された。しかし、他のアカンボウを仲介することでそのオトナメスの攻撃がおさまったようにみえた事例を紹介する。以下では、事例の主体となる個体に傍線（事例7−1）と二重傍線（事例7−2）をひいた。

【事例7】二〇二二年一月三〇日やよい群（Y−II−2期）

近接時：母親（ムツキ）からアカンボウGへの攻撃に対するムツキのアカンボウの対応

15：00：05

17　口角を上げながら口を軽く開け、上の歯を見せるような表情を指す。グリマスは、劣位な個体から優位な個体に対して向けられるとニホンザルでは考えられている。

オトナメス（ムツキ）がアカンボウGに近づくと、アカンボウGが悲鳴をあげる。ムツキのアカンボウが悲鳴をあげているアカンボウGに近づく。

15：00：09

オトナメス（ムツキ）がアカンボウGに手をのばすが届かずに空振る。ムツキのアカンボウがアカンボウGの背に覆いかぶさる。オトナメス（ムツキ）がアカンボウGをつかみ引っ張るがムツキのアカンボウはアカンボウGの背に覆いかぶさったまま離れない。ムツキが手を離す。

15：00：12〜

オトナメス（ムツキ）がアカンボウGから離れる。ムツキのアカンボウがアカンボウGの上に覆いかぶさるのをやめる。アカンボウGはムツキとムツキのアカンボウのそばで落ち葉をかき分けながら採食を始める。

（4）観察事例のまとめ——許す・許さない

5節（2）（3）において、紹介した伴食や近接の相互行為

表1 「伴食」の相互行為素

地域名	事例名	行為	弁別素性						
下北／屋久島	事例 No.	伴食する	主体	客体		許す	許さぬ	許される	許されぬ
下北	事例1	アカンボウ3頭で伴食。アカンボウAがアカンボウBに接触するくらいまで近づくと、アカンボウAが悲鳴をあげ、木を降りる。	アカンボウA	アカンボウB	伴食する	0	1	0	0
下北	事例2	アカンボウ3頭で伴食。アカンボウCがアカンボウDに近づくと、アカンボウDは悲鳴をあげる。アカンボウDは、木から降り地面を移動。	アカンボウC	アカンボウD	伴食する	0	0	0	1
屋久島	事例3	アカンボウEはFと共に1本の同じ枝についたアコウの葉を体をよせあい同時に採食（図5参照）。	アカンボウE	アカンボウF	伴食する	1	0	1	0

表2 「近接・接触」の相互行為素

地域名	事例名	行為				弁別素性			
下北/屋久島	事例 No.	近接する	主体	客体		許す	許さぬ	許される	許されぬ
下北	事例4	オトナメスAの2歳のコドモがアカンボウを噛む。アカンボウはキーキーと悲鳴をあげる。	2歳のコドモ	アカンボウ	近接する	0	1	1	0
	事例5-1	アカンボウLに対して群れオス（ユビ）が口をあけて威嚇をする。	群れオス（ユビ）	アカンボウL	近接する	0	1	1	0
	事例5-2	群れオス（ユビ）が接触していたアカンボウKに対して口をあけて威嚇し、アカンボウKを自身の体から手を用い引きはがす。	群れオス（ユビ）	アカンボウK	接触する	0	1※	1	0
	事例6	母親が近づいた後、そのアカンボウIが、近くいた2・3歳のコドモとアカンボウJをにらみつけ、威嚇。2・3歳の子どもとアカンボウは後ずさる。	アカンボウI	2・3歳のコドモとアカンボウJ	近接する	0	1	1	0
屋久島	事例7-1	オトナメス（ムツキ）がアカンボウGに近づくと、アカンボウGが悲鳴をあげる。オトナメス（ムツキ）がアカンボウGを手で払おうとする。	オトナメス（ムツキ）	アカンボウG	近接する	0	1	1	0
	事例7-2	母親（ムツキ）がアカンボウGを手で払おうとする。ムツキのアカンボウがアカンボウGの背に覆いかぶさる。母親がアカンボウGをつかみ引っ張るがムツキのアカンボウはアカンボウGの背に覆いかぶさったままである。母親（ムツキ）がアカンボウGから離れる。	ムツキのアカンボウ	アカンボウG	近接する	1	0	1	0

※ただし、一時的に群れオス（ユビ）は、アカンボウKに対して接触を許している。

素を表1と表2にまとめた。

下北では、アカンボウ間やコドモ―アカンボウ間において、攻撃交渉がみられた。また、アカンボウから二歳のコドモへの攻撃もみられた。観察された相互行為素（許す／許さぬ／許される／許されぬ）から考慮すると、下北では、生後六カ月ごろには母親から引き継がれる順位がある程度確立しており、それが、アカンボウ間やアカンボウ―コドモ間の攻撃交渉のやりとりにも反映されていると考えられる【事例1、事例2、事例4、事例6】。

一方で、屋久島は【事例3】では、アカンボウ間で食物をわかちあっていた。また、【事例7】のように他のアカンボウの母親（ムツキ）と攻撃交渉後も、他のアカンボウが仲介者となりその母親（ムツキ）とも共に過ごすことが可能となっていた。下北の【事例6：母親を背にしたアカンボウが他個体を威嚇した事例】とは異なる印象をうける。屋久島ではアカンボウ間の順位形成が遅いか、または下北と比較すると優劣関係がゆるやかでアカンボウ同士のつながりが強い可能性がある。

最後に、相互行為素（表1および表2）の結果に鑑みながら、これから紹介するさるだんごの構成と他のアカンボウと近接時のオトナメスとの近接について考えてみたい。

参加したさるだんごにおける母親の有無	下北	屋久島
母親有	42	20
途中で母親の出入りあり	2	7
母親無	8	14
不明	1	3
	53	44

図6　さるだんご形成時の母親の有無

（5）接触：さるだんご

さるだんごとは、複数の個体が互いに体を接触し休息することで形成されるサルのかたまりのことである。ニホンザルの場合、気温の低い環境でお互いに身体を温めあう機能をもっており、寒ければ日中もさるだんごを形成する（Hanya et al. 2007）。下北（A87群、S－I期）と屋久島（ウミ群、Y－I期）の冬季のデータ[18]を用い、三分以上観察できたさるだんごの事例を分析した。両地域ともにアカンボウが参加したさるだんごには母親が含まれていることが多かった（図6）。母親不在時のさるだんごの構成に地域差はみられるだろうか。下北と比較すると屋久島は多様な個体とさるだんごを形成していた（図7）。下北では【事例4】や【事例5】（表2）のように、接触に対する「許さぬ」事例がみられたことから、アカンボウと他個体との接触が制限されていると考えられる。屋久島では、母親不在時にアカンボウは、オトナメスやオトナオスとさるだんごを形成

青森県下北半島

	オトナメス						
事例	当歳子持ちメス	ー	非当歳子持ちのメス	ー	オトナオス	コドモ・ワカモノ	他のアカンボウ
1			○				
2						○	
3						○	
4						○	
5						○	
6						○	○
7							○
8							○

鹿児島県屋久島

	オトナメス						
事例	当歳子持ち・血縁	当歳子持ち・非血縁	非当歳子持ち・血縁	非当歳子持ち・非血縁	オトナオス	コドモ・ワカモノ	他のアカンボウ
1	○	○		○	○	○	○
2	○	○			○		○
3	○				○	○	○
4	○				○		○
5	○						○
6		○					○
7						○	○
8							○
9							○
10							○
11							○
12							○
13							○
14							○

図7　母親不在時のさるだんごの構成

18　それぞれの地域でアカンボウ四個体を対象にし、個体追跡時間は一個体平均二一時間であった。

した。また、母親不在時の全事例で他のアカンボウがさるだんごに含まれており、アカンボウ達に対する群れメンバーの許容度の高さが窺える。共通点としては、両地域ともにアカンボウ同士で集まることで母親不在時にアカンボウ同士でさるだんごを形成し冬季の寒さをしのいでいるようである。

（6）近接：他のアカンボウと近接している際のオトナメスとの近接

次に、母親が近接しておらずかつ他のアカンボウと近接している際のオトナメスとの近接状況についてもアカンボウ一個体分のデータではあるが検討した（図8[19]）。下北と比較すると、屋久島は他のアカンボウと近接時にオトナメスと近接することが多かった。この結果もさるだんごの結果と同様に、アカンボウに対する群れのメンバー（ここでは、オトナメス）の許容性の高さが窺える。屋久島ではアカンボウ同士でいることで、伴食時やさるだんご形成時にオトナメス、特に他のアカンボウの母親から許容されやすいのかもしれない。

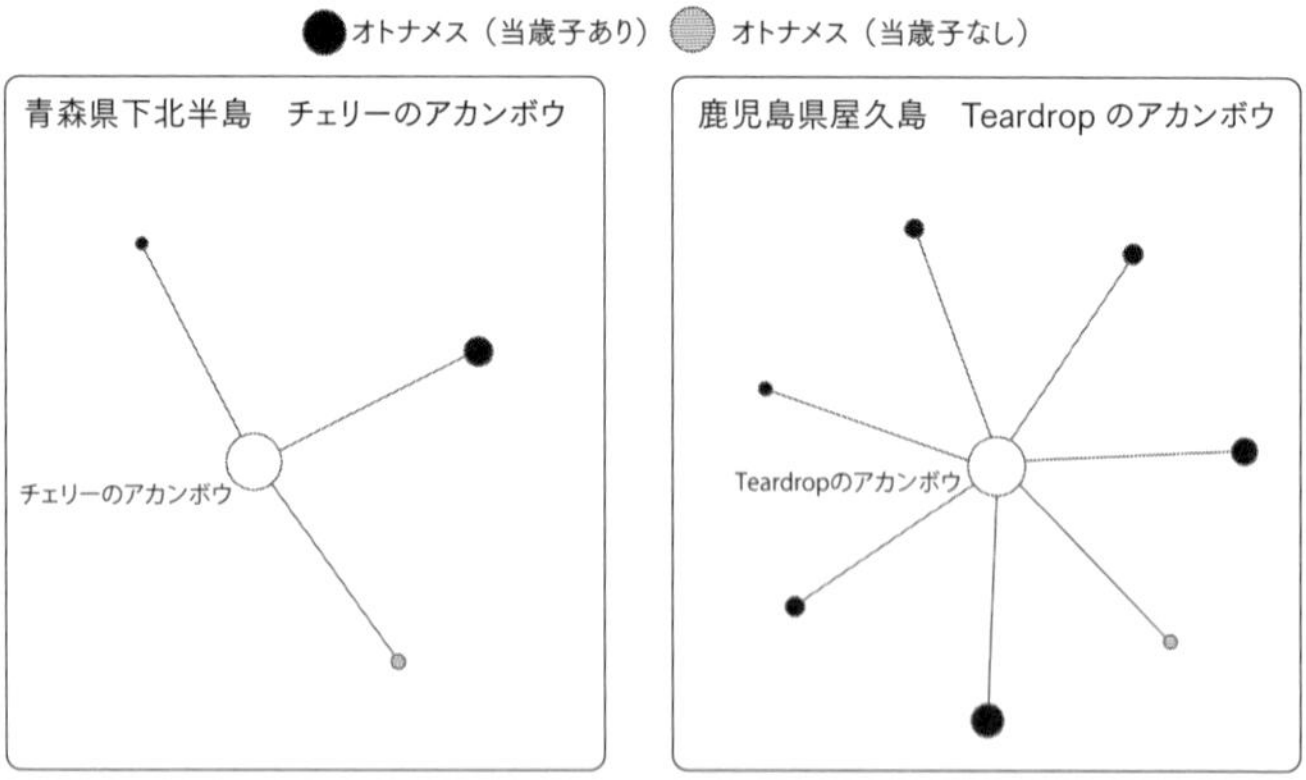

図8　他のアカンボウと近接時のオトナメスとの近接状況
円の大きさは近接割合の大小を表している。

6　社会性の地域間比較

（1）下北と屋久島のアカンボウの集まりの比較

最後に本章のこれまでの内容をもとに概念図を描くことにより離乳期のアカンボウを軸とした群居の様相について下北と屋久島を比べてみたい。

■**下北の図**（図9上）

①アカンボウは、母親と伴食することが多い（図9実線）。

②他のアカンボウと集まり（図9点線）、冬芽などを伴食することがある（図3：全採食時間一〇〜二〇パーセントほど）。群れメンバーと伴食時に、同世代のアカンボウや群れメンバーを避ける行動がみられ、その後伴食が終了することもある（表1　事例1、事例2）。ただし、アカンボウ間では敵対的な交渉が生じても、その後連れだって移動する事例もあり（表2　事例6）、攻撃交渉後もアカンボウの集まりが解消しない場合もある。母親が不在の場合、アカンボウが他のオトナメスのさるだんごに参加する事例は少なく（図7）、また、アカンボ

19　下北のA87群（S－I期）のチェリーのアカンボウ、四〇時間分のデータと屋久島のウミ群のTeardrop（Y－I期）のアカンボウの四〇時間のデータに関して、三分ごとに追跡個体の二メートル以内の近接個体を記録したデータを分析した。母親が二メートル以内に不在かつ、二メートル以内に他のアカンボウ一頭以上近接していた際に二メートル以内に近接したオトナメスについて検討した。一個体分の結果のため、参考データとして考えてほしい。

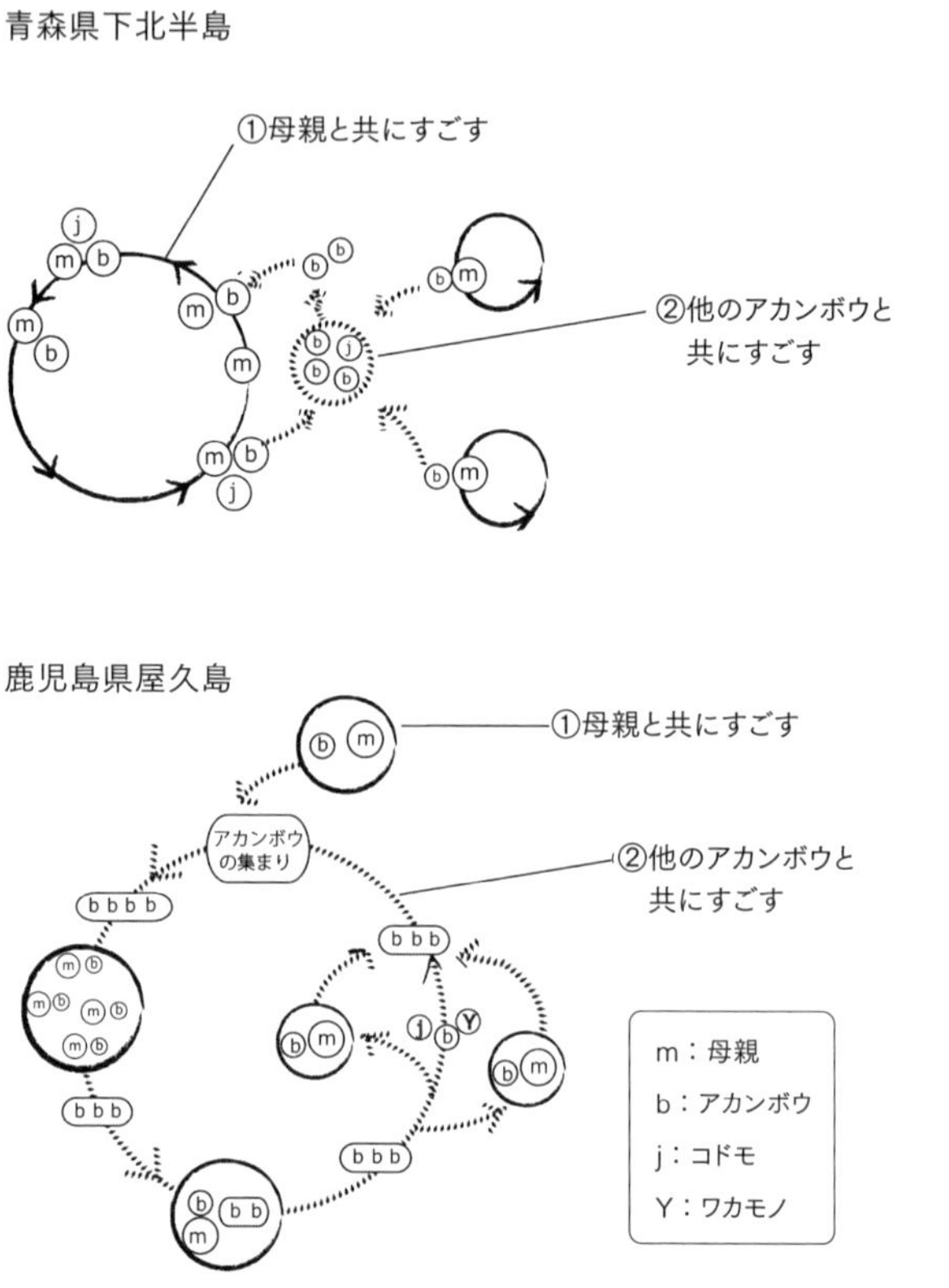

図9　地域差の概念図

ウに対するコドモの威嚇行動もみられ、群れメンバーのアカンボウへの許容度は低く（例：表2　事例4、事例5）、そのため、アカンボウの集まりの持続時間は相対的に屋久島と比較し短くなっていると考えられる。

■屋久島の図（図9下）

①下北と比較すると母親との伴食時間が短い（図3：全採食時間の一〇〜二〇パーセントほど）。

②一方で、他のアカンボウと集まり伴食することが多い（図3：全採食時間の五〇パーセントほど）。アカンボウ間に

伴食だけでなく食物の分かち合いがみられ（表1　事例3）、また母親が不在の場合も、母親以外のオトナメスのさるだんごに参加したり、近接したりすることが可能である（図7、図8）。下北と比較すると、アカンボウへの群れメンバーの許容度が高いと考えられる。また、育児に関わる個体の多様性が高いこと（図2―2）も、母親から離れて過ごしやすい一因だろう。

（2）環境と群居のあり方

図9で示したようなアカンボウの集まりの地域差には、生態的な環境と社会的な環境が影響を与えることが考えられる。生態的な要因としては、下北と比較し、屋久島は気温が高く、かつ食物条件のよいため、アカンボウは母親に栄養や保温面に関して依存する必要性が低く、母親から離れやすくアカンボウ同士で集まりやすい状況にあったと考えられる。

次に3節で紹介したように、下北と比較し、屋久島では多様な個体が子育て行動に関与していた。また、屋久島では群れメンバーがアカンボウの近接や接触を以下、（一）と（二）のように許容する傾向にあった。（一）アカンボウの集まりに参加している際には、他のアカンボウの母親に、近接・接触が許容されやすい。（二）下北より屋久

2023年9月4日　やよい群

（a）群間エンカウンター時

道路上で隣接群のソラ群と対峙しており、
群れ内の個体が集まる

2023年9月5日　やよい群

（b）休息時（非エンカウンター時）

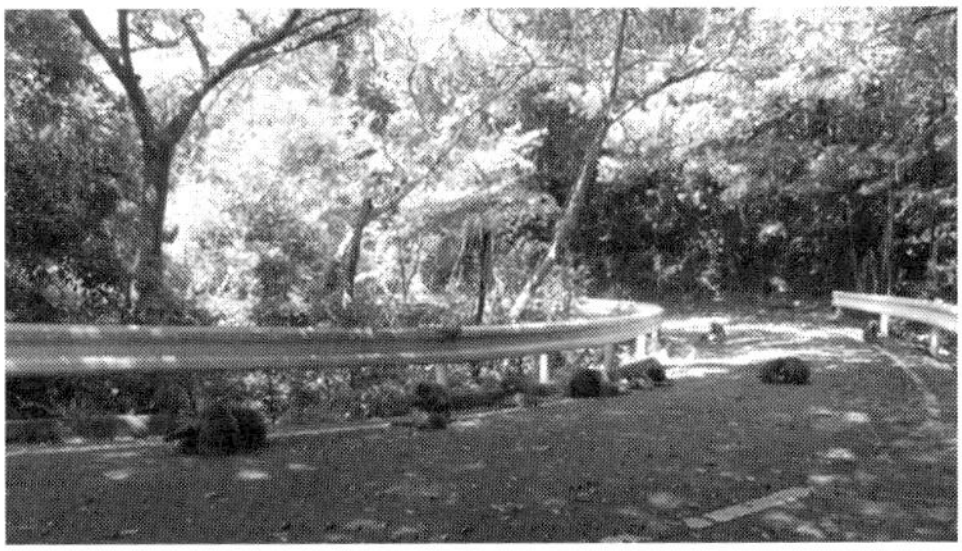

図10　群間エンカウンター時の個体の凝集性

島の方がアカンボウ間の許容性が高い。

屋久島において群れメンバー間の許容性の高さはなぜ生じるのだろうか。考えられる理由のひとつとして、屋久島西部海岸域では群間の競合が強く（Sugiura et al. 2000）、群れ内の個体同士が協同し他の群に敵対する場面が相対的に多いことがあげられる。図10で示したように群間エンカウンター時は群れのメンバー同士の個体間距離が短くなる（図10左）。理論的には、群間競合が強い場合は、群れ内の高順位の個体が低順位の個体に許容的に振舞うことで、異なる群れ同士が遭遇する（群間エンカウンター）際に低順位個体と円滑に協働し資源防衛を行っていると考えられる。その延長として、今回示したような互いの子への許容性にもつながっているのかもしれない。

また、屋久島では、前述したとおり末子優位がみられないとの指摘がある（Hill and Okayasu 1995）。末子優位とは、母親の援助により姉妹間の順位が若い個体（妹）のほうが年上の個体（姉）より上となることである（Kawamura 1958）。ニホンザルでは生後一年以内に母親の順位が子におおよそ継承される。屋久島では四節で述べたように、離乳期において母親との伴食時間が短く、他のアカンボウとの伴食時間が長いため、母親から援助される機会が結果的に少なくなり順位形成が「ゆるやか」となった可能性がある。また、繰り返しになるが、ニホンザルにおいて順位や血縁を越えた同世代同士の仲のよさが報告されることがあり（Nakamichi and Shizawa 2003）、社会関係が形成される離乳期に母親から離れ、同世代同士でよく伴食することは順位形成のゆるやかさと関連するだろう。このような個体の発達過程が毎年繰り返されることで、屋久島の個体群は順位序列がゆるやかな社会的な環境を再生産してきたのではないだろうか。

一方で、下北のアカンボウは、積雪もあり食物条件も厳しい冬に母親と離れることは栄養面や体温保持の面で危険が伴い、また屋久島と比較すると群れ間エンカウンターの頻度が低く、群れ内の個体間で協働する必要も少ない。そのため、「家系でまとまる社会」を形成しやすいと考えられる。

過去にニホンザルの二地域の社会性について検討した際は、頻度や割合のみの分析では、フィールドで感じた地域間の社会性の質的なちがいを表現することが難しかった。しかし、全体的な概念図（例えば、図9）を示したとしても抽象的になりすぎ、実際にサルを観察していない人が理解するのは困難だろう。本章では、大村が提案した相互行為素の分析を加え、両地域の社会性の比較を試みた。相互行為素の分析を含めたことで、育児行動、伴食関係、さるだんごの形成、アカンボウとオトナメスとの近接の割合の地域差について、そのメカニズムも含めより差分の内実が明確になったように思う。ただし、大村があげている「最小単位となる相互行為素」を特定することは難しく、本章では基本的なやりとり（伴食時や近接・接触時のやりとりなど）の検討にとどまった。また、本章の分析の反省点としては、本来なら、観察したすべての伴食・近接／接触の交渉を四象限（許す／許さぬ／許される／許されぬ）のなかで表現する必要があったが、よりその社会的な特徴がみえやすい特徴的な「許さぬ」・「許されぬ」の事例を紹介するにとどまった。共存のパターンが生成・維持されるメカニズムを記述するには乱暴だっただろうか。このような自省や自問は残るにしても、相互行為素の記述・分析というアイデアを用いたことで、頻度や割合の比較では表現できなかった、両地域の質的なちがいの一部を示すことはできたのではないかと考えている。

謝辞

本章を執筆するにあたり、科学研究費補助金基盤（S）「社会性の起原と進化：人類学と霊長類学の協働に基づく人類進化理論の新開拓」（＃19H05591）のメンバーとの議論から多くの示唆を得ることができた。また、京都大学学術出版会の鈴木哲也氏、編者の河合香吏氏には本稿の構成と内容について、多くの助言をいただいた。ここに記して、深謝申し上げる。

本研究は、日本学術振興会 科研費 若手 21K13547（代表者 谷口晴香）、日本学術振興会科研費 基盤研究（S）19H05591（代表者 河合香吏）、日本学術振興会科研費 基盤研究（B）23370099（代表者 中川尚史）、日本学術振興会 科研費 特別研究員奨励費 12J01479（代表者 谷口晴香）、文部科学省グローバルCOEプログラム（生物の多様性と進化研究のための拠点形成）の助成を受けたものである。また、京都大学霊長類研究所の共同利用研究、京都大学野生動物研究センターの共同利用研究として支援をうけた。拝謝申し上げる。

参照文献

足沢貞成（一九七七）「下北のニホンザル」『雑誌　にほんざる』三：一一―二二頁。

伊沢紘生（一九八四）『下北のサル（第二版）』どうぶつ社。

伊谷純一郎（一九八一）「心の生い立ち――社会と行動」藤永保ほか編『講座　現代の心理学一　心とは何か』小学館、九一―一五五頁。

今川真治（一九九九）『勝山ニホンザル集団における未成体の社会的発達に関する研究』大阪大学博士論文。

大村敬一（二〇二三）「相互行為素――霊長類の社会性の種間比較分析のための基盤」河合香吏・竹ノ下祐二・大村敬一編『新・方法序説――人類社会の進化に迫る認識と方法』京都大学学術出版会、一七四―一八九頁。

貝ヶ石優（印刷中）「霊長類における「寛容社会」とは何か？」河合文・川添達朗・谷口晴香編『フィールドにみえた〈社会性〉のゆらぎ――霊長類学と人類学の出会いから』京都大学学術出版会。

河合香吏（二〇二二）「共存の諸相――他者と関わり、他者を認めるとはどのようなことか」河合香吏編『関わる・認める』（生態人類学は挑む Session 5）京都大学学術出版会、三〇三―三三四頁。

河合香吏・竹ノ下祐二編（二〇二〇）『ヒトを見るようにサルを見る』東京外国語大学アジア・アフリカ言語文化研究所。

川本芳（二〇二三）「ニホンザル（オナガザル科）」日本霊長類学会編『霊長類学の百科事典』丸善、六八―六九頁。

高槻成紀・山極壽一（二〇〇八）『日本の哺乳類学二　中大型哺乳類・霊長類』東京大学出版会。

高畑由起夫・山極壽一編（二〇〇〇）『ニホンザルの自然社会』京都大学学術出版会。

谷口晴香（二〇一五）「ニホンザルのアカンボウの集まりについていき、彼らの「普通」を体感する」木村大治編『動物と出会うII：心と社会の生成』ナカニシヤ出版、一六四―一六六頁。

――（二〇二五）「環境としての他者――ニホンザルのアカンボウの伴食相手の変化を事例に」河合文・川添達朗・谷口晴香編『フィールドにみえた〈社会性〉のゆらぎ――霊長類学と人類学の出会いから』京都大学学術出版会。

中川尚史（二〇一三）「霊長類の社会構造の種内多様性（特集　霊長類野外研究の現在）」『生物科学』六四：一〇五―一一三頁。

中山裕理（二〇〇二）「北限のサル――青森県下北半島」大井徹・増井憲一編『ニホンザルの自然誌――その生態的多様性と保存』東海大学出版会、三一―二二頁。

ニホンザル・フィールドステーション（二〇二三）『下北半島のサル――二〇二二年度（令和四年度）調査報告書』NPO法人ニホンザル・フィールドステーション。

松村秀一（二〇〇〇）「優劣のきびしい社会とゆるやかな社会――マカク属のサルの比較研究から」杉山幸丸編『霊長類生態学』京都大学学術出版会、三三九―三六〇頁。

Agetsuma, N. (1995) Dietary selection by Yakushima macaques (*Macaca Fuscata Yakui*): The influence of food availability and temperature. *International Journal of Primatology*, 15: 611–627.
Agetsuma, N. and Nakagawa, N. (1998) Effects of habitat differences on feeding behaviors of Japanese monkeys: Comparison between Yakushima and Kinkazan. *Primates*, 39: 275–289.
Hanya, G.,Kiyono, M. and Hayaishi, S. (2007) Behavioral thermoregulation of wild Japanese macaques: Comparisons between two subpopulations. *American Journal of Primatology*, 69: 802–815.
Hill, D. A. and Okayasu, N. (1995) Absence of 'youngest ascendancy' in the dominance relations of sisters in wild Japanese macaques (*Macaca Fuscata Yakui*). *Behaviour*, 132: 367–379.
Horiuchi, S. (2007) Social relationships of male Japanese macaques (*Macaca Fuscata*) in different habitats: A comparison between Yakushima Island and Shimokita Peninsula populations. *Anthropological Science*, 115: 63–65.
Iwamoto, T. (1982) Food and nutritional condition of free ranging Japanese monkeys on Koshima Islet during winter. *Primates*, 23: 153–170.
Jaeggi, A. V. and van Schaik, C. P. (2011) The evolution of food sharing in primates. *Behavioral Ecology and Sociobiology*, 65: 2125–2140.
Kawamura, S. (1958) The matriarchal social order in the Minoo-B Group. *Primates*, 1: 149–156.
Majolo, B.,Ventura, R. and Koyama, N. (2005) Postconflict behavior among male Japanese macaques. *International Journal of Primatology*, 26: 321–336.

Nakagawa, N. (2010) Intraspecific differences in social structure of the Japanese macaques: A revival of lost legacy by updated knowledge and perspective. In: Nakagawa, N., Nakamichi, M. and Sugiura, H. (eds), *The Japanese Macaques.* Tokyo: Springer pp. 271–290.

Nakamichi, M. and Shizawa, Y. (2003) Distribution of grooming among adult females in a large, free-ranging group of Japanese macaques. *International Journal of Primatology,* 24: 607–625.

Nakamichi, M. and Yamada, K. (2010) Lifetime social development in female Japanese macaques. In: Nakagawa, N., Nakamichi, M. and Sugiura, H. (eds), *The Japanese Macaques.* Tokyo: Springer pp. 241–270.

Nakayama, Y., Matsuoka, S. and Watanuki, Y. (1999) Feeding rates and energy deficits of juvenile and adult Japanese monkeys in a cool temperate area with snow coverage. *Ecological Research,* 14: 291–301.

Noordwijk, M. A., Kuzawa, C. W. and van Schaik, C. P. (2013) The Evolution of the patterning of human lactation: A comparative perspective. *Evolutionary Anthropology: Issues, News, and Reviews,* 22: 202–212.

Rapaport, L. G. and Brown, G. R. (2008) Social influences on foraging behavior in young nonhuman primates: Learning what, where, and how to eat. *Evolutionary Anthropology: Issues, News, and Reviews,* 17: 189–201.

Sugiura, H., Saito, C., Sato, S. , Agetsuma, N., Takahashi, H., Tanaka, T., Furuichi, T. and Takahata, Y. (2000) Variation in intergroup encounters in two populations of Japanese macaques. *International Journal of Primatology,* 21: 519–535.

Suzuki, A. (1965) An ecological study of wild Japanese monkeys in snowy areas. *Primates,* 6: 31–72.

Tanaka, I. (1992) Three phases of lactation in free-ranging Japanese macaques. *Animal Behaviour,* 44: 129–139.

Taniguchi, H. (2015). How the physical properties of food influence its selection by infant Japanese macaques inhabiting a snow-covered area. *American journal of primatology,* 77: 285–295.

Thierry, B. (2000) Covariation of conflict management patterns across macaque species. In: Aureli, F. and de Waal, F. B. M. (eds), *Natural Conflict Resolution.* University of California Press, pp. 106–128.

Thierry, B., Iwaniuk, A. and Pellis, S. (2000) The influence of phylogeny on the social behaviour of macaques (Primates: Cercopithecidae, genus *Macaca*). *Ethology,* 106: 713–728.

Ueno, A. (2005) Development of co-feeding behavior in young wild Japanese macaques (*Macaca Fuscata*). *Infant Behavior and Development,* 28: 481–491.

KEYWORDS

ブロードキャストな社会行動

公共性の第1水準／第2水準

離脱と再合流

第11章

群れ生活における公共性と配慮

竹ノ下 祐二
Yuji Takenoshita

本章の目的は、ヒト以外の霊長類の社会性を記述するための概念装置として「公共性 publicness」と「（社会的）配慮（social）consideration」の有効性を検討することである。私たち本書の著者陣は、ヒトとヒト以外の霊長類の社会を同じ水準で記述し比較することによって人類の社会性の起原と進化を解明することを目指してきた。これまで、そのための方法論の検討を行ってきたが、その議論を通じて、ヒトとヒト以外の霊長類、両方の社会の記述に用いることのできる共通の〈ことば〉を生成することが重要であるとの結論に達した（河合ほか 二〇二三）。本章は、その実践の第一歩である。

中村美知夫は、人類学・霊長類学界隈で「社会性」という用語が厳密な定義をされず、多様な用いられ方をしていると指摘している（本書Ｋｅｙｎｏｔｅ １）。そのため「社会性」をめぐる議論はただでさえ拡散しがちであるが、そこへさらに新しい用語を追加しようというのだから、はじめにこれらの用語に私がどのような意味合いを当てはめているか、すこしばかり説明が必要だろう。

まず、「社会性」に関する私の見解は辞書的な意味である「集団を作って生活しようとする性質」に近い。この観点に立つ理由は二つある。第一に、私は共通の〈ことば〉を生成する作業の出発点として、なるべく日常語に近い定義から出発したいと考えているからである（竹ノ下 二〇二三）。第二に、本書のベースとなる社会性研究会において河合がこだわっている社会性とは「共にいること」であり、私もそのこだわりを共有しているからである。

次に「公共性」に関して。きちんと調べたわけではないが、公共性という語は哲学や社会学、政治学など他の学問領域では専門用語としてより精緻な定義をされている一方、霊長類学においてほとんど用いられていない。そこで、やはり辞書的な定義からはじめたい。三省堂『スーパー大辞林』には「広く社会一般に利害・影響を持つ性質。特定の集団に限られることなく、社会全体に開かれていること。」とあるので、とりあえずこれを採用する。「配慮」という語は日常でも非常に多様な用いられ方をするが、これも『スーパー大辞林』の定義「心をくばること。他人や他の事のために気をつかうこと」を採用する。なお、本章における「配慮」の英訳語はconsiderationとする。これは、定義にある「心をくばる／気をつかう」に親切や思いやりといった向社会的な含意を含めないことを明確にするためである。

群れ生活においては、個体のあらゆる行動の効果は行為者とその行為の受け手の間のみに閉じ込められてはいない。行動が向けられていない個体（第三者）もその行動に反応しうるし、実際に反応することもある。あるいは、その行動によって影響を被る。また、個体が群れのメンバーと遊動をともにする際には、他個体の動向に気を配って自らの振る舞いを選択している。その意味で、霊長類に限らず群居性の動物の行動には一定の公共性があり、かれらは他個体に配慮していると述べることが可能である。

しかし、それだけではこれら二語の導入を正当化するには不十分である。「公共性」「配慮」の二語を積極的に用いることで、ヒト以外の霊長類における社会現象の記述を従来よりも「高いレベル（中川 一九九二、曽我 二〇二三）」できなければ意味がない。「公共性」が意味をもつのは、ヒト以外の霊長類（以下、煩雑なので「サル」とする）の社会現象に公共性のあるものとないものが見出せなくてはならない。そこで本章の前半では、それが可能かどうか検討する。そして後半では、「公共性」「配慮」の二語を用いてサルの社会の記述を実際に「高いレベル」にできるか、私自身が観察した野生ニシローランドゴリラ（*Gorilla gorilla gorilla*）の群れにおける「いさかい」に関する事例を素材として記述を試みる。

1　ブロードキャストな社会行動

『行動生態学事典』（上田ほか 二〇一三）は動物の社会行動を同種他個体に向けられた行動と定義する。このとき、行動が向けられる対象個体は複数であってもよい。この定義にのっとれば、社会行動にはその発し手と受け手が存在する。よって、社会行動は他動詞であり、SVO形式（発し手：Sが受け手：Oに／を○○する：V。）で記述されることになる。

しかし、実際にサルの行動観察をしていると、社会的な行動、つまり他個体に向けられた行動であるには違いないのだが、しばしば、その受け手が誰かを特定するのが難しいケースに遭遇する。観察者の視界が悪くて受け手が誰だか特定できないとこともちろんあるが、行動を十全に観察できているにもかかわらず、それが向けられている相手が特定できないものがある。さらに、受け手はいるのだが観察者がそれを特定できないのではなく、そもそも特定の個体に向けられていない行動があるように思われる。そのような行動を本章では「ブロードキャストな社会行動」と呼ぶことにする。

ブロードキャストな社会行動という概念を直感的に理解してもらうために、人間社会における例を挙げよう。往来で急に体調が悪くなり動けなくなった人が「誰か助けて！」と叫ぶ。このとき、この救助要請は特定の人に向けられたものではない。かといって、その近辺にいる全員に対して呼びかけているのでもない[1]。それでいて、これが誰にも向けられていない「ひとりごと」でもないのは明らかである。この救助要請は、特定の誰かでも、そこにいる全員にでもなく「不特定の誰か」に向けられている。

サルの社会におけるブロードキャストな社会行動にはどのようなものがあるだろうか。典型的なのはニホンザル（*Macaca fuscata*）のオスが交尾期にしばしば行う「木揺すり」である。オトナオスが木に登り、幹や大きな枝につかまり激しく揺する行動である。時には、木揺すりをしながらガガガガッ、と大声を出すこともある。木揺すりの大部分は交尾期に起きるため、発情メスを引きつけたり、ライバルのオスを威圧するディスプレイであると考えられている。ただし、木揺すり自体は特定の個体に向けられてはいない。ほかにも、捕食者を発見したときに発せられる警戒音や、私自身は映像でしか観たことがないのだが、チンパンジー（*Pan troglodytes*）で単位集団の最優位オスが衆人環視の中で暴れ回るディスプレイなどもブロードキャストな社会行動といってよかろう。

ここで、他個体に向けられた社会行動とブロードキャストな社会行動は必ずしも排他的ではないことには注意が必要である。あきらかに特定の個体に向けられた行動であるが、それが同時にブロードキャストな社会行動の色合いを帯びる場合もある。これも、人間社会における例を先に挙げるならば、「見せしめ」がその典型だろう。特定の誰かに対して叱責や刑罰を与える際に、それをあえて多数の見物者の前で行うことによって、罰の対象者以外に対する抑止力が発揮される。

サルの社会でみられる同様の両義的な社会行動の典型は、ゴリラのシルバーバックが群れ外オスや群れ内の若いオスに対して行うチャージングやドラミングなどのディスプレイである。ゴリラのシルバーバックは敵対する相手に対して突進し、立ち上がって胸を叩く。それは時折人間の観察者に対してもなされることがあり、なかなか派手で迫力のある行動である。山極壽一は、シルバーバックのディスプレイを歌舞伎の見得にたとえ、周囲の個体に観られることを前提としている、もしくは見せつける行為であると述べるが、私も同様の印象を抱く。[2] 逆に、前段で述べたニホ

1　〝誰か〟という呼びかけの言葉は、話者が自分が誰に助けを求めているか特定していないことを如実に示している。

2　ここで、当のシルバーバックがそれを意識しているかは、私は問題としない。本文中で述べたように、シルバーバックのチャージングやドラミングは派手で騒がしく、当人の意図にかかわらず、周囲の注目を集める行動なのだ。

ンザルの木揺すりでは、行動上は明瞭ではないものの、その生起した文脈から、それが誰に対してなされたものか、観察者が強い確信をもって推測できることもある。

ブロードキャストな行動（両義的行動も含む）は、前節の終わりに述べたような、単に行動が第三者に対して開かれている（顕わである）という以上のものである。第三者がその行動の意味の決定に関与する。いいかえると、個体の行動は全体（全員ではなく）の中にあって意味をもつ。すなわち、インタラクションが個と個の間にだけでなく、個と全体の間で生じている。[3]

2　公共性の水準と公私の区別

前節までを踏まえ、サルの行動の公共性の水準というものを考えてみたい。まず、もっともプリミティブな水準は、冒頭で述べた「行動が周囲に対して顕わである」ことである（第一水準）。第一水準においては、私的行動とは周囲に対して顕わでない行動となる。単独で遊動するニホンザルやゴリラのヒトリオスの行動はすべて私的行動だし、群れの中にあっても他個体から見えないところでなされる行動もそうだ。[4] そして、複数個体が関与する社会行動であっても、行動の発し手と受け手以外に見えないところで行われる場合は私的な社会行動となる。

第二水準はブロードキャストな社会行動のように「行動が全体の中にあって意味をもつ」ことである。第二水準の公共性が成立する場面では、全体を構成する第三者たちの反応が要請される。そしてその要請から逃れることはできない。「(目立った）反応をしない」こともまた意味を構成するからである。[5]

第二水準においては、第三者に顕わであっても、第三者が意味の決定に関与していない、もっと簡潔にいえば第三者に関係ない行動は私的行動となる。たとえば、電車の中で隣に座った友人と雑談をする。このとき、友人と反対側に座っている見知らぬ人にもその声は届く。だから原理的にはその人も会話に参加可能である。だが、ふつうそんなことは起きない。雑談の内容は第三者に関係ないからである。

周囲に顕わでありながら他個体に関係ない行動はサルにもたくさんある。背中を掻くとか、排便するとか、おならをするとか、一人でする行動の多くはそうだろう。だが、社会行動に関して、ブロードキャストな行動とそうでない私的な（第三者には関係ない）行動を区別するのはなかなか難しい。へたに客観的な判別基準を設定しようとすると、観察者の文化・社会における公私の区別の基準を不用意に援用することになってしまいそうだ。[6]

そこで、頭で基準を考えるのはいったんやめにして、実際のサルたちの振る舞いに眼をむけて、発し手と受け手が明瞭な社会行動の中に、第三者に顕わであるが、第三者には関係なさそうな行動を探してみることにしよう。私が真っ先に思い浮かべたのは、ニホンザルの母子間でみられる授乳拒否行動である。

ニホンザルの離乳は、おおよそ生後半年から一年の間に完了する。生後半年をすぎる頃になると、アカンボウは母乳だけでなく自然の食物を食べるようになる。月齢が進むにつれアカンボウがおっぱいを吸う回数や時間は減ってき

3　これは内堀基光が本書Keynote 2で述べている社会性の延長の第一の方向「対面的な関係に発現している社会性から見えない「集合」における社会性への延長」に近い。

4　ここでいう「みえない」は視覚的に見えないことだけを意味しない。「顕わでない」と同義である。

5　たとえば、人混みで倒れている人の救助要請に「反応しない」ことを想起すればそれは明らかだろう。

6　たとえば私はすぐ上の文で「おならをすること」を私的行動だとした。しかし、ゴリラは群れで採食中に頻繁におならをする。それも大放屁である。あちらこちらからぶーーーっ、ぶーーーっと音がすると、私はのんびり穏やかな気持ちになる。ゴリラたちもそうであったとしたら、採食中のおならは「鳴き交わし」ならぬ「こき交わし」であり、ブロードキャストな（＝公共的な）行動といえる。

て、おおむね生後一年程度で離乳する。この離乳過程において、アカンボウが乳首に吸い付こうとするのを母親が拒否する行動がみられる。授乳を拒否されたアカンボウはしばしばかんしゃくを起こして激しく泣き叫び、母親の胸に潜り込んで乳首に吸い付こうとする。だが、母親はそういうアカンボウを手で追い払い、威嚇する。威嚇されたアカンボウはさらに激しく泣き叫ぶ。

こうしたアカンボウと母親の攻防は騒がしく目立つ行動である。だが、私はそこに母子以外の第三者が介入するのをこれまで一度も観察したことはない。つまり、ニホンザルにおいて離乳期における母子のコンフリクトは、母子以外の個体には関係ない、私的なできごとだと言えそうだ。

ただ、離乳期の母子のコンフリクトは私的なできごとだと述べることが、果たしてサルの社会の記述をどれだけ「高いレベル」に押し上げることになるかと問うてみると、我ながら心許ない。単にそう述べることができるというだけのようでもある。

そこで、次に乳児とその年長のキョウダイとのけんかに注目する。一般に、ニホンザルのオトナのメスの優劣関係には一定の法則性が見出される。それは、ムスメは母親より劣位であり、年少のイモウトはアネより優位である、というものである。これは、末子優位の法則、あるいは発見者にちなんで川村の法則などと呼ばれる。末子優位は、コドモ期以前にキョウダイ間でけんかになった際、母親が常に年少の子の味方をすることで形成されると言われている。事実、キョウダイげんかに母親が介入する際は、必ず年少の子の味方をする。

意識してデータをとったことはないのだが、ここで、コドモ期のキョウダイげんかに母親以外が介入することはほぼないということは指摘しておきたい。とくに、非血縁の個体の介入は皆無といってよい。さらに言うならば、オトナになったメスのキョウダイ間でのコンフリクトにも、母親やほかのキョウダイ、あるいは双方の子どもなどが介入してくることはあるが、基本的に非血縁の個体が介入することはない。

おそらく、ニホンザルのメスのキョウダイ間のコンフリクトは、母親や他のキョウダイにとっては反応しうるものであるが、それ以外の個体には関係ないのだろう。ここから、母親とそのムスメたちというまとまりが、ひとつの私的領域を作り出しているといえないだろうか。[7]

ヒト以外の霊長類の社会構造は、単位集団を構成する個体の性年齢構成によって、ペア型、一夫多妻型、複雄複雌型、一妻多夫型のように類型化されるが、さらに単位集団の遊動様式による類型もある。大部分のサルは群れ型で、単位集団のメンバーが原則として常に全員でまとまって遊動する。離合集散型とは、単位集団のメンバーが時に応じて小さなサブグループに分かれて別個に遊動するが、誰とサブグルーピングするかが定まっていないというもので、チンパンジーやクモザルなどがこれにあてはまる。重層社会とは、メンバーシップの定まった基本的社会単位（BSU）が複数集まってより大きな集団を形成するもので、テングザルやゲラダヒヒなどがこれにあてはまる。

ニホンザルの群れは複雄複雌型である。そして、基本的に群れのメンバーはまとまって遊動する。[8] そして、メスもオスも、親疎の濃淡はあるものの、同じ群れの中で個体は自由に動き回り、血縁にかかわらず群れにいるどの個体とも直接的な社会行動を交わす。その意味では群れ型である。しかし、コンフリクトへの第三者の介入という観点から眺めると、母親とそのムスメたちが形成する「私的な」まとまりがいくつも重合して「公的な」群れが形成されているると解釈することもできる。群れの中に私的領域と公的領域が見出されるのである。

このようなニホンザルの群れ観には先行研究による傍証がある。岡安（一九八八）は屋久島において、群れ内でのメスが発する「クーコール」のやりとりを分析し、群れの中に血縁のまとまりの年長者である「母家長」の間で鳴き

7　もっとも、実際に、ニホンザルのメスのキョウダイげんかに第三者が介入してくる頻度や、誰が介入してくるかといったことはきちんと検証が必要であるが。

8　ただし、宮城県金華山島ではサブグルーピングが比較的高頻度でみられるそうである。

交わすことが多い一方、その母家長の子や孫たちは、母家長を頂点とする血縁個体の間で鳴き交わしていることを見出した。ここで「屋久島のニホンザルは、母家長どうしの公的な鳴き交わしと、血縁個体間の私的な鳴き交わしによって群れ全体のまとまりを維持している」と記述すると、群れの社会構造をよりすっきりと表現できる。ここにおいて、公共性概念（あるいは公私の区別）はサルの社会をより高いレベルで記述する〈ことば〉として有効である。

3　公共性と配慮

ここからはもうひとつの概念装置である「配慮」について論じてゆく。そのために、公共性の水準をもう一段階考えてみる。

人間社会において、というとすこし「主語が大きい」が、少なくとも私が日常を過ごす生活世界においては、公的領域と私的領域では振る舞い方を区別すべきであるとされている。そして、公的領域では私的領域より振る舞い方に関する規制が強い。言い換えると、公的領域においては、公的領域にふさわしい振る舞いが求められる。加えて、公的領域と私的領域とでは同じ人との社会関係が異なり（私的には夫婦だが公的には上司と部下である、など）、それに応じて公私で振る舞いを変えねばならないこともある。また、他者の私的領域はみだりに侵害してはならず、尊重されねばならない。このように、単に公私の領域が区別されるだけでなく、ふたつの領域で異なる関係性や行動規制が導入されるような状況を、公共性の第三水準と呼ぶことにしよう。

公的領域にふさわしい振る舞いというと、公共の利益に貢献するというような向社会的なものを想起してしまいがちだが、ここで重要なのは公私でふさわしい振る舞いが異なるということであり、向社会的か否かではない[9]。

サルの社会において、個体が公的責任を果たしていたり、他者のプライバシーを尊重したりしている事例を探すのは、さすがに現時点では無理がある。だが、ではサルたちは公的領域や私的領域の内部でまったく傍若無人に振る舞っているのかというと、それも違う。もちろん、自分より優位な個体に対して遠慮することは当然だが、ではその領域内で最優位の個体は完全に自由かというと、そうではない。実際にサルの群れの中に入ってかれらを直接観察していると、かれらは自らの行動の意味が全体の中で決定される過程で、行動の受け手や第三者にどのような影響を与えるか、かなり細やかな配慮をしていると感じられる場面が多くある。

実際、動物の群れ生活においてそうした配慮は必須である。とりわけ群れ型、つまり単位集団のメンバーが基本的に遊動をともにする種の場合、重要性が増す。さらに、霊長類の場合、他の分類群と比べてより多くの配慮が必要とされる。以下、詳述しよう。

一般に、動物の群れが凝集性を保って遊動するには、同じ群れの個体が活動を同調させる必要がある。だが、活動の同調は個体にとってコストとなる。個体間で栄養要求や移動能力等に差異があると、理想的な遊動ルートや活動時間配分にも違いが生じるためである（Conradt and Roper, 2000）。活動同調のコストは、群内の個体間の「異質性」が高いほど大きくなる。性別や発達段階、繁殖ステージ（妊娠中、授乳中、月経周期中など）が異なれば、栄養要求や移動能力の差異がより大きくなるからだ。

したがって、動物個体にとって、他の制限要因がなければ、同性や同年齢など自分と同質の個体と遊動をともにするほうが、異性や異年齢など異質な個体と遊動するより有利になるはずだ。事実、アカシカやゾウ、キリンなどが形成する採食のための一時的な集まり（herd）においては、同性集団や同齢集団、授乳中メスの集団というふうに、性

9　私たちの生活世界においても、私的＝利己的、公的＝向社会的という対比はまとはずれである。むしろ、向社会性の判定基準が公私ふたつの領域で異なるというふうに考えるべきである。たとえば、家族や友人を大切にすることは私的には美徳とされるが、公務員が公務を行う際には家族や友人をそれ以外の人々と区別しないことが美徳とされる（ネーゲル 一九八九）。

や発達段階を同じくする個体どうしで集まりが形成される、social segregation という現象が知られている。活動同調コストが social segregation の要因であることが、数理モデルを用いた研究と野外研究によって確かめられている(Conradt and Roper, 2000)。

ところが、霊長類の群れのタイプには、ペア型、一夫多妻型、一妻多夫型そして複雄複雌群などさまざまなタイプがあり、これらに共通するのは、オトナオスとオトナメスを一頭以上および未成体を含む両性集団であることである。さらに、群れのメスの繁殖ステージ(妊娠中、授乳中、月経周期中)もさまざまである。よって、霊長類の群れは潜在的な個体間の活動同調コストが高い。しかし、霊長類の群れ(social group)の多くは、長期的に安定したメンバーシップを維持し、チンパンジーなどいくつかの例外を除いて群れのメンバーは凝集性を保ち、日々、ともに遊動している。したがって、霊長類の群れにおいては、潜在的な高い活動同調コストに折り合いをつけ、メンバーが相互に配慮しあって、群れがどのように遊動するか、コンセンサスに基づく意思決定がなされているはずである。

ただし、配慮が明示的な行動として観察される場面はそれほど多くないだろう。群れが安定して遊動をともにできているときには目に見えるコンフリクトが生じる頻度が減り、何事もなく平穏に群れが存続しているようにみえるだろうからだ。つまり、配慮とは基本的にコンフリクトの事前回避のことであり、めったに顕在化するものではないのだ。逆に考えれば、群れの安定にほころびが生じる場面において、それまで安定をささえていたさまざまな配慮が顕在化する可能性が高まる(竹ノ下 二〇二二)。

そこで、次節では、私が調査対象としている野生ニシローランドゴリラの群れにおけるオス間のいさかいと、それにともなう若オスの一時的な群れ離脱というできごとをとりあげ、公共性および配慮というふたつの概念を用いたその事例の記述を試みたい。

4 ニシローランドゴリラの群れにおけるオス間のいさかい

ゴリラはアフリカに生息する大型類人猿である。霊長類最大の体サイズをもち、草や葉などの線維性食物に適応した雑食者である。系統的にはチンパンジー・ボノボについでヒトに近縁である。東アフリカ、ルワンダ、ウガンダおよびコンゴ民主共和国東部に生息するヒガシゴリラ（*Gorilla. beringei*）と中部アフリカ、ガボン、コンゴおよびその周辺国に生息するニシゴリラ（*G. gorilla*）の二種に分類され、さらにそれぞれが二つの亜種に細分される。ニシローランドゴリラはニシゴリラの亜種である。

ニシローランドゴリラは一頭の成熟したオス（核オス）が複数のメスと配偶関係を結び、その子どもたちを含む一夫多妻型の家族的な群れを形成する。野生下での寿命は長くて四〇年程度である。身体的に性成熟に達するのはオスで一〇〜一一歳、メスで七〜八歳である。性成熟に達したオスはブラックバックと呼ばれ、まだ華奢で体サイズも小さい。一四歳ごろになるとだいぶ体も大きくなり、背中の毛が白くなる（シルバーバックと呼ぶ）。その頃になると生まれた群れを移出し、ヒトリゴリラとして単独遊動したり同様の若いシルバーバックたちとオスグループをつくる。一六歳を過ぎると、メスを獲得し自分の群れを形成する。メスは性成熟に達する頃に生まれた群れを移出し、他の群れに移入するかヒトリゴリラと配偶関係を結んで新たな群れを形成する。

調査地は、アフリカ、ガボン共和国ムカラバ―ドゥドゥ国立公園（以下ムカラバ）である。ムカラバは古くからゴリラとチンパンジーが高密度に生息していることが知られており（Nakashima et al. 2013; Takenoshita and Yamagiwa 2008; Tutin and Fernandez 1984; Walsh et al. 2003）、私を含む日本人研究者による大型類人猿の長期継続調査が一九九九年から実施されている（竹ノ下 二〇〇一）。二〇〇七年ごろまでに、G群と名付けた約二〇頭からなるゴリラの群れのヒトづけを完了し、群れの直接観察による詳細な行動調査が可能になった（Ando et al. 2008）。その後二〇一六年にG群のリーダーオスが消失し群れは消滅したが、多くのヒトづけされた個体が移入したN群を対象に現在まで継続観察が続けられている。

対象としてゴリラを選ぶことには、単に長年調査対象としているという以上の理由がある。第一に、活動同調コストの克服は、霊長類のなかでもゴリラにおいて群れを維持するために重要と考えられるからだ。ゴリラは一夫多妻型の家族的な群れを構成するが、群内の個体の異質性がきわめて高い。霊長類の中で成体の体サイズが最大で、発達段階による体格差が大きく、成体の体重はオスで新生児の約六〇倍、メスでも四〇倍にも達する（cf. ヒトでは約二〇倍）。しかも性的二型が大きい（オスがメスの約二倍）。それにもかかわらず、群れの凝集性は高い。

第二の理由は、ゴリラには、ブロードキャストな社会行動がおそらくニホンザルやチンパンジーなどと比べてとても多いことだ。一方、発し手と受け手の明瞭なSVO型の社会行動の生起頻度は低い。私は名古屋市東山動物園で飼育ゴリラの観察も行っていたのだが、飼育下でも同様の印象を得ている（飼育ゴリラの社会行動のやりとりについては、稿を改めて論じたい）。

N群が識別され追跡対象とされたのは二〇一八年一月である。コロナ禍のため追跡調査は二〇二〇年三月を最後に中断していたが（竹ノ下 二〇二二）、二〇二二年八月におよそ二年半ぶりに再開することができた。N群の特徴として、核オスであるシルバーバック（ニダイ）と血縁のないブラックバック、若いシルバーバックが群れ内に複数いたことがあげられる（Tamura et al. *in prep*）。

以下に示すのは、二〇二二年八月二八日の観察である。はじめに概要を示すと、核オスであるニダイとサンジという若いシルバーバックとのあいだで身体接触をともなわないちょっとした小競り合いが発生し、その後サンジがしばらく群れから離れて単独で遊動し、その日のうちに再び群れに合流するという出来事であった。サンジは一四歳、年齢的にはそろそろ群れを移出してもおかしくない頃で、体もだいぶ大きくなっていた。[10] 今回の観察事例も、群れ移出のプロセスの一部であると理解できる。

以下に、その日の群れの遊動の全体像を時系列にそって記す。

▼ 一一時〇四分（以下11：04のように表記）　N群に遭遇した。国立公園と集落の境界にあるムカラバ川沿いの川辺林の樹上で、現地でムンズンズバリと呼ばれるウルシ科の果実（*Pseudospondias longifolia*）を食べていた。樹下にはクズウコン科の草本をはじめ、ゴリラたちの食物となる草や灌木が生い茂っており、ゴリラたちは樹上と地上を行き来して、果実と草や葉を食べていた。このようにひとつの場所でそこにある複数の食物を採食するのがゴリラの遊動の特徴である。

▼ 12：03　採食をやめて移動をはじめる。川辺林を内陸に向かって移動するとサバンナにつきあたる。サバンナと森の境界線をなぞるようにを一列に並んで歩いたのち、ほぼ一列縦隊でサバンナをつっきってその先にある小さな島状の森の塊に入っていった。この森塊の中央には、現地名をムスガという大木（*Sacoglottis gabonensis*）の純林があり、たわわに実をつけ、落果もしていた。数日来、N群はこのムスガ林を遊動の中心として毎日のように訪問しては落果を採食していた。

▼ 12：18　アカンボウが果実を拾い歩きながら観察者のかなり近くにやってきた。そのせいか、核オスのニダイが観察者を威嚇する突進ディスプレイを行った。その二分後、こんどは若いシルバーバックのサンジが観察者とは別の方向に向かって無言で突進ディスプレイをした。それが誰かに向けられていたのか、それともブロードキャストなディスプレイだったのか判然としなかったが、サンジがディスプレイするや、ニダイがはっきりサンジに向かって突進した。二頭は顔を向け合って対峙したが、互いに声を

10　サンジはニダイの子ではなく、旧G群の核オスであったジャンティの息子であったことも付記しておく。

発することも身体接触もなく、一定の距離をとって軽くにらみ合った。にらみ合いを先にやめたのはサンジで、観察者のすぐ近くにやってきて、悠々とムスガの落果を食べ始めた。G群出身のかれは生まれたときから人になれており、かつ、ニダイが観察者に慣れていないことも知っているのだ。ニダイは観察者を背にしたサンジにそれ以上接近せず、八つ当たりするかのように周囲のメスたちの方に向かって右に左に走り回ってディスプレイする。メスたちは走り回るニダイを避けるように、そしてなんとなくサンジに近づくように林内をゆっくり移動しながらムスガの採食を続ける。

▼12:28 ニダイが走り回るのをやめるのとほぼ同時に、サンジとドゥタ、プチ・コジワ16という三頭が群れのメンバーから離れてムスガの純林からはずれていった。ドゥタは一〇歳、プチ・コジワ16は八歳のオスである。プチ・コジワ16はすぐにメスたちのいるムスガの純林の方へ戻っていったが、サンジとドゥタはさらに群れの本体から離れ、森塊とサバンナの境界まで移動し、じっと座る。

▼12:43 ドゥタがサンジのほうをちらちらみながら[11]、サンジから離れ、群れの本体に合流していった。サンジは群れの本体とは別方向に歩いていく。本体を追うかサンジを追うか迷っているうちにサンジを見失ってしまったので、私は群れ本体に合流した。本体はさらに一時間ムスガの純林に滞在した。

▼13:47 サンジをのぞくN群は森塊を離れ、ふたたびサバンナを渡って川辺林に移動した。一四時〇九分、現地名をムフマと呼ぶパンヤ科の巨木（*Ceiba pentandra*）の花が大量に落花している場所に到着すると、みんなで落花を採食しはじめた。ニダイは途中で採食をやめ、地上に座って休息していた

▼14:46 サンジが音もなく現れて、メスや子どもたちに混じってムフマの落花を食べ始めた。すると、ニダイが立ち上がり、静かにサンジの二〇mくらいのところまで接近し、立ったままで軽く「グーン」とゲップ音を発した。ゲップ音は、ゴリラが他個体に挨拶したりなだめたりする際に用いる音声である。このとき、視界が悪く、ニダイがどちらを向いていたのかわからなかった。だが、ニダイの声を聞く

やいなや、サンジは別段ニダイの方を向くのでもなく、採食しながら短く「ゴゴッ」と穏やかな音声を発した。ニダイはもう二、三歩サンジに近づき、およそ一五mほど離れた場所にぺたっと座った。このときニダイとサンジの間には藪があり、互いに視認はできただろうが空間的には少し隔たりがあった。サンジはニダイを特段気にする様子もみせずにムフマを食べ続けるが、ニダイが座ったまま再び「グーン」と鳴くと、さきほどと同様にサンジも落花を食べながら「ゴゴッ」と応えた。

▼14：59 サンジが採食しながら歩き、ニダイとの距離が離れた。とはいっても、群れのまとまりの中にはとどまっている。ニダイが再び「グーン」とゲップ音を発し、続けて「グルグルー」と鳴く。今度もサンジはすぐに応答したが、さきほどとは違う「グハー」というため息のような音声を発した。

▼15：04 調査規則により観察終了。

上の記録を要約すると、一連のできごとは大きく三つのできごとの連鎖として記述にまとめることができる。[12]（1）ニダイとサンジのコンフリクト、（2）サンジの一時離脱、（3）サンジの再合流とニダイとの和解、である。

（1）ニダイとサンジのコンフリクト：一二時一八分のサンジのディスプレイにどのような意味があったのか、私にはわからない。ニダイのディスプレイに連鎖して起きたとはいえ、ニダイとは別の方向に突進した。ブロードキャストな突進ディスプレイはは遊びの文脈や緊張が高まったときにも起こることがある。だから、

11 擬人主義的に表現するなら「名残惜しそうに」していた。

12 「記録」と「記述」については竹ノ下（二〇二三）を参照のこと。

単に直前のニダイのディスプレイに触発されただけかもしれない（触発されて楽しくなったのか緊張したのかはともかく）。だが、ニダイがそれに対して明確な威嚇行動をとったことで、このときのサンジによるディスプレイが、ニダイには看過できない行動だったことがわかる。自らに対する威嚇行動ではなくても、彼を含む公的領域において、（少なくとも彼に対する）配慮を欠いた不適切な行動だったのである。こうしてニダイとサンジのコンフリクトが生じた。

（2）サンジの一時離脱：それはコンフリクトの結果サンジがニダイに追い出されたのではなかった。最初の小競り合いののち、両者の直接的な敵対行動は一段落した。その点でサンジはすでに安全な状況を手に入れていた。ニダイによる八つ当たり的なディスプレイは一〇分近くも続いたけれど、そのまま静かにおとなしくしていればそれですんだかもしれない。しかしサンジが選んだのは群れからの一時離脱であった。このときの離脱の仕方が、なかなか複雑な手順を踏んでいたと私には感じられた。

群れから離脱するのはそれほど簡単なことではない。サンジひとりの意思決定でできることではない。群れのメンバーがついてきてしまったら離脱できないのだ。実際、採食の場から離れようとしたら、年少のオスが二頭ついてきてしまった。また、好き勝手な方向に移動しても、群れ本体も同じ方向に移動しようとしたらやはり離脱できない。一時的にではあれ、サンジが群れ本体と行動をともにしないことについて群れ全体で（必ずしも全個体でなくてもよいが）合意形成ができなくては離脱にならない。サンジはさらに本体がまだ採食を続けるのを確認し、ついてきたドゥタが群れ本体に合流するのを待ってその場を離れた。二〇二二年八月の調査中、ほかの日にもサンジが群れを一時離脱することがあったが、いずれの場合においても、離脱は観察者がはっきりと「あ、いま別行動をとろうとしている」と直感できるような形でなされた。このときのサンジの離脱は、好き勝手に食物を探しながら歩いているうちにはぐれてしまったというような私的な離脱ではなく、公的なものであったといえる。

（3）サンジの再合流とニダイとの和解：離脱は明示的になされたが、再合流は特に前触れもなくなされた。同時期の別の日における離脱でも、再合流は何事もなかったかのように行われていた。ただ、他の日における再合流を見ていると、ニダイを含めた他のメンバーは、果たしてサンジが離脱していることをわかっているのか？　と疑問に思うこともあるくらい、しれっと合流しており、他のメンバーも再合流に対して明示的な反応を示さなかった。しかし、この日においては、再合流したサンジとニダイとの間で、再合流に際して三回の鳴き交わしがみられた。いずれも発声はニダイからであった。この鳴き交わしを和解と解釈することに追加の説明は不要だろう。そして、彼らが再会に際して和解したことによって、私たち観察者はこの日のサンジの一時離脱が直前のニダイとのコンフリクトを契機としたものであったこと、再合流した際にはそのコンフリクトは解消していること、そして、これら二点についてニダイとサンジの間に共通理解が存在していることを確認できた。先に発声したのがニダイだったことも興味深い。再合流に気づき、接近し、だが（ふたたびコンフリクトにならない程度の）一定の距離をおいて発声したことは、劣位であるサンジに対する配慮だと言えるだろう。また、ここから、サンジの一時離脱が双方にとって「冷却期間」として機能した可能性も示唆される。さらに付け加えるならば、鳴き交わしは対面状況ではなく、ある程度の距離をおいた状況で、他のメンバーに顕わな場所でなされた。鳴き交わしがなされたとき、サンジとニダイ周辺にはもっと近くに他のメンバーがいたし、両者の間で採食している個体もいた。短い発声ではあったが、二頭の鳴き交わしは周囲の個体にも聞こえており、両者の和解は他のメンバーの知るところとなったはずだ。よって、この鳴き交わしは群れの他のメンバーにも開かれた公共的な行動だったといえる。

サンジとニダイの間でコンフリクトが発生し、何度も一時離脱を繰り返すのは、長期的にはオスの成熟にともなう出自群からの移出プロセスの一部である。マウンテンゴリラとは異なり、ニシローランドゴリラのオスは、原則として生まれ育った群れに残存することはない。性成熟する頃に群れをでてゆくのである。

オスの離脱の至近要因は、核オスであるシルバーバックとの確執によるストレスであり、究極要因は核オスとの繁殖競合であると考えられている。ムカラバでは、オスは性成熟に近くなると次第にストレスレベルが上昇し、群れ内での空間的位置関係において周辺化が起き、最終的に移出につながる（Fujita et al. 2020）。この理解は大枠では妥当である。しかし、オスの成熟にともなって直線的に確執が強まってゆき、とうとう「共にいられなくなる」というようなイメージは、必ずしも妥当ではないと私は考える。ゴリラたちは、喧嘩別れするのではない。成熟にともなって必然的に生じるコンフリクトを、その都度適切に解消しようとする。一緒に遊動するが離れて歩くとか、数時間別行動するのは、コンフリクトが再発するのを回避しようとする互いの配慮の結果だといえないだろうか。そして、「共にいられなくなった」ではなく、双方が「共にいないことを選んだ」とき、移出が完了するのだ。

5　今後の展開

本章では、私が提案した協働の方法である「記録から記述を生成する」（竹ノ下 二〇二三）の実践の第一歩として、ひとつの観察事例の記録から、「公共性」および「配慮」という概念装置を用いた記述の生成を試みた。私自身は一定の手応えを感じてはいるが、それが成功しているかどうかの判断は読者に委ねたい。さしあたって、私自身が考えているこれからの展開を述べて本章の結びとしたい。

まずは今回は一事例のみでおこなったような記録から記述を生成する作業をより多くの事例で積み重ねてゆくことである。ムカラバでは、ヒトづけが進んだとはいえ、個体追跡等によって個体レベルで定量的に行動の記録を蓄積できるほどに観察条件はよくない。その一方で、本章で示したようなできごとを詳細に記録できる場面が増えてきた。

そこで、ビデオカメラによる記録の助けもかりつつ、このようなできごとをまずは言語的な記録に落とし、質的データ分析（ＱＤＡ）の手法（佐藤 二〇〇八）も取り入れてゆきたい。

そして、今回の行動記録は結果的にほとんどニダイとサンジという二頭を中心になされたが、公共性を論じるに当たっては第三者が重要である。できごとの観察場面では、行動の発し手と受け手だけでなく、いっけんその交渉に参加しているとはみえないような個体の反応にもっと注意を払う必要がある。動物園や野猿公園のような観察条件のよいフィールドでなら、具体的なトピックにもとづいて第三者の反応を記録することが可能だろう。

最後に、今回とりあげた「集まりからの離脱と再合流」、いいかえると「出会いと別れ」という現象のさらなる追究である。私がまっさきに思いつくのはチンパンジーとゴリラの比較である。ゴリラが凝集性の高い群れを作り、基本的に群れのメンバー全員が遊動を共にするのに対し、チンパンジーは群れのメンバーがいくつものサブグループに分かれて遊動し、より頻繁に離脱と再合流を繰り返す。野生チンパンジーを一度も観察したことのない私には妄想することしかできないが、公共性概念をチンパンジーの記述に導入したら、本章とはまるで異なる洞察が得られるかもしれない。

謝辞

ムカラバでのゴリラの調査にあたっては、共同研究者の藤田志歩氏、田村大也氏、Ghislan Wilfreed Ebang Ella 氏、Etienne François Akomo Okoué 氏に多大な協力をいただいた。とくに田村大也氏には本稿の草稿に有用なコメントをいただいた。現地調査においては、Ndoudi Jonas 氏をはじめとする調査アシスタント諸氏の協力が不可欠であった。そして何より、長時間の追跡と観察を許容してくれた Papa Nidai をはじめとするＮ群のゴリラたちに謝意を表したい。

参照文献

上田恵介・岡ノ谷一夫・菊水健史・坂上貴之・辻和希・友永雅己・中島定彦・長谷川寿一・松島俊也編（二〇一三）『行動生物学辞典』東京化学同人。

岡安直比（一九八八）「クー・サウンド・コミュニケーション――野生ニホンザルの遊動と関連させて」『季刊人類学』一九：一二一―一三〇。

河合香吏・竹ノ下祐二・大村敬一編（二〇二三）『新・方法序説――人類社会の進化に迫る認識と方法』京都大学学術出版会。

佐藤郁哉（二〇〇八）『QDAソフトを活用する実践質的データ分析入門』新曜社。

竹ノ下祐二（二〇〇一）「ガボン・ムカラバ保護区の類人猿」『モンキー』二五〇：四―一一。

――（二〇二一）「ガボン、ムカラバの野外調査への新型コロナウィルス感染症の影響」『霊長類研究』三七：一〇三―一〇四。https://doi.org/10.2354/psj.37.017

――（二〇二二）「霊長類の社会変動にみるレジリエンス」伊藤詞子編『たえる・きざす』（生態人類学は挑む Session 6）一五七―一八六。

――（二〇二三）「サルを記述する〈ことば〉――サルを経験する主体として扱う」河合香吏・竹ノ下祐二・大村敬一編『新・方法序説――人類社会の進化に迫る認識と方法』京都大学学術出版会、八六―一一七頁。

中川敏（一九九二）『異文化の語り方――あるいは猫好きのための人類学入門』世界思想社。

ネーゲル、T（一九八九）「コウモリであるとはどのようなことか」永井均訳、勁草書房。

Ando, C., Iwata, Y. and Yamaigwa, J. (2008) Progress of habituation of western lowland gorillas and their reaction to observers in Moukalaba-Doudou National Park, Gabon. *African Study Monographs*, Supplementary Issue 39: 55–69. https://doi.org/10.14989/66238

Conradt, L. and Roper, T. J. (2000) Activity synchrony and social cohesion: A fission-fusion model. *Proceedings of the Royal Society of London. Series B: Biological Sciences*, 267: 2213–2218. https://doi.org/10.1098/rspb.2000.1271

Nakashima, Y., Iwata, Y., Ando, C., Nze Nkoguee, C., Inoue, E., Akomo, E.-F. O., Nguema, P. M., Bineni, T. D., Banak, L. N., Takenoshita, Y., Ngomanda, A. and Yamagiwa, J. (2013) Assessment of landscape-scale distribution of sympatric great apes in African rainforests: Concurrent use of nest and camera-trap surveys: Nest and Camera-Trap Surveys of Apes. *American Journal of Primatology*, n/a-n/a.

https://doi.org/10.1002/ajp.22185

Takenoshita, Y. and Yamagiwa, J. (2008) Estimating gorilla abundance by dung count in the northern part of Moukalaba-Doudou National Park, Gabon. *African Study Monographs*, Supplementary Issue, 39: 41–54. https://doi.org/10.14989/66239

Tutin, C. E. G. and Fernandez, M. (1984) Nationwide census of gorilla (Gorilla g. gorilla) and chimpanzee (Pan t. troglodytes) populations in gabon. *American Journal of Primatology*, 6: 313–336. https://doi.org/10.1002/ajp.1350060403

Walsh, P. D., Abernethy, K. A., Bermejo, M., Beyers, R., De Wachter, P., Akou, M. E., Huijbregts, B., Mambounga, D. I., Toham, A. K., Kilbourn, A. M., Lahm, S. A., Latour, S., Maisels, F., Mbina, C., Mihindou, Y., Ndong Obiang, S., Effa, E. N., Starkey, M. P., Telfer, P., Thibault, M., Tutin, C. E. G., White, L. J. T. and Wilkie, D. S. (2003) Catastrophic ape decline in western equatorial Africa. *Nature*, 422: 611–614. https://doi.org/10.1038/nature01566

KEYWORDS

- 対称性の増殖
- アブダクションの論理
- AGIによる社会変容と対称性

第12章

「対称性」という観点で社会性の進化を考える

春日 直樹
Naoki Kasuga

社会性は人間相互の関係の形成から切り離すことができない。本章はそうした人間の関係を作る上で重要なパターンとして働く対称性に着目する。言語コミュニケーションを例にとると、チャットボットの原初段階でのプログラムは、「私」がくれば「あなた」へ、「あなた」がくれば「私」へと、ワードの機械的な入れ替えを指示する。語尾の調整を加えてやれば、「ぐっと会話らしい雰囲気」になるという。[1] この種の会話が限定的で人間の側の想像力に依拠する点はさておき、同一の文章で「私」と「あなた」が入れ替わり可能であれば、二者は対称性を構成する。つまり「私」と「あなた」は同じ関係に対して置換できるからである。この例だけでも、人間のコミュニケーションにとって対称性がいかに重要なのかが暗示されている。そんな対称性が社会性の進化にどんな光を投じるのかについて、本章は最終節の「結」の総括に向けて議論を進めていく。

対称性といえば数学を思い浮かべる人は少なくあるまい。おなじみの点対称は「ある点を中心として一八〇度回転する」関係に対して二者を入れ替えるし、線対称は「ある直線を軸にして反転する」関係に対しての置換である。もっと複雑な関係を、自然言語のかたちで提示してみよう。たとえば、「Pは――を～する」のPをQに代置できれば、PとQは「――を～する」関係について対称性を構成するだろう。さらに強力な関係は、P・Qを一体で組み入れることによって作られる。たとえば、「PがQに～する」でのPとQの入れ替え、あるいは「PはQの――である」での入れ替えが成り立つ場合である。pとqの間に対称性をつくる関係をRと置くならば、「$pRq \rightleftarrows qRp$」という記述が成り立つわけである。

1　夫方集団と妻型集団の対称性

対称性は人と人、集団と集団の間の「同じ」「等しい」という観念に結びつく傾向がある。そこで、集団と集団の間に長期にわたってかわされるやり取りに関して、対称性の観点から検討してみよう。世界各地で集団と集団が暗黙ないし公然と互いの贈り物を比べ合いながら関係を維持し発展させる膨大な事例について、人類学者は「贈与」(gift)のテーマで議論をつづけてきた。[2] ここではパプアニューギニアの妻方集団と夫方集団について取り上げてみたい（詳細は別稿（春日 二〇二〇）を参照されたい）。両集団には、原則として優劣がない。縁組の成立および維持は、二つの集団がともに納得できるようなやり取りを持続できるか否かにかかっている。やり取りのリストには、財や食糧だけでなく、花嫁、誕生する子どもの権利、儀礼的な知識と奉仕、呪術、スピーチ、身体装飾、踊り、などが含まれる。妻方集団と夫方集団は、婚約の儀礼に始まり、夫婦・子どもの葬送儀礼、さらに地域によっては孫の葬儀までの長きにわたって、そのときどきにふさわしい財やサービスを相手に贈りながら、互いの出費を比較しあうわけである。

二つの集団はたがいの貸し借りの差を極力小さくして、等しい関係をつくりつづけなければならない。けれども、やり取りする財やサービスは同値性を論じられないほどに非同一であり、かりにブタ肉のように同種であっても夫方からの財と妻方からの財は別の種類に属する。彼らがどのようにして等しさを確認しあうのかを、対称性に照らして考えてみよう。二集団のあるべき関係をなるたけ簡潔に記述してみる。夫方集団と妻方集団をP、Qと置いて、そ

1　鈴木優子氏の私信による。
2　よく知られるように、このテーマはM・モースの提起したテーマに由来する（モース 二〇一四）。

れぞれの与える財やサービスをp、qとする。M・ストラザーンにならって動詞に「引き出す」(elicit)[3]をもちいると、次のようになる。

「Pがpによって Qからqを引き出す」

⇅

「Qがqによって Pからpを引き出す」

P、Qを主語に据えるのでなく、モノの行為能力に注目した記述も作ってみよう。

「pがPによって Qからqを引き出す」

⇅

「qがQによって Pからpを引き出す」

(1)に相当するように表現を変えると、上の二種類の記述は次のように統合できる。

「P(またはp)がp(またはP)によって引き出すのはQのqである」

⇅

「Q(またはq)がq(またはQ)によって引き出すのはPのpである」

主部のPとp、Qとqは、同時一体の条件において置換が可能になる。大文字・小文字を含めて斜体のp、qで統一して表せば、ちょうど「$pRq \rightleftarrows qRp$」というかたちで簡潔に表記することができる。少し堅苦しいのだが、パターンを綺麗に記すにはこうした抽象化した表現が適している。もしも自然言語でそのまま記すならば、「我々のものであるx量の財Aによって、我々が彼らからy量の財Bを引き出すとき、彼らは彼らのものであるy量の財Bによって、我々からx量の財Aを引き出さなければならない。反対に、彼らがy量の財Bによって、我々からx量の財Aを引き出すとき、我々はx量の財Aによって、彼らからy量の財Bを引き出さねばならない」というように、ひどくゴチャゴチャした関係になる。この関係が私たちの脳内で難なく処理されることを考えるなら、むしろ「$pRq \rightleftarrows qRp$」の方が実際の思考に近いのではなかろうか。

ここで今後の議論に備えて、もう少しだけ記述の抽象度を上げて数学の関数に準じたかたちに変えておこう。

$$Rp = q \rightleftarrows Rq = p \quad \cdots\cdots\cdots\cdots\cdots (1)$$

どう読むかといえば、「pにとって関係Rに相当するのがqであれば、反対にqにとって同じ関係Rを充たすのはpである。その逆も可である」となる。

このとき忘れていけないのは、「同じ」「等しい」の判断があくまで人間の側のP・Qによってなされる点である。つまり、この関係式（1）を充たすためには、右側のRと左側のRが本当に等しいことを、P・Qの双方が納得しなければならない。やりとりする財やサービスの等価の成立は、まさにここにかかっている。言い方を換えれば、（1）

3　とくにM.Strathern（1987）において、この語がもちいられている。

はPとQの二方向からの視線をともに満足させるときに成り立つ。

そもそも、対称性をなす特定のパターンを考えるとき、そこには二方向からの視点の調整が含意されている。たとえば、

窓は扉の近くに位置する　⇅　扉は窓の近くに位置する

あるいは、(1)に相当するように表現を変えて

扉の近くに位置するのは窓である　⇅　窓の近くに位置するのは扉である

左辺と右辺は確かに同じ形式を共有するが、扉にとって「近くに位置する」対象と窓にとって「近くに位置する」対象とはそもそも異なるはずである。扉からみた近くの対象と窓からみた近くの対象はたがいに違うのだが、文章が窓と扉だけに言及するために「近くに位置する」という関係の下に二つが置換可能になるにすぎない。

扉と窓の例にならえば、「Pないしpがqからqを引き出す」はPの側に立った関係であり、「Qないしqがpからpを引き出す」はQの側に立ったPとの関係である。問題がさらに複雑なのは、P（またはQ）の側に立つのがPなのかQなのか、という論点が重なることである。要するに、右側のRと左側のRの等しさを判断するためには、Pからみた Pの側の立場、PからみたQの側の立場、そして、QからみたPの側の立場、QからみたQの側の立場という、四つの要素の交錯する状況を検討しなければならない。

こう考えると、贈与の過程では自分の視点と相手の視点がたがいに作用し合い、R・ワーグナーのいう「単一のものに二つの視界がかみあっている」(Wagner 1977: 628) 状態が必然化する。同時に、「同じ」「等しい」の判断が至難

であることが推察できる。二つの視点は右目と左目のように統一された像を結ぶのでなく、統一できないままに調停されるべき二者としてとどまる。ならば、Pそして［または］Qは何を導きの糸にして二つの視点の調停を図るのか。一つの解は、相手［の財・サービス］が自分を魅了する度合いと自分［の財・サービス］が相手を魅了する度合いが同じとなる点である。等価性が財・サービスの間に確定できなくても、二つの集団P・Qとその財・サービスp・qの置換性を前提にして互いの状態を探り合い、自分と相手が等しい程度で誘惑し合う場所を特定するわけである。[4]（1）という式自体は条件も定義も曖昧であり、この関係が成り立つかどうかを確定する方法もみあたらない。[5]しかし、この緩くて簡潔なパターンは、二集団の間で財・サービスの置き換えを指示しながら、視点の調整を命じつづける。数学の式としては未完成でも、数理統計的な処理が難しい対人に関する諸領域で、何を志向すべきなのかについて疑いのない形の指令を下している。

2　夫と妻についての対称性

パプアニューギニアの人々は二集団間の贈与よりも夫婦間の分業をつうじて、さらに示唆に富んだ対称性を提示す

4　「同じ」「等しさ」については、過去のやり取りで生じた暗黙の貸し借りを勘案しながら模索していくことはいうまでもない。視点の調整という難題に関しては、妻方・夫方が婚姻規則を共有しており、妻［夫］方が別の機会に必ず夫［妻］方になるために、視点の入れ替えを促すといえるかもしれない。調整が失敗すれば集団の間に不和が生じて、ときに敵対関係へと転じる。

5　精確さを期すならば、「$R_1p=q$、$R_2q=p$、かつ$R_1=R_2$、$p\neq q$」になるが、この式によってp、qの特定はできない。

る。民族誌の報告は、彼らによるセクシャリティの際立った強調、そして男女の間の緊張をはらんだ関係について、とくに目を向けさせてくれる。この点を反映するのが、一九六〇年代に現れた「性的敵対」（sexual antagonism）の議論である（Langness 1967）。男は女の身体的な能力に劣等感を抱きながら、自分たちの霊的能力を強調して女を排除する形で諸活動にいそしむ。彼らには女のもたらす穢れも脅威なので、さまざまな厳しい制約を彼女たちに課す。こうして男子のための成人式、男性による祖先祭祀、女性をめぐるさまざまなタブーなど、パプアニューギニアの民族誌を彩る題材が生まれるという。

男と女に関する議論は九〇年代に入ると、いわゆる性の構築性に依拠するジェンダーの観念が導入されたが、パプアニューギニアの人々が生殖器官を中心とする身体差を決定的に重視することに変わりはないので、いわゆる各人の性的アイデンティティが民族誌では変わらず重要な役割を果たしている。こうした男女に関する「同じ」「等しい」を論じるとすれば、それぞれの性に何が帰属するのかを出発点に据えることが望ましい。男と女に帰属する要素を、次のように書き出してみよう。

M：男による行為、その行為に伴う財、さまざまな行為に関する知識

F：女による行為、その行為に伴う財、さまざまな行為に関する知識

MおよびFは「集合」と呼ぶにはあまりに漠然としているが、集合に準ずるとみなして便宜上、数学の記述を借用することにする。まずはM∪F――つまり、MおよびF――という和集合を、二つの円を重ねる形で作ると、その中央にM∩F――MかつF――という積集合ができる。そこから両側にはみ出た部分がそれぞれ、M∩¬F――M

かつ非F——および$F \cap \neg M$——Fかつ非M——になる。この二つ、つまり$M \cap \neg F$と$F \cap \neg M$は、男の独占する対象、そして女の独占する対象である。

相手の身体を統制するには、男にとって$M \cap \neg F$と女にとって$F \cap \neg M$が必要だが、統制を十分にするためには、相手が自分と共有する部分——つまり$M \cap F$——を減らし、かつ相手の独占する部分をなくせばよい。ただし、男女はそれぞれの独占物によって存在を果たし関係をつくるので、相手の身体を統制する努力は、自分の独占部分を拡張し、相手の独占部分を縮小するかたちをとるだろう。

パプアニューギニアには、女の立場から描かれた民族誌が数少ないので男中心の議論にとどまらざるを得ない。そこにしばしば登場する男子の成人式の記述を検討するとき、以下のような関係を導くことができる［詳細については春日（二〇二二）で論じた］。

$$\exists (M \cap \neg F) \rightleftarrows \exists (F \cap \neg M) \quad \cdots\cdots\cdots\cdots (2.1)$$

［Mかつ非Fが存在するとFかつ非Mが存在し、
Fかつ非Mが存在するとMかつ非Fが存在する
逆も同じである］

つまり、MとFを入れ替えても関係は不変なので、両者にはこの関係について対称性が成り立つ。パプアニューギニアでは男女の差異の強調、極端な対比、一方の優位性の誇示がみられるが、結局は二つの性の対称性をこのようにして構成している。男に独占物があるならば女にも独占物があり、逆も可である、という内容だ。この関係がたがいに相手の身体を統制できないという点で、「等しさ」を導くことは容易にわかる。そして、その「等しさ」は男女がどうしようもなく異なり、絶対的な差異の下に置かれる点で「同じ」へと結びつく。

（2.1）は関係式（1）の形へと変換できる。「集合M［F］にとって独占できない要素を含むのは、集合F［M］である」というスタイルでRを設定すればよい。

$$RM = F \rightleftarrows RF = M \quad \cdots\cdots\cdots\cdots (2.2)$$

大きな違いは、（1）がPとQ、および、これらと置換可能なp、qという交換物をめぐる関係なのに対して、男女に関する式は、あくまで男に帰属する要素の集合Mと女に帰属する要素の集合Fの関係を定めるだけである。つまり、（1）が二者間の等しさを表すのに対して、男女をめぐる関係式（2.2）はそれぞれに帰属する要素の間の等しさを示すのみである。確かに、この対称性はたがいに統制を回避する方法ではあるが、対等の志向を表すわけではない。さらにいえば、（1）は異なる二集団の交換に関するパターンだが、（2.2）は男女に帰属する要素の相互排除性を示す。ただし、そこには交換のあり方が用意されており、男と女は集合Mと集合Fの関係式をそのまま交換へと反映させることができる。

「男が女に$M \supset \neg F$を与える」⇄「女が男に$F \supset \neg M$を与える」

贈与にならって、こう記すこともできる。

「男が女から$F \supset \neg M$を引き出す」⇄「女が男から$M \supset \neg F$を引き出す」

自分に帰属する何かをたがいに与え合うことは、自分ないし自分の一部を与えることではない。それは、女にとっての生理・出産・授乳、男にとっての精液や呪術などの能力が与えられないままに残るのと同じであり、これらに伴う知識や財も譲渡不可能なままだ。

どんな要素が交換の品目になるのかといえば、男にとっての狩猟や建築、女にとっての料理やブタの飼育が典型であり、畑仕事・収穫・漁撈・交易などの作業は地域によってどちらかが担うか、両性がともに従事する。要するに、性的分業と呼ばれるものをつうじて、相手に非在の財を与えて、相手に必要なサービスを提供するわけである。女を怒らせた男が食事ができなくなるように、性的分業はあたらしい欠如をつくりだして相手の身体を統制する手段として働く。言い方を換えれば、この分業は男女がたがいに非在の要素を与え合うことによって両性の「等しさ」を交換のかたちで実現する。

3　写像と逆写像

性的分業の基本単位は、やはり夫婦である。夫方と妻方の二集団が贈与で作り上げる男女一対は二人だけの領域を構成して、たがいを評価しながら交換の品目と数量を調整していく。ここで、男の与える財やサービスをm_n、女の与える財やサービスをf_nとしよう。たとえば、m_1〜m_3は狩猟での大型・中型・小型の捕獲物、m_4は畑を野ブタの侵入から守る塀の建設、m_5はヤムイモの収穫として、それぞれに捕獲量、畑の大きさ、収穫量をなんらかの基準で単位化して数量をつける。女性も同様で、f_1が料理、f_2が育児、f_3がブタの飼育というように番号を振り、人数や回数や頭数に応じて数量をつけることができよう。

交換の内訳は、一年の農業暦に応じて変化するし、各種の催事や儀礼によって違いをみせる。しかし二人の調整をつうじて、家族サイクルの段階ごとに各単位の質が一定化し、数量や組み合わせもさだまってくる。夫婦の暮らしには同一の組み合わせでの交換が相当数現れて、異なる頻度で繰り返されていく。できあがった組み合わせをランダムに書き出していくと、たとえばこんな感じにつづいていくだろう。

	夫より	妻より
①	$3m_2 + 10m_4 + 5m_{15}$	$2f_1 + 1f_2 + 11f_3$
②	$12m_5 + 18m_9 + 7m_{11}$	$2f_1 + 1f_2 + 30f_{11}$
③	$4m_3 + 5m_{10} + 2m_{25}$	$5f_8 + 7f_{22}$
	・・・・・・・	・・・・・・・
	・・・・・・・	・・・・・・・

同じ行に登場する「夫より」と「妻より」の交換物は、等号で結べるほどに「等しい」。同一の組み合わせが左（右）辺に何度登場しても、右（左）辺はいつも変わらない相手である。たとえ両辺ともに半分の量へと変えても、等しく対応し合うだろう。夫方と妻方の二集団間の贈与では対応がその都度一回かぎりのもので、しかも双方にとって「等しい」と言い切れない場合が少なくなかったから、大きな違いがあることがわかる。

「夫より」と「妻より」の交換物の対応関係は、それぞれの側の組み合わせをv、wとして各行に合わせた番号を付すと、さらにわかりやすくなる。

夫より　　　　　　　　妻より

① v_1 $(= 3m_2 + 10m_4 + 5m_{15})$　　w_1 $(= 2f_1 + 1f_2 + 11f_3)$

② v_2 $(= 12m_5 + 18m_9 + 7m_{11})$　　w_2 $(= 2f_1 + 1f_2 + 30f_{11})$

③ v_3 $(= 4m_3 + 5m_{10} + 2m_{25})$　　w_3 $(= 5f_8 + 7f_{22})$

・・・・・・　　・・・・・・

・・・・・・　　・・・・・・

すべてのv、wは、夫側と妻側に帰属する財・サービスによって構成される。そしてvとwは、次のように集合Vと集合Wを形成する。

$$V = \{v_1, v_2, \cdots\cdots, v_n\}$$

$$W = \{w_1, w_2, \cdots\cdots, w_n\}$$

二つの集合の要素間では、v_1がw_1と、v_2がw_2と、v_3がw_3という具合に、一対一の対応がみられる。かりに集合Vの要素のどれかを無作為に取り出すと、ふさわしい相手が集合Wのどこかにさだまっている。要するに、任意の要素$v_j \in V$に対してWでの行き先w_jが一意に決定されているのである。この結びつきの対応を「写像」(map) Fと呼んで、$F: V \rightarrow W$と定義できる。vとwはどちらも数でないから「関数」を作らないが、「写像」Fは集合Wのどれか一つの要素へと行き先をもつ意味で、馴染みのある記述が成り立つ。

$$Fv = w \in W$$

方向を逆にして、集合Wのすべての要素$w \in W$から集合Vの要素vへの一対一対応を考えれば、逆のかたちの写像$F^{-1}: W \rightarrow V$を形成する。

$$F^{-1}w = v \in V$$

どちらも馴染みなくはないので、二つをセットにしてみよう。

$$Fv = w \rightleftarrows F^{-1}w = v \quad \cdots\cdots\cdots\cdots (3.1)$$

ちなみに、これまでに導いたパターンはこうである。

$$Rp = q \rightleftarrows Rq = p \quad \cdots\cdots\cdots\cdots (1)$$

$$RM = F \rightleftarrows RF = M \quad \cdots\cdots\cdots\cdots (2.2)$$

(3.1)でせっかく「等しさ」を導いても、対称型ではなく写像—逆写像という反転した非対称の関係になっている。

「等しさ」のパターンであれば、なぜ非対称の構成をとるのか？

写像—逆写像はちょっとした工夫で対称型へと変わる。VとWだけで和集合Lを作れば、そのL上でVの一要素がWの一要素の写像になり、反対にWの一要素がVの一要素の写像となる。ちょうど点対称で一八〇度回転する図形のように、一度目の変換で相手側に写り、二度目の変換で自分へと回帰する。三次元でイメージにすると鏡をはさむ二つの像と同じで、鏡に映った向こうの像が鏡の外のこちら側へと折り合わさり、逆にこちら側の像が鏡の中の向こう側へと写像できて、再度の変換で元の像に戻る。

この場合、「異なる二者が同一の関係Rに対して置換可能になる性質」、つまり対称性は次のように記述できる。

$$RM = M \quad ただし M = V \cup W = \{v_1, \cdots, v_n, w_1, \cdots, w_n\} \cdots\cdots\cdots\cdots (3.2)$$

Rに従ってMを変換すると、同じMが生まれるという具合である。Rは何かといえば「一定の規則で写像する」関係を意味する［とくに、変換を合成したり反復したりする写像である］。FとF^{-1}はこのRについて対称性をもつ。Rをつうじて相手へとなり代わる点で、たがいに置換が可能になるわけである。

ここでの対称性はFとF^{-1}の二種類で構成されているが、(3.2)は二種以上の変換で構成できるし、二種類以上の要素によっても成り立つ。つまり、複数の要素が変換の合成や反復をつうじて自分以外の要素へとなり代わり、さらにはもとの自分に戻ることで、「$RM = M$」のかたちで対称性を構成する。

$RM = M$の一例として婚姻制度を考えよう。パプアニューギニアの縁組は、p・qのような二要素と一種類の変換だけを前提にするが、これまで人類学者は複数の集団が構成する混み入った規則を報告してきた。C・レヴィ＝ストロースはオーストラリア先住民にみられるそうした婚姻規則について、$RM = M$の観点から明晰な分析を提示した（Levi-Strauss 1967）。もっともよく知られるのが、四集団からなるカリエラ型というシステムである。

四つの要素による対称性といえば、「九〇度刻みに時計回りで回転する」変換で作られるのが典型であり、順番にたとえばa、b、cと呼べる図形ができるし、一回転して元に戻る図形を数学にならってeと記すならば、これらa、b、c、eの四つの図形の間で成り立つ。もっとも綺麗な例は正方形になろう。ただし、カリエラ型はこの循環タイプではなく、鏡2枚を直交させて立てた場合の鏡像四つと同じ対称性を形成する。カリエラのシステムを中央に置いて、左側に正方形四枚による対称性、右側に直交の鏡に映る四像の対称性を配置してみよう［図1を参照］[6]。どちらの場合もeをのぞく三つを縦軸と横軸に並べて掛け合わせると、結果のすべてに要素が一つずつ登場する。つまり、四つの要素は閉じられたかたちで相互変換をなしている。

四要素の構成する対称性は、（3.2）に準じるスタイルで表わしてよい。

$$RM = M \quad ただし\ M = \{a, b, c, e\} \quad \cdots\cdots\cdots\cdots (3.3)$$

ただし、このスタイルは関係の詳細については表現しない。複数の要素間の置換は二者関係の確認をつうじて把握するほかないので、（3.1）が重要になる。夫と妻はこのパターンをつうじて、自分と相手が供出しあう品目を一定の数量で一対一に対応させることができる。二人の意図がどうであれ、この対応を受け入れるかぎりで「等しい」関係が成り立

e	*a*	*b*	*c*
a	*b*	*c*	*e*
b	*c*	*e*	*a*
c	*e*	*a*	*b*

Fig. 2.18
First group of order 4

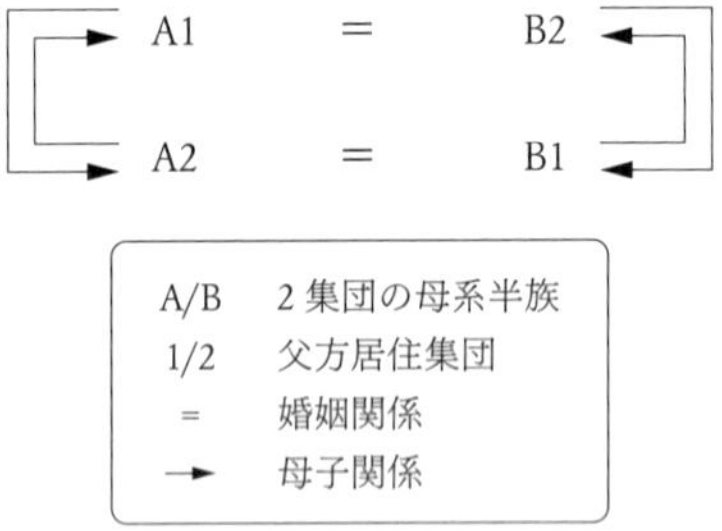

e	*a*	*b*	*c*
a	*e*	*c*	*b*
b	*c*	*e*	*a*
c	*b*	*a*	*e*

Fig. 2.19
Second group of order 4

図1　正方形４枚の対称性／カリエラ型交換婚の対称性／直交する鏡２枚の対称性

［J. Rosen *Symmetry Discovered.* p.24 および http://bbs.jinruisi.net/blog/2010/08/866.html］

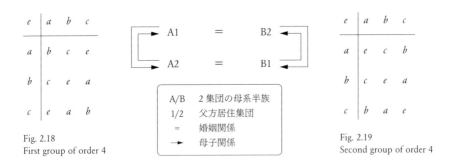

つ。

（1）は二集団間の等しさを表わし、（2.2）は男女に帰属する要素の間の等しさを表すが、ともに具体の数量まで踏み込んではいない。つまり、これらのパターンは二者間の等しいあり方を指示するが、何をどれだけ与えるべきかを明らかにはしない。ともに交換の指針として与える［受け取る］主体を動かしても、交換物を評価する役割は果たさない。（3.1）とは対照的に二者の意図にはかかわるのだが、等しさ自体を保証しないのである。

（3.1）は夫の働きに呼応する妻の働きを特定する意味で、行為のパターンとみなせる。慣習として受け止めてもよいし、D・グレーバーの示唆するように人類学が「社会構造」と呼んできたものと理解してもよい（グレーバー 二〇二二：八）。このパターンは意志を指示しない点で、交換の対象から交換しあう主体を分離する。分離は主体どうしの関係が安定的でなければ、想定し難い。暗黙の合意も冷静な交渉も、主体の間の安定した関係下で実現できるはずだからである。不和や疑心で主体が動揺すれば、交換物の内容や比率が不安定になるし再検討の必要が生まれるだろう。すると（2.2）に立ち返って、交換の品目と数量を考え直さなければならない。

思うに、（3.1）のような写像パターンと（1）（2.2）のような対称性は、親族集団間での贈与をはじめとして、各種の交換で同時に並存しているのではなかろうか。一方だけが作用するにせよ、他方は参照すべきパターンとして隣に据えられている、という具合である。たとえば、（1）のような集団間の贈与でも、どこかの前例を引いて（3.1）の様式でシミュレーションを試みることはあり得るし、（3.1）のように慣習化された夫婦のやり取りでも、再検討のために原初のパターンを（2.2）として想起する可能性はある。

6　両者はいわゆる数学でいう「群」を位数4で構成しており、左側が巡回群と呼ばれている。

4　互酬は対称性である

対称性は「同じ」「等しい」の観念だけでなく、「正しい」「本当の」といった真正さをも含意する重要なパターンである。これまで人文社会系の研究は、確かにこの対称性に則したやり取りに焦点を当ててきた。「互酬」(reciprocity) とテーマ化された議論がそれに相当する。[7]

互酬を明確に定義づけることは難しい。それが何なのかはおそらく各人がイメージできるが、自然言語で正確に記述するとなると厄介である。たがいに「おおよそ等しい」財やサービスや成員を与え合うとされるこの関係は、確かにそう思える場合が多いが、厳密さを求めることも少なくはない。しかも、与え合う場合だけでなく、奪い合う場合も互酬に含まれる。与えられる量に関しては、片方だけが明らかに優位な場合があるし、その優位性が長期的なやり取りで相殺される事例がみつかる他方で、逆に固定された事例も認めることができる。この異様に漠然とした「互酬」の観念が生きつづけるのは、多様な事例を束ねる表現しがたい共通項が何かしら存在する、という実感であろう。

私たちの議論に照らせば、互酬は対称性へと収斂する。「$Rp = q \rightleftarrows Rq = p$」のように対象も主体も不確定さをとどめる対称性がある一方で、「$Fv = w \rightleftarrows F^{-1}w = v$」のように交換する対象どうしが写像として確実に対応し合う対称性がある。二者関係を三者、四者へと複数化する記述は、後者については「$RM = M$ ただし $M = \ldots$」として紹介したが、前者についても「$Rp = q \rightleftarrows Rq = p,\ Rq = r \rightleftarrows Rr = q, \ldots$」のように拡張していけばよい。多種多様な交換の形態は、これらの併存と選択として理解できるだろう。

ただし、互酬を対称性と一致させるには、交換をめぐる優劣を論じなければならない。パプアニューギニアの縁組では夫方と妻方の間に優劣はないが、男と女についてはさかんに優劣を強調する。だが、そのいずれも対称性を維持する方向で、「同じ」「等しい」を充たす関係をつくりだそうとしている。相手からの統制を回避し、一定の自律を保つかたちでやり取りをつづけていく。この点から考えるに、優劣と「同じ」「等しい」とが背反する必然はない。たとえ優劣を明確に反映する交換であっても、劣者と優者がたがいに非在な要素をやり取りするかぎりで、(2.1) つまり「$\exists(M \cap \neg F) \rightleftarrows \exists(F \cap \neg M)$」のように特定の関係に関して置換可能な二者となる。一つの関係について入れ替わりできるという点で、その交換には「同じ」「等しい」が「正しく」設定されているのである。

具体の関係が優劣を形成しているのか、それとも対等を保つのかにかかわりなく、人間はそこになんらかの種類の対称性があれば「同じ」「等しい」を「正しく」認めることができるのではないか。この意味で人間は、対称性というパターンを使って相手との間に「同じ」「等しい」をつくりだすと考えてよい。互酬はそうした多様な対称性の上に成り立つ、「同じ」「正しい」関係の総称だと思われる。

伊谷純一郎が霊長類社会の共存機構として提起した平等原則・不平等原則——本書の中村論文［keynote 1］を参照——に照らしていえば、私たちはここに人間社会における両原則の併存を提示できる。パプアニューギニアの男女だけでなく、たとえばインドのカーストが物語るように、人間は優劣をテーマ化しながらも優者・劣者に対して「同じ」「等しい」立場をつくり上げている。それはたがいに非在なものをやり取りするかぎりで、いわゆる分業の形成を意味する。集団・個人のどちらが分業の単位になろうとも、参加者は対称性とともに「同じ」「等しい」立場を確保するのである。

本章の最後では、パプアニューギニアの諸事例が対称性について、さらなる展開を宿していることを提示しておこう。

7　人類学からの代表例として、「普遍的互酬」「均衡的互酬」「否定的互酬」の三類型を提示したM・サーリンズの研究がある (Sahlins 1974)。

5　二者間関係を網羅する同型・対称性の増殖

夫婦間の交換で導いた（3.1）つまり「$Fv = w \rightleftarrows F^{-1}w = v$」という写像―逆写像の関係に注目しよう。まずは、男に帰属する交換物の集合の一要素 v_j から女に帰属する交換物の集合の一要素 w_j への写像を f_j として、反対に女に属する交換物の集合の一要素 w_k から男に属するそれ v_k への写像を f_k^{-1} としよう。次に、男の側の集合から女の側の集合への写像を想定して、さらに女の側の集合から男の側の集合への写像がつづくと考えるならば、「$f_j^{-1} \circ f_j$」――変換 f_j に変換 f_j^{-1} を掛け合わせる――という合成された変換になる。この合成は男の側にもとの要素への帰還が生まれることを意味する。男と女の順序を変えて逆方向に合成をつくるならば、「$f_k \circ f_k^{-1}$」――変換 f_k^{-1} に変換 f_k を掛け合わせる――という変換となって、女の側にもとの要素への帰還が生まれることになる。

それぞれが自集合の出発した要素へと戻るのだから、「$f_j^{-1} \circ f_j$」「$f_k \circ f_k^{-1}$」ともに恒等射（identity）となる。集合Vと集合Wの次元でみるならば、「$f_j^{-1} \circ f_j$」の全体――つまり $v_1, v_2, v_3, \ldots, v_j, \ldots$――はV→Vという写像 id_v を形成し、「$f_k \circ f_k^{-1}$」の全体――つまり $w_1, w_2, w_3, \ldots, w_k, \ldots$――はW→Wという写像 id_w を作り上げる。これを次のように記そう。

$$F^{-1} \circ F = id_v \quad および \quad F \circ F^{-1} = id_w$$ [8]

男の交換物の集合Vと女の交換物の集合Wは重なることのない別物であり、変換 F と変換 F^{-1} はいうまでもなく非同一である。のみならず、変換 F に変換 F^{-1} を重ねる変換 $F^{-1} \circ F$ は、変換 F^{-1} に変換 F を重ねる変換 $F \circ F^{-1}$ と等しくはならない。にもかかわらず、集合Vと集合Wはたがいの要素が一対一に対応しあうかぎりで、数学でいう「同型」(isomorphism)の定義を充たす。つまり、男に帰属する要素の集合Vと女に帰属する要素の集合Wは「等しい」のである。

V≅W …………(4)

集合Vと集合Wはすでに(3.1)にみたような逆射関係として対称的なだけでなく、同型のために両辺が置換可能になるという対称律によって対称性を構成している。

二つの集合の同型性は、交換しあう主体間の安定した関係から生まれると解釈できるが、反対に同型こそが安定した関係を生みだすとの理解も成り立つ。かりに、ここにみる夫婦間の写像的な交換(3.1)が集団内外のさまざまなやり取りへと拡張できると考えてみよう。やり取りする単位は個人でも集団でも構わない。たとえば、個々の親族の間、リーダーと成員の間、年長者と年少者の間で、特定の財やサービスの義務や権利が一定に決められているとしよう。与え手・受け手ともに貸し借りを忘れず、一対一対応でのチェックができる、という想定である。すると、各関係とともに交換物の集合の間での同型が生まれて、「等しさ」が正しくつくりだされることになる。もちろんこれは仮想でしかないが、人々の共通の目標として彼らを動かす可能性が十分にあるのではないか。

パプアニューギニアの人々を特色づける交換の強調、交換物へのこだわり、「心」よりもモノや形式を重視する傾向は、対称性をはじめとするパターンの探求にふさわしい姿なのかもしれない。彼らが大規模な呪術や祝祭や儀礼の

---

8 この操作は数学の内部の議論になるので、あくまで抽象的で形式的である。そこに参与する人間が実際にどんな意味を付与するのかについては、事例に即して考察する必要がある。

ような社会的イベントを日常の活動と交互に繰り返すことも、忘れてはならないパターンであろう。この日常—非日常を繰り返すパターンを各人に付帯する交換要素の集合と結びつけるならば、対称性はさらに拡張していく。

日常の生活から非日常のイベントへの移行は、資源配分の全体での動き方が一つのパターンからもう一つのパターンへと変換することを意味する。それぞれが集合を形成するとみなし、A、A'と記してみよう。AからA'への変換をf、反対にA'からAへの変換をgとする。たとえばfには、私物から贈与へ、原材料から制作品へ、貯蔵物から展示品へ、敷地から建物へ、農耕者から製作者や演技者へ、年長者から儀礼指導者へ、若者から儀礼遂行者へ、などが含まれる。日常と非日常は綿密な対応を構成すると考えられるので、たがいに比べ合って一対一でのチェックが想定できるとしよう。

ここでは諸個人の間の交換に焦点を当てるとして、生活する人間をランダムに1、2、3、…、k、…と番号づけしてみる。そしてk氏へのAの写像を$N_k(A)$と書く。ここでのNは各人への変換を表しており、$N_n(A)$は「Aをn氏の資源配置へ変換する」の意味である。この表記には、日常の資源配置でk氏が関与するかぎりでの動きが現れる。同様に、彼が非日常で関与する資源配置の動きは$N_k(A')$となる。表現を変えれば、$N_k(A)$はk氏にとって、A状態で特定な財やサービスに関して役割を遂行する状態を示し、$N_k(A')$はA'状態での彼の役割遂行を意味する。さらに、$N_m(A) \rightarrow N_n(A)$ないし$N_m(A') \rightarrow N_n(A')$と記して、m氏からn氏への変換を表す。前者はm氏の日常での資源配置に関与する動き、後者は非日常での動きを、それぞれn氏の日常で資源配置に関与する動き、非日常での動きへと関係づける。$N_m(A) \rightarrow N_n(A)$および$N_m(A') \rightarrow N_n(A')$のそれぞれに$\alpha \cdot \alpha'$をもちいて、$\alpha_{mn}$および$\alpha'_{mn}$と略記をしよう［ある成員mから別の成員nへのA状態に関する変換をα_{mn}、A'状態に関する変換をα'_{mn}と記すわけである］。

こうして図2のような関係ができあがる。集合Aと集合A'、変換fと変換gによって一つの圏が構成できるので、これを圏$\boldsymbol{A}$と呼ぼう。他方で、$N_1(A), \dots N_2(A), \dots N_3(A), \dots N_k(A), \dots$の各集合、および$N_1(A'), \dots N_2(A'), \dots N_3(A'), \dots N_k(A'), \dots$の各集合、そしてこの二列をつなぐ変換$N_1(f), \dots N_2(f), \dots N_3(f), \dots N_k(f), \dots$と変換$N_1(g), \dots N_2(g), \dots$

$N_3(g)$、… $N_k(g)$、… によって、もう一つの圏***B***がつくられることになる。

注目すべきことに、たとえばN_jとN_kの間には図3のように右回りと左回りの互換性が生まれる。つまり、変換$N_j(f)$に変換α'_{jk}を重ねる$\alpha'_{jk} \circ N_j(f)$、および変換$\alpha_{jk}$に変換$N_k(f)$を重ねる$N_k(f) \circ \alpha_{jk}$がともに唯一無二であり、しかも互換ができるという点で「同じ」なのである。具体的に表現すれば、j氏の日常からk氏の非日常を導くには、j氏の非日常からk氏の非日常を導いても、あるいはk氏の日常に変換したのちにそのk氏の非日常を導いても、同一の内容が得られる。この関係は「自然変換」(natural transformation)と呼ばれて、変換の同型性が現れる。[9]

$$N_k(f) \circ \alpha_{jk} = \alpha'_{jk} \circ N_j(f) \cdots\cdots (5)$$

自然変換は水平方向へ拡張できるので、図4のようにN_j

9　自然変換とは、同型を自然に導く変換の総称を意味する。この自然変換をきちんと論じるために「圏」の概念が必要となり、いわゆる圏論が登場したという経緯がある（マックレーン 二〇一二）。

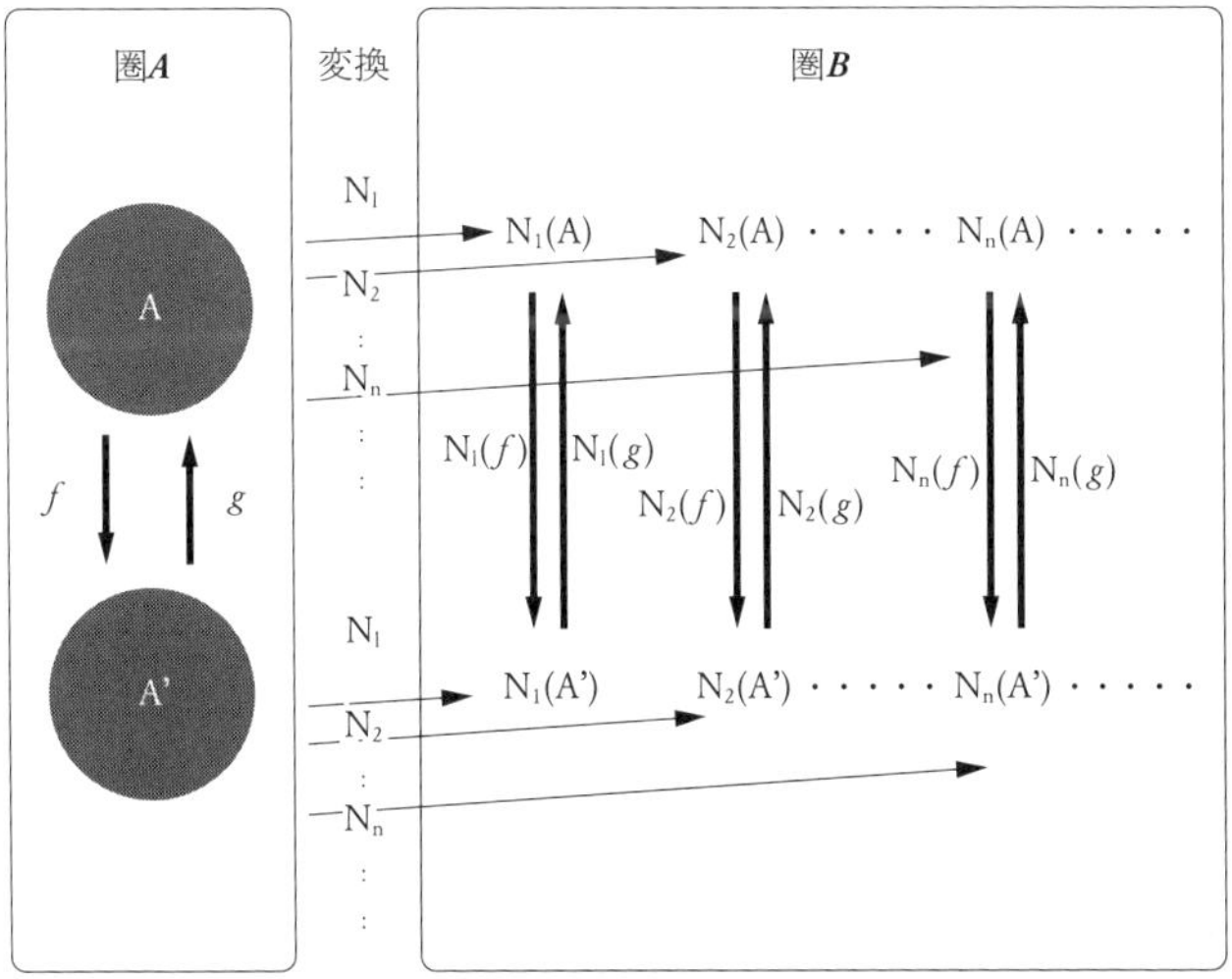

図2

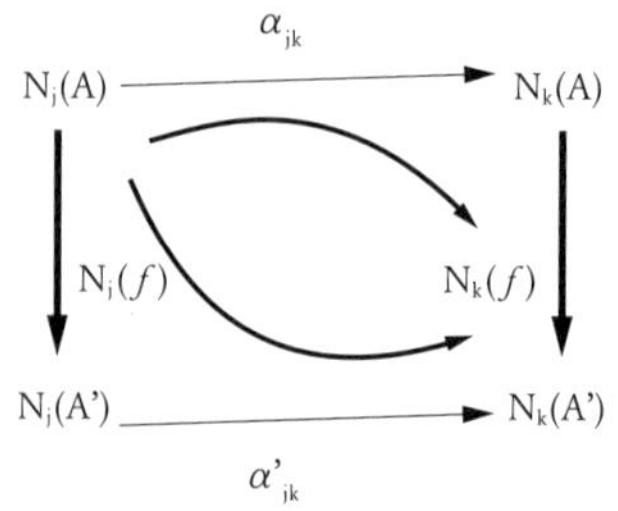

図3　$N_j(A) \rightarrow N_k(A') \rightarrow$の右回り・左回りでの変換

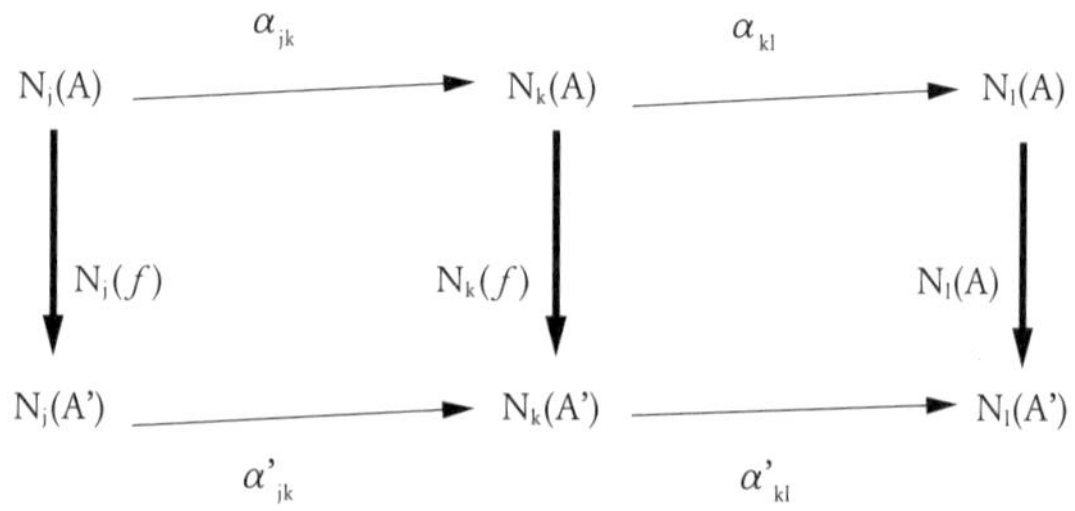

図4　自然変換の水平的な拡張

とN_kにつづいてN_lを付加すれば、さらなる互換性がつくり出される。それだけではない。j・k・lの各人の間では、夫婦間の交換にみた写像—逆写像の関係が成り立つので、N_j・N_k・N_lを逆方向に配置しても互換性は変わらずに生まれる。要するに、誰をどこに据えようとも、次々に誰かとの間で互換性が成り立ち、たがいの集合の同型性が確保できる。上式（5）のjとkは1、2、3、…、n、…のいずれとも置換が可能なのである。

このように日常と非日常の二つによって、ともに生活する人々の間には一定の関係下での互換性が強力な形で現れる。一定の関係とは、各自に特定の要素からなる集合が付帯しており、それらを誰に対しても一対一で対応させ合う手続きがつねに用意できる、という状態を意味する。このかぎりで日常から非日常へ、さらに［ここでは論じなかったが］非日常から日常への二者間の変換は、誰と誰との間にも同じパターンの同型性を産出しつづける。

このことは何を意味するのか？　1、2、3、…、k、…と番号づけされた人々は、各自がどんな資源配置に関与していても任意の誰かがかかわる資源配置に対して同型となるだけでなく、日常から非日常へ、非日常から日常への変換を合成する場合には、その誰かとの間でさらなる同型性を創出する。それは任意の二者間の同型性によって、三者以上による共同的な社会性が構成される状況を物語る（本書の内堀論文［keynote 2］を参照のこと）。つまりは、二者関係と多数共同性とが表裏一体に出現するモデルなのである。

もちろん、このことは各人に付帯する要素の間で対応を確認できるという前提での話である。ちょうど儀礼時のリーダーのスピーチが、たがいに透明であるかのように「われわれ」の一体性を謳い上げるのと同じで、現実をそのまま描写するものではない。リーダーと従者、父親と息子、兄と弟の間にはさまざまな隠し事があるし、社会的な距離が広がれば邪術に代表されるように不透明さが増していくのはいうまでもない。それでも彼らの理想がこのかたちで提示できることは重要である。

6　結

以上の考察にもとづいて、以下のような結論を提起してみよう。

（1）対称性は、人々が互いを関係づけるために有力な指標や目標の一つとして働く。ただし、その完璧な実現は難しい。

本章は数学を参照して、対称性のパターンを検討した。前半では、数学に類比する形で（1）（2.2）の関係式を導き、後半では数学そのものの形で（3）（4）を引き出した。けれども最初の二つのパターン、つまり贈与の式（1）と男女の式（2.2）では、具体の関係の成否——等価物のやり取りかどうか——が判断できないし、残りの二つ、つまり写像間の対称性（3）および同型による対称性（4）では、関係式の成立条件——要素間の一対一対応を確認できる二者関係かどうか——を充足できるのかが確定できない。いうならば、ここに提起したパターンはどれも目指す「等しさ」へ正しく到達するための指標ではあるが、それ自体で解になりきることはない。対称性は目標でありつづけるが実現が至難なのである。

（2）対称性の実現が至難であっても、人間には対称性のパターンを志向する内的な性向がある。

人間は対称性の実現が至難でも対称性の貫徹を諦めない。それはちょうど、覚醒時におかしいとわかる論理が夢の世界で変わらずに効力を発揮することを想起させる。夢は類比関係にある二者や正反対の二者が容易に置換可能になる点で、対称性の宝庫である。対称性がわれわれの意識に現れにくい思考パターンであることに関しては、マテ＝ブランコによる精神分析からのアプローチ（マテ＝ブランコ 二〇〇四）の他に、近年では社会心理学（Takahashi et Nakano 2009; 服部・山崎 二〇〇八）や霊長類学（友永 二〇〇八）から研究が進められている。人間は無意識から対称性のテーマを掘り起こして、意識に照らした確証に努めることがままあると思われる。

（3）意識化しにくい思考パターンとしての対称性は、アブダクションの論理に相当する。この論理は節約的な情報処理として進化に貢献した可能性がある。

社会心理学で「対称性バイアス」としてテーマ化された思考は、演繹でも帰納でもないアブダクションと称される推論形式である。典型は「逆は必ずしも真ならず」を無視した一般化であり、私たちの日常的な判断だけでなく、科学的仮説もこの形式をとる場合が多い。[10] おそらく人間は、環境からの情報を何かしらの対称的な操作によって省力化して入力・処理しながら、必要に応じてその精査をおこなう方法を獲得したと思われる。記号操作の実験でヒトの幼児が早期にみせる対称性バイアスがチンパンジーの人工言語訓練で認められないことは、情報処理の方法と量を進化に関連づける手がかりとして提示できる。[11] 他の霊長類がどの程度対称性にかかわるのかは、少なくとも人類の社会性の観点からは重要な問いとなる。

（4）　社会性は近い将来に汎用人工知能ＡＧＩの参入を受けて変化すると思われるが、対称性はその考察に不可欠な要素となる。

今日の人工知能は帰納法に依拠する大規模演算によって、人間にまさる推論能力を発揮しはじめた。他方で人間の推論スタイルは、本章が体現するとおりである。ここでは社会性の構成原理としての対称性を仮説つまりアブダクションによって提起し、その実現スタイルを演繹性の強い数学に準拠して導いた上で、別例で検証できるように帰納の方法と対応させている。まさに情報処理の能力を限定された人間が、対称性バイアスを動員して意識中にテーマを設定し、これを論理的に検討し、実証的に確かめるという手順を具現化する。そんな人間がＡＧＩ（汎用人工知能）とどのような関係を形成し、自己とＡＧＩの推論能力を変容させていくのかはさだかでないが、人間の側に対称性への志向が備わるかぎりで、二者の関係には対称性が間違いなく関与するのである。

謝辞

本稿は京都人類学会二〇二三年度九月例会での発表「価値と推論のパターン：レヴィ＝ストロース再考」をもとにして執筆した。コメンテータの小川さやか氏をはじめ例会で有益なコメントを寄せて頂いた方々に対して、あらためて謝辞を表したい。

10　アブダクションと対称性の関係については、春日（二〇一八）を参照のこと。

11　ヒトの幼児とチンパンジーのこの対比は、言語の進化をめぐる一般書にも登場しはじめた（今井・秋田 二〇二三）。

参照文献

今井むつみ・秋田喜美（二〇二三）『言語の本質——言葉はどう生まれ、進化したか』中央公論新社。

春日直樹（二〇一八）「「呪術」をめぐる覚え書き」『くにたち人類学研究』一二：二〇—三二。

——（二〇二〇）「「贈与」をあたらしく記述する」西井涼子・箭内匡編『アフェクトゥス——生の外側に触れる』京都大学学術出版会、二七五—三〇〇頁。

——（二〇二一）「男と女の対称性および互酬性——パプアニューギニアおよびマッシムを事例として」『経済志林』八八（三）：一六一—一九〇。

——（二〇二三）「『存在様態探究』に照らして呪術の実践を考える」『現代思想』五一（三）：九五—一〇二。

グレーバー、D（二〇二二 [2001]）『価値論』藤原達郎訳、以文社。

友永雅己（二〇〇八）「チンパンジーにおける対称性の（不）成立」*Cognitive Studies* 15 (3) : 347–357.

服部雅史・山﨑由美子編（二〇〇八）「特集 対称性——思考・言語・コミュニケーションの基盤を求めて」*Cognitive Studies* 15 (3) : 315–495.

マックレーン、S（二〇一二 [1998]）『圏論の基礎』三好博之・高木理訳、丸善出版。

マテ＝ブランコ、I（二〇〇四 [1988]）『無意識の思考』岡達治訳、新曜社。

モース、M（二〇一四 [1923-4]）『贈与論』森山工訳、岩波書店。

レヴィ＝ストロース、C（一九七九 [1967]）『親族の基本構造』（上・下）馬渕東一・田島節夫監訳、番町書房。

Rosen, J. (1975) *Symmetry Discovered*. Toronto: Dover.
Sahlis, M. (1974) On the Sociology of Primitive Exchange. *Stone Age Economics*, pp. 185–276. London: Tavistock.
Strathern, M. (1987) *The Gender of the Gift*. Berkeley: University of California Press.
Takahashi, T., Nakano, M. and Shinohara, S. (2009) Cognitive Symmetry: Illogical but Rational Biases. *Symmetry: Culture and Science*, 20(10): 1–20.
Wagner, Roy (1977) Analogic kinship. *American Ethologist*, 4(4): 628.

コラム❸

COLUMN

フィールドワークにおける「変身」について

西井 涼子
Ryoko Nishii

フィールドワークは、身体としてそこにあることから始まる。そして、そこにおける身体は、「変身」する身体である。

「変身」といえば、ある朝、目覚めると巨大な虫になっていたというカフカの小説をまずは思い起こす人は多いだろう。動きの悪い虫の身体に変身することで、主人公のグレゴール・ザムザと家族との関係は激変する。それまで家族のために我慢して働いていたグレゴールは、邪魔者扱いされ、最後には見捨てられる。変身することによる関係の変化と、孤独や不安を描きだしたとされるが、ここで着目したいのは、身体が変わるということはその身体でできることや、感情やものの見方、つまりその身体で生きる世界も変わるということである。

＊　＊　＊

人類学のエスノグラフィーでも、異種への変身はしばしば語られる。ロシアのサハ州の先住狩猟民のユカギールを調査したレーン・ウィラースレフは、ハンターが獲物に姿を変えるということを報告している。「ここでいう身体変容のプロセスとは、人格の変化のことである。そして、その人格の変化に必要なのは、まったく馴染みの薄い言語的、社会的、道徳的なコードからなる、完全に異質なパースペクティヴの想定である」。それは、危険な事柄で、異種の身体に一時的に住まうことで、それ自身のもともとの種のアイデンティティを失ってしまう危険が招じるという（ウィラースレフ二〇一八：一五三）。

ウィラースレフがあげる、トナカイに「変身」してしまったハンターがどのように人間でなくなっていったのかを示す事例の概略は、次のようなものである。

ニコライ・リハチェフは、一〇〇頭かそこらのトナカイの群れを追っていて、川のそばで火をおこしてお茶を飲んだが、眠れず空腹だった。何者かに見られているという奇妙な感じがして、見上げると二〇メートルほどの先に一人の老人がいた。古風ななりをして、微笑みかけてきたが、話さずついてくるように手招きした。空腹だったのでついていった。足跡がトナカイのものなのに気づいたが、幻覚だと思った。歩いて丘に登ると背後にキャンプがあり、遊ぶ子供やたばこをふかす老人、料理する女などあらゆる世代の人がいた。女は食べ物をくれたが、肉ではなくコケだった。時が経って、いろんなことを忘れ、妻の名前さえも出せなくなっていた。その後眠ると夢をみて「ここはお前のいる場所ではない、帰れ」と誰かが言った。目が覚めるとこっそりキャンプを抜け出して家まで歩いて帰った。村人はとても驚いた。一か月以上も行方不明になっていたという。

（同書：一五四—一五五）

このように、危険を伴うが、よいハンターは獲物の世界に没入することで、相手の動きや考えを察知することができるとされる。それがハンターの獲物との関係の持ち方なのである。

このエピソードが本稿にとって、重要だと思われるのは、異なるパースティティヴをとるということではなく、「(変身した)ホストの種に似ているやり方でふるまうが、まったくそのものではないという、ある特殊なクラスの存在である」と認められることである。それは、「意図的に不完全なコピーとして行動することによって」、二重否定を含む。その人格は、彼がまねている種ではないが、その種ではないものでもない。どっちつかずのアイデンティティとしてふるまうことを可能にし、「彼自身の種の身体の境界および模倣された種の身体の両方から自由になり、彼に行動に対する新たな可能性を与えることになる(同書:一六三)」。ウィラースレフは、重要なポイントとして「獲物の「他者性」を吸収する一方である深遠な意味で同じものに留まり続けるという二重の能力によって、狩猟者は獲物の模倣の中にある力を操作すること」をあげる(同書:一六五)。

しかし、これは、二重の能力や模倣の力といった、単に通常の能力に何らかの能力が足されて増幅されるといった当たり前の解釈でまとめてしまっている感がある。本稿の視点からすると、それは単なる能力の量的な増幅ではなく、むしろここでは、何か質的な違いともいえる異なることがおきていると思われる。すなわち、ヘラジカやトナカイでもなく、人間でもなく、「彼自身の種の身体の境界および模倣された種の身体の両方から自由になり、彼に行動に対する新たな可能性を与える」ことで、生きる世界の外部が導入され、それが創造性につながるという視点が導き出されるのではないだろうか。

これはどういうことかを、郡司ペギオ幸夫のあげる創造性についての議論からみてみよう。郡司は、「天然知能」という創造的態度、創造の装置を論じているが、それは経験やデータだけから推論し判断する理性のあり方全体をさす「人工知能」に対して、想定もしなかったが外部を受け入れる、徹底して受動的な知性のあり方をさす(郡司二〇二三:一四)。それこそが、創造を可能とする。郡司はみずから、外部と付き合うための実践の方法である「天然知能」を展開すべく、「完全な不完全体」(=不完全であるがゆえに外部を呼び込む穴を有するもの)としての作品の制作を始めた（同書：一五）。郡司がとった方策は、かつて実家での虫と遊び、虫に同化したような記憶を立ち上げることで、この場所＝実家での「天然表現[1]」として「私が虫となり、虫でも人でもない痕跡を残す（同書：一三四）」ことである。ここでは、郡司は虫に「変身」しながら、「人でもあり虫でもあるものが、人でも虫でもないものの痕跡を作る」ことで、最終的には、「痕跡＝生命」へと辿り着く（同書：二五二）。

なぜ、生命か。その鍵を、郡司は過去を持たない想起であるデジャブに求める。「わたし」が生きて体験する主体であるとき、その体験は、意識の中の不完全な断片から「現在」の環境を総動員して「体験感」や「リアリティ」を作る、過去に根拠づけられた想起＝痕跡となる。それに対して、デジャブの体験感は過去に根拠づけられない想起となる。郡司は、過去や記憶がなくても、勝手に感覚は作られ、その意味で「わたし」は生きているという。過去が現在を作っているのではなく、むしろ現在が過去を作っているという反転を示唆する。「人でも虫でもない痕跡」は、過去を持たない痕跡であり、デジャブのようなものとして、「この今を生きる生命の最も端的な、最も先鋭的な形」だという。よって「人でも虫でもない痕跡」は、「人でも虫でもない〈生命〉」となる（同書：二四二）。つまり、異なる身体への「変身」は、外部を導き入れ、新たなものを創造することを可能とし、痕跡としての生命に通じるのである。

郡司から少し離れて、郡司のいう「生命」を、私なりの解釈にひきつけて別の言葉で言い換えてみたい。それは、私たちが身体として生きている現実において、通常は想定しない「外部からやってくるもの」であり、すべての存在の目に見え体験されるものの水面下での異質で複雑な内在的な力の絡まり合いである生の潜在性であるといえる（西井・箭内 二〇二〇：三）。そのときの「生命」は、人間の生の基盤であり、そこに人間は個としてのみ生きているのではないという社会性の根源を求めることができるような生の大きな流れとして捉えられるのではないだろうか。

*　*　*

COLUMN

　ここまで述べて、ようやくフィールドワークにおける「変身」について考察する準備が整った。フィールドワークにおける「変身」の秀逸な事例が、ボノボを調査する霊長類学者の黒田末寿の「生態的参与観察」にみられる。黒田は、この方法を「観察対象の世界を経験し相手に自己を重ね合わせてみる」方法であるが、「同化・異化作用を対象化する」方法でもあるという（黒田 二〇〇九：一九）。具体的には、ボノボの生活世界を早く自分のものにするために、「一人で森を歩き、ボノボとともに叫び鳴き、同じものを食べ、昼寝し、ディスプレイを真似、ビクッとすれば同じ方向を覗いて見るようなことを繰り返した」という。そして、ついに「個々の木のツルや果実のなり具合がよく見えるようになり、ある時不意に森に懐かしさを感じ、怖さがなくなった」（同書：一九）。しかし、完全にボノボになれたわけではない。黒田は同一化を徹底して類人猿の「価値観」や「ハビトゥス」の領域にまで踏み込もうとしたのだが、「初めてメスのボノボが私に向き合ったとき、まっすぐ見詰める黒いガラスのような目に恐怖し、同一化のエロスも方法論も一瞬に瓦解した」と述べる。そのガラスに私のなかの不可解なものが映し出され、それが私をのっとってしまうとうろたえる。「その不可解なものは、私のなかの類人猿なのか、人間性の底にある何かなのか、それとも私自身なのか、今もわからないが、心地よいものではなかった」（同書：一九）という。

　黒田は、ある意味、人間からボノボに「変身」しようとして、人間でもなく、ボノボでもない何者かになっていたのではないだろうか。そして、不意にそうした曖昧な存在がボノボのガラスの目に映し出されたときに、自分が人間でもボノボでもないことが突き付けられたのかもしれない。

1　郡司の言う「天然表現」とは、「外部」に接続する装置であり、外部に接続することが「作品化」される営みである。郡司は、外部に接続することで、何かが「起こった」と言える時、作品化されたとする（郡司 二〇二三：一八―二〇）。作品として表現された「完全な不完全体」は、新たな世界を更新する方法であり、外部に開かれた存在に関する普遍的モデルであるとする（同書：二〇七）。

黒田と同じように、フィールドワークに入った文化人類学者は、異種の動物ではないが、そこで生活する人びととなんとか同化しようとし、それがうまくいかないことで焦ったり、無力感にさいなまれたりすることはよくあることだろう。私自身、南タイの村にはじめて調査に入ったときには、村の人と同じように話したり、ふるまったりしたい、村人になりきりたいと切望した。しかし、小さな子供でさえ自由に南タイ方言を話すのに、自分はいつまでたってもバンコクで習った標準タイ語のアクセントが抜けず、南タイ方言を話そうとするがなまってしまって、南タイ方言と標準タイ語のアクセントが混ざった中途半端な「トーンデーン（thorng daeng 字義通りには「赤い金＝銅」）」と村人から揶揄される話し方から抜けられず、悔しい思いをしたものだった。当然、私は村人になりきることはできないわけだが、それはある意味で、南タイの村人に「変身」しようとしていたともいえるのではないかと今にして思う。

自分で意図したようには、村人になりきれないが、そこで一年、二年と暮らすうちに、身体は村の気候に順応し、村人と同じような村での生活のパターンが当たり前になり、そうしなければ身体が落ち着かない、気持ちが悪いというようになってきた。これは、まさに生活した場においておこることである。例えば、同じタイでも南タイの海辺の村の気候と、バンコクやさらには北タイの山間部の気候は異なっている。村では、家を出て人に会うときしばしば交わされる、「水浴びをもうした（ap nam leo ruˇ yang）？」という挨拶は、「ご飯はもう食べた（kin khao leo ruˇ yang）？」と同じくらい当たり前の挨拶である。南タイの村の一日は、朝まず水浴びをすることで、身体がすっきりする。だから、何か用事があって、朝水浴びができないと、身体がねばつく（niao tua）という状態になる。海風で塩気を含んだ湿気の多い気候のせいか、私も村では朝水浴びをするのは当然の習慣だったし、そのように挨拶で訊かれるのも当たり前だった。ところが、中部タイや北タイ出身、さらには南タイでも都市の出身の友人とこの挨拶について話すと、一様に「奇妙だ（plaek もしくは plaek cai）」と驚かれた。そんなこと言われたら、自分の体が匂うのか気になったりするのではないかとも言われた。「ご飯はもう食べた？」はどこでも普通にする挨拶ではあるのだがという。このように、タイにいくと、朝水浴びをしないと気持ちが悪いと感じる私の身体は、南タイの漁村の気候にあわせて変化したといえよう。たぶんこの変化は、こうした身体感覚のみではないだろう。

フィールドワークにおいては、しばしば、五感を通して感じる「身体知」に基づき、対象の際立った性質を直感的に把握することが重要であると言われる（関本 一九八八、松田 一九九一、川田 一九九八）。その上で民族誌（エスノグラフィー）を書くにあたっては、フィールドでの経験・感情・出来事を、人類学的思考が生成されるプロセスとつなげ、その両方を示すことが重視されている（李・金谷・佐藤 二〇〇八、西井 二〇一四）。つまり個に閉じられた身体を超えて、集合的な生の流れともいえる人間性の根幹に到達することができたときに、それはよいエスノグラフィーといえるのであろう。そのことは、五〇年も前に川喜田二郎が「野外科学的方法を執るべき段階では、データをまとめるに当たって、飽くまで「データの語る声に従って、虚心坦懐」にまとめねばならない。そのようにして、飽くまで「おのれを空しくして」おのずからまとまるのでなければならない」（川喜田 一九七三：二九）と述べた態度に呼応する。そうして自らの身体を拓いて「変身」しつつ書いたエスノグラフィーは、郡司のいう、外部を導きいれる創造性を拓く装置となるであろう。郡司は「天然知能」を「決して見ることも、聞くこともできず、全く予想できないもかかわらず、その存在を感じ、出現したら受け止めねばならない、徹底した外部。そういった徹底した外部から何かやってくるものを待ち、その外部となんとか生きる存在」という（郡司 二〇一九：九）。フィールドワーカーがフィールドでやっていることは、まさに身体を拓いてやってくる外部を待ち、受け入れることである。こうして「変身」を試みながら、村人でも元の日本からの調査者でもないどちらでもない存在、どちらにもなり切れない存在となったフィールドワーカーが書く痕跡が、エスノグラフィーではないだろうか。

＊　＊　＊

郡司が、この今を生きる生命の最も端的な、最も先鋭的な形だとする「人でも虫でもないものの痕跡」＝「人でも虫でもない〈生命〉」として作った作品のように、カフカの『変身』のグレゴール・ザムザの痕跡は、私たちの中で、生命の深いところに触れる。私たちの中の何ものでもない生命に。そして、エスノグラフィーもまたそうである。

参照文献

ウィラースレフ、レーン（二〇一八）『ソウル・ハンターズ　シベリア・ユカギールのアニミズムの人類学』亜紀書房。

カフカ、フランツ（一九五二）『変身』新潮文庫。

川喜田二郎（一九七三）『野外科学の方法――思考と探検』中央公論社。

川田順造（一九八八）「メタサイエンス、そしてマイナーサイエンス」船曳建夫編『文化人類学のすすめ』筑摩書房、三九―六三頁。

黒田末寿（二〇〇九）「類人猿の世界に近づく観察法」『フィールドプラス』01 no.1、一八―一九頁。

郡司ペギオ幸夫（二〇一九）『天然知能』講談社選書メチエ。

――（二〇二三）『創造性はどこからやってくるか―天然表現の世界』ちくま新書。

関本照夫（一九八八）「フィールドワークの認識論」伊藤幹治・米山俊直編『文化人類学へのアプローチ』二六三―二八九頁。

西井凉子編（二〇一四）『人はみなフィールドワーカーである――人文学のフィールドワークのすすめ』東京外国語大学出版会。

西井凉子・箭内匡編（二〇二〇）『アフェクトゥス』京都大学学術出版会。

松田素二（一九九一）「方法としてのフィールドワーク」米山俊直・谷泰編『文化人類学を学ぶ人のために』世界思想社、三二一―四五頁。

李仁子・金谷美和・佐藤知久編（二〇〇八）『はじまりとしてのフィールドワーク――自分がひらく、世界がかわる』昭和堂。

KEYWORDS

- 移動・行動パターンと遠隔観察
- オープン・リサーチ・データ
- 直接観察の重要性

補論2

霊長類研究における研究手法の発展

GPS・活動センサーからビックデータＡＩ分析時代へ

森光　由樹
Yoshiki Morimitsu

ヒトの社会性の起原と進化研究で用いられている調査手法に直接観察がある。直接観察は、霊長類学および人類学において多くの成果を生み出してきた手法である。霊長類は、ほかの動物種と比べて多くの種が昼行性かつ集団性であるため発見しやすく、観察が容易であり、条件によっては人付け等しやすいこともその主な理由である。しかし、観察が容易な霊長類や調査地は限られていて、多くの霊長類の活動パターンを直接観察によって記録することは難しい。特に急峻な地形や深い森林など研究者が入れない場所もあり、このような場合は対象種を発見することさえ困難となる。仮に対象種を発見し追跡できても観察場所が視界の悪い森林などでは、観察が困難なケースを暫し経験する。データ収集ができても、観察時間や期間が一定でなく、データにバイアスが生じる可能性もある。一方で、人類学においてヒトを対象とした研究では直接観察が難しいといった場面はほとんどないであろう。それ故に、直接観察の難しい野生霊長類の情報収集の手法の開発が積極的におこなわれていた。特に開発で飛躍的に進んだのがラジオテレメトリー（電波遠隔測定法）である。ラジオテレメトリー（電波発信機）とは、個体認識が可能なように特定の周波数を発信するＶＨＦ電波発信機[1]を野生動物に取り付けて放獣し、その位置や行動を追跡調査するものである。この技術は第二次世界大戦後にアメリカで開発され一九六〇年代初め頃に導入された（Kenward 1987）。日本国内では一九七〇年代後半からニホンジカ（丸山 一九八二）、一九八〇年代前半にツキノワグマ（米田 一九九六）において電波発信機を用いて行動追跡が開始された。霊長類の研究では、河合らが一九六八年にニホンザル、一九七〇年にウガンダのキバレに生息するアカコロブス、ブルーモンキー、ホオジロマンガベイに電波発信機を装着し、活動パターンや遊動域を明らかにしている（水野 一九九〇）。

ラジオテレメトリー法は当時、画期的な手法として直接観察が難しい動物種に多く用いられてきた。しかし課題もあった。一つ目は調査者がフィールドに行き電波を捜索する労力がかかることである。アプローチが悪く急峻な山脈に生息する動物の場合、電波を受信できない場合がある。二つ目は電波の性質から送信機と受信機間の経路は、山や建物など障害物の影響を受けるといった課題である。例えば直接届く直接波、物理的障壁（山と谷など）から跳ね返り発生する反射波や物理的障害を迂回する回折波がある。対象動物から発せられる直接波とは反対の山側から反射される反射波を動物の位置方向と記録してしまう誤りがある。加えて、三角測量法における誤差など位置精度の誤差が指摘されていた（Rogers et al. 1996: 559-566）。

一九九〇年代からＧＰＳ（Global Positioning System）を動物に装着した研究が始まる。ＧＰＳ発信機は、調査者が現地に行く必要がなく、測位場所がＧＰＳ発信機にデータログされる。ラジオテレメトリーに変わり、霊長類を含む多くの野生動物の研究において用いられるようになった。野生動物調査におけるＧＰＳ利用で特に以下の点が飛躍的に進んだ。動物の位置情報を大量にデータ収集することが可能となったことから、野生動物の移動ルート、生息地、活動パターン、巣作りの場所などの解析が可能となった。加えて地理情報システム（Geographic Information System：ＧＩＳ）技術の発展に伴い、コンピュータ上でさまざまな地理空間情報（地形や植生など）を重ね合わせて行動圏の解析が可能となった。しかし、開発当初の野生動物研究用のＧＰＳは測位精度が悪いほか、ＧＰＳを脱落させて器材を回収しインターフェースを用いて端末と接続してデータ抽出する必要があった。各メーカーから発売された、ドロップオフ器材の完成度は低く、ドロップ

1　ＶＨＦ（Very High Frequency　超短波）：周波数三〇―三〇〇ＭＨｚ、その発信機を対象動物に装着して調査側が電波を受信する方法。

オフしない故障が多数認められた。このような故障があるとデータ収集は困難であり、再捕獲による回収しか方法がなかった。現在は、ＧＰＳを装着した動物の近くから電波を利用してデータを吸い出す方式のタイプや、イリジウム回線を用いた通信技術を用いて、インターネット回線によりデータが送られてくるタイプなど開発が進み、研究者の負担や器材トラブルは軽減している（図１）。

一九九〇年代前半に開発されたＧＰＳ発信機の重量は、二キログラムを超えていて霊長類に装着することはできなかった。メーカーの努力もあり除々に軽量化が進み、国内の大型野生動物でニホンジカやクマに使用されるようになった（例えば、鈴木ら 二〇〇〇；Yamazaki et al. 2008）。軽量化はさらに続き、ニホンザルでも調査が可能となった（Sprague et al. 2004; 森光 二〇〇四；竹ノ下ら 二〇〇五）。ＧＰＳ発信機を用いた霊長類の研究は、各国で使用されるようになり、二〇〇四年から二〇一八年の間に一七種の霊長類の研究に利用されている。研究対象種は二種の曲鼻亜目、五種の新世界ザル、八種の旧世界ザルおよびテナガザルとチンパンジーについて研究成果が報告されている（Dore et al. 2020: 373-387）。また近年の傾向として、農業被害を起こすニホンザルの群れのモニタリングとして活用され、その成果の報告も増えてきている（例えば、森光・加藤 二〇二一；海老原ら 二〇二二；清野ら 二〇一八）。さらには、ＧＰＳ装置に活動量センサー、加速度計や温度計など様々なセンサーもオプションで付属していて、位置情報のほか生理学的な情報の収集も可能となっている。

それでは直接観察が霊長類と比べて比較的容易なヒトの場合はどうであろう？

ヒトは言語やジェスチャーでコミュニケーションがとれるので情報を入手しやすい。またヒトならではの研究手法に自記式の質問紙（questionnaire）やインタビューによる調査がある。これは霊長類では不可能である。例として起床や就寝、食事の時間、食事の内容、仕事といった活動単位、その開始時刻や終了時刻、費やした時間などが収集可能である。そのほか、研究者の考える調査設計によってより多くの情報を収集することができる。しかし伝統的な生活を営んでいる人々を対象とした研究の場合、使用する文字や言語が異なるため自記式の質問紙により回答を得ることは難しい。さらに時間に関する感覚が現代社会と異なる生活を営んでいる場合、インタビューによる一日の活動内容を時系列に記録することは難しくなる。より多くの情報を収集するのであれば、定点観測法という、もっともシンプルな直接観察法がある。調査者は見通しの

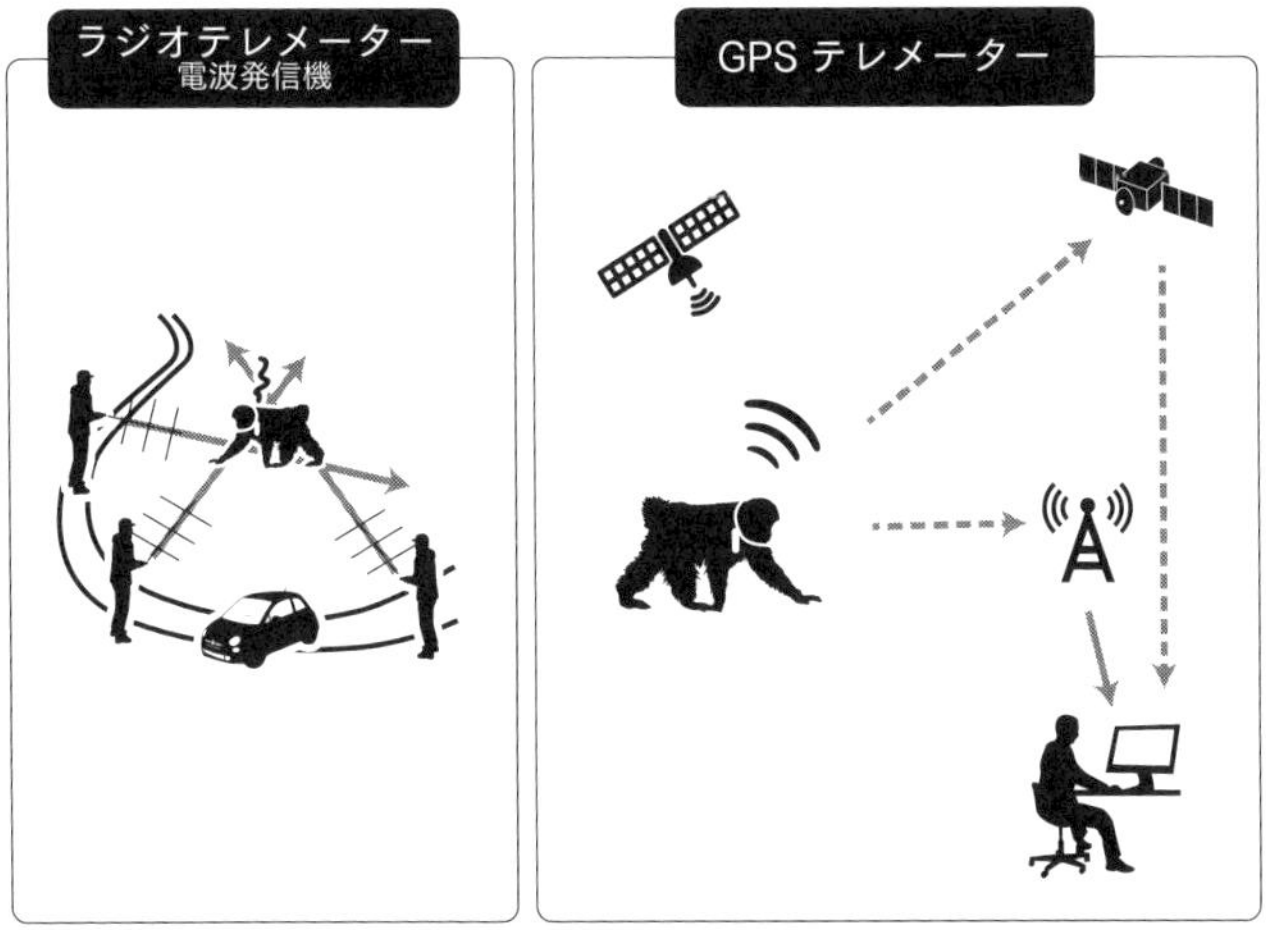

調査員の時間と労力がかかる
バッテリーが２～３年もつ、安価

インターネット上で自分の端末に情報が入る
GPS 発信器のバッテリー寿命が短い、高価

図１　ラジオテレメーターと GPS テレメーターのメリットとデメリット

良い場に待機し目視にて情報収集する。人々が村から森へ向かう時に誰が何時に出発したか、いつ帰宅したかを記録する。帰宅した時に、活動した内容をインタビューできれば、情報量はさらに増える。定点観察法は、限られたエリアでしか情報が収集できない。対象者を連続追跡し行動の変化を時刻単位で収集する方法に連続追跡法があり、より詳細な情報を分単位で入手できる。これは霊長類を追跡し情報収集する方法と同じである。

しかし、人々の行動・活動を系統的に観察し、客観的に測定・記録することは容易ではない。観察者が同行することで対象者が普段の行動と異なる行動をとる場合もあるだろうし、対象者が普段通りに行動したとしても一人の調査者が対象者の一日の活動把握に務めると一日に一人

しか観察できない。対象者の行動範囲が広く身体能力が調査者よりも優れている場合、追跡することは難しく、調査者が足手まといになってしまうこともある。対象とする集団全体の活動パターンを理解するためには膨大な時間と労力が必要となる。観察が容易だと思われるヒトの研究においても野生霊長類と共通する課題があることがわかる。そして調査者が一人または少人数であるため、データ量が限定的である。霊長類と同じく短期間で多くの情報量を収集することは困難であり限界もある。

ヒトの行動を観察し測定・評価することは、個人または集団の日常生活、ライフスタイルを理解する上で最も基本的かつ重要なテーマである。文化人類学は、土地の象徴性や文化的意味、土地利用パターン、村落や定住地の位置、移動パターン、交通ルートなど人々の暮らす地域や社会構造を理解するためにGPSが用いられている。生態人類学、環境人類学では、人間と自然環境との相互作用、土地利用や資源管理、あるいは生業活動、狩猟や漁労、農業といった活動にGPSを用いた研究手法が役立っている。社会人類学では、社会的なネットワーク、交流パターン、社会的つながり、人間の相互作用や関係を研究するために用いられている。考古学では遺跡調査、文化遺産の位置情報、分布や規模など、そして文化遺産の保存などに役立てられている。GPSは我々の生活に欠かせないツールとなっている。そして人類学調査においてもGPSは重要なツールとして活用されていることがわかる。

本稿では、ニホンザルとヒトのGPS研究の一部を紹介する。ヒトの社会性の起原と進化研究において、最新の技術であるGPSによる情報収集が、霊長類学、人類学の社会的行動の解明のためにいかに寄与するのか、さらに、人類学との協働という研究スタイルの中でどのような意義と可能性を持つのか考えてみたい。

1　GPSを用いたニホンザル研究の例

（1）ニホンザルの群れは生息する場所を季節によって変化させる
——GPSを用いてその要因を探る

ニホンザルは生息環境の重要な構成要素である野生植物の展葉、開花、結実といったフェノロジーに応じて食性を季節的に変化させており、生息地利用に季節性が生じる（Clutton-Brock and Harvey 1977; 江成ら二〇〇五; Sha et al. 2017; Waterman et al. 2019）。また農地に依存する「農地依存型」の群れの農地利用にも季節性があることが明らかにされている（例えば、江成ら二〇〇五; 望月ら二〇一三）。しかし、ニホンザルの農地依存は群れごとで異なるため、農作物だけでなく、周辺の森林内食物資源も含めた生息地利用の季節性の評価が必要である。

野生動物の生息地管理や農作物被害のリスク管理を行う上で、各対象動物による生息地利用の季節的な変化パターンを評価することは重要である（望月ら二〇一三：一六一—一七三）。ニホンザルは多様な生息環境に生息し、地域によって食性や被害形態も様々である（Suzuki 1965）。それ故、その地域における群れの生息環境の詳細を把握することが保全や管理を進めるために重要であるのだが、このことは群れ内のあるいは種間の関係の空間動態を把握し、そこに働く社会性を記録し評価する上で、極めて有効な方法となる。

■GPSを用いてサルの位置情報を集める

ヒトのGPS研究では、GPS機材を持ってもらうために説明と合意が必要である。データの使用目的について十分理解してもらい（インフォームド・コンセント）、了解が得られればデータ収集が可能である。一方で霊長類はヒトのようにGPSを持ってもらうわけにはいかない。GPSを装着する場合は捕獲作業が必要不可欠である。野生のサルを捕獲することは容易ではなく、麻酔銃や吹き矢技術の習得が必要であり特殊技術を要する。また、調査を進めるにあたり研究の目的によって生態を十分に理解した上で進める必要がある。例えばニホンザルのオスは通常、性成熟（四歳から五歳くらい）を期に群れから離脱しほかの群れへと移動してしまう。群れ内の関係について空間動態を研究するのであれば、メスは生涯出生群にとどまるためメスを選択して捕獲し装着することが必要である。群れを追跡するために群れ所属の成獣メス三〜四頭を捕

図２　GPS テレメーターの装着

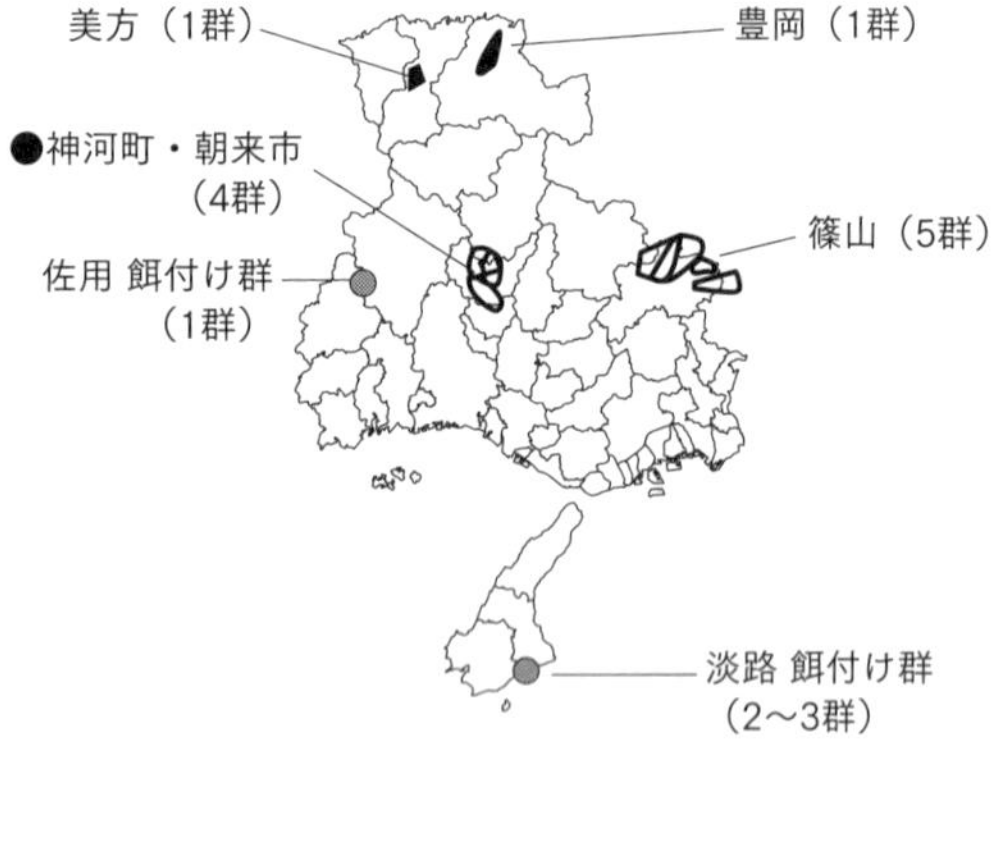

図３　調査地（兵庫県対照群の分布図）

獲し麻酔を用いて不動化した後、ＧＰＳ首輪の装着作業を実施する（図２）。[2]

兵庫県のほぼ中央に位置する、神河町と朝来市にニホンザル四群が生息している（図３）。生息地は、千ケ峰・暁晴山など、一〇〇〇ｍ級の山々に囲まれ八割を山林が占めている。ここに生息している群れ四群の一年間（二〇一九年二月から二〇二一年五月）の行動についてＧＰＳを用いて調査した。測位数は、Ａ群は六五八一地点、Ｂ群は二七〇八地点、Ｃ群は三〇〇六地点、Ｄ群は二七六一地点において収集できた。得られた位置情報（地点）データを地図上にただ描写しても、サルの詳細な習性を把握することはできない。ここで有効となるのが、ＧＩＳ解析と数理解析である。

群れの行動圏の季節性をあきらかにするため、まず、最初に行動圏解析（固定カーネル法）を行う。群れの一年間の行動圏解析[3]から群れの行動圏が多少重複する場合はあるが、群れの利用頻度が高いコアエリアでは排他的であることがわかる（図３）。ニホンザルの行動圏は年間を通してほとんど変化のない「定住型」、季節変化を示す「季節的拡大縮小型」、及び行動圏を季節で移動させ再び元へ戻る「季節的往復型」に区分

2　ＧＰＳテレメーター（サーキットデザイン社製ＧＬＴ―02）を装着した。二〇一九年二月から二〇二一年五月までの位置情報データを本章での分析に利用した。ＧＰＳによる測位のスケジュールは、五：〇〇、七：〇〇、九：〇〇、一一：〇〇、一三：〇〇、一五：〇〇、一七：〇〇、二〇：〇〇まで、二時間ごとである。ＧＰＳ発信器の測位データは、週一回、群れに近づいて、ＧＰＳ首輪コントローラアンテナセット（ＧＬＲ―02）、ＧＰＳ首輪コントロールソフト（GL-Link Manager2）を用いて遠隔操作にてダウンロードした。

3　行動圏解析：行動圏の境界を描く最も単純な方法に、動物の測位した最外の点を線で結び描写する最外郭法（the minimum convex polygon（MCP）method）がある。最外郭法は、行動圏の大きさをしばしば過大評価するなどの多くの欠点を有している。固定カーネル法（Worton 1995）は、得られたＧＰＳ測位データを変数とし、関数（カーネル関数）により観測点以外の空間も含め、全体の確率密度を算出し、行動域および利用割合が高い場所を解析セル方法である。行動圏のコア（コアエリア）を理解することが重要で有意に高頻度で利用されている地域を描写する。

されている（小金澤 一九九七）。群れの九五％行動圏とコアエリアの面積の季節別の比較では、秋で最も拡大し、冬で最も縮小した。調査した群れは、小金澤（一九九七）が示す「季節的拡大縮小型」と同じであった。さらに行動圏データを用いて群れが利用するそれぞれの環境面積の割合を算出してみよう。全群の利用環境において、落葉広葉樹林、農地、針葉樹林が主に利用された。農地の利用において、C群が約一二％、D群が約六％であるのに対して、A群およびB群では約二〇％と比較的高い利用が見られた（図４）。

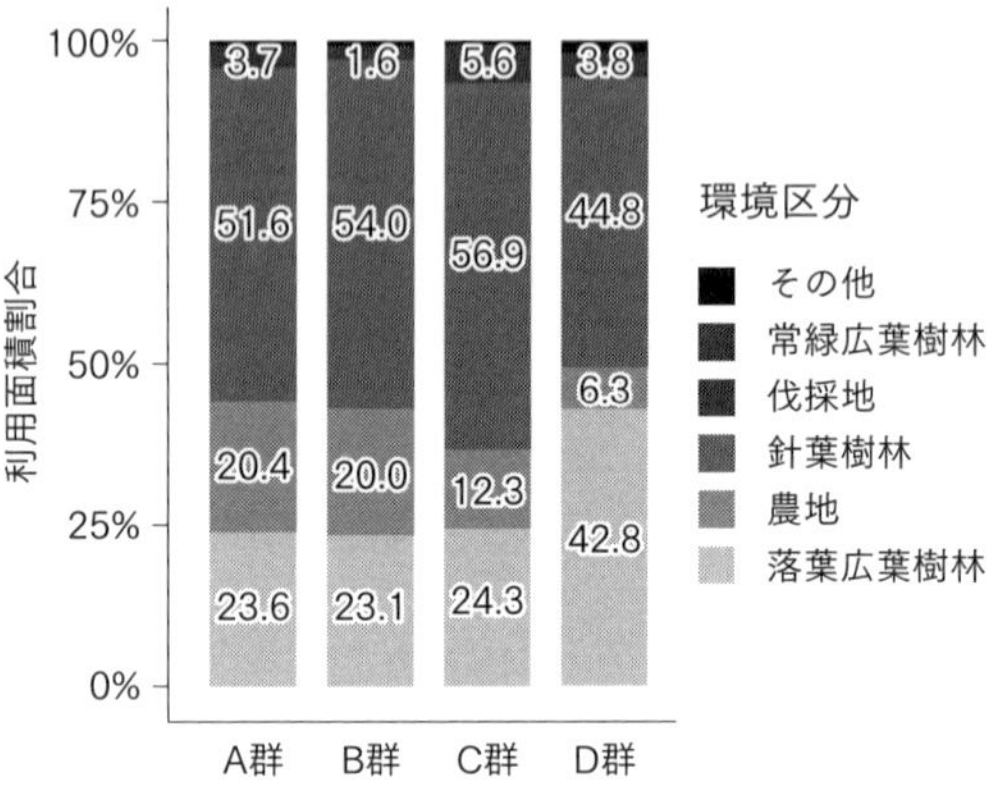

図４　大河内・生野地域個体群の利用環境面積割合
（洲合 2022）

ニホンザルにとって生息場所は、食物を得て生活し繁殖を行う上で不可欠な場所であり、これを生態学では〝資源〟として考える。異なる種類の資源が同時に存在するとき、利用できる資源の割合とニホンザルの群れが実際に利用している資源の割合が異なっていればサルは資源を選択的に利用していると捉えることができる。資源選択性指数[4]を算出することで、利用できる資源に対して実際にニホンザルの群れが利用している割合を表すことが可能である。さらに詳細を調べるために、行動圏から集中利用場所を抽出しその環境（資源）選択を評価してみることにする（E_1＝農地の資源選択性指数、E_2＝落葉広葉樹林の資源選択性指数）。

■群れの季節性

大河内B群のニホンザルは、二〇二一年二月中旬から五月上旬まで、農地を選好し、落葉広葉樹林をラン

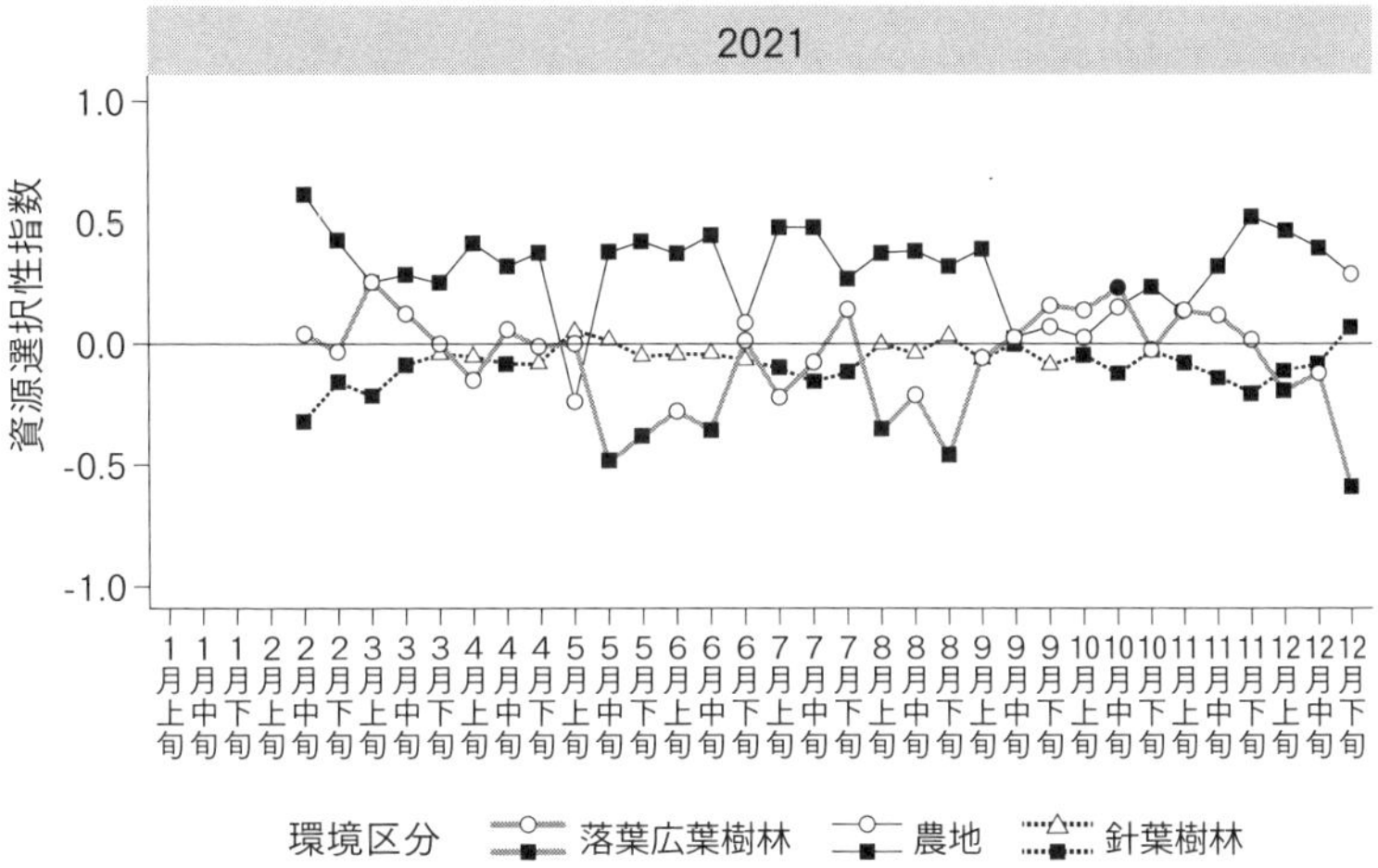

図5　2021年のB群における生息地利用の季節性（洲合 2022）

ダム利用したことがわかった。二〇二一年五月中旬から九月上旬までは、農地を選好し、落葉広葉樹林を相対的に利用しなかった。二〇二一年九月中旬から一一月上旬まで、落葉広葉樹林、農地共にランダム利用したことが明らかとなった。二〇二一年一一月中旬から一二月下旬まで、農地を選好し、落葉広葉樹林をランダム利用あるいは相対的に利用しなかったことが明らかとなった（図5）。

大河内C群のニホンザルは、二〇二一年一月上旬から三月中旬まで農地を選好し、落葉広葉樹林を相対的に利用しなかった。二〇二一年三月下旬から四月下旬まで落葉広葉樹林を選好し、農地を相対的に利用しなかった。二〇二一年五月上旬から八月下旬まで農地を選好し、落葉広葉樹林をランダム利用あるいは相対的に利用しなかった。二〇二一年九月上旬から一一月中旬まで落葉広葉樹林を選好し、農地を相対的に利用しなかった。二〇二一年一一月下旬から一二月下旬まで農地を

4　資源選択性指数：環境間の相関関係を明らかにするため、各環境の資源選択性指数から分散（Var(E_1)、Var(E_2)）、共分散（Cov(E_1、E_2)）、相関係数（r）を算出する。$X_1^2 = \Sigma$(利用度の観測度数—利用度の期待値$)^2$／利用度の期待値。

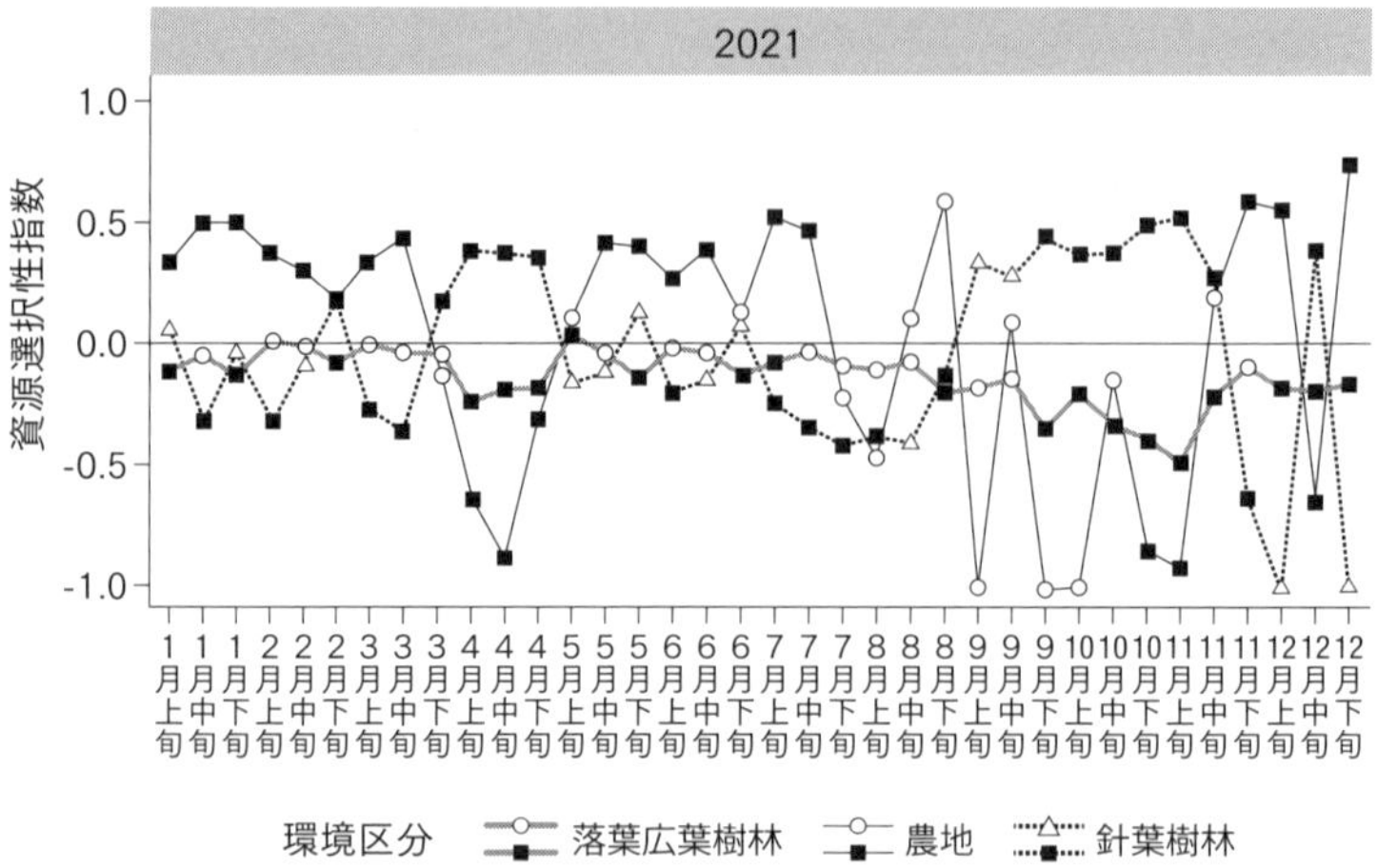

図6　2021年のC群における生息地利用の季節性（洲合 2022）

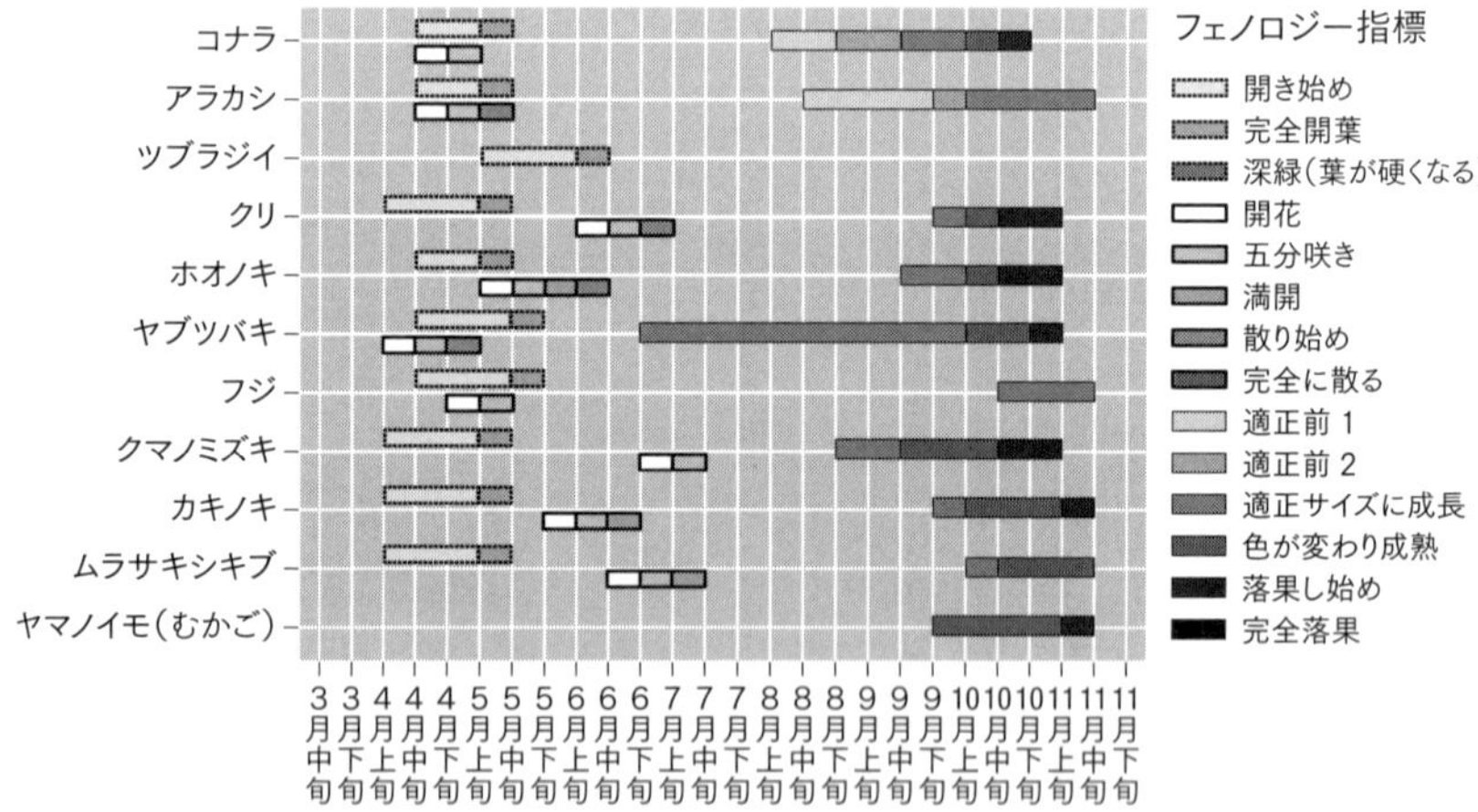

図7　B群の集中利用場所における野生植物フェノロジー（洲合 2022）

選好し、落葉広葉樹林を相対的に利用しなかった（図6）。

資源選択指数の分析から季節によって利用する環境（資源）が変化したこと、そして群れ間で異なっていたことがわかった。次に疑問に思うことは季節によって変化する資源の要因は何によって起こるのであろうか？という点である。サルの採食物は植物のフェノロジー（発芽、開芽（芽ぶき）、開花、結実）のタイミングで変化することが知られている（江成ら二〇〇五：小金澤一九九七）。本来であれば群れを連続追跡し直接観察でサルが何をどのくらいの量を食べているかデータ収集したいのだが、ヒトに慣れてない野生のサルは観察者を忌避するため、連続追跡しながら採食物を調べることは極めて難しい。ニホンザル採餌物リスト（辻ら二〇一一、二〇一二）がまとめられているのでそれらを参考に、GPSで明らかとなった群れのコアエリア（集中利用場所）に自生する野生植物や農作物のフェノロジーの調査を行い間接的に評価してみることにした。[5]

■集中利用場所におけるフェノロジーと群れ間比較

集中利用場所調査の結果、B群の集中利用場所は標高二一〇mから三〇〇mの落葉広葉樹林に見られ、二七科四〇属四八種の植物種が確認された（図7）。

C群の集中利用場所は標高三〇〇mから六五〇mの落葉広葉樹林に見られ、二七科四三属五二種の植物種が確認された（図8）。

B群およびC群の植物フェノロジーの結果より、新葉の利用可能性は、四月上旬～五月中旬に比較的多く

5　フェノロジー：季節的におこる自然界の動植物が示す諸現象の時間的変化。植物の発芽、開芽（芽ぶき）、開花、結実、落葉などの時期の調査から、サルの食物の変化を追跡できる。

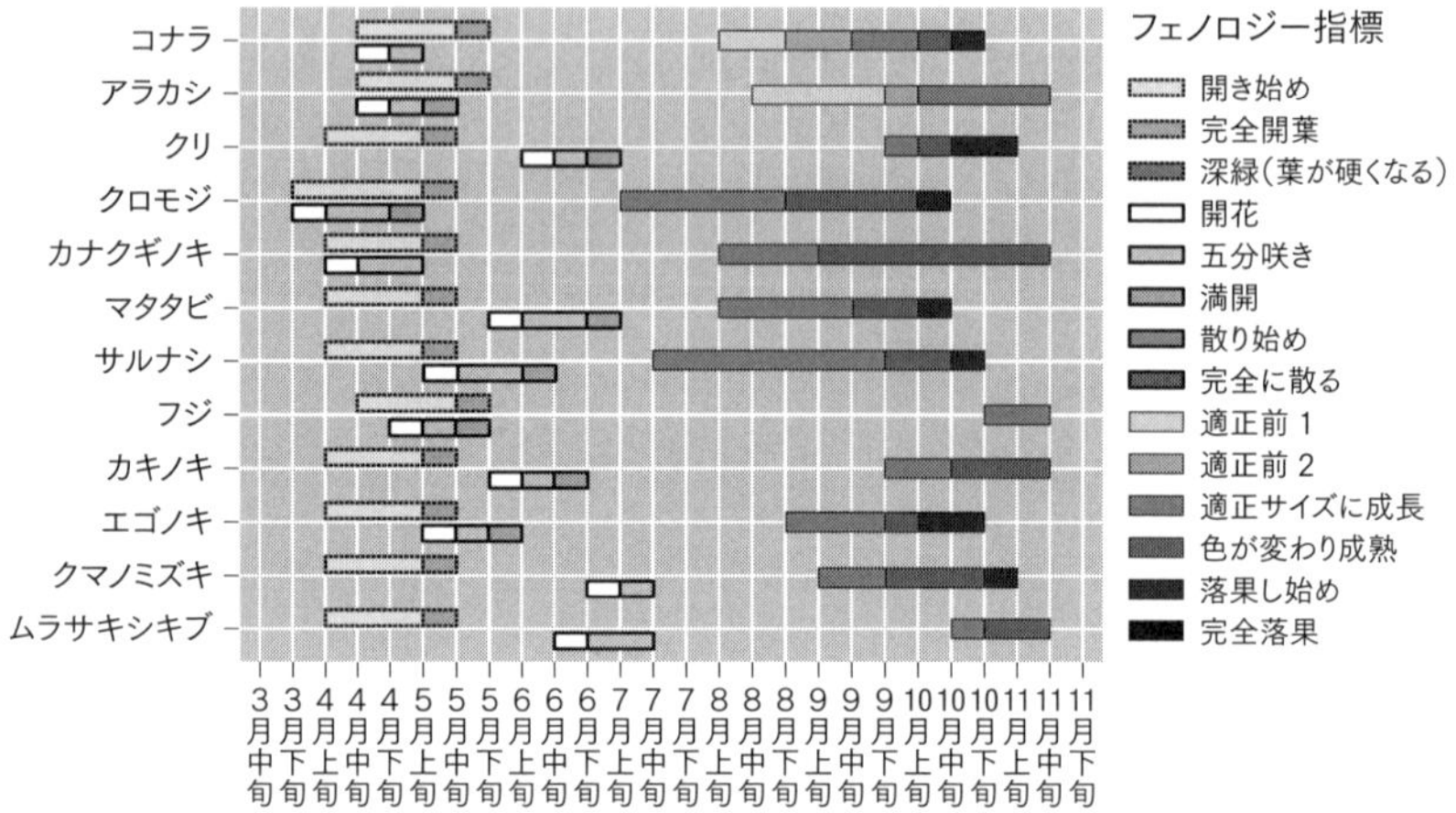

図8　C群の集中利用場所における野生植物フェノロジー（洲合 2022）

確認された。液果類および堅果類の利用可能性は、八月上旬〜一一月中旬に比較的多く確認された。花の利用可能性は、四月上旬〜七月下旬に比較的多く確認された（図7、図8）。

大部分の農作物は、神河町全体で共通していた。農作物の作付けが存在しない時期は無く、一年を通して農作物が作られ、ニホンザルによる被害が確認された。五月〜八月の夏期は、特に農作物の被害品目が多かった（図9）。

大河内B群は、他三群と比較して、農地と落葉広葉樹林の利用における変動が共に少なかったが（$Var(E_1) = 0.06$、$Var(E_2) = 0.07$）、安定的に農地を選好する傾向が見られる群れだった（図10）。

大河内C群は、他三群と比較して、農地と落葉広葉樹林の利用における変動が共に大きかった（$Var(E_1) = 0.22$、$Var(E_2) = 0.13$）。この変動を詳細に見てみると農地を選好し落葉広葉樹林を利用しない季節と、農地を利用せず落葉広葉樹林を選好する季節が明瞭に見られる群れだった（図11）。

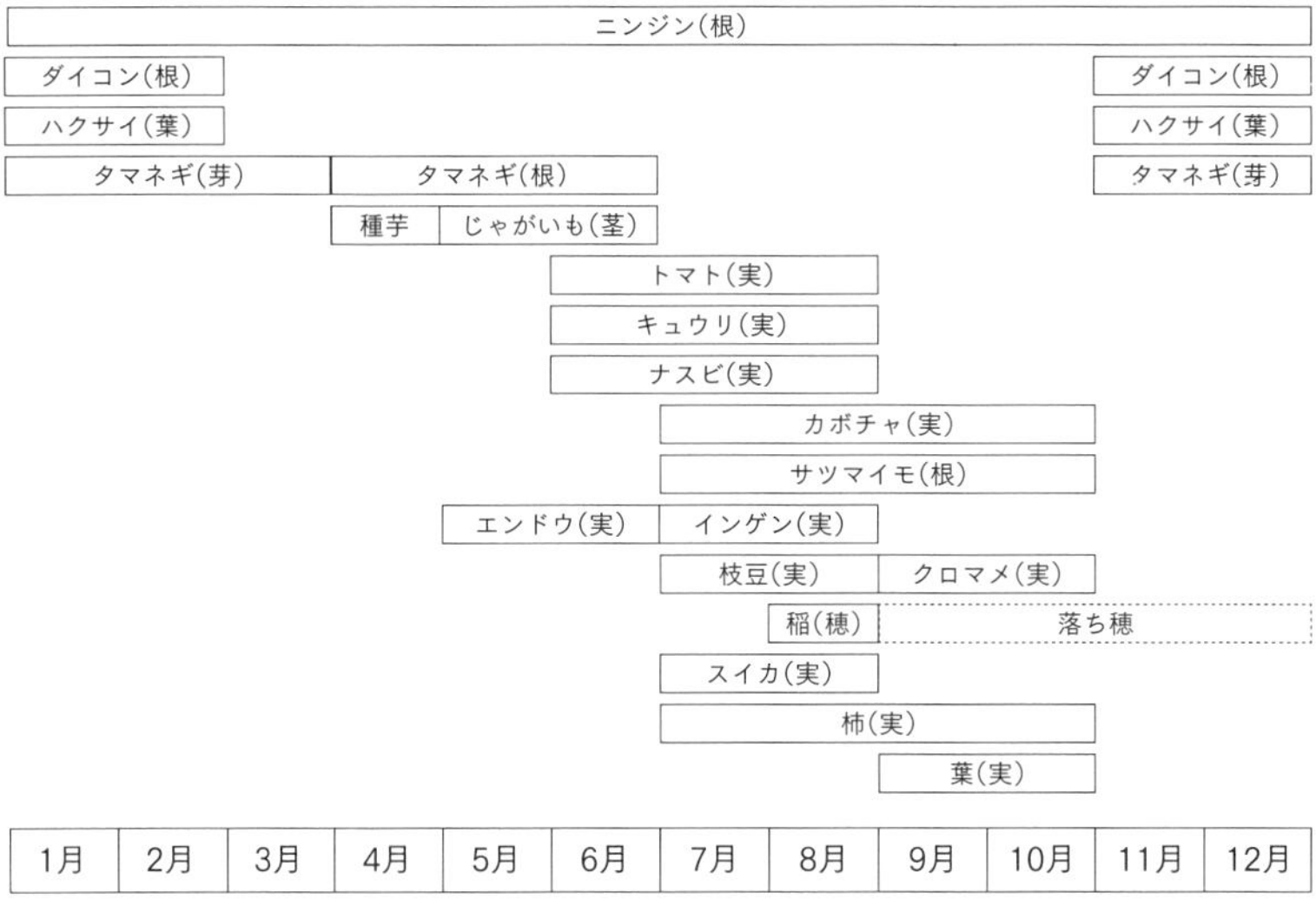

図9　神河町における農作物フェノロジー（洲合 2022）

■類似した季節性とその要因

大河内B群とC群の二群の生息地利用の季節性において、春期（四月）に野生植物のフェノロジー新葉の利用可能性に合わせて落葉広葉樹林を多く利用していたことが分かった。ニホンザルと同じマカク属であるアカゲザル（*Macaca mulatta*）は、新葉の利用可能性に合わせて生息地利用や採餌を季節的に変化させる。また、完全開葉後の成熟した葉は、マカク属にとって質の低い食物資源とされており、好んで利用される食物資源ではない（Chuangbin et al. 2015: 83-92）。これらの例から、二群の四月の落葉広葉樹林への選好は、生息地における広葉樹の新葉を採食できることが大きな理由としてあげられる。

一方で春期～夏期（五月～八月）に、周辺集落は農作物が豊富になり、落葉広葉樹林が利用されなくなったことが分かった。果実を好んで食する傾向の高い果食性であるマカク属にとって、果実は重要な食物資源である（Sha et al. 2017: 163-171）。しかし、この時期の集中利用場所の野生植物は果実生産が少なかった。また、ニホンザルにとって、農作物は野生植物よりも栄養価が高く利用価値が高い（中川 一九九九；江成ほか 二〇〇五）。そのため、採食戦略の観点から、人間と遭遇するリスクを冒してでも農作物を採食するという採食戦略が選択される。以上のことから、二群の五月〜八月の農地への選好は、森林内における果実の不足および夏期における夏野菜などの豊富な農作物が要因だと言えるであろう。

秋期（九月〜一〇月）に、一部の液果類と堅果類の利用可能性に合わせて落葉広葉樹林が選好され、農地

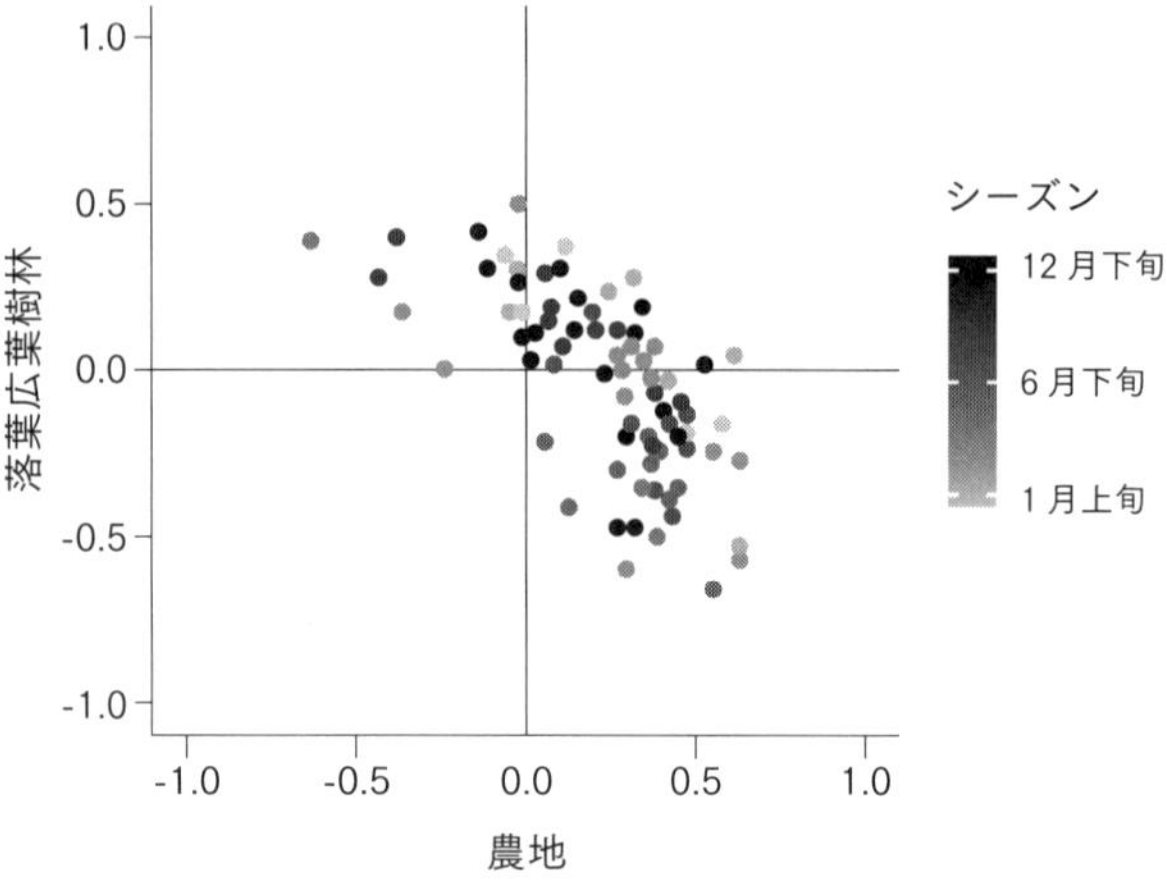

図 10　B 群における農地と落葉広葉樹林の利用の関係性
（洲合 2022）

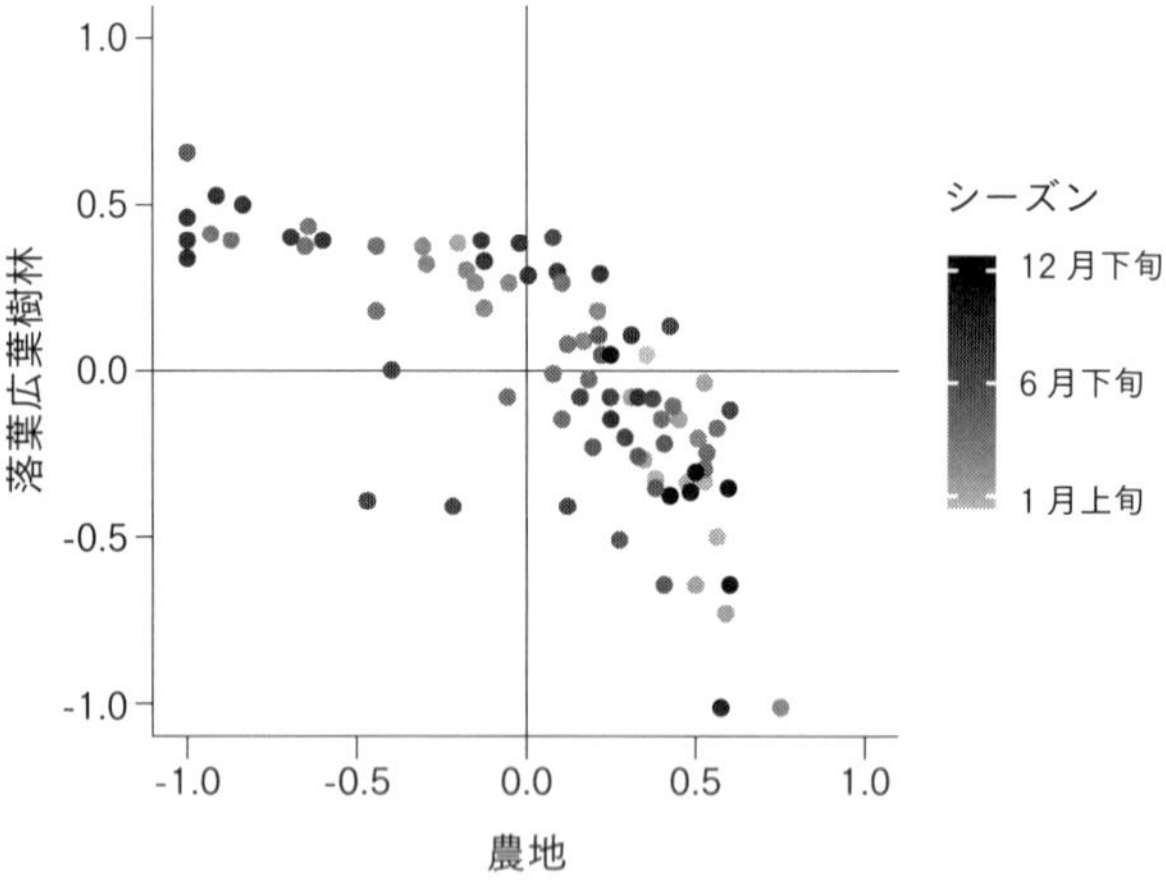

図 11　C 群における農地と落葉広葉樹林の利用の関係性
（洲合 2022）

が利用されなくなったことが分かる。Nakagawa（1989）の先行研究では、秋期におけるニホンザルの全採食時間中約七〇％を堅果類であるブナ科が占めていたことが報告されており、ニホンザルにとって、堅果類は果実の中でも特に好まれる重要資源であることが窺える。一群の九月〜一〇月の落葉広葉樹林への選好は、森林内における一部の液果類および堅果類を利用することが要因であると言えそうだ。

冬期（一一月〜一二月）になると、農地が相対的によく利用され、落葉広葉樹林が相対的に利用されなくなったことが分かった。冬期は森林内、特に落葉広葉樹林内の食物資源が少なくなる。そのため、五月〜八月と同様、採食戦略の観点から、利用価値が高い農作物を採食する可能性が高くなる。一一月〜一二月の農地への選好は、森林内における食物資源の不足が要因だと言えるであろう。

■群れ間で共通した季節性の特徴

B群とC群は、利用環境割合が異なっていたにも関わらず、類似した季節性とその要因が見受けられた。一つ目は、春期に、新葉の利用可能性に応じて生息地利用が変化したこと。二つ目は、夏期に、森林内食物資源の不足と農地における農作物が豊富になることにより農地が多く利用されたこと。三つ目は、秋期に、一部の液果類および堅果類の利用可能性に応じて落葉広葉樹林が多く利用されたこと。四つ目は、冬期に、森林内食物資源が不足することにより農地が多く利用されたことである。このことから、これらの季節性の要因は、人里近くに生息するニホンザルあるいはマカク属全般に共通していた。

（2）GPSを用いたニホンザルの群れの活動面積の季節変化

ニホンザルの行動圏が季節によって拡大および縮小していた。拡大と縮小は季節性があり、特に採食物のフェノロジーが要因していることがわかった。それでは群れの広がりはどうであろうか。宮城県金華山島において、成獣メスを同時に個体追跡し、観察者の持っているGPSでその位置を測位記録して、個体間距離の研究が行われていたが（杉浦ら二〇〇五：八項）しかし群れの広がり研究までにはいたっていない。ヒトを忌避する群れの場合、連続追跡は難しい。複数頭同時追跡となるとさらに方法的に困難となる。大河内A群を対象に空間的な群れの広がりについてGPS発信機を用いて調べてみよう。

■GPS測位情報から群れの広がりを調べる

成獣メス四個体にGPSを装着し二〇二〇年四月から二〇二一年三月までの測位データを収集した。ここで方法として少し心配なのは、捕獲した個体がもし仮に親子や兄弟の血縁関係だった場合、群れ内で一緒に行動する可能性が高いことが予想される。群れの活動面積が過小評価で示される可能性がある。同じ家系（母・子）の装着を可能な限り回避するため、異なる日、異なる檻で別に捕獲された個体を選んでGPSを装着した。捕獲した時に血液を採取し、血縁関係ではないことを証明するためにDNA鑑定を行い、母子関係では無い個体であることを確認した（Kawamoto et al. 2008）[6]。四頭を同時に測位した位置をGPS画面Google Earthに描写しポリゴン（点の頂点を結んでできた多角形データ、曲面を構成する最小単位）を作成し、測定機能を用いて面積を計算した（図12）。各群れ四頭の同時の測位ができた成功率は七二・五％だった。群れの活動面積は、秋が最も広がり平均七五五〇平方m ±二二であった。次に春、平均七二五二平方m ±二五、夏、平均六一四二平方m ±一五で、冬、平均二一五五平方m ±一〇が最も活動面積が狭かった（図13）。

先述した通り、行動圏面積の季節変化は自然植生フェノロジーおよび農作物フェノロジーとの関係が最も影響していた（本章四八五―四八八）。群れの広がりの季節変化の要因も同じく、採食物の関係が最も影響が

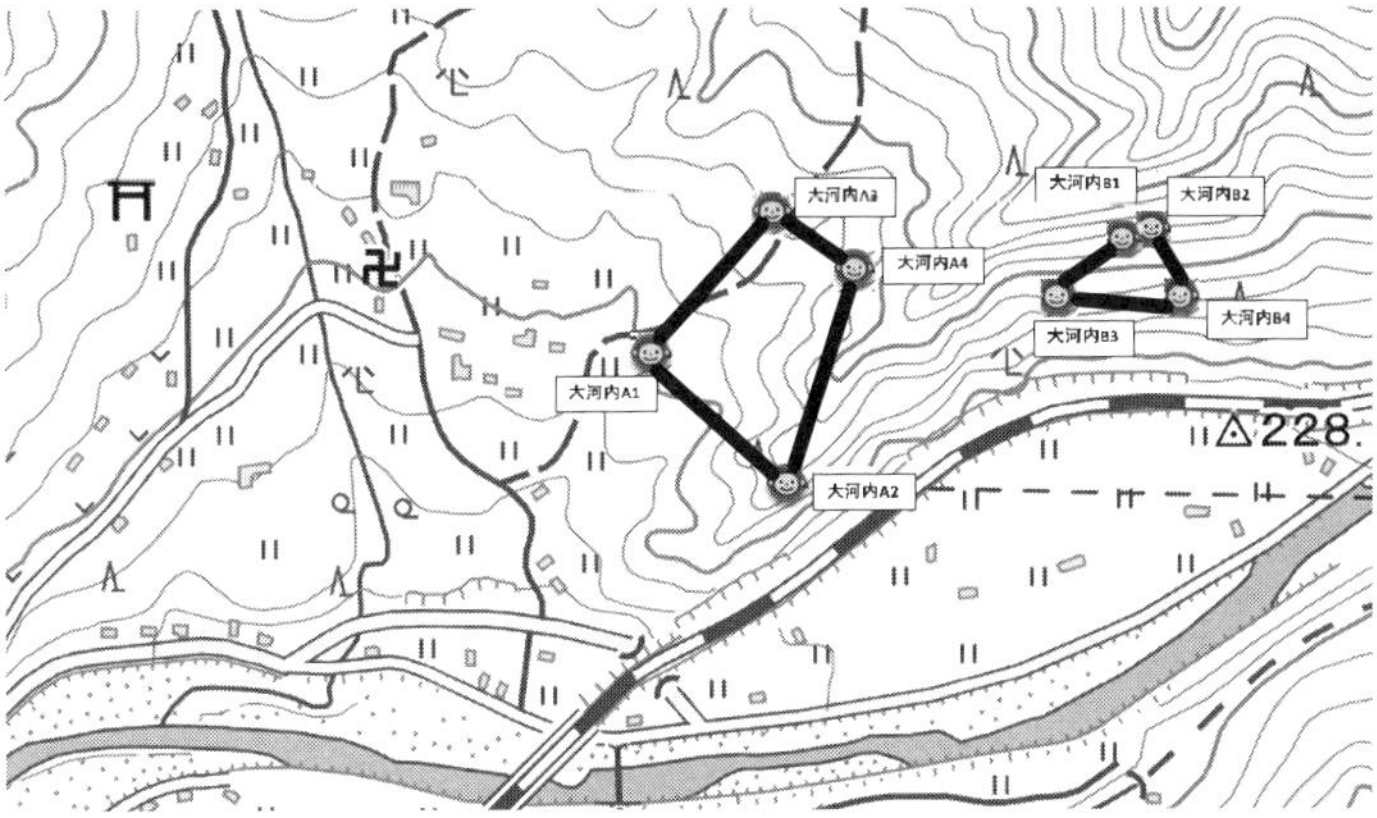

図12　群れの面積算出

（各群れ4頭の同時時間帯の測位点を、それぞれ線で結び、GPS画面をGoogle Earthに描写しポリゴンを作成し、測定機能を用いて面積を計算した）

大きいのであろう。群れの活動面積が拡大した春から初夏にかけて、コアエリアにおいてサルの採食品種、新葉では一〇種が開き始め、花で九種が開花している。秋は堅果類一〇種が結実する（本章四八五―四八八）。この二つの時期は、生息地内の採食資源量は増加し、それぞれの個体の採食量も増加する（中川 一九九九）。採食量の増加は個体間で競合しないため同所での採食を避けて別々の採食エリアを利用していたことが予想できる。その結果それぞれの個体間距離は広がり、群れも広がったことが想像できる。ただし、秋はニホンザルの交尾期でもあり、発情したメスがオスとペア（配偶関係）となり群れから一時的に離れる時期でもある。今回は直接観察ができていないため、交尾期と群れの広がりについては明らかにできていない。反対に夏と冬において群れの広がりが縮小した。その理由として、本章で

6　常染色体DNAマイクロサテライト計一六座位（D7S821, D10S611, D14S306, D8S1106, D12S375, D15S644, D5S1457, D17S1290, D19S582, D3S1768, D1S548, D6S493, D4S2365, D13S765, D18S537, D20S484）についてフラグメント分析を行うことで親子鑑定が可能である。

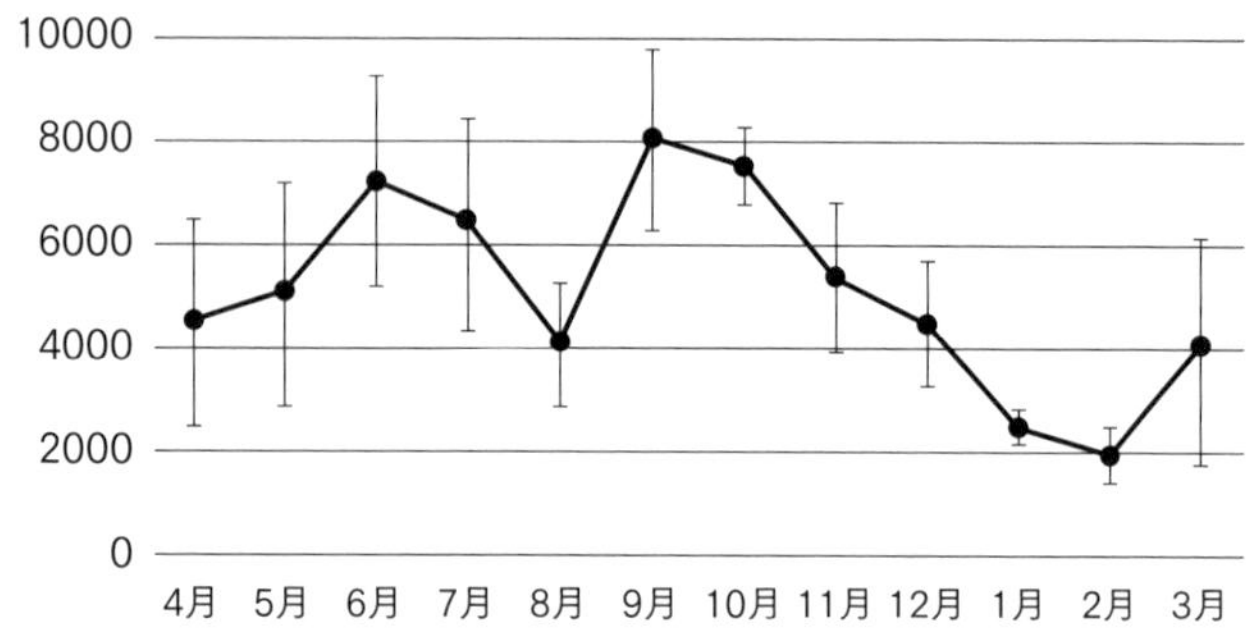

図 13　群れ広がりの時間別季節変化（成獣Ａ♀４頭個体間を結んだ面積）

も示したように、夏は森林内における採食資源量が初夏（七月上旬）をピークに減少していく。採食資源不足から、サルの活動量は春と秋と比較して減少したのであろう。特に夏（八月下旬）は、行動圏内の集落の夏野菜の収量がピークとなる。GPS測位位置の詳細を見ると対象個体四頭とも特定の農地への出没が繰り返し行われていて、それぞれ個体間の距離が短くなっていた。自然植生の採食物資源より農作物のカロリーは高く、各個体間が食糧を奪い合うような競合が起こりにくいため、それぞれ特定の場所を利用していたのかもしれない。しかし詳細はわからず今後の課題である。冬は餌資源量のさらなる減少により、できるだけエネルギー消費量を抑えるため活動量を減少させる。ニホンザルは冬の低温から体温を保持するため複数頭の個体が互いに身体を寄せ合って集まる「猿団子」を形成することが知られている。採食による競合が少なくなり、体温保持が必要となった冬は個体間距離が短くなり体を寄せ合う。

従来の直接観察法や電波発信機では明らかにすることが難しかった群れの拡大縮小についてGPSを用いて分析することが可能であることを示すことができた。今回は、同じ群れに所属している成獣メス、親子関係に無い四頭の測位情報から群れの広がりを分析した。今回は四頭に限られた情報分析であり本来の群れの広がりについて過小評価データであるといえる。そして群れに所属している頭数は五八頭である。ニホンザルは、一〇〇頭を超える頭数の群れもいる。頭数の多い群れの活動面積は当然大きいことが予想できる。群れに所属する頭数や生息域の環境や収容力（資源量）によって拡大縮小する面積は変わる可能性がある。今後は、ほかの群れとの比較によってさらにニホンザルの生態が明らかになるであろう。ニホンザルを含む霊長類研究分野において直接観察では難しい研究においてＧＰＳは活用されていくであろう。

2　ＧＰＳ・加速度計を用いたヒトの研究の例

アフリカの熱帯雨林に暮らすピグミーと呼ばれる狩猟採集民の子どもたちのライフスタイルと行動パターンを明らかにするために、ＧＰＳロガーと加速度計（歩数内蔵型）を用いた研究がある（Izumi Hagino & Taro Yamauchi 2013; 山内 二〇一八）。装置を二八名の少年と一六名の少女に装着してもらい、連続三日間の行動を記録し分析している。この研究でわかったことは、男女を問わず、年齢上昇とともに一日の総移動距離は増加傾向を示したが、思春期の年齢層の移動距離が最も長く、同時に個体差が顕著に拡大した。狩猟採集民の子どもの一日総歩数の平均値は男女とも二万歩を超えていた。子どもの一日総歩数の国際推奨値は一万歩から一万三〇〇〇歩とのことで大きく上回っていた。ＧＰＳログデータからは、日常の時空間利用における性別・年齢差が観察された。思春期に入ると男子の行動（移動距離）は個性が認められるようになり移動距離がバラバラとなった。一方、女子では、思春期に入っても男子のような顕著なバラツキは認められなかった。男子の場合、居住村を出て森林や他の村を訪ねる割合が多くなった。女子は居住場所周辺で活動していて場所がほとんど変わらなかった。これは、男子は将来、働くために他の地域に出かけるたり食料獲得において森歩きが必要になる。そのためのトレーニングであると位置づけことができる。女子は成長とともに居住村やその周辺で祖母、母、姉妹から家事、育児を学ぶ。これらの行動の変化は、男子女子とも成長で重要なプロセスである。ＧＰＳを用いた研究で、直接観察法ではわからなかった複数の対象者を同時時期に情報収集し新知見を示している点が興味深い。

3　ＧＰＳ研究の課題

野生霊長類およびヒトへの利用においてＧＰＳは、これまでの直接観察では困難であったデータを収集できる優れた手法であることがわかる。しかしながら、本法を用いるためにはいくつか課題もある。霊長類の場合一つ目は、ＧＰＳを利用するために、対象種を捕獲することが必要である。対象動物の目撃情報が乏しく、かつ餌などを用いた誘引罠などでの捕獲が極めて難しい場合、ＧＰＳを用いた研究を用いるのは困難であり、これはクリアすべき課題である。捕獲せずに生体へ機材を装着する技術開発が、本法を発展させるために重要である。捕獲が極めて困難な大型の鯨類の場合、調査船で個体に近づき、呼吸のため海面に現れた時に長い棒（例えばポール）を用いて吸盤や接着剤でＧＰＳや各種センサーを背中の皮膚に装着させる方法が用いられている（e.g. Herman 2008）。霊長類の場合、新たな捕獲法の開発や、鯨類のように捕獲せずに生体へ機材を装着する技術開発が、本法をさらに発展させるために重要である。二つ目の課題として、バッテリーの蓄電量に制約があり稼働時間の制限が挙げられる。この点はＧＰＳを用いた霊長類研究だけでなく、ヒトの研究においても同じことが言える。世界的にインフラ整備が進み、電気のない生活をする人々は少なくなった。しかし調査に協力してもらう人々にＧＰＳバッテリーの充電を依頼することは負担を与えてしまう。長期間、データを収集することが研究を成功させるために必要である。そのためには蓄電量の多いバッテリーを利用することが不可欠である。バッテリーは蓄電量が増えると重量が増加するという問題がある。これは福祉の問題と直結する。ヒトの場合、重量やサイズが大きかった場合、対象者から断られる可能性もあるであろうし、もし仮に了解を得られてもあまりにも重く大きな機材は行動を制限してしまい正確な情報の収集は難しい。そして倫理的にも問題である。事前にＧＰＳや活動センサーをヒトに装着（持参してもらう）する場合、研究の内容を十分に理解してもらいインフォーム・ドコンセントが求められる。それでは霊長類の場合は、どうであろうか？　現在までのところ、霊長類を含む野生動物にＧＰＳを装着する際の動物福祉の観点で参考になる研究は非常に少ない。開発した機材の重量は、行動に影響を与える可能性がある。Cypher（1997）は、キットギツネの一亜種（*Vulpes macrotis*）に電波発信器を装着し、生存率や体重の変化、繁殖に与える影響を調べた。体重六％を超える機材を装着すると影響がでることを報告している。この論文に基づいて、装着する機材の重量は、体重の五％以内にすることが示され（Aldridge and Brigham 1988）、多くの研究がこのルールを参考にしている。ヒトにおいてＧＰＳの重量やサイズと行動抑制やストレスについて調べた研究は今のところ見当たらない。今後、ＧＰＳを用いた研究をより発展させていくには、蓄電量の多い軽量小型バッテリーの開発が期待される。

4　ＧＰＳ・活動センサー研究の今後

最後に今後のヒトの社会性の起原と進化を理解するためにＧＰＳ研究、活動センサーを用いた方法論とその可能性について考えてみたい。これまでの研究紹介や情報からＧＰＳや活動センサーを用いた調査は、霊長類やヒトの活動について新たな側面を解明する優れた研究手法であると言える。人々の暮らす地域や社会構造を理解するためにＧＰＳを使用して地理情報を収集できれば、村落や定住地の位置、移動パターン、交通ルートなどを把握し分析しやすくなる。これらの研究で発展した学問に時間地理学がある。都市の交通の流れや通勤者の移動パターンを調べる方法として携帯電話端末ＧＰＳ機能のデータ、交通系ＩＣデータ等を用いて分析する。人間は絶えず動き回るため地図にプロットするだけの表現は厳密にいうと不正確であり、時空間座標（四次元）で表現されるのが望ましい。人々の行動を空間上における動きを表示する空間軸と、時間上における動きを表示する時間軸のなかの軌跡、すなわち活動パスとして可視化する。例えば個人の生活を仕事、買い物、余暇といった断片化された活動、単位時間で表現するのではなくどの場所、どの時間帯にどのくらい滞在していたかということを示すことである。都市計画や地域計画、最近だと観光による経済効果予測に利用される。

ライフスタイルの研究では、行動パターンや属性（年齢や性別など）による違いを理解するためにＧＰＳ・生体情報計測器を用いて人々の移動距離（歩数）や滞在場所・時間の把握等が行われている。健康とフィットネスの研究成果が近年、人々の生活で用いられるようになってきている。ＧＰＳは歩行者あるいはランナーの移動ルートを追跡し、移動距離を記録することができる。ＧＰＳ位置情報から移動距離と速度を求め、運動量・消費カロリーが表示される装置が販売され健康管理に役立っている。ＧＰＳにさらにウェアラブルセンサーを装着させた機械が、近年もっとも活用されている手法であろう。対象者の手首に装着する腕時計型の加速や活動計などが知られている。このシステムを応用することで誰と誰が面会したかというデータについても収集できる。

人間関係の研究にもＧＰＳが利用されている。これまでリアルな人間関係についての情報は質問紙を用いてヒアリングしたり、あるいは仲の良い相手や過去数日間に面会した相手を答えてもらったりして分析が行われていた。近年では、バーチャル―ソーシャルグラフ、ＳＮＳのフォローの関係や電子メールのやりとりによる記録が分析で用いられている。ただ技術開発は早く、GPSとウェアラブルセンサー・近接センサー端末を用いることで、さらにリアルな人間関係がリアルタイムで正確に描き出される。端末同士が二～三m以内で向き合うと、相手の端末をタイムスタンプとともに記録されるものである。今後の人間関係の分析はプロキシミティとGPSとの複合利用でさらに進展するであろう。この研究手法は直接観察の難しい霊長類の研究においても利用可能である。複数の個体間関係について興味深い結果が得られるかもしれない。しかしフィールドでは先述したように機械の取り付け技術とバッテリー容量の課題があり利用する範囲は限定的であり課題である（公開シンポジウム「大型野生動物学と人類学のGPS・生体情報計測研究の最先端と今後の課題」二〇二三）。

GPSやイリジウムは最先端の宇宙工学、物理学、半導体工学などの学問が結集した分野である。霊長類学、人類学と宇宙工学など異分野研究の融合が研究成果をより発展させる研究手法である。GPS測位情報と生体情報は個体から集団、さらには個体群まで、人を介さずにリアルタイムで情報端末へ自動的に収集される時代が来る可能性が高い。これらの技術開発は、霊長類学や人類学、あらゆる研究分野において進むであろう。リアルタイムで自動的に大量に収集されたデータの活用はすでに人工知能（AI）を用いて分析され社会実装されている。GPS機能やセンサー機能が掲載されている携帯電話端末が世界中の人々に浸透している。山奥で伝統的な生活を営んでいる人々でも携帯電話端末を持つ時代である。そしてすでにその情報はネット社会において活用されている。ネットサービスにおいて匿名で収集したユーザーデータ、交通センサーデータ、衛星データに基づいて、絶えず情報を更新し正確な交通状況を地図アプリケーション（ウェブマッピング・プラットフォーム）でユーザーに伝えている。これまで現地で苦労して収集されていたヒトの移動や生活習慣についても分析が可能になりつつある。現代のAIの中核をなす「ディープラーニング」は、多層ニューラルネットワーク、機械学習、ベイズ理論、脳神経科学、ネット上の膨大なデータなどを結びつけることで、画像認識や音声認識において劇的な成果をあげている。個体識別についてはすでにヒトや霊長類とも研究開発されている（Parkhi et al. 2015; Cao et al. 2018; Brust et al. 2017; Ueno et al. 2019; 2022; Daniel et al. 2019）

ビックデータとAI解析は、ヒトの場合、様々な分野でより先進的に取り入られている。例えば、生体情報や生活習慣、病歴、遺伝等と連動した、健康状態や病気発症の予兆の高度な診断、監視カメラ映像や不審者目撃情報等と連動した、犯罪発生の予兆の高度な分析などがある。

今後、「人類学」と「霊長類学」はこれらの最新技術をどのように扱っていくのであろう。工学者や計算機学者は将来、技術的には単なる装置ロボットやAIを作りあげることで便利な道具を開発することだけでなく、人間型知能機械や霊長類型知能機械（アンドロイド）を作り出すことも可能になるであろう。近年、世界的に研究データの共有（＝オープン（・リサーチ・）―データ）の機運が高まっている。背景として、「―データ」への国際的ガバナンスのイシュー化（データの経済的価値の増大、公益的利用への期待、寡占による問題の顕在化）、オープンサイエンス（科学的成果、科学の素材、市民が集めたデータ活用など）の潮流がある。将来、現地に赴いて直接観察しなくても、オープンデータの利用によって作り出された人間型または霊長類型知能機械やAIを研究材料として、人間や霊長類を理解する研究が始まるかもしれない。そうなると「人類学」「霊長類学」を凌駕した新学問・研究領域が現れることもそう遠い未来ではないように思えてくる。

一方で、研究者が調査地を一度も訪れることなくオープン・ビックデータのみでAI解析が行われるのは問題も含まれている。調査地の現状（オープンデータに含まれない情報・研究者自身の感覚的な情報など）を見落として誤った研究成果を誘発する可能性もあり危惧される。将来、これらの研究手法を用いるには、機種の性能を理解し、調査地の情報収集を続けながら活用することが重要であろう。そういった点で、どんなに技術開発され発展続けても直接ヒトやサルを見ながら思考すること、これまで地道に行われてきた直接観察によるデータによる補足は必要不可欠であるといえる。直接観察と新技術の融合と使い分けが、今後のヒトの社会性の起原と進化研究をより発展させるであろう。

謝辞

本章で紹介した研究成果の一部は、日本学術振興会科学研究費補助金（令和5年度）基盤研究S（分担）課題番号19H05591、挑戦的萌芽研究（代表）課題番号22658082、（平成27年度）基盤研究C（代表）課題番号25450477の研究助成を受けて実施しました。

＊兵庫県神河町に生息する群れの行動圏、生息地利用の季節性の要因解明は、洲合（二〇二二）の報告に新たにデータの一部を加えたものである。

参照文献

江成広斗・松野葉月・丸山直樹（二〇〇五）「白神山地北東部に生息する野生ニホンザル（*Macaca fuscata*）の農地利用型食物選択」『Wildlife Conservation Japan』9：七七―九二。

海老原寛・藏元武藏・三木清雅・豊川春香・難波有希子・今井健司（二〇二二）「滋賀県および徳島県・愛媛県のニホンザル（*Macaca fuscat* a）加害群の生息地利用『霊長類研究』38：五―一三。

清野紘典・山端直人・加藤洋・海老原寛・檀上理沙・藏元武藏（二〇一八）「ニホンザル加害群を対象とした計画的な個体群管理の有効性」『霊長類研究』34：一四一―一四七。

小金澤正昭（一九九七）「日光におけるニホンザル（*Macaca fuscata*）の季節的移動と個体群動態に関する研究」『宇都宮大

学農学部演習林報告』33：一—五四。

社会性の期限と進化公開シンポジウム「大型野生動物学と人類学のGPS・生体情報計測研究の最先端と今後の課題」二〇二四　河合香吏・森光由樹編。

杉浦秀樹・下岡ゆき子・辻大和（二〇〇五）「ニホンザルの群れの広がりI—広がりに影響する要因」『霊長類研究』、第二一回日本霊長類学会大会サプリメント21、八項。

洲合隼輝（二〇二二）「兵庫県野生ニホンザル地域個体群による生息地利用の季節性の要因分析」『兵庫県立大学大学院環境人間学研究科環境人間学専攻修士論文』。

鈴木健次郎・恒川篤史・高槻成紀・東英生（二〇〇〇）「野生動物の生態研究におけるGPSの利用可能性——金華山島のニホンジカ（*Cervus nippon*）を事例として」『GIS—理論と応用』8：六九—七五。

竹ノ下祐二・スプレイグ　デイビッド・岩崎亘典（二〇〇五）「ニホンザルにおけるGPS首輪による測位の成否と誤差に影響する要因」『霊長類研究』21：一〇七—一一九。

辻大和・和田一雄・渡邊邦夫（二〇一一）「野生ニホンザルの採食する木本植物」『霊長類研究』27：二七—四九。

——（二〇一二）「野生ニホンザルの採食する木本植物以外の食物」『霊長類研究』28：二一—四八。

中川尚史（一九九九）『食べる速さの生態学——サルたちの採食戦略』京都大学学術出版会。

丸山直樹（一九八一）「ニホンジカ　*Cervus nippon Temminck* の季節的移動と集合様式に関する研究」『東京農工大学農学部学術報告』23：一—八五。

望月翔太・村上拓彦・芝原知（二〇一三）「ニホンザル（*Macaca fuscata*）における農地選択の季節変化」『景観生態学』18：一六一—一七三。

森光由樹（二〇〇四）「GPS追跡システムのニホンザルへの適用」『霊長類研究』第二〇回日本霊長類学会大会サプリメント20：九六項。

森光由樹・加藤貴士（二〇二一）「兵庫県北部に生息するニホンザル城崎A群の行動圏および集落出没状況とその要因」『兵庫ワイルドライフモノグラフ』13：五六—七〇。

山内太郎（二〇一八）「日常をハカル——時空間利用と身体活動への展望」『日本食生活学会誌』28（4）：二四七—二五二。

米田一彦（一九九六）『山でクマに会う方法』山と溪谷社。

水野昭憲（一九九〇）「テレメーターで樹上性のサルを追う」河合雅雄編『人類以前の社会学——アフリカに霊長類を探

る』教育社、二三五―二五二頁。

Aldridge HDJN, Brigham RM (1988) "Load Carrying and Maneuverability in an Insectivorous Bat: a Test of the 5% "Rule" of Radio-Telemetry" *Journal of Mammalogy*, 69, 379-382.

Brust, CA, T Burghardt, M Groenenberg, C Kading, HS Kühl, ML Manguette, J Denzler, Towards Automated Visual Monitoring of Individual Gorillas in the Wild, in *Proceedings of the IEEE Conference on Computer Vision and Pattern Recognition* (IEEE, 2017), pp. 2820-2830.

Chuangbin T, Libin H, Zhonghao H, Ali K, Changhu L and Qihai Z (2015) "Forest seasonality shapes diet of limestone-living rhesus macaques at Nonggang, China." *Primates*. 57(1): 83-92.

Clutton−Brock TH and Harvey PH (1977)"Species differences in feeding and ranging behavior in primates."*In Primate Ecology(Ed. Clutton−Brock TH)*, pp.557-584, Aca demic Press, 631p, London.

Cypher BL (1997) "Effects of radiocollars on San Joaquin kit foxes." *Journal of Wildlife Management* 61: 1412-1423.

Daniel Schofield, Arsha Nagran, Andrew Zisserman, Misato Hayashi, Tetsuro Matsuzawa, Dora Biro, Susana Carvalho (2019) Chimpanzee face recognition from videos in the wild using deep learning. *SCIENCE ADVANCES* Vol 5, Issue 9.

Hagino Izumi and Yamauchi Taro (2013) Daily Physical Activity and Time-Space Using of Pygmy Hunter-Gatherers' Children in Southeast Cameroon, *Dynamics of Learning in Neanderthals and Modern Humans* Volume 2, 91-97.

Herman E (2008) "Crittercam Deployments on Humpback Whales in Competitive Groups in Hawaii."*Proceeding of The 2007 Animal-Borne Imaging Symposium* 10 to 13 October 2007 Washington, DC, USA. National Geographic Society, Washington DC USA: 33-37.

Kenward, RE (1987) "Wildlife Radio Tagging: Equipment, Field Techniques and Data Analysis. "*Academic Press*, London.

Kerry M. Dore, Malene F. Hansen, Amy R. Klegarth, Claudia Fichtel, Flávia Koch, Andrea Springer, Peter Kappeler, Joyce A. Parga, Tatyana Humle, Christelle Colin, Estelle Raballand, Zhi-Pang Huang, Xiao-Guang Qi, Anthony Di Fiore, Andrés Link, Pablo R. Stevenson, Danica J. Stark, Noeleen Tan, Christa A. Gallagher, C. Jane Anderson, Christina J. Campbell, Marina Kenyon, Paula Pebsworth, David Sprague, …Agustín Fuentes(2020) "Review of GPS collar deployments and performance on nonhuman primates."*Primates* 61, 373-387.

Kawamoto, Y., Tomari, K., Kawai, S. and Kawamoto, S. (2008) "Genetics of the Shimokita macaque population suggest an ancient bottleneck." *Primates* 49: 32-40.

Nakagawa N. (1989) "Feeding Strategies of Japanese Monkeys Against Deterioration of Habitat Quality. Primates." 30(1): 1-16.

O. M. Parkhi A, Vedaldi, A. Zisserman, (BMVC, 2015). Deep face recognition, in *Proceedings of the British Machine Vision Conference*, vol. 1, p. 6.

Q. Cao L, Shen W, Xie O, M. Parkhi, A. Zisserman (2018) Vggface2: A dataset for recognising faces across pose and age, in *Automatic Face & Gesture Recognition.*

Rogers, A.R., Rempel, R.S., Abraham, K.F.(1996) "A GPS-based telemetrysystem." *Wildlife Society Bulletin*, 24, 559-566.

Sha JCM., Chua SC., Chew PT., Ibrahim H., Lua HK., Fung TK. and Zhang P. (2017) "Small scale variability in a mosaic tropical rainforest infuences habitat use of long tailed macaques."*Primates*. 59(2): 163-171.

Sprague DS, Kabaya H, Hagihara K 2004: "Field testing a global positioning system (GPS) collar on a Japanese monkey: reliability of automatic GPS positioning in a Japanese forest." *Primates* 45, 151-154.

Suzuki A. (1965) "An ecological study of wild Japanese monkeys in snowy areas - focused on their food habitats." *Primates*. 6: 31-72.

Ueno M, Kabata R, Hayashi H, Terada K and Yamada K (2022) Automatic individual recognition of Japanese macaques (Macaca fuscata) from sequential images. *Ethology*, 128(5), 461-470.

Ueno M、Hayashi、Kabata R, Terada K & Yamada、K(2019) Automatically detecting and tracking free-ranging Japanese macaques in video recordings with deep learning and particle filters. *Ethology*, 125(5), 332-340.

Waterman JO., Campbell LAD., Marechal L., Pilot M. and Majolo B. (2019) "Effect of human activity on habitat selection in the endangered Barbary macaque." *Animal Conservation*. 23(4): 373-385.

Yamazaki K, Kasai S, Koike S, Goto Y, Kozakai C, Furubayashi K (2008) "Evaluation of GPS collar performance by stationary tests and fitting on free-ranging Japanese black bears." *Mammal Study* 33 、 131-142.

Worton BJ. (1995) "Using Monte Carlo simulation to evaluate kernel-based home range estimators." *Journal of Wildlife Management*. 59: 794-800.

PART Ⅳ

「ヒトの社会性の起原と進化」を越えて

KEYWORDS

- 調査者のハビチュエーション
- 意味の生成
- 「わかった」という実感

第13章 世界の終わりと動物のエスノグラフィー

足立 薫
Kaoru Adachi

1 動物のエスノグラフィーは可能か

エスノグラフィーは、多くの人文社会科学領域で有効な方法として用いられている。エスノグラフィーの対象は多様で、人々の属性や集団、組織、地域など幅広いものが扱われる。また関わる学問分野は、人類学にとどまらず、社会学や経営学、医学・看護学などにも広がっている。エスノグラフィーは民族誌と訳され、一九二〇年代に近代的文化人類学・社会人類学のパイオニアたちがあらわした著作が現在の隆盛につながる起点となっている。

エスノグラフィーという言葉が指し示すものは、実はそれほど明確ではない（藤田・北村 二〇一三）。一般的にエスノグラフィーは、人類学が考察の対象とする民族の人々について網羅的に、そのすべてを一つの文献の中に描こうとするものである。記述の結果がエスノグラフィーとして、読まれるべき「誌」になる。書かれた「誌」としてのエスノグラフィーは、フィールドワークとともに文化人類学・社会人類学研究に不可欠の条件として、その後も一貫して重要視されてきた。

一方で、エスノグラフィック・アプローチやエスノグラフィック・リサーチのように、形容詞としてのエスノグラフィーの語も頻繁に使われる。ここでは、エスノグラフィーは書かれたものとしての「誌」ではなく、それを書くのに必要な観察をする際の態度や研究の構えを表している。書かれたものとしてのエスノグラフィーの網羅的にすべてを描くという特徴は、ここでは、観察の際に対象全体を見る構えに変換される。その場で起こっていることの全体をとらえようとし、長くそこにとどまって起こる変化のすべてをとらえようとする、といったように「もれなくすべてを」という全体性がここでも重要となる。この構えは、人類学で伝統的に重要視される参与観察の方法とも密接に結びついている。

このように、エスノグラフィーには「書かれたもの」や「書くこと」を意味する側面と、書くための観察のやり方や構え、計画を立てることなどの側面が含まれる場合がある。本章では両者を分離しがたく結びついたものと考え、両側面ともにエスノグラフィーとして考察していく。

エスノグラフィーに記述されるのは、人類学では対象となる人々の生活すべてである。人間の場合はこれを文化と言ってもよいだろう。それでは、動物のエスノグラフィーは、はたして対象動物の文化を記述すると言えるのだろうか。あるいは「動物のエスノグラフィーは可能か」という問いは、どんな場合に意義を持ちうるのだろうか。

エスノグラフィーの全体性にはすべてを網羅的に記録することに加えて、還元的な見方だけではとらえきれない全体があるという観察の構えがある。部分に切り分けるのでなく、還元主義に陥らずに、直観でのみ全体にアプローチできるというのがフィールド科学の態度としての全体性である。動物行動の観察の場合でも、エスノグラフィーを重視すれば、全体を個別のデータや理論に還元するのではなく、直観や洞察によって全体をとらえることを志向し説明は記述的になる。記述的研究では、因果的な説明を目指さず、対象の行動を叙述することに焦点を当てる。動物のエスノグラフィー研究では、アドリブ的な手法によって、直観を逃さないように感覚を研ぎ澄まして経験や実践に当たることが最大限に尊重されるのである。

このようなエスノグラフィーの特徴は、科学的に厳密な動物研究メソッドの形式と相性が悪い。他の分野でエスノグラフィーが重用されるのは、エスノグラフィックな構えに見られるこのような特徴が、それぞれの分野で有用だと考えられているからである。これらは特に質的研究の特徴と重なり、社会科学の分野における質的研究の代表格が、伝統的なエスノグラフィーだと言える。近代的な自然科学の舞台でその大部分が展開されてきた動物研究において、エスノグラフィーは有用な方法となりうるのだろうか。

2 エスノグラフィーのアポリア

エスノグラフィーは主要な方法として人類学の発展を支えてきたと同時に、その方法論としての困難性についても繰り返し注意深く議論されている。とくに一九八〇年代の「ライティング・カルチャー」ショックは、人類学の方法論に大きな変更を迫ることになった（奥野・石倉 二〇一八；藤田・北村 二〇一三）。「ライティング・カルチャー」ショックでは、それまで当然視されていたエスノグラフィーが表象記述の政治性問題をはらんでおり、エスノグラファーによる観察や記述はその対象となる民族に対する権力の問題から自由ではないこと、フィールドでの観察のリアルに対して客観的なエスノグラフィー記述が不可能であること、などが次々と指摘された。

「ライティング・カルチャー」ショック以降、ネイティブ・エスノグラフィー、マルチサイテッド・エスノグラフィーや、人類学の存在論的転回、オートエスノグラフィーなど、さまざまな試みがエスノグラフィーへの批判に対応するように人類学内部でなされている。その多くは記述の方法や観察の態度への変更を促し、人類学に多様な新しいアプローチをもたらし、エスノグラフィーは以前にも増して大量に生産され続けている。しかし、エスノグラフィーに潜む根源的な問題については、解決不能な難問として長期間にわたって放置されているようにも見える。「ショック」後も継続的に批判に対応する中で、本質的であるがゆえに解決不能な難問として棚上げされ続け、正面からの解決をあきらめたり、困難さそのものを取り除く新しい方法論上の議論はすでに時代遅れのものとして取り上げられなくなっているともいえる。

一方で、動物の観察は、自然科学の領域で行われていることもあり、そのようなエスノグラフィーのアポリアとは距離を置いてきた。人類学分野のエスノグラフィーの困難性と距離を置いてきたことは、動物のエスノグラフィーがその問題を免れていることを意味しない。観察者と対象との間に、異種の生き物どうしという圧倒的な差がある動物観察の方が、より深刻な困難を抱えることになるともいえる。動物のエスノグラフィーはエスノグラフィーのアポリアに無頓着であった、という点にその特徴がある。

本章ではこういった本質論的なエスノグラフィーのアポリアを回避する姿勢を目指したいと思う。すでに人類学で議論が尽くされ過去のもののように扱われているアポリアを、そのまま動物のエスノグラフィーに移植することにも意味があるかもしれないが、ここで目指したいのは、動物のエスノグラフィーだからこそ、このようなアポリアを飛び越えたり、迂回して別の道を通ったりできるのではないか、という可能性である。そのカギになるのは、やはり、観察という実践そのものではないかと考える。アポリアの解決を素朴な心理主義に求めるのではなく、かといって異種間の行動の相互作用だけで説明を完結させるのでもなく、異種の協働実践の過程を別の方針で描く方法を探すのが目標である。「動物のエスノグラフィーは可能か」という問いを、「動物研究は人類学とは異なるエスノグラフィーを実践できるか」という意味で用いる。その過程で進化の観点が組み込まれるような道筋を考えたい。動物全般を議論することは筆者の手に余るため、ここからは筆者が専門とする霊長類の行動学を中心とする霊長類学を対象にして考察を進めたい。

3　霊長類学のエスノグラフィー

進化生物学の一分野として展開している現在の霊長類学で、主要な方法としてエスノグラフィーが用いられる例は限定的である。しかし、一般向けの書籍や後述するエスノプライマトロジー（民族霊長類学）の分野では、エスノグラフィーが用いられる例が存在する。

多くは霊長類を対象とした質的研究で、スタンダードな動物行動研究の方法にとどまらず、包括的で記述的な方法を用いて行われる。観察法、データ・サンプリング法、記述法のすべての段階で、一般の科学的研究とは異なる独自のメソッドを使うことになり、研究者間での方法論的統一は達成されない場合が多い。研究者や対象動物に固有の属性に強く依存し、社会学における質的研究メソッドのようには標準化されていないことが特徴である。

霊長類学のエスノグラフィーとして、以下の二つのパターンが考えられる。一つはアネクドート（挿話）による研究と呼ばれるものである。観察の中でまれにしか起こらない出来事や、既存の量的なデータ収集法では零れ落ちてしまうような行動を記録して考察する。フィールドノートの余白に書かれたメモがそのまま一つの挿話を構成することもあるし、いくつかのメモを時系列に並べることによって浮かびあがる物語を一つのアネクドートとすることもある(Ramsay & Teichroeb 2019;「日本動物記」（光文社）シリーズ、「新・動物記」（京都大学学術出版会）シリーズなど）。複数のアネクドートを重ねることによって、対象動物の行動の本質を理解しようとするような研究がこれにあたる。もう一つは、メモワール（回顧録）と呼ばれる研究である。メモワールは多くの場合、すでに科学論文を量産しアカデミズムでの地位を得た霊長類学者が、科学論文を作成する際には表に出てこない、研究の苦労話や調査者の主観的な心情、思い出、推測などをつづることで展開する。

どちらの場合も、出来事や対象となるサルの行動の性質について、もれなく全体を記録しようという構えに基づく記述的な研究となる。結果としてこのような研究は、量的研究を重視する行動科学から、客観的でないという批判を受ける。その一方で、生き生きとした臨場感のある記述が、霊長類学の面白さ、霊長類学によってサルを知ることの醍醐味を読者にダイレクトに伝えることに貢献すると評価される。

エスノグラフィーでは「ない」霊長類研究とはどのようなものなのか、エスノグラフィーと反対の極におかれる自然科学的な方法や構えについても確認しておきたい。客観性を重んじる霊長類学の通常の行動調査では、厳密なプロトコールの整備が求められる場合が多い。とくに、数値データを用いて結論を導く量的研究の場合には、それは必須である。量的研究の場合、プロトコールはフィールドワークの途中で整備されるのではなく、フィールドに赴いて対象に対峙するずっと以前に、研究のテーマを設定し、計画を考えるという段階からあらかじめ準備される必要がある。

霊長類学の観察は、動物行動学から受け継いだ伝統的なプロトコールに基づいて行われる。典型的には研究計画を第一段階とし、それに続く観察、サンプリング、分析・記述の三つの段階を区別することができる。この異なる段階は相互に関係しあい、テーマによる制限を受ける場合も多い。

観察とサンプリングの段階では、対象となるサルの行動を操作的に定義し、客観化された手法を使うことが目指される。連続的なサルの行動はある一定の時間幅のユニットで区切られ、後の比較や分析を可能にする観察データとして記録される。厳密なプロトコールに基づいて収集された行動の数値データは、第三者にも信頼に足るものとして分析段階での解釈の裏付けとなる。分析・記述の段階では、データの整理と統計処理が行われる。データは分析段階で作業仮説を検定するのに適したユニットの単位で数え上げられ、プールされて比率や時間当たりの数に換算されることで、さまざまな比較分析に用いられる。データを足し合わせることで、ある行動がもたらす構造が明らかになるが、そこでは観察が行われたときの、個々の行動の文脈は失われる。[1] アルトマン（Altman 1974）やベイトソンとマーティン（Bateson & Martin 2021）が提唱したような、動物行動学の標準化されたプロトコールでは、あらかじめ予測された作業仮説の検定を行う過程がこれにあたる。仮説理論の枠組みで考察された行動データは、最終的に理論に基づいて描かれる構造の全体として体系的に記述される。

自然科学的な霊長類学の方法は、フィールドで観察される出来事を、時系列にそって記述的なストーリーとして描く方法とは異なっている。アネクドートやメモワールで霊長類学のエスノグラフィーが試みられるのは少数の例外に限られ、このような正規のプロトコールが自然科学としての霊長類学の標準とされる。フィールド科学の性格上、各段

1　この過程の実際について、スプレイグ（二〇二三）に個体追跡で得たデータを「集計」する詳細が説明されている。また竹ノ下（二〇二三）の観察における妥当性の議論もこの過程に深くかかわっている。

階でプロトコール運用の厳密性はさまざまに揺らぐが、最終成果物となる論文にそれが記載されるのは、研究の「欠点」としてであって積極的に評価されることは少ない。

さまざまなプロトコールの厳密性からはみだしていく個々のフィールドでの「事情」に目を向けることができるのが、さきにあげたような霊長類学のエスノグラフィーである。積極的にエスノグラフィーのアプローチの「長所」を探るためには、科学的プロトコールで零れ落ちるもの、特に、フィールドという場で起こっていることそのものに注目する必要がある。プロトコールで捕捉できない個別の「事情」に含まれるものには、たまにしか起きない文脈つきのレアな出来事や、数値に変換しにくい直観や洞察による実感がある。多くの場面でエスノグラフィーが有効となると予想されるが、ここではハビチュエーションに注目したい。観察の段階で、調査者によって見られ、感得されるものは何なのか、ということが問題となる。

4　ハビチュエーション

霊長類学ではハビチュエーションは「人づけ」と訳され、おもに長期のフィールドでの行動観察を開始する準備段階に必要なタスクとされる。人間の存在に慣れていない野生のサルは、観察者の人間が近づくと逃げてしまう。そのままでは詳しい観察ができないので、人間が近づいてもサルが逃げないように慣らしていく。この過程をハビチュエーションと呼んでいる。ハビチュエーションの完成は、観察者がサルにとってニュートラルで中立な存在になることで達成される。人間が野生のサルにとって、いてもいなくても変わらない、無色透明の存在になることで、ハビチュエーションが完了する。[2] 霊長類学成立の初期のころ、一九六〇―七〇年代には餌をやることで人に慣らす餌づけも用いられたが、餌づけの弊害が指摘され、より人間の行動の影響を受けない自然な観察のため、繰り返し人の存在を見せて経験させることでサルを慣らしていく方式のハビチュエーションが主流となった。

ハビチュエーションは研究の前提条件であるため、これまでその過程が注目されることはほぼなく、よい研究の前提条件として「ハビチュエーションが完成しているどうか」を問う以外では科学的な関心を集めることがなかった。しかし、一九九〇年代以降、前提条件としてのハビチュエーションではなく、ハビチュエーションの過程そのものを対象とする研究がなされるようになった。

たとえば、ハンソンとライリー（Hanson & Riley 2018）はハビチュエーションの過程で目指されている、人間のニュートラルさを問題にする。インドネシアのムーアマカクを中心とするサルの群れの行動学的データと、調査者のハビチュエーションの程度についての主観的認識をインタビューした結果をもとに、ハビチュエーションの過程をサルと人間の両方の側面から分析した。その結果、調査者のハビチュエーションに対する主観と、行動にかかわる客観的データにはずれがあり、ハビチュエーションの中立性が成り立っていないことが示される。彼らはハビチュエーションは行動の同調、変容、一体化、相互変容の過程であり、人間とサルの間のデータに現れない間主観的相互作用の過程として理解するべきだと主張する。

またアンプムザとドリエッセン（Ampumuza & Driessen 2021）の研究では、ブウィンディのマウンテンゴリラのハビチュエーションを、ブルーノ・ラトゥールが提唱するアクター・ネットワーク・セオリー（ANT）を用いて分析する。著者らは、ハビチュエーションでは人間がゴリラに対してエージェンシーを発揮するだけでなく、ゴリラのエージェンシーも重要な働きをしているとする。ゴリラがハビチュエーションの影響を受けるだけの無力な存在ではなく、

2　ハビチュエーションには、野生動物の「自然な」行動が真正な観察対象であり、人間の存在によってその真正さが攪乱されることを避けるという意味がある。実際には、多くの調査地で人間による密猟が行われ、サルは人間を捕食者として認識して逃避するためにハビチュエーションが必要になったという理由もある。

自らがハビチュエーションの相互作用のなかで影響・効果を生み出し、相互作用の中で変化をもたらす存在であると示される。研究者や国立公園のスタッフ、地元の人々、観光業に関わるスタッフ、観光客など多様なステークホルダーへのインタビューを通して、人々の意図に反して、行為者のネットワークの中で、ゴリラがハビチュエーションの程度を自ら変化させていて、それがエコツーリズムと保全の状況に大きな影響を与えていることがわかる。たとえば、人間が定めたハビチュエーションと観光上のルールである「ゴリラの個体と七メートル以内に近づかない」というルールを、ゴリラの方から破ってくる個体の存在や、同じ個体でもハビチュエーションの完成度合いが人間とのかかわりやゴリラの群れの状況で変化してくる事例が分析されている。

5　調査者のハビチュエーション

人類学の参与観察の手法を野生霊長類のハビチュエーションに適用したエスノグラフィーの事例からは、研究者自身がハビチュエーションされていく過程が考察される。アルカイナ－スティーブンス（Alcayna-Stevens 2016）は熱帯雨林のボノボの調査地に赴き研究活動をともに行うなかで、ボノボ観察のためのハビチュエーションに調査助手として参与観察を行う。焦点は研究者がいかに調査そのものに慣らされて（ハビチュエートされて）いくかということにあてられる。

アルカイナ－スティーブンスは、調査の初期段階では森に入っても何もわからず困惑していたのだが、ある程度の実践を経て調査の作業に慣れてくるとわかるようになることがあり、それを森との「感覚的つながり」（sensory engagement）という言葉で表現している。霊長類の観察というフィールド科学の実践の中で、観察する主体と観察される客体がどのように絡まりあうのか、彼女はダナ・ハラウェイ（二〇一三）の「共に成る（becoming with）」の概念を援用しながら明らかにしていくのだが、客体となるのがボノボだけでなく人間でもある点が特徴である。

アルカイナ—スティーブンスはボノボや先輩研究者たちの行動を模倣することで、森の中に存在するボノボに関連する要素に対して「体性的な気づき」(somatic awareness)を得ていくと記述する。熱帯雨林は鳥や昆虫、風の音などの多くのノイズにあふれているが、その中から聴覚を利用してボノボの鳴き声や枝葉を揺らす音を聞き取る。以前にボノボが通った場所の特徴は、植物や地形の特徴として視覚的に記憶されているし、ボノボが利用しそうな果実の色やにおい、ボノボがそこをついさっき通った痕跡を、調査者は視覚や嗅覚を駆使して知覚する。その繰り返しの過程で、時間をかけて森に対する気づき(awareness)が培われていくのである。繰り返し他者(人とボノボ)を模倣することで、気づきの感覚が育っていく。行動データ収集には、個体識別が必須である場合が多く、培って蓄積した気づきを総動員しなければならず、ハビチュエーションは時間のかかるプロセスを必要とする。彼女が身体的な気づきや体性感覚と呼ぶものは、同じボノボの観察のためにコンゴの熱帯雨林を歩き回って観察を行った黒田末寿(黒田一九九九)の生態学的参与観察とほぼ同じものだと考えられる。[3] ハビチュエーションの過程は、ボノボと人間の双方がお互いを模倣しあいながら気づきを培い、時間をかけて育てるものである。どちらにとっても忍耐が必要な過程となる。

もう一つ、アルカイナ—スティーブンスが指摘する重要な観点がある。ハビチュエーションの過程は、ボノボにとっても人間にとっても、森の諸要素から意味が生成される過程である。森は生物記号論的環境であり、人間やボノボ、その他の動物の痕跡がさまざまに残っていて、ボノボも人間もそれを利用することで環境の気づき(awareness)

---

3 またこれは、スプレイグ(スプレイグ 二〇二三)が、サルを観察してノートにその行動を記録する際に、「『わかる』の前に『見える』」があるというときの、「見える」に相当する。重要なのは後述するように「わかる」の前に「見えた」があることである。

を増やしている。ボノボが人間の存在を利用して人間の近くにいることで捕食者を避けるようになる、といった行動変容は野生霊長類のハビチュエーションの過程でよくみられるが、ここではボノボにとっての森の環境の意味が新しく生成している。ハビチュエーションの過程は、人間からボノボへの一方通行の作用ではなく、両者の間に限定された相互作用でさえもなく、それを取り巻く多くの事象に新たな意味を生み出す出来事であり、そこに気づきが不可欠に結びついている。

筆者は香港の都市公園でサルのフィールド観察を行っているが、ここでのハビチュエーションの実践はこれまでの野生霊長類調査とは異なるものだった（足立 二〇二二）。香港のサルは人に慣れており、調査開始当初からまったくハビチュエーションの必要がない群れであった。その原因は、公園を訪れる近隣の住民たち、中でもサルに餌をやる人々のふるまいにある。香港ではサルに対する餌やりの弊害が問題になっていて、公園内での餌やりには罰則がある。公園スタッフの見回りと高額な罰金にもかかわらず、人々は公園にせっせと餌を運んできてサルに与える。餌やりのために個体数が急激に増えた野生のサルに対して、避妊手術をするプロジェクトが行われている。手術をするためにはサルを捕獲する必要があり、捕獲檻にならすために定期的に研究者による餌やりも行われ、ここでもサルは人に慣れている。餌をやらない行動観察者としての私は、これらのふるまいの恩恵を受けて、サルを間近で見ることができているのである。ただし、私は餌をやらずただ見ているだけである。公園内は都市と変わらず歩くための道路が整備され、環境に体を慣らす必要はほとんどない。アフリカ熱帯林と異なり、香港ではサルの人間に対するハビチュエーションも、人間のサルへのハビチュエーションも必要ない。

しかし、本当にハビチュエーションは起こっていないのだろうか。実際には調査者としての筆者は、非常に強い戸惑いと違和感に遭遇した。筆者の関心は、香港では人とサルはどのような関係を築いているのか、というものであった。実際にその場に立った時、フィールドでサルへの人間の餌やり行動を自分自身で模倣することは、法的にはもちろん霊長類学者としての専門倫理の上でも不可能なことに思えた。模倣によって環境に自分をハビチュエートする

（慣らす）ことができず、常に部外者として位置しなければならない矛盾を抱えたのである。法的、科学的知識から餌やりはするべきでないという外的な規則を守るとともに、自然科学が要請する人間の存在を透明化するというニュートラルな観察を守りつつ、人間とサルの関係としての餌やりという出来事について、いったい何を知ればよいのか。単にサルが見えやすい動物園や野猿公苑といった場での観察ではなく、都市の公園に現れる野生のサルと近所に住む人間との関わりに自分をハビチュエートし、野生とは異なるその環境の要素から生成する意味を知るようなやり方で、出来事を内部から観察するためには新しい方法論が必要であると意識することになった。

6 エスノプライマトロジー（民族霊長類学）とエスノグラフィー

ハビチュエーションに焦点をあてた研究や、香港の人間とサルの関係に関する研究は、二〇〇〇年代以降に急速に注目を集めるようになったエスノプライマトロジー（民族霊長類学）を理論的な背景としている（Fuentes 2012）。エスノプライマトロジーは「ヒトとヒト以外の霊長類は、生態学的かつ社会的な景観を共同で創造することで、生物学的、生態学的そして文化的に相互に結びついている、という考え方にもとづくフレームワーク」（Ellwanger 2017）と定義される。この分野では野生霊長類が人間の生活とどのように相互作用しているかが研究される。アジアでは都市や寺院に住むマカク属と人間の関係や、農村地域で農作物を荒らすサルとの関係などが研究されている。また、南米では、狩猟対象となるサルと狩猟者である人間の関係がテーマとなる。アフリカでは大型類人猿についても研究されている。農作物被害、狩猟圧のほかに、人間との距離が近くなることによる人獣共通感染症の問題なども、この領域の対象となる。

エスノプライマトロジーでは野生霊長類の生息地と生活圏を重複させている、ヒトという種の個体に関する、さまざまな事例を対象にする。「現地の人々」だけではなく、同僚や指導者の研究者、学界などを対象にする場合もある。霊長類学の実践では、人間と霊長類が同じ空間を共有する。先に述べたようにとくにメモワール・タイプの霊長類のエスノグラフィーには、霊長類学研究の実践にまつわる人間の情報が含まれる。科学論文の形式の記述には現れない、エピソードや回想が主で、エスノプライマトロジーはこれを論文にしてもよいという環境を整備した。

また、ヒトと異種の霊長類の両者に同時にアプローチするというエスノプライマトロジーの特徴が、マルチスピシーズ人類学との接点となる（Jost Robinson & Remis 2018）。エスノプライマトロジーがマルチスピシーズ人類学と同様の枠組みを持ち、人間と霊長類、観察者と被観察者の間に非対称な構造があり、人間が特権的な観察者の立場におかれていることを意識して、両者の共存そのものに注目するならば、記述する人間に再帰的に注目することが重要だろう。[4]同時に、霊長類の研究は究極的には人間の起源の理解を求めているので、霊長類の行動の中に人間を読み込む。これは単純な擬人主義にとどまらず、人間社会のモデルを霊長類に探す場合にも同様である。霊長類はつねに人間の性質の参照項として機能するし、そうすることが推奨されてきた。この点については、「進化」を科学として展開していた自然人類学・形質人類学が要請したことでもある。人間と霊長類の共存、観察の再帰性、擬人主義の自覚的利用といった要素を含んで発展してきたのがエスノプライマトロジーである。

エスノプライマトロジーやマルチスピシーズ人類学が注目されるのと同時期に、動物の行動とエスノグラフィーの協働アプローチの必要性を提唱したのが、ドミニク・レステルである（Lestel et al. 2006）。哲学的動物行動学者を名乗るレステルは、動物だけでなくロボットや機械といった人間ならざるものとの関係から人間について探求する研究者として活躍している。「エソ・エスノロジーとエスノ・エソロジー」という論文で、従来の動物行動学を「エソ・エコロジー」と名づけ、人間の影響が観察対象の動物に影響を与えない、というありえない仮定をしている「支配の科学」であると退ける。レステルは人間と動物の絡まりあった現代社会に必要なのは、それに代わる二つのアプローチであると主張する。一つはエソ・エスノロジーで、これはヤーコプ・フォン・ユクスキュルが切り拓き、ディープ・

エコロジーや生物記号論の潮流につながっている。自然界での人間の位置を特権化せず、人間と非人間がともに環境と相互作用するところに注目する。レステルがこの流れでパメラ・アスキスに言及していることからもわかるように、日本の伝統的霊長類学の観察手法はエソ・エスノロジーに分類される。エソ・エスノロジーが動物行動学の方法で動物―人間関係を描くアプローチだとすれば、もう一つのアプローチ、エスノ・エソロジーは人間の文化を描くように動物―人間関係にアプローチするという相補性を持っている。ここでは、オートポイエーシスを提唱したマトゥラーナや、ANT理論のラトゥール、認知科学のアフォーダンス理論のギブソン、さらにマルチスピシーズ人類学のデスコラらが挙げられ、科学を対象にした人類学（STS研究）も含まれている。レステルはエスノ・エソロジーにおいて、人類学が人間の文化の多様性を明らかにしてきたように、動物―人間の関係の中に、社会的複雑性や意味の共有といった文化の多様性を見る。そして、二つのアプローチは相補性があり、両者が一つになって展開することでより深い理解がもたらされると主張する。

エスノプライマトロジーは、レステルの二つのアプローチの両者にまたがる議論であるといえる。とくに、後者のエスノ・エソロジーの視点からみるとき、そこに意味の共有、という重要な要素があることに注目したい。意味の共有は、無印のエスノロジー（民族学）や人類学のテーマである、ある民族が共有している意味世界や価値観、つまり文化そのものを指している。エスノ・エソロジーとしてのエスノプライマトロジーにおいて、意味の共有が重要な役割を果たすのは、人間とサルの複雑な絡まりあいの中で、新たに共有された意味が生成される場面である。たとえば、畑を荒らすサルと農民の間では、それぞれの行動が、同じ食べ物をめぐる争いや駆け引き、同調や仲間意識といった

4　研究者の観察に対する自省的な記述をスプレイグ（二〇二三）は「ポストモダン霊長類学」と呼んでいる。エスノプライマトロジーは、「ポストモダン」と呼ばれる所以である再帰性を、近代霊長類学が本来的に持っていた特徴であると理解するべきだと主張する動きともとらえられる（足立 二〇二二）。

意味を持つし、香港でサルに餌をやる人々は、サルの行動に驚くほど多彩な独自の意味づけをする。同時に香港のサルは、餌やりにくる住民を遠くから認識し、特定の音声を発しながら近づいてくる。人間とサルはひとつの大きな群れをつくり、社会的なコミュニケーションを通じて無数の意味を生成しあっている。人間の行動を人間の文化の中で、サルの行動をサルの文化の中で、それぞれ別に解釈し意味を抽出するのではなく、両者が交わりあう関係の中で共有された意味を見つけ出そうとするのが、エスノプライマトロジーの試みである。

動物のエスノグラフィーは、人間がサルを観察する場面での意味の共有に焦点をあてる。個人的な研究履歴から見ると、私は異種のサルの群れがあつまって一つの群れをつくる混群の観察からスタートしてサル―サルの種間関係で社会性の進化を考えてきたが、その過程で偶然にサル―人間の種間関係に巻き込まれることになった（足立 二〇一九）。種間関係という点では、同じ地続きの一体の現象として、サル―サル間と人間―サル間の観察を意識せざるを得ない状況で、再帰的に観察の問題に関わったとも言える。レステルの言うような二つの相補的なアプローチが有効であるならば、動物のエスノグラフィーは人間と動物が意味を共有する場で成立するのだろう。共有された社会的意味を見つけ出すことに、動物のエスノグラフィーの効用がある。社会的意味とその複雑性の共有は、そのままそれが社会性の進化を考えるうえでの重要な対象となる。[5] レステルの主張にあてはめれば、「人間の社会性の起原と進化」を「人間」についてのみ独立に問うことはできず、「人間とそれ以外の生きもの」が共有している社会的意味とその複雑性において、起原と進化を問うことが可能となる。

7　意味の生成という実践

動物の行動の観察では、行動の機能を推測しそれを行動の意味にあてはめて記述する。たとえば、サルの毛づくろい行動は、個体間の親和性を高める機能を持っていると説明される。行動の意味を、目的論的機能で説明するように発展してきたのが動物行動学である。観察データをさまざまなプロトコールを使って蓄積するのは、最終の成果物として動物行動の機能論的な意味を取り出すというゴールに到達するためである。

言語の起源を生物記号論に求めるルース・ミリカン(Ruth G. Millikan)は、その出発点として動物の原始的な表象を説明する(ミリカン 二〇〇七；戸田山 二〇一四)。動物の原始的表象の特徴は、記述と指令が同時に成立しているという点にあるとされる。たとえば、ミツバチの8の字ダンスでは、ダンスは蜜の場所を告げている(記述)と同時に、そこに行って採食行動をするべき(指令)という内容を表している。記述と指令の側面を同時にもつことで、原始的表象(ミツバチのダンス)はその動物が生きていくための適切な目的(蜜を採食する)を達成するための機能と結びついている。

ミリカンの目的論的機能主義は、原始的表象からどのようにして人間が用いている言語や複雑な表象の利用が進化してきたかを説明するのだが、ここで注目したいのは、原始的表象が記述と指令を同時に達成することによって、機能や目的と結びつくという点である。ミリカンに従うならば、動物が表象を利用するのは、表象が記述と指令として働くことであり、それによって表象は目的や機能を成立させている。動物が利用できる原始的表象は固有の(proper)機能について用いられ、その固有な機能の適正な範囲は自然選択による適応的進化の歴史で決まっているというのが、ミリカンの自然主義に基づいた意味論である。環境についての記述であると同時に、目的を果たすための遂行についての指令を受けるようなものとして、原始的表象が意味を作り出すのである。

5　人間と人間以外の動物が共有する社会的意味とその複雑性は、本書Keynote 2で内堀が指摘する「延長された」社会性のうち、第二の方向性に位置づけられるだろう。

ミリカンが説明するような過程は、原始的なコミュニケーションのプロセスとして動物が利用可能なものであり、高度に発達した言語による意味体系を用いる人間もその例外ではない。人間とサルという異種の動物が生存のためにコミュニケーションする場においても、記述と指令が同時に働くような原始的表象が利用されている。ミリカンの説明は哲学的なものだが、考え方を動物のエスノグラフィーにあてはめると、観察で直観を通して感得されるものは、この原始的表象に関連していると考えられないだろうか。エスノグラフィックな構えで直観的に動物の行動の意味を知るとは、それが記述的であると同時に遂行的であるような表象の場に立ち会うことでもある。霊長類学は人類への進化を問題にし、進化の過程での適応論的機能、目的論的機能を考えようとする分野である。何かを観察すると同時に、そこに社会的な意味としての遂行的な適応的機能を見出すのは当然の帰結ともいえる。[6]

話を逆にして考えてみよう。何かの真実があり、それを観察して知を得ることが遂行的な効果を生む、と通常私たちは考えがちだが、事態は同時に起こっているか、または実のところ逆の順番といってもよいのではないか。場を共有しともにそこにあることがすでに遂行的な効果として現れており、それが私たちに実践としての観察や知の生成を促している、というように矢印を逆にして理解する方が事態を理解しやすいのかもしれない。観察者は観察しようとしてフィールドに赴いているように見えるが、その時点では観察の準備は整っていない。ハビチュエーションの過程を経て観察者になるという事態は、共に在ることの遂行性が成立すると同時に、共存の観察と記述による意味の生成が可能になることを示している。

あらかじめ観察されるべきものがあるのではなく、共に在るべきという指令の形の遂行性の先に観察された記述があり、そこに進化の歴史を反映した共存の機能が社会的意味として立ち現れてくるのである。もとより、これは観察される現象の実在を好き勝手に仮構してよい、という話ではなく、観察や解釈によって事実がいかようにでも成立し得るという解釈主義とは異なるものである。行動が観察され表象として受け取られるとき、共存という遂行を伴う限りにおいて、私たちはそこに社会的意味を見出す。そして動物を観察する観察者にとって、それはいつでも機能的目的論から自由ではない。生き物としての観察者は、生き物の反応を示さざるを得ないのである。動物のエスノグラフィーは、記述と指令がぴったりとくっついた表象を用い、その機能が適応論的であるがゆえに、生存に不可欠な形で共に在ること、協働することが直観として感得される。

8 何を知り、何を為すのか

動物の観察を行いそこから何かの知識を得るならば、そこで得ている知識とはどのようなものなのだろうか。動物行動の科学的研究では、観察で動物の生態に関する真正な知識が人間の側にもたらされると考える。科学的研究よりもエスノグラフィーを重視する論者は、たとえば、そこで人間と動物の間に相互作用が起きて、協働の知が創出するというかもしれない。観察者にもたらされる知は、さまざまな段階で得られるだろう。データを持ち帰り、分析し、エスノグラフィーを執筆するすべての過程を終えて初めてもたらされる知もある。分析の途上で発見される知もあるだろう。仮説検証型の研究であれば、あらかじめ推論がたてられ、それが確かめられるような形での知識の形もある。

しかし、私たちがエスノグラフィックな構えの中で、「わかった」という実感を得るのは、観察の途上でもたらされる気づき（awareness）であり、創出され手に入れられ持ち帰られる知識とは異なるもののように感じられる。「わ

6 ミリカンの目的論的意味論は、竹ノ下（二〇二三）が指摘した、行動を記述する際に「われわれは心を語ってはならない」という態度や、本書Keynote 1で中村が論じている意図や主体性によってグレーディングされる「社会性」の多様さについて言及する際に、重要な役割を果たすように思われる。社会性の進化を適応論的な文脈に置くかどうか、を考える上で原始的表象が不可欠な議論となる可能性について、今後改めて検討したい。

かった」、あるいはスプレイグ（二〇二三）に倣って「見えた」という気づきの実感はより感覚的、直観的なものとして、論理を超えてもたらされる。それは洞察や直観、事前に予測できなかった思いがけない発見であり、体験することがすなわち知であるようなプロセスである。このような直観の過程は、従来言われてきた暗黙知とは少し異なっている。暗黙知は、言葉にすることはないがよく知っている状態にある情報のことを指すのに対して、ここでいう「わかった」という感覚の直観は指令として深く、突然に経験にもたらされる。経験を重ね身体に繰り返しおぼえこませた後に可能になる点は共通するが、状態としての暗黙知に対して、出来事としての直観ともいえる。暗黙知と同様に、直観は客観的な知識や形式知とは異なるものである。客観的な知識が事実やデータに基づく体系的な理解や推論による説明を表しているのに対して、気づきの直観は形式によらず部分的だが深い理解をもたらす。直観は体験としての知、経験そのものが知識であるような過程ととらえられる。

人々は異種の動物に対して、さまざまなかかわりをする。行動観察は、研究者の独占物ではない。研究者は直観や洞察ではなく科学的推論による知識を用いて理解を深めるが、研究しない一般の人々も、動物の行動に注目し、そこに引き付けられ、動物の行動に意味を見出すエスノグラファーとなるのである。たとえば、餌をやることも、動物とのかかわりあいの一つのあり方である。餌やりという行動は、人間の一つの直観的な動物理解を示す方法である。霊長類学者の行動観察と、香港の地域住民のサルへの餌やりは、ともに動物のエスノグラフィーとして成立している。知ることがすなわち何かを為すことである、という点においては、論文の出版まで時間がかかる研究よりも、餌やりの方が優れたエスノグラフィーであるとさえ言えるかもしれない。

人新世という概念が生まれ、人間が地球の生態系や自然環境に不可逆なダメージを与えているという認識が人びとに広く共有されている。危機的な状況にある人間と自然の関係を前にして、エスノグラフィーは人間と自然の関係そのものを見直すことの重要性に直接的に言及し続ける方法となっている。今までのような人間中心主義の世界が終わりかけている現代において、動物のエスノグラフィーは、人間による人間のエスノグラフィー以上に、創造的で大切な役割を担っているのだろう。

参照文献

足立薫（二〇二二）「環境の生成と消滅――人新世とエスノプライマトロジー」伊藤詞子編『たえる・きざす』京都大学学術出版会、九―三九頁。

奥野克巳・石倉敏明編（二〇一八）『Lexicon　現代人類学』以文社。

黒田末寿（一九九九）『人類進化再考――社会生成の考古学』以文社。

スプレイグ、デイビッド（二〇二三）「社会構造と社会的事実のエピステモロジー」河合香吏編『新・方法序説――人類社会の進化に迫る認識と方法』京都大学学術出版会、五四―七一頁。

竹ノ下祐二（二〇二三）「サルを記述する〈ことば〉」河合香吏編『新・方法序説――人類社会の進化に迫る認識と方法』京都大学学術出版会、八六―一一七頁。

戸田山和久（二〇一四）『哲学入門』筑摩書房。

ハラウェイ、ダナ（二〇一三[2003]）『伴侶種宣言――犬と人の「重要な他者性」』永野文香訳、以文社。

藤田結子・北村文編（二〇一三）『現代エスノグラフィー――新しいフィールドワークの理論と実践』新曜社。

ミリカン、ルース・G（二〇〇七[2004]）『意味と目的の世界――生物学の哲学から』信原幸弘訳、勁草書房。

Alcayna-Stevens, L. (2016) Habituating field scientists. *Social Studies of Science*, 46(6):833-853.

Ampumuza, C. and Driessen, C. (2021) Gorilla habituation and the role of animal agency in conservation and tourism development at Bwindi, South Western Uganda. *Environment and Planning E: Nature and Space*, 4(4): 1601-1621.

Bateson, M. and Martin, P. (2021) *Measuring Behaviour: An Introductory Guide* (4th ed). Cambridge: Cambridge University Press.

Ellwanger, A. L. (2017) Ethnoprimatology. In: Fuentes, Augustíne (ed), *The International Encyclopedia of Primatology*, Volume 1, pp. 361-369. Hoboken, NJ: John Wiley & Sons.

Fuentes, A. (2012) Ethnoprimatology and the anthropology of the human-primate interface. *Annual Review of Anthropology*, 41: 101–117.

Hanson, K.T. and Riley, E. P. (2018) Beyond neutrality: The human-primate interface during the habituation process. *International Journal of Primatology*, 39(5): 852–877.

Lestel, D., Brunois, F. and Gaunet, F. (2006) Etho-ethnology and ethno-ethology. *Social Science Information*, 45(2): 155–177.

Ramsay, M. S. and Teichroeb, J. A. (2019) Anecdotes in primatology: Temporal trends, anthropocentrism,and hierarchies of knowledge. *American Anthropologist*, 121(3): 680–693.

Robinson, C. A. J. and Remis, M. J. (2018) Engaging holism: Exploring multispecies approaches in ethnoprimatology. *International Journal of Primatology*, 39(5):776–796.

KEYWORDS

動物の「視点」

観察と語りのあわい

「心」を語る

第14章 サルを観察する人、人を観察するサル

大水無瀬島と情島におけるサルと人の異種間相互行為

花村 俊吉
Shunkichi Hanamura

1　動物の「視点」をめぐって

「自然」と「文化（人間）」を二分する近代の枠組みにおいて、私たちは、動物たちをさまざまに位置づけてきた。この生活を支える膨大な数の畜産動物や実験動物を不可視化しつつ、一方では「自然」の側に押しやり、調査や観光、あるいは文字通り動物と人の生活空間を区別するために保護や管理を要する野生動物として位置づけ、他方では「文化」の側に引き寄せ、芸をさせたり競わせたりする興行動物や競技動物、生活の支援や癒しを提供する補助動物や伴侶動物として位置づけてきた。その結果、動物たちの形質も彼らが生息する生態系も大きく変容してきたが、そうした世界に飼い慣らされていたのは私たち自身であり、飼い慣らしたはずの動物はひとたび放棄されると再野生化し、囲い込んだはずの生態系も自ずと遷移してゆく。そればかりか、温暖化で大地が海に沈み始め、森林破壊で少し前まで存在した生物が絶滅し、行き場を失い人里や都市部にまで出た野生動物と人が食糧や生活空間をめぐって競合したり殺し合ったりしている。こうした環境の圧倒的な実在性を前に、近代の二分法が綻びを見せ始めたいま求められているのは、人のみで閉じない、他種生物とともにある社会性――「なんとかいっしょにやっていく」というニュアンスを含んだ「同所的に他者とともに生きていくための社会的能力」（河合 二〇一六）――のあり方を模索することだろう。そのためには「種を越えて」、社会性をその基底から探る覚悟を要する。「ヒトと非ヒトに分けて論じる」作業（本書河合「はしがき」）もそこから始めなければならない。

近年の文化人類学でも、とくに存在論的転回や多自然主義を標榜する一連の研究において、非近代の動物についての存在論が、近代の二分法を相対化しうるものとして関心を集めてきた。そこではたとえば、「ジャガーは血をマニオク酒として、自らを人間として見る」といった表現に代表されるように、アマゾニアの人びとが動物をそれぞれ独自の「視点（パースペクティブ）」をもった主体的な存在として捉えていることが強調されてきた（ヴィヴェイロス・デ・カストロ 二〇一六）。しかし、中村（二〇一九）や西江（二〇二一）が詳細に論じている通り、そこで描かれる動物の「視点」は、当該民族の解釈、つまり「〇〇人による動物の擬・〇〇人化」のうちに留まっているように思える。全ての動物がこうした「精神のたぐいである擬人化された本質」（ヴィヴェイロス・デ・カストロ 二〇一六：四三）をもつという考え方が、自然科学が与するとされる「単一の自然」へのアンチテーゼとして想定された「複数の自然」という考え方なのであれば、多自然主義の「自然」は、当該民族における動物の捉え方に関する「文化」の一側面なのではないかという疑いを挟まざるを得ない。もちろん、特定の民族における動物の捉え方が、たとえばイヌイトの社会のように、不確実性の高い狩猟を生業の基盤としてきた社会の存立機構と分かちがたく結びついている（大村二〇二一）という点には賛同する。それは、当該民族の人びとが動物の偶有的なふるまいを理解可能にしながら彼らの社会活動を遂行していく際の「動物を媒介にしたエスノメソドロジー」[1]、あるいは内堀基光（本書Keynote2）に倣えば「動物を介して延長された社会性」の一つのあり方と言えよう。冒頭でやや強引にまとめた近代の動物の捉え方も、その内容や帰結、時空間的な規模は大きく違えど、論理的には同じ位相にあるはずである。しかし、内堀も指摘している通り、こうして描かれる社会性は、動物の主体性（人の側からすれば偶有性）を媒介にしていたとしても、あくまで人の社会性の延長である。

1　当該社会のメンバーが互いの行為を理解可能にする際に用いる方法論のことであり、社会秩序と相互反映的に構成されている。花村（二〇一〇）は、動物（チンパンジー）の集団で用いられているエスノメソドロジーが、そこに参与観察する人にもまた理解可能であることを論じたが、ここでは動物を介して構成された人の側のエスノメソドロジーに焦点を当てている。

奇妙なことに（あるいはその反省から必然的にか）、こうした議論の流れを汲んで発展してきたとされるマルチスピーシーズ民族誌においては、人間例外主義批判を徹底すべく、人も含めた複数種が、局所的、（予め主客は存在しないという意味で）関係論的に絡まり合っている様子が記述される（レビューとして奥野 二〇二一）。そこでは、その理論的要請上「パストゥールに発見されるまで乳酸菌は実在しない」と位置づけざるを得ないアクター・ネットワーク理論の「人間のいない世界」への想像力の遮断（菅原 二〇一五：四四二―四四四）をもカバーする勢いで、人も含めた諸々のアクターがそれぞれ実在性をもって描かれているようにみえる（たとえば近藤 二〇二一）。しかしその反面、それぞれのアクター間の繋がりが在来知や科学知を踏まえて描かれるのみで、当初あった動物の「視点」をめぐる問いは顧みられなくなったように思える（あるいは関係論的に解消されたことになっているのか）。そのため、ここにきて改めて、人びとの解釈とは独立に実在する「構築されざるもの」（里見 二〇二一）としての環境にいかにアプローチするかが議論され始めたのかもしれない。

一方、動物を対象とする研究者の少なくとも一部は、文化人類学者が対象民族の「視点」を知りたいと考えるのと同じように、対象動物の「視点」[2]に接近することを試みてきたはずである。実験室を含めたフィールドで、身体や感覚の構造が人と異なる動物を対象とする場合は各種の機器を用いて自らの身体や感覚を拡張しつつ、動物の生きる世界にアプローチしようとしてきた（西江 二〇二二）。こうした観察の営みの大半が学術誌ではなく一般向けの著作などで描かれてきたように、自然科学（という文化）においては、客観主義の名の下に動物の主体性や研究者の側の経験や変容は積極的に隠蔽され、フィールドで否応なく生じる動物との相互行為もノイズとして排除される。[3]しかし、フィールドで得る記録の大半は（動物が望んだわけではないにせよ）動物との相互行為の産物である。なぜなら動物もまた、いやむしろ研究者が動物を観察する以上に、研究者を観察しているからである（伊藤 二〇一九）。

私自身は、動物の視点になるべく近いところからその行動や社会を描き、人（まずは私自身）の視点を相対化することを目指してきたので、たとえばチンパンジーの長距離音声を介した鳴き交わしの慣習や集団間関係について、彼らの相互行為の地平から記述するとともに、それらを分析する際に霊長類学者が採用してきた人間中心的な――それもかなり「WEIRD」な（本書河合「はしがき」）尺度（「会話のターンテーキングシステム」や「戦争」）についても考察してきた（花村 二〇一〇、二〇一六）。ニホンザル（以下、適宜サル）を調査する過程で、私自身が幾分か「サルになる」ことでその視点への接近を試みていたということをオートエスノグラフィー的に記述したこともある（花村 二〇一五）。そこでは、私がサルに「求愛」された事例などを紹介したほか、個体追跡[4]という調査方法が対象個体との不断の相互行為によって成立していること、またそうして「ともに居続けること」でその社会を内部から（当該動物の視点の近傍から）経験することが可能になるということ[5]を考察した。本章の議論に引きつけて言えば、こうした異種間の相互行為が起こりうるということこそ、社会性なるものが種内に限定されたものではないことの証左である。

しかし、調査対象が人に慣れた（＝人の近接を許容した）サルの群れであったため（それゆえ個体追跡してサルどうしの相互行為をじっくり観察できるわけだが）、かなり特殊な状況下での話である。もちろん「サルが人に慣れる（人がサ

2　本書の姉妹編『新・方法序説』で森下（二〇二三）がその記述可能性について考察している「動物の存在論」（〇〇民族の動物についての存在論ではない）と言い換えてもよい。

3　ただし、前章で足立が紹介している通り、エスノプライマトロジーにおいては調査を通じた研究者の自己変容の過程なども学術誌で議論され始めているし、それ以前からも、フィールドでの動物の観察が参与観察であるということに自覚的であった霊長類学者は少なくない（たとえば Smuts 2001）。

4　個体追跡については、それをどのような方法論として捉えるかに研究者間で大きな違いがあるが、これをテーマの一つとしていた『新・方法序説』の各章を参照。

5　その経験をいかに「翻訳」するかという点はまた別の問題で、ここでは科学人類学の調査対象となるような、当該分野の研究者たちの「動物を媒介にしたエスノメソドロジー」が問われることになる。

ルに慣れる)」ということ自体がサルと人の相互行為の産物であり、その関係は容易く壊れうるものではあるが、長期継続的に調査や観光がおこなわれてきた地域以外の大半のサルは、そもそも人に慣れてはいない。私たちが近年になって改めて遭遇し始め、どのような関係を築いていきうるかが問われている野生動物は、むしろそのような相手である。そこで本章では、人慣れが進んでいないサルと私の相互行為を紹介し、サルの視点への接近を試みるという以前に、サルが独自の視点をもった観察主体であるということを再確認したい。当然ながら観察は困難であり部分的なものにならざるを得ないが、「観察できない」ということ自体も、サルが警戒して隠れているといった相互行為の結果でありうる。また、私にとっては私との相互行為がそのサルとの関係の全てだが、私が他地域のサルを観察した経験があるのと同じように、サルにも私以外の人を観察した経験があり、そのことが私との相互行為にも影響を与えるはずである。そのため、そのサルが経験してきた他の人との相互行為も調べ、その関係の変遷を跡づける作業も必要になろう。

ところで、動物の視点への接近を試みるのは、なにも動物を対象とする研究者に限ったことではない。狩人が幾分か「動物になる」ことで狩りの成功を実現しようとするのと同じく、獣害に悩まされる人びとも動物との相互行為を否応なく迫られ、被害の軽減や解消を実現するためには動物の行動を観察して習性を理解する必要があり、その過程で幾分かその「動物にならざるを得ないだろう。罠や銃を用いて守備よく捕獲するのも田畑を電柵などで効果的に囲うのも、当該動物の観察と理解が欠かせないはずだ。もちろん、動物の側もまた生存を賭して人をよく観察し、危険を避けつつ日々の食物を得ているはずである。そこで本章では、猿害ザルと地域住民の相互行為にも着目したい。

これまでの国内の猿害研究としては、その生態的・社会的な発生要因や各種猿害対策の有効性を検証するものを除けば(たとえば室山 二〇〇三)、人びとの動物観と被害感情の関係(丸山 二〇〇二)、猿害対策の進展に伴う被害感情の変遷(鈴木 二〇〇八)、被害者の立場や猿害の度合いに応じたサルに対する感情の多様性(布施 二〇一一)、積極的な猿害対策を取らないことを選択する意義や背景(閻 二〇一七)、過去のサル退治伝説が猿害と駆除の言説を用いて刷新される過程（山 二〇〇八）、サルとの感情的な駆け引きに応じてサルの祟りが参照・再構成される様子（合原二〇二二）を考察したものなどがある。本章で改めて考えてみたいのは、被害を受ける人びとの観察眼と、それに裏打ちされたサルについての語りである。日々サルとの相互行為を重ねている彼らの語りからサルの視点に接近することもできるだろう。そこには擬人的な解釈が含まれうるが、そうして人の視点へと翻訳できるということ自体が彼らのサルに対する観察の賜物でもあるはずだ。

以上の目論見のもと、山口県大島郡周防大島町の二つの離島にそれぞれ異なる経緯で放獣されたニホンザルに焦点を当て、それらのサルと人の関係を素描する。そのうえで、そうした関係を不断に生み出す異種間相互行為を支える社会性や、サルの視点への接近と人の視点への回収のはざまでサルを介して延長されうる人の社会性について考察してみたい。

歴史的・文化的には海を通じた愛媛との繋がりも強い周防大島（屋代島）は、瀬戸内海で三番目に大きな島で、一九七六年に開通した大島大橋によって本土側（山口県）の柳井市と結ばれている。島内四町が合併してできた周防大島町は、その周防大島のほか、五つの有人島と二五の無人島で構成されており、戦後は六万人を超えた人口も現在ではその約四分の一まで大きく減少し、高齢化率も五五％に及ぶ（二〇二二年四月時点）。有人島のうち、沖家室島《おきかむろじま》は一九八三年に開通した沖家室大橋で周防大島と結ばれているが、調査地である情島《なさけじま》（面積約一・〇㎢）は、一日四便の町営船で周防大島と連絡しているのみである。もう一つの調査地である大水無瀬島《おおみなせじま》（面積約〇・七㎢）は、現在は無人島となっており、その海域をよく知る渡船業者に渡してもらう以外に上陸する手立てはない。

2　異種間相互行為を支える社会性

（1）大水無瀬島とそこに棲むサル

大水無瀬島は、付近が好漁場であり、かつては塩木山としても利用価値が高かったため、遅くとも江戸時代はじめから、沖家室の住民が移住開拓したり小泊《こどまり》（周防大島の集落の一つ）の住民が塩木山として利用したりしてきた歴史があり、「救済島（困窮島）」的な性格をもっていたともいわれる（宮本・岡本 一九八二）[6]。戦前の少なくとも一時は数軒の家があり、一軒の屋根裏に小学校教師も仮住まいして子供らに教えていたこともあるという。しかし、太平洋戦争が始まると、米軍B－29爆撃機の航路を確認する聴音照射所[7]として旧日本軍によって接収され、一九六〇年代には戦後少数いた再移住者も引き揚げ、無人島となった。現在でも、戦争遺跡やかつて住民が利用していた井戸や祠（明神社）、葉の繊維が漁網の材料となるマフラン[8]の畑などが残されている。

この島に、一九八七年に約二〇頭のサルが放獣された。当時、京都市の八瀬で、比叡山A群のサル（当時七〇頭）が猿害を起こしており、その一部（二七頭）が有害駆除（許可捕獲）された（伊谷 一九八七、高畑 一九八八）[9]。このサルたちの殺処分を避けるため、かつ新たな被害を出さぬため、すでに無人島になって久しかったこの島が放獣先として選ばれたようだ。この島には、こうしたサルのほか、国の天然記念物であるカラスバトが生息しており（原・西野 二〇一三）、かつてはこの島が分布の北限と考えられていた県の天然記念物であるアコウが自生しているなど（南 一九九四）生物相も貴重である。

つまり大水無瀬島は、人によるさまざまな改変を受けて今に至っており、放獣されたサルやそれ以前からこの島を利用してきたであろう動植物もまたそうした環境に生きており、言わばこの島自体が自然と文化（人間）の混淆を体現している。こうした魅力もあるため、二〇一三年以降、「山口県東部海域にエコツーリズムを推進する会」（以下、東エコ）によって、島の戦争遺跡や住居跡をめぐりつつこれらの動植物を観察するというエコツアーが機会的に実施されてきた（藤本二〇一五、私信）。この市民団体の保全活動により、現在ではサルの獣道にもなっているかつての人道の補修がおこなわれており、起伏は険しいが（標高二三一m）、この道を観察路として利用することができる。

最近では、周防大島町でも地域興しの一環としてこの島を利用しようという動きがあり、サルの生息数や人に対する態度に関する調査依頼を受けた私は、二〇二二年四、七、一一月と二〇二三年三、九月に計六日、島を訪れサルの観察を試みた。合計一五回のサルとの遭遇があり、その際の私や同行者とサルの相互行為を記録したほか、自動撮影カメラの設置とデータの回収をおこなった。[10] また、この島付近で魚を釣ることのある沖家室やその隣接集落・佐連《され》の漁師やその家族、および上陸した別の研究者などから聞いたサルとの遭遇談も記録した。

---

6 大水無瀬島やその近隣の島に、「こやらいしのぎ（子育て）」のため、あるいは貧者が開拓に行き財産を築くと戻ってくるという貧民救済のための「困窮島制度」が存在していた可能性が議論されてきたが、不明な点も多く、そうした制度は当時の民俗学者が創り出した神話に過ぎないという指摘もある（長嶋二〇〇〇、野地二〇一一、那須二〇一二）。

7 敵の航空機を、聴音機で感知して探照灯で確認し、軍司令部に連絡する業務を担った軍事施設。戦時中、戦艦を造っていた呉などに向かう爆撃機を探知すべく、瀬戸内海の島々に数多くつくられた。

8 *Phormium tenax*（真麻蘭）だと思われるが未同定。マオラン、マホランとも呼ばれる。

9 比叡山A群の一部捕獲以前の調査史やそれ以降の動向については半谷ほか（一九九七）を参照。

10 瀬戸内海国立公園の第1種特別地域である大水無瀬島での調査については環境省中国四国地方環境事務所に、自動撮影カメラの設置については周防大島町の依頼を受けた「猿害対策」の一環として、山口県岩国農林水産事務所に報告した上で実施している。

以下では、主として私とサルの相互行為を紹介し、他の人による過去の遭遇談も踏まえてこの島のサルと人の関係の変容やそれを支える社会性について考察する。なお、自動撮影カメラの記録を用いた予備的な分析の結果、サルはこの島に少なくとも三七頭生息していると推定されたが、執筆時現在、群れの数については不明である。[11]

（2） 観察し合うサルと私

二〇二二年四月六日、町の鳥獣対策班員二人と初訪島した。上陸した岩浜や山中の獣道沿いに糞は多数見つかるが、サルはなかなか見つからず、声も聞こえない。山頂を経て上陸地点と反対側の岩浜に到着したところで、約三〇m先の海岸沿いの絶壁の上を移動する四頭のサルを発見。最後尾の一頭は振り返って少しこちらの様子を窺ってから茂みの中に姿を消す。山中から追跡を試みるが、険しく断念。岩浜に戻り、その浜へと通じる獣道が映るように自動撮影カメラを設置して引き上げた。約三か月後に回収したこのカメラの映像に、私たちがその場を去ったあとしばらくして、多数のサルたちが周囲を警戒しつつ浜に向かい、ややあって今度は落ち着いた状態で山へと戻る様子が映っていた。この初遭遇時、私は自らの追跡によってサルたちが逃げ去ったと考えていた。しかし、カメラの記録を踏まえると、おそらくその四頭と同じ群れの少なくとも一部が、山や岩浜付近の藪の中で物音を立てずに静かに私たちを観察しており、私たちが立ち去るまで待ってその場所の様子を確認しにきていたのだと思われる。

七月一七日、一人で上陸した。その際、山頂付近でワカオス一頭とばったり出くわし、一〇秒ほど見つめ合いになるがすぐ去られ、また別の場所で、私の存在に驚いて樹上を逃げ去ったサルたちからはぐれたらしき一頭のサルが悲鳴やロストコール[12]をあげるのを聴いた。さらに、四月六日にサルと初遭遇した同じ海岸の絶壁の前で、姿は見えないが複数のサルに警戒や威嚇の声を浴びせられ、試しに私が、サルが落ち着いた状況で鳴き交わすクーコール[13]を真似た声を出すと、沈黙される。帰り際にも尾根の獣道沿いに複数のサルを発見し、追跡を試みると、サルたちは少し逃げ去っては振り返ってこちらを見るということを繰り返し、やがて尾根から外れるとすぐさまUターンして姿を消した。

事例数は極めて少ないものの、このように、単独行の方がサルの観察機会が増えるようだ。というのも、サルの態度がこちらの人数に応じて大きく変わり、複数だと黙って隠れているサルも、一人だと吠え立ててきたりするからだ。ただし、連続して上陸すると、こちらが複数でも少し慣れが生じるようで、この二日後に私と関係者の計三人で上陸した際には、一度のみだが、コドモが樹上からではあるがサルの方からやってきて顔を覗かせていた（追跡を試みると逃げた）。

一一月一九日、再び一人で上陸した。上陸時に岩浜に飛び降り、左足首を激しく捻挫した私は、サルの追跡はおろか、山登りも極めて困難な状態であった。カメラのデータ回収だけでも済ませるべく、一日かけて休み休み山を歩いた。ところが、足を引き摺りながらヨロヨロと移動する私の存在は、これまでとは異なりサルの私に対する警戒を大幅に軽減したようで、警戒心が強いとされる子持ちのメスが、獣道に座り込んで足をさすっている私のすぐそばを振り返りもせずに通過していった。ほかにも、近くで落ち着いたクーコールの鳴き交わしが聴こえてくるなど、サルは私の存在を大して気にかけていない様子であった。

翌年の三月二〇日、関係者四人と島を再訪した。三人は道の整備にやってきた東エコのメンバーで、作業の過程で

11　ニホンザルは、性成熟に達したオスが移出入する複雄複雌集団を形成し、その構成メンバーがゆるやかに群れをなして遊動する（本書第10章谷口論文、補論2森光論文を参照）。

12　群れからはぐれた時や、子どもと母親が互いに相手を見失った時などに発せられる音声で、クーコール（注13）に近いがそれよりも甲高く、悲鳴を伴うこともある。

13　人の耳には「クー」と聞こえる、群れのまとまりを維持したり個体どうしが互いの居場所を確認したりする時に発せられる音声で、しばしば鳴き交わしになる。

チェーンソーの爆音を響かせることがあり、サルは音を嫌ってその付近に現れないだろうと踏んだ私は彼らと別行動した。残る一人は別の調査で共同作業を進めている猿舞師で、彼とは山の中腹で別れ、帰りに合流したため、滞在中ほぼ一人でサルを捜索した。このときは二度、立て続けに樹上にいたコドモとオスを見かけた。いずれのサルも、発見時すでにこちらを凝視しており、サルの方が先に私に気づいていたはずだが、私と目が合うと数秒見つめ合いになり、こちらがさらに接近を試みた途端、樹から飛び降りて奥へと走り去った。追跡を試みるが叶わず、この調査ではこれ以降サルの気配を感じることはなかった。

九月一日、再び一人で上陸した。このときは、糞中のミトコンドリアDNAを採集してこの島のサルの由来に関する情報を得るという調査を兼ねていたため、獣道沿いに歩いて専ら糞を探していた。しかし捻挫したときと同じように、私がサルをさして探さずに行動していたことが功を奏したのか、むしろサルの観察機会に恵まれることになる。獣道を歩く（おそらくそれぞれ異なる）ワカオスと二度遭遇し、メス一頭とその付近で遊びまわっているコドモのサル二頭を数分遠巻きに観察することまでできた。おまけに彼らは去り際にきちんと糞までしていってくれたので、糞試料の採集活動も捗ったという次第である。

このようにサルは、異種である人をアプリオリに固定した存在（たとえば威嚇すべき対象）として捉えているわけではなく、そのつど現れる人の数やふるまいをよく観察しており、私たちの態度や様子に応じて行動を変えていた。もちろん、これらの事例で私が出会ったサルはそれぞれ異なる個体であることが多いと考えられるため、個体や性・年齢による違いを反映している側面もあるかもしれない。しかし、直接視認できたサルたちの態度だけでなく、声や遭遇の頻度、前後の文脈なども含めて森の中で感じる群れの肌触りは、毎回確かに異なっていた。接岸する船のエンジン音は島の広範囲に響き渡るので、サルを観察しようとしていた私は、上陸時点からサルに観察されていたのだろう。

（3） サルと人の関係の変容とそれを支える社会性

大水無瀬島のサルのとくに調査初期の人に対する態度に、私は「人に慣れていない野生のサル」という印象を受けた。一般に、人とほとんど出会った経験のない野生動物は、人を見かけるとこちらが気づく前に姿をくらますか身を隠してこちらの様子を窺っているものである。しかし、少なくともニホンザルと人の場合、その関わりの証拠は縄文時代にまで及び（貝塚にサルの骨が見つかる）、たとえば人が肉や生薬、厩猿《うまやざる》信仰で祀る頭骨や手を求めて盛んにサルを狩猟していた時代・地域ではサルは激しい逃避行動を示してきたし、人が森林開発でサルの生息地を狭める一方で過疎化や自然観の変化に伴い里山を放棄し狩猟圧が激減した近代以降は、一部のサルが、食物を狙って警戒しつつも大胆に農地や人家に入り込み場合によっては攻撃的な態度をとったり、観光地や野猿公園で「餌づけ」され餌を求めて飛び掛かってきたりするようになった（水戸・渡邊 一九九九、渡邊・三谷 二〇一九）。大水無瀬島のサルも、放獣当時の個体は、野生のサルと同じく寿命が二五歳ほどだとすればみな亡くなっているが、もとは猿害で捕獲されたサルであり、人に対して現在とは異なる態度を示していたと思われる。

実際、付近での船釣りのほか稀に浜でも釣りをする近隣住民や調査で上陸を試みた研究者によると、少なくとも二〇一〇年代前半までは、釣り人が船からサルに蜜柑を与えたり浜でサルに弁当を取られたりしており、場合によってはサルが上陸者を取り囲み飛び掛からんばかりに威嚇してくることもあった。その頃までは、「観光地などにおいて管理外で少し餌づいたサル」に近い態度を機会的に示していたと考えられる。しかし二〇一二年以降、踏査やツアーのために毎年一～七回、一～二九人で上陸してきた東エコによると、船上や浜で遠くにいるサルを見かけることはあったものの、山中での遭遇は一例しかない。その一例も、単独踏査時に姿を見せないサルの声に囲まれた人の側が、大きな物音を立てるなどして威嚇を試みたというものである。東エコが、これまでの人とは異なり島の内部まで入り込み、その際とくにサルを捜索したりはせず、またサルに食物を一切与えずむしろ稀にはやや攻撃的な態度をとったため、サルの態度も「再野生化（脱人慣れ）」し、人を避けたり姿を現さずに威嚇したりするようになったのだろう。さらに言えば、その結果として近年では釣り人のサルとの遭遇機会も減り、見かけてもその態度は食物を与えてみたくなるようなものではなくなっていったのではないか。こうした状況でサルの捜索と追跡を試みる私が現れ、上記の通りこの二年ほどでサルはさらにその態度を変化させてきたことになる。

このように、サルと人の関係は、互いの出方次第で大きく変わりうる。サルと人が出会いを繰り返す限り、そこには必ず具体的な相互行為の歴史が生まれる。[14] それゆえたとえば、調査や観光のためにサルを人に慣らす「人づけ」の過程も、要する年数は対象集団ごとにさまざまであり、それが成功するか否かもアプローチの仕方や過去の人との関係のあり方に大きく影響を受ける。前章で足立薫がその例をいくつか紹介しているように、その過程では必然的にサルと人の相互変容が伴う。こうした現実を支えているのは、サルと人の双方にある、相手を他者、すなわち自己とは別の「視点」をもった観察主体として感知する能力と、そうした相手に対する関心である。これは、さまざまな他者を含む環境に埋め込まれて生きていく生命システムにとって必要不可欠な、そのつど遭遇する他者の動向を観察して自己の行動を調整するという探索的な身構えと表裏一体であり、その意味で、同種であれ他種であれ、複数の生命システムのあいだの相互行為を可能にするもっとも基底的な社会性と言えるだろう。進化史的には生命の誕生時にまで遡るほど古い起原をもちうる、直接的な相互行為において発揮されるこの社会性を、本書Ｋｅｙｎｏｔｅ ２の内堀基光の議論に倣って「ほんらいの」社会性とするならば、種内、あるいは特定の集団や民族の内部で発達してきた人を含む動物のそれぞれ多様な社会性は、むしろこれを基盤に発達してきたと考えることもできる。

ところでこの社会性は、他者との関わり方を探索していく方向だけでなく、結果として安定化させる方向にも寄与してきたはずである。生命システムは、探索をやめ他者との接点を失うと自己しか存在しない世界を彷徨いいずれ停止するが、他者との関わりを通じて変容し続けるにしても生物体としての制約があり、可能な範囲で既知の他者との関係の安定化を試み自己を再生産してゆくと考えられる。個体や集団の認知レベルか地域個体群の遺伝子頻度のレベルかはさておき、相互行為の結果は、相手の特徴や前後の文脈なども含めた経験として一時的に記憶され、次の似たような状況での行為選択に影響を及ぼすため、その噛み合い方次第では関係の幅が一定の範囲に収束しうるし、双方が共変化していくこともありうる。この社会性が種に閉じたものでないことは、サルと人に限らず、この世界が捕食—被食、競争、共生、あるいは混群形成や家畜化といったさまざまな種間関係で彩られていることからも明らかだろう。大水無瀬島のサルも私のたった六回の調査で多少なりとも人（私）慣れが進んだように思えるし、私もサルがどのような態度を示しうるか多少なりとも予想できるようになり、当初より安心して島で過ごせるようになった。[15]

言語をもつ人は、他者との関わり方の安定化を図る際に、とりわけ同種の他個体や他集団を、「敵」や「友」といった特定の関係にある他者として固定的に捉え、言語を共有する誰もが参照可能な「イメージ」に変換しうるため、最初からそれを頼りに他者との関係を規定して行為選択することがある。そうして相互行為の探索的な側面を圧縮することで、もちうる関係の数量を爆発的に増加させ、重層的・複層的な社会を形成しているのだろうが、その代わりに、相手の出方次第で行動を調整するという柔軟さ、相手のわからなさや相互行為の先行きの不透明さを解消しよう

14　この出会いの担い手は、多くの場合、サルの方は同じ群れか地域個体群であるが、人の方はその生息地の付近に住む人びとや、その生息地を猟や調査などのため繰り返し、あるいはそれ以外の目的でたまたま訪ねる人びとなど、さまざまである。人づけが群れ単位で進んでいくという経験則に照らせば、サルにも個体差はあるものの、個体ごとの学習や他個体の人に対する態度の観察を通じて、人を、あるまとまりをもった存在として認識し、その認識を結果として群れレベルで大まかに共有していると考えられる。さらに、情島のサルがまさにその好例だが、人との接触機会の多いサルが、人の性・年齢のほか、地域住民か調査者か観光客か、餌をくれる存在か否か、猟師か否かなど、その身体的特徴や服装、ふるまいなどに応じて態度を変える（人を分類している）ことも確かである（室山 二〇〇三、ヒヒやチンパンジーでも同様である：Smuts 2001）。

15　私は大水無瀬島のサルの人づけを目指しているわけではなく、まさに本章で紹介したような人に慣れていないサルの人に対する態度を観察したかったのだが、その観察行為の結果として少しばかり人づけが進んだと思われる。

とせずに待つ能力を犠牲にしてきた側面もあると考えられる。このような人の社会性の特徴（内堀 Keynote 2における動物をはじめとする人間ではないものを介さない第一の延長の仕方）は、本書に連なる論文集の拙論において主としてチンパンジーの社会性と比して考察してきたことであるが（たとえば花村 二〇一六、本書第4章西江論文の「剥き出しの他者への強靭な身構え」も参照）、誰もが参照可能な情報があるのは、誰かがその他者との直接的な相互行為を経験し、その経験を語ったり記したりしてきたからである。そこで次節では人の語りに着目しよう。

3 観察と語りのあわいで

（1） 情島とそこに棲むサル

情島は、かつては桜鯛の一本釣りで栄え、戦後の人口は五〇〇人を超えていたが、過疎化・高齢化が進む現在、常住者はわずかである（二〇二二年四月の住民基本台帳人口は三三人）。東部に町営船の船着場がある本浦とそれに隣接する仏の浦、北東部に児童養護施設あけぼの寮や小中学校（いずれも二〇一七年に閉寮・廃校）があった大畑、北部に伊の浦があり、海岸に沿う一本の小道がこれら四集落をつないでいる。平地は少なく、いずれの集落も山の斜面に張り付くように家屋が密集している。日中、男性は漁などのため不在になることが多いが、畑で自家消費用の農作物を育てている世帯も少なくない。この情島にも、経緯は不明だが二〇〇〇年前後に二頭の子ザルが放獣され、住民は、現在まで約二〇年にわたって猿害に悩まされてきた。

二〇二二年の七、一一月と二〇二三年の三、八月に計六日、私は島を訪れ、集落でサルが現れるのを待ったり山の中までサルを捜索したりしつつ、住民から話を聞いた。その記録と、あけぼの寮の元寮長や元職員、およびこの島の有害駆除に携わってきた元町職員から聞いた内容にもとづいて、放獣以降のサルの動向を再構成すると、以下のようになる。

放獣直後は、放獣地点と推定される島南端部を船で通過するたびにサルが現れ、こちらを呼ぶような鳴き声が聴こえてきた。しばらくは山で生活していたようだが、数年後に集落に姿を現し始めた。当初は畑の農作物だけだったが、やがて人家に侵入して仏壇のお供物やテーブル上の菓子まで食べるようになった。小中学校にもたびたび出没し、教室に侵入することもあり、そのたびに児童を安全な場所に避難させていた。とくに運動会や卒業式、浜での水泳時など、にぎやかな行事のときに現れることが多く、その様子を校舎の屋根の上や付近の樹の上に座り込んで眺めていることがあった。猟友会の猟師が有害駆除のため銃殺にやってきた際、一度はその習性を利用し、運動会を模しておびき寄せようとしたこともあった。その試みは半ば失敗したが、二〇一〇年代に入るまでに、二頭中一頭は、猟友会の猟師による銃傷が原因で死亡したと推定される。残る一頭は現在も断続的に集落に現れており、箱罠も設置されているが、捕獲できるのはイノシシやタヌキばかりである。男性がいると現れにくく、一頭が銃で撃たれてからは猟友会の滞在時には決して現れないが（猟師は誤射防止のためにオレンジ色のハンティングベストを必ず着ている）、さもなくば畑を荒らしたり屋内で食い散らかしたり、特定の女性の背や腰に手をかけて馬乗りしたり、特定の家屋の屋根の上で日向ぼっこをしたりしている。

こうした再構成が可能であるのも、住民がこのサルたちの動向をよく観察し、日々語り合ってその情報を共有してきたからである。また、改めて問うと誰もが捕獲を望んでいるし、とくに初対面の男性の場合は、私がサルの調査をしていると伝えただけで「早く捕まえろ」と怒りをあらわすこともあった。[16] 猿害の被害感情に関する先行研究で考察

16　調査開始時には、私が町役場と連携して有害駆除に全面的に協力する立場にあること、その一方で住民とサルの関係について調査をおこないたいことを伝えていた。

されてきた通り、情島においても、こうして行政関係者や研究者に対して意見が「先鋭化」（鈴木 二〇〇八）することがある一方、人によって、また同じ人でも状況によって〈様々なサル〉（丸山 二〇〇二）が語られたが、以下では住民の観察眼やサルとの関係、およびサルを介して延長されうる人の社会性を考察するうえでとくに着目したい語りを紹介する。

なお、集落に現れ始めた当初は「こんまいこまい」が今では「おーきぃなった」このサルの年齢や性別は、関係者から提供された撮影日時の明確な写真から判断すると、二〇一二年にはすでに十分に体格を発達させた一〇歳以上のオトナのオスであり、現在では野生下のサルの寿命である二五歳に近いと思われる。しかし「毛並みも綺麗でたくましい」と評されるこのサルは、栄養価の高い人の食物を頻繁に食べているため、飼育下のサルのように三〇歳を超えて生きていく可能性もある。「わたしらの方が先に死んでしまう」という「諦観」とも「諧謔」とも取れる語りが複数名から聞かれたが、これも、住民の鋭い観察眼にもとづくサルの健康状態の評価に根差していると言えるだろう。

（2） 語られるサルとの相互行為

ここで取り上げる語り手二名は、いずれも仕事を引退した年代の女性で、情島出身のAさんと、結婚を機に情島に移住し長年暮らしてきたBさんである。彼女らはBさん宅で一緒に過ごしていることが少なくない。聞き取り調査はとくに改まったものではなく、大部分は、私がBさん宅で休憩させてもらっている際に、AさんとBさんのお喋りの合間に語られたものである。細かいニュアンスは実際とは異なり、発話重複なども省いて私の方で適宜まとめている部分もある。［ ］内は私の補足、（ ）内は私の発言や笑いである。人名はすべて架空のイニシャルに変えている。

Aさん 「夏でも玄関も窓も鍵までしめんといかん。ちょっとなんで大丈夫と思ったらやられる。一瞬の隙ついて入ってきて、戻ったら中に居たり菓子を取られていたりするから、しめ忘れの家があったら声かけたり電話したりして注意し合ってますよ。」

Bさん　「網戸も破られるから［窓を］しめんといかん。仏壇のお供えもんも場所覚えちょって真っ直ぐ来よるし、お菓子も高いもんだけ食べてあとは残しよる。それも封だけ破って。悪いやっちゃ。（袋で中身わかるんですかね？）ほりゃ知っちょるんじゃろ。いつも選びよるね。」

Bさん　「あそこに箱罠、置いちょるけど、イノシシは入ってもサルは入らんね。昔、様子見に行ったら箱罠の上に座っちょったこともある。［どうしたら罠にかかるか］わかっちょるんよ。（じゃあ今回新たに設置した箱罠にも…）絶対入らんね。」

Bさん　「（今日はサル出ましたか？）ちょっと遅かったね。今朝よ、今朝も道歩いちょった。わたしら［女性］だけならしらーん顔して歩いていきますよ。この時間なら昨日も、いつも言うちょるあそこのCさんの家の屋根の上で昼寝しちょったよ。今日はおらんかね。（僕がいるから…）そやろね、よう見ちょるんよ、男性がおったらまず出んね。」

Aさん　「［二頭中一頭が銃殺されたという語りのあと］残ったもう一匹はかしこーて、猟友会が来たら何日も山から出てこん。猟友会の船が帰ったらすぐ出てきて、港でずーっと船を見送っとったこともある。もう、何してもも捕まらん、わたしら島のみんなの知恵合わせたより一枚上手。ニンゲン以上。」

Bさん　「（サルに名前はないんですか？）昔の話やけど、主人がポンタ、ポンタ言うて、夜に山の方に向かって呼んだらよう来ちょったタヌキはおった。知り合いも面白がって呼んでくれ言うてきてね。えらい懐いちょった。（でもサルには…）名前なんかつけん、サルはぁサルじゃね。」

Aさん「（サルはオスですか？　メスですか？）孫が来よるときに畑で屈んでて、孫が腰に手ぇ置いて抱きついた思て、ばーちゃんもうちょっとしたら済むけん待っちょれー言うて、後ろ手に触れたら毛むくじゃらで、あはは、振り返ったらおーきなサルでへぇーってたーまげてたまげて、おとーさん、おとーさーん言うて［夫に］助けを求めて飛んで帰ってね［Aさん自身ではなく亡くなったDさんの話］。それでオスと思う。（えぇ？）銃で撃たれたのがメスで、相手がおらんから寂しいんでしょ。（笑。Aさんは［馬乗りを］やられたことない？）今でもようやられるのはEさん。わたしはない。」

Bさん「（最近サルどうですか？）この前は食べたバナナの皮をね、そこの玄関の石畳の上に置いていきよった。（あー…）ごちそうさま思たか綺麗に重ねてね。（笑）」

Aさん「サルも出んにゃ寂しいし、みんなーみんなーサル見たーって聞くんだけど、おらんにおらんで気になる。あらどうしたんやろか、死んだんやろか、どうなんか暑いけんねーとかって会話できるんやけど、寂しいもんあるし、なんかみんな。」

これらの語りからわかる通り、島の主として女性たちはサルによる被害を軽減すべく、協力し合って警戒している。しかしサルはその警戒の目を盗んで、あるいは（男性がいないなど）状況が許せば平然と人前に姿を現し、被害を重ねていく。そうしたサルに対して、よく馬乗りされるEさんなど人によっては、また同じ人でもとくに被害を受けた直後などは恐怖や嫌悪感をあらわにすることもあるが、少なくとも語り手の女性たちは、サルの「かしこさ」を評価したりユーモアたっぷりに自分たちとの相互行為について語ったりして、話に花を咲かせる。私の問いかけや存在がこの手の話を誘発している側面も間違いなくあるだろうが、「おらんにおらんで気になる」ように、サルの出没や被害に関する情報共有は彼女らの日常の一部であり、それがひとつの会話のネタになっているのも確かである。しかしあくまで「サルはぁサル」でありペットのように可愛がるわけでは決してなく、二〇年近くの付き合いがあるが名前をつけるようなことはせず、タヌキの「ポンタ」とは異なり「文化（人間）」の側に引き寄せることはない。むしろ、町職員や研究者に対して管理（駆除）を訴えることもあるが、かといって「自然」の側に押しやるわけでもなく、「みんなの知恵合わせたより一枚上手」と評して諦めつつ、直接的な相互行為を繰り返してきた「ニンゲン以上」の存在としてこのサルを捉えている。

他方、これらの語りから、このサルもまた人をよく観察しているということが明らかである。人とのさまざまな相互行為を通じて、どのような人や状況、箱罠などのモノが危険を及ぼすかを理解し、相手や状況によって行動を柔軟に変えてきたからこそ、二〇年近く捕獲も銃殺もされずに農作物やお供物、菓子で食い繋いでくることができたのだと考えられる。住民をかなり細かく、性別の違いに留まらず少なくとも幾人かは個体レベルで識別しており、猟友会の猟師もその特徴的な服装によって判別していると思われる。私のような島外者も見知らぬ人として、船着場に着いた時点から観察されていてもおかしくない。そして住民たちも、日々の観察を通じてこのようなサルの「視点」を理解し、それを語り合って共有しているからこそ、確固たる予測に基づいた対策（戸締り）や諦め（「何しても捕まらん」）が可能になるし、それらの語りを聞くことで私もサルの「視点」に接近しうるのである。

こうしたサルの「かしこさ」と、それゆえの被害を受ける住民たちのサルに対する他の「害獣」と比した特別視については先行研究でも指摘されてきた通りであるが、ここでは擬人的な解釈に着目してもう少し考察を続けたい。

(3) 擬人化とサルを介して延長されうる人の社会性

二名の語りには、具体的なサルの行動やその結果に関する描写が溢れている一方で、「相手がおらんから寂しいんでしょ」「ごちそうさま思たか綺麗に重ねてね」といった例が示す通り、擬人的な解釈も散見される。ただし、サルの行動をよりわかりやすくかつ面白く伝えようとする、言わば「オチ」の文脈で使われており、語り手自身も過剰な説明である可能性に自覚的であることにも注意したい。

こうした擬人的なサルの「心」の描写については、その正誤を判断しようがない。しかしこれは、人の「心」を描写する場合も同様であり、事実としてそうであるというより、私たちが「心」をそのような私秘的なものとみなしていることに起因すると考えるべきだろう。実際的には、少なくとも私たちの社会では、「心」は行為の原因を帰す手続き的な概念として、自他の行為を理解(説明)可能にするために利用されており、当該個体の行動とその際の立場や状況を手がかりにして、相互行為の中で社会的に解読されるものとして構成されている。[17] この語りの例の場合、「繁殖相手がいない状況で異性に抱きつくのは寂しさの表れである」「食後を綺麗に片付けるのは感謝の印である」といった行為と「心」の慣習的な結びつき(規約)に依拠した行動描写のためのエスノメソドロジーが、サルの性別や様子を伝えるツールとして利用されていることになる。サルのふるまいを観察者が解釈したり人に伝えたりする際にサルに「心」を措定して描写し、伝えられた人もその「心」の描写からサルのふるまいを理解することができる。[18] それゆえこうして「翻訳」することで、サルのふるまいがまるで(当該社会における)人の話のように「よくわかる」し、サルのふるまいを擬人的に解釈することの過剰さが「面白い」のである。彼女らにサルのことを確認する際、私の方から率先して擬人的な解釈を提示することも少なくなかった。調査地を同じくする霊長類学者どうしでも、特定のサルについて、他人が聞いたら人の知り合いの話だと勘違いされるほどに擬人化してあれやこれやと語り合うことがしばしばあるが、これとまったく同じであろう。こうしたお喋りの文脈においては、科学的な説明は「不適切」であり、端的に「面白くない」のだ。

翻訳を通じて言わば「盛られた」サルの描写は、日々のサルとの相互行為を通じて誰よりもこの島のサルの「視点」に接近している彼女らの観察に裏打ちされたものであるが、擬人的に解釈すること自体は、人の「視点」を、人びとのあいだで日々利用されている人の社会性を、サルにも延長して適用することにほかならない。翻ってそれがまた人びとの会話のネタになり、語り継がれる過程でサルの「イメージ」が浮かび上がる。情島の女性たちのあいだでも「一枚上手」といったイメージが共有されているように思える。場合によってはそのイメージを介して想像上のサルと相互行為することもあるかもしれない。というのも、私自身が、ふと誰一人いない船着場で、集落を見下ろすように囲んで聳え立つ山からの強烈な視線を感じてゾクッとしことがあるからだ。「サル」がいる、「サル」にみられている。調査を開始して約一年、待てども探せどもサルとは出会えず、本当にいるのだろうかとさえ感じながら、ときには連日でひたすらサルの語りを聞く中で、「よう見ちょる」「ニンゲン以上」のサルのイメージばかりが膨らんでいた矢先のできごとである。

17　「心」という概念の構成的なあり方や擬人主義と「心」の関係については、森下（二〇二三）の第6節や西江（本書第4章）の注5・注11を参照。

18　自戒を兼ねて強調しておくと、避けるべきは、動物の視点を記述することを目的とする研究の文脈において、研究者が自身の色眼鏡をかけて人の視点に回収していることに気づかずに（あるいはそれを意図的に隠蔽して）、擬人化された動物（そこではヒトも擬人化されうる）を描く「客観主義を装った擬人主義」である（花村二〇一〇、本書第4章西江論文の「粗悪な擬人主義」も参照）。また、ここで扱っている言わば「素朴な」「フォークなfolk」擬人主義は、社会ごとのエスノメソドロジーに応じて変わるだろう。仮に、人や動物に「心」を措定してそのふるまいを説明するのが近代人や日本人のエスノメソドロジーであるとすれば、私たちは自己や他者を「擬近代人・日本人化」しながら理解していることになる。

ここからさらに、イメージを象徴として利用した社会活動を遂行したり、イメージに力を得てサルに変身したり、外部からはサルとは無関係に思えるできごとをもそのイメージに結びつけて畏れたりするようになれば、人の社会性がサルを介して（サルではなく人びとのあいだに）延長されたことになるだろうか。自然と文化を境界づける言説が飛び交う社会においては、そうした「物語」（存在論）も自然と文化を二分する近代の枠組みに容易に回収されうるが、そのせめぎ合いの中で、地域興しに活用すべく「サル退治伝説」が刷新されたり（山二〇〇八）、語り継がれてきた「サルの祟り」が濃淡をもって参照されたり（合原二〇二一）している。しかしこれらの先行研究も指摘している通り、こうしてサルを介して延長された人の社会性も、たとえその繋がりは覆い隠されていたとしても[19]、あくまで猿害に悩まされる住民や駆除を依頼された猟師のサルとの直接的な相互行為、つまりはサルと人の双方がもつ、相手を観察主体として感知する「ほんらいの」社会性に由来し、物語を参照した解釈も現実のサルとの相互行為における人の行為選択に影響を与えてゆくし、そうした相互行為もまた物語を生み出す資源として利用されてゆく。

私の漠然とした畏れは、その次の調査時に現実のサルを偶然にも見かけて以来、半ば消失した。あるいは、観察されている可能性をより具体的に感じるようになったと言うべきか。山の中を歩いてみると、所々で、往来する船、船着場や小道で行き交う人びとの様子も含めた集落全体を見渡せる場所があった。樹に登ればほぼどこからでも見渡せるだろう。そうしてサルの「視点」への接近を試みている途中、山から集落に降りてくる際に突然新鮮なタマネギの匂いが漂い、その匂いを追っていくと、山間の畑から獣道へと駆け出すサルの姿が目に入った。藪に阻まれ追跡は不可能だったが、こちらに気づいてすぐに逃げ去るその様子は確かに老いを感じさせなかった。畑に戻ると無残に食い散らかされたタマネギがあちこちに転がっており、畑を囲う防獣ネットも方々で破られていた。

4 他種生物とともにある社会性

近代の二分法も、動物を含むさまざまな実在を介して人が社会性を延長してつくりだした巨大な「物語」（存在論）である。しかし物語は、その繋がりはしばしば隠蔽されているがあくまでも実在に根ざしており、ひとたびその持続可能性に支障をきたすと綻びを見せる。イヌイトの動物についての存在論も、現実の動物たちのふるまいとの整合性が取れ、動物や彼ら自身が住まう生態系が持続可能な範囲で彫琢されてきたはずであり、それゆえ近代の浸透とともに変容を迫られているのだろう（大村 二〇二二）。「ジャガーは血をマニオク酒として見る」という擬人的な解釈に代表されるアマゾニアの動物についての存在論も（ヴィヴェイロス・デ・カストロ 二〇一六）、狩人やシャーマンなどが当該動物との直接的な相互行為を通じてその「視点」に限りなく接近してきたことに由来しているのではないだろうか。動物を対象とする自然科学の営みも、獣害の軽減を試みたり諦めたりする営みも、対象となる動物との相互行為なしには成立しえないのであった。

近代の綻びを前に私たちに求められている作業は、自身も含めたさまざまな実在を再び持続可能に持ち込む新たな社会性の延長の仕方を見出すことだろうか。しかし、各地で人も人以外の動物もそれ以外の生物も一枚岩ではないし、それにもかかわらず近代はその綻びをもって地球規模で物事を考えることも要求しているので、それらのあいだで調

19　内堀（本書Keynote 2）もこの点を強調しているが、延長性の基底にあって覆い隠されているものを、あくまで人どうしの相互行為の直接性としている点で、動物と人の相互行為にも等しく直接性があると考える本章とは見解を異にする。この違いはおそらく、内堀が動物というより精霊やカミを介した人の社会性の延長を主題にしていることにも関わると思われる。

和の取れた人の社会性の延長の仕方など見つかりそうにない。だとすれば、自然科学であれ、近代の浸透を受ける以前は持続可能でありえた各地の存在論であれ、たとえ隠蔽され人のみで閉じているよう見せかけられていたとしても、その基底にあるはずの動物との直接的な相互行為や環境との繋がりに立ち返り、さまざまな生物と築きうる関係の幅や可能性を模索していくしかないだろう。本章でみてきたように、人も動物も観察を通じて互いの「視点」に接近しうる社会性を持ち合わせているし、場合によっては相手を排除するか自ら立ち退くかしかないようなこともあるが、それも含めて現に「なんとかいっしょにやっている」人びとと動物たち双方の営みから学べることはたくさんあるはずだ。

謝辞

本章は、第二八回生態人類学会における発表内容を、そこで頂戴したコメントを踏まえて展開したものである。また本章のもとになった調査は、太田恭治さん（あとりえ西濱代表／元大阪人権博物館学芸員）、村崎修二さん・筑豊大介さん（猿舞座）、新山玄雄さん（泊清寺住職／NPO法人周防大島郷土大学理事長）、山根耕治さん（周防大島町議会議員／NPO法人周防大島郷土大学理事）、藤本正明さん（山口県東部海域にエコツーリズムを推進する会会長／環境省委嘱自然公園指導員）、原竜也さん（芸北 高原の自然館）、沖村和哉さん（元周防大島町役場鳥獣対策班）、林泰彦さん・青山徳幸さん（周防大島町役場鳥獣対策班）、奥田知佐子さん（情島自治会長）、礒元茂子さん・中道愛子さん（情島在住）、桑野眞理さん（深廣寺住職／元あけぼの寮長）、島村道隆さん（社会福祉法人はるか・ライクホームはるか／前社会福祉法人あけぼの寮児童指導員）、磯部トシコさん（沖家室在住）、河井三男さん（大積自治会長）、山本隆之さん・米子さん・敏彦さん（瀬戸内荘やまもと、よねとし丸船長）、中尾勇さん（㈱マリモ）、藤谷浩二さん（藤谷渡船）、坂本和彦さん（進和丸船長）をはじめとする多数の方々のご支援によって実現した（ご所属等は二〇二一～二三年度時点）。深くお礼申し上げます。

参照文献

伊谷純一郎(一九八七)「比叡山・八瀬地区に生息するニホンザルの出現状況についての調査報告」。

伊藤詞子(二〇一九)「観察するサル、観察される人間——非人間であるとはどのようなことか」床呂郁哉・河合香吏編『ものの人類学2』京都大学学術出版会、一三七—一四六頁。

ヴィヴェイロス・デ・カストロ、E(二〇一六)「アメリカ大陸先住民のパースペクティヴィズムと多自然主義」近藤宏訳『現代思想』四四(五):四一—七九。

奥野克巳(二〇二一)「マルチスピーシーズ民族誌の眺望——多種の絡まり合いから見る世界」『文化人類学』八六:四四—五六。

大村敬一(二〇二一)「世界生成のシステムのエンジン——イヌイトと近代の存在論の比較からみる存在論の機能」『文化人類学』八六:五七—七四。

河合香吏(二〇一六)「序章　進化から「他者」を問う——人類社会の進化史的基盤を求めて」河合香吏編『他者——人類社会の進化』京都大学学術出版会、一—一八頁。

合原織部(二〇二二)「猿害から生成される「サルの祟り」の多層性——宮崎県椎葉村におけるサルと猟師・農家との駆け引きに着目して」『年報人類学研究』一二:八〇—一〇一。

近藤祉秋(二〇二一)「内陸アラスカ先住民の世界と「刹那的な絡まりあい」——人新世における自然=文化批評としてのマルチスピーシーズ民族誌」『文化人類学』八六:九六—一一四。

里見龍樹(二〇二一)「序論 Writing (Against) Nature——「転回」以降の民族誌」『文化人類学研究』二二:一—一八。

菅原和孝(二〇一五)『狩り狩られる経験の現象学——ブッシュマンの感応と変身』京都大学学術出版会。

鈴木克哉(二〇〇八)「野生動物との軋轢はどのように解消できるか?——地域住民の被害感情と獣害の問題化プロセス」『環境社会学研究』一四:五五—六九。

高畑由起夫(一九八八)「比叡山地区に生息するニホンザルの現状——とくに八瀬地区での猿害についての調査報告」。

長嶋俊介(二〇〇〇)「困窮島制度ならびに同類似制度の比較考察——宇宇島・大水無瀬島・小手島・由利島と類似制度」『島嶼研究』一:一五—三四。

中村美知夫(二〇一九)「「人間」と「もの」のはざまで——「動物」から人類学への視点[パースペクティブ]」床呂郁哉・河合香吏編『ものの人類学2』京都大学学術出版会、二五九—二七八頁。

那須くらら（二〇一二）「「困窮島」という神話――愛媛県二神島／由利島の事例」『関西学院大学社会学部紀要』一一五：一三五―一五〇。

西江仁徳（二〇二一）「チンパンジーの生の技法としての「文化」」床呂郁哉編『わざの人類学』京都大学学術出版会、二五七―二八六頁。

――（二〇二二）「「動物のエスノグラフィ」事始め」『生態人類学会ニュースレター』二八：四一―四五。

野地恒有（二〇一一）「移住開拓島の民俗学ノート（二）」『日本文化論叢』一九：四五―五五。

花村俊吉（二〇一〇）「行為の接続と場の様態との循環的プロセス（コメントに対するリプライ）」『霊長類研究』二六：二一三―二一九。

――（二〇一五）「サルと出遇い、その社会に巻き込まれる――観察という営みについての一考察」木村大治編『動物と出会う1――出会いの相互行為』ナカニシヤ出版、八七―一〇四頁。

――（二〇一六）「見えないよそ者の声に耳を敧てるとき――チンパンジー社会における他者」河合香吏編『他者――人類社会の進化』京都大学学術出版会、一七七―二〇五頁。

原竜也・西野雄一（二〇一三）「周防大島町大水無瀬島における亜種カラスバトの生息記録」『山口生物』三三：三七―四一。

半谷吾郎・山田浩之・荒金辰浩（一九九七）「観光客による餌付けと農作物への依存が比叡山の野生ニホンザルの個体群動態に与える影響」『霊長類研究』一三：一八七―二〇二。

藤本正明（二〇一五）「周防大島ニホンアワサンゴ群落を育む海域を巡るエコツアー」『瀬戸内の自然・社会・人文科学の総合誌 瀬戸内海』六九：二四―二六。

布施未恵子（二〇一一）「篠山市民の猿害に関する被害意識と許容」『農林業問題研究』四七：二三七―二四二。

丸山康司（二〇〇二）「「害獣」の存在と不在――ニホンザル問題における多言的な言説空間」『年報筑波社会学』一四：一七―二六。

水戸幸久・渡邊邦夫（一九九九）『人とサルの社会史』東海大学出版会。

南敦（一九九四）『東和町誌 資料編二 東和町の植物』山口県大島郡東和町。

宮本常一・岡本定（二〇〇四［初版一九八二年］）『東和町誌（増補再版）』山口県大島郡東和町。

室山泰之（二〇〇三）『里のサルとつきあうには――野生動物の被害管理』京都大学学術出版会。

森下翔（二〇二三）「秩序・存在論・心」河合香吏・竹ノ下祐二・大村敬一編『新・方法序説』京都大学学術出版会、二二六―二四七頁。

山泰幸（二〇〇八）「民話の環境民俗学——猿退治伝説と猿害問題のあいだ」山泰幸・川田牧人・古川彰編『新しいフィールド学へ——環境民俗学』昭和堂、二一一—二二九頁。

閻美芳（二〇一七）「野生動物に積極的に関わらない選択をする限界集落の〝合理性〟——栃木県佐野市秋山地区を事例として」『環境社会学研究』二三：六七—八二。

渡邊邦夫・三谷雅純（二〇一九）「日本列島にみる人とニホンザルの関係史——近年の急激な分布拡大と農作物被害をもたらした歴史的要因」『人と自然』三〇：四九—六八。

Smuts, B. (2001) Encounters with animal minds. *Journal of Consciousness Studies*, 8: 293–309.

KEYWORDS

発情の隠蔽

同期する月経

パラフィリア

第15章 モンキーからキンキーへ

セクシュアリティから考える社会性の出現

田中 雅一
Masakazu Tanaka

1　人間のセクシュアリティ

チャールズ・ダーウィンの性淘汰あるいは性選択（sexual selection）概念をめぐる議論（二〇一六）からも明らかなように、性（セクシュアリティ）は社会性の起源と進化において重要なテーマである。本章の目的は、人間の社会の基盤をなす性のあり方を進化論的な文脈で理解することである。それはモンキー（霊長類）がキンキー（kinky、変態）へと変貌する過程とみなすことができる。ここでは、とくに女性（人類のメス）を他の動物のメスから生物学的に区別する指標の一つである発情の隠蔽や月経に注目し、進化論的な視点からの議論を検討する。

本章で具体的に主張したいのは、人間を特徴付けるセクシュアリティのあり方が、二つの社会性を生み出したという点である。一つは、恒常的にケアする男性と育児に専念できる女性とのペアボンドの形成、もう一つは、集合的な次元でのこうした男女の相互依存関係を可能にした女性たちの団結である。この二つの社会性に人間、特に女性のセクシュアリティが密接に関係している。では、人間に特徴的なセクシュアリティとは何だろうか。以下四点について指摘したい。

第一に指摘したいのは、（1）時間的制限からの自由である。これは、発情や繁殖期に囚われない性行為（sexual act：かならずしも性器結合を目的としない）が認められるということを意味する（Alexander and Noonan 1979）。

第二に注目したいのが（人類だけとは限らないが）、（2）生殖からの自由である。生殖のためには性交（sexual intercourse：性器の結合）が必要であるが、人類の性行為はかならずしも生殖のためになされるわけではない。これは、避妊薬や避妊道具の存在からも明らかであるし、妊娠時、さらに閉経後の性交が頻繁に認められることからも理解できる。生殖から性器的快楽や親密なコミュニケーションが独立し、後者を目的とする性行為が重要になったのである。さらに（3）性器的快楽からの自由が認められる。これはかならずしも性行為に性交が伴うわけではないことを意味する。典型的な事例は自慰であるが、それ以外の性行為、ものや身体部位に興奮するフェティシズムや性的加虐を目的とするようなBDSMなどを例としてあげることができる。

最後に（4）空間からの自由を挙げておく。これは近年のことだが、メディアの発展によって身体的接触がなくても可能となるような性行為である。記録媒体が発展すれば空間だけでなく同時（対面）性という制限も克服できる。ただし、こうした動きは（相互）自慰の拡大版とみなすことが可能であるため、本章では省略する。

以下本章では、第2節でペアボンドをめぐる議論を、第3節と第4節では女性たちの団結とその変化について考察し、第5節で性器結合を目的としないセクシュアリティのあり方について論じる。

2　女性における二つのセクシュアリティとペアボンド

繁殖期（breeding season）とは、動物が交尾・産卵・育児などの繁殖行動をする時期を意味し、季節と関連して周期的に現れることが多い。これにたいし、発情（estrus）とは、交尾（性交）を誘発するメスの身体的変化を意味する。英語では、シカの発情を意味するrutという言葉が使われていたが、一八九〇年頃にestrusが使われるようになった。これは、ラテン語の*oestrus*（激情）、さらにギリシャ語の*oistros*に由来する。

しかし、他の動物と異なり女性には、きわだった身体的変化が認められない。これは、妊娠を可能にする状態となる排卵（ovulation）期の隠蔽に関係づけて説明されてきた。しかし、霊長類の中にも排卵と発情が対応しないものもいる。[1]

R・ソーンヒルとS・W・ガングスタッドは、二〇〇〇年代までの研究を批判的に検討し、女性には二つのセクシュアリティが存在すると指摘する（Thornhill and Gangestad 2008）。一つは、「拡張された女性のセクシュアリティ（extended female sexuality）」である。この場合、妊娠が可能でない時（拡張された時期）に女性に生じる受容性（receptivity）に基づく性交と積極的な性交（proceptivity）が重要となる（Thornhill and Gangestad 2008: 37）。[2] このモードのセクシュアリティが男女一組の対からなる「ペアボンド（pair bond）」の基盤となる。[3] その際女性は、男性から食事など物資的な支援を受けるために性交（ＩＰＣ：in-pair copulation）を行う（cf. Alexander and Noonan 1979）。もう一つは、「発情のセクシュアリティ（estrus sexuality）」で、強い男性（sire）との性交（ＥＰＣ：extra-pair copulations）を行うことで、より良い遺伝子を求める性的状態である。これに応じる形で、男性たちは妊娠可能な（発情している）女性を見つけようとする。発情のセクシュアリティは、強い男性を求めるという点で、乱交的な状態を意味するのではない。女性はより慎重に男性を選ぶ（choosier）のである（Thornhill and Gangestad 2008: 207）。

これまで女性から発情は消滅したと考えられてきたが、ソーンヒルたちは様々な事例をもとにこれに異を唱え、消滅したのではなく隠しているのだと指摘する。女性は、顔や身体、声音、体臭が変化して魅力的になるという（Thornhill and Gangestad 2008: 207-233, Gangestad and Haselton 2015）。[4] また、行動にも現れていて（行動的発情）、性的に興奮しやすく、男性の匂いなどに敏感になる。

発情の欠如という考えは間違いであるとソーンヒルらは主張するが、なぜ発情を隠して物質的な援助を必要とするのかという理由は、従来のように人間の発育の特殊性と結びつけて考えることが可能であろう。すなわち、直立歩行や頭脳の相対的な巨大化が、早期出産を促し、結果的に長い育児期間が必要になった（ネオテニー neoteny）。このため、母親だけで子どもを育てることは不可能で、母親は男性（彼女の性的パートナー）を長期的に引き留め、彼女が拠点とするホームベース（home base）で育児に専念しているあいだ、男性は外部から食事を持ち帰るといった分業が必要になったという考えである。拡張されたセクシュアリティにおいて、女性が特定の男性と一緒にいることを誘発する要因が性交なのである。また、恒常的な性関係を特定の男性と関係を維持することで、他の男性による強制的な性交から守ってもらうことも可能である。[5]

つまり、女性はパートナーとなる男性（pair-bond partner）とは物質的な利益のために継続的な関係を維持する一方で、妊娠可能な時期には優秀な遺伝子を求めて男らしい男性に近づく。このため、女性は一方でパートナーの男性には発情を隠しつつ、他方で他の男性に発情の兆候を示すという困難な選択を迫られる。男性は、隠された発情を見破ってパートナーの女性の性的活動を監視したり制限したりしようとする。強い男性を求めての一時的な性交（強い子孫を残す）とペアボンドの維持（子どもの育児）との間に越え難い矛盾があり、男女の騙し合いが続いている（対立

1　霊長類学者の高畑由紀夫（二〇〇一）はつぎのようにまとめている。まず、サバンナヒヒ（ヒヒ *Papio papio*、ドグエラヒヒ *P. anubis*、キイロヒヒ *P. cynocephalus*、チャクマヒヒ *P. ursinus* の4種）は、性皮の腫脹で排卵を示す。つぎにチンパンジーは腫脹で排卵を示すが、妊娠中も発情する。ニホンザルは排卵のタイミングがはっきりせず、妊娠中も発情する。ボノボ（*Pan paniscus*）は育児中も性皮は腫脹するものの、無排卵性の発情の可能性が高い。

2　ただし、後の論文で共著者の一人ガングスタッドは、女性の受身の態度を拡張されたセクシュアリティに、積極的な態度を発情のセクシュアリティにそれぞれ結びつけている（Gangestad and Haselton 2015: 45）。

3　ペアボンドは、人間に限らず他の生物（例えば鳥類）にも認められる。

4　ソーンヒルらの総括以後の研究として、（Wallner et al. 2021）、特に声については（Pipitone 2008; Pipitone and Gallup 2012）を参照。なお、女性の胸など「永続的な飾り（permanent ornaments）」は発情のセクシュアリティに関係していないとみなされている（Thornhill and Gangestad 2008: 141）。

5　霊長類の間では、新しいオスが以前のオスとの間に生まれた子どもを殺す子殺しが知られている。父性が曖昧になると、子殺しの回避につながると想定できるが、ソーンヒルらはこれについては否定的である（Thornhill and Gangestad 2008: 74–75）。

的な共進化、antagonistic coevolution）。

「拡張されたセクシュアリティ」と「発情のセクシュアリティ」は、それぞれ慎み深さとか貞淑な女性とふしだらな女性という現代欧米社会に支配的な対立図式に対応しているが、ソーンヒルらのポイントは、これが一人の女性に定期的に認められるということである。

進化学者のソーンヒルらの主張の前提になっているのは、男性が性交をするのは子どもを増やすため（自分の遺伝子を残すため）である。性的快楽や愛情は想定されていない。「拡張されたセクシュアリティ」には愛情表明やコミュニケーションとしての性行為（本章冒頭の整理では（2）の生殖を目的としない性交）が含まれていてもおかしくないかもしれないが、そのような議論は避けられている。女性の場合も同じである。パートナーとの性交は、生殖を目的としないが、間接的には自身と子どもの養育に関わるという意味で——すなわち広い意味で生殖に関わる（Thornhill and Gangestad 2008: 37）。それは「生殖（procreation）」のためであって、「余暇（recreation）」ではないのである。パートナー以外の男性との性交は優秀な遺伝子獲得のためであって、性的快楽を求めるためではない。[6] しかし、冒頭で指摘した人間特有のセクシュアリティの特徴に戻ると、「拡張されたセクシュアリティ」は、男性当事者には意識されていないとしても生殖外の性交の起源とみなすことも可能であろう。

ソーンヒルらの議論で奇妙に思われるのは、月経の可視性である。発情は確かに隠されることになった。しかし、経血を妊娠可能な兆候とみなすことはなかったのか。もちろん、月経時に妊娠する可能性は低いし、欧米で排卵が科学的に解明されたのは一九三〇年代になってからのことだ（Thornhill and Gangestad 2008: 5）。しかし、経血が発情や女性の妊娠可能性と関連しているとみなされても不思議ではない。

例えば、西アフリカのドゴン人の月経隔離の調査をしたB・I・ストラッスマンは、女性の月経が可視化されることで、パートナー男性は女性が他の男性と関係（ＥＰＣ）を持たないように監視できるという（Strassmann 1992, 2013）。

また、インドの古典文献では、月経について以下のような解釈がなされている。

例えば七世紀頃に成立した『アシュターンガフリダヤ・サンヒター』（サンヒター 一九八八）では受胎について「精液と月経血が清浄であれば（その両者の）結合によって、（前世の）業と煩悩に基づいた胎児という存在物が発生する」と述べて、精子だけでなく経血が受胎に果たす役割を指摘している。さらに受胎の時期について「（受胎可能の）時期は、（月経開始後）一二日間であるが、その最初の三日間（すなわち月経中）はよろしくない。第一一夜および偶数番目の日に（交わると）男子が生まれ、他の日に（交わると）女子が生まれる」と述べている。さらには経血そのものに受胎を可能とする「種」が存在するという考えも認められる（Salomon 1984: 123 n.5）。

ネパールの民族誌的事例によると、月経のすぐ後、つまり四日目がもっとも受胎しやすい。そして日がたつにつれその可能性は減少する（Kondos 1982: 253）。

これらは、科学的には間違った解釈かもしれないが、月経周期が受胎と結びついて理解されていた可能性を否定できない[7]。だとすれば、それはペアボンドの解体を招くことになるのではないか。

次節で紹介するC・ナイトの議論は、ソーンヒルらと異なり、月経周期が妊娠と結びついていることが知られているという前提に基づいている。この点に注意して彼の主張を検討したい。

6　もちろん、より良い性的快楽は優秀な遺伝子の獲得と矛盾しないかもしれない。

7　妊娠可能な時期に性交が多くなるという指摘については、（Udry and Morris 1968）参照。

ナイトは女性から発情期がなくなり、いつでも性交できることで、特定の男性による保護を女性が得たという考えを認めた上で、さらに壮大な議論を展開している（Knight 1991）。以下では、彼の議論を詳述したい。[8]

3　月経周期の同期と女性の団結

ナイトの議論でポイントとなるのは、一人の強い男性（Tyrant Male/ alpha males）が複数の女性たちを独占するという状況をどのようにして乗り越えたかである。[9] ここで彼が注目するのは、月経周期の同期である。

ナイトは、東アフリカの海岸部に住んでいた人類の祖先たちが月経の同期を実現したと述べている。この地域に住み着いたのは三五〇万年前から二五〇万年前のことだが、その後体毛がなくなり、直立歩行が可能になる。そうして現代の人間に近い存在がこの地に生まれる（Knight 1991: 242）。

こうした状況で月と地球との関係で引き起こされる潮の満ち引きと共振する形で、およそ二九・五日の月経周期が生まれたのではないかという仮説を立てている。月経が同期すると排卵日も同期するわけだから、一人の男性が同時に複数の女性たちに子どもを産ませることが不可能になった。月経の同期が一人の男性支配から女性たちを解放したと主張する。前節でのソーンヒルらの議論に従えば、一人の女性と長期的な関係を維持するのは、いつ発情期か分からないために男性が一人の女性と継続的に性交するという主張だったが、ナイトは、妊娠可能な時期が同じになれば、独占欲の強い男性が一人で複数の女性を独占して自分の子どもを妊娠させるということが困難になるというのである。彼が一人の女性と関係を持とうとすると、他の女性たちが周縁的な位置にある他の男性との間に子どもを作るからだ。[10] 彼の説では、ソーンヒルらが想定した発情のセクシュアリティさえ一人の男性によって管理されているということになる。また月経周期から妊娠可能な時期が推察できるようになったために、発情の隠蔽という戦術が意味をなさなくなった。代わりに月経の同期に基づく女性たちの団結が生まれる。しかし、先に指摘したように、妊娠可能な時期が分かれば、男性たちが妊娠できない状態の女性と関係を維持する必要もなくなるわけだから、ペアボンドそのものが意味をなさなくなる。ここでナイトが想定しているのは、生殖に結びつかないような性交そのものの価値のように思われる。

さて、ナイトは、こうした生殖をめぐる戦術とは別の説明を用意している。それは、肉をめぐる政治学である。ただし、これは人類がアフリカを離れ、より厳しい環境での定着が始まった時代の話であるが、私にはこちらの説明の方が一頭支配からの脱却の理由として分かりやすい。すなわち、環境の厳しい地域に人類が進出すると、栄養価の高い肉が大量に必要となる。集団による狩猟がこれまで以上に重要な位置を占めるのである。複数の女性を性的に支配しようとする男性は、女性を放置して狩猟に行くこと自体不可能なため、結果として女性たちは肉にありつける機会も失うことになる。これを解決する方法は、女性たちが一人の男性の支配を離れて肉を供給する他の男性と安定した関係を持つことである。[11]

アフリカの熱帯、亜熱帯から活動地域を拡大する中で、一頭支配は崩れ、一人の男性が一人の女性（とその子ども）を支援するというペアボンドの体制が確立した。しかし、ここで必要なのは、男性が射止めた動物の肉を自分たちで

8　本節で検討するナイトの書物は、発情の消滅を批判したソーンヒルらの説より以前の議論のため、彼は発情の消滅説を受け入れているが、本章への影響はないと判断した。

9　男性たちによる類似の動きを想定したのがフロイトの『トーテムとタブー』（二〇〇九ａ）であった。奇妙なことにナイトは、女性たちだけでなく男性たちもまた一人の男性に支配されるという状況を想定していない。

10　ナイトはこの説を（Turke 1984）に依拠している。

11　繰り返すが、ナイトは強い男性による他の男性たちの支配という視点を持っていないため、後者が前者に肉をもたらすというような状況を想定していない。

消費せずに、ホームベースで育児に専念している女性たちにきちんと持ち帰るということだ。その際、ナイトは性交が重要な役割を果たしたと主張している。月経周期の同期に成功した女性たちは、さらに月経を新月に合わせることに成功する。月経の開始とともに性交が禁止され、男性たちは狩猟団を組織して、獲物を追う旅に出る。つまり、月が新月から満月へと満ちていく期間中男性たちは集団でホームベースを離れ狩猟に出て、満月の頃に戻ってくるのである。肉を持ち帰ると、ご褒美の性交が待ち構えている。つまり、男性たちが戻ってきた満月から新月までの期間はまた、性交の期間でもある。反対に肉がないと、性交もお預けということになる。

こうして、月経周期は他の女性の月経周期と同期するだけにとどまらず、狩猟など生産活動とも同期するに至った。月の動き、潮の満ち引きという自然の動きと、人間の再生産と生産の領域が月経を通じて同期したのである。これが社会に結束のリズムを生み出す。またこうしたリズムが複雑な歌や踊り、さらに儀礼の創出を促したのであるとナイトは論じる。性交は、一時的に禁じられただけで、むしろより重要になった。こうした動きが五万年から四万五〇〇〇年前（後期旧石器時代）に生じたと言うのがナイトの主張である（Knight 1991: 282）。

ナイトが強調しているのは、月経周期の同期に成功しただけでなく、女性たちが一丸となって肉を持ち帰らない男性との性交を拒否したという点である。女性の中で一人でも性交を許すと、女性の団結は崩れホームベースで待っている女性たち全員に肉が届かないかもしれない。ナイトは、ここに人間社会を特徴づける規範あるいは道義の起源の一つを認めている。女性たちは、ホームベースに集団で留まり、同じ頃に生まれた子どもたちを集団で育児する。肉は定期的に男性たちが運んでくれる。女性同士が連帯し、それに応じて男性たちが団結して、狩猟団を組織し大型動物の狩猟を行うことに成功する。これがナイト説における人間の社会性の起源である（Knight 1991: 298-99）。

（女性がストライキを通じて集合的存在になると）彼女の身体はもはや具体的な個人の身体ではなくなった。そこには何か集合的な、普遍的なものが宿ったのである。それは、後の宗教の言葉を使えば「神的（divine）」なものと

言ってもいいだろう。(Knight 1991: 299)

女性の結束に応じて、男性たちも、お互いに競合することをやめ、彼女たちの求めに従うことで結束が生まれ、社会化されることになる。さらに言えば、このような状況では、ペアボンドという単位がどこまで重要な役割を果たしていたのか問うことも可能であろう。男女のペアを超えた「団結(solidarity)」が女性たちの間で、男性たちの間で、そしてホームベースを共有する人びと全員に生まれたと言えないだろうか。半月ぶりの再会で実施される饗宴においては、セックスも乱交的なものであった可能性を否定できない。満月を契機に「社会的沸騰」(デュルケーム 二〇一四)が生じたのである。

さて、ナイトの仮説が正しいかどうかは別にして、月経の同期やそれをめぐる女性たちの団結に注目したのは評価すべきである。[12]というのも、月経はつねにと言っていいほど、女性に特有な個人体験とみなされてきたからである。また、女性から発情が消滅することでいつでもセックスできるということは、男性側の言いなりになることを意味するのではなく、むしろ自分たちの性をコントロールして「否」と言えることだと指摘している(Knight 1991: 203)[13]。月経周期と月齢、潮の満ち欠け、狩猟が生み出すリズムを強化する形で歌舞音曲や儀礼が発達し、中期から後期旧石器時代にかけて生じた「創造の爆発(the creative explosion)」を導いた。その結果、擬似的な発情とも言える、女性に特有な身体加工、身体装飾、衣服やヘアスタイルが生まれ女性らしさがより誇張されることになる(Knight 1991:

12　ナイトは、こうした動きを革命と捉えている(例えば、Knight 1991: 324)。
13　女性の積極性については、注2で言及した(Gangestad and Haselton 2015)をも参照。

292; Knight et al.1995)。

4　月経の模倣と男性支配

しかし、月経周期と月齢、狩猟のサイクルが巧妙に結びついた社会モデルは、様々な理由から崩壊する。環境によって狩猟が集団より個人の方が効率的になるということもあろう。長期の遠征も不要になったかもしれない。そして、徐々に月経の同期も維持することができなくなり、女性の結束も弱体化する。代わって男性優位の社会が生まれるというのである（Knight 1991: 451-452）。

現存する神話には、女性主導の世界が混沌を導き、男性の智恵によって覆される物語がしばしば認められる。神話だけに収まるものではない。ナイトは男性の伝統社会の通過儀礼に認められる流血を月経の模倣あるいは流用とみなしている（Knight 1991: 435, cf. Delaney et al. 1988: 267-273）。

この主張を支持する事例として、ナイトはいくつかの民族誌を紹介している。著名な例として、ニューギニアの北東部の小島に住むウォゲオ（Wogeo）社会を紹介しておきたい。

ウォゲオの男性たちは、不猟が続くと、ペニスの先に深い切り傷をつけて、血を流す。これによって女性との接触から生じた不浄を取り除くのである。こうして彼の体に元気が蘇る。かくして狩猟がうまくいく。戦士は戦いに馳せ参じる前に血を流す。猟師たちは野豚を罠にかける新しい網を織る前に血を流すのである。これは、明らかに月経を模倣した行為であると、この地域を調査したI・ホグビンは述べている。狩猟の前の月経は、すでに示唆した月経が始まると（満月になると）狩猟に行くという先史時代の慣習と同じなのだ（Hogbin 1970）。

類似の解釈は、オーストラリア・クイーンズランドのアボリジニ（the Pitta-Pitta and the Boubia）の間でなされてきた割礼の一種、下位切開（sub-incision）にも当てはまる。これは、ペニスの下部に尿道にまで達するような深い傷を入れる身体加工の一種である。これについてはすでにミルチャ・エリアーデが両性具有の実現や経血の獲得という観点から論じているが（Eliade 1967: 66）、ナイトに従えば、女性の月経に嫉妬した男性たちがこれを模倣しようとする試みということになろう。

同じことは、男子割礼にも当てはまるかもしれない。これまで男性性を強調する観点、すなわち母性からの切断という観点から議論されてきた割礼であるが（田中 二〇〇五）、割礼の起源の一つと見なされてきたエジプトの神話によると、最初の神ラーは、自身のペニスに傷をつけ、そこから流れ落ちた血から他の神々が生まれたという（Blomstedt 2023: 4）。ここには割礼と出産が密接に関係していることがわかるが、前者を女性の身体の模倣と考えると、よりよく理解できるのではないか。

さて、女性と男性の地位が逆転するとともに、女性の結束力の印でもあった月経や経血の価値が不浄へと変化したとも推定できる（Knight 1991: 522）[14]。現代の民族誌において、月経の多くは不浄であり、女人禁制のような女性の行動を著しく制限している風習の要因になっているのは明らかであろう。こうした神話や儀礼が男性による「反革命」を実際の出来事として反映しているかどうかは別にして、歴史的に男性中心で女性が差別されてきた社会が多々あることを考えると、女性主導の世界を反転させるような神話に、ナイトが言及せざるを得なかったというのも理解できる。

オーストラリアのアボリジニ社会の虹の蛇を吟味することによって、いかにして男性の力が、かつて女性を力づ

14　この点について、ナイトは自覚しているとは言えない。というのも聖性と記述しているところ（Knight 1991: 458, 478）もあれば、月経を不浄とみなしている箇所（Knight 1991: 467, 507）もあり、首尾一貫していないからだ。

けた、社会を全体として強力に意識する能力を、イニシエーションを受けた男性にのみ認められる排他的な権力・知識へと変化させるのに成功したかを見てきた。かつては女性たちの生殖能力や月経の結束力についての意識を結晶化していた集合的な構築物である「母」「蛇‐女性」「ドラゴン」が、徐々に変化して血で力を得た怪物となって、今度は反対に月経中の女性の匂いで定期的に怒りを表すようにさえなってしまった。（神話によると月経の結束から生まれた虹の蛇は、月経中の女性を周縁に追いやり、孤立させることを要求しているという。男性は女性から生まれるが、彼らは大きくなると自分たちの母に秘密を告げることなく、イニシエーション儀礼を通じて月経や出産が女性を衰弱させ、反対に男性には力を与えるような途方もない象徴システムが生まれ、これが永続することになる。

（Knight 1991: 522）

こうして経血がセックスを禁じる表徴から、女性の地位が低い原因となる不浄へと意味が変化していく。しかし、月経をめぐる問題はそれほど単純ではない。

月経中の女性をめぐる禁忌は、女性の周縁化だけを生み出したとは言い難いのである。こうした禁忌をまとめたジェームズ・フレイザーの『金枝篇第3巻　タブーと霊魂の危機』（二〇〇五：一一〇―一一二）から明らかなことは、月経中の女性が人びとに恐怖を引き起こすということである。

妻が月経期間中に自分の毛布に横たわっているのを見たあるオーストラリアの黒人は彼女を殺し、自分も恐怖のために一週間以内に死んでしまった。

（フレイザー二〇〇五：一一一）

この例では女性も殺害されているが、男性も恐怖に囚われて死んでいる。他にも月経中の禁忌を女性が守らなかったり、彼女が使った道具や容器を誤って使ったりすると厄災がもたらされるという事例が列挙されている。例えば、アラスカの先住民の間では月経中の女性が捕獲した動物に触ると、その動物全部が汚れ、怒りを買うことになって狩猟が失敗するという。これは、月経と狩猟の厳格な区別が侵された事例として興味深い。女性たちの月経が始まると男性たちは狩猟に出て、その後半月の間接触は禁じられていたというナイトの考えに従えば、このような禁忌は、月経中の女性と男性との性交を禁止していたというかつての事実に基づいているということになろう。

以上、セクシュアリティに密接に結びついている「進化論」を二つ紹介・検証してきた。

次節では、人間のセクシュアリティに認められる三番目の特徴である非性器的セックス、つまり性器結合からの自由について説明したい。

5　新たな社会性へ――パラフィリア

人間のセクシュアリティにはあらゆる形態が存在していて、生殖から切り離されているという点で、きわめて「反生物学的」かつ「反社会的」と言える。

では、生殖の目的から離れた性交にはどのような意味があるのだろうか。その理由は主として性的欲求を満たすため、あるいは性的快楽を得るためと考えることができる。また、コミュニケーションのためという観点も無視できないであろう。

性器を使用しない性的快楽は、医学用語でパラフィリア（paraphilia）と呼ぶ。『MSDマニュアル・プロフェッショナル版』（パラフィリア障害群の概要）では、小児性愛、窃視症、異性装、フェティシズム、露出症、性的マゾヒズムやサディズムが列挙されている。

パラフィリアは、かつて性的倒錯とみなされていたものだが、正常と異常の境界は曖昧である。少し前までは同性愛が「自然の摂理」に反するとみなされ犯罪視あるいは病理化されていた。また、最近まではＢＤＳＭも病理的とみなされていた。現在の日本で犯罪とみなされているのは、小児性愛者くらいであろう。[15]

以上の性的倒錯が発見され解釈がなされたのは、性科学や精神分析が生まれた一九世紀後半になってからのことである。こうした症例がその頃突然生まれたわけではないだろうが、当時の解釈では近代家族のあり方との関係で解釈されてきたことが理解できる。例えばフェティシズムについて、ジークムント・フロイトは一九〇五年に出版された『性理論のための三篇』（フロイト 二〇〇九ｂ）で以下のような議論を展開している。[16]

フロイトは「性対象の不適切な代理」としてフェティシズムを挙げ、さらに「中間状態のフェティシズム」と「完全なフェティシズム」とを区分する。中間状態のフェティシズムは、例えば特定の色の目を持つ女性にしか性的魅力を感じなかったり、愛している女性の衣服に関心があったりする場合である。それは「正常な愛」のヴァリエーションにすぎず、性交を否定しない。これに対し、完全なフェティシズムは、その対象が恋人のような特定の人物から離れ、物や身体の部位自体が性対象になる。そして、それは性的結合をむしろ忌避する。病的な現象としてすぐに思い浮かぶのは下着泥棒である。

フロイトは一九二七年に「フェティシズム（呪物崇拝）」を公表し、去勢不安と結びつけてフェティシズムを説明している（フロイト 二〇一〇）。すなわち、男性は幼児のころ母の性器をみるが、彼女にペニスがないという事実に衝撃を受け、この事実（去勢されたために母にペニスがない）を「否認（独 Verleugnung, 英 disavowal）」する。だからといって、ペニス（の代理物）が母の性器に生まれるわけではない。女性器からずれたかたちで――つまり、身体の部位や衣服などに母のペニスが生じるのである。これによって、子どもは去勢の恐怖に打ち勝つ。なぜなら母にはペニス（ペニスの代替物）がちゃんと存在するからだ。この代替物がフェティッシュである。ペニスの欠如の否認は、フロイトによると完全ではなく、事実の否認と承認の両方、つまり両極的態度が認められるという。

一般に、性的フェティッシュは女性性器や女体あるいは母の代理というふうに解釈されている。しかし、フロイトに従うと、フェティッシュはもともと不在のもの（母のペニス）を示している。つまり、フェティシズムには、真実についてのトラウマとなる知識（母にはペニスがない）とその否認（母にはペニスがない、母のペニスは去勢された、という事実の否定、すなわち母にはペニスがある）という二重否定の心的過程が認められる。フェティッシュという代理は、不在物を指し示すと同時にそれが不在であることを覆い隠すのである。

このようなパラフィリアの解釈は、社会性とどのように結びついていると言えるだろうか。進化が種の保存と密接に結びついているかぎり、生殖に直接関係しないセクシュアリティは社会性に寄与しない、むしろ先述したように反社会的であると言えるかもしれない。事実、多くが異常とされ、ときに犯罪化されてきた。しかしながら、すでに見てきたように、生殖に直接関係ない性交とペアボンドという社会性の創出とは無縁ではなかった。同じことは、ナイトの仮説においても当てはまる。性交そのものが男女の駆け引きの重大な要素となり、生殖よりも禁欲が集団の生存を可能にした。では性器結合を目的としないパラフィリアについてはどうだろうか。

パラフィリアが何らかの性的抑圧の症状であり、またそれ自体が抑圧の治癒であると理解するなら、パラフィリアは人びとが通常の社会生活を送るために必要だと主張することも可能である。フェティシズムという症状は、去勢不安に苛まれている男性にとっては救いでもある。フェティシズムによって彼はそのような不安を和らげることが可能だからだ。しかし、パラフィリアの社会性はそれ以上のものがあるようにも思われる。

今日パラフィリアの当事者たちは、かつての反社会的なイメージが改善され性的マイノリティとしてダイヴァーシ

15　パラフィリア以外に多形倒錯（polymorph perverse, polymorph perverse disposition: polymorph perverse Anlage）という言葉があるが、倒錯という言葉は、異常とならんで誤解を招きかねない。

16　フェティシズムについて、詳しくは（田中 二〇〇九）を参照。

ティ（diversity 多様性）やインクルーシヴネス（inclusiveness 包摂）という観点から注目されている。性的マイノリティは、セクシュアリティだけで規定される存在ではない。彼らもまた独特の文化や社会を形成してきた。彼らを受け入れることは、マジョリティの文化発展に寄与することになるはずである。異質な要素を受け入れるには、当然のことながら痛みも伴うが、長期的に見ればそれが人類に豊かな文化や社会をもたらす――さらに言えば新たな「社会性」の創出の可能性をもたらすと考えられる。[17] そのような動きの一つが同性婚と言える。こうした動きを「逸脱」とみなして否定するのではなく、新しい社会性の形成に向けての動きであると捉えるべきであろう。こう考えることで、進化論を支配してきた生殖（遺伝子）中心の性を超えた地平に到達することが可能となる。

そのような批判的な観点に基づいて書かれた始論として本章を位置づけたい。

参照文献

坂口菊恵（二〇二三）『進化が同性愛を用意した――ジェンダーの生物学』創元社。

サンヒター、チャラカ（一九八八）『インド医学概論』矢野道雄編訳、朝日出版社。

ダーウィン、チャールズ（二〇一六）『人間の由来』（上・下）長谷川眞理子訳、講談社学術文庫。

高畑由起夫（二〇〇一）「〝隠された〟排卵――失われた発情、あるいははてしもなく続く〝性〟をめぐって」西田利貞編『ホミニゼーション』京都大学学術出版会、八三―一〇三頁。

田中雅一（二〇〇五）「女になる、男になる――ジェンダー儀礼」『ジェンダーで学ぶ文化人類学』世界思想社、二一〇―二二七頁。

――（二〇〇九）「フェティシズム研究の課題と展望」田中雅一編『フェティシズム研究一　フェティシズム論の系譜と展望』京都大学学術出版会、三―三八頁。

デュルケーム、エミール（二〇一四）『宗教生活の基本形態――オーストラリアにおけるトーテム体系』（上・下）山崎亮訳、ちくま学芸文庫。

フレイザー、ジェームズ（二〇〇五）『金枝篇第三巻　タブーと霊魂の危機』神成利男訳、石塚正英監修、国書刊行会。

フロイト、ジークムント（二〇〇九ａ）「性理論のための三篇」渡邉俊之訳『フロイト全集六　一九〇一―〇六年』岩波書店、一六三―三一〇頁。

――（二〇〇九ｂ）「トーテムとタブー」門脇健訳『フロイト全集一　一九一二―一三年』岩波書店、一―二〇六頁。

――（二〇一〇）「フェティシズム」石田雄一郎訳『フロイト全集一九　一九二五―二八年』岩波書店、二七五―二八二頁。

Alexander, R. D. and Noonan, K. M. (1979) Concealment of ovulation, parental care, and human social evolution. In: Chagnon, Napoleon A. and Irons, W. (eds), *Evolutionary Biology and Human Social Behavior: An Anthropological Perspective,* pp. 436-453. Mass: Duxbury Press.

Blomstedt, P. (2023) Urological and genital surgery in ancient Egypt. *History and Philosophy of Medicine,* 5(1), 4:1-8.（https://doi.org/10.53388/HPM2023004　閲覧期日二〇二四年一月二五日）

Delaney, J., Lupton, M.J. and Toth, E. (1988) *The Curse: A Cultural History of Menstruation* (Revised, Expanded Edition), Urbana: University of Illinois Press.

Eliade, M. (1967) Australian religions. Part III: Initiation rites and secret cults. *History of Religions,* 7(1): 61-90.

Gangestad, S. W. and Haselton, M. G. (2015) Human estrus: Implications for relationship science. *Current Opinion in Psychology,* 1: 45-51.

Hogbin, H. I. (1970) *The Island of Menstruating Men: Religion in Wogeo, New Guinea.* Bradford: Chandler Pub. Co.

Knight, C. (1991) *Blood Relations: Menstruation and the Origin of Culture.* New Haven: Yale University Press.

Knight, C., Power, C. and Watts, I. (1995) The human symbolic revolution: A Darwinian account. *Cambridge Archaeological Journal,* 5(1): 75-114.

Kondos. V. (1982) The Triple Goddess and the processual approach to the world: The Parbatya case. In: Allen, M. and Mukherjee, S. N. (eds), *Women in India and Nepal*, pp.242-286. Canberra: Australian National University.

17　多様性の観点からＬＧＢＴに触れた議論については、例えば（坂口　二〇二三、Roughgarden 2004）を参照。

Pipitone,R. N. (2008) Women's voice attractiveness varies across the menstrual cycle. *Evolution and Human Behavior,* 29(4): 268–274.

Pipitone,R. N. and Gallup Jr., G. G. (2012) The unique impact of menstruation on the female voice: Implications for the evolution of menstrual cycle cues. *Ethology,* 118(3): 281–291.

Roughgarden, J. (2004) *Evolution's Rainbow: Diversity, Gender, and Sexuality in Nature and People,* Berkeley: University of California Press.

Salomon, R. (1984) Legal and symbolic significance of the 'menstrual pollution'of rivers. In: Lariviere, R. W. (ed), *Studies in Dharmaśāstra,* pp.153–178. Calcatta: Firma KLM.

Strassmann, B. I. (1992) The function of menstrual taboos among the Dogon: Defense against cuckoldry? *Human Nature,* 3: 89–131.

—— (2013) Kinship, parental care, and human societies. In: Summers, K. and Crespi, B. (eds), *Human Social Evolution: The Foundational Works of Richard D. Alexander,* pp. 138–170. Oxford: Oxford University Press.

Thornhill, R. and Gangestad S. W. (2008) *The Evolutionary Biology of Human Female Sexuality,* Oxford: Oxford University Press.

Turke, P. W. (1984) Effects of ovulatory concealment and synchrony on protohominid mating systems and parental roles. *Ethology and Sociobiology,* 5(1): 33–44.

Udry, J. R. and Morris, N. M. (1968) Distribution of coitus in the menstrual cycle. *Nature,* 220: 593–596.

Wallner, B., Windhager, S., Schaschl, H., Nemeth, M., Pflüger, L. S., Fieder, M., Domjanić, J., Millesi, E. and Seidler, H. (2019) Sexual attractiveness: A comparative approach to morphological, behavioral and neurophysiological aspects of sexual signaling in women and nonhuman primate females. *Adaptive Human Behavior and Physiology,* 5: 164–186.

KEYWORDS

- 「存在の大連鎖」と人間中心的世界観
- 「私」を薄めてみる
- 収束や分散を容認する研究志向

第16章

開かれた社会性へ

あるいは人間中心主義と擬人化をめぐって

伊藤 詞子
Noriko Itoh

1　社会性について考えるものの社会性が問われている

社会性とは何か。「人間」に固有で他の一切から隔てられた特許のようなものなのだろうか（以下、「人間」という表記は、時代と場所によってその中心的なイメージモデルが歴史的・政治的に変遷する範疇を、生物分類としてのヒトという種とは区別して用いる）。ここまでの本書の議論を踏まえれば、このように考えなければならない理由は本当のところは何もないのだろうし、その意味では、社会性について考えることは、それについて考えるものがそれをどのようなプロジェクトとして実行するのか、つまるところ「社会性について考えるものの社会性」が問われる循環的なものかもしれない。

Ｋｅｙｎｏｔｅ１で中村美知夫が指摘しているように、さまざまな生物 living-things において、社会という言葉の使用が現在では許容されているとはいえ、辞書的なすなわち人間が一般的に定義した意味で社会的であることは、人間によって構築されることと同義であり続けている。そこでは、ヒト以外の生物に対して最も寛容に見える場合であっても、類似性には程度があり、似ていたとしても深遠な人間社会には遠く及ばない、という規範的価値判断が入り込んでいる。たとえば学術の場でも普通に使われる、「人間でいえば何歳くらいのなのか」「人間でいえば発達段階（の初期の段階）のどの辺に相当するか」という類いの言表は、人間こそが社会性の定義の基準であるという発想の明らかな現れだろう。

完成されたものを前提にそうではないものを完成の前段階の未完成なもの未熟なものとみなすのは目的論的である。

こうした目的論的なものの見方は、発達観だけでなく進化史観や歴史観、社会観、ひいては人種やジェンダーといった、いまだ問題含みの認識論と存在論にまつわる現代の迷信と軌を一にする。この類いのプロジェクトのもとで社会性を考えることは、本物の社会性に対して、紛い物の社会性が紛れ込んでいないかを検閲する作業となるだろう。その時、検閲するものの社会性とは人間のそれなのか、人でなしのそれなのか、一考の価値があるのではないかと思う。

先の目的論的な観点は、社会性を諸個人の既存の社会への同化と同義として使用する立場でもあり、こうした観点のもとでは、ヒトもまた規範的で階層的な序列の元に再分類されることになる。さらに問題なのは、この観点の下では社会の変容は起こりえないし、想像すらできなることである。なぜならば、同じアルゴリズムを実行し続け、そのアルゴリズムに完全に一致していくことが同化なのだから。私たちは自分の社会の異なるあり方を想像できなくなっている、という指摘は昨今話題となった大著『万物の黎明』にもある。今日の人類学的知見と考古学的な知見を総動員して明らかにされるのは、過去の社会は自在にも見える大きな変化を、しかもそうした変化を行き来すらする、自由で遊びに満ちた世界だったということだ。しかし我々は、社会は単純なものから複雑なものへ、小さなものから大きなものへ、という人間社会の歴史ストーリーについてのこれまで優勢だった思い込みを脱することができていない、とグレーバーとウェングロウは指摘する（グレーバー&ウェングロウ 二〇二三）。

私のような動物学者、すなわち人間ならざる対象を、その生活の場において、長い時間をかけて観察するものにとって、言葉はとても厄介である。その言葉が人間を念頭に置いたものであるときは特にそうである（人間が念頭に置かれていない言葉などあるのだろうか?）。社会性という言葉にも、これもまたトラップなのでは？　と身構えてしまうような恐ろしさがある。私自身は、Ｋｅｙｎｏｔｅ １にも紹介されている今西錦司のように、生きることの根幹として社会性を「広く共有されるもの」という観点から捉えたいと考えている。そのためには、関係するということはいかにして可能なのか、個とは何かという問いへと遡行する必要があるのだろう。だが、それ以前の問題として、共有のものとしての社会性を探求しうる土壌造りのために、社会性というテーマそれ自体からは迂遠な道に見える、人間中心主義と擬人化という問題を本章では検討したい。

ここで少し先取りしておこう。2節では主に人間中心主義の問題について取り上げる。人間中心主義の（本章の関心における）最大の問題は、この「人間」が最上の存在としての人間であることであり、そのことでヒトを含むあらゆる生物の共在の場を危険な場として構築し続けていることにある。このことが多種多様な諸生物についてヒトを含めて考えたり書いたりすることを困難にする最大の要因となってきたのではないだろうか。一方で、擬人化は人間中心主義と似ているが異なるものである。しかし、人間ならざるものに関する擬人化批判が人間中心的な観念下で実行されるとき、同じ問題に直面する。擬人化は私が個であり、人であり、ヒトでもある限り避けえない。しかし擬人化批判が自己（自分、自文化、自分がそのメンバーである種）へと向けられるとき、人間中心主義を相対化し異なる気づきをもたらす上での有用な方法ともなりうる、と主張するつもりである。こうした問題を踏まえた上で、3節では人間中心主義とも関わりを持ちつつ、擬人化批判恐怖症に陥らずに、他なるものについてどのように思考することが可能なのかについて検討する。この練習問題のひとつのつもりで執筆した4節では、サルを見るということで実際にフィールドで起きていることの一端を、「個体識別」を題材に検討した。

本題に入る前にもうひとつ。本章全体を通して「もの」というひらがなでの表記が繰り返し出てくる。それは、通常なら「物」か「者」と書き分けられるのだろうが、物や者はいずれも物的でも者的であるという曖昧な存在のまま名指すために、本章では「もの」と表記する。

2 ホンモノ×マガイノモノ

この節では、人間中心主義の問題を中心に扱う。先にお断りしておくが、本論集の元になった研究会プロジェクトにおいてら人間中心主義が横行していたということではない。実際、このプロジェクトの代表でもある河合香吏は本書に先行する『新・方法序説』のなかで、人類学の立場から人間中心主義について問題として触れている（河合二〇二三a、b）。私自身が、こうしたことから自由になっているとも考えていない。河合が述べているとおり、「少し気を許すと知らず知らずのうちに、いつの間にか人間中心主義に陥ってしまう」（二〇二三a：三二）のである。私の場合は、この「人間」が哺乳類や動物だったりするのだが、人間との類縁の近さにあぐらをかいて、植物や微生物などに対する無知にようやく気づきはじめた、という自省がある。だから、一度何がどう問題になるのか、自分なりに整理しておきたかったのであるが、おそらくこの手の話には当人の関心によってさまざまなバージョンがありうるだろう。

（1）人間的なものは人間のもの？

人間ならざるものの研究における擬人化（擬人主義）については、本書のいくつかの章でも取り上げられているように、しばしば注意が向けられる。しかし人間中心主義が特に人間ならざるものに対してふるわれることに対してはそれほどでもなかったように思う。それは、専門とする思考の対象が人間かそうでないかに関わらない。そして、このことが人間ならざるものを考慮に入れる場を、なんらかのエクスキューズを常に必要とするような危険な場所にしてきたのではないか。このことについて、客観—主観の問題とは分けて考えてみよう。

人間中心主義 anthropocentrism とは、人間が他のあらゆるものに優越する特権的な存在と見做す世界観・生命観である。これは種差別的なものであるが、この種差別は人種やジェンダーをめぐる差別に支えられておりその逆ではない（シービンガー 二〇〇八；モートン 二〇二二）。『存在の大いなる連鎖』によればかなり古い起原をもち、古代ギリシャのプラトンに遡る（ラブジョイ 二〇一三［原著は一九三六年発行］）。歴史的詳細は割愛するが、存在の大連鎖とは、上から神、天使、人間を経て、順次劣等なものへと至る階層的な鎖である。「中世キリスト教圏の神学と宇宙論とを形成した先入見のあの複合体」（一〇三頁）のなかで、さまざまなものが神によって不平等に創られた理由、宇宙を構成しているものの種類の多様性が第一のものから最低の段階まで階層的でなければならない理由が見出された。「もしすべてが平等だったらすべてが存在しない」というわけである（「平等」はラテン語の aequalia の邦訳。「同じ」「似ている」とした方が本章の後の議論との繋がりがわかりやすい）。古代においては、理性的魂は人間に特有と見做され（アリストテレス）、中世には人間はその知性や理性の特徴から天使と獣の中間まで引き上げられた（シービンガー二〇〇八）。この大いなる連鎖という観念《アイデア》は、現に目の前に「ある」と信じられていた宇宙の調和した自然の「秩序」であり、その秩序は連続的かつヒエラルキーをなし、各階層に位置付けられるさまざまな存在は変化することなく所定の位置を与えられているという認識に基づく。この自然の秩序は神より与えられたものと信じられたので、それにかなう存在が見つかっていないのであれば（ミッシングリンク）、それを見つけ出し正しく位置付けることが人間の使命となった。

ロンダ・シービンガーの『女性を弄ぶ博物学』では、この観念が色濃い一七、一八世紀の博物学（生物学や人類学も未分化な状態でここに混じり合っている）について、人間とは実際には誰を指していたのか、宇宙を体系として分類・命名する営みとその裁定を下す人間——場所・時代背景・社会のありようを身にまとった人間——とは誰なのかに着目しながら詳細に分析する（シービンガー 二〇〇八）。以下、『女性を弄ぶ博物学』で提示される資料や議論から本章と関連の深い部分を紹介しよう。ヨーロッパで勃興した博物学は、世界各地から乾燥標本、骨や死体、あるいは生きた状態で様々な生物を取り寄せ、特有の方法で調べ上げ、その識別と分類に精力的に取り組んだ。人間は大連鎖では上位の階層にあるので、実際に見られる他の様々な存在とは差別化されねばならない。一方で、鎖は連続するので崇高なる人間から順次劣っていくような存在によって最下層との間を埋める必要がある。最上のモードである人間と接触する一帯の存在には特に注意が必要なので、人間の特異性と優越性の源に博物学者たちは思いをめぐらした。

「[…]鉱物と植物の間の石綿、植物や動物の間のヒドラ、鳥類と四足類の間のモモンガのように、人間と獣を結びつける環《リンク》[…]」（九五頁）に配置されたのは類人猿（チンパンジー属、ゴリラ属、オランウータン属、テナガザル属）[1]だった。これに先立ち、「人間の必須条件が取り沙汰され、類人猿と人間がどれほど近いかが論じられたが、なかでも四つの特徴が注目された。」（九六頁）。すなわち、思考、発話（言語）、直立歩行、文化である。身体的な類似性は受容されたが、精神的には劣っている、ということで大方の意見はまとまった。「[…]〈神でなく〉有機物が人間の精神という高尚な能力を生ずるはずもなく、より高度な原理があるに違いない[…]ビュフォンはそれを神の息吹と呼んだ」（九七頁）。少数ながら異を唱えるものもいた。ニューカッスル公爵夫人、マーガレット・キャヴェンディッシュは、獣や植物や鉱物も固有の理性や言葉をもつと考えた。

こうした類人猿と人間の比較研究とともに膨大な人種と性の解剖学的研究が行われた。一六世紀の植民地拡大に伴い、ヨーロッパには多くのアフリカ各地の人びとが暮らしていたが「ヨーロッパの解剖学者にとって、黒人は異国的な存在だった。しかし、[…]男性研究者には、ヨーロッパ人女性も、多くの点でまさしく異国的だった。」（一三五頁）。肌の色、髪、骨―観察しうる無数の相違の何が重要で、どうやって人間を区別すべきか。主流は肌の色だったが、例えばカール・リンネは顎髭を重要視し、チャールズ・ホワイトは体毛の色や長さや手触りこそ人種の識別に重要と考えた。リンネの顎髭は、男女をわけ、各種の男性を識別するのにも役立つように思われた。栄誉のしるし、哲学者の顎髭、これを持たないものは劣った存在とみなされた。インマニュエル・カントは顎髭を持たない学識ある女性を批判した。人種の分類のための女性の解剖学的特徴は、もっぱら生殖に関わる部分に集中した。

ここにあげたのはシービンガーが扱ったもののごくわずかなものだが、これだけでも今日の私たちが困惑せざるを

1　属とは種の上位階層の分類群の名称。例えば、ヒト属の場合は現存する種はヒト種一種のみであるが、過去に遡れば複数の種が存在し、それら全てがこの属の下にまとめあげられる。

得ない事柄が、困惑せざるをえない差異化のための特徴として重要視されていたことがわかる。博物学者たちは独自にこうした特徴を発明したというわけでもなく、顎髭の重要視は他の文化にも見られたし、識別の根拠には古代の理論を活用し、そして何より、分類の基準をこの偉大な科学的事業に従事する特権的人間像（＝自己像すなわち白く、高い社会階級にあり、ふさふさの顎髭をもつことと一致すると考えられた、文化的で、教養があり、理性的な存在）に求めることは、存在の大連鎖という前提のもとでは当然のように思われたのだ（予定調和的だが）。もちろん、この全てに賛同する博物学者ばかりではなかったが、先にあげたキャベンディッシュのような、存在の大連鎖とは異なる生命観が主流となることはなかったようである。

この人種と性の解剖学は、先の類人猿と人間との間の境界における緩衝地帯を形成するよう構築されている。真の人間とそれに劣る段階的諸存在、そしてさらに劣る類人猿、という階層的連続体である。その後こうしたヒトについての差別的な分類は様々に批判された。だが、その解決のさいのやり方に問題はなかっただろうか。乱暴な見方かもしれないが、存在の大連鎖を、人間の環（その範囲が拡大されたとはいえ）をそれ以外（以下）のところでちょんぎってしまう、というやり方だったのではないだろうか。人間をケダモノと繋げておくなんてとんでもない！と。しかし、それは結局のところ、それ以前とは範囲こそ異なりはするが新たな特権的な人間という範疇を作り出したに過ぎないのではないか。

自分（人間）たちをケダモノ扱いするとはどういうことか、という憤りはある意味尤もなのだ。だが、新たな集合を作り出すために、ケダモノという（あるかどうかもわからない）存在を温存し、結局は世界の秩序と信じられてきた存在の大連鎖という観念を温存したのではないだろうか。つまり、博物学の初期の人間中心主義の変種としての人間中心主義でしかないのではないか。実際、この分割は、人間以外を人間に劣るもの、欠陥のあるもののままにしている。しかし、これはいつでも人間から排除されるものを作り出す温床でもある。例えば、今日なお耳にすることのある、相手をケダモノ呼ばわりする罵りは、相手をいかようにも扱っても良い存在であるかのように作り変えてしまう力を持つ程度には、少なくともそれが自分に向けられることに脅威を感じる程度には機能している。つまり存在の大連鎖の観念は未だに私たちの思考を自動化してはいないだろうか。しかし、人間ならざる圧倒的に多種多様な生物は、十把一絡げにできるような存在ではない。そして、人間を頂点として下位の階層に配置する存在の大連鎖に変わる理論はまだない。

チャールズ・ダーウィンの進化論では、種はひとつのものから生成・分岐してきたもので、一本の鎖ではなく樹状の図となり、種は氷結された固定的なものではない。だが、これも存在の大連鎖の観念のもとで醸成された、階層序列的な生命観を払拭したわけではない。ここでトーマス・レイドン(二〇二三)を参照しながら、種と分類について少し触れておきたい。種についての概念は多数あり(生物学史上は一〇〇を超え、現在も三〇はある)、互いに相いれないし、いまなおどれが正しい答えなのかはわかっていない。どの定義を使うかで、生物がどのように分類されるかは変わってくる。それは、分子レベル、すなわち遺伝子の分類においても同様である。

レイドンは分類手法にかかわらず「分類とは理論依存的なもの」だと述べている。すなわち、いかに分類体系を構築するかは、よって立つ理論に依存する。アリストテレス、リンネやアガシーといった先人たちの分類「体系」は、存在者の分類が事物の自然の秩序を表している、という(根拠のない)仮定をもとに構築されたものである。しかし、「ダーウィンが論じたように、生物はもともと種や高次分類群としてきれいにパッケージ化されているわけではない。それらは単一の系統的連続体の部分をなすのである。同様に、遺伝子もまた種類に分別されているのではなく、血縁的連続体の部分であり、同時に連続した巨大分子(たとえば染色体)の部分でもある。」(二四八頁)。だからこそ、連続体を離散的単位や種類に切り分けるには、まずは「種」や「遺伝子」という概念の意味とそれが自然界のどのような側面を表現する分類なのかに関する理論的な検討を要するのである。この理論として生物学で重要視されるのは進化理論であるが、「[…]進化理論は生物を種や高次分類に分類したり、遺伝子を種類に分類したりする方法を提示してくれない[…]」(二四八頁)。ここで、これからの科学哲学の出番、というわけである。別の見方をすれば、存在の大連鎖の時代から様変わりしたようで、その深度における代替理論は残念ながらまだない、ということになるのだろうか。

(2) 人間中心主義と擬人化

「動物と違って人間は」という手合いの言い回しに出くわすたびにうんざりするのだが、こうした動物や人間という分類は生物分類とは整合性がなく、「ああ、あの存在の大連鎖の分類ね」と考えれば、少しは気もおさまるかもしれない。ただ、やはりなんとかならないものかと感じているのは私ばかりではない。わずかな種類であっても、その観察に時間を費やし、真剣に興味関心を向けてきたのであれば、「動物と違って人間は」とか、「人間と違って他の生物は」といった言い回しは使えなくなるし、受け止められなくなる。進化認知学者であるフランス・ドゥ・ヴァール(二〇一七)の「非人間」という言い方への率直な嫌悪も同じだろうし、『動物の賢さがわかるほど人間は賢いのか』というその著書のタイトル自体にここで言いたいことが凝縮されている。なぜなら、自分が対象にしている種(実際には「種を見ている」わけではない、ことは重要なのかもしれない)だけでも知らないことがたくさんあることを知っているし、種という意味では相当数の圧倒的に多様な種がいるからだ。

地球上に現存する種の数は正確にはわかっていない。すべての種が記載できたわけでもないうえに、推定方法についての議論が続いているからだ。例えば、生物分類学上の種より上のカテゴリー(界・門・綱・目・科・属の範囲)と種数の関係を基にした推定では、真核生物だけでも二二〇万種と推定されている(Mora et al. 2011)。真核生物とは私たちヒトも属する分類群であるが、それだけでも二二〇万種おり、まだ多くが謎に包まれた他の分類群はもっと多くの種があると推定されている。例えば、細菌類については既知のものは五〇〇〇種、未記載種の推定値を含めるとその数百万倍に達する可能性がある(平石 一九九九)。原核生物を含め、これらは全て相当に「異なる」種であり、多くはまだわかっておらず、従って、人間に対置してそれ以外をひとまとめに扱えるような根拠が全くないことは自明である。なお、古細菌であるアスガルド・グループの発見（Zaremba-Niedzwiedzka et al. 2017）から、私たちを含む真核生物は古細菌に由来することが判明し、現在の生物分類の最上位の階層は古細菌と細菌からなる二ドメイン説が有力なようだ。

人間中心主義と擬人化（擬人主義）は、似ているが同じものではない。これらを分けて考えた方がすっきりするが、混ざっているという感覚も間違いではない。混合しているのは、人間中心主義的な擬人化批判という文脈なのではないだろうか。

長野敬によれば、擬人化（擬人主義）anthropomorphismは、人間が神に人間anthrōposの形morphē（属性）を投射するときに使用され、それが避け得ないものか、あるいは適切であるか議論されたという歴史的経緯がある（平凡社『改訂新版　世界大百科事典』）。紀元前六世紀の詩人であり哲学者としての顔も持つクセノパネス（あるいはクセノファネス）が「まるで人間のような姿をしているかのように神々を描いている」とホメロスの詩を批判したという（ドゥ・ヴァール 二〇一七：三六）。つまり、人間とは少しも似たところのないものとして神を考えたのであるが、自己（人間）のように神様をみるとは不敬な！ということである。続けてドゥ・ヴァールは、「なにせ今では、ごく慎重なものさえ含めて、人間と動物との類似性の指摘の一切を『擬人観』という言葉を濫用してそしるのだから」と、現在の状況について述べている（擬人観とあるが擬人主義、擬人化と同じanthropomorphismの訳）。人間様を人間ではないものに投射するとはなんと不敬な！が現在の擬人化批判ということだろうか。疑われる対象が、人間から人間以外のものへと移行したのだ。擬人化批判の元の意味で使用できるとすれば、自己（人間）に疑いの目を向けることのできる対人間中心主義の有用な方法として使えるはずなのだが。

チンパンジーの研究は、道具使用、制度、言語、文化といった、人間の特許と考えられてきた特徴を揺さぶってきた。チンパンジーだけでなく他の諸生物の研究からも――例えば、社会や知覚といった事象に関する研究――「最上のもの」としての人間の特性という考えには疑義が呈されてきたのである。ドゥ・ヴァールはこうした状況を、人間とそれ以外のものたちとの間のダムが崩れたり、水門が開かれたりする状況に例えている（ドゥ・ヴァール二〇一七：九五）。

しかし、人間とそれ以外の全てを区切る境界は結構しぶとい。綻びは綻ぶたびに定義の修正という形で修繕され、本物である人間のものとはたとえ似ていても、昔は本能、今は低次・単純といった修飾語を付け加えたり、単なる〇〇にすぎないという評価を加えたりすることで、紛い物という地位に落とし込んできたのではなかったか。付言すれば、人間の直下にある類人猿という例のあの観念のもとでの位置づけ自体が払拭されていない状態で、チンパンジーを含む類人猿のヒトとの類似性が叫ばれれば叫ばれるほど、皮肉なことに人間のような本物ではないものとしての類似性でしかないことに注目が集まる。同型の論理は、霊長類目（ヒトが含まれる上位分類群）、哺乳類、動物……でも行われる。これを、より厳密な科学的探究に基づく「より正しい」理解への道とみることも可能なのだろう。だが、ここにあるのは、擬人化を徹底して排除するというもっともらしい言い分のもとでの人間中心主義の横行なのではないか、という疑いもまた向けられている。

ティモシー・モートンの記述が状況を端的に表している。「人間に近づくにつれ、そこに組み込まれている（認知的・倫理的・存在論的な）還元論が優勢になる。［…］それゆえにブラックホールとフェルミ粒子のことばかり考えている理論物理学者は人文学の最大の擁護者となる。その反面、私たちの脳のことばかり考えている神経科学者はそれほどすごいことをやっていない」（モートン二〇二二：一三三）。河野哲也は心身二元論に基づく個体主義的心理学や認知科学について、「厳しい表現を使えば、はじめから相手を疎外することを目的とした、欺瞞的同化政策」「心の科学の研究志向が、あるいはそこで使われる『心』という概念そのものが、動物を排除する方向性をもつ文化的選好や宗教的信念やイデオロギーによって暗黙のうちに強く着色されているのではないかと疑うことができるだろう」（河野二〇〇五：一六八）という手厳しい批判をおこなっている。中村美知夫の「人間の賢さを基準とした研究では、チンパンジーから欠落している何かを必死に探そうとしているような気がしてならない」（中村二〇〇九：二五）という指摘もまた同様の人間中心主義への疑念である。高梨克也はコミュニケーション研究における、意図に基づくコミュニケーション理解、心身二元論とふるまいへの蔑視、といった問題点を整理しつつ、理想的な人間の認知能力を備えた理想的人間イメージに基づいて人間のふるまいを理解することは、「結果として人間が個々の生態学的環境において日常的に行なっている行為の一部がこの基準では説明できないというような悪循環が起こっているのではないかとも疑われるのではないかと思われる。」と指摘している（高梨二〇一〇：五八）[2]。

すでにお気づきの通り、この理想的な人間像（例のあの人間）を前提とした世界観は、真正の人間とそこから排除されるものの境界を打ち立てていく。そこでは、人間と十把一絡げのそれ以外のものたちとの間だけでなく、ヒトの内側にも理想とその欠落の程度による規範的ヒエラルキーが構築される。Keynote Iの社会性の辞書的意味として挙げられているもののうち「他者とうまくやっていく能力」や、向社会性やその意味での社会性という観点に、同様の政治的プロジェクトの匂いがあることは明らかだろう。

ここで客観性という科学の大鉈をふるえばなんとかなると想定されるかもしれないが万能の鉈など存在しない。それは物理学者、ヴェルナー・ハイゼンベルグの含蓄に富んだ言明からも明らかである。曰く、「私たちが目にしているのはありのままの自然ではなく、私たちの探求方法に対してあらわになっている自然にすぎない」（ドゥ・ヴァール

2　例として挙げられているのは、視線を読解する能力を実験的に検証する場合の厳格な手続きとして、頭部や身体が固定される場合である。これは、視線だけで共同注意が可能かを検証しようとする手続きなのだが、通常の個体の日常生活で視線だけを参照するような状況はむしろ不自然であるし、実際の生態環境において個々の生物個体（人も）が何をどのように「見」ているのかということに対する関心をここに読み取ることは難しい。

二〇一七：二六より）と。もちろん私たちはなんとか「ありのまま」の対象―それがなんであれ―に接近したいと願ってはいるのだが、物理学者ではなくとも、それがいつも不発に終わることを経験的に知っている。これは観察者の問題として、形を変えながらつきまとっている問題であり、3〜4節で論じよう。

モートンは、躊躇するアリ、後悔するネズミ、といった「一連の観察には終わりがないかもしれない」と指摘する（モートン 二〇二二：二〇〇）。これは、真剣に生物を観察しわかろうとする多くの研究者が感じる徒労感でもあるだろうが、なぜこうなるのか。「なぜなら人間中心主義は何を人として数え入れるかということに関する基準を厳格化し続け、そうすることで、そこから人間ならざるものの行動を何であれ排除していくことになるからだ。データによる証明は、この厳格化と排除の過程を、わざとらしくダラダラ続ける」（二〇〇頁）。

こうした困難の手っ取り早い解決の道筋として提起されるのは逆むきの作業で、「あなたは実行したり行動したりするのではなくて想像し行為していることを証明せよ」「あなたが想像しているとあなたが思い描くとき、この想念は、人間たちが自分たちを描き出すのに人間たちがプログラムしたまさにそのものではないことを証明せよ！」というものである。なるほど、確かに私たちは自身をアルゴリズムが実行されているだけのものではない、と証明することができない。同時に、全てがアルゴリズムだと断ずることもできない。アルゴリズムかもしれないし、そうではないかもしれないという曖昧さを完全に消滅させる不可能な課題に取り組むのではなく、このかもしれない状態のままで他の諸生物について考える訓練が必要そうだ。それはしっかり自動化された私たちにとっては結構大変なことかもしれない。まずは、何かについてのきっちりとパッケージ化されたホンモノ探しをやめて、ホンモノっぽさとマガイノモノっぽさが私たちにもあるし、他の諸生物にもそれらはあるということを認める、というのがとっかかりになるだろうか。この頭の切り替えのために、次節では「私が〜する」の「私が」を薄める作業を行い、4節で具体的な例としてサル学におけるサルをみるということがどのようなもの（だった）のかについて、個体識別に着目して検討することにする。

3 「私が」が薄まる場所、あるいはどこまでも異なっていることとどこまでも似ていることの共立

先に引用した、『新・方法序説』の河合の論考（二〇二三a）とそれに対するデイビット・スプレイグの応答（二〇二三）、そして河合の返信（二〇二三b）までも含めた擬人化に関わる議論の中で、筆者にとって重要と思われたのは、ある言語表現が擬人的かどうかをきっちりとは腑分けできない、という点である。そもそもこの裁定を厳格に行うとすれば、裁定する側が人間的でないやり方で裁定する必要があり、さらにそれを判断する人間ではない存在が必要で、その存在が人間ではないことを裁定する存在が……という形で、無限後退に陥る。しかも、この後退の初期段階で、人間が理解できない状態（人間的ではないやり方なので）になっているのだから、擬人化検閲の結果を私たちは決して知ることはできない。

そもそも検閲することは適切なのだろうか？人間中心主義的な擬人化批判は、もっぱら対象に対して疑いの目を向けることだが、別の活用の仕方がある。例えば、ドゥ・ヴァールがダメな擬人化の例としてあげるキッシング・フィッシュという魚にしても、そのキスをしているように見える行動が人間のキスとは違うと断じ、誤解を招くからダメだというのだが、その人間のキスとはどういうものか、ヒトに普遍のものなのか、等々、検討しても面白いのではないかと私は思ってしまった。疑いの目を、「ある」「わかっている」と思っている人間の方を検討する方向に向けることができるのであれば、面白い人の研究とその他の諸生物の研究の協働の場が開かれうるのではないだろうか。それでも嫌な感じがするとしたら、「私が」を薄めるのが早道かもしれない。以下では、擬人化を検閲とは異なる視点から検討してみよう。

日本には生物の世界についての共時的・通時的理論を、一から考えようとした人物として今西錦司（一九〇二〜

一九九二）がいる。基本の全ては『生物の世界』にあると本人が語っている（今西 一九九五［一九八六］）。Keynote 1にも引用されているとおり、ここでは社会性は「この世界を形作るあらゆるものに宿っている一つの根本的性格」（一九四一年版では一〇八頁、一九七二年講談社版では八五頁）として構想されている。これは言葉のアヤではなく文字通りそう考えていたと推測される。広く共有されるものという意味での開かれた社会性を探求するプロジェクトにとって一考の価値がありそうだ。以下にここでの議論に関連する今西の議論を私なりに理解した限りで紹介する。

『生物の世界』では諸生物を自動機械とみなさないという、当時の自然科学の風潮とは異なる生命観を下敷きにしていた。自動機械とみなすことが当時（今も？）の科学的客観的な態度とみられていたということが読み取れる。では、自動機械とみなさない、という態度について今西が擬人化に頓着していなかったかといえば、そうではない。むしろ、そうならないための理論化として『生物の世界』は書かれているのではないかと思えるほどである。ただし、それは擬人化を検閲するようなやり方でも消去するようなやり方でもない。その詳細に立ち入る余裕はないが、人間同士であっても自分を基盤に他人の全てを推測できるわけではない、ということを踏まえつつ人間的解釈について警鐘をならしている。さらに興味を引くのはこの後に展開される人間の対としての動物—機械観への批判の仕方である。「［…］われわれの本来の認識、われわれの本来の主体的反応に背いて、動物をさえ擬物化し、動物をさえ一種の自動機械と見なそうという、生物の無生物化は、これもまた主観的な、非科学的態度である、との誹りを受けねばならないであろう」（一九七二：二三：某点著者）。私たちの本来の反応に背く？——奇妙に響くこの言い回しの筆者なりの理解は次のとおりである。

人間を格下げせずかつ人間ではないものを格上げせず対等に思考しようとしていた今西にとって、認識は最上のものとしての人間的脳機能や精神を前提としておらず、反応は高度な認知能力の対として想定されるような「単なる」反応という意味合いもない、同じことの異なる表記のようである。「単なる反応」なるものはない、といってしまった方がわかりやすいかもしれない。私見では、他者（誰であれ）の全てを推測できない、ということは「すべてはどこまでも異なっている」ということに対応し、本来の認識とはその上で「すべてはどこまでも似ている」という、『生物の世界』の基調をなすフレーズに対応する。私たちの本来の反応に背くとは、擬人化批判の原義の意味合い、すなわち投射の対象に対する不敬への批判であると同時に、人間中心主義批判の実行という両面があるように思う。

今西は『生物の世界』を、世界がいろいろなものから成り立っている、という一見当たり前に思えることを問うところから開始する。「いろいろ」なのは異なっているからなのだが、その理由はものの側に求められる。すなわち「一つのものによって占有されたその同じ空間を、他のいかなるものといえども絶対に占有できないものである以上、空間の分割はものの存在を規定するとともに、またもってそれがものの相異を生ぜしめている根本的原因であるともいえるだろう。」（一四頁）。先に見た存在の大連鎖の場合とは違い、今西は異なっていることの意味を似ていることに求めているのである。[3]

こうして互いに異なっていると同時に、そのいろいろなものが互いに絶対孤立な単数的存在ではなく、さまざまな関係――ひと通りやふた通りではなくいろいろな関係――によって結ばれてもいる。この根本的関係の源泉は「その意味で無生物といい生物というも、あるいは動物といい植物というも、そのもとを糺せばみな同じ一つのものに由来する」ことに求められる。[4] つまり、一つのものが分かれるときには、分かれた双方には互いに似ていてかつ異なっているという関係がある、ということである。これらを一気に言い表すと、どこまでも異なりつつどこまでも似ていることは、ものの歴史的かつ社会的関係の現れである、ということになるだろうか（これは類縁や類推という問題と絡ん

3　こう言ったからといって、今西の生命観に差別的な要素が一切ないということを意味しない。そうした検討については、機会があれば取り上げてみたいと思う。

4　今西はこのアイディアをダーウィンから受け継いだものであり、この点については「ダーウィンの忠実な追随者」であると述べている（今西 一九九五：八〇）。

でくるが、今回は扱わない）。

こんなややこしそうなところから開始するのには訳がある。今西は識別や認識ということを、人間ならざるものに認めており、人間の脳機能のようなものに頼らずに、それが可能となる事態を説明しようとしているからだろう。また、人間が行う分類カテゴリーとしての種ではなく、種社会という具体的な生物の具体的な相互作用の側から見ることの根拠もここにある。[5] では、何をもって「認識」したり「識別」したとしているのだろうか。本節では認識や識別とは世界に対する主体的反応の現れである、という点のみ確認しておこう。

反応の現れとは、この世界に対する表現（今西 一九七二：二〇）だという捉え方の方が素直にわかりやすいように思う。主体的であると加える必要性は生物を機械とみなす当時の（そしておそらく今も）風潮の中で大きな意味を持つが、これを繰り返すことは共有のものの探索というプロジェクトではあまり役に立たない。第2節でみたように、主体的かどうかという問題よりも、主体的かもしれないし、そうでないかもしれないという曖昧さの方が、共有のものの探索にはむしろ重要である。

反応とはその反応するものの何かに対する表現である、という観点の利点は、個体が遭遇する個別の他なるものとの邂逅の個別性（差異）を消去する必要がないからである。同時に、そこに現れる種としての反応の現れの差異と類似性も消し去りはしないが、種と個体を完全に一致させる必要もない。[6] 表現はそれが対する対象そのものとは一致せず、表現するものとも完全に一致しているわけではない。今西が使用している「汗をかく」という反応の現れを例に考えてみよう。

私は暑さに弱い方だが、太陽から逃れられるような影も見当たらない湿地の縁でチンパンジーを観察している。すぐさまジリジリと汗が滲み出てくる。もちろん「汗をかこう」などと考えて汗が出てくるわけではないし、私が汗だということでもない。私がヒトという種のメンバーであり、それは内温性というヒト科出現のはるか以前――哺乳類においては二億三千七百万〜二億百万年前であった可能性がある（Araújo et al. 2002）――に遠い祖先において獲得され引き継がれた温度に対する表現である。その一方で、汗だくでへばりそうになっている私の横では、涼しい顔をして立っている研究者仲間や調査をアシストしてくれている現地の人もいる。この意味で、どのような反応にせよ（それが行動であっても行為であっても）、それはあくまでその個の表現なのだが、そこには種の表現も伴っている。こうした表現は、通常の自然科学では個体が生き延びるための反応という形で捉えることになるが、これを表現と捉えることは、モートンの「生き延びるために〇〇する」という「通常の」言い回しを、「〇〇するために生きている」へと翻訳し直したものに近い（二〇二二）。私は汗をかくために生きているだけでなく、そのほかにもたくさんの表現をするために生きており、表現せずにはいられない存在である。

「表現」という言葉は「人間のもの」とお疑いの方には、さらに説明が必要かもしれない。人間の表現とは内側の何かを内側の神秘的力によって外へと発出させる、他には真似できない高尚なものだという考えもありそうだ。それは「に対する」という上記でつきまとわせてきた語を取り去って成り立つ（つまりきっちりパッケージ化され排他的な所属が明瞭）表現なるものが想定されていることも重要なのだろう。私自身はそういう経験があると言い切れないのでなんとも言えないが、そういう側面もあるかもしれない。一方で、例えば黒田末寿は、道具の製作―使用―修理―使用―修理―……という連鎖的な過程の中で、道具が適切に使用されたり適切に作られたりするようになるコツは対

5　とはいえ、この種社会と種はほとんど一致すると今西は考えていたようだ。要は、人間（あるいは神）によって初めて識別可能と考えるか、実際に生物が行なっていることがすでに識別を含んでいると考えるか、という問題なのではないだろうか。なお、前者の見方にはカンタン・メイヤスーの「相関主義」という概念を適用できるかもしれない。

6　黒田（一九八六、二〇〇二）は、個と種の関係がきつすぎる、一致しすぎている、ということころに今西理論が全体主義的だという批判を受ける理由をあげており、これを緩める必要性を指摘している。確かに、読んでいて種の話なのか個体の話なのか判断に苦慮することが多いという印象がある。個体も種もきっちりパッケージ化されているものではなく、歴史的・社会的に構築されるという原則に立ち返れば、緩めることができるのだろうか？

話だと述べている（黒田 二〇一九）。対話というのは「過剰な私を捨てる」という態度であり、対象に呼ばれるようにして身体が流れに乗っているような印象を受ける。

この印象は、アレクサンダー・テクニークという身体技法を例にした話と合わせた印象である。ものを動かすという動作がうまくいかない身体を、逆にその「ものが移すよう呼んでいる」と思って動かすと、見違えるように動きが変わるというのだ（黒田 二〇一九）。あるいは、盆栽。恥ずかしながら、盆栽というのはそれをいじる人間が自分の好みに対象を従わせるように操作しているものかと思っていた。実際、盆栽の状態では恒常的に人の手が入らないとその木は死んでしまうらしいのだが、そうした操作性や先の見通し（盆栽がどんな形になるか）とは裏腹に、「[…]盆栽を学んでいけばいくほど、樹形は生命同士の、思いがけない出会いから生まれてくるのだと得心するようになる[…]」のだそうだ（ハスケル 二〇二一：三二九）。

「私が〇〇する」から「私が」を薄めていった方が、薄まった時、物事（「私」自身を含め）がなんらかの意味でうまく運ぶようになるという効果と感覚は、スポーツ、芸術、何かの作業に没頭している状態について「流れているような感じ」や「私は流れに運ばれたのです」と話す人びとの効果と感覚（ミハイ 一九九六）と連続的なものではないだろうか。いずれの場合にも、人びとは何事かをなしているが、それは「私が〜する」という文法（構文）の効果によってもたらされるに過ぎないかもしれない意思や意図（國分 二〇一九）ではないところで（そうしたものが存在しないという意味ではないし、あってもなくても良い）形成される、他のものとの関わりにおける反応の現れではないのか。これも今西の「表現」であるし、この現れに触れる私やあなたがそれに対して美しいとか、嬉しいとか、怖いとか、そう感覚することも「表現」である。こうした表現は、同一種内で全ての個体が一致するというわけでも、異なる種間の個体で一致するというわけでもない。だが、全く異質というわけではなく、互いに程度の差こそあれ共有のものであるということが「すべてのものはどこまでも相異なっていて、かつ、どこまでも相似ている」ということであり、この関係を支えているのが、「無生物といい生物といい、あるいは動物といい植物といい、そのもとを糺せばみな同じ一つのものに由来する」ということにある、というように『生物の世界』は読めるのではないだろうか。この今西の「表現」はモートンの疑○化（-morphize）という議論と接合する（Morton 2019）。誰しも何かと関わることは何らかの仕方で疑人化せざるを得ないのであり、それは人に限った話ではない。関わるところには必ず疑○化（-morphize）があり、それを私たちは一般に知覚や感知といった言葉でも呼んでいる。

4 サルする×ヒトする：私がサルを覚えるのかサルが私に名乗るのか

一九九五年にはじめて出会ったグウェクロは、正確な年齢はわからないが私の少し年上と聞いていた。歩く時は片足を少し引きずり、高齢になってからはよく空咳様の咳をしていた。かといって体調が悪そうには見えず、よく食べ、よく寝、よく遊んでいた。友人・知人の幼いコドモやアカンボウともよく遊び、おぶって歩くなどの面倒をみている光景もしょっちゅう目にした。喧嘩騒ぎにもよく加わっていたし、一回りも大きな相手でも必要とあらば向かっていった。たいていの場合、そうした騒動には友達が直接、間接的に絡んでいた。首をつっこむ理由が、厚い友情がなせるわざだったのか、あるいは、喧嘩好きのなせるわざだったのか、そんなこととは一切無関係なのか、確かめるすべはない。仲が良かったというわけではないが、毎日でも会いたくなってしまう、遠目から一目会うだけでその日一日なんだか良い日だったと思えるような、私にとっては特別な存在だった。グウェクロの方では、そんな特別な感慨はなさそうだったが、私としては、近くにいることを特に気に留めるでもなく許容してくれただけで充分だった。

このような知り合いの話はありふれているし、違和感を覚える人はあまりいないと思う。だが、このグウェクロが東アフリカ西端のタンガニーカ湖畔に暮らすチンパンジー *Pan troglodytes*（正確にはその亜種のケナガチンパンジー *Pan troglodytes schweinfurthii*）のメンバーだと知ったらどうだろうか。野生生物に対する態度としては、感傷的で、主観的で、総じて非科学的であるとのお叱りを受けそうである。だが、自分たち自身がアルゴリズムかもしれない、という曖昧な状態にいることを受け入れるなら、自身と種は完全には一致しないということを受け入れるなら、自己の表現とは常に擬○化されているものでしかあり得ないということを受け入れるなら、対象となる種がなんであるかによって「反応」が自動的に反転するようなことはなくなるだろうか?

日本における霊長類の研究は、今西の生物個体を社会的な存在とみなす異端の生命観を土壌に一九四八年にはじまる(詳しい研究史としては、中村(二〇一五)を参照されたい)。その黎明期から、「個体識別」と「長期研究」という二本柱は研究手法の要であったことが、その頃には霊長類学に見切りをつけていた今西への立花隆のインタビューに記されている(立花 一九九二)。個体を個別に識別し名前をつけるというアイディアは、今西が戦時中に蒙古で地元の遊牧民が何千頭というウマを見分けていることにヒントを得たもので、名づけはシートンの影響だったらしい(同書同章内での川村俊蔵への追加インタビューより)。

今日の霊長類学者が初めてのフィールドでやることは、まずはこの個体を識別することから始まる。特殊なタスクが必要というわけではないし、できてしまえばもうなぜできないのかわからなくなるのだが、どのようにやっているのか、なぜ可能なのか、ということを説明しようとしたり考えたりしていると、奥深いものであることがわかる。個々のサルが誰なのかをわかってしまえば、それは私たちが普段、周囲の人を覚えることと大差がない。あるいは、絵画などの作品を見たり音楽を聞いて、それが初めてであるにも関わらず誰の作品なのかわかってしまう、という経験はないだろうか。なぜわかったのか、事後的に分析的にアプローチすることは可能だろうが、だが「あれだ!」とわかってしまったその瞬間と、部分に解体され抽出される特徴との間には距離があるようにも感じる(後述)。具体的な個体識別の話の前に、少し歴史的背景について触れておきたい。

それぞれのサル(最初に行なったのはニホンザルが対象)を識別するだけでなく名前をつけるというやり方は、現在はサルだけなく他の生物種でも行われるが、海外の霊長類学者からは当初は異端視されたようだ(立花 一九九二)。

ドゥ・ヴァールは、その当時のこととして「信じ難い話だが、動物に名前をつけるのは人間化が過ぎると考えられていたため、西洋の教授は学生に日本の学派には近づかないように警告していた時期があった」と述懐している(ドゥ・ヴァール 二〇一七：八三)。伊谷純一郎は今西のもとで日本霊長類学のパイオニアとしても活躍した一人であるが、その伊谷が今西とともに一九五八年に欧米の大学を歴訪したさい、日本の霊長類学者たちが一〇〇頭以上のサルを見分けられるとは信じてもらえず、不審の目を向けられたそうである。ドゥ・ヴァールは当時のことを伊谷に直接尋ねた話として、「彼は面と向かって嘲笑われたが、四面楚歌の中でただ一人肩を持ってくれたのが、アメリカの霊長類学の偉大な草分け、レイ・カーペンターだった」と記している(八三頁)。一〇〇頭以上のサルを識別することなど不可能という考えが、サルがそれぞれに個性を持った個であるという認識の欠如(もしくは認めない)によるものなのか、人間には無理だという考えによるものなのかは判然とはしない。次に、「番号」(カーペンターは個体番号を示す毛染めを個々の個体に施していた[黒田 一九八六])でなく「名前」であったことが問題だったらしいが、それがなぜなのか、そしてその後なぜ名前の使用が受容されていったのか、この辺にどのような議論があったのかは大変興味そそられるが、残念ながら寡聞にして知らない。

黒田は個体識別の奥深さに初めて触れたサル学者かもしれない(黒田 一九八六、二〇〇二)。その詳細は後で触れるとして、具体的にどんなことをするのが個体識別なのかイメージを掴んでもらおう。

個体を覚えた知ったと言える状態とは、私たちが日常の中で友達や家族、あるいは同僚の個々人を個人として捉えられるのと変わるところはない。それは、どういう人なのか実はよく知らずとも、どこで会っても、あるいは洋服が変わったり、髪を切ったり、声が変わったり、歳を取ったりしても、同じ人だとわかるということだ。同じように、同じ個体としてどこでもいつでもわかるようになることを目指すのだが、見慣れない外国の人だと最初はすぐに見分けられないように、しかもサルは名乗ってくれるわけではないので、最初はともかくあちこち自由に移動していく相手について歩きながら、じっくり何度もみることから始めるしかない。

こうしたいわば全体としての個々の個体の把握を目指しながらも、初めは相対的な体の大きさ（霊長類の場合は四段階程度で大まかな年齢区分に対応させて把握する）や性別（外部生殖器であるペニスがあるかないかの確認に過ぎないが）、怪我や傷などの痕跡、体毛の色や生え方の微妙な違いなどを記録していく。場合によっては、よく遊ぶ、よく騒ぐ、大人しいなどといった後日修正されていくような「印象」も記録する。先述の通りカーペンターは毛染めをして個体識別をしていた。原理としては似たようなものとして、黒田はこの段階を「マーク識別」と呼んでいる（黒田二〇〇二）。このマークはAという個体ならAという個体として、完全に覚える前の段階で、ちゃんと識別できたかどうかの「答え合わせ」をするさいに最も力を発揮する（後述）。

目の前にいる個体の特徴を書き出す。それだけならば簡単そうである。だが、そうした特徴やその組み合わせが、別の時に同じ個体を特定できるくらいに十分な特徴でなければならない。したがって、どのような特徴を拾い上げるか、どのくらいの精度でそれを確認すべきかが重要だが、これらも自明ではない。また、それは同一種であっても、集団が違えば異なる場合がありうると思っておかねばならない。拾い上げるべき特徴かどうかは、集団のメンバーを全て自立した個体として識別できるかにかかっているので、結局のところ拾いながら識別に使えそうか使いものにならないのかは、「全員を覚える」ということと再帰的に繰り返し試されていく必要がある。例えば、ほとんどの個体が同様の特徴を持っているのであれば、その特徴は使えない。逆に、これと同じ状況下でその特徴を持たない個体がいる場合は「ない」ということ自体が特徴として有効になりうる。

拾い上げられた識別に使用できる諸特徴（マーク）と、名前と、そして当人の三つが重なる必要があるわけだが、この三つ目はマークではなくその個体それ自体である。個体それ自体とは奇妙な言い方だとは思うが、諸特徴を表しているもの、と言ったらよいだろうか。拾い出した特徴とは関係なく「あいつ」や「こいつ」がいて、そういう個体としての識別もしているのだ。これが多少できてくれば、目の前にいる個体に対して、この個体としての識別をやってみて、次にマークを確認し、この個体の特徴として記録したものと一致するか「答え合わせ」をしてみる、ということを繰り返すのだ。そういう意味では、名前はこの二つをつなぐ役割を果たす。実際は、名前がなくとも識別は可能だが、答え合わせという作業は名前があることで初めてできるのだ。そういう意味では番号でも良いのかもしれないが、私にとって数字はよそよそしいものなので、その方法ではきっと脱落すると思う。

この答え合わせなしに自信をもって「これはグウェクロだ」「これはダーウィンだ」とわかるようになる段階が「突然」くる。黒田は、マーク識別という部分認識の次の段階を、人格化と名付けた全体認識の段階とした（黒田二〇〇二）。全体認識の段階では、人違いならぬサル違いが起こらなくなり、さらに進むと体の一部を見ただけでも誰とわかるようになる。そうなると細かい特徴の変化に気づかないようなこと（マークが落ちる）も起こる。こうした特徴は、私にとっての答え合わせが不要になる段階と重なる部分があるが、人格化はもう少し踏み込んだものである。そこでは、顔識別から人格的認識への移行があり、一種の性格的判断がともなうようになるというのだ。この点についてもう少し自分の場合で考えてみたい。

マーク識別の段階では、特徴の選び出しや、答え合わせ作業などが必須ではあるのだが、全体認識が欠落しているわけでもない。もしそうなら、答え合わせはそもそもできないからだ。ただし、答え合わせまでしないと「自信が持てない」という意味では、かなり頼りない認識の段階にあると言える。では「自信が持てる」という状態になった時はどうだろうか。私は性格的判断をしているのだろうか（それが憶測に過ぎないとしても）。おそらく事後的に誰かと話すさいに「あいつはこういうやつだ」「いやこうじゃないか」といった性格的なことへの言及は、この段階でできるようにはなっているとは思う。けれども、私の場合はなんかわからんがすごく好き、まあまあ好き、といったもっと単純な情動的なものが全体認識を進める力になっているように思う。たとえば、グウェクロやダーウィンはほぼ初見で覚えた。もちろん思い込みの可能性は捨てられないので、特徴を拾い出したり答え合わせをしたり、という作業は怠らなかった。ただ、それで間違うことがほぼ最初からなかったのだ。初めて会った時から「なんかわからんがすごく好き」だった二頭だ。性格的認識が無関係だということではないが、人格化を個（人）としての特徴化（それは私の特徴化であり相手についての特徴化である）と考えるならば、そうした識別には必ずしも性格的な印象は必須ではないのかもしれない。

できるようになる話ばかりが続いたが、できない、できなくなる、という話も加えておこう。個体識別は最終的に集団の全個体の識別が目指されるのだが、結構わかる個体がたくさんになったぞ、と思いはじめた瞬間は危険である。わかったつもりの個体も、まだ自信が持てない個体（それ自体も識別の上では「特徴」になる）も、なにかいっぺんに「全然わからなくなってしまった」ということがニホンザルの時もチンパンジーの時も起きた。もう一度最初からやるのか……もうそんなに時間はない……パニックである。夢にまで出てくる始末で本当に焦ったのだが、こういう時は「私」を薄めるのが効果的だ。「私が覚えなければ」という強迫観念的な感覚が全面に出ていると、識別以前の問題でサルの顔が入ってこなくなるのだ。数日かけてこの感覚が離れていき、そうすると「わかってきた」と思えた前の段階に戻ることができた。

通常の個体識別においても、私にはなかなか覚えられなかった個体がいる。特徴の選び出しもできたし、答え合わせでも正解だと何度も確認できるようになったにも関わらず、どうしても「本当にそうだろうか？」とかなり長いこと自信が持てない個体がいたのである。クリスティーナがそうだった。人の存在に慣れていて会う機会はたくさんあったし、他の個体は全て覚えたので消去法でいっても（移入個体はいるので消去法に絶対はないが）、クリスティーナはクリスティーナに一致してもよいはずなのだが、穴の空くほどクリスティーナの顔を見ても違うかもしれないという不安は拭えなかった。今はもう他ではありえないという形でわかるようになったが、そうなるまでに正確な日数はわからないが数年はかかったと思う。その後、同様の状態になる個体が他の集団から来たので、何か不得意な顔のタイプというのがあるのかもしれない。しかし、これも「私が」が強く出過ぎていたせいである可能性が疑われる。

個体識別は、観察者がその観察目的の便宜のために行うことで、対象があってそこから観察者が一方的に情報を引き出しいているかのようにみえる。確かに一生懸命やってはいるには違いないのだが、実は相手から私の反応が「引き出されている」という受け身の側面が一番重要なのではないか。「なんかわからんが好き」が私にとって全体認識を一挙に進める起爆剤となっていたことも、誰も彼もわからなくなる混乱状態から抜け出せた方法も、このことを暗示している。

個体識別の過程はただ個々の個体を見ているわけではない。その個体たちが他の個体やその他さまざまな対象に向けるさまざまな関心にも引き込まれていく。これについては、部分的ではあるが拙稿（伊藤二〇一六、二〇一九など）で試みた。本章での議論を踏まえるならば、異なる書き方が可能になるのではないかと考えている。これについては、黒田の「擬猿化」の議論（黒田一九八六）と合わせて稿を改めて挑戦したい。

一点だけ、サル学における人間中心主義的な擬人化の問題について付け加えておきたい。人間中心主義はいつでもそのバージョンを変えつつも入り込んでくると2節で述べたように、サル学においても人間中心主義的な擬人化は起こりうる。私たちはそのことに自覚的であらねばならないのはもちろんだが、その検閲的な作業の方法についての黒田の言葉で本節を締めくくる。観察者の側が「[…]サルを見るときに、共鳴器と化して対象世界が発する波をすべて受け取るように努める」（黒田一九八六：五六頁）が、「わかったと思い込む」とき、それが共振ではなく自己共振状態である危険性がつきまとっている。こうした常態的につきまとわれている危険性には、「長く見続ける」中で、「[…]それまでの解釈や理論が部分的なものとして、あるいは間違いとして覆されていく[…]」（一四九頁）、あるいは、感情移入する相手の個々のサルに「裏切られる」形で仮説的な個体像を常に修正していく、という対症療法的な対応が絶えず必要である。こうしたきっちりパッケージ化されていないという意味での継続的開放的な理解―修正のあり方は、「私の反応がサルに引き出されていく」ことを許容しうるような対等性を保っていく態度であり、フィールド研究の醍醐味でもある。

5　部分と全体

私たちはフィールドで、多種多様な個性豊かな生き生きとした個体を見、見られている。そうしたものたちに関わるさまざまなものへとも誘なわれる。それが楽しくて仕方がなかったはずなのだが、結局「書く」という段では、種や性別、年齢などの一般化されたカテゴリーに梱包してその多様な差異を打ち消してしまう。せいぜい足掻いてみたところで、自分では事例として個体の名前を登場させるくらいのことしかできていないし、今の段階でもどうすればあの生き生きとした世界を台無しにせず、人に何かが伝わるように書くことができるのか、暗中模索の状態である。しかし、ヒトやその他の諸生物（特に問題含みの類人猿）を、それらと共に安全かつ楽しく過ごせるようなテクスト上の場にするために、どのような障害が問題となり、どのような解決の道がありうるか、そんな地ならしの一助となるような整理を目指したつもりである。その上で、社会性を生命に開かれたものへと考えを進めることは、今後の課題である。

人間中心主義や擬人化（擬人主義）の何がどう問題になるのか、自分なりに整理するという目標の裏には、もうひとつ、こうした記述からまずは始めなければならない事態から何とか逃れたいという気持ちもあったのだが、それがうまくいったのかは甚だ心許ない。こうした問題を、なんらかの形で生かしてみようという試みが3〜4節だった。今西の『生物の世界』も黒田のサルのフィールド観察の議論もどこか「身体で覚える」ような知のあり方で、フィールドでの体験を引っ張り出すのに適しているようで、言語化との相性が最悪なのではないかと思いもした。それはモートンの『ヒューマンカインド』も同じだった。まだぎこちなくしか動けはしないが、それでも、個体を識別する、という何か人間が偉そうな言い回しから想像されるものではない、実際にサルを覚えようとしてフィールドで起きていることを言葉にすることはできたのではないかと考えている。

4節でサル学について触れたが、誤解を招かぬよう言っておくと、黎明期の日本の霊長類学のような今西の生命観を土壌とした霊長類の研究は（個人は別として）学としては消し飛んだのだと思う。しかし、思いがけないところで、異なることと似ていることが共立しうるような研究が進められてきたのかもしれない。本章ではほとんど紹介できなかったが、コミュニケーションが充満する土壌や森、感覚する植物、あるいは生物のウェルビーイングを真剣に考える、といった研究に触れたことは大きな励みとなった。

社会性とは何かと問われて、正解を言える人は多分今のところいない。そもそも、正解かどうかを誰が決められるのだろうか、あるいはその権利を誰が有しているのだろうか。そのように考えてみると、もう少し自由に社会性を捉えても良さそうにも思える。というより、概念の意味するものをどちら側——人間か生命か——に変容させるのかの問題に過ぎないかもしれない。開かれた社会性という本章のタイトルは、ジュディス・バトラーの「開かれた連帯」というフレーズから拝借したものである。開かれた連帯とは「［…］定義によって可能性を閉じてしまうような基準的な最終目標《テロス》にしたがうことなく、多様な収束や分散を容認［…］」（バトラー 二〇〇九：四四）できるような連帯である。ジェンダー概念について述べたものであるが、まだ曖昧なものという位置にもある社会性についても同様の捉え方をしたいという希望を込めて拝借した。バトラーはジェンダー概念について、「その全体性が永久に遅延されるような複雑さ」をもち「ある特定の瞬間に全容が現れるものではない」（四四頁）とも述べている。ここでみてきた分類（2節）や識別（3〜4節）についても、同じことが言える。このような概念の捉え方は、特定の種の社会性の起原を問うというような、なんらかの意味で差異化されたパッケージとして社会性を定義する必要がありそうなプロジェクトでは役に立たないかもしれない。だが、社会性概念自体を、共有のものとして生命全体に開かれたものとしていく上では重要な指針となるだろう。個、集団、種、進化をそのような文脈で考えることも、きっと面白いに違いない。今後の課題としたい。

参照文献

今西錦司（一九七二）『生物の世界』講談社（初版は一九四一年、弘文堂）。

——（一九九五［一九八六］）『自然学の提唱』講談社学術文庫。

伊藤詞子（二〇一六）「出会われる「他者」：チンパンジーはいかに〈わからなさ〉と向き合うのか」河合香吏（編）『他者：人類社会の進化』京都大学学術出版会、一四九—一七六頁。

——（二〇一九）「観察するサル、観察される人間」床呂郁哉・河合香吏（編）『ものの人類学2』京都大学学術出版会、一三七—一四六頁。

河合香吏（二〇二三a）「人類学と霊長類学の協働についての覚え書き」河合香吏・竹ノ下祐二・大村敬一（編）『新・方法序説：人類社会の進化に迫る認識と方法』京都大学学術出版会、四—三五頁。

——（二〇二三b）「直観、集計、意味：フィールドから『分かる』ことの条件」河合香吏・竹ノ下祐二・大村敬一（編）『新・方法序説：人類社会の進化に迫る認識と方法』京都大学学術出版会、七二—八三頁。

河合香吏・竹ノ下祐二・大村敬一（二〇二三）『新・方法序説：人類社会の進化に迫る認識と方法』京都大学学術出版会。

グレーバー、デヴィッド&ウェングロウ、デヴィッド（二〇二三）『万物の黎明—人類史を根本からくつがえす』酒井隆史（訳）、光文社。

黒田末寿（一九八六）「全体から部分へ」浅田彰・黒田末寿・佐和隆光・長野敬・山口昌哉（著）『科学的方法とは何か』中公新書、四九—七二頁。

——（二〇〇二）『自然学の未来—自然への共感（シリーズ現代の地殻変動を読む5）』弘文堂。

——（二〇一九）「ものが生まれ出ずる制作の現場：鉄と道具と私の共同作業」床呂郁哉・河合香吏（編）『ものの人類学2』京都大学学術出版会、二九—四三頁。

河野哲也（二〇〇五）『環境に拡がる心——生態学的哲学の展望』勁草書房。

スプレイグ、デイビッド（二〇二三）「社会構造と社会的事実のエピステモロジー」河合香吏・竹ノ下祐二・大村敬一（編）『新・方法序説——人類社会の進化に迫る認識と方法』京都大学学術出版会、五四—七一頁。

シービンガー、ロンダ（二〇〇八［一九九六］）『女性を弄ぶ博物学——リンネはなぜ乳房にこだわったのか？』工作舎。

高梨克也（二〇一〇）「インタラクションにおける偶有性と接続」木村大治・中村美知夫・高梨克也（編）『インタラクションの接続

と境界：サル・ヒト・会話研究から』昭和堂、三九―六八頁。

中村美知夫（二〇〇九）『チンパンジー：ことばのない彼らが語ること』中公新書。

――（二〇一五）『サル学の系譜――人とチンパンジーの五〇年』中公叢書。

立花隆（一九九二［一九九一］）「序章――ヒトとサル―今西錦司」『サル学の現在』平凡社。

ドゥ・ヴァール、フランス（二〇一七）『動物の賢さがわかるほど人間は賢いのか』紀伊國屋書店。

ハスケル、デヴィッド・ジョージ（二〇二一［二〇一九］）『木々は歌う――植物・微生物・人の関係性で解く森の生態学』築地書館。

バトラー、ジュディス（二〇〇九［一九九九］）『ジェンダー・トラブル』青土社。

ミハイ・チクセント（一九九六）『フロー体験――喜びの現象学』世界思想社。

モートン、ティモシー（二〇二二）『ヒューマンカインド――人間ならざるものとの連帯』篠原雅武（訳）岩波書店。

レイドン・トーマス（二〇二三）「生物分類の基盤は何か？――自然の体系の探索」（三中信宏訳）カンプラーキス、コスタス&ウレル、トビアス（編）『生物学者のための科学哲学』勁草書房.

Araújo, R., David, R., Benoit, J. et al. (2022) Inner ear biomechanics reveals a Late Triassic origin for mammalian endothermy. *Nature* 607: 726–731.
Morton, Timothy (2019/2017) *Humankind–Solidarity with Nonhuman People*, VERSO, London, New York.
Mora C, Tittensor DP, Adl S, Simpson AGB, Worm B (2011) How many species are there on earth and in the ocean? *PLoS Biol* 9(8): e1001127.
Zaremba-Niedzwiedzka, K., Caceres, E., Saw, J. et al. (2017) Asgard archaea illuminate the origin of eukaryotic cellular complexity. *Nature* 541: 353–358.

あとがき

本書は、日本学術振興会・科学研究費補助金基盤研究（S）「社会性の起原と進化——人類学と霊長類学の協働に基づく人類進化理論の新開拓」（二〇一九〜二〇二五年度、研究代表：河合香吏、#19H05591。以下「社会性科研」と略す）における共同研究の成果である。

社会性科研はそのタイトル（副題）にあるように、人類学と霊長類学の協働を基軸として学際的共同研究を進めてきた。本来、フィールド調査を研究の前提とし、研究基盤とする人類学と霊長類学の研究者にとって、二〇二〇年に始まる新型コロナ感染症のパンデミックは大きな痛手であった。われわれは、その後、丸三年間フィールド調査の機会を奪われ、新しいフィールドデータに基づく議論も理論的研究も期待できない状況に陥った。この事態はわれわれを大いに困惑させたが、われわれに残された道は、各々がこれまでに蓄積してきたフィールドデータと今いちど向き合い、分析し直し、理論研究を進めること以外には、ただひたすらに共同研究会を開催し、議論を続け、互いに理論的考察を深めてゆくことしかなかった。対面で熟議を交わす研究会はできなかったため十分な深い議論ができたとは必ずしも言えないのだが、オンラインでの研究集会を、ほぼ毎月一回のペースで開催し続けた。具体的には、研究期間中に、メンバーの全員参加を基本とする定例研究会（一八回）、人類学と霊長類学の協働のあり方、真の意味での学際研究を追究するための方法論の開拓を目指す方法論研究会（七回＋鼎談会）、人類学と霊長類学の若手が集い自律的に共同研究会を組織・運営する若者研究会（一〇回＋成果出版編集会議）の三本柱の共同研究会に加え、シンポジウムやコロキアムなどの公開の研究集会や一般向けの公開講演会、毎年度末に実施した総括研究集会などを含め、六一回の研究集会を開催した。その詳細は社会性科研のWebサイトに記録があるので、そちらをご覧いただきたい[https://sociality.aa-ken.jp]。

本書は多くの方々や諸機関・組織から大きな援助を受けて刊行されるものである。以下に感謝の意を表したい。

本書の分担執筆陣の主な専門領域である霊長類社会・生態学、生態人類学、社会文化人類学は、上記の通り、いずれもフィールド調査を研究の基盤に置き、自らのフィールドデータを最も重要な根拠として研究が成りたっている。新型コロナ感染症の世界的なパンデミックにより、フィールド調査の機会が三年にわたり閉ざされたが、本書の各章で用いられたフィールドデータはすべて各執筆者の過去のフィールド調査によって得られたものである。執筆者おのおののフィールドにおいて、その滞在と調査活動を認め、受け入れてくださった現地の人びとや調査助手を務めてくださった方々、そしてつねに「(しつこく)ついてまわる」ことを許してくれた霊長類たちには、個々のお名前を挙げられないことをお詫びしつつ、まずはいちばんにお礼を言いたい。彼/彼女たちのさまざまなかたちの協力なくしてわれわれのフィールド調査は遂行できなかったし、本書が生まれることもなかった。心よりお礼を申しあげる。ありがとうございました。

調査の実施にあたっては、以下の研究機関や研究組織、およびそこに所属する方々に多くの便宜をはかっていただいた。タンザニア科学技術省(COSTECH)、タンザニア野生動物研究所(TAWIRI)、タンザニア国立公園局(TANAPA)、ガーナ大学動物学・保全科学科、ガーナ森林委員会野生動物局、ガーナ・モレ国立公園、カメルーン科学技術省、同動物学研究所、同観光局、ガボン国立科学技術研究センター(CENAREST: Centre National de la Recherche Scientifique et Technologique, GABON、調査許可番号:AR029/22、AR0036/17、AR0041/18、AR0050/19)、ガボン熱帯生態学研究所(IRET:Insitut de Recherche en Écologie Tropicale, GABON)、ガボン国立公園機構(ANPN:Agence National des Parcs Nationaux, GABON)。

フィールド調査および、その成果である調査資料の整理・分析、口頭発表や論文発表、そして本書の執筆にいたる過程では、社会性科研以外に、以下の研究資金や研究助成を受けている。文部科学省科学研究費補助金および日本学術振興会科学研究費補助金（課題番号 #01041058、#07041026、#08041059、#11691186、#14701006、#20320131、#23370099、#25244043、#62041055、#12J01479、#17H06381、#17J09672、#17KT0058、#19H05737、#20H01403、#20H01409、#20J40285、#21H00642、#21H03688、#21H04380、#21K01070、#21K06359、#21K13547、#22KJ1639、#22H04929、#22K12530、#23K17532、#23K28390）、文部科学省グローバルＣＯＥプログラム「生物の多様性と進化研究のための拠点形成」、日本学術振興会課題設定による先導的人文学・社会科学研究推進事業（学術知共創プログラム）「身体性を通じた社会的分断の超克と多様性の実現」、日本霊長類学会二〇二三年度福祉・保全活動助成、国立研究開発法人日本医療研究開発機構ＡＭＥＤ（課題番号 JP22fk0108634）、公益財団法人日本モンキーセンター外部資金、一九八七年度トヨタ財団研究助成金、京都大学霊長類研究所共同利用研究、京都大学野生動物研究センター共同利用研究。

われわれの調査、研究を支えてくださった以上のすべてに対し、多大なる感謝を申しあげる。

京都大学学術出版会の前編集長・鈴木哲也さんにはいつもながら今回もたいへんお世話になった。編集から刊行に至る全過程においてたいへんなお骨折りをいただき、本書を世に生み出すために大きな貢献をしていただいた。衷心より感謝申しあげる。

最後に、五年半にわたる社会性科研プロジェクトの研究期間すべてにおいてわれわれの研究を実務の面から常に強力に支えてくださった社会性科研事務局の和田千穂さんに心よりの謝意を記したい。ありがとうございました。

二〇二五年一月

河合香史

■ 人名索引

【や】

【ら】

【わ】

【ま】

【は】

【な】

【た】

【さ】

【か】

索　引
（事項索引・人名索引）

■事項索引

環境学)。科学技術の人類学を専門とする。

主な著作に、『アクターネットワーク理論入門』(共著、ナカニシヤ出版、2022年)、「「融合」としての認識＝存在論――「非-自然主義的」な科学実践を構成する「観測データへの不信」と「ア・プリオリなデータ」の概念」『文化人類学』85巻1号(2020年)、「不可視の世界を畳み込む――固体地球物理学の実践における「観測」と「モデリング」」『文化人類学』78巻4号(2014年)など。

森光 由樹(もりみつ よしき)

兵庫県立大学自然・環境科学研究所准教授、 兵庫県森林動物研究センター主任研究員

1967年生まれ。日本獣医生命科学大学博士課程修了、博士(獣医学)。主に獣医師の立場から野生動物の保全や管理に関係する研究を進める。

主な著作に、『ニホンザルの自然誌』(共著、東海大学出版会、2002年)、『動物たちの反乱』(共著、PHP研究所、2009年)、『コアカリ 野生動物学』(共著、文永堂出版、2015年)、『野生動物管理――理論と技術』増補版(共著、文永堂出版、2016年)、『霊長類学の百科事典』(共著、丸善出版、2023年)など。

主な著作に、『「サル学」の系譜――人とチンパンジーの50年』（中公叢書、2015年）、『インタラクションの境界と接続――サル・人・会話研究から』（共編、昭和堂、2010年）、『チンパンジー――ことばのない彼らが語ること』（中公新書、2009年）など。

西井 涼子（にしい りょうこ）
東京外国語大学アジア・アフリカ言語文化研究所教授
1959年生まれ。京都大学大学院文学研究科博士課程単位取得退学。総合研究大学院大学文化科学研究科博士課程中途退学。博士（文学）。
主な著作に、『情動のエスノグラフィ――南タイの村で感じる＊つながる＊生きる』（京都大学学術出版会、2013年）、『アフェクトゥス――生の外側に触れる』（共編著、京都大学学術出版会、2020年）、*Community Movements in Southeast Asia: An Anthropological Perspective of Assemblages*（共編著、Silkworm Books、2022年）、*Affectus: A Journey on the Outside of Life*（共編著、Kyoto University Press and Trans Pacific Press、2024年）など。

西江 仁徳（にしえ ひとなる）
京都大学大学院アジア・アフリカ地域研究研究科研究員、 京都工芸繊維大学情報工学・人間科学系研究員
1976年生まれ。京都大学大学院理学研究科博士後期課程単位取得退学、博士（理学）。
主な著作に、「〈新・動物記〉シリーズ」（共編、京都大学学術出版会、2021年〜）、『わざの人類学』（共著、京都大学学術出版会、2021年）、『極限――人類社会の進化』（共著、京都大学学術出版会、2020年）、『出会いと別れ――「あいさつ」をめぐる相互行為論』（共著、ナカニシヤ出版、2021年）など。

花村 俊吉（はなむら しゅんきち）
京都大学アフリカ地域研究資料センター研究員
1980年生まれ。京都大学大学院理学研究科博士後期課程研究指導認定退学、修士（理学）。ヒトの相対化を目指して非ヒト霊長類の社会を参与観察してきたほか、両者の関係や、フォトエスノグラフィーについても調査している。
主な著作に、『出会いと別れ――「あいさつ」をめぐる相互行為論』（共編著、ナカニシヤ出版、2021年）、「ルビー一家の闘病記――野生チンパンジーの「病い」の経験と病原体を介した「人間」との混淆」稲岡司編『病む・癒す（生態人類学は挑む SESSION 3）』（分担執筆、京都大学学術出版会、2021年）、「偶有性にたゆたうチンパンジー――長距離音声を介した相互行為と共在のあり方」木村大治・中村美知夫・高梨克也編『インタラクションの境界と接続――サル・人・会話研究から』（分担執筆、昭和堂、2010年）など。

船曳 建夫（ふなびき たけお）
東京大学大学院総合文化研究科名誉教授
1948年生まれ。ケンブリッジ大学大学院社会人類学、博士 (Ph. D.)。人間の自然性と文化性の相互干渉、近代化の過程で起こる変化について文化人類学的研究を進める。
主な編著書に、『国民文化が生れる時』（リブロポート、1994年）、『「日本人論」再考』（講談社学術文庫、2003年）、*LIVING FIELD*（The University Museum・The University of Tokyo、2012年）など。

森下 翔（もりした しょう）
山梨県立大学地域人材養成センター特任助教
1987年生まれ。京都大学大学院人間・環境学研究科博士後期課程単位取得退学。修士（人間・

Primatology, 77: 285-295（2015 年）、「積雪地域のニホンザルにおける採食品目の母子間不一致がもたらすアカンボウの採食行動」『生態人類学会ニュースレター』16: 2-4（2010 年）など。

田村 大也（たむら まさや）
京都大学大学院理学研究科助教
1992 年生まれ。京都大学大学院理学研究科博士後期課程修了、博士（理学）。主に中央アフリカ西部に生息する野生ニシローランドゴリラを対象に、その社会や生態について行動生態学的研究を進める。
主な著作に、“Does kinship with the silverback matter?: Intragroup social relationships of immature wild western lowland gorillas after social upheaval.” *Primates*, 65: 397-410（共著、2024年）、“Protection service of a leading silverback male from external threats in wild western gorillas.”, *Folia Primatologica*, 95: 251-260（共著、2024年）、“Hand preference in unimanual and bimanual coordinated tasks in wild western lowland gorillas (*Gorilla gorilla gorilla*) feeding on African ginger (*Zingiberaceae*)”, *American Journal of Physical Anthropology*, 175: 531-545（2021 年）。

外川 昌彦（とがわ まさひこ）
東京外国語大学アジア・アフリカ言語文化研究所教授
慶應義塾大学大学院社会学研究科博士課程修了、博士（社会学）。専門は宗教人類学、南アジア研究。1992-97 年にインドに留学、ベンガル農村社会で現地調査を行う。
主な著作に、*An Abode of the Goddess: Kingship, Caste and Sacrificial Organization in a Bengal Village*（Manohar Publishers、2006 年）、『岡倉天心とインド――「アジアは一つ」が生まれるまで』（慶應義塾大学出版会、2023 年）、*Minorities and the State: Changing Social and Political Landscape of Bengal*（共編著、SAGE Publications、2011 年）、『アジアの社会参加仏教――政教関係の視座から』（共編著、北海道大学出版会、2015 年）など。

床呂 郁哉（ところ いくや）
東京外国語大学アジア・アフリカ言語文化研究所教授
専門は文化人類学、東南アジア地域研究。
主な著作に、『越境――スールー海域世界から』（岩波書店、1999 年）、『東南アジアのイスラーム』（共著、東京外国語大学出版会、2012 年）、『ものの人類学』及び『ものの人類学 2』（共編著、京都大学学術出版会、2011/2019 年）、『わざの人類学』（編著、京都大学学術出版会、2021 年）など。

中川 尚史（なかがわ なおふみ）
京都大学大学院理学研究科教授
1960 年生まれ。京都大学大学院理学研究科博士後期課程修了、博士（理学）。国内では主に宮城県・金華山島と鹿児島県・屋久島のニホンザル、海外では主にガーナ・モレとカメルーン・カラマルエのパタスモンキーを対象に、社会・生態学的研究を進めてきた。日本霊長類学会前会長、ニホンザル管理協会代表理事。日本霊長類学会学術奨励賞受賞。
主な著作に、『霊長類学の百科事典』（編著、丸善書店、2023 年）、『日本のサル――哺乳類学としてのニホンザル研究』（編著、東京大学出版会、2017 年）、『〝ふつう〟のサルが語るヒトの起源と進化』（ぷねうま書房、2015 年）、*The Japanese Macaques*（編著、Springer、2010 年）など。

中村 美知夫（なかむら みちお）
京都大学大学院理学研究科准教授
京都大学大学院理学研究科博士後期課程修了、博士（理学）。主にタンザニアの野生チンパンジーを対象に、その社会や文化についての研究を進める。

ンザニアの地方農村を対象にジェンダーの視点から生態人類学的研究をおこなっている。
主な著作に『アフリカから農を問い直す——自然社会の農学を求めて』(共著、京都大学学術出版会、2023年)、『サバンナの林を豊かに生きる——母系社会の人類学』(京都大学学術出版会、2022年)、『地方都市とローカリティー』(共著、弘前大学出版会、2016年)など。

スプレイグ, デイビッド S.(David S. Sprague)
東京外国語大学アジア・アフリカ言語文化研究所フェロー
1958年生まれ。国立研究開発法人農業・食品産業技術総合研究機構を経て現職。エール大学人類学 Ph.D.
主な著作に、*Primates Face to Face: Humans and Non-Human Primate Interconnections and Conservation*(分担執筆、Cambridge University Press、2002年)、『サルの生涯、ヒトの生涯——人生計画の生物学』(京都大学学術出版会、2004年)、*The Macaque Connection*(分担執筆、Springer、2012年)、『極限——人類社会の進化』(分担執筆、京都大学学術出版会、2020年)など。

曽我 亨(そが とおる)
弘前大学人文社会科学部教授
1964年生まれ。京都大学大学院理学研究科博士後期課程修了。博士(理学)。
主な著作に、「東アフリカのラクダ牧畜民」今村薫編『ラクダ、苛烈な自然で人と生きる』(分担執筆、風響社、2023年)、Between Ethnic Favoritism and Ethnic Hatred, In: Kaori Kawai ed., *Extremes: The Evolution of Human Sociality*(分担執筆、Kyoto University Press and Trans Pacific Press、2023)、『遊牧の思想——人類学がみる激動のアフリカ』(共編著、昭和堂、2019年)など。

竹ノ下 祐二(たけのした ゆうじ)
岡山理科大学理学部動物学科教授
1970年生まれ。京都大学大学院理学研究科博士後期課程修了、博士(理学)。主に大型類人猿とニホンザルを中心に、ヒト以外の霊長類の社会関係や生活史について社会生態学的研究を進める。
主な著作に、『新・方法序説——人類社会の進化に迫る認識と方法』(共編著、京都大学学術出版会、2023年)、『セックスの人類学(シリーズ来るべき人類学)』(共編著、春風社、2009年)、『たえる・きざす(生態人類学は挑む SESSION 6)』(分担執筆、京都大学学術出版会、2022年)など。

田中 雅一(たなか まさかず)
国際ファッション専門職大学副学長、京都大学名誉教授
1955年生まれ。ロンドン大学経済政治学院(LSE)博士課程修了、Ph.D. (Anthropology)。専門は文化人類学、南アジア民族誌、ジェンダー・セクシュアリティ研究。日本文化人類学会賞(2017年)を受賞。
主な著作に、『癒やしとイヤラシ——エロスの文化人類学』(筑摩書房、2010年)、『誘惑する文化人類学』(世界思想社、2018年)、『フェティシズム研究(全3巻)』(編著、京都大学学術出版会、2009/2014/2017年)、『トラウマ研究(全2巻)』(共編著、京都大学学術出版会、2018/2019年)など。

谷口 晴香(たにぐち はるか)
公立鳥取環境大学環境学部・講師
京都大学大学院理学研究科博士後期課程修了。博士(理学)。専門は霊長類学。主にニホンザルを対象に環境がアカンボウの伴食関係や社会化の過程に与える影響について研究を進めている。
主な著作に、「ヤクシマザルの離乳期のアカンボウの伴食行動——アカンボウの集まりに着目して」『生態人類学会ニュースレター』28: 18-24(2022年)、"How the physical properties of food influence its selection by infant Japanese macaques inhabiting a snow-covered area.", *American Journal of*

大村 敬一（おおむら けいいち）

放送大学教養学部教授

1966年生まれ。早稲田大学大学院文学研究科考古学専攻博士後期課程修了、博士（文学）。主にカナダ・イヌイトを対象に、その生業や在来知、社会関係について文化人類学的研究を進める。
主な著作に、*Self and Other Images of Hunter-Gatherers*（編著、National Museum of Ethnology、2002年）、『カナダ・イヌイトの民族誌——日常的実践のダイナミクス』（大阪大学出版会、2013年）、『宇宙人類学の挑戦——人類の未来を問う』（共編著、昭和堂、2014年）、*The World Multiple: The Quotidian Politics of Knowing and Generating Entangled Worlds*（共編著、Routledge、2018年）、『「人新世」時代の文化人類学』（共編著、放送大学教育振興会、2020年）、『「人新世」時代の文化人類学の挑戦——よみがえる対話の力』（共編著、以文社、2023年）、『新・方法序説——人類社会の進化に迫る認識と方法』（共編著、京都大学学術出版会、2023年）、『フィールドワークと民族誌』（共編著、放送大学教育振興会、2024年）など。

春日 直樹（かすが なおき）

一橋大学名誉教授

1953年生まれ。大阪大学大学院人間科学研究科博士後期課程中退、博士（人間科学）。オセアニアを中心に、経済・歴史・文化・思考様式について人類学的な研究をおこなう。サントリー学芸賞（2001年）、第16回日本文化人類学会賞（2021年）を受賞。
主な論文に、「呪術、隠喩、同型——21世紀の構造主義へ」『文化人類学』86(4): 527-542)（2022年）。編著に、『現実批判の人類学——新世代のエスノグラフィへ』（世界思想社、2011年）、『科学と文化をつなぐ——アナロジーという思考様式』（東京大学出版会、2016年）、『文化人類学のエッセンス——世界をみる／変える』（竹沢尚一郎との共編、有斐閣、2021年）。

河合 香吏（かわい かおり）*

東京外国語大学アジア・アフリカ言語文化研究所教授

1961年生まれ。京都大学大学院理学研究科博士後期課程修了、博士（理学）。主に東アフリカの牧畜社会を対象に、その生業や集団間関係について生態人類学的研究を進める。第1回日本ナイル・エチオピア学会高島賞（1995年）を受賞。
主な著作に、『関わる・認める（生態人類学は挑む SESSION 5）』（編著、京都大学学術出版会、2022年）、*Extremes: The Evolution of Human Sociality*（編著、Kyoto university press and Trans Pacific Press、2023年）、「敵と友のはざまで——ドドスと隣接民族トゥルカナとの関係」太田至・曽我亨編『遊牧の思想——人類学がみる激動のアフリカ』（分担執筆、昭和堂、2019年）など。

近藤 祉秋（こんどう しあき）

屋号：知犬ラボ

1986年生まれ。早稲田大学大学院文学研究科博士後期課程中退。後に論文博士（文学）を取得。内陸アラスカ先住民の間で現地調査をおこない、人間と動物の関係などに関して研究を進めている。
著作に、『犬に話しかけてはいけない——内陸アラスカのマルチスピーシーズ民族誌』（慶應義塾大学出版会、2022年）。主な論文に、「先住民とデジタル化する社会——先住民研究の新しい枠組みに向けて」『国立民族学博物館研究報告』48巻1号（共著、2023年）、「危機の「予言」が生み出す異種集合体——内陸アラスカ先住民の過去回帰言説を事例として」『文化人類学』86巻3号（2021年）がある。

杉山 祐子（すぎやま ゆうこ）

弘前大学名誉教授

1958年生まれ。筑波大学大学院歴史人類学研究科単位取得退学。博士（地域研究）。ザンビア、タ

編著者紹介（50音順）

*は編者

足立 薫（あだち かおる）

京都産業大学現代社会学部准教授

1968 年生まれ。京都大学大学院理学研究科博士後期課程単位取得後退学、博士（理学）。西アフリカでオナガザル類の混群を研究したのち、香港のマカクザルと人間の軋轢を通してエスノプライマトロジー研究に従事している。

主な著作に「環境の生成と消滅―人新世とエスノプライマトロジー」伊藤詞子編『生態人類学は挑む』（たえる・きざす Session6）（分担執筆、京都大学学術出版会、2022 年）、「極限としての〈いきおい〉――移動する群れの社会性」河合香吏編『極限――人間社会の進化』（分担執筆、京都大学学術出版会、2020 年）。

五十嵐 由里子（いがらし ゆりこ）

日本大学松戸歯学部解剖学講座准教授

1963 年生まれ。京都大学大学院理学研究科博士後期課程修了、博士（理学）。ヒトの骨や歯の形態とそれらに影響を与える因子の関連を分析し、先史社会の生活を復元する研究を行っている。

主な著作に、“Mandibular premolar identification system based on a deep learning model.” *Journal of Oral Biosciences*, 64(3): 321-328（分担執筆、2022 年、DOI 10.1016/j.job.2022.05.005）、“Pregnancy parturition scars in the preauricular area and the association with the total number of pregnancies and parturitions”, *American Journal of Physical Anthropology*, 171(2): 260-274（分担執筆、2020 年、DOI 10.1002/ajpa.23961）、“A New Method for Estimation of Adult Skeletal Age at Death From the Morphology of the Auricular Surface of the Ilium.”, A*merican Journal of Physical Anthropology*, 128(2): 324-339（2005 年　DOI 10.1002/ajpa.20081）など。

伊藤 詞子（いとう のりこ）

一般社団法人 AKARH 代表、 京都大学アフリカ地域研究資料センター特任研究員

1971 年生まれ。京都大学大学理学研究科単位取得退学。博士（理学）。生息環境を含む野生チンパンジーの研究を専門とする。

主な著作に、『たえる・きざす（生態人類学は挑む SESSION 6）』（編著、京都大学学術出版会、2022 年）、『極限――人類社会の進化』（分担執筆、京都大学学術出版会、2020 年）など。

内堀 基光（うちぼり もとみつ）

一橋大学名誉教授・放送大学名誉教授

1948 年生まれ。オーストラリア国立大学太平洋地域研究所 Ph.D.（人類学）取得。ボルネオ島の諸民族社会、とくにマレーシア・サラワク州のイバン人の宗教儀礼、世界観・存在論の研究を進めてきた。

主な著作に、『死の人類学』（共著、弘文堂 / 講談社、1986 年 /2006 年）、『森の食べ方』（東京大学出版会、1996 年）、『資源人類学（全 9 巻）』（総合編集、弘文堂、2007 年）など。

社会性の起原と進化 始論
——種と性を越えた比較研究のために

2025年3月31日　初版第一刷発行

編　者　　河　合　香　吏
発行人　　黒　澤　隆　文

京都大学学術出版会
京都市左京区吉田近衛町69番地
京都大学吉田南構内(〒606-8315)
電　話　(075) 761-6182
FAX　(075) 761-6190
Home page http://www.kyoto-up.or.jp
振　替　01000-8-64677

ISBN：978-4-8140-0585-7
Printed in Japan

カバーデザイン　株式会社トーヨー企画
印刷・製本　亜細亜印刷株式会社
定価はカバーに表示してあります